자료분석의 기초

증거기반 실천과 평가를 위한 길잡이

CENGAGE Learning™

Statistics for Evidence-Based Practice and Evaluation
2nd Edition

Allen Rubin
University of Texas, Austin

ISBN: 978-0-495-60289-7.

ISBN-13: 978-89-6218-157-9
ISBN-10: 89-6218-157-7

Cengage Learning Korea Ltd.
Suite 1801 Seokyo Tower Building
353-1, 22 Seokyo-Dong, Mapo-Ku
Seoul 121-837, Korea
Tel: (82) 2 322 4926
Fax: (82) 2 322 4927

Cengage Learning is a leading provider of customized learning solutions with office locations around the globe, including Singapore, the United Kingdom, Australia, Mexico, Brazil, and Japan. Locate your local office at: **www.cengage.com/global**

Cengage Learning products are represented in Canada by Nelson Education, Ltd.

For product information, visit **www.cengageasia.com**

Printed in Korea
1 2 3 4 15 14 13 12

자료분석의 기초

증거기반 실천과 평가를 위한 길잡이

STATISTICS FOR EVIDENCE-BASED PRACTICE AND EVALUATION

제2판

Allen Rubin 지음

김용석 김진욱 유태균 옮김

CENGAGE Learning™

Australia · Brazil · Japan · Korea · Mexico · Singapore · Spain · United Kingdom · United States

옮긴이 (가나다순)

김용석

가톨릭대학교 사회복지학과 교수
텍사스주립대학교(University of Texas at Austin) 사회복지학 박사

주요경력 한라종합사회복지관 관장

김진욱

서강대학교 신학대학원 사회복지학과 교수
영국 바스대학교 (University of Bath) 사회정책학 박사

주요경력 동아시아사회정책학회(EASP) 실행위원

유태균

숭실대학교 사회복지학부 교수
캘리포니아주립대학교 버클리캠퍼스 (University of California at Berkeley) 사회복지학 박사

주요경력 숭실대학교 사회보장연구센터장

자료분석의 기초 증거기반 실천과 평가를 위한 길잡이 — 제2판 —

STATISTICS FOR EVIDENCE-BASED PRACTICE AND EVALUATION, SECOND EDITION

제2판 1쇄 인쇄 | 2011년 1월 10일
제2판 1쇄 발행 | 2011년 1월 20일

지은이 | Allen Rubin
옮긴이 | 김용석, 김진욱, 유태균
발행인 | 송성헌
발행처 | 센게이지러닝코리아㈜
등록번호 | 제313-2007-000074호(2007.3.19.)
주　소 | 서울시 마포구 서교동 353-1 서교타워빌딩 1801호
전　화 | 02) 322-4926
이메일 | asia.infokorea@cengage.com
홈페이지 | www.cengageasia.com

ISBN-10: 89-6218-157-6
ISBN-13: 978-89-6218-157-9

공급처 | 박영사
주　소 | 서울시 금천구 가산동 345-90 한라시그마밸리 2층 212호
도서안내 및 주문 | TEL 02) 733-6771　FAX 02) 737-4818
홈페이지 | www.pakyoungsa.co.kr

값 25,000원

옮긴이 머리말

사회과학을 전공하는 학생들과 원조 전문직 분야에서 일하고 있는 실천가들에게 듣기만 해도 골치가 아파오는 통계를 쉽게 그리고 자세하게 설명해줄 수 있는 좋은 교재의 필요성은 오래 전부터 많은 사람들에 의해서 이야기되어져 왔다. 이미 우리에게 잘 알려진 『사회복지조사방법론』의 저자 가운데 한 사람인 앨런 루빈 교수가 이 책을 쓴 것을 보니 아마도 앞서 언급한 좋은 교재에 대한 필요성은 미국의 실천가들, 학생들 그리고 교수들 또한 뼈저리게 느꼈던 것 같다.

이 책은 분명한 장점과 단점을 가진 책이다. 먼저 장점부터 말하면, 이 책은 어렵고 딱딱한 내용을 정말 알기 쉽게 그리고 차근차근 설명해주는 책이다. 아마도 이 책의 내용이 어렵게 느껴진다면 그것은 대재앙이라고 밖에 표현할 수 없을 텐데, 왜냐하면 이 책보다 더 쉽게 통계를 설명하고 있는 책을 찾을 수 있는 확률은 로또 복권의 당첨확률과 거의 같을 것이기 때문이다. 이 책이 가진 이러한 장점은 동시에 단점이 된다. 무언가를 쉽게 설명하기 위해서는 복잡하고 어려운 내용을 단순화시켜야만 하며 그 과정에서는 어쩔 수 없이 일부 내용이 "생략"될 수밖에 없는 상황이 발생하기 때문이다. 그럼에도 불구하고, 번역을 마친 지금 책의 내용을 다시 한 번 읽어보면서 이 책은 장점이 주는 즐거움이 단점에서 비롯된 아쉬움보다 훨씬 크다는 것을 우리 역자들 모두는 확신하고 있다.

잘 쓴 한 권의 책이 학문하는 사람들에게 그리고 실천가들에게 얼마나 많은 긍정적인 영향을 미치는지를 경험적으로 알고 있기에 우리 역자들은 이 책의 번역을 시작했다. 그리고 이제는 우리의 바람처럼 이 책이 많은 사람들에게 읽혀 새로운 지식을 생산해 내는데 그리고 사회문제들을 해결하기 위한 전문적 실천 노력에 도움이 되기를 바랄 뿐이다. 이 책을 읽게 될 독자들에게 이 책을 읽으면서 이해하기 어렵게 번역된 부분, 오해를 불러일으킬 수 있는 부분 또는 잘못 번역된 부분을 발견하게 되면 역자들이 나중에라도 좀 더 나은 번역을 할 수 있게 언제든 지적해줄 것을 겸손하게 부탁드리고자 한다.

끝으로, 이 책을 출판할 수 있게 해준 센게이지러닝코리아와 번역 원고를 꼼꼼히 읽으면서 오탈자와 매끄럽지 않게 표현된 부분을 찾느라 수고해준 가톨릭대학교, 서강대학교 그리고 숭실대학교 대학원생들에게 감사의 마음을 전하고자 한다.

2010년 9월
역자 일동

머리말

이 책은 증거기반 실천에서 피할 수 없는 요소인 통계를 이해하고 활용하는 중요성을 원조 전문직 분야의 학부생과 대학원생들에게 보여주는 것을 목적으로 하고 있다. 이 책은 또한 독자가 자신의 실천에서 통계를 올바르게 사용할 수 있도록 도와주기 위해 통계적 아이디어와 절차에 관한 개념적 기반과 그것들의 적용을 설명하는 데 목적을 두고 있다.

이 책의 독자들이 통계를 활용하는 방법은 다양할 것이다. 대부분의 독자들은 이 책을 통해서 통계를 배움으로써 연구결과와 평가 보고서를 더 잘 이해할 수 있고, 보고서에 제시된 증거를 그들의 실천을 위한 잠재적 지침으로 채택할 수 있는지에 대해 비평적으로 평가할 수 있게 될 것이다. 이 책은 현재 실무에 종사하고 있는 실천가들에게 연구와 평가의 비평적 소비자로서뿐만 아니라 조사와 평가 연구의 참가자 또는 협력자가 될 수 있도록 도와줄 것이다. 예를 들어, 실천가들은 그들이 관리하는 프로그램을 평가할 수도 있고 통계 전문가의 자문을 구하기도 한다. 이 책은 독자들이 자문가와 의사소통을 더 잘 할 수 있게 해주고, 평가 결과의 의미와 함의뿐 아니라 제공받은 자문의 기반을 더 잘 이해할 수 있도록 도와줄 것이다.

일부 독자들은 이 책에서 다루고 있는 통계 절차들을 그들 자신의 조사와 평가에 적용하기 위한 목적으로 통계를 사용할 것이다. 예를 들어, 그들은 자신들의 실천을 평가하기 위해 단일체계설계를 사용하는데, 이 책은 그들이 자료를 분석하고 해석하는 데 도움을 준다. 또한 이 책은 집단설계 또는 지역주민의 욕구와 만족도에 대한 설문조사를 통해 수집된 데이터를 분석하고 해석할 수 있게 해준다. 일부 독자들은 초급 수준을 넘어 고급통계 교재를 공부하거나, 고급통계 수업을 수강하거나, 또는 박사학위 취득이나 연구자가 되기 위해서 통계에 관해 더 배우고자 할 것이다. 그들은 통계 절차의 의미와 적용 또는 어떤 절차들을 사용해야 하는지 보다는 통계 절차와 관련 있는 수학과 계산을 강조하는 고급교재를 공부할 것이다. 그러나 그들이 이 책을 읽게 되면, 당황하지 않고 고급통계를 공부할 수 있게 해줄 것이다.

당신이 추측하듯이, 위의 모든 목적을 달성하는 기초통계 교재를 저술하는 것은 상당히 도전적인 일이다. 가장 어려운 딜레마는 많은 통계 강사들이 직면하고 있는 것이다. 한편으론, 수학적 내용을 어려워하는 학생들을 잃지 않기 위해 공식과 계산을 피하고 의미와 적용에 초점을 두고자 하는 충동이 있다. 이러한 충동은 대부분의 학생들이 연구의 소비자이지 생산자가 아니라는 인식과 컴퓨터가 모든 계산을 수행한다는 인식에서부터 생긴다. 다른 한편으론, 강사들은 공식과 계산에 대한 이해는 통계의 의미와 적용을 더 잘 이해하는 데 도움이 되며, 학생들이 앞으로 자신의 실천에서 연구 소비자 이상의 역할을 담당하지 않을지라도 공식과 계산에 대한 이해가 필요하다고 인식하고 있다. 결과적으로, 강사들은 수학을 어려워하는 학생들이 두려워하지 않을 정도로 공식과 계산을 다루고 있다. 이 책은 두 가지 방식으로 이 목적을 달성하고자 한다. 첫째, 다소 수학적인 내용을 본문에서 분리하고 상자, 표, 그림에 배치하였다. 둘째, 본문은 수학적 내용에 당황해하는 학생들에 맞추는 방식으로 서술되었다. 나는 이러한 딜레마에 대한 완벽한 해결이 없다고 생각하지 않는다. 강사들이 학생들을 공식과 계산에 노출시키고자 하는 정도는 다양할 것이다. 따라서 이 책을 사용할 때 일부 강사들은 모든 학생들이 공식과 계산을 통달하도록 격려하는 반면, 일부 강사들은 학생들을 압도하지 않을 정도로만 다룰 수 있다.

다른 딜레마는 컴퓨터 사용과 관련이 있다. 나는 이를 두 갈래 딜레마로 보고 있다. 일부 강사들은 학생들을 연구 생산자가 아닌 비평적 연구 소비자가 되도록 교육시키는 데 목적을 두고 있기 때문에 자료분석을 위해 컴퓨터 소프트웨어를 활용하는 데 학생들을 관여시키지 않을 수도 있다는 것이 한 갈래이다. 다른 한 갈래는 자료분석을 위해 사용할 수 있는 다양한 소프트웨어가 있고, 내가 이 책에서 사용하고 있는 소프트웨어는 일부 학생들이 학교에서 사용하거나 또는 일부 강사들이 수업에서 사용하는 소프트웨어와 다르다는 인식이다. SPSS는 가장 널리 사용되고 있는 통계 소프트웨어 패키지이기 때문에 나는 이 책에서 SPSS를 다루고 있다.

통계를 가르치면서 직면하는 또 다른 딜레마는 예시의 유형 및 다양성과 관련이 있다. 일부 강사들은 상이한 통계 절차들을 설명하기 위해 상이한 실천 상황을 사용하는 것을 좋아한다. 예를 들어, 그들은 *t*-검정을 설명하기 위해 소규모 기관에서 제공된 임상 개입에 대한 평가를 논의하고 회귀분석을 설명하기 위해서는 국가의 사회정책에 대한 평가를 논한다. 다른 강사들은 상이한 절차들이 동일한 실천 세팅 내의 여러 연구들에 적용될 수 있다는 것을 보여주고자 한다. 예를 들어, 그들은 변수의 개수, 변수의 조작적 정의, 비교 집단의 수 등에 따라 동일한 세팅에서 수행되는 동일한 평가에서 *t*-검정, ANOVA, 카이제곱, 또는 회귀분석이 사용되는 방법을 보여준다.

이 책은 두 가지 접근을 모두 사용한다. 다양한 유형의 실천 예시를 각 장의 후반부에 있는 연습문제에 담았다. 동시에, 대부분의 장에서 가상 거주 치료 센터의 평가를 위해 내가 만든 데이터 세트를 사용하였다. 일부 강사들은 실제 연구를 통해서 수집된 실제 데이터의 사용을 선호한다. 그러나 실제 데이터 세트는 우리가 가르치고자 하는 다양한 통계 개념들에 포함된 이슈와 의미를 일관되고 명확하게 보여주는 결과들을 만들어 내지 못한다는 단점을 갖는다. 예를 들면, 내가 만든 가상 데이터 세트는 실천과 관련 있고, 평균이 극단값의 영향을 받는다는 점, 산포도 평가의 중요성, 동일한 평가에서 상이한 통계 절차가 사용될 수 있다는 점 등을 설명해준다.

학생들이 압도당하지 않도록, 데이터 세트는 단지 14개 변수만을 포함하고 있다. 또한 표본크기를 50 사례로 제한했는데, 여기에는 세 가지 이유가 있다. 첫 번째 이유는 학생들이 데이터를 SPSS 데이터 파일에 쉽게 입력할 수 있도록 하기 위함이다. 두 번째 이유는 학생들이 전체 데이터 세트를 볼 수 있고, 세 번째 이유는 직접 계산할 수 있는 정도의 표본크기를 유지하고자 하였다. 예를 들어, 데이터 세트는 실험집단 25명, 통제집단 25명을 포함하고 있다. 각 집단의 각 변수마다 25개의 값을 병렬했기 때문에 학생들은 평균, 중앙값, 최빈값, 빈도분포와 같은 기술통계를 직접 계산할 수 있고, 두 개의 분포가 얼마나 다르고 이러한 차이가 갖는 함의를 시각화할 수 있다. 이 책의 출판사 웹사이트(www.cengage.com/social_work/rubin)를 방문하면 National Opinion Research Center의 General Social Survey의 데이터를 다운로드 할 수 있는데, 이 데이터는 1980년과 1990년 미국인 조사대상자 1,000명으로부터 수집된 데이터이다. 위의 웹사이트는 다음과 같은 추가적인 특징을 가지고 있다:

- 통계에 관해 자주 묻는 질문
- 임상적 유의성을 통계적으로 평가하기

구성

이 책의 초판에 대한 독자들의 의견을 반영하여 이 책의 구성을 약간 바꾸었다. 제1부는 3개 장을 포함한다. 제1장은 통계 공부의 가치에 대해 논하고 있으며, 제2장은 증거기반 실천을 개관하고 통계와 증거기반 실천과의 관계를 보여주고 있다. 제2장에서는 또한 독자들이 어떤 종류의 증거기반 실천 질문을 가지고 있고 어떤 종류의 증거기반 실천 역할에 관여하는지에 따라 독자들이 접하거나 사용하게 될 다양한 종류의 통계를 개관한다. 제3장은 통계를 공부할 때 이해해야 하는 기본적인 조사방법과 용어들을 개관한다.

제2부에서는 6개의 장들이 기술통계 목적으로 데이터의 축소, 제시, 분석을 다룬다. 제3부의 4개 장은 추론적 자료분석의 이해를 위한 개념적 기초를 제공하고, 확률, 표집오차, 이론적 표집분포, 1종 오류와 2종 오류, 관계의 강도와 임상적 유의성 해석 등을 설명하고 있다. 제4부의 장들에서는 이변량 수준에 초점을 두면서 t-검정, ANOVA, 카이제곱, 상관관계와 같은 추론적 통계 절차를 다루고 있다. 일부 다변량분석이 소개되어 있는데, 공식과 계산은 다루지 않고 다변량분석을 사용하는 방법을 이해하는 정도만 소개되어 있다. 제18장은 유의성 검정에서부터 예측을 목적으로 하는 이변량 회귀분석과 다중회귀분석의 사용으로 이동하고 있다는 점에서 이 책에서 가장 도전적인 장이다. 이 장은 학생들이 이해하고 사용할 수 있는 방식으로 다변량 통계를 다루고 있다. 강사들은 이 장 전체를 다룰 수도 있고 이변량 회귀만을 다루어도 좋다.

마지막 장에서는 앞 장들에서 다루었던 내용들을 단일체계설계 자료의 분석에 적용하고 있다. 이에 더하여 이 장은 이 평가설계에만 적용되는 개념과 절차를 소개하고 있다.

그 다음으로 6개의 부록이 이어진다. 부록 A는 이 책의 내용과 가장 관련이 있으나 내 경험에 의하면 백분율 계산, 음수를 제곱했을 때 음의 부호 변화 등과 같이 학생들이 가장 어려워하는 수학 기초들을 다루고 있다. 부록 B는 이 책뿐만 아니라 조사 및 평가 보고서에 나오는 기본적인 통계 부호를 나열하고 정의하고 있다. 독자들은 부호의 의미를 기억하지 못할 때 이 부록을 참조하기 바란다.

부록 C는 이 책에서 다루지는 않았으나 증거기반 실천가들이 읽고 이해해야 하는 연구들에서 사용되고 보고되는 다변량분석을 개관한다. 공식과 계산은 다루지 않고 다른 연구자들이 보고하는 결과물의 의미와 실천적 적용의 이해에 초점을 두고 있다.

부록 D는 통계 결과를 보고하는 지침을 제공한다. 부록 E는 분석을 위해 데이터를 준비하는 방법을 다루고 있으며 코딩, 데이터 입력, 처리에 초점을 두고 있다. 마지막으로, 부록 F는 앞에서 언급했고 이 책 대부분의 장들에서 소개했던 가상 연구의 코드북과 데이터를 제공하고 있다.

각 장의 마지막 부분에 그 장의 주요 내용에 대한 요약과 증거기반 실천과의 관련성이 높은 연습문제를 제공하였다.

나는 강사들이 개정판을 좋아하고 이 책이 학부와 대학원의 학생과 강사들을 위한 통계 교재로 또는 사회조사론 수업의 부교재로 사용될 가치가 있기를 바란다. 나는 또한 실천가들이 그들의 실천을 인도하기 위해 읽는 연구들에 보고되는 통계 결과를 이해하거나 그들이 증거기반 실천의 필요 부분이자 자금 제공자들이 점점 더 요구하는 실천 평가에 관여하게 될 때 이 책이 도움이 되기를 바란다. 나는 독자들로부터 이 책을 얼마나 좋아하고 이 책의 개선을 위해 필요한 점이 무엇인지를 듣고 싶다. Brooks/Cole, 10 Davis Drive, Belmont, CA 94002-3098로 편지를 보내거나 또는 arubin@mail.utexas.edu로 이메일을 보내주길 바란다.

다른 개선점

앞에서 언급한 개정판의 구성에 대한 변화에 더하여 평론가들의 제안에 기초해서 만든 주요 개선점들은 아래와 같다:

- 증거기반 실천의 통합에 관한 내용 보강
- 다양한 공식 제공
- 단측검정과 양측검정에서 임계영역과 표본크기의 영향을 설명하는 새로운 절
- 통계적 결론 타당도와 1종, 2종 오류의 개념을 설명하는 표를 가진 통계적 결론 타당도에 관한 새로운 절
- 비모수 통계에 관한 내용 보강
- 상이한 카이제곱 절차와 다양한 상관 통계량에 대한 요약 표
- 보고서와 논문에서 기술과 추론통계 분석 결과를 작성하는 방법에 관한 새로운 부록
- 통계 결과를 보고하는 다양한 방식을 설명해주는 학술지 논문의 발췌문

감사의 글

지난 수년에 걸쳐 나의 조사론 수업과 통계 수업을 수강하면서 통계에 대한 나의 강의와 저술을 향상시켰던 질문들을 했던 학생들을 포함하여 많은 사람들이 이 책의 출판을 가능하게 했다. University of Texas at Austin에서 박사과정 학생이었던 Danielle Parrish는 초판뿐만 아니라 개정판을 준비하는 데 여러모로 도움을 주었다. 또한 초고를 검토해주고 개정판에 대한 훌륭한 의견을 제공해준 동료들에게 특별한 감사를 전한다.

Roni Berger, Adelphi University
Sara Buila, Southern Illinois University Carbondale
Brian Christenson, Lewis-Clark State College
Tanya M. Coakley, University of North Carolina at Greenboro
Steve Cooper, Stephen F. Austin State University
Bob Dubois, Marquette University
Gregory Farmer, Fordham University, Lincoln Center

마지막으로, 개정판을 준비하는 데 도움을 준 Cengage Learning의 편집장 Marcus Boggs와 Seth Dobrin에게 감사드린다.

Allen Rubin

차례

제 1 부

소개 및 증거기반 실천

이 책의 제1부는 세 개 장으로 이루어져 있다. 첫 번째 장과 두 번째 장에서는 통계를 공부하는 것의 중요성을 소개하고 증거기반 실천을 개괄적으로 살펴본 다음 통계와 증거기반 실천 간의 관계를 살펴볼 것이다. 세 번째 장에서는 통계를 공부하는 데 있어서 중요한 연구방법론적 개념과 용어들을 살펴볼 것이다.

- 왜 통계를 공부해야 하는가
- 증거기반 실천에서의 통계 사용
- 연구방법 관련 주요 개념 및 용어 고찰

제 1 장

왜 통계를 공부해야 하는가

서론

임상 실천가나 행정 실천가가 되고자 하는 학생들이 통계 과목을 수강해야 하는 이유는 도대체 무엇인가? 보다 나은 인간봉사 전문가가 되는 것과 통계가 무슨 상관이 있을까? 이 책을 읽기 시작하면서 아마도 어떤 독자들은 이러한 질문들을 마음속으로 하게 될 것이다. 통계와 전문가적 실천 간의 관련성에 대해서 이러한 의구심을 가지고 있는 상황에서 학생들은 엎친 데 덮친 격으로 지루하고 어렵다고 알려진 통계 과목을 공부해야 한다는 두려움까지 갖게 된다. 많은 사람들이 자신은 수학적 지식을 필요로 하는 통계 과목을 잘 할 자신이 없다고 생각한다(Gustavsson & MacEachron, 2001; Royse, 2000; Irwin, 1995). 또한 벤자민 디즈라엘(Benjamin Disraeli)이 했던 유명한 말인 "세상에는 세 가지 종류의 거짓말이 있는데 거짓말, 나쁜 거짓말 그리고 통계가 바로 그것이다"라는 말을 들어본 많은 사람들은 통계를 사람들이 다른 사람들을 속이기 위해 조작하는 것이라고 생각하기도 한다. 자! 그럼 먼저 통계를 공부하는 것이 실천에 그리고 잘못된 생각을 갖지 않는데 어떻게 도움이 되는지 살펴보는 것으로써 이 책을 시작해보기로 하자. 이 장의 내용을 읽어 가다보면, 통계가 거짓말이라는 디즈라엘의 생각보다는 "숫자는 거짓말을 하지 않지만 거짓말쟁이들은 숫자를 좋아한다"라는 사뮤엘 클레멘스(Samuel Clemens; 우리에게는 마크 트웨인이라고 알려진)의 말이 더 정확한 표현이라는 것을 알게 될 것이다.

통계와 실천 간의 관계

통계를 공부해야 하는 가장 중요한 이유는 통계를 공부함으로써 사람들을 보다 더 효과적으로 도울 수 있게 된다는 것이다. 사람들을 돕기 위해 우리는 사람들에게 서비스를 제공하거나 사람들의 욕구를 효과적으로 해결할 수 있는 정책을 옹호한다. 그런데 많은 연구들에 따르면 우리가 하는 개입들 중에 어떤 개입들은 효과적이지만 그렇지 않은 경우도 많다고 한다. 심지어 어떤 경우는 전문가들에 의해 행해지는 개입이 사람들에게 해가되기도 한다(Rubin & Babbie, 2008).

한때는 원조 전문가들 사이에서 유행했고 이론적으로도 매우 탄탄하다고 여겨졌던 개입들 중에 많은 개입들이 사실은 비효과적이거나 유해한 개입이었으며 그러한 개입들이 모든 종류의 문제와 표적집단에 대해서 행해지기도 했다(Rubin & Babbie, 2008; Lilienfeld, Lynn & Lohr, 2003). 예를 들어, 맥코드(McCord, 2003)가 제시한 5가지 종류의 범죄예방 프로그램은 언뜻 보기에는 효과적인 것처럼 보였으나 엄격한 연구설계를 바탕으로 평가해본 결과 실제로는 유해한 것으로 판명되었다.

1960년대 정신건강 분야에는 개인의 정신건강 문제에 가족 역기능이 반영되어 있다고 보는 관점이 유행했었다. 그 당시 권위를 얻은 가족치료 전문가들이 치료자들로 하여금 "병든" 개인이 아니라 "병든" 가족을 치료하도록 강요했었는데, 심지어는 정신분열증이라는 심각한 정신장애—오늘날 우리가 주로 생물학적 뇌 장애라고 보고 있는—조차도 소위 **정신분열 유발적** 어머니라고 불리는 부적절한 양육방법 때문에 발생한다고 보았다. 그러나 1970년대와 1980년대에는 이러한 접근방법이 정신분열증을 앓고 있는 사람은 물론이거니와 그들의 가족들에게까지 해가 되는 것으로 밝혀졌다. 엄격한 실험적 평가 연구들을 통해서 오히려 가족들을 정신질환의 원인으로 몰아세우는 것이 아니라 가족들과 치료적 협력관계를 형성하고 가족들이 정신질환을 앓고 있는 환자들을 적절히 대처할 수 있도록 가족들에게 지지와 정신병에 관한 교육을 제공하는 개입이 효과적이라는 것이 밝혀졌다(Rubin, 1986).

최근 들어 많은 서비스 제공자들이 자연재해나 테러리스트들에 의한 테러와 같은 대규모 끔찍한 사건을 경험하고 살아남은 사람들에게 중대 사건 스트레스 감소(critical incidence stress debriefing, CISD) 개입을 제공하는 데 필요한 훈련을 받고 있다. 적십자(그리고 그 밖의) 같은 구호기관도 일종의 예방적 개입으로서 재해를 경험한 이후에 외상 후 스트레스 장애(post-traumatic stress disorder, PTSD)를 보이는 생존자들뿐만 아니라 모든 생존자들에게 재해 경험 후 즉각적으로 중대 사건 스트레스 감소를 제공하고 있다.

중대 사건 스트레스 감소는 재해 생존자들로 하여금 재해가 발생하는 동안 그들이 경험한 것, 즉 그들이 어디에 있었고 무엇을 보고 들었으며 무엇을 느꼈는지를 자세하게 논의하게 하는 집단 개입 기법이다. 중대 사건 스트레스 감소는 또한 생존자들로 하여금 재해 경험 직후에 그들이 현재 겪고 있는 정서적 및 신체적 증상들에 대해서도 이야기하게 한다. 그런 다음, 서비스 제공자들은 생존자들에게 그들이 겪은 비정상적인 끔찍한 사건을 생각해볼 때 그들이 현재 경험하고 있는 증상들은 극히 자연스러운 것임을 말해줌과 동시에 생존자들의 스트레스 대처를 돕기 위해 그들에게 해야 할 것(운동, 충분한 영양섭취 등)과 하지 말아야 할 것(음주나 약물 복용, 혼자 있기 등)이 무엇인지 구체적으로 이야기해준다(Housley & Beutler, 2007).

중대 사건 스트레스 감소란 정말 그럴듯하지 않은가? 저자에게는 분명히 그럴듯하게 들린다! 그런데 많은 연구들이 중대 사건 스트레스 감소의 효과에 대해서 의문을 제기하고 있다. 물론 어떤 연구결과에 따르면 중대 사건 스트레스 감소가 잘 훈련된 전문가에 의해서 한 번 이상 제공된다면 어떤 재해 생존자들에게는 효과적일 수 있다는 결론을 제시하고는 있지만(Phipps & Byrne, 2003), 어떤 연구들은 중대 사건 스트레스 감소가 오히려 많은 재해 생존자들, 특히 시간이 지나면 외상 후 스트레스 장애를 보이지 않으면서 자연스럽게 회복할 수 있는 생존자들의 자연스런 회복 과정을 더디게 만드는 결과를 가져온다는 것을 발견했다. 예를 들면, 칼리어와 동료들(Carlier et al., 1998)은 민간 항공기 추락 현장을 본 경찰관들 중에 스트레스 감소 개입 치료를 받은 경찰관들이 개입 치료를 받지 않은 경찰관들에 비해 18개월이 경과한 시점에서 실시한 후속조사 결과 외상과 관련된 흥분 증상을 더 자주 보인다는 것을 발견했다. 마유, 엘러스 그리고 홉스(Mayou, Ehlers, and Hobbs, 2000)는 교통사고 경험자들 중에서 중대 사건 스트레스 감소 개입 치료를 받은 사람들이 3년 후 일반적인 심리적 증상, 여행 공포감 및 전반적인 기능에 있어서 오히려 더 나쁜 결과를 보였다고 보고한 바 있다. 또한 비손과 동료들(Bisson et al., 1993)은 화상을 입은 사람들 중에서 중대 사건 스트레스 감소 개입 치료를 받은 사람들이 그렇지 않은 통제집단에 비해서 화상을 입은 후 13개월이 지난 시점에서 외상 후 스트레스 장애를 세 배나 더 많이 보이는 것을 발견하였다. 로즈, 비손 그리고 웨슬리(Rose, Bisson, and Wessely, 2001)는 중대 사건 스트레스 감소에 대한 11건의 실험 평가 연구들을 고찰한 결과, 중대 사건 스트레스 감소가 일반적인 정신병리적 증상이나 우울증상 또는 불안증 감소에 효과적임을 뒷받침할 만한 어떤 결과도 찾아볼 수 없었다고 밝히면서 재해 생존자들에 대해 의무적으로 중대 사건 스트레스 감소 개입 치료 제공을 중단할 것을 제안했다.

한편, 많은 연구들이 어떤 개입들은 외상 생존

자들 중 시간이 지나면서 자연 회복된 생존자들이 아니라 외상 후 스트레스 장애를 보인 생존자들에 대해서 효과적이라는 결과를 일관되게 보고하고 있는데, 예를 들면, 외상에 초점을 맞춘 인지행동적 치료, 안구운동 둔감화 및 재처리(EMDR), 장기간에 걸친 노출 치료 등을 꼽을 수 있다(Bisson et al., 2007; Seidler & Wagner, 2006).

유행하는(그리고 아마도 그럴듯하게 들리는) 많은 개입들이 실제로는 효과적이지 않거나 해롭다는 것을 밝히고 대안적인 개입들의 효과성을 뒷받침해주는, 방법론적으로 매우 탄탄한 연구들이 점점 더 많아짐에 따라 최근에는 **증거기반 실천운동**이 일기 시작했다. 증거기반 실천의 개념에 대해서는 제2장에서 자세하게 논의할 것이지만, 그럼에도 불구하고 증거기반 실천의 핵심 개념 중 한 가지 것에 대해서만큼은 여기서 언급하고 지나가지 않을 수 없는데 그것은 다름이 아니라 증거기반 실천을 하는 실천가들은 반드시 사람들을 돕는 과정에서 실천과 관련된 결정을 내리는 데 필요한 조사연구를 찾아보고 조사연구의 결과를 비판적으로 평가할 수 있어야 한다는 것이다. 그렇게 함으로써 실천가들은 클라이언트들에게 도움이 되지 않을 뿐만 아니라 해를 끼치기까지 하는 보기에만 그럴듯한 개입을 제공하는 오류를 범하지 않을 수 있으며, 클라이언트를 위한 보다 나은 개입을 선택할 수 있게 된다.

더 나아가서, 연구에 의해서 뒷받침되지 않는 노력을 통해 클라이언트를 돕는 것은 많은 원조 전문직들이 저마다의 윤리강령을 통해 명시하고 있는 전문가적 윤리에도 어긋나는 행동이다(APA, 2002; AAMFT, 2001; NASW, 1999). 예를 들어, 자신의 아이가 끔찍한 사건을 경험했다고 가정해보자. 더 나아가서 아이를 도울 수 있는 방법을 찾는 과정에서 친구로부터 두 명의 전문가를 소개받아 두 명 모두를 만나본 결과, 첫 번째 전문가는 외상에 초점을 맞춘 인지행동적 치료 전문가이며 이 치료 개입은 많은 연구들에 의해서 외상 후 스트레스 장애 아동들을 위한 가장 효과적인 치료 개입으로 인정받고 있다는 것을 알게 된 반면, 두 번째 전문가는 아동을 치료함에 있어서 어떤 구체적인 접근방법을 사용하기보다는 자신이 가진 임상적 직관에 의존한다는 것을 알게 되었다고 가정해보자. 이러한 사실을 알게 됨에 따라 두 번째 전문가에게 그가 가진 직관과 대안적 접근방법의 효과를 비교해볼 수 있는 연구에는 어떤 것들이 있는지 물어보았을 때 그 사람으로부터 자신은 너무 바쁘기 때문에 자신이 잘 알고 있다고 생각하는 것들에 관한 학술적인 글들을 읽을 시간이 없다는 대답을 들었다고 가정해보자. 만일 이 두 명의 전문가 모두가 똑같이 따뜻하고 동정적인 사람이라고 한다면, 과연 우리는 누구를 선택하게 될까? 그리고 학술연구들을 찾아 읽고 연구결과에 의해 뒷받침되는 실천을 하는 실천가와 그렇게 하기보다는 전문가로서 가장 자신이 편하게 느끼는 방식대로 실천을 계속해 나아가는 두 명의 실천가 중에서 우리는 누가 더 동정적인지는 차치하고라도 누가 더 윤리적이라고 말할 수 있을까?

그렇다면 이제까지 논의한 내용과 통계가 무슨 관련이 있는가? 엄청날 정도로 관련이 많다. 증거를 비판적으로 고찰하는 것의 대부분은 통계 결과를 이해하고 잘못된 통계 결과를 찾아내는 것이다. 예를 들어, 자신이 가정폭력 또는 성폭력 피해자를 위한 개입 실천가라고 가정해보자. 자신의 동료 중 한 사람이 최근 가정폭력 또는 성폭력 피해자들의 외상 후 증상을 치료하는 데 있어서 "기적에 가까운 획기적인" 개입방법을 가르치는 훈련과정에 참여하고 돌아와서는 이 새로운 개입방법이 그 방법을 옹호하는 사람들이 선전하는 것처럼 다른 어떤 개입방법보다 더 효과적이라고 확신하며, 그렇기 때문에 꼭 훈련과정에 참여해서 앞으로 실천에 적극 활용할 것을 권장한다고 가정해보자. 동료의 말을 듣고 난 뒤 우리는 희망과 의심을 모두 갖게 되었는데, 한편으로는 새로운 개입방법에 관한 모든 말들을 믿고 싶으면서도 다른 한편으로는 그러한 말들이 과연 사실일 수 있을까라는 생각을 하게 되었다. 동료에게 새로운 개입방법의 효과를 뒷받침할 만한 연구가 있는지 묻자 동료는 우리에게 새로운 개입방법을 이용하여 단 한 번의 치료 회기를 가진 다음 외상과 관련된 클라이언트들의 스트레스가 평균 1/5(20%) 정도 감소했다는 연구결과를 제시했다.

만일 우리가 연구방법론 과목을 수강했다면, 동료가 제시한 연구에 대해서 연구설계의 타당성이나 측정 편향 가능성 등과 관련된 많은 질문을 던질 수 있을 것이다. 아마도 이 책을 다 읽고 나면, 우리는 동료가 제시한 통계 결과에 대해서 많은 질문을 던질 수 있게 될 것이다.

무엇보다 먼저, 단 한 번의 회기만으로 클라이언트의 증상이 1/5 정도 감소되었다는 것은 매우 놀랄 만한 결과라고 하지 않을 수 없다. 그러나 그러한 통계 결과에 대해서 몇 가지 질문을 더 던진 결과, 총 5명의 클라이언트 중 증상에 변화가 있었던 클라이언트는 단 한 명이며, 클라이언트들의 증상이 평균 20% 감소한 것은 다른 클라이언트들의 증상은 전혀 변하지 않았지만 그 한 명의 증상이 감소했기 때문에 나타난 현상임을 알게 되었다고 가정해보자. 아마도 독자들 중 혹자는 어떻게 그런 일이 일어날 수 있는지 궁금하게 생각할 수도 있을 것이다. 계산을 단순화하기 위해, 5명의 클라이언트 각자가 두 가지 증상을 가지고 있다고 가정해보자. 즉, 5명의 클라이언트에 두 가지 증상을 곱하면 10이 되기 때문에 치료 개입이 이루어지기 전에는 총 10가지 증상이 있는 것이 된다. 만일 치료 개입이 이루어진 다음 한 명의 클라이언트가 가진 두 가지 증상이 없어진다면, 남은 증상은 8가지가 된다. 따라서 총 10가지 증상 중 두 가지 증상이 사라진 것이므로 1/5의 증상이 감소한 것이 된다. 만일 우리가 통계적 지식을 가지고 있어서 이런 식의 계산을 해볼 수 있다면, 잘못된 결론을 내리게 되는 오류를 범하지 않을 수 있다. 총 5명의 클라이언트 중 단 한 명만이 호전되고 나머지 클라이언트들은 전혀 호전되지 않았다는 사실을 알게 될 때, 증상이 평균 1/5 감소했다는 사실은 그다지 놀랄 만한 것이 아님을 쉽게 이해할 수 있기 때문이다. 더 나아가서, 통계를 이해할 때 우리는 단 한 명의 클라이언트의 증상이 호전된 것이 혹시 단순히 우연에 의해 발생한 결과는 아닌가라는 질문을 던져볼 수도 있다. 증상이 호전된 그 클라이언트 같은 사람은 아무런 치료 개입이 없는 상태에서도 스트레스 수준이 자주 심하게 변할 수도 있으며, 따라서 그 클라이언트와 유사한 다른 사람들을 관찰한다면 그들 중 많은 사람들이 "기적의" 치료 개입을 받지 않더라도 증상이 호전되는 것을 관찰할 수 있을지도 모른다. 이 책을 통해 배우게 될 내용들은 우리로 하여금 이상과 같은 질문을 할 수 있게 해줌과 동시에 그러한 질문들에 대한 답을 통해서 그릇된 결론으로 치닫는 오류를 범하지 않을 수 있게 해줄 것이다.

이번에는 동료가 다른 연구를 소개했는데, 이 연구에 따르면 단 한 번의 새로운 치료 개입을 받은 클라이언트들 중 1/3(33%)이 더 이상 외상 후 스트레스 장애를 보이지 않게 된 반면, 기존 치료를 한 회기 받은 클라이언트들 중에는 외상 후 스트레스 장애를 보이지 않게 된 클라이언트가 없었다고 가정해보자. 동료에게 이 연구에 대해서 좀 더 자세히 물어본 결과, 이 연구가 단지 6명의 클라이언트를 대상으로 진행된 연구이고 그 중 3명은 새로운 치료를 그리고 나머지 3명은 기존 치료를 받았다는 것을 알게 되었다. 따라서 33%라는 결과는 새로운 치료를 받은 클라이언트들 중 단 한 명의 클라이언트가 더 이상 외상 후 스트레스 장애를 보이지 않게 됨에 따라 나타난 결과이다. 만일 이 연구에서 클라이언트들을 새로운 치료를 받는 집단과 기존 치료를 받는 집단으로 나눌 때 무작위—예를 들면, 동전을 던져서—로 나누었다면, 두 집단 간에 회복률에 있어서의 차이는 새로운 치료가 효과적인지 여부보다는 동전을 던질 때 앞면과 뒷면 중 어느 쪽이 나오는가에 따라서 더 많이 좌우된다는 것을 알 수 있다. 다시 말하면, 회복된 클라이언트는 동전을 던져 어떤 결과가 나오는지에 따라 새로운 치료가 아니라 기존 치료를 받는 집단으로도 얼마든지 배정될 수 있다. 만일 회복된 클라이언트가 새로운 치료집단이 아니라 기존 치료집단에 배정되고 회복 여부와 치료 간에 실제로는 아무런 관련이 없다면, 단순히 동전을 던져 나온 결과가 바뀜에 따라 처음 연구결과와는 정반대되는 연구결과, 즉 새로운 치료가 오히려 해로운 치료라는 결론을 내리게 된다는 것이다. 다시 한 번 강조하건대, 이 책을 통해서 배우게 될 내용들은 우리로 하여금 올바른 질문을 던지고 통계를 잘못 사용함으로써 그릇된 결론을 내리는 오류를 범하지 않을 수 있는 능력을 갖게 해줄 것이다.

감세 혜택

납세자 1	$ 9,550
납세자 2	$ 50
납세자 3	$ 50
납세자 4	$ 50
납세자 5	$ 50
납세자 6	$ 50
납세자 7	$ 50
납세자 8	$ 50
납세자 9	$ 50
납세자 10	$ 50
총합	$ 10,000
산술평균 = $10,000/10 = $1,000	

이상에서 소개한 두 가지 예는 행정·기획, 지역사회조직 또는 사회정책과 관련된 사회운동 분야의 학생들보다는 임상 실천 분야의 학생들과 더 관련이 있는 예이다. 이번에는 정책 분야의 예를 한 가지 들어 보기로 하자. 우리가 연방소득세 감세 정책안이 정신보건 또는 사회복지 프로그램의 재정에 어떤 영향을 미칠지에 대해서 다음의 두 가지 이유 중 어느 하나 또는 두 가지 모두 때문에 관심을 가지고 있다고 가정해보자: (1) 프로그램 재원을 지키기 위해서 감세 정책안에 반대하는 캠페인을 벌이고자 하기 때문에 또는 (2) 감세 정책안에 찬성해야 할지 반대해야 할지에 대한 판단이 서지 않기 때문에.

더 나아가서, 감세 정책안 지지자들은 감세 정책이 매년 평균적인 미국 납세자들에게 $1,000의 감세 혜택을 가져다 줄 것이라는 주장을 펴고 있으며, 이들의 주장은 **산술평균**(arithmetic mean)에 기초한 주장이라고 가정해보자. 산술평균은 모든 값의 총합을 더한 값의 개수로 나눈 것이다. 계산을 단순화하기 위해, 납세자의 수가 10명이고 각각의 납세자가 받게 되는 감세 혜택의 정도가 왼쪽의 표와 같다고 가정해보자. 이처럼 주어진 값들을 가지고 산술평균을 구하려면 단순히 주어진 모든 값들을 더하여 총합을 구한 다음, 주어진 값의 개수로 나누어주면 된다. 왼쪽에 나타낸 표의 경우, 10개 값이 제시되어 있으므로 이들 10개 값을 모두 더한 총합을 10으로 나누어주면 된다.

이 표를 통해서 우리는 평균적인 납세자들에게 $1,000의 감세 혜택이 돌아간다는 주장이 얼마나 그릇된 생각을 갖게 만드는 주장인지를 쉽게 알 수 있다. 감세 정책 지지자들이 말하는 감세 혜택의 크기는 산술평균에 기초한 것이다. 물론 산술평균 그 자체는 $1,000가 맞지만, 납세자 중 90%(10명 중 9명)가 받게 되는 감세 혜택은 고작

$50에 지나지 않는다. 산술평균이 $1,000인 이유는 10명의 납세자 중 단 한 명만이 약 $10,000에 가까운 감세 혜택을 받기 때문이다. 이 예를 통해서 우리는 통계는 거짓말을 하지 않지만 사람들은 거짓말을 할 수 있고 거짓말은 아니더라도 최소한 통계를 이용하여 잘못된 결론을 도출할 수 있다—이 예에서는 주어진 값들이 산술평균으로부터 떨어져 있는 정도인 **산포도**(dispersion)가 크다는 점을 간과함으로써—는 것을 알 수 있다. 위의 예는 상황을 단순화한 가설적인 예에 불과하지만, 소득의 높낮이에 상관없이 모든 사람들에게 동일한 감세율을 적용하고자 하는 정치인들에 의해서 과거 유사한 주장들—산포도를 고려하지 않고 평균에만 기초한—이 실제로 종종 제기되곤 했다.

통계를 이해하는 것이 왜 중요한지를 보여주는 또 한 가지 예를, 이번에는 행정기획의 관점에서 들어 보기로 하자. 앞서 언급한 바와 같이, 사람들을 돕는다는 것은 서비스를 제공하거나 사람들이 가진 욕구를 효과적으로 충족시키기 위한 정책을 옹호하는 것을 말한다. 종종 행정가와 기획가들은 지역사회나 표적집단에 대한 욕구조사를 통해서 어떤 서비스에 대한 욕구가 가장 높은지 그리고 어떤 서비스가 가장 많이 이용되는지에 대한 결정을 내리는 데 필요한 기초자료를 수집한다. 이러한 조사를 통해서 행정가와 기획가는 일반적으로 수백 명 또는 수천 명에 달하는 사람들의 특성과 욕구에 관한 방대한 양의 자료를 얻게 된다. 통계는 그러한 방대한 자료의 핵심을 파악하여 이해할 수 있게 해준다. 수백 명 아니 수천 명에 달하는 사람들의 성, 나이, 인종, 욕구 그리고 그 밖의 여러 가지 특성들을 한눈에 알아볼 수 있게 된다는 것을 한 번 상상해보라. 평균을 요약해주고 특정 범주에 해당하는 사람들이 얼마나 되는지를 알 수 있게 해주는 통계가 없다면 아마도 우리는 엄청난 양의 자료에 기가 질려 우리 앞에 놓인 정보를 가지고 아무것도 할 수 없을 것이다. 그러나 통계를 이용하여 우리는 얼마나 많은 사람들이 어떤 특성을 가지고 있고 어떤 서비스를 원하는지 알 수 있을 뿐만 아니라 사람들의 욕구가 각자가 가진 특성에 따라 다르다는 것도 알 수 있을 것이다. 예를 들어, 특정 종류의 통계값과 통계표는 우리로 하여금 소수계 민족들이 돌봄 노동 제공자를 위한 지지집단에 더 혹은 덜 참여하는지를 쉽게 알 수 있게 해준다.

통계로 인해 잘못된 결론을 내리는 오류를 범하지 않을 수 있는 가장 좋은 방법은 통계를 멀리하는 것이 아니라 통계를 배우고 이해하는 것이다. 통계의 기초적인 것들을 공부함으로써 —위의 예를 통해서도 알 수 있듯이 절대로 어려운 것이 아니다—우리는 잘못된 결론을 내리는 오류를 범하지 않을 수 있을 뿐만 아니라 보다 효과적으로 사회 정책들을 옹호할 수 있는데, 예를 들어 우리는 통계를 이용하여 우리가 주장하는 바를 뒷받침할 수 있으며 잘못 사용된 통계를 발견해 내고 다른 사람들에게 그러한 통계에 기초한 주장이나 결론이 왜 잘못된 것인지를 지적해줄 수 있다.

> 사뮤엘 클레멘스(마크 트웨인이라고 알려져 있는)의 말을 인용하면:
> "숫자는 거짓말을 하지 않지만 거짓말쟁이들은 숫자를 좋아한다."

통계를 앎으로써 어떻게 하면 그릇된 결론을 내리지 않을 수 있는지를 알게 되는 것과 더불어, 증거기반(따라서 윤리적인) 실천을 하기 위해서 우리는 실천의 효과를 평가한 연구들의 결과를 이해하고 비판적으로 판단하는 데 필요한 기본적인 것들을 알고 있어야만 한다. 왜냐하면 대부분의 평가 연구들은 연구결과를 통계분석 결과의 형태로 제시하기 때문이다.

통계적 개념들에 익숙해질 때 우리는 또한 정책과 관련된 연구들을 보다 쉽게 이해할 수 있다. 예를 들어, 선전을 목적으로 하는 정책 연구들은 앞서 살펴본 감세 정책안 예처럼 독자들로 하여금 특정 정책을 지지하게 만들기 위해서 통계를 조작하여 그릇된 결론을 도출해 내고자 시도하기도 한다. 사람을 돕는 원조 전문가인 우리는 그러한 시도를 꿰뚫어볼 수 있어야 하고 통계를 조작하는 연구와 그렇지 않은 연구를 구별할 수 있는 능력을 갖추어야 한다. 그러한 능력은 우리로 하여금 우리가 돕고자 하는 대상들에게 효과가 있음을 보여주는 신뢰할 만한 증거에 의해 뒷받침되는 정책들을 올바르게 평가하고 지지하는 반면, 신뢰할 만한 증거에 의해 뒷받침되지 않는 정책들은 적극적으로 반대할 수 있게 해줄 것이다. 따라서 통계를 배우고 이해하고자 함으로써 우리는 클라이언트를 더 위하고 더 효과적인 실천가가 되는 것이다.

또한 우리는 전문적 실천의 일부로서 직접 연구를 하게 될 수도 있다. 그럴 경우, 아마도 우리는 연구결과를 제시하고 의미를 해석하기 위해서 기본적인 통계 지식을 필요로 하게 될 것이다. 예를 들어, 우리는 우리가 일하고 있는 기관의 클라이언트들 중 많은 클라이언트들이 왜 치료 과정에서 많이 중도 탈락하는지를 이해하기 위해서 클라이언트들을 대상으로 조사를 실시하거나 기관의 서비스에 대한 클라이언트들의 만족도를 조사해야 할 수도 있다. 또한 우리가 제공하는 서비스가 과연 클라이언트들에게 정말로 도움이 되는지를 알고자 한다면, 우리는 우리의 실천을 스스로 평가해볼 필요도 있다.

다음 장에서 논의하겠지만, 실천의 효과성을 평가하는 것은 **증거기반 실천가**에 있어서 더 없이 중요한 요소이다. 제2장에서 보다 자세하게 논의하겠지만, 효과성 평가는 (1) 일반적으로 다수의 클라이언트와 실천가를 대상으로 하는 프로그램 평가를 실시하거나 참여하는 것과 (2) 단일체계설계를 이용하여 자신이 특정 클라이언트에게 특정 개입을 제공하는 데 있어서 얼마나 효과적인지를 평가하는 것을 말한다. 예를 들면, 단일체계설계를 이용하여 실천의 효과성을 평가하기 위해서는 특정 클라이언트에게 개입이 있기 이전에 10일씩을 한 단위로 묶어 각각의 단위기간 중에 자신이 얼마나 자주 바람직한 혹은 바람직하지 않은 행동을 했는지를 스스로 관찰하게 하고 특정 개입이 있고 난 후 동일한 방법으로 스스로의 행동을 관찰하게 할 수 있다. 실천가는 해당 클라이언트에 대한 해당 개입의 효과를 사정하기 위해서 클라이언트가 보고한 관찰 결과를 바탕으로 그래프를 그려보고 자료에 대한 통계분석을 실시하여 개입 이후에 상당한 발전이 있었는지를 확인해볼 수 있다. 기본적인 통계를 이해할 수 있을 때, 실천가는 수집한 자료를 적절히 분석할 수 있을 뿐만 아니라 자신이 얻은 연구결과에 대해서 다른 실천가들과 명료하고 신뢰할 수 있는 방식으로 의견을 교환할 수 있을 것이다. [단일체계설계와 그 밖의 실천평가 연구방법에 관해서는 루빈(Rubin, 2008)이나 루빈과 배비(Rubin and Babbie, 2008) 같은 연구방법론 교재를 참조하기 바란다]. 이 책을 통해 배운 통계적 개념들을 단일체계설계 자료를 분석하는 데 어떻게 적용하는지에 대해서는 제19장에서 논의하기로 하겠다.

이 책의 구성

이제까지의 논의를 통해서 알 수 있듯이, 이 책은 증거기반 실천 및 평가의 일부로서 통계의 중요성을 강조하는 책이다. 제2장에서는 증거기반 실천을 개괄적으로 고찰하고, 다양한 종류의 통계값과 그러한 통계값과 증거기반 실천 간의 관계를 살펴볼 것이다.

이 책에서 우리는 수학의 사용을 가능한 한 최소화하고자 한다. 본 저자의 강의 경험에 비춰볼 때 어떤 학생들은 수학을 좋아하고 수학을 많이 공부한 경험이 있지만, 대부분의 학생들은 수학 공식을 그다지 좋아하지 않는 것 같다. 또한 많은 학생들이 수학에 대해서 적어도 약간씩의 두려움을 가지고 있으며 통계의 수학적 원리나 복잡한 계산을 어떻게 하는지를 아는 것보다는 실천적 관점에서 통계의 의미를 배우는 데 훨씬 더 흥미를 느끼는 것 같다.

그러나 통계의 의미를 이해하고 실천을 위해 통계를 어떻게 활용할 수 있을지를 이해하기 위해서는 수학적 공식과 계산법을 어느 정도까지는 알고 있어야만 한다. 이 책에서는 수학 공식과 계산법—특히 어려운 것들—을 본문의 내용과 분리하여 글상자로 제시하고자 한다. 본 저자는 독자들이 이 책에서 다루게 될 모든 통계의 의미를 수학에 압도당하지 않고 이해할 수 있기를 바란다. 그러나 동시에 본 저자는 모든 학생들이 수학을 싫어하는 것은 아니라는 것을 잘 알고 있다. 어떤 학생들은 이제까지의 교육과정을 통해서 수학을 많이 공부했을 수도 있으며 수학을 좋아할 수도 있다. 본 저자는 이 책을 쓰면서 이러한 상반된 두 가지 부류의 학생들 모두가 흥미를 느낄 수 있게 하려고 노력했다. 독자들 각각은 자신의 스타일에 맞게 수학 공식과 계산방법을 공부할 것인지 여부와 언제 그리고 어떻게 공부할 것인지를 결정할 수 있으며, 그와 관련해서 과목을 담당하는 교수들로부터 도움을 받을 수 있을 것이다. 물론 교수마다 수학 공식과 계산방법을 가르치는 접근방법에 있어서 차이가 있을 수는 있다.

이 책에서 다루게 될 통계적 분석은 이제까지 소개된 모든 통계 소프트웨어 패키지들을 이용하여 할 수 있다. 가장 잘 알려져 있고 이용하기 편리한 소프트웨어 중 하나로는 SPSS(Statistical Package for Social Sciences)를 꼽을 수 있다. 그러나 독자들이 SPSS나 그 밖의 다른 통계 소프트웨어를 이용한다고 할지라도 이 책에 제시된 수학 공식과 계산방법을 꼭 공부할 것을 권하고자 한다. 이 책에서 우리는 **가설**, **변수**, **신뢰도**, **타당도**, **확률표본**, **실험집단**과 **통제집단** 등의 용어들을 사용하게 될 것이다. 통계학은 바로 이러한 용어들을 사용하는 연구들로부터 나온 것이므로 이러한 용어들은 통계를 공부하는 과정에서 반드시 이해해야만 하는 용어들이다. 이러한 연구방법 용어들을 사용하지 않고서는 여러 가지 통계분석이나 통계값에 대한 예를 제시하거나 통계분석을 위해 필요한 조건들을 설명한다는 것이 불가능하다. 이러한 용어들은 이 책의 제3장에 소개되어 있는데, 이러한 용어들을 이미 알고 있는 독자들에게도 제3장의 내용을 읽어본다면 그렇게 하는 것이 도움이 되면 되었지 결코 해가 되지는 않을 것이라는 말을 해두고자 한다.

제3장 이후의 모든 장들은 통계적 개념들을 살펴보는 장들이다. 제3장 이후에 소개되는 내용들 중 어떤 내용들은 주로 증거기반 실천(evidence based practice, EBP) 과정 중 제3단계에서 읽게 될 다양한 평가 연구들에 제시된 연구결과들을 비판적으로 사정하기 위해 필요한 통계적 개념들에 관한 내용들이다. 그 밖의 내용들은 증거기반 실천 과정 중 마지막 단계인 평가 단계에서 자신의 자료를 다루고 분석하는 데 도움이 될 것이다.

만일 이 책을 읽어 나아가는 과정에서 너무 오래 전에 배워서 잊어버렸거나 이제까지 한 번도 배운 적이 없는 수학 연산을 접하게 된다면 부록 A를 읽어보는 것이 도움이 될 것이다. 부록 A에는 이 책의 내용을 이해하는 데 필요한 기본적인 수학 연산 과정들이 설명되어 있는데, 특히 어렵다고 생각되는 수학 연산 과정에 대한 설명을 읽어보기 바란다. 예를 들면, 부록 A에는 백분율을 구하는 방법이나 음수를 제곱할 때 음수 부호가 어떻게 변하는지 등에 대한 설명이 나와 있다.

주요 내용

- 통계를 알아야 하는 가장 중요한 이유는 통계를 앎으로써 사람들을 보다 효과적으로 도울 수 있기 때문이다.
- 통계를 이해할 때, 실천가는 클라이언트를 더 위하는— 지루하고 힘들어 보이지만 기꺼이 배우고 실천에 활용함으로써 도움을 필요로 하는 사람들에게 많은 도움이 될 수 있는— 실천가가 될 수 있다.
- 윤리적인 실천가가 되기 위해서는 실천과 관련된 연구들을 수시로 고찰하고 비판적으로 평가해야 하며 증거기반 지식을 실천의 기반으로 삼아야 한다.
- 통계는 실천에 지침이 되는 여러 개입의 효과성에 관한 연구결과들을 평가하는 데 도움을 주며, 따라서 증거기반 실천을 가능하게 해준다.
- 통계를 배우는 것은 임상, 행정 · 기획, 지역사회 조직, 사회행동, 정책분석 등을 포함한 모든 차원의 실천에서 도움이 된다.
- 통계를 배움으로써 우리는 정치적 의제를 알리기 위한 방편으로 통계를 오용하는 사람들의 그릇된 논리에 현혹되지 않을 수 있다.
- 통계를 공부함으로써 실천가는 자신의 주장을 뒷받침해줄 수 있는 자료를 효과적으로 (그릇된 결론을 내리지 않는 윤리적인 방법으로) 다룰 수 있으며, 자신과 반대되는 입장을 가진 사람들이 통계를 그릇되게 사용하는지 여부를 꿰뚫어 보고, 실제로 그런 경우가 발생한다면 그들의 통계 사용에 있어서 무엇이 잘못된 것인지를 지적할 수 있다.
- 통계를 공부하는 것은 자신의 실천이 얼마나 효과적인지를 평가해보는 데 도움이 된다.

연습문제

1. 동료 실천가가 우리 지역사회의 평균 가구소득은 빈곤선보다 $5,000 높기 때문에 빈곤층을 위한 서비스에 대한 욕구가 상대적으로 적다고 말했다고 가정해보자. 이 장의 내용을 공부한 것이 동료의 이러한 주장에 대한 여러분의 반응에 어떤 영향을 미치는가?
2. 임상 또는 행정 실천가가 되고자 준비하는 학생들이 통계를 공부하는 것이 중요하다는 것에 대해서 의견을 달리하는 사람을 찾아보자. 그 사람에게 마치 상대방의 입장이 자신의 입장인 것처럼 입장을 바꾼 다음 이 주제에 대해서 이야기해보자고 부탁해보라. 그런 다음, 이 주제에 대한 자신의 입장이 바뀌었는지, 바뀌었다면 왜 그리고 어떻게 바뀌었는지, 아니면 더 확고해졌다면 왜 그리고 어떻게 확고해졌는지를 간략하게 글로 정리하라.

3. 인터넷 검색엔진(예를 들면, 구글 같은)을 이용하여 무료 통계분석 서비스를 제공하는 웹사이트를 찾아보아라. 예를 들면, **통계분석**이라는 검색어를 사용해보자. 여러분이 찾은 웹사이트가 몇 개나 되는지 기록하고 웹사이트의 주소 또한 기록하라. 여러분이 찾은 웹사이트들은 앞으로 많은 도움이 될 것이다.

제 2 장

증거기반 실천에서의 통계 사용

증거기반 실천이란?

증거기반 실천(evidence based practice, EBP)이란 실천가가 실천과 관련된 결정을 내리는 데 있어서 이용 가능한 과학적 연구 증거 중 가장 엄격한 증거를 중요한 근거로 삼는 일련의 과정이다. 물론 증거기반 실천은 모든 종류의 실천 결정을 내리는 데 사용될 수 있지만 기획가, 행정가 또는 대인 서비스 제공자들이 그들이 개발하거나 제공하는 프로그램, 정책, 서비스 또는 개입의 효과를 극대화하고자 하는 경우와 가장 관련이 깊다고 할 수 있다.

그러나 증거기반 실천 과정 중에 내려지는 결정들이 반드시 연구 증거에만 근거하는 것은 아니다. 증거기반 실천 과정은 실천의 본질 중 하나인 특수성을 이해하고 실천가의 전문성과 클라이언트의 특성의 중요성을 존중한다. 예를 들면, 임상 실천 차원에서 각각의 클라이언트는 독특성을 갖는 존재로 인정된다. 아무리 훌륭한—엄격한 연구결과에 의해 뒷받침되는—개입이라고 할지라도 모든 클라이언트에게 효과적일 수는 없다. 임상 실천의 성과에 관한 연구의 경우, 특정 개입이 모든 클라이언트에 대해서 100% 성공을 거두었는지 여부를 가지고 그 개입이 효과적인지를 판단할 수는 없다. 대신 우리는 해당 개입을 받은 클라이언트들이 다른 개입을 받은 클라이언트들에 비해 성공 비율이 더 높은지 여부를 가지고 개입의 효과성을 판단한다. 예를 들면, 청소년 성범죄자를 위한 새로운 개입이 개발되었으며 그 개입을 받은 청소년 성범죄자들의 재범률이 60%에서 30%로 낮아졌다고 가정해보자. 이 개입이 이제까지 알려진 개입들 중 가장 효과적인 개입이고 재범률을 절반 정도까지 떨어뜨릴 수 있다고 할지라도 클라이언트들 중 30%에 대해서만큼은 효과적인 개입이 되지 못한다.

어쩌면 어떤 실천가들은 특정 클라이언트가 가진 아주 구체적인 어떤 특성이 그 클라이언트에 대한 개입의 효과를 떨어뜨릴 수도 있다는 것을 알지도 모른다. 때로는 아주 탄탄한 증거에 의해서 뒷받침되는 개입들이 그저 한두 민족 집단에 대해서만 검증된 것인 경우도 있다. 종종 외상 후 스트레스 장애와 약물남용 같이 여러 가지 문제를 함께 가지고 있는 클라이언트들은 연구대상에서 아예 제외되기도 한다. 따라서 만일 그러한 연구들의 연구대상 중에 미국 원주민 클라이언트나 여러 가지 문제를 함께 가진 클라이언트들이 포함되어 있지 않지만 우리가 대하는 클라이언트들이 미국 원주민이라면 우리는 그러한 연구들에 의해서 뒷받침되는, 개입과 클라이언트 간의 관계에 대해서 당연히 의심해볼 필요가 있다.

더욱이, 어떤 클라이언트들은 특정 개입에 대한 참여를 거부할 수도 있다. 예를 들면, 어떤 충격적인 사건을 경험한 사람들은 노출 치료나 안구운동 둔감화 및 재처리에 참여하기를 거부하는데—그러한 개입의 효과를 뒷받침하는 많은 증거들이 있음에도 불구하고—왜냐하면 그들로 하여금 끔찍했던 사건에 대해서 다시 생각하게 만드는 그러한 개입이 너무도 고통스러울 것이라는 두려움을 가지고 있기 때문이다. 따라서 증거기반 실천 과정은 실천가들에게 그들이 가진 전문성과 클라이언트의 독특한 특성에 대한 지식을 바탕으로 대안적인 개입방법을 선택할 수 있게 한다.

그러나 대안적인 개입을 선택할 수 있다는 것이 실천가들이 무엇을 하든 상관이 없다거나 전적으로 그들이 가진 전문성과 클라이언트의 독특한 특성에 대한 지식에만 근거하여 실천 결정을 내릴 수 있다는 것은 절대 아니다. 다만 실천가들의 결정이 오로지 최선의 연구 증거에만 근거해야 하거나 개입방법에 대한 선택이 그들이 가진 전문성과 클라이언트의 특성에 대한 지식은 전혀 고려되지 않은 상태에서 기계적으로 이루어져야 할 필요는 없다는 것이다.

따라서 증거기반 실천 과정은 실천가들로 하여금 최선의 연구 증거와 그들이 가진 전문성과 클라이언트의 특성, 가치, 선호 및 상황에 관한 지식을 모두 **통합**한 것에 근거하여 실천 결정을 내리게 한다. 아래의 그림 2.1은 증거기반 실천이 가진 이러한 통합적인 특성을 보여주는 모형이다. 이 모형에 따르면, 실천 결정은 그림에서 검게 표시된 부분에 근거하여 내려지는 것이 바람직한데, 이 부분은 바로 최선의 연구 증거, 실천가의 전문성 그리고 클라이언트의 특성이 겹치는 부분이다. 실천 결정은 이러한 세 가지 요소를 세 개의 원이 겹치는 부분에서 기술적으로 적절히 혼합하여 내려야 한다. 실론스키와 깁스(Shlonsky and Gibbs, 2004)는 이 모형에 대해서 다음과 같이 서술하고 있다:

> 이 세 가지 핵심 요소들 중 어느 것도 그것 하나만 사용될 수 없다. 실천가는 세 가지 요소 모두를 적절히 혼합하여 효과성이 입증된 바 있는 개입을 사용하는, 클라이언트에 대해서 민감한 사례 계획을 세워야 한다. 관련 증거가 부재한 경우에는 나머지 두 요소에 더 많은 비중을 두어야 하지만, 관련 증거가 충분하다면 최선의 연구 증거 요소에 더 많은 비중을 두어야 한다 (p. 138).

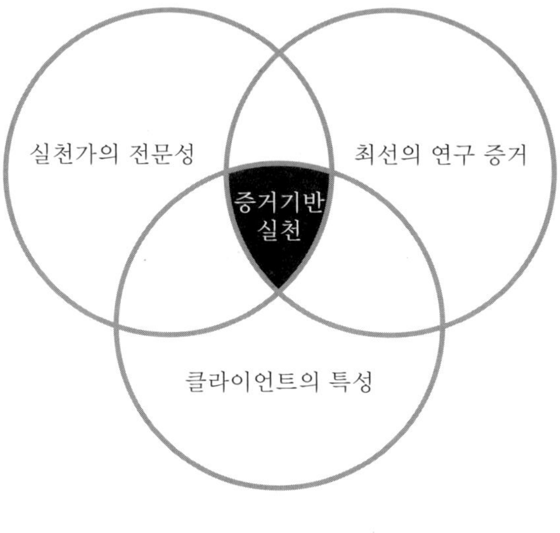

그림 2.1 증거기반 실천의 통합적 모형

증거기반 실천과 증거기반 실천들

앞서 언급한 바와 같이, 증거기반 실천이 하나의 과정임에도 불구하고 어떤 사람들은 복수 개념인 **증거기반 실천들**(Evidence Based Practices, EBPs) (또는 **실증적으로 뒷받침되는 개입들**)을 뜻하고자 할 때 단일 개념을 뜻하는 용어인 **증거기반 실천** 또는 단일 개념을 뜻하는 약자인 EBP를 사용하곤 한다. 특정 프로그램, 정책 또는 개입이 많은 연구들에 의해서 지속적으로 뒷받침된다면 그러한 프로그램, 정책 또는 개입은 **증거기반** 또는 **실증적으로 뒷받침되는** 프로그램, 정책 또는 개입들 중의 하나로 여겨지게 된다. 증거기반 실천을 단수 개념으로 보든 복수 개념으로 보든 상관없이 동일하게 EBP라는 약자로 표기하다보니 본 저자가 진행하는 증거기반 실천 워크숍에 참여하는 실천가들 중의 많은 사람들이 다양한 증거기반 실천 기법들 중에서 구체적인 어떤 한두 가지 것을 배우게 되리라는 기대감을 가지고 워크숍에 참여하는 경우를 자주 보게 된다. 이러한 기대감은 매니지드케어 회사나 그 밖의 보험회사들이 그들이 수가를 지불할 수 있다고 인정한, 연구결과에 의해 뒷받침되는 일련의 개입들을 말하고자 할 때 복수 개념을 나타내는 EBPs라는 약자가 사용되어야 함에도 불구하고 EBP라는 약자를 잘못 사용하는 것을 볼 때 어느 정도 이해가 되기도 한다.

이처럼 복수 개념을 단수 개념 혹은 단수 약자로 잘못 부르거나 표기하는 것을 볼 때, 왜 많은 실천가들이 증거기반 실천 개념에 대해서 부정적인 반응을 보이고 증거기반 실천을 매니지드케어 회사들이 실천가의 전문성과 클라이언트의 특성에 대한 지식을 무시하고 회사가 정해 놓은 개입 목록에 포함되어 있는 개입만을 사전에 정해진 최대 개입 횟수 범위 내에서만 제공하게 하는 비용 절감의 도구에 불과한 것으로 생각하는지를 이해할 수 있다. 그러나 본 저자는 일단 실천가들이 증거기반 실천이 일련의 과정이라는 사실과 증거기반 실천 과정의 단계들에 대해서 배우고 나면 증거기반 실천에 대한 그들의 생각과 태도가 바뀌는 것을 항상 목격해왔다. 이제 이러한 논의 내용을 염두에 둔 상태에서 증거기반 실천 과정의 단계에 대한 논의를 시작해보기로 하자.

증거기반 실천 과정의 단계

1단계: 질문 만들기

증거기반 실천 과정의 첫 단계는 증거를 가지고 답해야 하는 질문—일반적으로 실천 결정에 관한—을 만드는 것이다. 예를 들면, 어떤 개입의 성공 가능성이 가장 높은가? 어떤 요인들이 바람직한 결과나 바람직하지 않은 결과를 가장 잘 예측할 수 있게 해주는가? 어떤 사정 도구를 사용해야 할 것인가? 등과 같은 질문을 만들어볼 수 있다. 예를 들면, 당신이 아동복지 분야에서 일하고 있으며 대리가정에 아동을 맡길 때 성공적인 결과가 나타날지 여부를 가장 잘 예측할 수 있게 해주는 요인이 무엇인지 궁금해 하고 있다고 가정해보자. 아마도 당신은 다음과 같은 질문을 할 수 있을 것이다: 성공 가능성이 높은 대리부모를 선별하기 위한 사정도구 중 어떤 것이 가장 신뢰도와 타당도가 높은가? 만일 당신이 가정유지를 중요시하고 대리가정에 아동을 맡기는 것을 최소화해야 한다는 입장을 가지고 있다면, 아마도 다음과 같은 질문을 할 수도 있을 것이다: 가정유지 프로그램에 의뢰된 부모들의 아동학대 또는 방임 재발방지 가능성을 가장 높일 수 있는 개입은 어떤 것인가? 증거기반 실천 과정의 1단계에서의 질문 형성에 관한 보다 자세한 논의는 다음의 책들을 참조하기 바란다:

- A. Rubin. (2008). *Practitioner's guide to using research for evidence-based practice.* Hoboken, NJ; John Wiley & Sons, Inc.
- L. E. Gibbs. (2003). *Evidence-based practice for the helping professions.* Pacific Grove, CA: Brooks/Cole.

2단계: 증거 찾기

증거기반 실천 과정의 두 번째 단계는 일반적으로 인터넷 검색엔진 또는 문헌검색 데이터베이스 사용을 필요로 하는 단계이다. 예를 들면, 구글(Google) 같은 검색엔진은 검색어와 관련된 정보를 포함하고 있는 다양한 웹사이트들을 제시해준다. 따라서 **중대 사건 스트레스 감소**(critical incident stress debriefing)라는 검색어를 입력한다면 그 개입 접근방법에 대한 서술, 홍보 또는 반박 증거를 제시하는 다양한 웹사이트들을 찾을 수 있게 될 것이다. 예를 들면, 본 저자가 최근에 실제로 그 검색어를 구글에 입력했을 때 중대 사건 스트레스 감소를 소개하고 홍보하는 여러 웹사이트들과 함께 다음과 같은 웹사이트를 발견한 바 있다:

> Concerns about the effectiveness of critical incident stress . . .
> Hammond and Brooks's enthusiasm for critical incident stress debriefing (CISD) [1] causes them to ignore findings suggesting inert or iatrogenic effects of . . .

(이 링크의 내용 중 iatrogenic이라는 단어가 해롭다는 의미임을 생각해볼 때 본 저자가 어느 웹사이트를 가장 먼저 클릭했을지는 말하지 않더라도 짐작할 수 있을 것이다!)

질문의 내용에 따라, 어떤 경우에는 원하는 웹사이트를 찾기 위해서 여러 가지 검색어를 사용해야 하기도 한다. 예를 들면, **중대 사건 스트레스 감소**라는 검색어 대신 CISD라는 약자를 입력하면 대부분의 경우 지역 명칭이 C로 시작하는 지역의 교육구(school district)나 그 밖의 지역의 독립 교육구 연합(Consolidated Independent School District)의 웹사이트들이 나타난다. 이와는 대조적으로, EMDR이라는 약자를 검색어로 입력하면 안구운동 둔감화 및 재처리(Eye Movement Desensitization and Reprocessing)에 관한 웹사이트들만을 찾을 수 있다.

구글이나 야후 같은 검색엔진 내의 링크들 중 대부분은 연구논문의 원문을 읽을 수 있게 해주지는 않는다. 그러나 어떤 링크들은 연구논문에 대한 과학적 엄격성을 갖춘, 객관적이고 체계적인 논평을 제공하는 Cochrane Collaboration과 the Campbell Collaboration 같은 웹사이트들을 연결시켜 주기도 한다. 사실 이 두 웹사이트들을 이용하여 자신의 실천 질문과 관련이 있는 연구논문에 대한 논평이 있는지를 먼저 확인해보는 것이 바람직하다. 만일 개별 논문을 온라인 상에서 받아 읽어보고자 한다면, 가장 좋은 방법은 전문적인 문헌검색 데이터베이스인 PsycINFO, MEDLINE, Google Scholar나 그 밖의 접근 가능한 (아마도 각자가 다니고 있는 대학을 통해서) 다른 데이터베이스를 이용하는 것이다. 온라인 검색이나 검색어 선택에 관한 보다 자세한 논의는 앞서 소개한 바 있는 루빈(Rubin, 2008)과 깁스(Gibbs, 2003) 같은 문헌을 참조하기 바란다.

3단계: 증거를 비판적으로 평가하기

모든 연구가 방법론적으로 엄격한 것은 아니다. 사실 본 저자는 이제까지 읽어본 대인 서비스 분야(또는 관련 분야)의 응용연구들 중 결점이 없는 연구는 본적이 없다. 만일 연구의 엄격성을 기준으로 일련의 연속선을 상상해본다면 이미 발표된 연구논문들의 경우라고 할지라도 각각의 논문이 이 연속선 상에서 어디에 위치하는지는 천차만별일 것이다. 연속선의 한 극단에는 사소한 몇 가지 정도의 결점을 가진 매우 훌륭한 연구들이 위치하는 반면, 또 다른 극단에는 치명적인 오류를 가지고 있음에도 불구하고 아마도 해당 학술지의 편집위원들이 연구방법에 관한 전문성이 부족하거나 연구논문에 제시된 결론과 동일한 입장을 갖기 때문에 해당 논문을 편파적으로 심사했기 때문에 학술지에 실리게 된 연구들이 자리한다. (아마도 학술지에 실린 연구논문들 중 치명적인 오류를 가진 연구들이 엄격한 연구들보다 훨씬 많다는 사실을 알게 되면 놀라지 않을 수 없을 것이다!) 이러한 두 극단 사이에 위치한 연구들 중 대부분은 그다지 심각하지 않은 오류를 가지고 있으면서 신뢰도에 있어서 상당한 차이를 보이는 다양한 증거들을 제시해주는 연구들이다.

이러한 일련의 연속선 상에 위치한 연구들로부터 얼마나 많은 증거를 찾을 수 있을지는 실천 질문이 무엇인가에 따라 달라진다. 어떤 질문의 경우—예를 들면, 외상 후 스트레스 장애 치료를 위한 개입의 효과성에 관한 질문이라면—는 결점이 전혀 없는 연구에서부터 치명적인 오류를 가진 연구에 이르기까지 연속선의 거의 전 구간에 이르는 많은 연구들을 찾을 수 있을 것이다. 또 어떤 질문의 경우는 연속선의 중간쯤에 해당하거나 그보다 못한 연구들 밖에 찾지 못할 수도 있다. 증거기반 실천 과정의 3단계에서는 자신이 찾은 연구들을 비판적으로 평가하고 어떤 연구가 가장 나은 증거를 제시하는지를 판단해야 한다. 만일 연속선 상의 중간쯤에 위치한 어떤 한 연구가 다른 어떤 연구들보다 더 신뢰할 만한 증거를 제시하는 연구라면, 그 연구를 선택할 수밖에 없으며 더 나은 증거가 없는 한 그 연구의 결과를 실천의 기반으로(물론 그러한 연구의 결과를 자신의 실천 전문성과 클라이언트의 특성에 관한 지식과 결합하여) 삼을 수밖에 없다.

이 책의 제3장에서는 문헌이나 인터넷을 통해 찾은 증거의 질을 평가하기 위해 반드시 알고 있어야 하는 기본적인 연구방법 개념들을 살펴볼 것이다. 이러한 개념들에 대한 보다 심도 있는 논의를 원하는 경우, 루빈(Rubin, 2008)이나 루빈과 배비(Rubin and Babbie, 2008)를 참조하기 바란다. 증거를 비판적으로 평가하기 위해서는 기본적인 통계 지식 또한 필요하다. 통계 지식이 있을 때 실천가는 연구논문이 제시하는 수량적인 연구결과에 의해 압도당하지 않고 그 의미를 해석할 수 있다. 이 장의 나머지 부분의 내용을 공부하는 것은 바로 그러한 지식을 얻는 데 도움이 될 것이다. 그러나 그에 앞서 증거기반 실천 과정의 나머지 두 단계에 대해서 먼저 살펴보기로 하자.

4단계: 개입을 선택하고 실행하기

3단계 과정을 통해 얻은 결과는 우리가 실행에 옮기고자 하는 개입, 프로그램 또는 정책을 선택하는 데 영향을 미친다. 앞서 논의했던 여러 가지 이유들로 인해, 실천가는 자신의 실천 전문성과 클라이언트의 특성에 관한 지식을 종합하여 최선은 아니더라도 신뢰할 만한 증거에 의해서 뒷받침되는 개입을 선택할 수도 있다. 앞서 언급한 바와 같이, 개입과 관련된 증거가 아무리 확실한 증거일지라도 선택한 개입이 성공적이지 않거나 선택한 개입을 적용할 수 없는 클라이언트는 항상 존재한다. 이러한 사실을 이해하는 것은 개입 선택 단계뿐만 아니라 다음 단계의 중요성과도 관계가 있다.

5단계: 결과를 평가하기

아무리 탄탄한 증거에 의해서 뒷받침되는 개입이라고 할지라도 선택할 개입을 실행에 옮길 때 항상 성공적인 결과를 거둘 수 있는 것은 아니다. 앞서 언급한 바와 같이, 최선의 개입이라고 할지라도 모든 클라이언트에게 맞는 것은 아니며 자신의 클라이언트가 선택한 개입과 맞지 않는 클라이언트일 수도 있기 때문이다. 또한 자신 또는 자신이 슈퍼비전을 주는 실천가가 최선의 증거를 제시해준 평가 연구에서 개입을 제공했던 실천가에 비해 전문성이나 클라이언트에 관한 지식이 부족할 수도 있다. 어쩌면 평가 연구에서 개입을 제공했던 실천가가 해당 개입을 만들어낸 사람으로부터 직접 슈퍼비전을 받았을 수도 있다. 당연히 그런 슈퍼비전은 누구나가 받을 수 있는 슈퍼비전은 아니다. 자신이 일하고 있는 기관의 사례수가 많을 수도 있고 그러한 사실이 개입의 효과에 영향을 미쳤을 수도 있다. 더 나아가서, 최선의 증거가 반드시 탄탄한 증거라는 법은 없다. 문제에 따라서는 찾을 수 있는 증거가 매우 제한되어 있기 때문에 최선의 증거를 심각한 오류를 가진 몇 개 되지 않은 연구들 중에서 찾게 될 수도 있다. 따라서 최선의 증거에 의해서 뒷받침되는 개입이 자신의 클라이언트들에 대해서 효과적일 것이라고 막연히 기대하기보다는 과연 선택한 개입을 통해 기대했던 결과를 거둘 수 있었는지 여부를 반드시 평가해보아야 한다.

그렇기 때문에 평가는 증거기반 실천 과정에 있어서 매우 중요하며, 그러한 사실이 바로 이 책의 제목에 **평가**라는 용어가 포함되어 있는 이유 중 하나이기도 하다. 사실 실천가들은 자신이 표적으로 삼은 문제에 대한 개입의 효과성을 뒷받침할 수 있는 설득력 있는 증거를 전혀 찾지 못하는 경우가 종종 있다. 그런 경우, 증거기반 실천 과정을 거친다는 것은 의미가 없으며 이렇다 할 만한 증거에 의해서 뒷받침되지 않는 개입의 결과를 평가하면서 개입이 득이 되는지 해가 되는지를 논한다는 것 또한 무의미하다.

개입의 결과를 평가하기 위해 사용할 수 있는 연구설계는 여러 가지가 있다. 그 중에서 어떤 것을 사용할지는 개별 클라이언트에게 제공된 개입의 결과를 평가하고자 하는지 아니면 대규모 프로그램의 결과를 평가하고자 하는지에 따라 달라진다. 예를 들면, 특정 교육구 또는 주(state)에서 실시한 안전한 성생활 교육 프로그램과 금욕만을 강조하는 교육 프로그램 중에서 어느 것이 더 효과적인지를 평가하고자 한다고 가정해보자. 만일 개별 클라이언트에 대한 프로그램의 효과를 평가하고자 한다면, 단일체계설계 기법을 사용할 수 있다. 이제 논의의 주제를 바꿔서 서로 다른 증거기반 실천 질문이나 실천 역할에 적용할 수 있는 여러 가지 통계값들에 대해서 살펴보기로 하자.

어떤 유형의 실천 질문 또는 역할에 어떤 통계를 사용할 것인가?

실천 과정에서 구체적으로 어떤 통계를 접하거나 사용하게 될지는 자신이 가진 실천 질문이 어떤 종류의 증거기반 실천 질문인지 그리고 자신이 어떤 실천 역할을 하고 있는지에 따라 달라진다. 이러한 두 가지 요인은 또한 통계에 대해서 어느 정도로 자세한 기술적 지식을 가져야 할지를 결정하는 데에도 영향을 미친다. 예를 들면, 어떤 새로운 서비스를 제공해야 하는지를 알아보기 위해서 지역사회 욕구조사를 실시하고자 하는 행정가 또는 프로그램 평가자에게는 다양한 기술통계값들을 계산하고 제시하는 방법을 이해하는 것이 중요하다. 이와 달리, 직접 연구를 하기보다는 기존 연구들을 고찰하여 가장 효과적인 개입을 찾고자 하는 임상 실천가의 경우는 연구논문에 제시된 여러 가지 추론통계값들의 의미를 이해하는 것이 필요하다. 이 장의 나머지 부분에서는 이 책의 뒷부분에서 다루게 될 여러 가지 통계값들 그리고 이들 각각의 통계값들과 관련이 있는 실천 질문 또는 실천 역할들에 대해서 살펴보기로 하겠다.

기술통계

서비스 제공을 위한 조사를 실시하고자 하는 경우이든 다른 사람이 해놓은 조사 결과를 바탕으로 실천 결정을 내리는 경우이든 간에 실천가는 이 책의 제2부에서 다루게 될 다양한 기술통계값들에 대해서 알아둘 필요가 있다. 예를 들어, 표 2.1에 제시된 것과 같은 빈도분포의 의미를 이해해야 한다고 가정해보자. 빈도분포는 우리에게 저소득층에 해당하는 다수의 주민과 부유층에 해당하는 소수의 주민이 존재한다는 것을 말해주고 있다. 빈도분포에 관한 보다 자세한 논의는 제4장에서 하게 될 것이다.

그림 2.2는 표 2.1에 제시된 정보와 동일한 정보를 파이 도표 형태로 제시해주고 있다. 파이 그림을 비롯한 여러 가지 그래프는 제5장에서 소개하기로 하겠다.

자신의 실천 역할이 무엇이든 간에 대부분의 증거기반 실천 질문은 **중심경향도**(central tendency)를 나타내는 측도와 **산포도**(dispersion)를 나타내는 측도들에 대한 이해를 필요로 한다. 각각에 대해서는 제6장과 7장에서 구체적으로 살펴볼 것이다. 예를 들어, 표 2.1과 그림 2.2의 자료를 바탕으로 쓰인 보고서에 이 지역사회의 평균 소득(mean income)과 중위 소득(median income)은 각각

표 2.1 가상 지역사회 주민의 소득의 집단 빈도분포표

소득	빈도	누적 빈도	비율	백분율(%)	누적 백분율
$10,000 미만	4,000	4,000	.20	20.0	20.0
$10,000~$19,000	4,000	8,000	.20	20.0	40.0
$20,000~$39,999	5,000	13,000	.25	25.0	65.0
$40,000~$59,999	4,000	17,000	.20	20.0	85.0
$60,000~$79,999	2,000	19,000	.10	10.0	98.0
$80,000 이상	1,000	20,000	.05	5.0	100.0
합계	20,000		1.0	100.0	

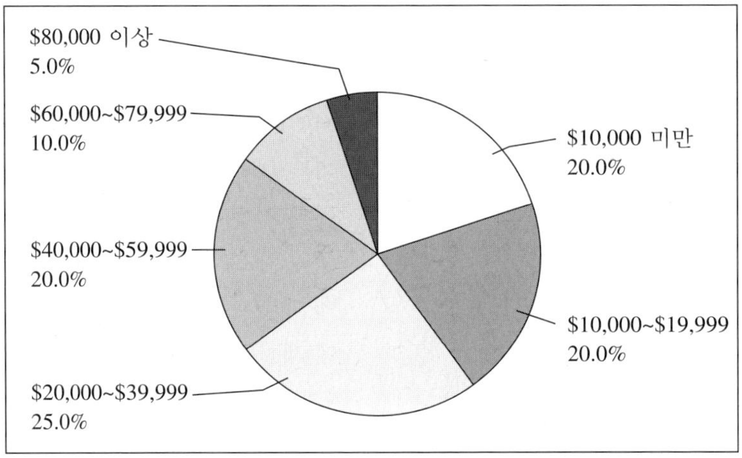

그림 2.2 표 2.1의 내용을 파이 도표로 나타낸 예

$45,000와 $25,000이고 표준편차는 $15,000로 언급되어 있다고 가정해보자. 제6장과 7장을 읽고 나면, 이러한 세 가지 통계값들이 우리에게 이 지역사회의 주민들 중에 다수가 저소득층이며 주민들 중에 소수의 부유층이 존재하기 때문에 평균소득을 사용하는 것이 부적절하다는 것을 이해할 수 있게 될 것이다.

중심경향도 측도와 산포도 측도에 대한 이해는 서로 다른 개입방법들의 상대적 효과성을 비교하는 연구결과를 이해하고자 할 때 필수적이다. 예를 들어, 어떤 연구에서 벡 우울증 척도(Beck Depression Inventory, BDI)를 이용한 사전검사 측정값의 평균이 개입 A는 15이고 개입 B는 25이며, 두 경우 모두 표준편차는 5라고 보고하고 있다고 가정해보자. 벡 우울증 척도 점수가 낮을수록 우울증 정도가 낮다는 전제 하에서, 우리는 이 연구결과를 바탕으로 개입 A를 받은 클라이언트들보다 개입 B를 받은 클라이언트들이 평균적으로 우울증 정도나 낮다는 것을 알 수 있다. 또한 만일 이 연구에서 자료가 정규분포를 따른다고 보고하고 있다면, 정규분포(제8장을 참조하기 바람)를 알고 있는 사람이라면 개입 A를 받은 클라이언트들 중 약 84%의 벡 우울증 척도 점수가 20 미만이라는 것을 알 수 있을 것이다.

제8장의 내용인 정규분포에 대해서 이해하게 될 때 제9장에서 소개될 내용인 **효과크기**(effect size)라는 개념을 이해할 수 있게 될 것이다. 그런 다음에는 표 2.1과 그림 2.2에 제시된 평균과 표준편차들을 바탕으로 개입 A의 효과크기가 2.0, 즉 개입 A의 평균 우울증 점수가 개입 B의 평균 우울증 점수보다 2 표준편차 높다는 것을 알게 될 것이다. 그러한 사실을 알게 될 때 개입 A의 평균 우울증 점수가 개입 B를 받은 클라이언트들 중 약 97%의 우울증 점수보다 높다는 것 또한 알 수 있게 된다.

추론통계

그러나 이러한 결과들이 클라이언트들을 두 집단에 무작위로 배정할 때 우연히 특정 클라이언트들이 어느 한 집단에 속하게 됨에 따라 나타나게 된 결과에 불과한 것이 아닌지 여부는 어떻게 알 수 있을까? 추론통계에 관한 지식은 바로 이러한 질문에 대한 답을 구하는 데 필요한 지식이다. 추론통계에서는 여러 가지 통계값들을 다루게 되는 이들 통계값들 모두는—각각을 구하는 공식은 다르지만—주어진 어떤 결과가 우연에서 비롯된 것일 확률을 말해준다. 예를 들어, 동전을 던져 나온 결과에 따라 우울증 클라이언트들을 개입 A와 개입 B에 배정했다면(뒷면이면 개입 B) 우울증 정도가 심한 클라이언트들이 모두 개입 B에 배정되었을 수도 있다. 만일 이 연구에서 연구결과가 우연에서 비롯된 것일 수 있는 확률이 .05 미만이라고 보고하고 있다고 가정한다면, 이 책의 제10장에서부터 13장까지의 내용은 우리로 하여금 연구결과가 우연에서 비롯되었을 가능성을 배제하는 것이 합리적이라는 결론을 내릴 수 있게 해줄 것이다. 또한 확률이 0.05보다 크다고 보고되었다고 하더라도 그러한 사실이 연구결과가 반드시 우연에서 비롯되었다는 것을 의미하거나 효과크기를 무시해야 한다는 것을 의미하지는 않는다는 것도 이해할 수 있을 것이다.

평균과 표준편차에 관한 어떤 연구결과가 우연에서 비롯되었을 가능성을 배제하고자 할 때, 일반적으로 *t*-검정이나 분산분석(analysis of variance, ANOVA) 같은 **모수통계값**(parametric statistics)을 이용한 통계검정을 실시한다. 이러한 검정방법은 제14장과 15장에서 다루게 될 것이다. 그런데 만일 우리가 가진 자료가 어떤 점수에 관한 자료가 아니라 사람 수와 같은 자료라면 어떻게 해야 할까? 예를 들어, 표 2.2에 제시된 것과 같은 학업중퇴 예방 프로그램에 대한 평가 연구를 하거나 그런 연구의 결과를 읽는다고 가정해보자. 이러한 자료는 점수가 아니라 학생들이 중퇴하거나 하지 않았다는 것을 말해주는 자료이다. 따라서 이러한 자료를 가지고는 평균이나 표준편차 같은 통계값을 구할 수 없다. 자료가 이러한 명목자료인 경우(명목자료에 대해서는 제3장에서 논의하기로 하겠다), 결과가 우연에서 비롯될 확률을 계산하려면 **비모수통계값**(nonparametric statistics)을 사용해야 한다. 일반적으로 많이 사용되는 비모수통계값은 카이제곱이며 이에 대해서는 제16장에서 다른 비모수통계값들과 함께 자세하게 논의하기로 하겠다. 제16장을 읽고 나면, 왜 표 2.2에서 프로그램 A의 중퇴율이 프로그램 B의 중퇴율보다 낮지만 두 중퇴율 간의 차이가 우연에서 비롯된 것일 가능성을 배제할 수 없는지를 이해할 수 있게 될 것이다. 이 책 제4부의 서론 부분에서 모수통계와 비모수통계의 차이를 보다 자세하게 설명하기로 하겠다.

상관과 관계강도

우리가 가진 실천 질문이 개입의 효과성에 관한 것이 아닌 경우에는 어떻게 해야 할까? 우리가 가진 실천 질문이 최선의 사정도구를 찾는 것에 관

표 2.2 카이제곱표의 예

결과*	중퇴 예방 프로그램 A	중퇴 예방 프로그램 B
졸업한 학생의 수	90	85
중퇴한 학생의 수	10	15

* Chi-square = 1.143; $df = 1$; $p = 0.285$

한 질문이라고 가정해보자. 예를 들면, 어떤 아동 치료 전문가가 외상을 경험한 아동들을 대상으로 외상 후 스트레스 장애가 있는지 여부와 외상 후 스트레스 장애 정도를 정확하게 알기 위해서 아동이 직접 작성하는(또는 부모가 작성하는) 척도를 사용하고자 한다고 가정해보자. 제3장에서 우리는 측정도구가 가져야 할 바람직한 특성인 **신뢰도**와 **타당도**에 대해서 설명할 것이다. 일반적으로 척도의 신뢰도를 나타내는 통계값들은 **상관계수**(correlation coefficients)의 형태를 갖는데 상관계수는 0에서부터 1.0까지의 값을 갖는다. 이때 통계값이 1.0에 가까울수록 신뢰도가 높다는 것을 의미한다. 상관계수들은 종종 타당도를 측정하는 데도 사용된다.

제17장에서 다루게 될 상관(correlation)을 이해할 때 우리는 아동의 외상 증상을 측정하는(또는 다양한 연령집단의 우울증, 불안증, 공격성 등과 같은 다양한 증상을 측정하는) 척도들 중 어떤 척도를 선택해야 할지를 판단할 수 있게 될 것이다. 따라서 설령 서로 다른 연구들이 아동의 외상 증상을 측정하는 서로 다른 척도들을 소개하고 있고 각각의 연구들이 척도와 관련된 서로 다른 신뢰도와 타당도를 나타내는 상관계수를 보고하더라도 그러한 연구결과를 해석하고 최선의 척도를 선택할 수 있는 능력을 갖게 될 것이다.

상관은 또한 우리에게 두 가지 현상이 어느 정도의 관련성을 갖는지를 말해준다. 예를 들어, 키와 몸무게, 교육 수준과 소득 등은 높은 관련성을 가지고 있다. 따라서 상관은 종종 개입의 효과성을 사정하는 연구에서 사용된다. 예를 들어, 상관은 특정 개입의 제공과 특정 결과 간에 어느 정도의 관련성이 존재하는지를 말해줄 수 있다. 따라서 상관을 이해하는 것은 어떤 개입을 선택해야 할지를 판단하는 데 도움이 된다.

메타 분석

보다 효과적인 개입이나 사정도구를 찾기 위해 문헌을 고찰하는 과정에서 우리는 종종 서로 상반된 연구결과를 제시하는 연구들을 접하게 된다. 그럴 경우, 어떤 개입이나 사정도구를 선택해야 할지를 판단하는 것이 더욱 어려워진다. 운이 좋다면 문헌을 고찰하는 과정에서 우리는 다양한 연구들과 서로 다른 연구결과들을 종합해 놓은 연구들을 찾을 수 있는데, 그러한 연구들을 **체계적 고찰**(systematic reviews) 또는 **메타 분석**(meta analysis)이라고 부른다. 특히, 메타 분석은 고찰한 연구들에 제시된 통계 결과들을 종합하는 체계적 고찰을 뜻한다. 메타 분석에 대해서는 제13장에서 설명하기로 하겠다.

회귀분석

어떤 실천 질문들은 **예측** 형태의 통계값을 필요로 한다. 예를 들어, 어떤 위탁보호(foster care) 기관의 책임자가 대리부모로서의 역할을 맡게 될 부모의 특성 중에서 어떤 특성이 아동을 대리가정에 위탁할 때 성공적인 결과를 거두게 될지 여부를 예측할 수 있는지 알고자 한다고 가정해보자. 제18장에서 우리는 대리부모가 가진 그러한 특성과 관련해서 나타날 것 같은 결과를 추정—다양한 특성을 바탕으로—할 수 있게 해주는 통계 공식을 해석하고 사용하는 방법에 대해서 살펴보기로 하겠다.

단일체계설계 평가를 위한 통계값

앞서 언급한 바와 같이, 증거기반 실천 과정의 5단계에서 결과를 평가하는 데는 여러 가지 연구설계 방법을 사용할 수 있다. 만일 다수의 연구대상을 바탕으로 한 실험연구의 결과를 평가하는 경우라면 이상에서 소개한 통계값들이 가장 적절할 것이다. 그러나 특정 클라이언트에 관한 결과를 평가를 위해서 단일체계설계를 사용하는 경우라면 그러한 경우를 위해 개발된 통계값들은 어떤 것인지 이해하고 그러한 통계값들을 사용하는 것이 바람직하다. 이에 관해서는 제19장에서 보다 자세하게 논의하기로 하겠다.

코딩과 자료처리

자신의 실천 역할이 많은 사람들로부터 자료를 수집하고—예를 들면, 표적집단의 욕구를 사정하기 위해 조사나 클라이언트 만족도 조사에서— 분석하는 것이라면 자신이 수집하게 될 대량의 자료를 어떻게 코딩하고 처리하는지를 이해할 필요가 있다. 이 책의 부록 E에는 그러한 방법들이 소개되어 있다.

"통계와 증거기반 실천의 관련성에 관한 예" 라는 제목의 글상자는 어떤 유형의 실천 질문 또는 역할에 어떤 통계를 사용할 수 있는지를 간략하게 소개해주고 있다.

통계와 증거기반 실천의 관련성에 관한 예

다음의 내용은 이 책에서 다루고 있는 통계 개념들이 어떤 실천 질문이나 증거기반 실천 과정의 목적에 유용한지 보여주는 예이다. 각각의 통계 개념을 다루고 있는 장은 괄호 속에 표기되어 있다.

통계 개념	증거기반 실천 과정에서의 쓰임
기술통계 (제4~9장)	빈도분포, 그래프와 도표 및 평균을 어떻게 어떻게 통합하는지를 아는 것은 모든 종류의 연구를 읽을 때 필요하지만, 특히 인구집단, 지역 또는 기관 내의 다양한 현상들과 관련된 실천 질문에 대한 기술적인 증거를 찾고자 할 때는 더욱 필요하다. 예를 들면, 얼마나 많은 사람이 어떤 욕구를 가지고 있는가? 제공된 서비스에 대해서 클라이언트들이 어느 정도 만족하는가?
z-값과 효과 크기(제9장)	이 두 개념을 이해하는 것은 서로 다른 척도로 측정된, 서로 다른 개입의 상대적 효과를 비교하는 데 도움이 된다. 이 두 개념을 이해하는 것은 자신이 제공한 개입의 효과를 평가하는 경우뿐만 아니라 다른 사람이 제공한 증거를 평가할 때에도 매우 중요하다.
확률과 표본분포 (제10장)	이 개념들은 모든 추론통계의 실제 의미를 이해하는 데 기초가 되는 개념들이다. 다음과 같은 예를 생각해볼 수 있다: 자연재해나 테러가 발생한 도시에서 사건 발생 후 1년이 지난 시점에서 주민들을 대상으로 조사를 실시하여 주민들 중 약 20%가 외상 후 스트레스 장애 진단을 받았을 것이라고 추정했다. 이 경우, 확률과 표본분

(계속)

통계와 증거기반 실천의 관련성에 관한 예(계속)

통계 개념	증거기반 실천 과정에서의 쓰임
	포 개념을 이해하고 있다면 그러한 추정의 신뢰수준을 계산할 수 있으며 그러한 지식은 해당 지역의 주민들을 위한 서비스 제공계획을 수립하는 데 도움이 된다.
가설검정과 통계적 유의성 (제11장~12장)	다른 사람의 연구결과나 자신이 행한 증거기반 실천 과정의 결과를 읽을 때 거의 모든 경우 변수들 간의 관계에 관한 내용을 접하게 된다. 그러나 그러한 관계들 중 어떤 것들은 표집오차에 의해 비롯된 것들이다. 예를 들어, 치료 프로그램 A에 참여한 클라이언트들이 프로그램 B에 참여한 클라이언트들에 비해 평균적으로 더 나은 결과를 보였다고 가정해보자. 이러한 개념들을 이해할 때 우리는 두 집단 간의 차이가 치료 프로그램의 종류와는 무관하며 동전을 던져 클라이언트를 두 집단에 배정할 때 우연에 의해서 증세가 덜한 클라이언트들이 프로그램 A에 더 많이 배정됨에 따라 나타난 것일 가능성을 추정할 수 있다.
메타 분석 (제13장)	증거 찾기 단계(증거기반 실천 과정의 2단계)에서 찾을 수 있는 가장 도움이 될 만한 증거는 자신의 실천 질문과 관련된 기존의 여러 연구들과 각각의 연구들에 제시되어 있는 통계 분석 결과를 체계적으로 고찰해놓은 연구일 것이다. 이러한 연구들을 가리켜 메타 분석이라고 한다. 운 좋게도, 자신의 실천 질문과 관련이 있는 메타 분석을 찾는다면 개별 연구들을 찾고 연구결과를 평가하고 종합하기 위해 쏟아야 하는 시간을 상당히 줄일 수 있다.
구체적인 통계적 유의성 검정(*t*-검정, ANOVA, 카이제곱 등) (제14~16장)	이러한 검정 기법들은 치료집단들 또는 변수들 간의 다른 여러 가지 관계들 간의 차이가 우연(표집오차)에서 비롯된 것일 확률을 계산하는 기법들이다. 이러한 개념들은 다른 사람들의 연구결과를 이해하는 데 그리고 자신의 평가 결과에 대한 적절한 검정 기법을 선택하고 검정 결과를 해석하는 데 도움이 된다.
상관 및 관계강도 (제13장과 17장)	어떤 치료 효과는 우연에서 비롯된 것이 아님에도 불구하고 매우 약할 수 있는 반면, 어떤 치료 효과는 매우 강할 수 있다. 집단 간 차이가 우연에서 비롯될 가능성을 배제하는 것과 그 차이의 강도가 얼마나 되는지를 아는 것은 다른 것이다. 이 두 장에 소개된 개념들을 이해함으로써 우리는 증거 연구나 우리 자신의 평가에서 볼 수 있는 통계적 유의성을 가진 관계의 실질적 의미를 이해할 수 있다. 또한 이러한 개념들을 이해할 때 우리는 사정도구의 신뢰도와 타당도에 관한 결과를 이해할 수 있다.
회귀분석 (제18장)	어떤 실천 질문들은 예측에 근거하기도 한다. 이 장에서 소개하고 있는 회귀방정식을 이해할 때 우리는 그러한 예측의 정확도를 높일 수 있다. 또한 이 개념은 우리로 하여금 다수의 요인에서 비롯된 연구결과를 설명하는 데 있어서 어떤 요인이 가장 중요하고 어떤 요인이 가장 중요하지 않은지를 구별할 수 있게 해준다.
단일체계설계 (제19장)	이 장은 증거기반 실천 과정의 5단계에서 개별 클라이언트에게 제공된 개입의 결과를 평가하기 위해 수집한

(계속)

통계와 증거기반 실천의 관련성에 관한 예(계속)

통계 개념	증거기반 실천 과정에서의 쓰임
	자료를 그래프로 제시하고 해석하는 데 도움을 준다.
자료 정리 (부록 E)	증거기반 실천 과정의 마지막 단계에서 다수의 대상으로부터 자료를 수집하고 분석해야 할 경우 자료를 코딩하고 컴퓨터에 입력하는 방법을 알아둘 필요가 있다.

주요 내용

- 증거기반 실천 과정은 가장 엄격한 연구 증거, 실천 전문성 그리고 클라이언트의 특성에 대한 지식을 통합하여 실천 결정을 내리는 과정이다.
- 증거기반 실천 과정은 질문 만들기, 증거 찾기, 증거를 비판적으로 평가하기, 개입을 선택하고 실행하기 그리고 결과를 평가하기라는 5가지 단계로 이루어진다.
- 증거기반 실천이 일련의 과정이기 때문에 복수 개념을 나타낼 수 있도록 증거기반 실천 과정(또는 실증적으로 뒷받침되는 개입 과정)이라고 불러야 함에도 불구하고 종종 단수 개념을 뜻하는 증거기반 실천 또는 EBP라는 약자로 부적절하게 부르는 경우가 있다.
- 실천 과정에서 어떤 통계값을 접하거나 사용하게 될지는 실천 질문이나 실천 역할이 무엇인가에 따라 달라진다. 이러한 두 가지 요인은 또한 통계에 대해서 어느 정도로 자세한 기술적 지식을 가져야 할지를 결정하는 데에도 영향을 미친다.

연습문제

1. 1~2명 정도의 실천가를 면담하여 그들이 증거기반 실천 개념에 대해서 알고 있는지 물어보아라. 만일 알고 있다면 증거기반 실천 과정에 대해서 그들이 어떻게 생각하고 있는지 물어보아라. 그런 다음 그들의 생각이 이 장에서 정의한 증거기반 실천 개념과 일치하는지 여부를 간략하게 정리하라. 만일 그들이 증거기반 실천을 실천 과정이 아니라 복수 개념인 증거기반 실천들이라고 생각하고 있다면, 그들에게 이 장에서 증거기반 실천 과정을 어떻게 정의하고 있는지(복수 개념인 증거기반 실천들과 다르게 정의해야 한다는 것)를 말해주어라. 그들의 생각이 바뀌었는가? 면담을 통해서 알게 된 바를 요약한 다음, 동료 학생들과 논의하라.

2. 당신이 생각하는, 대부분의 실천가들의 실천 방식과 증거기반 실천 과정이 일치하는가? 일치하지 않는다면 어떤 부분이 일치하지 않는지 그리고 대부분의 실천가들이 증거기반 실천 과정을 따르지 않는 주된 이유는 무엇인지 간략하게 정리한 다음, 동료 학생들과 함께 논

의하라.

3. 만일 실천 경험이 있는 사람이라면 자신이 내렸던 실천 결정 중 한 가지를 선택하여 만일 증거기반 실천 과정을 거쳤더라면 그 결정이 어떻게 나아졌을 수 있을지에 대해서 동료 학생들과 이야기하라.

4. 자신이 통계의 유용성에 대해서 이제까지 가졌던 입장을 간략하게 정리해보자. 그런 다음 이 장의 내용을 바탕으로 자신의 입장을 말해보아라. 입장에 변화가 있는가? 변화가 있다면 그 이유는 무엇이고, 없다면 그 이유는 무엇인가? 각자의 생각을 동료 학생들과 이야기하라.

제 3 장

연구방법 관련 주요 개념 및 용어 고찰

서론

통계를 이해하는 데 있어서 연구방법과 관련된 개념과 용어를 먼저 이해하는 것은 많은 도움이 된다. 이 장의 목적은 그러한 개념과 용어들을 요약 수준에서 고찰하는 것이다. 먼저 이 책에서 다루고 있는 통계와 이 장에서 살펴보게 될 개념과 용어들 모두는 소위 **양적 연구방법**이라고 하는 것과 관련이 있다는 것을 이해해보기로 하자. **양적 연구방법**은 주로 정확하고, 객관적이고, 일반화 가능한 결과를 얻고자 하는 연구에서 사용되는 방법이다. 이러한 연구들은 **양적 분석**, 즉 숫자와 통계에 의존한다. 통계는 또한 **질적 연구방법**을 주로 이용하는 연구에서 사용되기도 한다. 질적 연구는 양적 연구에 비해 통계를 덜 중요시하며, 그렇기 때문이 이 장에서는 주로 양적 연구방법의 개념과 용어에 초점을 맞추기로 하겠다. 그러나 이 책에서 질적 연구를 강조하지 않는 것이 질적 연구가 중요하지 않기 때문이라는 식으로 잘못 이해되어서는 안 될 것이다. 질적 연구의 중요성은 말로 다 설명할 수 없을 정도로 크다. 예를 들면, 질적 연구는 유연한 관찰 및 면담 과정을 사용함으로써 보다 심층적이고 수량적이지 않으면서 근저에 깔려 있는 의미와 유형을 주관적인 방식으로 이끌어낼 수 있는 중요한 내러티브를 생산해낼 수 있다.

이 장은 연구방법론 과목을 대신하고자 하는 장이 아니다. 따라서 이 장에서 다루고 있는 개념과 용어들을 정확하게 이해하기 위해서는 연구방법론 과목(그리고 질적 연구방법도)을 수강하는 것이 필요하다. 만일 아직 연구방법론 과목을 수강해본 적이 없다면 이 장에서 그런 내용들을 깊이 있게 다루어주기를 바랄지도 모르겠다. 그러나 그렇게 하기 위해서는 전적으로 연구방법론만 다루는 교재가 필요하다. 만일 다행히도 여러분이 앞서 제1장에서 언급한 바 있는 루빈과 배비(Rubin and Babbie, 2008)의 연구방법론 6판을 가지고 있다면, 이 책에서 다루는 내용들이 그 책의 어디에서 좀 더 심도 있게 다루어지고 있는지를 알려줄 수 있다.

비록 이 장에서 다루는 모든 내용을 이해하지는 못한다고 하더라도 이 장의 내용을 공부하는 것은 적어도 이 책의 주된 내용인 통계를 이해하는 데는 도움이 될 것이다. 만일 연구방법론을 이미 공부했다면, 이 장이 통계를 논할 때 사용되는 연구방법 개념과 용어들에 대한 기억을 되살릴 수 있는 기회가 되기를 바란다.

연구과정

루빈과 배비 책의 제6장에서 서술된 바와 같이, 연구자는 연구를 진행하는 과정 중 언제라도 문제에 직면하게 되거나 새로운 통찰력을 얻게 됨에 따라 초기 단계로 되돌아갈 수 있다. 그럼에도 불구하고 연구과정을 단계별로 나아가는 순차적 과정으로 이해하는 것이 도움이 될 것이다. 연구의 첫 번째 단계는 **문제를 형성**하는 단계이다. 이 단계에서 연구자는 특정 쟁점에 대해서 더 많은 지식이 필요하다는 것을 인식한다. 연구자는 하나의 연구 질문을 제기하고 연구 질문의 구체성과 연구 질문이 해당 전문 분야의 지적 기반에 대해 갖는 가치를 높이기 위해 제기한 연구 질문을 계속해서 다듬어 간다. 연구자는 또한 연구의 실행 가능성을 저해하는 요인들을 직면하고 그러한 요인들을 제거하고자 노력한다. 이 단계에서 연구자는 마지막으로 충분한 문헌 고찰을 거친 다음 연구의 목적과 개념적 구성요소들을 최종적으로 결정한다.

두 번째 단계는 **연구를 설계**하는 단계로서 표본추출방법, 측정, 자료수집 과정, 논리적 배열 등을 결정한다. 세 번째 단계에서는 **자료를 수집**한다. 네 번째 단계는 **자료처리** 단계이며 컴퓨터를 이용하여 자료를 분석할 수 있게 자료를 준비하고 처리한다. 그리고 나면 **자료분석** 단계가 되는데, 원하는 분석 결과를 얻기 위해 컴퓨터를 클릭하는 바로 그 단계이다. 그 다음 단계는 **연구결과를 해석하**는 단계이다. 컴퓨터는 연구결과를 해석해주지 않는다. 통계분석 결과에 대해서는 여러 가지 해석이 가능하다. 따라서 분석 결과에 대한 대안적 해석들이 반드시 제시되어야 하며 아울러 연구의 한계 또한 논의되어야 한다. 결론은 잠정적일 수도 있고 그렇지 않을 수도 있으며 정책, 실천, 이론 및 후속 연구를 위한 함의를 제시하는 것이 일반적이다. 마지막 단계는 **연구보고서를 작성하는** 단계이다. 사실 연구보고서 작성은 연구를 진행하면서 점증적으로 이루어져야 한다(그렇게 하는 것이 이상적이다!). 연구보고서는 일반적으로 연구의 배경과 중요성을 서술하는 **서론**, 연구설계 단계에서 결정한 사항들을 자세하게 서술하는 **연구방법**, 결론을 도출하지 않고 통계분석 결과만을 제시하는 **연구결과** 그리고 결과해석 단계에서 논의한 내용들을 다루는 **논의** 부분으로 구성된다.

양적 연구의 개념적 구성요소

연구의 개념적 구성요소는 루빈과 배비의 책 제7장에서 자세히 소개되어 있다. **가설**(hypothesis)이란 개념들 간에 존재한다고 추정되는 관계에 관한 시험적인 문장이다. **개념**(concepts)이란 생각, 대상, 사건, 행동, 사람 등을 상징하는 마음의 상(image)을 말한다. 예를 들면, 가설은 어떤 하나의 개념이 변할 때 다른 하나의 개념이 변한다는 것을 예측한다. 가설에 포함되어 있는 개념들은 **변수**(variables)로 표현되는데, 가설에 포함된 개념들을 **변수**라고 부르는 이유는 가설에서 그 개념들이 함께 **변**할 것이라고 가정되기 때문이다. 따라서 변수는 변할 수 있는 것이어야 한다. 이 말은 변수가 두 가지 이상의 속성 또는 값 범주로 이루어져야 한다는 것을 뜻한다. **속성**(attributes) 또는 **값 범주**(value categories)란 변수를 이루고 있는 개념들이다. 예를 들면, **성별**, **클라이언트의 만족도**, **체포 횟수**는 모두 변할 수 있는 것이며 연구에서 변수로 사용될 수 있다. 성별은, 만일 우리가 하고자 하는 것이 남성과 여성이라는 속성(값 범주)을 비교하는 것이라면, 변할 수 있다. 클라이언트의 만족도는 클라이언트들이 그들이 받은 서비스에 대해서 만족하는지 아니면 만족하지 않는지에 따라 변할 수 있다. 체포 횟수는 실제 체포 횟수가 0 이상의 값 중에서 어떤 값을 갖는가에 따라 변할 수 있다.

독립변수(independent variables)란 어떤 것을 설명하거나 어떤 것의 원인이 되는 변수를 말한다. **종속변수**(dependent variables)란 설명되거나 결과가 되는 변수를 말한다. 예를 들어, 특정 개입이 다른 개입보다 물질남용 정도를 감소시키는 데 더 효과적일 것이라고 예측하는 가설이 있다고 가정해보자. 이 가설은 두 개의 변수로 이루어져 있는데, 하나는 (1) 개입의 종류인 독립변수이고 다른 하나는 (2) 물질남용 정도인 종속변수이다.

어떤 다변량 연구(다중회귀분석이나 로지스틱 회귀분석 같은)에서는 독립변수라는 용어 대신에 **예측변수**(predictor variables)라는 용어를 쓰기도 한다. 그러한 연구들은 다수의 예측변수들 중 어떤 변수들이 종속변수에 대한 최선의 예측변수인지 밝히거나 일군의 예측변수들이 동시에 종속변수를 얼마나 잘 예측하는지 알아보려는 목적을 가진 연구들이다. 또한 다변량 연구에는 **통제변수**, **조정변수**, **매개변수** 또는 **개입변수**라고 불리는 변수들이 포함되기도 한다. 이러한 변수들은 이들 변수들이 우리가 관찰한 독립변수와 종속변수 간의 관계를 이해할 수 있게 해주는지 여부 내지는 이해할 수 있게 해주는 정도 또는 설명할 수 있는지 여부 내지는 설명하는 정도를 알아보기 위해서 연구된다.

통제변수(control variables)는 두 변수 간의 관계를 더욱 분명하게 하고자 할 때 고정되는 변수이다. 예를 들어, 교육과 편견 간의 관계를 발견하게 된 다음 연구대상을 성별에 따라 나누고 남성들 사이에서의 교육과 편견 간의 관계를 여성들 사이에서의 교육과 편견 간의 관계와 비교한다면 우리는 성별을 통제할 수 있게 된다. 이 예에서 성별은 통제변수이다.

조정변수(moderating variables)는 통제변수의 한 종류로서 독립변수와 종속변수 간의 관계의 강도나 방향에 영향을 미칠 수 있다. 예를 들어, 암환자들 중에서 사회 서비스를 많이 이용하는 환자들이 사회 서비스를 적게 이용하는 환자들보다 더 빨리 죽는다고 가정해보자. 사회 서비스가 해로운 것인가? 그럴 것 같지는 않다. 한 가지 가능한 설명은 말기 단계의 환자들(그리고 그들의 가족들)이 그렇지 않은 환자들보다 사회 서비스를 더 많이 이용했을 수 있다는 것이다. 이러한 경우, 우리는 서비스를 받기에 앞서 환자가 말기 단계라는 진단을 받았는지 여부를 **조정변수**로 연구에 포함시킬 필요가 있다.

매개변수(mediating variables) 또는 개입변수(intervening variables)는 통제변수의 한 형태로서 이들 변수를 통해서 독립변수가 종속변수에 영향을 미친다. 예를 들면, 물질남용 문제를 가진 클라이언트 중에 동기부여적 개입을 받는 사람이 받지 않는 사람에 비해 더 나은 임상 결과를 보이는 이유가 동기부여적 개입 그 자체 때문이 아니라 동기부여적 개입을 받음으로써 클라이언트들이 좀 더 강도 높은 치료를 마칠 수 있게 되기 때문이라고 가정해보자. 따라서 독립변수인 동기부여적 개입은 시간적으로 볼 때 독립변수와 종속변수 사이에 위치하는 개입변수를 통해(매개) 종속변수에 영향을 미치는 것이다.

연구에서는 각각의 변수들을 조작적으로 정의한 바와 같이 관찰하여 그 결과를 토대로 가설을 검증한다. **조작적 정의**(operational definition)란 어떤 속성 또는 값 범주가 어떤 클라이언트의 어떤 변수에 대해서 적용되는지를 구체적으로 결정하는 것을 말한다. 예를 들면, 소변검사 결과나 물질남용으로 인해 체포되었던 횟수를 가지고 조작적 정의를 할 수 있다. 다시 말하면, 조작적 정의는 변수들을 어떻게 측정할 것인지를 결정하는 데 도움이 된다.

측정 수준

변수들의 **측정 수준**은 서로 다를 수 있다. 측정 수준이 다른 변수들은 서로 다른 방식으로 측정되어야 한다. 동일한 연구에서 변수들의 측정 수준이 다르다는 것은 자료분석 단계에서 구할 수 있거나 구하는 것이 적절한 통계값의 종류에 영향을 미친다. 따라서 측정 수준에 대한 이해는 이 책의 나머지 부분에서 다루게 될 내용들을 이해하는 데 없어서는 안 될 중요한 기초가 된다. 변수의 측정 수준에는 **명목**, **순위**, **등간** 그리고 **비율**이 있다. 이제 이들 각각에 대해서 구체적으로 살펴보기로 하자.

명목척도

빈도만 측정할 수 있는 변수—예를 들면, 성별—를 가리켜 **명목척도**라고 한다. 어떤 기관의 클라이언트들을 대상으로 성별의 "평균"을 구한다는 것은 말이 되지 않는다. 클라이언트는 남성이거나 여성일 뿐 성별에 정도의 차이가 있는 것은 아니기 때문이다. 따라서 우리는 성별을 남성은 몇 명이고 여성은 몇 명이라든지 남성이 차지하는 비율은 얼마이고 여성이 차지하는 비율은 얼마라는 식으로 밖에 측정할 수 없다. 다시 말해서, 측정할 수 있는 것은 개수(head count)뿐이다. 서로 다른 범주에 해당하는 사람들의 명수 또는 비율을 통계 용어로 **빈도**(frequency)라고 한다. 예를 들면, 우리는 성별의 **빈도분포**가 남성 50%, 여성 50%라고 말할 수 있다. 따라서 빈도란 단순히 특정 변수의 특정 범주에 해당하는 사례가 얼마나 많은지를 센 것이다.

명목변수에서 변할 수 있는 것은 범주뿐이며 범주는 본질적으로 질적인 것이다. 성별은 가장 일반적으로 연구되는 명목변수이며 인종, 종교, 진단, 출생지 등과 같은 변수들도 자주 연구되는 변수들이다. 자신이 맡은 사례들 중에 미국에서 태어난 클라이언트와 다른 나라에서 태어난 클라이언트가 얼마나 되는지를 알아보고자 할 경우 우리가 측정하게 될 명목변수는 출생국이 될 것이다. "출생국가의 평균이 3.64이다"라고 하는 것은 말이 되지 않는다. 마찬가지로, "출생국의 평균이 '다소 미국이다' 또는 '매우 멕시코이다'"라고 하는 것도 말이 되지 않는다. 우리가 말할 수 있는 것은 몇 명이 어느 나라에서 태어났다거나 어느 나라에서 태어난 사람의 비율이 얼마나 된다는 것뿐이다. 각 나라별로 빈도를 센 다음 그 결과를 표로 나타낸 것을 가리켜 **빈도분포표**(frequency distribution table)라고 한다. 빈도분포표에 대해서는 제4장에서 자세하게 설명하기로 하겠다.

순위척도

순위척도 또는 **순위변수**는 정도(degree)를 기준으로 범주들을 서열-순위화할 수 있는 변수를 말한다. 즉, 순위척도는 어떤 변수가 얼마나 그 변수인가에 따라 순위를 정할 수 있는 변수이다. 따라서 클라이언트 만족도라는 변수를 가지고 우리는 클라이언트가 만족한 정도를 측정할 수 있다. 예를 들어, 클라이언트 A는 매우 만족했고 클라이언트 B는 조금 만족했다면, 우리는 클라이언트 A가 클라이언트 B보다 더 만족했다는 것을 알 수 있다. 그러나 명목척도로 측정된 변수들은 그 변수의 속성에 있어서의 차이가 측정하고자 하는 개념의 양이 많고 적음을 나타내기는 하지만 그러한 양에 있어서의 차이는 정확한 것이 아니다.

순위 수준에서 우리가 알 수 있는 것은 어떤 사례가 다른 사례에 비해서 어떤 것에 있어서 더 많거나 적다는 것일 뿐이며 정확하게 얼마나 더 많거나 적은지는 알 수 없다. 예를 들어, 클라이언트 A가 클라이언트 B보다 두 배 더 만족했다거나 1.5배 더 만족했다고는 말할 수 없다. 마찬가지로, 만일 Seabiscuit이라는 말이 경주에서 우승하고 Mr. Ed라는 말이 2위를 차지했다는 것은 알지만 그 차이가 얼마인지를 모른다면, 우리가 가진 변수는 순위변수가 된다. 학생들과 가장 관련있는 순위변수는 평점(grade point average, GPA)으로 측정된 성적이다. 모든 과목에서 A학점을 받은 학생의 평점(4.0)은 모든 과목에서 C를 받은 학생의 평점(2.0)보다 높지만 그렇다고 해서 4.0을 받은 학생이 2.0을 받은 학생보다 두 배 더 뛰어나다거나 두 배 더 배웠다는 것을 의미하는 것은 아니다(아마도 A를 받은 학생이 모든 시험과 보고서에서 받은 평균 성적은 91%이고 C를 받은 학생의 평균 성적은 76%일 것이다. 평점 4.0은 2.0보다 두 배 높지만 그런 사실이 두 학생의 백분율 성적이 두 배 차이난다는 것을 의미하는 것은 아니다. 분명히 91%는 76%의 두 배가 아니다).

또 다른 예로서, 순위척도는 증거기반 실천과정의 맨 마지막 단계에서 클라이언트의 발전을 관찰할 때 일반적으로 사용된다. 클라이언트는 그림 3.1에 제시된 것과 같은 개별화된 평가척도를 이용하여 주기적으로 특정 시간대(예컨대, 낮시간)에서의 자신의 불안감, 우울증, 분노, 자존감 등의 평균 수준을 측정한다. 이러한 측정을 통해 얻은 자료는 클라이언트의 불안감 수준이 날마다 변하는지 여부(예컨대, 지속적으로 나아지는 추세)는 보여줄 수 있으나 불안감의 정확한 수준이라든지 불안감이 정확하게 얼마나 변하는지는 보여주지 못한다. 따라서 월요일에는 4(매우)였으나 화요일에는 2(약간)라는 것이 불안감 수준이 월요일과 화요일 사이에 50% 감소했다는 것을 의미하지는 않는다.

등간척도

등간척도로 측정된 변수는 상이한 정도 간의 차이가 항상 동일한 의미를 갖는 변수이다. 예를 들면, IQ 점수 95와 100 간의 차이는 100과 105 간의 차이와 동일한 정도의 차이이다. 대규모 표본을 바탕으로 개발된 규준(norm)을 가지고 있는 표준화된 척도가 아마도 실천가들이 접하는 거의 유일한 등간척도일 것이다. 어떤 척도들은 기술적으로는 순위척도이지만 통계적으로는 마치 등간척도인 것처럼 사용된다. 예를 들어, 응답자가 어떤 주장들에 대해서 얼마나 동의하거나 동의하지 않는지를 묻는 척도에서 "그렇지 않다", "그렇다", "정말 그렇다" 등과 같은 응답 범주들 간의 차이가 얼마인지 정확하게 알 수 없으며 그렇기 때문에 각각의 문항은 순위척도이다. 각각의 응답 범주에는 점수가 부여되는데, 예를 들면, "정말 그렇다"는 5점, "그렇다"는 4점, "모르겠다"는 3점, "그렇지 않다"는 2점 그리고 "전혀 그렇지 않다"는 1점을 부여한다. 각 문항에 대한 응답 점수를 모두 합한 다음 그 점수를 마치 등간자료처럼 여기고 통계분석한다.

자신이 느끼는 불안감 정도

1	2	3	4	5
없거나 아주 조금	약간	중간	많음	아주 많음

그림 3.1 순위척도로 이루어진 개별화된 평가척도의 예

비율척도

비율척도로 측정된 변수들은 등간변수와 동일한 속성을 가지며 추가로 절대 영점을 갖는다. **체포 횟수**라는 변수를 생각해보기로 하자. 어떤 사람은 체포되었던 횟수가 한 번일 수도 있고 두 번일 수도 있고 그보다 많을 수도 있지만 한 번도 체포된 적이 없을 수도 있다. 이처럼 절대 영점이 존재하는 경우는 체포된 횟수가 4번인 사람은 2번인 사람보다 체포 횟수가 정확하게 두 배 더 많다고 말할 수 있다. 따라서 우리가 사람들이 체포되었던 정확한 횟수를 알고자 할 때 체포 횟수는 비율변수이다(이 점이 바로 절대 영점이 없는 등간변수와 다른 점이다. 우리는 지능검사 결과 0점을 받은 사람의 지능이 없다고 생각하지 않는다). 그 밖의 비율변수로는 연령, 자녀 수, 체포 횟수, 입원 일수, 반사회적 행동을 한 횟수 등을 생각해볼 수 있다.

그림 3.2에서는 이상에서 설명한 측정의 네 가지 수준 각각이 예시되어 있다.

측정 수준 변환

어떤 연구에서는 자료를 상위 척도 수준에서 수집한 다음 하위 척도 수준에서 분석하거나 보고하기도 한다. 예를 들어, 체포 횟수 같은 비율변수를 집단 범주로 보고할 수도 있다. 즉, 3회 미만의 체포 경험을 가진 클라이언트는 20명이고 3회 이상 5회 이하의 체포 횟수를 가진 클라이언트는 30명

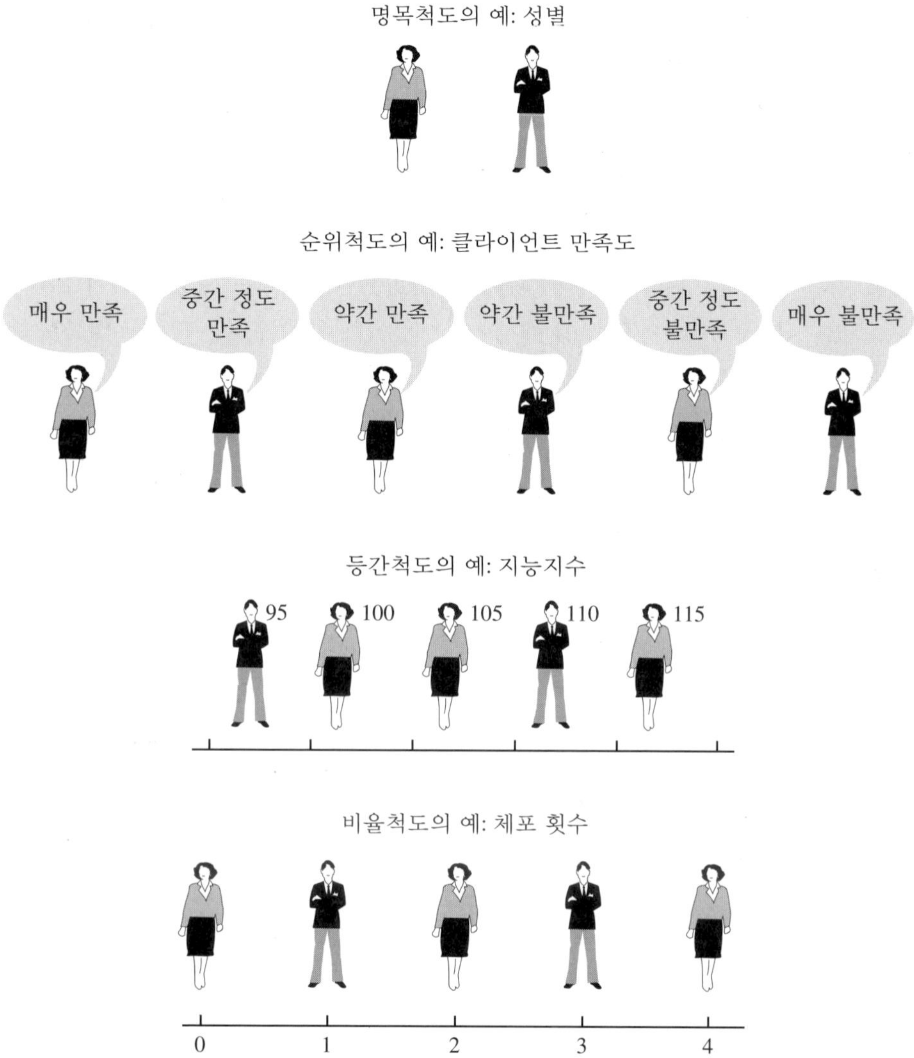

그림 3.2 측정의 네 가지 수준

이라는 식으로 보고하는 것이다. 이 경우, 체포 횟수는 순위척도 수준으로 변환되어야 하는데, 왜냐하면 우리가 알 수 있는 것은 3~5회 집단에 해당하는 30명의 클라이언트가 3회 미만 집단에 해당하는 20명의 클라이언트들에 비해 체포 횟수가 적다는 것뿐이기 때문이다. 예를 들어, 우리는 이러한 집단 정보만을 가지고는 어떤 집단이 어떤 집단에 비해 체포 횟수가 2배 많다는 식의 언급을 할 수 없다. 3~5회 집단에 속하는 클라이언트 중 어떤 사람은 5번 체포되었던 경험이 있고 그렇기 때문에 3회 미만 집단에 속하면서 체포 횟수가 한 번인 사람에 비해 체포 횟수가 5배 많을 수도 있다. 또 3~5회 집단에 속하는 어떤 클라이언트는 5번의 체포 경험이 있기 때문에 3회 미만 집단에 속하면서 체포 횟수가 2번인 클라이언트에 비해 체포 횟수가 1.5배 많을 수도 있다.

어떤 경우는 비율척도 수준의 변수를 이항 범주 집단의 형식으로 보고하는 경우도 있다. 예를 들면, **체포 횟수** 변수를 **예** 또는 **아니오** 변수, 즉 체포되었던 경험이 있는지 여부를 묻는 변수로 변환하는 것이다. 자료수집 단계에서는 비율척도 수준의 자료를 수집했지만 분석할 때 체포 횟수가 몇 번인가 보다 체포 경험이 있는지 여부에 더 관심을 가지게 될 수도 있다. 부록 E에서는 코딩에 대해서 설명하면서 비율척도로 측정된 자료로부터 새로운 변수를 만들어 내고 체포 횟수가 0인 모든 사람들을 "아니오, 체포된 적이 없습니다"로 코딩하고 그 밖의 모든 사람들(한 번 이상의 체포 경험이 있는)을 "예, 전에 체포된 적이 있습니다"로 코딩하는 방법을 자세하게 소개하고 있다.

비율척도로 측정된 변수를 이항 범주로 변환할 때 우리는 비율변수를 순위척도 또는 명목척도로 측정된 변수로 바꿔주어야 한다. 예를 들어, "예, 전에 체포된 적이 있습니다"라는 범주는 "아니오, 체포된 적이 없습니다"라는 범주보다 체포 횟수가 많은 것이므로, 체포 여부는 명목변수이지만 이를 순위변수라고도 볼 수 있다.

그러나 물질남용 치료 프로그램에 새로 참여하는 클라이언트들에게 "다음과 같은 약물을 얼마나 자주 사용했습니까?"라고 묻는다고 가정해보자. 어떤 클라이언트에게 있어서 가장 자주 사용한 약물은 헤로인이지만 다른 클라이언트는 코카인일 수도 있고 또 다른 클라이언트는 대마초일 수도 있다. 만일 우리가 이 자료를 분석할 때 각각의 약물을 얼마나 자주 사용하는지를 알고자 하는 것이 아니라 가장 자주 사용한 **약물**이 아편 종류인지 아니면 환각제 종류인지 여부라면, 분석해야 하는 변수는 명목변수가 될 것이다.

"얼마나 자주"를 **"종류"**로 변환하기 이전에 우리가 가지고 있었던 변수가 순위척도로 측정된 변수인지 아니면 비율척도로 측정된 변수인지는 명확하지 않았다. 만일 "얼마나 자주?"라는 질문이 **"매우 자주"** 또는 **"한 주에 두 번 이상"** 같은 부정확한 응답 범주를 갖는 질문이라면 우리가 가졌던 원래 변수는 순위척도로 측정된 변수였을 것이다. 그러나 만일 응답자가 한 주 또는 일정 기간 동안 평균 몇 회라는 식으로 답할 수 있었다면, 우리는 비율변수를 가지고 있었던 것이 된다. 어떤 경우이든 상관없이 우리는 자료를 명목 수준의 범주로 변환할 수 있었다.

비율변수를 순위 또는 명목 변수로 변환하는 것은 가능하지만 반대 방향으로는 변수를 변환할 수 없다. 예를 들어, 성별이나 출생국 같이 명목척도로 측정된 변수를 순위변수로 바꾸는 것은 불가능한데, 왜냐하면 우리는 정도나 서열에 관한 정보를 애초에 가지고 있지 않았기 때문이다. 뿐만 아니라 그러한 변수에 대해서 "더" 혹은 "덜"이라는 것을 생각한다는 것 자체가 말이 되지 않는다. 마찬가지로, 순위변수를 비율변수로 변환하는 것 역시 애초부터 정확한 양에 관한 정보를 가지고 있지 않았다면 불가능하다. 만일 우리가 아는 것이 클라이언트 A가 매우 만족하고 클라이언트 B는 중간 정도 만족한다는 것이 전부라면, 이 순위변수를 정확한 수량으로 전환하는 것은 불가능하다.

앞서 언급한 바와 같이, 변수의 측정 수준은 어떤 통계적 절차를 사용하여 그 변수를 기술할 수 있는지를 결정한다. 이미 알고 있는 바와 같이, 명목변수는 빈도로만 기술할 수 있다. 빈도는 다른 측정 수준의 변수를 표현할 때에도 사용할 수 있다. 예를 들어, 우리는 몇 명의 클라이언트가 매우 만족했고 매우 불만족했는지 보고할 수 있다. 또한 몇 명의 클라이언트가 체포 경험이 없는지, 한 번 있는지, 두 번 있는지 등을 보고할 수 있다. 그러나 명목변수와 달리 다른 측정 수준의 변수들에게 있어서는 빈도만이 유일한 보고 방식이 아니다. 예를 들어, 순위변수가 정확한 수량을 나타내는 것은 아니지만 평점 같은 순위변수의 값은 누구의 성적이 얼마나 되는지를 대략적으로나마 알려줄 수 있는 지표이다. 마찬가지로, 우리는 대안적 형태의 개입을 받고 난 이후의 클라이언트들이 **평균적으로** 몇 번이 체포되었는지에 대해서 말할 수 있다.

이 책 전반에 걸쳐서 우리는 다양한 통계 절차들을 다루게 될 것이다. 앞으로 차차 알게 되겠지만, 어떤 통계 절차를 선택하는 것이 가장 적절한지는 적어도 부분적으로는 분석하고자 하는 자료의 측정 수준에 의해서 영향을 받는다. 따라서 이 책을 읽고 나면 **측정 수준**에 대해서는 아주 편안하게 느낄 정도로 많은 것을 알게 될 것이다.

측정 관련 주요 개념

측정 수준이 무엇이든 간에 변수를 측정하는 절차는 신뢰할 수 있고 타당해야 한다. 어떤 척도의 신뢰도가 높다는 것은 그 척도가 높은 일관성을 갖는다는 것을 말한다. 동일한 사람들에게 여러 차례에 걸쳐서 성별을 묻더라도 사람들은 항상 일관된 답을 할 것이다. 따라서 성별에 관한 정보는 신뢰할 수 있는 정보이다. 어떤 척도의 **타당도가 높다**는 것은 그 척도가 측정하고자 한 바로 그것을 정확하게 측정할 수 있다는 것을 말한다. 따라서 성별을 묻는 질문에 대한 답은 신뢰도가 높을 뿐만 아니라 타당도 또한 높다고 할 수 있다. 그러나 보호관찰관이 보호 관찰대상들에게 지난번에 만난 이후 몇 건의 범죄를 저질렀는지 묻는다고 가정해보자. 아마도 보호 관찰관이 모든 보호 관찰대상들로부터 듣게 될 대답은, 그 대답이 사실인지 여부는 모르지만, 신뢰도가 매우 높은(즉, 일관된) "없음"이라는 대답일 것이다. 따라서 보호관찰관이 얻게 된 정보는 신뢰도가 높은 정보이지 타당도가 높은 정보는 아니다. 타당도가 낮은 이유는 **측정 편향**(measurement bias)과 관련이 있다.

측정은 여러 가지 방법으로 이루어질 수 있다. 한 가지 방법은 **직접 관찰**(direct observation)하는 것이다. 예를 들면, 치료 거주시설에 거주하는 부모들은 그들의 자녀들이 한 주에 몇 번이나 싸움을 하는지 직접 관찰할 수 있다. 또 다른 방법은 **자기보고**(self-report)이다. 면담을 하면서 아동들에게 자주 싸움을 하는지, 몇 번이나 악몽을 꾸었는지 등을 물어볼 수 있다. 똑같은 질문을 종이와 연필을 가지고 기입하는 **설문지**나 **척도**를 통해서도 물어볼 수 있다. 세 번째 방법은 기존 자료를 이용하는 것이다. 예를 들면, 성적, 훈육 의뢰, 결석 등에 관한 학교 기록을 검토할 수 있다. 어떤 방법을 사용하든 중요한 것은 우리가 사용하는 방법을 가능한 한 **편향되지 않고 객관적**이게 만들고 반드시 신뢰도와 타당도를 검사하는 것이다. 편향됨을 최소화할 수 있는 한 가지 방법은 **비관여적**(unobtrusive) 측정 절차를 사용하는 것이다. 즉, 관찰대상이 자신이 관찰되고 있다는 사실을 알지 못하게 하거나 관찰되고 있다는 사실로 인해 영향을 받지 않게 하는 것이다. 학교 기록을 사용하는 것은 비관여적 관찰의 한 예이다. 이와 달리 치료 전문가가 수업시간에 들어와 앉아 있게 하는 것은 **관여적** 관찰이다. 이와 관련된 개념으로는 **다원화**(triangulation)를 꼽을 수 있는데, 이는 두 가지 이상의 접근방법을 사용하여 관찰한 다음 각각의 접근방법을 통해 얻은 결과가 유사한지를 비교하는 것이다.

표본추출 관련 주요 개념

표본추출에 관한 주요 개념들은 루빈과 배비의 책 제14장에 자세하게 소개되어 있다. 전체 모집단에 대해서 일반화를 목적으로 하는 연구의 경우, 모집단을 대표할 수 있는 **표본**이 가장 이상적인 표본이다. 대표성 있는 표본을 얻을 수 있는 가장 안전한 방법은 **확률표본추출방법**(probability sampling method)을 사용하는 것이다. 좀 더 구체적으로 말하면, 확률표본추출이란 난수표를 이용하여 무작위로 표본을 뽑음으로써 모집단의 모든 구성원소들이 표본으로 뽑힐 동일한 확률을 갖게 만드는 것이다. **무작위 표본추출방법**을 통해서 우리는 편향성, 모집단에 대한 제한된 지식, 판단 오류 등이 어떤 구성원소는 표본으로 추출되고 어떤 구성원소는 추출되지 않는지에 영향을 미치지 않게 할 수 있다. 확률표본(무작위 표본)을 추출하는 방법에는 여러 가지가 있으나 이 책에서 꼭 기억해야 할 것은 자신의 표본이 확률표본인지 여부가 통계적 절차를 선택하는 데 영향을 미친다는 점이다.

대개의 경우 평가 연구자들은 대인 서비스가 제공되는 세팅과 표적집단의 특성 때문에 확률표본을 갖기가 매우 어렵다. 따라서 많은 평가 연구들이 최선은 아니지만 유용한 방법인 **비확률표본추출방법**(non-probability sampling method)을 사용한다. 예를 들면, 대인 서비스 프로그램이나 개입의 효과를 평가하는 연구들은 종종 편의표본(convenience sample) 또는 이용가능표본(availability sample)에 의존해야만 한다. 일반적으로 우리는 서비스 이용자를 무작위로 선택할 수 없으며 연구 시점에 클라이언트인 사람들을 표본으로 사용하지 않을 수 없다.

프로그램 및 개입 평가설계 관련 주요 개념

효과성을 평가하고자 할 때 가장 중요한 쟁점이 되는 것은 과연 프로그램 또는 실천이 우리가 관찰한 클라이언트 결과의 실제 원인인가 하는 것이다. 이를 결정하는 데 있어서 우리는 세 가지 기준을 고려해야 한다. 첫째, 평가대상 클라이언트 중에서 개입을 받은 클라이언트들의 결과가 개입을 받지 않은 클라이언트들의 결과보다 나아야 한다. 둘째, 클라이언트 결과의 향상은 개입 이전이 아니라 이후에 발생해야 한다. 셋째, 결과 향상에 대한 대안적 설명을 모두 배제할 수 있어야 한다.

우리가 배제시켜야 할 가장 가능성 높은 대안적 설명은 **역사**(history)이다. 역사란 개입과 동일한 시점에서 발생한, 결과 향상의 원인을 말한다. 따라서 예를 들어 우리가 시설에 거주하면서 치료를 받고 있는 한 소년의 반사회적 행동 감소를 위한 개입을 평가하고자 하는데, 개입을 제공하는 과정 중에 그 소년이 함께 거주하는 다른 소년들과의 성격 마찰 때문에 원래 머물던 숙소에서 새로운 숙소로 옮겨가게 되었다고 가정해보자. 이 경우, 우리는 소년의 행동 향상이 개입에서 비롯된 것인지 아니면 숙소를 옮긴 것에서 비롯된 것인지 알 수 없게 된다.

또 다른 대안적 설명은 **성숙**(maturation) 또는 **시간의 경과**이다. 예를 들어, 최근에 외상을 경험한 아동을 대상으로 제공된 놀이 치료 개입의 효과를 평가할 때 아동의 외상 후 스트레스 증상이 6개월 후에 감소했다고 가정해보자. 이 경우, 우리는 제공된 개입과 시간이 지난 것 중에 어느 것이 결과 향상을 가져왔는지 구분하기 어려워진다.

세 번째 가능한 대안적 설명은 **선정 편향**, 즉 개입을 받은 평가대상 클라이언트와 비교대상 클라이언트 간의 차이이다. 이러한 차이가 존재할 때 두 집단은 비교 가능한 집단이 될 수 없다. 예를 들어, 자발적으로 서비스를 이용한 물질남용 청소년과 서비스 이용을 거부한 물질남용 청소년을 비교한다고 할 때, 자발적으로 서비스를 이용한 청소년들이 더 나은 결과를 보인 것이 과연 치료에서 비롯된 차이인지 아니면 그들이 처음부터 변화에 대해서 동기부여가 이미 되어 있었고 서비스를 이용하기 이전부터 변화 과정이 시작되었기 때문에 나타나게 된 차이인지 여부를 알 수 없다. 이 밖에도 가능한 대안적 설명에는 여러 가지가 있으나 이 책이 통계에 관한 교재임을 고려할 때 이상에서 설명한 것들 정도이면 충분하다고 판단된다. 평가설계는 **내적 타당도**라는 것과 관련이 있는데 내적 타당도란 가능한 대안적 설명을 논리적으로 배제할 수 있는 정도를 말한다. 내적 타당도가 높을수록, 우리는 관찰된 결과가 다른 이유에서 비롯된 것이 아니라 개입에서 비롯되었다는 것을 더 확신할 수 있다.

프로그램이나 실천의 효과를 평가할 때 내적 타당도를 높일 수 있는 연구설계의 종류에는 실험설계(experimental design), 유사실험설계(quasi-experimental design) 그리고 단일체계설계(single-system design)가 있다. **실험설계**란 클라이언트를 서로 다른 집단에 무작위로 배정한 다음 그 중 한두 집단에만 우리가 평가하고자 하는 개입을 제공하여 얻은 결과를 개입을 제공받지 않은 한두 집단의 결과와 비교하는 것이다. 이때 두 집단 중 개입을 받은 집단이면서 평가되는 집단을 가리켜 보통 **실험집단**(experimental group)이라고 하고 다른 집단을 **통제집단**(control group)이라고 한다. 내적 타당도와 실험설계는 루빈과 배비(Rubin and Babbie, 2008)의 책 제10장에 보다 자세하게 소개되어 있다.

루빈과 배비의 책 제11장에서 다루고 있는 **유사실험설계**는 무작위 배정이 어려울 때 사용된다. 유사실험설계를 사용할 때 우리는 비교 가능하다고 생각되는 집단들을 찾은 다음 한 집단에 대해서는 개입을 제공하고 다른 한 집단에 대해서는 개입을 제공하지 않거나 개입 이전과 이후에 여러 번의 측정을 통해 역사 또는 시간의 경과의 영향을 배제한다. **단일체계설계**(루빈과 배비의 책 제12장) 역시 개입 이전과 이후에 여러 번의 측정을 실시함으로써 역사 또는 시간의 경과를 배제한다. 단일체계설계는 유사실험설계의 한 종류로서 실천가들이 주로 개별 클라이언트를 대상으로 행한 실천의 효과를 평가하기 위해 사용하는 연구설계 방법이다.

때로는 현실적 실행 가능성이라는 제약조건 때문에(루빈과 배비의 책 제11장에 언급된 바와 같이) 이상에서 소개한 연구설계방법들을 사용하지 못하고 내적 타당도가 낮은 원시실험설계(pre-experimental design), 횡단설계(cross-sectional design), 사례통제설계(case-control design) 같은 방법들을 사용하게 된다. 이러한 연구설계방법들이 가진 단점은 이 책의 제13장, 제15장, 제18장 및 부록 C에서 소개할 다변량 통계분석방법들을 사용함으로써 다소 보완할 수 있다.

이 장을 마치기에 앞서, 이 장에서 우리는 연구방법론 과목에서 다루는 모든 용어와 개념들을 살펴본 것이 아니며 본 저자가 생각하기에 이 책을 읽어 나가면서 꼭 알고 있어야 할 것이라고 판단되는 것들이라는 점을 다시 한 번 언급해두고자 한다!

주요 내용

- 양적 연구방법은 일반적으로 연구의 목적이 정확하고, 객관적이고, 일반화 가능한 결과를 얻고자 하는 경우에 사용된다. 양적 연구는 양적 분석, 즉 숫자와 통계값에 의존한다.
- 통계는 질적 연구방법을 주된 연구방법으로 하는 연구에서도 사용된다. 그러나 질적 연구는 정확하고 일반화 가능한 통계값보다는 유연한 관찰 및 면담 과정을 사용함으로써 보다 심층적이고 비수량적인, 근저에 깔려 있는 의미와 유형을 주관적인 방식으로 이끌어낼 수 있는 중요한 내러티브를 생산해 내는 것을 더 중요시한다.
- 가설이란 개념들 간에 존재한다고 추정되는 관계에 관한 진술이다.
- 개념이란 생각, 대상, 사건, 행동, 사람 등을 상징하는 마음의 상(images)이다.
- 가설에 포함되어 있는 개념들은 변수로 나타내어진다. 가설에 포함된 개념들을 변수라고 부르는 이유는 가설에서 그 개념들이 함께 변할 것이라고 가정되기 때문이다. 따라서 변수는 변할 수 있는 것이어야 한다. 이 말은 변수가 두 가지 이상의 속성 또는 값 범주로 이루어져야 한다는 것을 뜻한다.
- 속성 또는 값 범주는 변수를 이루고 있는 개념들이다. 예를 들어, 우리가 남성과 여성이라는 속성(값 범주)을 비교하고자 한다면 성별은 변할 수 있다.
- 독립변수란 어떤 것을 설명하거나 어떤 것의 원인이 되는 변수를 말한다.
- 종속변수란 설명되거나 결과가 되는 변수를 말한다.
- 다중회귀분석이나 로지스틱 회귀분석 같은 다변량 연구에서는 독립변수라는 용어 대신에 예측변수라는 용어를 쓰기도 한다. 그러한 연구들은 다수의 예측변수들 중 어떤 변수들이 종속변수에 대한 최선의 예측변수인지 밝히거나 일군의 예측변수들이 동시에 종속변수를 얼마나 잘 예측하는지 알아보려는 목적을 가진 연구들이다.
- 다변량 연구에는 또한 통제변수, 조정변수, 매개변수 또는 개입변수라고 불리는 변수들이 포함되기도 한다. 이러한 변수들은 이들 변수들이 우리가 관찰한 독립변수와 종속변수 간의 관계를 이해할 수 있게 해주는지 여부 내지는 이해할 수 있게 해주는 정도 또는 설명할 수 있는지 여부 내지는 설명하는 정도를 알아보기 위해서 연구된다.
- 변수는 서로 다른 네 가지 수준에서 측정될 수 있다: 명목, 순위, 등간 및 비율.
- 명목척도로 측정된 변수인 명목변수(예컨대, 성별이나 출생국)에서 변할 수 있는 것은 범주뿐이며 범주는 본질적으로 질적인 것이다.
- 서로 다른 범주에 해당하는 사람들의 명수 또는 비율을 통계 용어로 빈도라고 한다.
- 순위척도로 측정된 순위변수는 정도를 기준으로 범주들을 서열-순위화할 수 있는 변수이다. 그러나 명목변수의 속성에 있어서의 차이는 측정하고자 하는 개념의 양이 많고 적음을 나타내기는 하지만 그러한 양에 있어서의 차이는 정확한 것이 아니다.
- 등간변수의 경우, 상이한 정도 간의 차이는 항상 동일한 의미를 갖지만 절대 영점은 존재하지 않는다.
- 비율척도로 측정된 비율변수(예컨대, 체포 횟수)는 등간변수와 동일한 속성을 가지며 추가로 절대 영점을 갖는다.
- 비율변수는 명목변수나 순위변수로 변환될 수 있으며, 순위변수는 명목변수로 변환될 수 있지

만, 변수를 반대 방향으로는 변환할 수 없다. 즉, 명목변수는 다른 어떤 수준의 변수로도 변환될 수 없으며, 순위변수는 등간변수나 비율변수로 변환될 수 없다.

연습문제

1. 물질남용 문제를 가진 청소년들로 하여금 치료를 받도록 동기부여하기 위한 두 개의 서로 다른 개입의 효과를 비교하고자 한다고 가정해보자. 청소년들이 어떤 개입을 받았는지를 나타내는 변수를 개입의 종류라고 부르고 개입의 효과성을 다음과 같은 두 가지 기준을 가지고 평가한다고 가정하자: (1) 물질남용 치료 회기에 각각의 청소년들이 참석한 정확한 횟수, (2) 한 차례의 임상 면접을 통해 결정된, 청소년의 동기부여 수준. 면접자는 각 청소년의 동기부여 수준을 다음의 세 가지 중 하나로 판단한다:

수준 1: 변하고자 하는 의지가 매우 낮거나 전혀 없음

수준 2: 물질남용을 그만하길 원하지만 근시일 내에 그러한 변화를 이루기 위해 필요한 행동을 취할 생각은 없음

수준 3: 조만간 그러한 변화를 이루기 위해 필요한 행동을 취하고자 함

a. 위에서 언급한 두 변수가 각각 어떤 수준에서 측정된 변수이며 왜 그렇게 생각하는지 설명하라.

b. 각 청소년이 물질남용 치료 회기에 참석한 정확한 횟수를 어떻게 다른 수준의 변수들로 변환할 수 있는지 서술하라.

2. 아래의 논문을 읽고 이 논문에서 순위척도인 모든 문항의 값을 더한 점수를 어떻게 마치 등간변수처럼 취급하고 있는지 생각해보라:

J. Walsh, R. Green, Matthews & Bonucelli-Puerto. (2005). Social Workers' view of the etiology of mental disorders: Results of a national study. *Social Work*, *50*(1), 43-52.

3. 아래의 논문에서 그림 3.2 및 관련 내러티브를 고찰하라. 그런 다음 왜 그림 3.2의 변수가 등간변수가 아니라 순위변수인지 설명하라.

M. L. McHugh. (2003). Descriptive statistics, Part I: Level of measurement. (Scientific Inquiry). *Journal for Specialists in Pediatric Nursing*, *8*(1), 35-37.

제 2 부

기술통계

대부분의 실천 관련 연구들은 대규모 표본을 바탕으로 한 조사연구뿐만 아니라 소규모 표본을 바탕으로 한 기관 평가에서 조차도 맨눈으로 훑어보거나 스프레드시트를 이용해서는 도저히 해석할 수 없을 정도로 방대한 양의 자료를 수집하게 된다. 따라서 우리는 정리되지 않는 형태의 자료를 정리하여 요약해야 한다. 자료를 정리하고 요약하고 제시하기 위한—변수들 간의 관계에 관한 가설을 검증하기 위한 목적이 아니라—통계를 가리켜 **기술통계**라고 한다. 이 책의 제2부에서는 증거기반 실천과 가장 관련이 있는 다양한 기술통계들에 대해서 살펴보기로 하겠다.

- 빈도분포
- 그래프와 도표
- 중심경향도 측도
- 산포도 측도
- 정규분포
- z-값, 백분위 및 효과크기

제 4 장

빈도분포

- 서론
- 빈도분포의 유형
  - 절대빈도
  - 상대빈도
  - 누적빈도
  - 집단빈도분포
- 교차표
- 연구논문에 빈도분포 자료를 제시하는 방법
- 잘못된 백분율
- 주요 내용
- 연습문제

서론

기술통계의 맨 처음 단계는 자료를 다루기 용이한 형식으로 전환하는 것이다. 자료 축소 과정이라고 불리는 이 과정은 빈도분포를 만드는 것에서부터 시작된다. 제1장에서 언급한 바와 같이, SPSS 같은 통계 소프트웨어 패키지는 우리가 하고자 하는 빈도분포를 비롯한 모든 통계적 분석을 할 수 있다. 그러나 통계적 분석을 위해서는 먼저 코딩 과정을 통해 원자료(raw data)를 컴퓨터가 인식할 수 있는 형식으로 전환해야 한다. 이 장과 후속 장들에서는 독자들이 코딩에 관한 기본적인 내용들, 예를 들면 성별 변수의 경우 남성을 1로, 여성을 2로 코딩하는 등의 것에 대해서 잘 알고 있다는 전제 하에서 논의를 전개해 나가기로 하겠다. 만일 코딩에 관한 기본적인 내용에 대해서 아직 잘 모른다면, 특히 향후 증거기반 실천 과정 중 평가 단계에서 자료분석을 위해 자신의 자료를 처리하게 될 것이라면, 부록 E "분석을 위해 자료 준비하기"를 먼저 읽어보기 바란다.

제3장에서 언급한 바와 같이, **빈도**(frequency)는 특정 변수의 특정 범주에 해당하는 사례의 수를 뜻하는 통계 용어이며 **빈도분포**(frequency distribution)는 특정 변수가 가진 범주 각각의 빈도를 나열한 것이다. 빈도분포는 우리의 연구에 포함되어 있는 각각의 변수가 가진 각각의 값 범주에 해당하는 사례의 수와 백분율을 알려줌으로써 우리로 하여금 자료의 전반적인 특성을 이해할 수 있게 도와주며, 때로는 그 자체로서 중요한 결과를 제시해준다. 우리가 가진 자료가 각각의 변수가 가진 각각의 범주에 대해서 어떻게 분포되어 있는지를 아는 것은 자료를 분석하기에 적합한 통계분석방법을 찾고 추후에 그러한 분석의 결과를 해석하는 데 도움이 된다.

제1장에서 우리는 극단적인 값을 갖는 소수의 사례들이 어떻게 평균을 왜곡시켜 대다수의 사례들에 해당하는 평균보다 훨씬 큰 평균을 만들어 내는지를 예를 통해 살펴본 바 있다. 빈도분포를 살펴봄으로써 우리는 자료를 분석하는 과정에서 그러한 현상이 발생하게 될지 여부를 알 수 있다. 또한 부록 E에 언급되어 있는 바와 같이, 빈도분포를 살펴봄으로써 우리는 코딩 및 자료입력 오류를 발견할 수 있다.

빈도분포가 어떻게 대규모 자료를 다루기에 용이한 형태로 전환할 수 있는지를 예를 통해 이해하기 위해서 어떤 주거 치료 센터에 거주하고 있는 외상 경험 아동 및 청소년의 문제행동을 감소 및 예방하기 위한 두 가지 치료 접근방법의 효과를 비교한다고 가정해보자. 사례 중 절반은 센터에서 제공하는 기존 치료를 받는 반면, 나머지 절반은 새로운 치료를 받았다고 가정해보자. 표 4.1에 제시된 자료는 우리가 가진 평가 자료 중 일부이다.

우리가 가진 자료는 표 4.1의 자료보다 더 많은 변수와 사례를 포함하고 있을 수 있으나 일단 표 4.1에 제시된 자료만을 생각해보기로 하자. 이처럼 정리되지 않은 원자료 그 자체를 가지고는 결과를 해석하는 것이 얼마나 어려운지를 쉽게 알 수 있다. 그렇기 때문에 이 자료보다 사례의 수가 더 많은—예컨대, 100개 또는 그 이상— 자료라면 얼마나 힘들지 또한 상상해볼 수 있을 것이다.

제시된 자료를 말로 기술한다고 가정해보자. 아마도 보고서의 내용은 다음과 같을 것이다:

> 50명의 아동 및 청소년 중에 25명은 남성이고 25명은 여성이다. 20명은 백인이고, 15명은 아프리카계 미국인이며, 13명은 남미계 미국인이고, 2명은 기타 인종에 해당한다. 이들 중 25명은 새로운 치료 개입을 받았고 25명은 기존의 치료 개입을 받았다. 이들 중 7세는 2명, 8세는

3명, 9세는 8명, 10세는 11명, 11세는 9명, 12세는 5명, 13세는 7명, 14세는 3명이며 15세는 2명이다. 이들 중 6명은 심각한 문제행동을 전혀 보이지 않았고, 4명은 1번, 또 다른 4명은 2번, 6명은 3번, 4명은 4번, 9명은 5번, 6명은 6번, 3명은 7번, 2명은 8번, 한 명은 11번, 한 명은 18번, 한 명은 19번, 한 명은 20번, 한 명은 21번 그리고 또 한 명은 22번의 심각한 문제행동을 보였다.

이러한 자세한 내용을 담고 있는 문장들을 읽고 이해하기란 결코 쉽지 않다. 빈도분포는 이러한 자세한 내용을 이해하기 쉬운 표로 전환해준다. 이제 그렇게 하는 방법을 살펴보기로 하자.

표 4.1 가설적 주거 치료 센터 평가 원자료 중 일부

사례 번호	성별	인종	나이	치료집단	문제행동 사건 변수
1	남성	백인	7	신규	0
2	여성	백인	12	신규	0
3	남성	남미계 미국인	9	신규	1
4	남성	아프리카계 미국인	8	신규	8
5	여성	아프리카계 미국인	10	신규	1
6	여성	남미계 미국인	9	신규	2
7	여성	백인	10	신규	0
8	여성	아프리카계 미국인	14	신규	21
9	여성	남미계 미국인	9	신규	0
10	여성	기타	13	신규	3
11	여성	백인	15	신규	0
12	여성	아프리카계 미국인	12	신규	3
13	여성	남미계 미국인	9	신규	19
14	남성	아프리카계 미국인	11	신규	2
15	여성	백인	8	신규	22
16	남성	백인	13	신규	20
17	여성	아프리카계 미국인	11	신규	0
18	남성	남미계 미국인	12	신규	11
19	여성	백인	13	신규	1
20	남성	백인	10	신규	1
21	여성	백인	10	신규	2
22	남성	아프리카계 미국인	10	신규	2
23	여성	백인	11	신규	18
24	남성	아프리카계 미국인	15	신규	7
25	여성	남미계 미국인	9	신규	6
26	여성	아프리카계 미국인	10	기존	3
27	남성	아프리카계 미국인	8	기존	3
28	여성	남미계 미국인	11	기존	4
29	남성	백인	12	기존	5
30	여성	백인	7	기존	6

표 4.1 가설적 주거 치료 센터 평가 원자료 중 일부(계속)

사례 번호	성별	인종	나이	치료집단	문제행동 사건 변수
31	남성	남미계 미국인	13	기존	6
32	남성	백인	11	기존	4
33	남성	아프리카계 미국인	9	기존	5
34	남성	남미계 미국인	9	기존	5
35	남성	기타	11	기존	3
36	남성	백인	11	기존	6
37	남성	아프리카계 미국인	10	기존	8
38	남성	남미계 미국인	14	기존	5
39	여성	백인	10	기존	5
40	남성	남미계 미국인	13	기존	7
41	남성	백인	10	기존	3
42	여성	아프리카계 미국인	11	기존	4
43	남성	남미계 미국인	12	기존	5
44	여성	백인	13	기존	5
45	남성	백인	10	기존	6
46	여성	백인	10	기존	5
47	남성	아프리카계 미국인	14	기존	7
48	여성	백인	11	기존	5
49	남성	아프리카계 미국인	13	기존	6
50	여성	남미계 미국인	9	기존	4

빈도분포의 유형

빈도분포는 절대빈도, 상대빈도, 누적빈도라는 세 가지 형식으로 제시될 수 있다. 이제 각각에 대해서 살펴보기로 하자.

절대빈도

절대빈도(absolute frequency)는 단순히 각 범주에 해당하는 사례의 수를 센 것이다. **절대빈도분포**(absolute frequency distribution)는 특정 변수가 가진 각각의 범주에 해당하는 사례의 수를 제시해 놓은 표이다. 절대빈도분포를 만들기 위해서는 두 개의 열과 제시하고자 하는 변수가 가진 범주의 개수 만큼에 해당하는 행을 가진 표를 만들면 된다. 두 개의 열 가운데 왼쪽 열의 모든 행에는 각각의 범주를 기록하고 오른쪽 열의 모든 행에는 각각의 범주에 해당하는 사례수를 기록한다. 표 4.2는 표 4.1에 제시된 원자료를 가지고 인종 변수의 빈도분포를 어떻게 만드는지를 보여준다.

이제 표 4.1처럼 자료를 50개 행으로 나열하는 방식보다 명목변수인 인종 변수의 각 범주에 해당하는 사례가 얼마인지를 나타내기가 훨씬 쉬워진 것을 알 수 있다.

순위, 등간 또는 비율 변수의 빈도분포를 만들 때는 변수의 수량적 값들이 제시되는 행들(왼쪽 열)을 오름차순으로 배열한다. 즉, 가장 작은 값이 맨 위의 행에 오게 하고 그 다음 작은 값을 그 다음에 오게 하고 가장 큰 값이 맨 아래 행에 오게

표 4.2 인종 변수에 대한 절대빈도분포

인종	빈도(f)*
백인	20
아프리카계 미국인	15
남미계 미국인	13
기타	2
합계(N)**	50

* 빈도분포에서 빈도를 나타내기 위해 f를 사용한다.
** 빈도분포에서 전체 사례수를 나타내기 위해 N을 사용한다.

표 4.3 심각한 문제행동 사건 변수에 대한 절대빈도분포

심각한 문제행동 사건 변수	빈도(f)
0	6
1	4
2	4
3	6
4	4
5	9
6	6
7	3
8	2
11	1
18	1
19	1
20	1
21	1
22	1
합계(N)	50

하는 식으로 행을 배열하는 것이다. 이 과정을 이해하기 위해서, 표 4.1에 제시된 비율변수인 심각한 문제행동 사건 변수의 원자료를 가지고 절대빈도분포를 만들어보기로 하자. 표 4.3을 보면, 이제 각 변수값에 해당하는 사례가 얼마인지 파악하는 것이 얼마나 쉬워졌는지를 눈으로 확인할 수 있다. 또한 아래와 같이 말로 기술한 보고서를 읽을 때보다 몇 명의 아동이 몇 번의 문제행동을 보였는지를 이해하기가 훨씬 수월해진 것을 느낄 수 있다:

> 이들 중 6명은 심각한 문제행동을 전혀 보이지 않았고, 4명은 1번, 또 다른 4명은 2번, 6명은 3번, 4명은 4번, 9명은 5번, 6명은 6번, 3명은 7번, 2명은 8번, 한 명은 11번, 한 명은 18번, 한 명은 19번, 한 명은 20번, 한 명은 21번 그리고 또 한 명은 22번의 심각한 문제행동을 보였다.

상대빈도

대부분의 빈도분포는 절대빈도분포와 함께 상대빈도(relative frequency)도 제시한다. **상대빈도**란 각 범주에 해당하는 사례의 비율 또는 백분율을 말한다. 특정 변수의 특정 범주에 해당하는 사례들의 비율을 계산하려면 그 범주에 해당하는 사례의 수를 그 변수에 대한 자료를 제공해준 전체 사례의 수로 나누어주면 된다. 예를 들어, 우리가 가진 표본이 100명의 사회경제적 지위(SES)를 "낮음", "중간", "높음"이라는 세 가지 범주를 가진 순위척도로 측정하여 얻은 자료로 이루어져 있다고 가정해보자. 만일 이 표본 중에 50명의 SES가 "낮음"에 해당한다면, 55를 100으로 나눈 값인 0.55가 바로 SES 낮음의 비율이 된다. 만일 100명 중 43명의 SES가 "중간"이라면, SES 중간의 비율은 0.43이 된다. 동일한 방식으로, 남은 두 명에 의해서 SES 높음의 비율은 0.02가 된다. 이러한 비율을 백분율로 전환하려면 비율에 100을 곱해 주기만 하면 된다. 따라서 0.55는 55%가 되고 0.43은 43%가 되며 0.02는 2%가 된다. 이러한 비율과 백분율이 바로 **상대빈도분포**이다.

물론 우리가 컴퓨터 소프트웨어를 사용하여 빈도분포를 구한다면, 위와 같은 계산을 손으로 할 필요가 없다. 그러나 직접 상대빈도분포를 계산해

보는 것이 자신 또는 다른 사람이 준비한 연구보고서에 제시된 여러 가지 유형의 빈도분포를 보다 잘 이해하는 데 도움이 된다.

상대빈도분포를 만드는 방법은 절대빈도분포를 만드는 방법과 기본적으로 동일하며, 추가로 각각의 범주에 해당하는 비율 또는 백분율을 절대빈도분포와 함께 제시해주면 된다. 예를 들면, 표 4.4는 인종 변수의 상대빈도분포이며 표 4.5는 심각한 문제행동 사건 변수의 상대빈도분포이다(이 경우 역시 표 4.1의 원자료를 이용하여 구한다). 이 두 개의 표에서 각각의 절대빈도분포를 50(총 사례수)으로 나눈 것이 각각의 비율이고 비율에 100을 곱한 것이 각각의 백분율이다.

누적빈도

빈도분포에는 절대빈도와 상대빈도뿐만 아니라 각각의 범주에 해당하는 절대빈도와 상대빈도가 하나의 범주에서 그 다음 범주로 옮겨가면서 합해지면 어떻게 되는지가 제시되기도 한다. 절대빈도 또는 상대빈도의 합을 가리켜 **누적빈도**(cumulative frequency)라고 한다. 누적빈도분포는 절대빈도분포나 상대빈도분포를 만드는 방법과 동일한 방법으로 만드는데, 일반적으로 절대빈도와 상대빈도를 제시해주고 그 왼편에 누적빈도를 제시해준다. 따라서 심각한 문제행동 사건 변수에 해당하는 가장 포괄적인 빈도분포는 표 4.6과 같이 절대빈도, 상대빈도 그리고 누적빈도 모두가 제시된 표이다(이 경우에도 표 4.1의 원자료를 이용하여 구한다).

집단빈도분포

어떤 변수들은 범주의 수가 너무 많아서 각 범주의 빈도분포를 해석하는 것이 쉽지 않을 수 있다. 이 점을 이해하기 위해서 인종 변수와 심각한 문제행동 사건 변수의 빈도분포를 비교해보기로 하자. 예를 들어, 범주의 수(행)가 몇 개 되지 않는 인종 변수의 경우에는 그림 4.2에 제시된 절대빈도분포를 이해하는 것이 쉽지만, 심각한 문제행동 사건 변수의 경우는 범주의 수(행)가 많기 때문에 한눈에 이해하기가 쉽지 않다.

많은 범주를 가진 변수의 빈도분포를 단순화하기 위해서는 **집단빈도분포**(grouped frequency distribution)를 만드는 것이 도움이 되는데, 이를 위해서는 어떤 변수가 가진 다수의 범주들 중 일부 또는 전부를 통합하여 훨씬 적은 수의 집단 범주(grouped categories)를 만들어야 한다. 예를 들면, 표 4.7은 표 4.6의 자료를 통합하여 6개 집단 범주를 만든 다음 각 집단 범주의 빈도분포를 제시한 것으로서, 표 4.6보다 훨씬 보기에 편하다는 것을 알 수 있다.

집단빈도분포를 만들기 위해서 범주들을 어떻게 통합할지를 결정하는 것은 매우 중요하다. 범주를 어떻게 통합하는 것이 가장 좋은지는 특정

표 4.4 인종 변수의 절대빈도분포 및 상대빈도분포

인종	빈도(f)	비율	백분율(%)
백인	20	0.4000	40.0
아프리카계 미국인	15	0.3000	30.0
남미계 미국인	13	0.2600	26.0
기타	2	0.0400	4.0
합계(N)	50	1.000	100

표 4.5 심각한 문제행동 횟수의 절대빈도분포 및 상대빈도분포

심각한 문제행동 횟수	빈도(f)	비율	백분율(%)
0	6	0.1200	12.0
1	4	0.0800	8.0
2	4	0.0800	8.0
3	6	0.1200	12.0
4	4	0.0800	8.0
5	9	0.1800	18.0
6	6	0.1200	12.0
7	3	0.0600	6.0
8	2	0.0400	4.0
11	1	0.0200	2.0
18	1	0.0200	2.0
19	1	0.0200	2.0
20	1	0.0200	2.0
21	1	0.0200	2.0
22	1	0.0200	2.0
합계(N)	50	1.000	100

표 4.6 심각한 문제행동 횟수의 누적빈도분포

심각한 문제행동 횟수	빈도(f)	누적빈도(Cf)	비율	백분율(%)	누적 백분율(%)
0	6	6	0.1200	12.0	12.0
1	4	10	0.0800	8.0	20.0
2	4	14	0.0800	8.0	28.0
3	6	20	0.1200	12.0	40.0
4	4	24	0.0800	8.0	48.0
5	9	33	0.1800	18.0	66.0
6	6	39	0.1200	12.0	78.0
7	3	42	0.0600	6.0	84.0
8	2	44	0.0400	4.0	88.0
11	1	45	0.0200	2.0	90.0
18	1	46	0.0200	2.0	92.0
19	1	47	0.0200	2.0	94.0
20	1	48	0.0200	2.0	96.0
21	1	49	0.0200	2.0	98.0
22	1	50	0.0200	2.0	100.0
합계(N)	50		1.000	100	

표 4.7 심각한 문제행동 횟수의 집단빈도분포

심각한 문제행동 횟수	빈도(*f*)	누적빈도(*Cf*)	비율	백분율(%)	누적 백분율(%)
0	6	6	0.1200	12.0	12.0
1~2	8	14	0.1600	16.0	28.0
3~4	10	24	0.2000	20.0	48.0
5~6	15	39	0.3000	30.0	78.0
7~11	6	45	0.1200	12.0	90.0
18~22	5	50	0.1000	10.0	100.0
합계(*N*)	50		1.000	100	

변수가 가진 의미와 실천적 함의 그리고 그 변수에 관한 자료가 분포되어 있는 상태 등에 따라 달라진다. 때로는 각 집단 범주가 동일한 수의 사례를 갖도록 변수의 범주를 통합하는 것이 가장 적절할 수도 있다. 이 방법은 사례들이 원래 범주들 간에 상당히 고르게 분포하는 경우 특히 적절한 방법이 될 수 있다.

때로는 각 범주가 동일한 사례를 갖지 않도록 원래 범주를 통합하는 것이 더 나을 수도 있다. 연구자가 자신의 연구를 어떻게 개념화하고 있는지 그리고 다른 연구들에서는 문제의 변수를 어떻게 다루었는지가 어떻게 범주를 통합할지를 결정하는 데 지침을 제시해줄 수도 있다. 예를 들어, 물질남용을 위한 외래 치료 프로그램에 참여를 독려하기 위한 아웃리치 개입을 평가한다고 가정해보자. 문헌고찰 결과, 몇 번 정도라도 회기에 참여하는 것이 전혀 참여하지 않는 것보다 낫기는 하지만, 단 한 번이라도 회기를 빼먹은 클라이언트는 12회기에 모두 참여한 클라이언트에 비해서 치료 효과를 볼 수 있는 가능성이 훨씬 낮다는 것을 알게 되었다고 가정해보자. 이 경우, 각각의 범주에 해당하는 사례가 몇 개가 되든지 상관없이 참여한 회기수 변수의 범주는 (1) 전혀 없음, (2) 1~11회기 그리고 (3) 12회기가 되는 것이 가장 적절할 것이다.

이제 주거 치료 센터 평가의 예로 되돌아가보면 표 4.6에 제시된 바와 같이 50명 중 6명은 심각한 문제행동을 보인 경우가 전혀 없다. 그렇다면 혹시 이 범주를 4명이 해당되는 "한 번" 범주와 통합하는 것이 더 낫지 않을까? 표 4.7의 집단빈도분포표에 제시된 다른 범주들은 여러 변수값을 통합하여 얻은 범주들임을 고려해볼 때, 그렇게 하는 것이 더 합리적이라고 볼 수 있다. 그러나 다른 한편으로 생각해보면 "없음" 범주를 다른 범주와 통합하지 않고 그대로 놔두는 것이 바람직할 수도 있는데, 왜냐하면 이 범주는 최선의 결과에 해당하는 범주이며 이 범주에 속하는 6명은 전체 50명 중에 12%를 차지하는 적지 않은 수이기 때문이다.

표 4.6을 보면(표의 아래 부분) 5명이 18번 이상의 심각한 문제행동을 보인 것으로 나타나 있으며 바로 위의 세 범주(7, 8 그리고 11번)에 해당하는 아동은 6명인 것으로 나타나 있다. 이들 네 개의 범주를 7번 이상이라는 하나의 범주로 묶어 11명(22%)이 이 범주에 해당하게 하는 것은 어떨까? 그렇게 하는 것이 보기에는 더 편하겠지만 "7번"과 "18번 이상" 간에는 개념적으로뿐만 아니라 프로그램 측면에서도 큰 차이가 존재한다.

이러한 개념적 및 실천적 함의를 고려하여 최

종적으로 범주들을 표 4.7과 같이 통합하여 집단 범주를 만들었다. 물론 표 4.7이 표 4.6의 범주들을 통합하는 유일한 "옳은" 방식은 아니며 우리들 각자는 저마다의 판단에 따라 표 4.6의 범주들을 달리 통합할 수 있다. 중요한 것은 이와 같은 표를 어떻게 만들고 해석하는지를 이해하는 것이며, 집단 범주를 만들 때는 편리한 대로 만드는 것이 아니라 자신의 자료를 가장 잘 그리고 정확하게 제시할 수 있게 해줄 수 있게끔 묶어야 한다는 것을 분명하게 이해하는 것이다.

표 4.8 가설적 교차표: 기도 여부와 사망 여부

사망 여부	기도 여부	
	예	아니오
병원에서 사망		
빈도	80	20
백분율	40%	10%
퇴원		
빈도	120	180
백분율	60%	90%
합계(*N*)		
빈도	200	200
백분율	100%	100%

교차표

이제까지 우리가 살펴본 빈도분포는 변수가 단 한 개일 때의 빈도분포였다. 그러나 대부분의 연구보고서에 제시되는 빈도분포는 "연구논문에 빈도분포 자료를 제시하는 방법"이라는 제목을 가진 부분에 제시되어 있는 것과 같이 다수의 변수에 관한 빈도분포이다. 종종 증거기반 실천 과정에서 우리는 두 개 이상의 변수들 간의 관계를 보여주는 표를 만들고 그 의미를 해석하게 된다. 어떤 한 변수의 범주별 빈도나 백분율이 다른 변수의 범주별 빈도나 백분율과 어떤 관련이 있는지를 보여주는 표를 가리켜 **교차표**(cross-tabulation tables)라고 한다.

가장 단순한 형태의 교차표는 두 개의 이항변수(두 개의 범주만을 갖는 변수)로 이루어진 교차표로서 이를 가리켜 2×2 교차표라고 한다. 예를 들어, 표 4.8은 누군가가 입원환자를 위해 기도했는지의 여부가 그 환자들이 병원에서 숨을 거두는지 여부와 관련이 있는지를 연구하는 가상 연구에서 두 개의 이항변수들 간의 관계를 보여주는 교차표이다. 종속변수는 환자들이 병원에서 숨을 거두는지 여부이며 행에 제시된다. 독립변수는 환자들이 입원해 있는 동안 환자들의 사랑하는 사람들이 환자들을 위해 기도했는지 여부이며 열에 제시된다.

표의 맨 아래 행에는 독립변수가 가진 각 범주의 총합과 백분율이 계산되어 있다. 왜냐하면 우리가 관심을 가지고 있는 것은 독립변수(기도)가 종속변수를 설명하는지 여부이지 그 반대가 아니기 때문이다. 표에 제시된 가상 자료에 따르면, 기도를 받은 환자가 그렇지 않은 환자에 비해 병원에서 숨을 거둘 가능성이 높은 것을 알 수 있다.

정말 놀라운 결과가 아닌가! 이 결과에 따르면 우리 모두는 무신론자가 되어야 한다는 것인가? 이 자료가 실제 자료라고 하더라도 우리의 답은 "그렇지 않다"이다. 모르긴 해도 열린 마음을 가진 약삭빠른 무신론자조차도 "아니다"라고 답할 것이다. 왜냐하면 여기에는 한 가지 조정변수가 작용하고 있기 때문이다(제3장에서 조정변수에 대해 논의했던 것을 기억하기 바란다). 그 조정변수는 다름 아닌 환자의 건강상태가 말기 또는 생명을 위협하는 상태인지 여부이다. 조정변수를 통제하기 위해서 우리는 그 변수를 표 4.9와 같이 교차표에 포함시켜야 한다. 표 4.9의 자료는 병원에서 숨을 거둔 모든 환자의 건강상태가 말기 또는 위험

표 4.9 가설적 교차표: 건강상태를 통제한 상태에서의 기도 여부와 사망 여부

사망 여부	건강상태			
	말기 또는 위험한 상태		말기 또는 위험한 상태가 아님	
	기도해줌	기도해주지 않음	기도해줌	기도해주지 않음
병원에서 사망				
빈도	80	20	0	0
백분율	100%	100%	0%	0%
퇴원				
빈도	0	0	120	180
백분율	0%	0%	100%	100%
합계(*N*)				
빈도	80	20	120	180
백분율	100%	100%	100%	100%

한 상태였으며 그들 모두는 누군가가 그들을 위해 기도했든 하지 않았든 상관없이 모두 숨을 거두었다는 것을 보여줌으로써 표 4.8에 제시된 관계가 허구라는 것을 설명해준다. 또한 표 4.9는 건강상태가 말기 또는 위험한 상태가 아닌 환자들은 기도 여부와 관계없이 모두 퇴원했다는 것을 보여준다. 따라서 표 4.8의 2 × 2 교차표에 제시된 관계가 나타난 이유는 죽어가는 환자들이 그렇지 않은 환자들에 비해 기도를 받을 가능성이 높기 때문이라고 설명할 수 있다. 이러한 사실은 표 4.9를 통해서도 알 수 있는데, 건강상태가 말기 또는 위험한 상태인 100명의 환자 중 80명은 그들을 위해 누군가가 기도해준 환자이고 20명은 그렇지 않은 환자이며 100명 모두가 병원에서 숨을 거두었다(왠지 이 병원에 가면 안 될 것 같다!).

연구논문에 빈도분포 자료를 제시하는 방법

증거기반 실천에 관한 연구논문들을 많이 읽다보면 통계 결과를 제시하는 방법들이 천차만별이라는 것을 느끼게 될 것이다. 어떤 연구자들은 통계 결과를 표나 그래프 없이 말로만 기술하는가 하면 어떤 연구자들은 표로 제시하고 표 내용 중 중요한 것만 말로 요약 기술한다. 빈도분포를 제시하는 대부분의 표들은 이 장에서 논의한 원칙들을 따르지만 표의 형식은 연구논문마다 차이가 있다. 예를 들면, 샤칫, 팬디아니 그리고 뱅크스(Schacht, Pandiani, and Banks, 2007)는 PTSD 진단을 받은 성인을 위한 지역사회 정신건강 서비스에 대한 접근성에 관한 그들의 연구에서 연구대상의 특성을 표 4.10과 같이 제시하고 있다.

표 4.10에는 빈도백분율이 열(각 열의 합이 100%)에 제시되어 있는 반면, 아담스, 샌더스 그리고 어츠(Adams, Sanders, and Auth, 2004)는 백분율을 표 4.11처럼 행에 제시하고 있다. 이 표에서는 연구대상의 수를 n이라는 기호로 나타내고 있는데 비해 표 4.10에서는 "명수"라는 말로 나타내고 있다. 표 4.11은 장기요양 지역사회에서 독립적으로 생활하고 있는 노인들의 우울증과 외로움 간의 관계를 보여주는 표이다.

표 4.10 PTSD 성인의 특성*

PTSD	켄터키 주		코네티컷 주		버몬트 주	
	명수	백분율	명수	백분율	명수	백분율
합계	1,266	100%	1,088	100%	938	100%
성별						
남성	420	33%	298	27%	301	32%
여성	846	67%	789	73%	637	68%
연령집단						
18~34	527	42%	407	37%	314	33%
35~49	486	38%	501	46%	463	49%
50~65	213	17%	151	14%	143	15%
65+	40	3%	29	3%	18	2%

* 이 표는 원래 표를 이 책의 목적에 맞게 단순화한 것임

출처: L. Schacht, J. A. Pandiani & S. M. Banks. (2007). Access to community mental health service: A Study of adult victims of trauma. *Best Practices in Mental Health: An International Journal, 3*(2), 1–8.

동일한 논문의 다른 부분에서 아담스, 샌더스 그리고 어츠는 빈도를 다음과 같이 말로만 보고하고 있다:

> 이 연구에 포함된 응답자 모두는 독립적으로 생활하고 있는 노인이었다. 응답자들 중 46%(n = 159)는 여성이었고 26%((n = 56)는 남성이었으며 7.4%(n = 19)는 성별을 밝히지 않았다. 남성과 여성의 비는 두 시설 모두에서 일관되게 나타났는데, 조사 당시 숙소 거주자 중 68%가 여성이었고 Tower 거주자 중 78%가 여성이었다. (p. 478)

잘못된 백분율

상대적으로 적은 수의 사례를 바탕으로 구한 백분율은 자칫 잘못된 정보를 제시할 수 있다. 이제까지의 예에서 우리는 백분율을 50명을 가지고 구

표 4.11 교차표: 우울증 범주와 외로움 범주

UCLA 외로움 척도	우울증 점수(GDS)			
	정상(0~10점)		우울증(>10)	
	n	(행 %)	n	(행 %)
외로움 정도가 낮음(0~47점)	151	(84.8)	27	(15.2)
외로움 정도가 높음(48~62점)	22	(55.0)	18	(45.0)
합계	173	(79.4)	45	(20.6)

피어슨 카이제곱값(Pearson chi-square) = 17.743($p < 0.0005$)

출처: K. B. Adams, S. Sanders, & E. A. Auth. (2004). Loneliness and depression in independent living retirement communities: Risk and resilience factors. *Aging & Mental Health, 8*(6), 475–485.

했다. 그런데 만일 우리가 대규모 주거 치료 프로그램과 소규모 주거 치료 프로그램을 비교한다면 어떻게 될까? 예를 들어, 두 프로그램의 아동 중 동일하게 10%가 18번 이상의 심각한 문제행동을 보였고 두 프로그램이 서로 다른 개입을 실시했다고 가정해보자. 또한 한 프로그램은 전국적인 체인을 가진 프로그램으로서 1,000명의 클라이언트가 거주하는 프로그램이고 다른 프로그램은 20명이 거주하는 소규모 프로그램이라고 가정해보자.

대규모 프로그램은 개입 A를 제공했으며, 그 결과 18번 이상의 심각한 문제행동을 보인 아동의 수가 1,000명 중 100명(10%)에서 1,000명 중 50명(5%)으로 감소했다고 가정해보자. 이는 꽤 좋은 결과이다! 소규모 프로그램은 개입 B를 제공했고 18번 이상 심각한 문제행동을 보인 아동의 수가 2명(10%)에서 1명(5%)으로 감소했다고 가정해보자.

두 개입 모두 중도탈락률을 50%씩 감소시켰다(10%에서 5%로). 그러나 두 프로그램이 거둔 결과가 똑같다고 할 수 있을까? 얼핏 보기에 두 프로그램은 똑같이 효과적인 것 같다. 그러나 100명을 50명으로 줄이는 것은 2명을 1명으로 줄이는 것보다 훨씬 어렵다. 따라서 비록 두 프로그램의 백분율 감소 정도는 똑같다고 할지라도 두 프로그램이 똑같이 효과적이라고 말하는 것은 잘못된 것이다.

또 다른 예를 들어 보기로 하자. 전국적인 체인을 가지고 있는 주거시설이 100명의 치료사를 고용하고 있는데 그 중 단 한 명만이 아프리카계 미국인이라고 가정해보자. 또한 이사회의 압력에 의해 시설의 총책임자가 또 한 명의 아프리카계 미국인 치료사를 고용한 다음 백분율을 두 배로 늘린 것을 자랑스러워했다고 가정해보자. 이처럼 적은 수를 바탕으로 한 백분율이 두 배(1%에서 2%로) 증가했다는 말이 자칫 사람들을 현혹시킬 수 있음을 알고 있는 우리로서는 시설 책임자의 말을 듣고 그다지 놀라지는 않을 것이다. 다만 이사회 역시 책임자의 말을 듣고 그다지 놀라워하지 않기만을 바랄 뿐이다. 특히, 시설에 거주하고 있는 아동들 중 아프리카계 미국인 아동이 2%보다 훨씬 더 많다는 사실을 고려해볼 때 말이다.

이러한 이유에서 소수의 사례를 바탕으로 백분율을 구하거나 다른 사람이 제시하는 백분율을 접하게 될 때 매우 조심해야 한다. 이제 이러한 점을 염두에 둔 상태에서 그래프와 차트를 이용하여 방대한 양의 자료를 한눈에 알아 볼 수 있게 제시하는 방법을 소개하는 제5장으로 넘어가보기로 하자.

주요 내용

- 빈도분포는 자료가 가지고 있는 정리되지 않는 많은 양의 정보를 알아보기 쉽게 요약된 형태로 전환해준다.
- 빈도는 특정 변수의 특정 범주에 해당하는 사례의 수를 뜻하는 통계 용어이다.
- 빈도분포는 특정 변수가 가진 범주 각각의 빈도를 나열한 것이다.
- 빈도분포는 절대빈도분포, 상대빈도분포, 누적빈도분포라는 세 가지 형식으로 제시된다.
- 절대빈도분포는 단순히 각 범주에 해당하는 사례의 수를 센 것이다.
- 절대빈도분포는 어떤 변수가 가진 각 응답 범주

에 해당하는 사례의 수만을 제시해주는 표이다.

- 대부분의 빈도분포는 절대빈도분포와 함께 상대빈도분포도 제시한다.
- 상대빈도분포란 각 범주에 해당하는 사례의 비율 또는 백분율을 말한다. 특정 변수의 특정 범주에 해당하는 사례들의 비율을 계산하려면 그 범주에 해당하는 사례의 수를 그 변수에 대한 자료를 제공해준 전체 사례의 수로 나누어주면 된다.
- 빈도분포표에는 절대빈도분포와 상대빈도분포뿐만 아니라 각각의 범주에 해당하는 절대빈도분포와 상대빈도분포가 하나의 범주에서 그 다음 범주로 옮겨가면서 합해지면 어떻게 되는지가 제시되기도 한다. 절대빈도분포 또는 상대빈도분포의 합을 가리켜 누적빈도분포라고 한다.
- 많은 수의 범주를 가진 변수의 빈도분포를 단순화하기 위해서는 집단빈도분포를 만드는 것이 도움이 되는데, 이를 위해서는 어떤 변수가 가진 다수의 범주들 중 일부 또는 전부를 통합하여 훨씬 적은 수의 집단 범주를 만들어야 한다.
- 소수의 사례를 바탕으로 구한 백분율은 자칫 잘못된 정보를 제시할 수 있다.
- 교차표는 어떤 한 변수의 범주별 빈도나 백분율이 다른 변수의 범주별 빈도나 백분율과 어떤 관련이 있는지를 보여준다.

연습문제

1. 아동들을 위한 물질남용 프로그램을 운영하면서 의뢰 받은 아동들을 총 12회기로 이루어진 치료 프로그램에 지속적으로 참여하게 하는데 어려움을 겪고 있다고 가정해보자. 아동들 간의 프로그램 참여 정도와 참여 지속기간에 있어서의 차이를 설명하는 요인을 알아보기 위해 연구를 실시하여 30명의 아동들에 대해서 세 개 변수를 측정하여 표 4.12에 제시된 자료를 얻었다고 가정해보자. 이용 가능하다면 이 문제에 답하기 위해서 SPSS를 사용하도록 한다. 물론 SPSS를 사용할 수 없더라도 직접 손으로 계산해서 답을 구할 수 있다. SPSS를 사용할 경우, "SPSS를 이용하여 집단빈도분포 만들기"(제4장)를 참조하기 바란다.

a. 주된 남용 물질 변수에 대한 빈도분포표를 만들고 해석하라. 빈도분포표에 절대빈도분포와 상대빈도분포를 제시하라.

b. 연령 변수에 대한 빈도분포표를 만들고 해석하라. 절대빈도분포, 상대빈도분포 그리고 누적빈도분포를 제시하라.

c. 참여한 치료 회기수 변수에 대한 빈도분포표를 만들고 해석하라. 절대빈도분포, 상대빈도분포 그리고 누적빈도분포를 제시하라.

d. 위의 c에서 관찰한 빈도를 바탕으로 참여한 치료 회기수 변수에 대한 집단빈도분포를 만들고 해석하라.

2. 1번 문제에서 소개한 치료 프로그램의 예에서 바로 이듬해에 총 12회기에 모두 참여한 아동의 수가 1명(30명 중)에서 2명(30명)으로 두 배 증가했다고 가정해보자. 동료 직원이 이러한 결과를 프로그램에 끝까지 참여한 아동의 수가 100%, 즉 3.3%에서 6.6%로 증가했다고 주장할 수 있는 결과라고 해석하고자 한다. 동료 직원에게 그러한 주장을 하라고 하겠는가? 그러한 주장을 하라고 또는 하지 말라고 하는 이유는 무엇인가?

3. 다음의 논문에 제시된 빈도분포표 중 하나를 선택하여 고찰하고 의미를 해석하라:

H. Johnson & V. Pottie Bunge. (2001). Prevalence and consequences of spousal assault in

Canada. *Canadian Journal of Criminoloy, 43*(1), p. 27.

4. 다음 논문의 표 1에 제시된 집단빈도분포 중 최소한 한 가지를 선택하여 해석하라:

D. C. Ray, S. A. Armstrong, E. S. Warren & R. S. Balkin. (2005). Play therapy practices among elementary school counselors. *Professional School Counseling, 8*(4), pp. 390-395.

5. 다음의 논문(제3장의 연습문제에서 처음 소개했던 논문)을 다시 읽어보자:

J. Walsh, R. Green, Matthews & B. Bonucelli-Puerto. (2005). Social Workers' views of the etiology of mental disorders: Results of a national study. *Social Work, 50*(1), pp. 43-52.

이 논문의 표 1에 제시된 내용 중에 흥미로운 내용이나 증거기반 실천과 관련이 있다고 생각되는 내용에 대해서 간략하게 논의하라.

표 4.12 연습문제 1을 위한 원자료 파일

사례 번호	주된 남용 물질	연령	치료 회기 참여 횟수
1	Alcohol	16	10
2	Marijuana	14	12
3	Cocaine	15	3
4	Heroin	17	0
5	Other	12	4
6	Alcohol	15	9
7	Marijuana	13	11
8	Cocaine	14	5
9	Heroin	16	1
10	Alcohol	15	8
11	Marijuana	14	10
12	Alcohol	17	8
13	Marijuana	12	9
14	Alcohol	13	8
15	Alcohol	14	7
16	Cocaine	15	6
17	Heroin	16	2
18	Marijuana	14	9
19	Other	15	5
20	Heroin	16	4
21	Marijuana	13	8
22	Alcohol	17	7
23	Marijuana	14	8
24	Cocaine	15	6
25	Marijuana	12	10
26	Cocaine	16	5
27	Cocaine	17	5
28	Marijuana	14	8
29	Alcohol	15	7
30	Marijuana	14	

제 5 장

그래프와 도표

서론

아마도 누구나 한 번쯤은 “천 마디 말보다 한 장의 그림이 낫다”는 말을 들어본 적이 있을 것이다. 프로그램 평가 보고서에 제시된 통계 결과를 읽어본 경험이 있는 사람이라면 “천 마디 말보다 한 장의 그림이 낫다”는 말을 하게 될 것이다. 예를 들어, 과중한 업무에 시달리고 있는 행정가나 임상 실천가, 입법가 또는 재정 지원자는 숫자로만 이루어진 표의 내용들을 이해하는 것보다는 결과물의 전체적인 흐름을 더 빠르고 단순하게 파악할 수 있게 해주는 그래프로 표현된 보고서를 더 선호할 것이다. 연구방법과 통계에 익숙하지 않거나 심지어 반감을 가진 사람은 그래프 표현을 특히 좋아할 것이다. 마찬가지로, 아마도 그런 사람들은 그림은 전혀 없고 숫자들로만 가득 차 있는 표에 의존해서 보고서의 내용을 이해해야 한다면 흥미를 잃어버리게 될 것이다.

결과물을 그림이나 도표로 나타내면 표로 나타낼 때보다 일반적으로 구체성이 떨어진다. 그러나 만일 보고서를 읽게 될 사람들 중에 연구와 통계에 익숙하지 않은 사람들이 많다면 우리는 독자들과 효과적인 의사소통을 가능하게 해주는 그래프나 차트를 이용해야 한다. 그래프와 차트는 표와 함께 제시될 수 있고 어떤 독자들을 위해서는 보고서를 그래프와 차트 중심으로 작성하고 모든 세부내용은 부록으로 제시하여 특정 부록을 독자들에게 언급함으로써 독자들이 각각의 그래프나 차트에 관한 자세한 내용이 기술되어 있는 표를 필요에 따라 참고할 수 있도록 하는 것이 현명할 수도 있다.

그래프와 차트는 다양한 형식으로 나타낼 수 있다. 어떠한 형식이 이용하기에 가장 적합한지는 그래프나 차트의 목적에 달려 있다. 예를 들어, 시간의 변화에 따른 추이를 보여주는 그래프나 차트는 어느 한 시점에서 집단 간 평균이나 비율을 비교하는 형식이 아닌 다른 형식을 따라야 할 것이다.

증거기반 실천과 평가에서 가장 흔히 사용되는 형식은 막대그래프, 파이차트, 히스토그램, 도수다각형이다. 이 장에서는 이러한 형식 각각에 대해서 자세히 살펴보고 그 밖에 다른 형식들은 간략하게 살펴보기로 하겠다. 먼저, 그래프를 이해하고 작성하는 데 필요한 그래프의 일반적인 기본구조에 대해서 살펴보기로 하자. 그림 5.1에서 볼 수 있듯이, 대부분의 그래프는 위쪽을 향하는 수직선과 그 수직선의 아래쪽 끝부분에서부터 시작해서 오른쪽으로 뻗어나가는 수평선으로 구성된다. 이때 이러한 두 선이 시작되는 점을 원점이라고 한다. ***x*축**(*x*-axis or abscissa)이라고 불리는 **수평선**은 일반적으로 변수값을 나타내는 선이다. ***y*축**(*y*-axis or ordinate)이라고 불리는 **수직선**은 그 변수값의 빈도수 또는 백분율을 나타낸다. *y*축은 또한 두 번째 변수의 수준을 나타낼 수도 있는데, 그 경우에 *y*축은 *x*축 변수의 범주 수준에 있어서의 변화가 *y*축 변수의 범주 수준의 변화와 일관되게 움직이는지를 보여준다. 지금 당장은 이러한 설명이 약간 복잡하게 느껴질지 모르나 너무 걱정

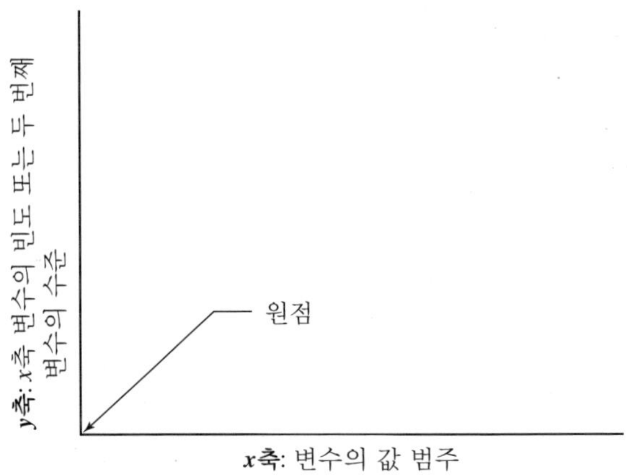

그림 5.1 일반적인 그래프의 예

할 필요는 없다. 이제부터 보게 될 많이 사용되는 그래프들에 대한 예를 보고 나면 지금보다 훨씬 분명하게 이해하게 될 것이다. 그럼 먼저 막대그래프에 대해서 살펴보기로 하자.

막대그래프

막대그래프(bar graph)는 명목변수의 각 범주에 해당하는 사례의 수나 백분율을 나타내는 세로막대를 이용하여 도수분포를 나타낸다. x축을 따라 나열된 모든 범주들은 각각 동일한 넓이의 막대를 가진다. 막대들은 x축을 따라 일정한 간격을 두고 수평으로 나열되며 모든 막대들은 다른 막대들과 서로 떨어져서 위치한다. 만일 특정 범주에 해당하는 사례의 수가 많을수록, 그 범주에 해당하는 막대의 길이는 높아진다. 각 막대의 최고점에 해당하는 y축의 값을 봄으로써 우리는 각 범주에 해당하는 사례들의 개수 또는 백분율을 알 수 있다. 그림 5.2는 앞서 제4장에서 논의했던 가설적인 주거 치료 센터 평가 예에서 센터에 거주하는 클라이언트 50명의 인종분포 막대그래프이다. 그 예를 소개하면서 우리는 평가를 위한 원자료를 표 4.1에 제시했고 그 자료를 바탕으로 구한 다양한 빈도분포들을 제시하고 논의했다.

그림 5.2의 막대그래프는 표 4.2(인종에 관한 절대빈도분포)에 제시된 빈도분포에 해당하는 것이다.

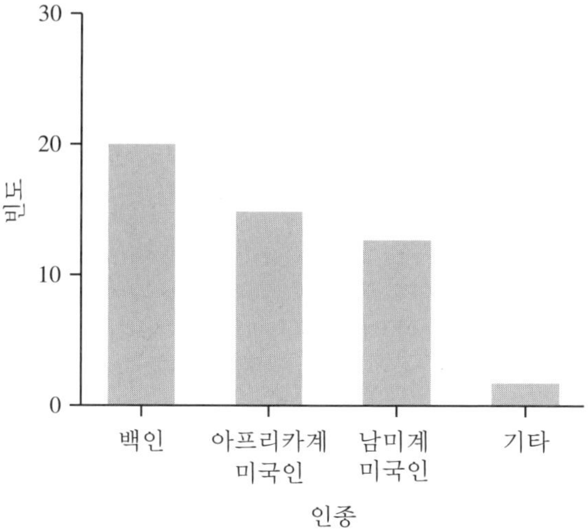

그림 5.2 인종분포 막대그래프

파이차트

파이차트(pie chart)는 빈도분포 자료를 원형 파이의 조각 또는 부분으로 표현되는 백분율로 나타내는 그림이다. 파이차트에서는 파이의 조각이 크면 클수록 변수의 특정 범주에 해당하는 사례가 차지하는 백분율이 크다는 것을 의미한다. 파이차트는 나타내야 하는 범주의 개수가 많지 않은 경우에 가장 사용하기 적합하다. 아주 적은 사례들을 가진 다수의 범주를 파이차트로 나타낼 경우 각 범주에 해당하는 파이 조각을 보려면 아마도 돋보기가 필요할지도 모른다. 그림 5.3은 제4장에서 소개했던 가설적인 평가 예에서 클라이언트 50명의 인종 빈도분포를 파이차트로 나타낸 것이다. 이 백분율은 그림 5.2의 막대그래프 자료 및 표 4.1의

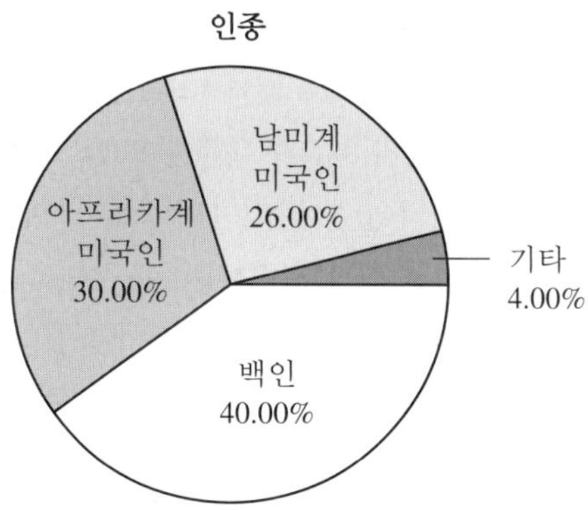

그림 5.3 인종의 백분율 분포 파이차트

빈도분포 자료에 해당하는 백분율이다.

히스토그램

만일 자료가 순위, 등간 또는 비율 같은 **계량적** 수준에서 측정된 자료라면, 우리는 **히스토그램**으로 자료를 나타낼 수 있다. 히스토그램은 막대들이 서로 맞붙어 있는 막대그래프라고 생각할 수 있으며 막대그래프와 동일한 방식으로 의미를 해석한다. 잘 이해가 되지 않아 다소 어리둥절해 할지 모르는 독자들을 위해서 부연 설명하자면, 명목변수의 막대그래프의 막대들이 서로 떨어져 있는 것과 달리, 히스토그램의 막대들은 서로 맞붙어 있는데, 그 이유는 히스토그램은 한 막대에서 다른 막대로 이동하는 양적 증가를 나타내는 그래프이기 때문이다. 동일하지 않은 범위를 가진 집단 범주들(grouped categories)로 등간 또는 비율 변수의 값들을 묶는 경우, 히스토그램의 막대는 너비가 모두 동일할 수도 있고 동일하지 않을 수도 있다. 막대들의 너비가 동일하지 않은 경우, 막대 너비에 있어서의 차이는 각 집단 범주가 전체에서 차지하는 백분율에 비례한다. 예를 들어, 집단 범주에서 한 막대는 1~10세까지 10년이 범위이고 그 다음 막대는 11~15세까지 5년이 범위라면 10년 범위에 해당하는 막대의 너비는 5년 범위에 해당하는 막대의 너비보다 두 배로 넓게 나타날 것이다.

그러나 대부분의 히스토그램들(SPSS로 만든 히스토그램을 포함하여)은 막대그래프에서처럼 너비가 동일한 막대를 갖는다. 따라서 우리는 그림 5.4와 같이 너비가 동일한 히스토그램을 예로 들어 설명하기로 하겠다. 이 히스토그램의 막대들은 제4장의 가설적 평가 예에서 소개한 심각한 문제행동을 보인 사건 변수의 변수값들을 집단으로 묶어 놓은 자료를 나타내는데, 이 집단 자료는 표 4.7의

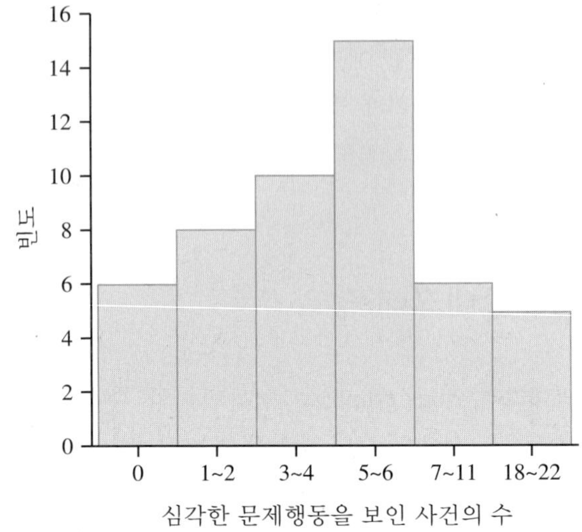

그림 5.4 심각한 문제행동 사건 히스토그램

집단 도수분포에 제시된 바로 그 자료이다. 먼저 이 히스토그램을 좌측에서 우측으로 옮겨가면서 살펴보면, 첫 번째 막대는 그런 사건이 한 번도 없었던 클라이언트는 6명이라는 것을 나타내고 두 번째 막대는 그런 사건이 1~2번 있었던 클라이언트가 8명이라는 것을 나타낸다. 세 번째 막대는 그런 사건이 3~4번 있었던 클라이언트가 10명이라는 것을 나타내며 길이가 가장 긴 네 번째 막대는 그런 사건이 5~6번 있었던 클라이언트가 15명이라는 것을 나타낸다.

빈도다각형

빈도다각형(frequency polygon)은 막대가 아니라 하나의 점을 가지고 x축 변수의 특정 값이 y축 변수의 특정 값만큼을 갖는다는 것을 표현해 놓은 그래프이다. 이러한 점들을 인접한 점들끼리 직선으로 연결해 놓은 모양은 x축 변수들의 도수분포를 나타낸다. 빈도분포다각형은 일반적으로 비율

이나 등간 변수 자료를 가지고 만들지만, 만일 어떤 순위변수가 비율 혹은 등간 변수 자료를 집단 자료로 만든 것이라면 순위변수를 가지고도 만들 수 있다. 만일 x축에 집단 변수값을 나열한다면, 빈도다각형의 점은 각 집단 변수값의 중간 지점의 위에 찍어야 한다. 그림 5.5는 표 4.3에 제시된 비율변수인 심각한 문제행동을 보인 사건 변수의 집단으로 묶지 않은 변수값을 가지고 그린 빈도다각형이다. 이 빈도다각형의 모양이 우리가 가진 표본에서 각각의 심각한 문제행동을 보인 사건 변수값에 해당하는 클라이언트의 수가 매우 다르다는 것을 어떻게 보여주고 있는지 살펴보면, 20회 근처에 있는 큰 값들은 작은 값들로부터 상당히 떨어져 있으며 큰 값들에 해당하는 클라이언트의 수보다는 작은 값들에 해당하는 클라이언트의 수가 훨씬 많다는 것을 알 수 있다. 이러한 분산 또는 산포도는 매우 중요한 개념이다. 우리는 제1장에서 극단적인 사례가 평균(mean)을 왜곡시킬 수 있다고 배운 바 있다. 이러한 개념들에 대해서는 제7장에서 좀 더 자세하게 논의하기로 하겠다.

시간에 따른 변화 추이를 보여주는 선 그래프

만일 그림 5.4의 히스토그램과 그림 5.5의 빈도다각형을 비교해본다면, 왜 사람들이 특정 시점에서 변수가 어떻게 분포하고 있는지를 보여주는 방법으로서 히스토그램을 선 그래프보다 더 선호하는지 알 수 있을 것이다. 특정 시점의 변수 분포를 설명할 때 빈도다각형이나 선 그래프(line graph)를 이용하는 것은 오히려 그래프의 의미를 이해하기 어렵게 만들 수 있다. 이와 반대로, 시간에 따른 변화 추이를 알고자 하는 것이 주된 목적이라면 선 그래프를 이용하는 것이 훨씬 명확할 수 있다. 예를 들어, 그림 5.6의 선 그래프를 한 번 살펴보기로 하자. 선 그래프는 그림 5.5와 동일한 모양이지만 그림 5.6은 가상 주거 치료 센터에서 클라이언트들이 심각한 문제행동을 보인 사건이 발생한 총 횟수를 시간별로 나타낸 것이다.

이 그래프에서 y축의 범주들은 클라이언트의 수가 아니라 주거시설 내에서 발생한 심각한 문제행동을 보인 사건의 총 수이고 x축의 범주들은 심

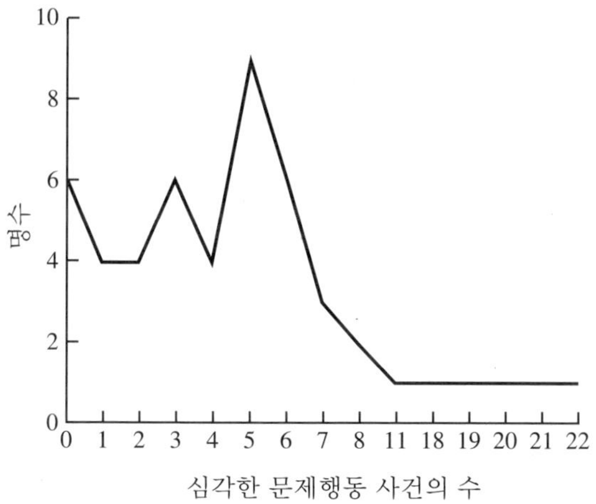

그림 5.5 심각한 문제행동 사건 빈도다각형

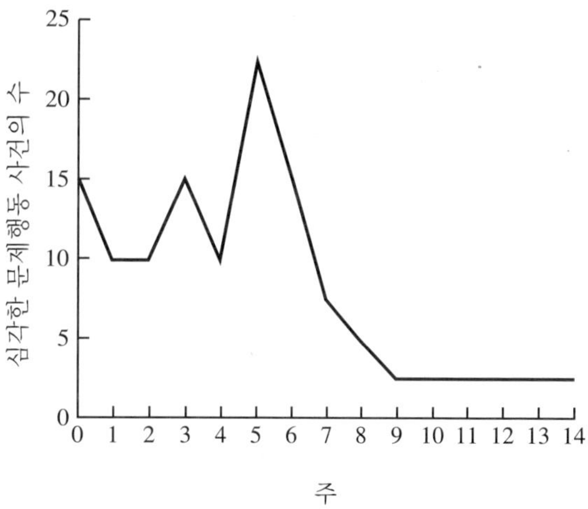

그림 5.6 시간별 심각한 문제행동 사건 선 그래프

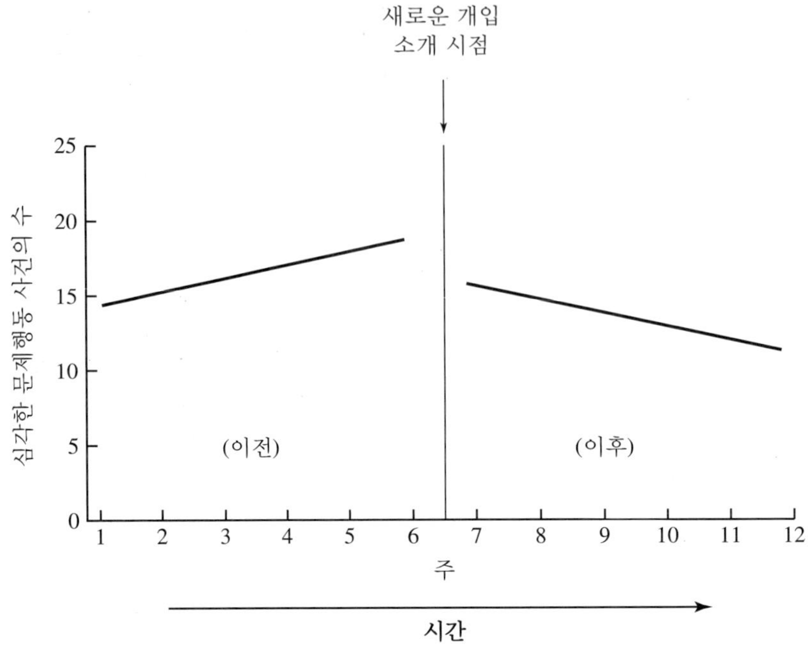

그림 5.7 새로운 개입 이전과 이후의 시간별 심각한 문제행동 사건의 수에 대한 선 그래프

각한 문제행동을 보인 사건의 수가 아니라 주(weeks)이다. 출발점으로부터 6주가 경과한 시점에서 사건의 총 횟수가 급격하게 감소하고 있는 것과 그 이후 내내 사건의 횟수가 낮은 수준에 머물고 있는 것에 주목해보자. 이러한 변화가 나타난 6주 또는 7주쯤에 어떤 일이 일어난 것인가? 이 주거시설에 어떤 새로운 정책이나 새로운 치료 방법이 도입된 것인가? 만약에 그렇다면 이 그래프는 그러한 변화가 심각한 문제행동을 보인 사건의 수를 줄이는 결과를 가져왔다는 것을 잘 보여주고 있다. 즉, 사건 수가 감소한 이유는 모르지만 그림 5.6은 선 그래프를 이용하는 것이 시간의 변화 추이를 보여주는 데 있어서 매우 유용하다는 것은 분명하게 알 수 있다.

비록 이 그래프를 보는 것만으로는 사건이 감소하게 된 이유는 모르지만, 이 그래프는 우리로 하여금 이유를 찾는 노력에 박차를 가하게 해준다. 예를 들어, 우리는 6주나 7주에 즈음하여 이루어진 새로운 개입을 의심해볼 수 있으며, 따라서 그러한 새로운 개입이 아직 이루어지지 않은 유사한 주거 치료 센터에서 연구를 수행해볼 수 있을 것이다. 우리는 그 센터에서 새로운 개입이 이루어지기 이전 6주 동안과 개입이 이루어지고 난 이후 6주 동안에 심각한 문제행동을 보인 사건이 발생한 횟수를 조사해볼 것이다. 이 연구를 통해 얻은 결과가 그림 5.7과 같다고 가정해보자. 그림 5.7의 선 그래프는 새로운 개입이 심각한 문제행동 사건의 수를 줄이는 데 효과적이라는 가설을 분명하게 지지해준다. 아울러, 그림 5.6의 선 그래프와 그림 5.7의 선 그래프를 함께 살펴봄으로써 우리는 두 센터에서 동일한 현상이 나타났다는 것을 알 수 있으므로 추론이 논리적임을 뒷받침할 수 있게 된다. 그림 5.6과 5.7의 의미를 해석하는 데 사용된 논리에 대해서 좀 더 알고자 하는 독자들은 루빈과 배비(Rubin and Babbie, 2008)와 블룸, 피셔 그리고 오르미(Bloom, Fischer, and Orme, 2003)의 책에서 시계열 설계 및 단일사례 평가설계 부분을 읽어보기 바란다.

잘못된 그래프

때로는 그래프가 올바르지 않게 그려지기도 하는데 그런 경우는 비윤리적 이유에서 비롯되기보다는 실수에 의해서 주로 발생한다. 그러나 윤리적이지 못한 사람들이 정치적 선전을 목적으로 그래프를 고의적으로 왜곡시키기도 한다. 이러한 의도적인 왜곡은 주로 수평축이나 수직축에 제시되는 범주들 간의 간격을 바꾸는 방식으로 이루어지는데 그렇게 함으로써 더 혹은 덜 극적인 변화 유형—어느 쪽이 왜곡된 인상을 퍼뜨리기에 더 효과적인가에 따라—을 만들어 낸다.

예를 들어, 그림 5.7에서 평가하고 있는 개입과 관련해서 이해관계를 가지고 있는 사람들이 7~12주까지의 기간에 해당하는 사후 치료의 효과를 그림 5.7에 나타난 것보다 더 극적인 것처럼

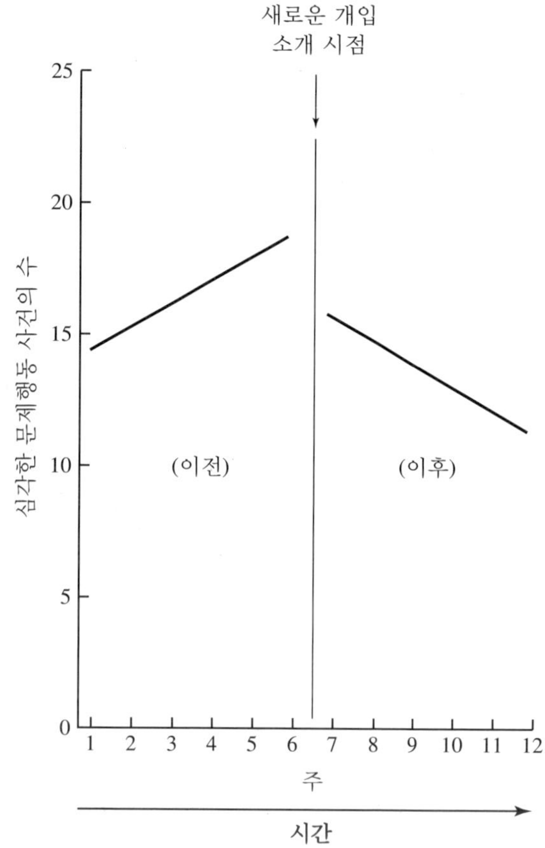

그림 5.8 치료 이후 개선 추이를 더 극적인 것처럼 만들기 위해 그림 5.7의 그래프를 왜곡한 그래프

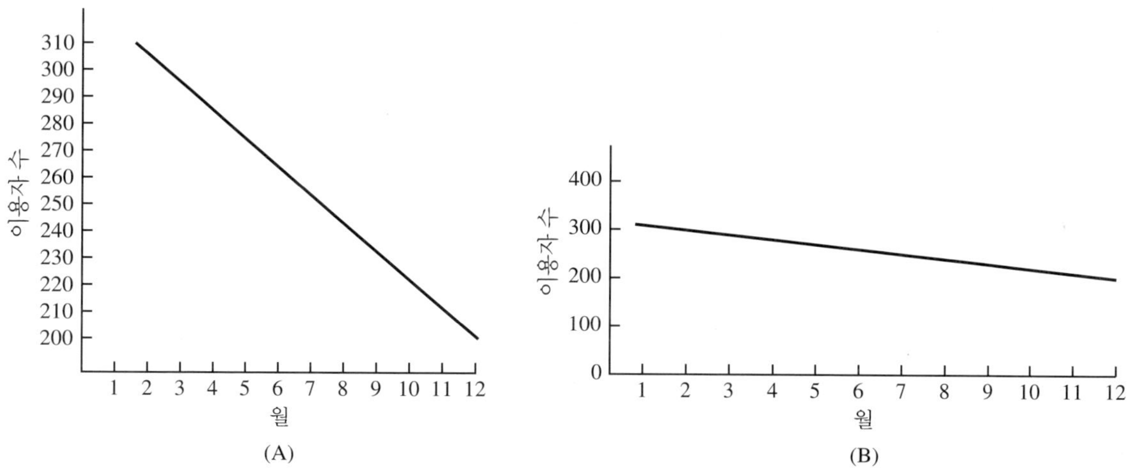

그림 5.9 이용자 수의 감소 추이를 보여주는 두 개의 가상적인 그래프

보이게 만들고 싶어 한다고 가정해보자. 그렇게 하기 위해서는 수직축에 제시되어 있는 값들 간의 간격을 지금보다 늘리고 수평축에 제시되어 있는 주(weeks)들 간의 간격을 지금보다 줄이면 되는데, 그렇게 할 경우 동일한 자료를 가지고 그린 그래프임에도 불구하고 그래프의 모양은 그림 5.8과 같아진다.

이와 반대로, 수직축에 제시된 값들 간의 간격은 좁히고 수평축의 간격은 늘리게 되면 추이선의 기울기를 덜 극적으로 보이게 만들 수 있다. 예를 들어, 윤리적으로 문제가 있는 어떤 프로그램 관리자가 지난 12개월 동안 기관 이용자의 수가 줄어든 것에 대해서 이사회가 어떤 반응을 보일지 몰라 걱정하고 있다고 가정해보자. 기관 이용자 수의 변화 추이가 그림 5.9(A)와 같을 때 프로그램 관리자는 그래프의 수직측 간격은 좀 더 좁히고 수평측 간격은 좀 더 넓힘으로써 그래프의 모양을 그림 5.9(B)처럼 만들어 마치 이용자 수의 감소 추이가 덜 극적이고 덜 심각한 것처럼 이사회를 현혹하고자 시도할 수 있다.

이 책의 맨 첫부분에서 언급했던 것처럼, 사람들은 통계를 가지고 거짓말을 할 수 있다. 왜곡된 그래프를 만드는 것은 그렇게 하는 방법들 중 하나에 불과하다. 어떤 사람들은 실수로 그렇게 하는 경우가 있는가 하면 어떤 사람들은 일부러 그렇게 하기도 한다. 만일 우리가 윤리적인 사람이라면, 우리는 절대로 일부러 그렇게 하지는 않을 것이다. 이 장의 내용(그리고 이 책의 나머지 부분의)을 이해함으로써 우리는 무심코 그릇된 정보를 제공할 가능성을 줄일 수 있을 것이다. 그릇된 정보로 다른 사람을 현혹하거나 다른 사람들에 의해서 현혹될 수 있는 가능성을 더욱 줄이려면 우리는 우리가 만든 그래프와 다른 사람이 만들어 놓은 모든 그래프에 대해서 그림 5.8과 5.9(B)와 같은 왜곡됨은 없는지 반드시 자문해보아야 한다. 아울러 동료들의 반응이나 통계 전문가의 자문을 구하는 것 또한 좋은 방법이다.

발표된 논문들로부터 찾을 수 있는 예

앞서 언급한 바와 같이, 그래프와 차트는 여러 가지 형식으로 연구보고서나 논문에 제시된다. 이미 발표된 논문들로부터 찾은 두 가지 예를 살펴보기로 하자. 먼저 그림 5.10은 도시 지역의 한 중학교에서 실시한 긍정적인 행동 지지 개입이 학생들의 행동과 학업성적을 얼마나 향상시켰는지를 보여주는 막대그래프이다.

두 번째 예인 그림 5.11은 심장마비 회복 환자들 중 효과적인 지지집단에 참여한 환자들과 비효과적인 지지집단에 참여한 환자들의 평균 불안감 수준이 시간이 지나면서 어떻게 변하는지를 두 개의 선으로 보여주는 선 그래프이다. 두 선 중에서 위의 선은 비효과적인 지지집단을 나타내고 아래 선은 효과적인 지지집단을 나타낸다. 이 그래프는 효과적인 지지집단 참여 환자들의 불안감이 훨씬 낮으며 종결 단계에서 그들의 불안감이 한시적으로 증가하는 것(저자는 이를 분리 불안감으로 설명하고 있다)을 보여준다. 이 그래프에 근거하여 논문의 저자는 효과적인 지지집단의 리더에게 분리 불안감을 예상하고 그러한 불안감을 감소시키기 위해 점진적 종결과 후속 만남 같은 개입 방안을 계획할 것을 권장하였다.

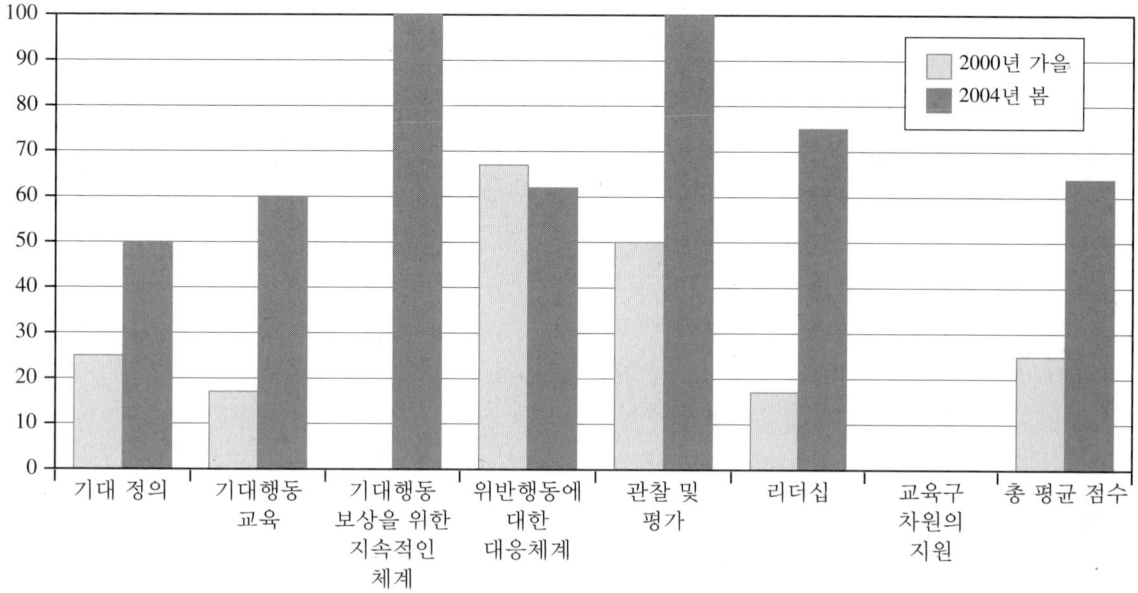

그림 5.10 전교 평가 도구를 이용한 측정값의 평균 점수

출처: S. R. Lassen, M. M. Steele & W. Sailor. (2006). The relationship of school-wide positive behavior support to academic achievement in an urban middle school. *Psychology in the Schools, 43*(6), 701-712.

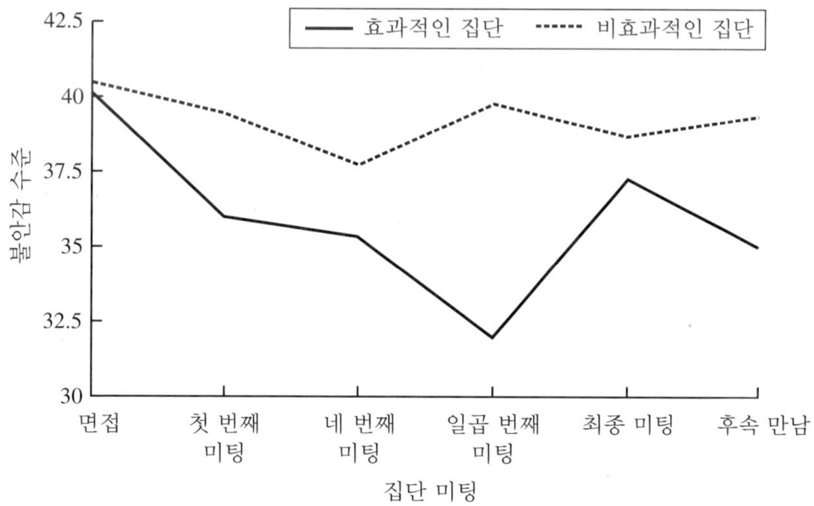

그림 5.11 주(state) 차원의 불안감 수준 평균의 변화: 효과적인 집단과 비효과적인 집단

출처: L. Kacen. (1999). Anexity levels, group characteristics, and members' behaviors in the termination stage of support groups for patients recovering from heart attacks. *Research on Social Work Practice, 9*(6). 656-672.

주요 내용

- 그래프와 차트는 다양한 형식으로 나타낼 수 있다. 어떤 형식이 이용하기에 가장 적절한지는 그래프나 차트의 목적에 따라 달라진다. 예를 들어, 시간의 변화에 따른 추이를 나타내고자 하는 그래프나 차트는 특정 시점에서 배분율을 비교하거나 집단들 간의 평균을 나타내는 형식이 아닌 다른 형식을 띨 것이다.
- 대부분의 그래프들은 위쪽 방향으로 뻗어가는 수직축과 수직축의 맨 아래 지점에서 시작되어 오른쪽으로 뻗어가는 수평축으로 이루어진다. 두 선이 시작하는 지점을 원점이라고 부른다. x축이라고 불리는 수평축은 일반적으로 변수의 값을 나타낸다. y축이라 불리는 수직축은 각각의 변수값에 대응하는 사례의 백분율 또는 빈도를 나타낸다.
- 막대그래프는 명목변수의 각 범주에 대한 사례의 백분율 또는 개수를 보여주는 막대를 이용하여 빈도분포를 나타낸다.
- 파이차트는 원형 파이의 조각 또는 부분으로 표현되는 백분율로 빈도분포 자료를 나타내는 그림이다. 파이차트에서는 파이의 조각이 크면 클수록 변수의 특정 범주에 해당하는 사례가 차지하는 백분율이 크다는 것을 의미한다.
- 히스토그램은 순위, 등간 또는 비율 변수의 빈도를 나타내는 그래프이다. 히스토그램은 막대들이 서로 맞붙어 있는 막대그래프의 모양을 띠며 막대그래프의 일종으로 이해할 수 있다.
- x축에 나열된 각각의 변수값에 대응하는 y축의 양을 나타내고자 할 때 막대 대신에 하나의 점을 사용하는 그래프를 빈도다각형 또는 선 그래프라고 한다.
- 특정 시점에서의 변수 분포를 선 그래프로 나타낼 경우 그래프를 이해하기가 어려워질 수 있다. 그러나 시간에 따른 변화 추이를 나타내고자 하는 경우라면 선 그래프가 매우 명료할 수 있다.
- 그래프의 수직축 혹은 수평축에 나열된 범주들 간의 간격을 변화시켜 더 혹은 덜 극단적인 추이를 보여주는 방식으로 그래프를 잘못 만들 수도 있다.

연습문제

1. 이 질문에 답하기 위해서, 제4장의 연습문제 1번에 제시된 청소년을 위한 물질남용 프로그램 및 치료집단과 비교집단 간의 차이를 설명하는 요인에 관한 원자료를 참고하라(이용할 수 있다면 SPSS나 다른 통계 소프트웨어를 이용하여 이 문제에 답하라).
   a. 주된 남용 물질 변수를 막대그래프와 파이차트로 나타내고 설명하라.
   b. 연령 변수를 히스토그램과 빈도다각형으로 나타내고 설명하라.
   c. 치료 참여 횟수 변수를 통합 범주(제4장 연습문제 1번에서 답하기 위해 사용했을 수 있는 집단빈도분포 같은)를 히스토그램으로 나타내고 설명하라.

2. 한 아동복지기관에서 실시한 새로운 가족 유지 프로젝트를 위해 12개월에 걸쳐 재정 지원이 이루어졌다. 재정 지원이 만료된 이후에도 재정 지원을 받기 위해서 이 프로젝트는 학대받은 아동을 원가정이 아닌 곳에 위탁하는 수가 프로젝트를 시작하기 이전 12개월 동안 증가하던 추이

가 프로젝트를 실시함으로써 극적으로 바뀌었다는 것을 보여주어야 한다. 프로젝트 이전 12개월과 이후 12개월 동안 원가정이 아닌 다른 곳에 위탁하는 수는 그림 5.10에 제시되어 있다 (화살표는 프로젝트의 시작을 의미한다).

a. 프로젝트 실시 이전과 이후의 시간에 따른 위탁 건수 변화 추이를 선 그래프로 나타내어라.

b. 윤리적이지 않은 관리자가 프로젝트 시작 이전과 이후에 위탁 건수 변화 추이가 반전된 현상을 실제보다 더 극적인 것처럼 보이게 나타낼 수 있는 선 그래프를 그리고자 한다고 가정해보자. 동일한 자료를 이용하되, 수직축과 수평축의 간격을 변화시킨 그래프를 그린 다음 그 그래프가 왜 사람들을 현혹할 수 있는지 설명하라.

3. 다음의 논문을 읽고 그래프나 차트를 제시하는 요령 중에서 중요하다고 생각되는 것 한두 가지를 글로 정리하라:

Presentation graphics should help audiences get the picture. (1987). *PC Week, 4*(49), 56.

4. 다음의 논문을 다시 읽고 그림 1의 막대그래프에 대한 해석을 간략하게 글로 정리하라:

J. Walsh, R. Green, J. Matthews & B. Bonucelli-Puerto. (2005). Social workers' views of the etiology of mental disorders: Results of a national study. *Social Work, 50*(1), 43-52.

제 6 장

중심경향도 측도

서론
산술평균
중앙값
극단값의 영향
최빈값
중심경향도 측도 선택
주요 내용
연습문제

서론

자료가 의미하는 바를 한눈에 알아보기 편리하게 요약하여 제시하는 방법에는 제4장과 5장에서 논의한 빈도분포나 그래프 이외에도 여러 가지 것이 있다. 수집한 자료가 순위, 등간 또는 비율 변수 자료일 때, 우리는 **중심경향도 측도**라고 불리는 기술통계값들을 이용해서 요약하고 제시할 수 있다. 중심경향도 측도에는 산술평균(mean), 중앙값(median) 그리고 최빈값(mode)이 있는데, 이 기술통계값들을 이용하여 우리는 순위, 등간 또는 비율 척도로 측정된 자료를 빈도분포나 그래프보다 훨씬 간결하게 요약할 수 있다.

이들 세 가지 중심경향도 측도 모두는 분포의 "평균(average)" 또는 "일반적(typical)" 인 값을 한 개의 값으로 제시해준다. 이들 각각에 대해서 구체적으로 살펴보기에 앞서, 먼저 평균(average)이라는 것이 무엇을 의미하는지—그리고 무엇을 의미하는 것이 아닌지—에 대해서 알아보도록 하자. 평균이라는 용어를 한 무리의 사람들에 대해서 사용할 때, 평균은 "일반적인" 이라는 의미를 갖는다. 예를 들어, 고등학교 중퇴 예방 프로그램 참여자들에 대해서 이야기할 때, 우리는 "참여자의 일반적인 나이는 16세이고 가구 연소득은 $20,000 미만이다" 라고 말할 수 있다. 앞 문장에서 "평균" 과 "일반적" 이라는 용어는 동일한 의미로 사용되고 있다. 그러나 참여자 연령의 수량적인 평균(arithmetic average)이 16세라는 말이 모든 참여자가 16세라는 것을 뜻하는 것은 아니다. 아마도 40% 정도는 16세이고 나머지 60%는 나이가 보다 적거나 많을 수도 있을 것이다.

"평균" 과 "일반적" 간의 차이는 아동, 부모 및 노인에게 서비스를 제공하는 가족복지기관의 업무량을 예로 들어 이야기할 때 더욱 분명해진다. 예를 들어, 어떤 기관의 모든 클라이언트의 산술적인 평균 나이가 실제로 40세라고 하더라도 "일반적" 인 클라이언트의 "평균" 나이가 40세라고 말하는 것은 잘못된 것이다. 이 장과 다음 장에서 논의하게 될 기술통계값들은 어떤 산술적인 평균이 실제로 얼마나 일반적인지—또는 일반적이 아닌지—를 보여주는 값들이다. 즉, 이 기술통계값들은 평균이 얼마인지를 보여줄 뿐만 아니라 특정 변수의 분포를 이루고 있는 변수값들이 평균으로부터 얼마나 가까이 또는 멀리 위치하는지를 보여준다. 대부분의 변수값들이 산술적인 평균 가까이에 분포한다면 그 산술적인 평균은 일반적인 값이라고 볼 수 있다. 그러나 만일 많은 변수값들이 산술적인 평균으로부터 멀리 떨어져 위치한다면 그 수량적 평균은 일반적인 값이라고 볼 수 없다.

이 장에서는 이러한 세 가지 중심경향도 측도 각각을 어떻게 계산하고, 어떤 용도로 사용하고, 어떻게 해석하는지 알아볼 것이다. 먼저, 가장 자주 사용되는 중심경향도 측도인 산술평균(mean)을 살펴보고, 다음으로는 중앙값에 대해서 살펴보기로 하겠다. 이 두 가지 통계값 모두는 어떤 분포의 중심을 가장 잘 나타내는(즉, 중심경향도) 값이라는 개념을 바탕으로 하는 값들이다. 산술평균과 중앙값에 이어서 우리는 최빈값이라는, 산술평균이나 중앙값보다는 분포의 중심이 되기 어려운 측도에 대해서 살펴볼 것이다.

산술평균

제1장에서 우리는 감세 정책을 예로 들면서 통계를 이해할 때 잘못된 통계에 의해 현혹되지 않을 수 있다는 것을 설명하면서 **산술평균**(mean)이라는 개념을 소개했었다. 그러면서 우리는 산술평균을 계산하려면 어떤 변수의 모든 변수값을 더한 다음 그 값을 변수값의 개수로 나누어주어야 한다

고 언급한 바 있다. 산술평균(이하, 평균)을 구하는 공식은 "평균 계산에 대한 공식"이라는 제목의 글상자에 자세하게 제시되어 있다.

평균을 구하는 공식에는 덧셈과 나눗셈이 포함되어 있기 때문에 성별이나 인종 같은 명목변수의 경우 평균을 구할 수 없다. 예를 들어, 남성과 여성을 또는 아프리카계 미국인과 남미계 미국인을 더하는 것이 얼마나 어처구니없는 일인지 한 번 생각해보기 바란다. 만일 명목변수가 가질 수 있는 각각의 범주에 부여한 값을 가지고 산술평균을 구한다면, 그 값은 평균이라는 의미를 갖지 못한다. 예를 들어, 인종 변수가 세 가지 인종을 가질 수 있고 백인이 1, 아프리카계 미국인이 2 그리고 남미계 미국인이 3일 때 이 값들을 모두 더하면 6이 되고 이 값을 3으로 나누면(인종이 세 개이므로) 산술평균은 2가 된다. 이 값이 평균적 또는 일반적인 클라이언트가 아프리카계 미국인이라는 것을 의미하는가? 물론 아니다.

평균은 수량적인 변수, 즉 순위변수, 등간변수 또는 비율변수를 가지고 구해야 한다. 예를 들어 비율변수의 경우, 실험집단의 평균이 기존 치료를 받은 집단에 비해 두 배라는 것은 실험집단의 평균이 기존 치료를 받은 집단에 대해서 측정된 양보다 정확하게 두 배 많다는 것을 의미한다. 따라서 만일 실험집단에 속하는 클라이언트들이 참여한 치료 회기의 산술평균은 10이고 기존 치료를 받은 집단의 산술평균이 5라면, 우리는 실험집단의 클라이언트들이 기존 치료를 받은 집단의 클라이언트들보다 평균적으로 치료 회기에 두 배 더 참여했다는 것을 알 수 있다.

어떤 집단의 평균을 안다는 것이 증거기반 실천에 어떻게 도움이 되는가? 다음과 같은 예를 들어 보기로 하자. 물질남용 청소년을 위한 어떤 입원 치료시설이 그 시설에서 치료를 받고 있는 청소년의 부모들에게 일주일에 한 번씩 지지집단 모임을 제공하고 있다고 가정해보자. 이 시설에서 치료 전문가로 처음 일하게 된 어떤 사람이 대학원 재학 중에 배웠던 부모 지지 촉진을 위한 새로운 증거기반 실천 접근방법을 시도해보고자 마음을 먹게 되었다고 가정해보자. 그러나 새로운 접근방법이 효과적이려면 부모들이 12주에 걸쳐 진행되는 지지집단 프로그램에 한 번도 빠짐없이 참여해야 한다.

이 전문가가 자신의 생각을 슈퍼바이저에게 이

평균 계산에 대한 공식

표본변수의 평균을 구하는 공식은 다음과 같다:

$\bar{X}$ = 표본평균*

Σ = 이 기호 오른쪽에 있는 모든 것의 합(이 기호는 그리스 알파벳 시그마의 대문자임)

X_s = 해당 변수의 모든 변수값의 합

N = 더하고자 하는 변수값의 총 개수(대개의 경우, 자료 파일에 있는 사례의 총 개수)

평균을 구하는 공식은 이러한 기호들을 사용하여 다음과 같이 정의한다.

$$\bar{X} = \frac{\Sigma X_s}{N}$$

* 주: 위의 기호 $\bar{X}$에서 X 위의 선은 구하고자 하는 평균이 모집단의 평균이 아니라 표본의 평균임을 나타내는 기호이다. $\bar{X}$는 X-바라고 읽는다. 구하려는 평균이 모집단의 평균일 때는 X-바 대신에 그리스 알파벳인 뮤(μ)를 사용하여 표기한다.

야기하자 슈퍼바이저는 부모들이 현재 진행 중인 지지집단 모임에 평균적으로 참여하는 횟수가 2회에 불과하다는 점을 지적했다. 그 이유를 묻자 슈퍼바이저는 다음과 같은 이유들을 말해주었다. 대부분의 부모들은 시설에서 멀리 떨어진 곳에 살고 있기 때문에 시설까지 오기 위한 교통수단이 일단 문제이고, 시설에 오기 위해서는 아이들을 대신 돌봐줄 사람을 구해야 하며, 부모들 자신이 물질남용자이기 때문에 의욕적인 면이나 기능적인 면에서 단 한 번의 모임에 참석하는 것조차도 쉽지 않다는 것이다. 물론 이러한 이유들은 지지집단에 대한 만족도와 무관한 것들이다. 이러한 사실을 알게 된 전문가는 새로운 증거기반 실천 접근방법을 시도하기에 앞서 부모들의 참여를 용이하게 만들고 그들에게 동기를 부여할 수 있는 방법을 먼저 찾아야 한다는 생각을 하게 되었다.

이번에는 행정 및 기획과 관련된 예를 들어 보기로 하자. 참고로 말하면, 이 예는 본 저자가 최근에 텍사스에서 연구계획서를 쓰면서 실제로 접하게 된 평균에 관한 예이다. 텍사스 주립 교도소에서 출소한 사람들이 다시 범죄를 저지르는 것을 예방하기 위한 사후 사회 서비스 개입을 제공하는 소규모 실험적인 프로젝트를 위해서 주정부에 재정 지원을 요청하고자 한다고 가정해보자. 이 프로젝트를 통해 100명의 출소자에게 서비스를 제공하는 데 $100,000가 든다고 가정해보자. 1인당 평균 비용은 $100,000를 100명으로 나눈 값인 $1,000가 된다.

텍사스 주 법무부에 문의한 결과(TDCJ, 2005), 출소 후 다시 교도소로 들어오게 된 범죄자들이 교도소에서 평균적으로 머문 기간이 2003년의 경우 4.74년 또는 1,731.29일이라는 사실을 알게 되었다. 또한 이들이 출소 후 다시 교도소에 들어오게 되면 하루 평균 $44.01가 들어간다는 사실 또한 알게 되었다. 따라서 4.74년이면 $76,194가 드는 것이다($44.01와 1,731.29를 곱한 것임). 따라서 이 프로젝트를 통해서 다시 범죄를 저지르지 않게 되는 출소자가 최소한 두 명만 되면 주정부는 범죄로 인해 발생하는 정신적 비용이나 그 밖의 관련 비용은 차지하고서라도 1년에 $52,388를 절약할 수 있게 된다($76,194에 2명을 곱하면 $152,388이고 이 비용은 프로젝트를 통해 한 명에게 서비스를 제공하는 비용보다 $52,388가 많은 비용이다). 이처럼 평균 비용과 평균 재소기간을 아는 것은 ─그리고 그러한 숫자들을 연구계획서에 인용하는 것은─ 주정부로부터 연구계획서를 승인받을 수 있는 가능성을 높이는 데 도움이 될 것이다.

우리가 가진 자료가 순위변수를 측정하여 얻은 자료일 때는 평균의 의미를 해석하는 것이 약간 어려워진다. 예를 들어, 클라이언트들에게 서비스에 대한 만족도를 매우 불만족에 1을, 중간 정도 불만족에 2를, 약간 불만족에 3을, 약간 만족에 4를, 중간 정도 만족에 5를 그리고 매우 만족에 6을 부여하는 6점 척도로 측정하게 한다고 가정해보자. 만일 실험집단의 평균이 4이고 기존 치료를 받은 집단의 평균이 2라면, 과연 그러한 결과를 바탕으로 실험집단의 클라이언트들이 기존 치료 집단의 클라이언트들에 비해서 평균적으로 두 배 더 만족한다고 말할 수 있을까? 그럼에도 불구하고 우리는 평점(GPA) 같은 순위변수의 변수값의 평균을 보고하는 경우를 종종 보게 된다. 평점이 4.0인 학생이 평점이 2.0인 학생에 비해서 두 배 더 공부를 잘했다거나 두 배 더 배웠다는 것을 의미하는 것이 아님을 알았음에도 불구하고 두 학생의 평점을 아는 것은 도움이 된다. 예를 들어, 평점이 2.0인 학생은 모든 시험에서 75% 정도를 받았고 평점이 4.0인 학생은 모든 시험에서 95%를 받았을 수 있다. 95%는 75%의 두 배가 아니지만 우리가 학점에 순위코드를 부여할 때 A에는 4를, C에는 2를 부여하여 높은 시험 점수에 부여하는 순위값이 낮은 시험 점수에 부여하는 순위값의 두 배가 되게 한다. 따라서 순위변수를 가지고 평균을 구해 놓은 경우를 종종 접할 수 있고 순위변수의 평균을 구해볼 만한 실질적인 가치가 있다고 하더라도 순위변수 평균의 의미를 해석할 때에는 반드시 주의를 기울여야 한다는 것을 명심해둘 필요가 있다.

그러나 그렇다고 해서 순위변수의 중심경향도를 나타내기 위해서 평균을 사용하는 것을 지나치게 평가절하해서는 안 된다. 예를 들어, 어떤 개입들은 클라이언트들로 하여금 0(스트레스 없음)부터 10(최악의 스트레스)까지의 값을 가지고 스트레스의 수준을 나타내게 하는 방식으로 평가하기도 한다. 이러한 측정 방식을 통해 얻은 자료는 순위변수값이지만 개입 후 실험집단의 평균은 8에서 2로 낮아진데 비해, 통제집단의 평균은 8에서 변하지 않았다는 것을 아는 것은 매우 중요하다. 그러나 이러한 결과를 마치 개입 후 통제집단의 스트레스는 개입집단에 비해 평균 4배 정도 높다는 식으로 해석하는 오류를 범하지 않도록 항상 주의해야 한다.

중심경향도를 나타내는 또 다른 측도인 중앙값으로 넘어가기 전에 앞서 소개했던 가설적인 주거치료 센터 자료를 이용하여 두 개의 평균을 구해보기로 하자. 제4장의 표 4.1에 제시된 자료 파일은 새로운 치료 개입을 받은 집단과 일상적인 치료 개입을 받은 집단에 관한 자료이다. 이 자료를 이용하여 두 치료집단 각각에 대해서 심각한 문제행동을 보인 사건 변수의 평균을 구해보자. 표 4.1로부터 우리는 각 집단에 해당하는 클라이언트 25명의 심각한 문제행동 횟수를 표 6.1과 같이 나열할 수 있다.

각 열에 대해서 제시된 변수값을 모두 더한 다음 그 값을 변수값(또는 사례)의 개수로 나누면 새로운 치료집단의 심각한 문제행동 변수의 평균은

표 6.1 두 치료집단 각각의 심각한 문제행동 횟수의 평균

집단 1: 새로운 치료집단	집단 2: 기존 치료집단
0	3
0	3
1	4
8	5
1	6
2	6
0	4
21	5
0	5
3	3
0	6
3	8
19	5
2	5
22	7
20	3
0	4
11	5
1	5
1	6
2	5
2	7
18	5
7	6
6	4
——	——
합계 150	125
평균 150/25 = 6.0	125/25 = 5.0

6이고 기존 치료집단의 평균은 5임을 알 수 있다. 만일 SPSS, MicroCase 또는 Excel 같은 통계 소프트웨어를 사용할 수 있다면, 그러한 소프트웨어를 사용하여 이러한 평균을 쉽게 구할 수 있다.

심각한 문제행동은 바람직하지 않은 것이며 평가하고자 하는 치료 개입은 그러한 문제행동을 줄이려는 노력이기 때문에, 새로운 치료집단의 평균이 6이라는 것은 기존 치료집단의 평균 5에 비해

보통 사람은 고환이 한 개이며 두 달에 한 번씩 배란한다.

좋은 것이 아니다. 따라서 새로운 치료집단의 "평균적인(average)" 사례가 기존 치료집단의 "평균적인" 사례에 비해 못하기 때문에 기존 치료 개입이 더 효과적이라는 결론을 내려야 할 것 같은 생각을 하게 된다. 그러나 곧 알게 되겠지만 중심경향도를 나타내는 다른 측도를 사용해보지 않은 상태에서 평균만 보고 결론을 너무 성급하게 내려서는 안 된다. 왜냐하면 중앙값 같은 중심경향도 측도는 우리에게 어떤 분포의 중심경향도에 대해서 또 다른 감각을 갖게 해주기 때문이다.

중앙값

중앙값이란 변수값의 서열에 따라 분포시켰을 때 분포의 중간에 해당하는 값이다. 중앙값은 변수의 서열만을 고려하기 때문에 순위변수에 대해서 구하더라도 순위변수를 가지고 평균을 구할 때와 같은 문제가 발생하지 않는다. 중앙값은 말 그대로 "중간"에 있는 값이므로, 우리는 어떤 값이 그 값 보다 큰 값의 수와 그 값보다 작은 값의 수가 일치하는지를 봄으로써 중앙값을 구할 수 있다.

물론 통계 소프트웨어를 사용하여 중앙값을 구할 수도 있지만 표 6.1의 내용을 통해서 중앙값을 구하는 방법을 이해해보기로 하자. 표 6.1의 두 개열 중에서 기존 치료 열에 해당하는 25개의 변수값을 보면 그 중에서 8개 값은 5보다 작고 8개 값은 5보다 크다는 것을 알 수 있다(변수값 5에 해당하는 사례의 수는 9명이다). 따라서 이 집단의 경우 **중앙값**은 5이다. 여기서 분명히 이해해야 하는 것은 이 열에 제시된 25개 변수값 중에서 15번째 변수값이 5이기는 하지만 중앙값을 구한다는 것이 단순히 15번째 값이 얼마인지 알아보는 것은 아니라는 점이다. 중앙값을 구할 때 우리가 생각해야 할 것은 다음과 같다: 만일 우리가 변수값들을 가장 작은 값에서부터 가장 큰 값까지 서열을 매

3 3 3 3 4 4 4 4 | 5 5 5 5 5 5 5 5 | 6 6 6 6 6 7 7 8

← 8명 — | 중앙값 | — 8명 →

그림 6.1 기존 치료집단의 중앙값

0 0 0 0 0 0 1 1 1 1 | 2 2 2 2 | 3 3 6 7 8 11 18 19 20 21 22

← 10명 — | 중앙값 | — 11명 →

그림 6.2 새로운 치료집단의 중앙값

중앙값 계산방법

사례의 수가 많지 않다면 중앙값을 구하는 것은 상대적으로 쉽게 구할 수 있는데 사례 중 절반은 중앙값보다 크고 나머지 절반은 중앙값보다 작다. 그러나 대부분의 경우, 중앙값을 구하는 것은 이처럼 쉽지 않다. 예를 들어, 아래와 같이 중간값(middle value)이 없으면서 짝수 개의 사례를 갖는 경우를 생각해보자:

1 2 3 4 6 7 8 9

위의 경우, 6보다 작은 값은 4개이고 6보다 큰 값은 3개이다. 위의 자료를 4개의 작은 변수값과 4개의 큰 변수값으로 나누는 선을 긋는다면 그 선은 4와 6 사이를 지나는 선이 될 것이다. 따라서 중앙값은 5가 된다.

이번에는 위의 자료를 다음과 같이 수정해보기로 하자:

1 2 3 4 5 6 7 8

이 자료를 4개의 작은 변수값과 4개의 큰 변수값으로 나누는 선을 다시 긋는다면 그 선은 4와 5 사이를 지나게 될 것이다. 이 경우, 중앙값은 4.5가 된다. 따라서 중앙값이 반드시 정수이어야 하거나 자료에 있는 값이어야 하는 것은 아니다.

대규모 자료의 경우, 중앙값은 대부분이 소수이다. 위의 자료에서 중앙값이 왜 4.5인지를 이해하는 것은 그리 어렵지 않다. 왜냐하면 4와 5 모두 한 개씩 밖에 없고 두 값의 중간은 4.5이기 때문이다. 그런데 어떤 자료들은 위의 자료와 달리 중간값의 개수가 같지 않으며 그렇기 때문에 중앙값을 구하는 것이 훨씬 더 복잡해질 수 있다. 예를 들어, 다음과 같은 자료가 있다고 가정해보자:

2 3 4 4 5 5 5 6 6 8

이 자료에는 4보다 큰 값이 6개 있고 5보다 작은 값이 4개 있다. 이 경우, 중앙값 4.5는 4보다 큰 값의 수가 5보다 작은 값의 수보다 많다는 것을 반영하지 못한다. 이러한 불균형을 없애려면 우리는 두 개 중간값에 해당하는 사례의 수(즉, 변수값이 4 또는 5인 사례의 수)를 세야 한다. 그런 사례는 총 5개이며 그 중 3개는 5를 변수값으로 갖는다. 5개 중 3개를 소수로 표현하면(즉, 3/5) 0.6이다. 따라서 두 개의 중간값 4와 5 중에서 변수값 4보다 변수값 5에 해당하는 사례가 더 많다는 것을 나타내기 위해서 중앙값은 4.5가 아니라 4.6이 되어야 한다.

대규모 자료의 경우, 중앙값을 계산하는 방법은 여기서 소개한 방법들보다 훨씬 복잡하기 때문에 복잡한 수학 공식을 사용하여 계산한다. 그러나 요즘은 어느 누구도 대규모 자료의 중앙값을 컴퓨터 소프트웨어를 사용하여 계산하지 손으로 계산하지 않는다. 이 글상자의 내용을 읽음으로써 우리는 중앙값의 의미가 무엇이고 자료가 소규모일 때와 대규모일 때 중앙값을 어떻게 구하는지를 대략적으로 이해할 수 있다. 대규모 자료의 중앙값을 계산하는 수학 공식을 알고자 하는 독자는 수학적 원리에 좀 더 많은 비중을 둔 그라베터와 발나우(Gravetter and Wallnau, 2000) 같은 교재를 참조하기 바란다.

긴다면, 어떤 값이 정확하게 중간에 위치하는가? 이 내용을 그림으로 나타내면 그림 6.1처럼 25개 변수값을 가장 작은 값에서부터 큰 값까지 일렬로 나열하는 것이 된다.

이 그림을 보면 중앙값인 5의 왼쪽에 위치한 사례의 수가 8명이고 오른쪽에 위치한 사례의 수 역시 8명이다. 또 한 가지 주목해야 할 것은 만일 두 개 이상의 사례가 동일한 어떤 변수값을 가지면 그 값이 반복적으로 제시된다는 것이다. 따라서 변수값 5가 9번 제시되어 있다는 것은 심각한 문제행동을 5번 보인 클라이언트가 9명이라는 것을 의미한다.

새로운 치료집단의 경우는 10명이 2보다 작은 값을 가지며, 4명이 2를 가지며, 11명이 2보다 큰 값을 갖는다. 따라서 이 집단의 중앙값은 2가 된다. 이를 그림으로 나타내면 25개의 변수값을 그림 6.2처럼 서열에 따라 일렬로 늘어놓는 것이 된다.

물론 이 경우 2보다 큰 값을 갖는 사례의 수가 2보다 작은 값을 갖는 사례의 수보다 한 개 더 많지만, 그림 6.2를 보면 중간에 위치하는 값에 가장 가까운 값은 2라는 것을 알 수 있다(만일 중앙값보다 작은 값의 수와 큰 값의 수가 다른 경우, "중앙값 계산방법"이라는 제목의 글상자에 제시된 바와 같이 중앙값은 종종 소수가 되기도 한다).

극단값의 영향

기존 치료집단은 중앙값과 평균이 모두 5로 일치한다. 기존 치료집단에 해당하는 25개 변수값을 서열에 따라 나열한 것을 눈으로만 훑어보더라도 가장 "일반적인" 값이 5라는 주장이 터무니없는 소리라는 생각은 들지 않는다. 왜냐하면 이 집단의 다른 변수값들이 5 주위에 가까이 모여 분포하고 있기 때문이다.

그러나 새로운 치료집단의 경우는 그렇게 말하기가 좀 어렵다. 새로운 치료집단의 변수값을 서열에 따라 나열한 것을 보면 25개 변수값 중에 15개 변수값이 0과 3 사이의 위치하고 있으며, 따라서 변수값들이 평균인 6보다는 중앙값인 2에 더 가깝게 모여 있다는 것을 알 수 있다. 그럼에도 불구하고 이 집단의 평균이 6인 이유는 25개 변수값 중에 5개 값(18, 19, 20, 21 그리고 22)이 다른 값들에 비해 극단적으로 큰 값들이기 때문이다. 분포상의 값들 중에 이처럼 극단적으로 큰 값을 가리켜 **극단값**(outlier)이라고 한다. 극단값은 변수값의 합을 부풀리게 되므로 결국 평균을 부풀리는 결과를 가져온다. 그러나 중앙값을 계산할 때는 극단값들이 얼마나 큰 값인지는 전혀 상관이 없으며, 중요한 것은 중앙값보다 큰 값의 수가 중앙값보다 작은 값의 수와 일치하는지 여부이다.

제1장에서 감세 정책의 예를 들면서 논의했던 것처럼 그리고 위에서 다시 한 번 예시한 바와 같이, 극단값은 평균을 왜곡하는 결과를 가져오기 쉽다. 루빈과 배비(Rubin and Babbie, 2008)는 이와 관련해서 다음과 같은 예를 제시하고 있다:

> …워싱톤 주 레드먼드시 주민의 평균 자산은 백만 달러가 넘는다. 그러나 실제로 레드먼드시에 가보면 그곳 주민들의 삶이 우리가 생각하는 백만장자의 삶과는 매우 다르다는 것을 쉽게 알 수 있다. 이처럼 평균 자산이 높은 것은 레드먼드시의 주민 40,000명 중 단 한 사람 때문이다. 그 사람은 다름 아닌 마이크로소프트사의 빌 게이츠로서 그가 가진 자산의 규모는 수백억 달러(이 글을 쓸 당시에는)에 달한다. 분명한 것은 레드먼드시 주민 전체를 보다 정확하게 나타내주는 것은 중위 자산이라는 사실이다. (p. 489)

결론은 우리가 가진 자료나 다른 사람의 자료를

읽고, 해석하고, 제시할 때 평균 하나에만 의존하는 것은 바람직하지 않다는 것이다. 빈도분포와 중앙값을 평균과 함께 고려함으로써 우리는 자료의 의미와 자료를 바탕으로 구한 평균이 실제 "일반적인" 값인지 여부를 올바르게 이해할 수 있다. 예를 들어, 평균과 중앙값이 매우 다르다면, 우리는 어떤 극단값들이 평균을 왜곡시키고 있다는 것을 알 수 있다.

그러나 평균과 중앙값이 일치하더라도 두 값 모두 일반적인 사례를 나타내지 못할 수도 있다. 예를 들어, 새로운 치료 개입이 단 한 번의 외상을 경험한 아동들의 문제행동을 완전히 없앤 반면, 여러 차례의 외상을 경험한 아동들의 문제행동은 오히려 치료 전보다 두 배로 악화시켰다고 가정해보자. 또한 아동들 중 절반은 단 한 번의 외상을 경험했고 나머지 절반은 여러 번의 외상을 경험했으며, 치료 전에는 두 집단 모두의 평균과 중앙값이 5였으나 치료 후에는 아동들 중 절반은 문제행동을 보인 횟수가 0이 된 반면, 나머지 절반은 문제행동을 보인 횟수가 10이 되었다고 가정해보자. 치료 후 전체 아동의 평균과 중앙값은 5이지만 이 값은 자칫 현실을 잘못 이해하게 만드는 값이다. 왜냐하면 아동들 중 절반이 전혀 문제행동을 보이지 않았지만 나머지 절반이 10번의 문제행동을 보였기 때문이다. 따라서 다른 사람들을 현혹하지 않기 위해서 그리고 다른 사람들에 의해서 현혹되지 않기 위해서 우리는 평균과 중앙값 이외의 다른 통계값들을 필요로 하게 된다. 이 장의 나머지 부분에서는 도움이 될만한 다른 통계값들에 대해서 살펴볼 것이다. 그러나 그렇게 하기에 앞서 "중앙값 계산방법"이라는 제목의 글상자를 읽어보는 것이 도움이 될 것이다. 통계 소프트웨어를 사용할 수 있다면 중앙값을 손으로 계산해야 할 필요는 없다. 많은 경우, 중앙값을 계산하는 것은 우리가 위의 예에서 했던 것보다 훨씬 어려울 수 있다.

최빈값

최빈값은 특정 변수의 변수값의 분포 중 가장 빈도가 높은 값을 말한다. 위의 예에서, 새로운 치료집단에 해당하는 25개 변수값 중에서 가장 빈도가 높은 변수값은 0이고 기존 치료집단에 해당하는 25개 변수값 중에서 가장 빈도가 높은 변수값은 5이다. 따라서 새로운 치료집단의 최빈값은 0이고 기존 치료집단의 최빈값은 5이다. 따라서 새로운 치료집단의 최빈값(0)은 중앙값(2)보다 낮고 평균(6)보다는 훨씬 낮은 반면, 기존 치료집단의 최빈값(5)은 중앙값 및 평균과 같다. 이러한 사실을 앎으로써 우리는 어떤 분포에 있어서 가장 "일반적인" 것이 무엇인지를 생각할 때 평균과 중앙값 중에서 어느 것을 선택해야 할지를 좀 더 잘 이해할 수 있다.

최빈값은 분포를 이루고 있는 각각의 변수값에 해당하는 사례의 수에만 의존하고 변수값의 서열이나 크기는 전혀 고려하지 않기 때문에 양적 자료뿐만 아니라 명목변수에도 사용할 수 있다. 따라서 제4장의 표 4.2로 되돌아가보면 가설적 평가에서 인종 범주 중 빈도가 가장 높은 최빈 범주(modal category)는 백인이라는 것을 알 수 있다.

어떤 변수는 최빈 범주가 한 개 이상일 수 있다. 위에서 들었던 주거 치료 센터의 예에서 치료 개입 후 클라이언트 중 절반은 문제행동을 전혀 보이지 않았으나 나머지 절반은 10번의 문제행동을 보였던 것을 기억해보자. 이 경우, 최빈 범주는 0과 10 두 개인데 이 두 값에 해당하는 사례수가 동일하게 가장 많기 때문이다. 분포 내에 두 개의 최빈값이 존재할 때 우리를 그러한 분포를 가리켜 **쌍봉 분포**(bimodal distribution)라고 한다.

최빈값은 집단빈도분포에서도 구할 수 있다. 예를 들어, 제4장의 표 4.7을 보면 문제행동을 보인 횟수 5번과 6번을 하나로 묶은 5~6 범주에 해당하는 사례의 수가 다른 어떤 범주보다 많은 것을 알 수 있다. 따라서 이 분포의 최빈값 또는 최빈 범주는 5~6 또는 5와 6의 중간값인 5.5라고 할 수 있다.

최빈값 그 자체는 자료의 중심경향도나 일반적인 사례를 나타내는 데 있어서 평균이나 중앙값만큼 유용하지 않다. 그럼에도 불구하고, 앞서 논의했던 바와 같이, 최빈값을 평균이나 중앙값과 함께 고려해볼 만한 가치는 충분히 있다.

중심경향도 측도 선택

이상에서 살펴본 세 가지 중심경향도 측도들은 자료를 요약하고 변수의 평균(average) 또는 가장 빈도가 높은 변수값을 이해하는 데 도움을 준다. 물론 명목자료—수량적 의미를 갖지 않은 자료—에는 최빈값만을 사용할 수 있다. 순위 자료의 경우, 세 가지 측도 모두를 사용할 수 있으나 평균의 의미를 해석할 때는 주의를 기울여야 한다. 왜냐하면 순위에는 수량적 의미가 반영되어 있지 않기 (앞서 설명한 바와 같이) 때문이다. 등간 또는 비율 자료에 대해서는 세 가지 측도 모두를 사용할 수 있으며 사실 세 가지 측도 모두를 사용하는 것이 가장 바람직하다. 평균은 중심경향도를 나타낼 때 모든 변수값을 고려한다는 장점이 있지만 극단값에 의해서 영향을 받는다(만일 극단값이 있다면)는 단점을 가지고 있다. 중앙값은 극단값에 의해서 영향을 받지 않는다는 장점을 가지고 있다. 그러나 이 장점은 곧 단점이기도 한데, 왜냐하면 어떤 경우에는 분포에 극단값이 존재한다는 사실을 아는 것 자체가 중요할 수도 있기 때문이다.

분포에 극단값이 포함되어 있을 때 한 가지 방법은 **극단값 제외 평균**(trimmed mean)을 사용하는 것이다. 극단값 제외 평균이란 극단값들이 분포에서 차지하는 비율이 낮을 때(5% 미만) 분포의 양극단에 해당하는 값들을 잘라내어 자료를 정리한 상태에서 구한 평균이다. 즉, 측도를 계산할 때 극단값들을 제외시키는 것이다. 그러나 극단값의 존재와 어떤 값들이 극단값인지를 아는 것이 중요하기 때문에 극단값 제외 평균은 중앙값과 마찬가지로 중요한 정보를 간과해버리는 단점을 가지고 있다.

이들 세 가지 측도의 의미를 비교하고 각각의 장점과 단점을 제시할 수 있는 방법들 중 하나는 서로 다른 변수값들이 나열되어 있는 시소를 머릿속에 그려보는 것이다. 이들 변수값들의 평균은 시소의 균형점, 즉 시소의 어느 한쪽도 다른 한쪽보다 높아지거나 낮아지지 않게 만드는 점을 말한다. **평균**의 경우, 이 균형점이 바로 중심경향도이다. **중앙값**의 경우는 이 균형점이 아니라 변수값 중 절반은 어떤 값보다 크고 나머지 절반은 그 값보다 작게 되는 값이 중심경향도가 된다. 이와 달리, **최빈값**은 시소의 균형점이나 중간 지점이 어디든 상관없이 시소 상의 어디든—가장 일반적인 값이 위치하는 지점—위치할 수 있다.

그림 6.3은 앞서 소개했던 가설적인 예에서 새로운 치료집단을 구성하고 있는 25명의 클라이언트가 보인 문제행동 횟수를 가지고 세 가지 중심경향도 측도들 간의 관계를 그림으로 나타낸 것이다. 그림 6.3에서 모든 변수값들은 동일한 무게를 가진 블록으로 표현되어 있다. 각각의 블록은 자료 파일에 제시된 각각의 사례를 나타낸다. 극단값에 해당하는 블록들은 시소의 양 끝쪽에 위치한다. 특정 변수값에 해당하는 사례가 많을수록 그 값에 쌓아올려진 블록의 개수 또한 많아진다.

중심경향도를 나타내는 각각의 측도는 저마다의 장점과 단점을 가지고 있기 때문에 세 가지 측도 모두를 제시하고 각각에 대해서 관심을 기울이는 것이 가장 바람직하다. 이들 세 가지 측도 모두

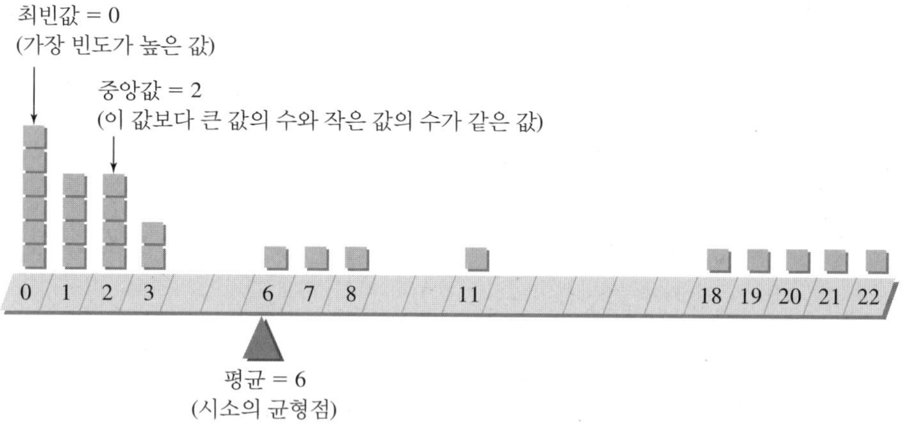

그림 6.3 세 가지 중심경향도 측도를 비교하는 시소

가 동일한 값을 제시하는지 아니면 각기 다른 값을 제시하는지 여부를 관찰함으로써 우리는 사례들이 "평균적인" 또는 "일반적인" 값 주위에 얼마나 가깝게 모여 있는지 그리고 그 값보다 위쪽 혹은 아래쪽에 극단값이 존재하는지를 어느 정도 이해할 수 있다. 사례들이 얼마나 평균 가까이에 모여 있는지 혹은 평균으로부터 흩어져 있는지를 보다 정확하게 이해하기 위해서는 중심경향도 측도와 함께 또 한 가지 종류의 측도를 필요로 한다. 그 측도들은 **산포도 측도**라고 불리는 측도들로서 다음 장인 제7장에서 살펴보기로 하겠다.

주요 내용

- 중심경향도 측도는 빈도분포표나 그래프보다 자료를 더 간결하게 요약해준다. 그러나 중심경향도 측도를 가지고 빈도분포표나 그래프를 대신하기보다는 함께 제시하는 것이 바람직하다.
- 산술평균을 구하려면, 어떤 변수의 변수값을 모두 더한 다음 그 값을 변수값의 개수로 나누어준다.
- 산술평균을 구하는 공식에 덧셈과 나눗셈이 포함되어 있기 때문에 성별이나 명목변수의 경우에는 산술평균을 구할 수 없다.
- 순위변수를 가지고 평균을 구하는 경우를 종종 접할 수 있고 그러한 평균으로부터 실제적인 의미를 찾을 수 있다고 하더라도 순위변수 평균의 의미를 해석할 때에는 반드시 주의를 기울여야 한다.
- 중앙값은 변수값을 서열에 따라 나열할 때 정확하게 중간에 위치하는 값이다. 중앙값은 변수의 서열만을 고려하기 때문에 순위변수에 대해서 구하더라도 순위변수를 가지고 평균을 구할 때와 같은 문제가 발생하지 않는다. 중앙값은 말 그대로 "중간"에 있는 값이므로 우리는 어떤 값이 그 값보다 큰 값의 수와 그 값보다 작은 값의 수가 일치하는지를 봄으로써 중앙값을 구할 수 있다.

- 분포 상의 값들 중에 극단적으로 큰 값을 극단값이라고 한다. 극단값은 변수값의 합을 부풀리게 되므로 결국 평균을 부풀리는 결과를 가져온다.
- 평균은 중심경향도를 나타낼 때 모든 변수값을 고려한다는 장점이 있지만 극단값에 의해서 영향을 받게 되는 단점을 가지고 있다. 중앙값은 극단값에 의해서 영향을 받지 않는다는 장점을 가지고 있다. 그러나 이 장점은 곧 단점이기도 한데, 왜냐하면 어떤 경우에는 분포에 극단값이 존재한다는 사실을 아는 것 자체가 중요할 수도 있기 때문이다.
- 자료를 제시하거나 해석할 때 평균 하나에만 의존하는 것은 바람직하지 않다. 빈도분포와 중앙값을 평균과 함께 고려할 때 우리는 자료의 의미를 보다 잘 이해할 수 있다.
- 최빈값은 특정 변수의 변수값의 분포 중 가장 빈도가 높은 값이다.
- 최빈값은 분포를 이루고 있는 각각의 변수값에 해당하는 사례의 수에만 의존하고 변수값의 서열이나 크기는 전혀 고려하지 않기 때문에 양적 자료뿐만 아니라 명목변수에도 적용할 수 있다.
- 어떤 변수는 최빈 범주가 한 개 이상일 수 있다. 두 개의 최빈값을 가진 분포를 가리켜 쌍봉 분포라고 한다.
- 극단값 제외 평균이란 극단값들이 분포에서 차지하는 비율이 낮을 때(5% 미만) 분포의 양극단에 해당하는 값들을 잘라내어 자료를 줄인 상태에서 구한 평균이다. 즉, 측도를 계산할 때 극단값들을 제외시키는 것이다. 그러나 극단값의 존재와 어떤 값들이 극단값인지를 아는 것이 중요하기 때문에 극단값 제외 평균은 중앙값과 마찬가지로 중요한 정보를 간과해버리는 단점을 가지고 있다.
- 중심경향도를 나타내는 각각의 측도는 저마다의 장점과 단점을 가지고 있기 때문에 세 가지 측도 모두를 제시하고 각각에 대해서 관심을 기울이는 것이 가장 바람직하다.

연습문제

1. 오른쪽에 제시된 자료는 치료 회기 참여 횟수에 관한 자료이다. 첫 번째 행은 경험이 많고 전문적인 훈련을 받은 치료 전문가들이 진행한 프로그램의 자료이고 두 번째 행은 재정 부족으로 인해 고도의 훈련을 받고 경험이 많은 직원을 고용할 수 없었던 프로그램의 자료이다. 두 프로그램 모두 미국과 멕시코 국경이 가까운 지역에서 실시된 프로그램이다. 프로그램 1은 캘리포니아 주에서 실시되었으며 프로그램 2는 텍사스 주에서 실시되었다. 두 프로그램 모두 거의 대부분의 클라이언트는 멕시코계 미국인들이다. 프로그램 1의 클라이언트들 중 대부분은 캘리포니아 주에서 태어난 사람들이고 프로그램 2의 클라이언트들 중 대부분은 최근에 이민 온 멕시코계 미국인들로서 이들의 모국어는 스페인어이다. 프로그램 1의 직원들이 더 많은 훈련과 경험을 가진 전문가들이기는 하지만, 프로그램 2는 문화적 역량에 대한 훈련을 받은 적이 없다. 프로그램 2의 직원들은 훈련과 경험 면에서는 프로그램 1의 직원들보다 뒤지지만 그들 중 절반이 멕시코계 미국인이었으며 나머지 절반 또한 문화적 역량을 갖춘 직원들이다.

집단별 치료 회기 참여 횟수(각 집단은 12명의 클라이언트로 구성됨):

프로그램 1: 3 4 4 5 4 4 4 4 7 8 8 9

프로그램 2: 0 0 0 1 1 2 8 9 9 10 10 10

a. 각 집단에 대해서 평균, 중앙값 및 최빈값을 구하라.

b. 각 자료의 중심경향도를 나타내는 데 있어서 각각의 척도가 지닌 장점과 단점에 대해서 논의하라.

c. 두 집단 간의 차이를 기술하는 데 있어서 중심경향도 측도와 더불어 각 집단의 빈도분포를 살펴보는 것이 왜 도움이 되는지 설명하라.

d. 치료 효과를 거두기 위해서는 두 집단 모두 10번의 치료 회기 참여가 필요하다고 가정한다면 a~c 문제에 대한 답에 비춰볼 때 두 집단 중 어느 집단의 치료 회기 참여 자료가 더 바람직하다고 생각하는지 말해보아라. 그 이유는 무엇인가?

2. 우리가 일하고 있는 지역사회 개발기관이 시위원회를 대상으로 지역사회에 거주하는 저소득층을 위한 주택건설을 위해 로비를 벌인다고 가정해보자. 인구조사통계에 따르면, 이 지역사회의 평균 소득은 "저소득층"이라고 정의되는 소득보다 약간 높은 것으로 알려져 있으며, 이를 근거로 시위원회는 저소득층을 위한 주택의 필요성에 대해서 의문을 제기하고 있다. 이 장에서 배운 내용을 바탕으로 평균에만 의존하여 결정을 내릴 때 어떤 문제가 있을 수 있다고 시의원회에 말하겠는가?

3. 다음 논문을 읽고 이 논문에서 말하고 있는 최빈값과 중앙값의 중요성, 평균이 가진 장점과 단점 그리고 극단값이 미치는 영향을 간략하게 정리하라:

M. L. McHugh. (2003). Descriptive statistics, part II: Most commonly used descriptive statistics. (Scientific Inquiry). *Journal of Specialists in Pediatric Nursing, 8*(3), 111-116.

제 7 장

산포도 측도

서론

제6장에서 우리는 중심경향도 측도의 의미와 유용성을 알게 되었으며 아울러 분포를 이루고 있는 변수값들 중에서 어떤 값들은 중심경향도 측도 가까이에 위치하는가 하면 어떤 값들은 떨어져 위치한다는 것을 알게 되었다. 그 결과, 특정 변수의 분포에 어느 정도의 **변량**(variability)이 존재하는지를 나타내는 **산포도 측도**(measures of dispersion)라는 통계값에 대해서 살펴보지 않을 수 없게 되었다. 변량과 산포도라는 용어는 모두 분포를 이루고 있는 변수값들 간의 **흩어짐** 정도를 일컫는 용어이다. 즉, 변량 또는 산포도 측도는 분포 내의 변수값들이 서로 간에 얼마나 가까이 혹은 멀리 떨어져 있는지를 측정하는 측도이다.

특정 치료를 받은 클라이언트들을 대상으로 치료 개입의 결과를 평가하는 한 임상 성과 연구에서 개입 후 클라이언트들 중 절반은 호전된 반면, 나머지 절반은 악화된 것으로 나타났으며 변화의 정도 또한 유사하다고 가정해보자. 호전된 클라이언트들의 점수와 악화된 클라이언트들의 점수는 상쇄관계에 있으므로 평균은 0, 즉 개입 이전과 이후에 아무런 변화가 없음을 나타내는 값에 가까운 값을 갖게 된다. 물론, 그렇다고 해서 이 치료 개입이 효과적이지 않다는 결론을 내려서는 안 된다. 왜냐하면 이 치료 개입은 분명히 어떤 클라이언트들에게는 도움이 된 반면, 어떤 클라이언트들에게는 해가 되었기 때문이다. 단 한 개의 통계값에 의존하여 잘못된 결론을 도출하기보다는 이러한 사실을 이해할 수 있어야 한다. 상황을 보다 정확하게 이해할 수 있을 때 우리는 어떤 클라이언트들에게는 분명히 효과가 있는 치료 개입을 마치 아무런 효과가 없는 것처럼 저버리는 오류를 범하지 않게 될 것이며, 효과가 있었던 클라이언트들은 어떤 사람들이고 효과가 없었던 클라이언트들은 어떤 사람들인지를 더 자세히 살펴보고자 하는—후속 연구 또는 분석을 통해서—필요성을 느끼게 될 것이다.

산포도를 측정하는 것이 왜 중요한지는 앞서 예로 들었던 가설적인 평가 연구에서 두 치료집단의 심각한 문제행동 횟수의 평균과 중앙값이 동일하게 나타났었던 것을 보면 쉽게 이해할 수 있다. 그림 7.1은 심각한 문제행동 횟수에 관한 원자료를 두 집단 간의 산포도에 있어서의 차이를 비교하기 쉽게 가장 작은 값에서부터 가장 큰 값까지 세로로 제시해 놓은 것이다.

이 두 집단 중 집단 1의 평균은 6이었고 집단 2의 평균은 5였는데, 평균만 놓고 보자면 두 집단 간의 차이는 그다지 커 보이지 않는다. 그러나 원자료를 한 번 훑어보기만 해도 두 집단 간에 **변량** 또는 **산포도**에 있어서 상당한 차이가 있음을 쉽게 알 수 있다. 예를 들면, 집단 1의 변수값은 0에서 22 사이에 있는 반면, 집단 2의 변수값은 3에서 8 사이에 존재한다. 또한 집단 1은 25명 중 6명이 전혀 문제행동을 보이지 않은 반면, 집단 2는 심각한 문제행동을 전혀 보이지 않은 클라이언트는 3명에 불과한 것으로 나타나 있다. 집단 1은 문제행동을 18번 이상 보인 클라이언트가 5명이나 되

집단 1의 심각한 문제행동 사건의 수(신규 치료집단):

0 0 0 0 0 0 1 1 1 1 2 2 2 2 3 3 6 7 8 11 18 19 20 21 22

집단 2의 심각한 문제행동 사건의 수(기존 치료집단):

3 3 3 3 4 4 4 4 5 5 5 5 5 5 5 5 5 6 6 6 6 6 7 7 8

그림 7.1

는 반면, 집단 2의 경우는 가장 심각한 경우가 8번의 문제행동을 보인 경우이다.

이러한 정보가 왜 중요한가? 두 치료집단이 평균에 있어서 거의 차이가 없다는 사실은 기존 치료집단이 신규 치료집단에 비해 못하지 않다는 잘못된 결론을 이끌어 낼 수 있기 때문이다. 그림 7.1에 제시된 자료의 변량을 살펴보면 아마도 신규 치료가 어떤 클라이언트들에게는 매우 효과적이지만 어떤 클라이언트들에게는 오히려 해가 되었을 가능성이 높다는 것을 알 수 있다. 즉, 신규 치료는 어떤 클라이언트들에게는 기존 치료보다 효과적인 반면 어떤 클라이언트들에게는 기존 치료만 못했을 수도 있다는 것이다. 만일 우리가 평균에만 의존하여 두 집단의 평균이 거의 다르지 않고 평균만 놓고 보자면 집단 2가 더 효과적이라고 단정해버렸다면 이러한 가능성에 대해서는 알지 못했을 것이다.

이제 산포도를 측정하는 것이 왜 중요한지를 이해했으므로 산포도를 나타내는 가장 일반적인 네 가지 척도인 범위, 사분위 범위, 분산 그리고 표준편차에 대해서 살펴보기로 하자.

범위

범위는 산포도를 측정하는 가장 단순한 측도이다. 범위는 분포를 이루고 있는 변수값들 중 가장 작은 값과 가장 큰 값 사이에 있을 수 있는 가능한 모든 변수값의 개수이다. 예를 들어, 이번 학기 통계 과목 첫 시간에 자신은 한 번 기절했고 바로 옆에 앉은 학생은 두 번 기절했으며 나머지 학생들은 한 번도 기절하지 않았다고 가정해보자. 이 경우 범위는 3이 된다. 즉, 가장 작은 값이 0이고 가장 큰 값이 2일 때 분포 내에 존재할 수 있는 변수값의 개수는 세 개이기 때문이다. 범위를 계산할 수 있는 다른 방법은 1에다가 가장 작은 값과 가장 큰 값 간의 차이를 더하는 것이다. 2에서 0을 빼면 2이고 그 값에 1을 더하면 범위는 3이 된다. 이를 간단히 공식으로 나타내면 다음과 같다:

$$\text{범위} = \text{가장 큰 값} - \text{가장 작은 값} + 1$$

이 공식을 그림 7.1의 집단 1과 집단 2에 적용해보자. 집단 1의 변수값은 0에서 22 사이에 존재한다. 따라서 범위는 $22 - 0 + 1 = 23$이다. 집단 2의 변수값은 3에서 8 사이에 존재하므로 범위는 $8 - 3 + 1 = 6$이 된다.

그런데 모든 사람이 범위를 이렇게 정의하지는 않는다. 어떤 사람은 범위를 가장 큰 값과 가장 작은 값의 차이로 정의하고 위의 공식처럼 1을 더하지 않는다. 또 어떤 사람은 단순히 자료의 범위를 0~22 또는 3~8이라고 말하기도 한다. 어떤 방식으로 범위를 정의하든 우리가 알아야 하는 범위의 의미를 나타내는 데는 차이가 없다.

자료의 범위를 아는 것은 우리가 가진 자료의 특성과 의미를 이해하는 데 도움이 된다. 그러나 범위는 다른 값들과 많이 다른 한두 개의 극단값에 의해서 부풀려질 수 있는 단점을 가지고 있다. 예를 들어, 집단 2에 0과 22가 각각 하나씩 있고 나머지 값들은 5와 7 사이에 존재한다고 가정해보자. 이 경우, 두 개 변수값을 제외한 나머지 변수값들의 범위는 3임에도 불구하고(5에서 7까지) 자료의 범위는 23이 된다. 이 값은 자료의 실제 변량보다 지나치게 큰 값이다. 이처럼 범위는 가장 큰 값과 가장 작은 값 사이에 존재하는 변량에 관한 충분한 정보를 주지 못하고 극단값에 의해서 크게 좌우되는 단점 때문에 네 가지 산포도 측도 중에서 가장 덜 사용된다. 이제 범위보다 극단값에 덜 취약한 다른 측도를 살펴보기로 하자.

사분위 범위

사분위 범위(interquartile range)는 서열에 따른 분포의 중간 50%에 해당하는 변수값의 범위이다. 우리는 이 개념을 **백분위**(percentile) 개념으로 이해할 수 있는데 백분위란 서열 순으로 분포를 이루고 있는 변수값들의 백분율을 나타내는 값이다. 예를 들어, 25번째 백분위값은 그 값보다 작은 값들이 분포 내의 모든 값들 중 가장 작은 25%에 해당하게 되는 값이다. 마찬가지로, 75번째 백분위값은 그 값보다 작은 값들이 분포 내의 모든 값들 중 가장 작은 75%에 해당하게 되는 값이다. 따라서 사분위 범위, 즉 변수값들 중 중간 50%는 75번째 백분위값과 25번째 백분위값 사이의 범위가 된다.

간단한 예를 들어 보자. 어떤 기관의 클라이언트들 중 25%가 5회 이하의 치료 회기에 참여했고, 25%는 6~7회, 또 다른 25%는 8~9회 그리고 나머지 25%는 9회 이상 참여했다고 가정해보자. 이 경우, 25번째 백분위값은 5가 되는데, 왜냐하면 전체 클라이언트 중 1/4이 치료 회기에 5회 또는 그보다 적게 참여했고 3/4은 그보다 많이 참여했기 때문이다. 동일한 논리에 의해서 75번째 백분위값은 9임을 알 수 있는데, 3/4이 이 값보다 작으며 1/4이 이 값보다 크기 때문이다. 따라서 사분위 범위는 5에서부터 9까지이다. 이 말을 달리 표현하면 "사분위 범위가 4이다"라고 표현할 수 있는데, 왜냐하면 9에서 5를 뺀 값이 4이기 때문이다. 어떤 사람들은 이 경우에 5와 9 사이에 존재하는 정수의 수가 5와 9를 포함하여 5개이기 때문에 사분위 범위가 5라고 하기도 한다. 아마도 단순히 "중간 50%의 변수값은 5와 9 사이에 있다"라고 말하는 것이 사분위 범위를 표현하는 가장 간단한 그리고 가장 유용한 방법이 아닌가 생각된다.

그러나 실제 자료의 사분위 범위를 구하는 것은 결코 위의 예에서처럼 쉽지는 않다. 예를 들어, 그림 7.2에 제시된 집단 2의 심각한 문제행동 횟수 자료로 다시 돌아가보자.

집단 2의 심각한 문제행동 사건의 수:

3 3 3 3 4 4 4 4 5 5 5 5 5 5 5 5 5 6 6 6 6 6 7 7 8

그림 7.2

위의 25개 값 중에 4개가 3이고 이는 전체의 16%를 차지한다. 만일 여기에 4개의 4까지 함께 묶는다면 25개 값 중 8개, 즉 32%가 된다. 따라서 가장 작은 25%에 해당하는 변수값이 3에서부터 어디까지인지를 판단하는 것이 생각보다 어려워진다. 마찬가지로, 6보다 큰 값은 25개 값 중에서 3개이고 이는 전체의 12%이지만 6 이하의 값은 25개 중에서 22개이고 전체의 88%를 차지한다. 따라서 75번째 백분위값이 어떤 값인지 판단하는 것 또한 쉽지 않다.

만일 SPSS에 위의 25개 값을 입력한 다음 사분위 범위를 구한다면 4~6이라는 답을 얻게 될 것이다. 이 값은 복잡한 공식을 이용하여 얻는 최선의 추정값이다. 자료의 크기가 25보다 훨씬 크다면 누적빈도분포를 보면서 25번째 백분위값과 75번째 백분위값에 가장 가까운 값들을 찾는 방법이 사분위 범위를 추정할 수 있는 가장 손쉬운 방법이다. 예를 들면, 제4장에 제시된 표 4.6의 심각한 문제행동 변수의 빈도분포표에서 누적빈도분포에 해당하는 열을 보면 전체 사례 중에서 2 이하의 값을 갖는 사례는 28%이고 6 이하는 78%라는 것을 알 수 있다. 전체 사례 중 5 이하에 해당하는 사례는 66% 밖에 되지 않기 때문에 집단 1과 집단 2를 집단 구분 없이 하나로 묶어 생각할 때 사분위 범위에 대한 최선의 추정값은 4~6이 된다.

그렇다면 사분위 범위를 안다는 것은 우리에게 어떻게 도움이 되는가? 위의 예를 한 번 생각해보

상자그림

상자그림은 분포의 중앙값, 사분위 범위 및 범위를 그림으로 나타내는 그래프이다. 상자그림은 또한 극단값도 제시해준다. 그림 7.3은 가설적인 예의 집단 1과 집단 2의 심각한 문제행동 변수의 분포에 해당하는 상자그림이다. 왼쪽의 상자그림은 집단 1(신규 치료)의 상자그림이다. 상자 안의 굵은 수평선은 집단 1의 중앙값이 2라는 것을 보여준다. 오른쪽의 상자그림은 집단 2(기존 치료)의 상자그림이며 상자 안의 굵은 선은 이 집단의 중앙값이 5라는 것을 보여준다. 상자 맨 위의 선과 맨 아래 선은 사분위 범위를 나타낸다. 각 상자의 위쪽과 아래쪽에서 뻗어 나와 있는 수직선은 범위를 나타낸다. 이 수직선의 맨 위쪽과 맨 아래쪽을 가로지르는 수평선은 각각 최대값과 최소값을 의미한다. 집단 1에는 극단값이 존재하며 극단값은 최대값을 나타내는 수평선 위쪽에 작은 원들로 표현되어 있다(어떤 컴퓨터 소프트웨어 프로그램을 사용하는가에 따라 극단값은 원이 아닌 다른 모양—예를 들면, 별표—으로 표현될 수도 있다).

두 상자그림을 병치시켜 놓음으로써 우리는 두 집단의 분포를 쉽게 비교할 수 있다. 두 상자그림을 비교해보면 집단 1은 중앙값은 낮고 산포도는 높으며 극단값이 있는 반면, 집단 2는 중앙값이 높고 산포도가 낮은 것을 알 수 있다. 이러한 맥락에서 볼 때, 상자그림의 사분위 범위와 유사한 유용성을 갖는다고 할 수 있다. 그러나 상자그림은 사분위 범위가 줄 수 있는 정보뿐만 아니라 중앙값과 극단값도 한눈에 알아볼 수 있게 제시해줄 수 있다.

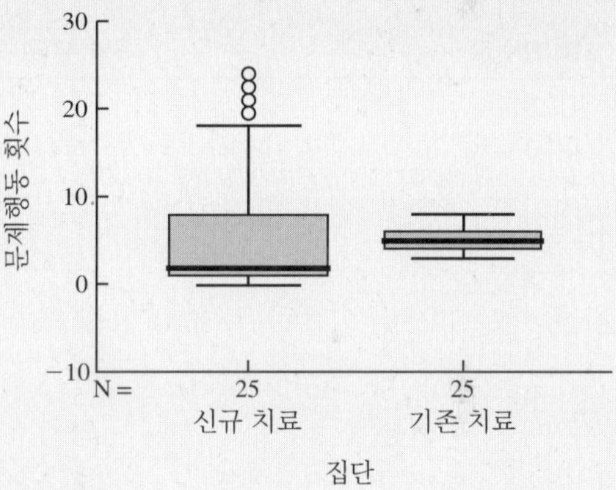

그림 7.3

기 바란다. 우리가 가진 50명에 관한 자료의 범위는 23 또는 0~22이다. 이 자료의 사분위 범위가 2~6이라는 것을 알 때 우리는 가장 큰 25%의 값들(7~22)의 분포에 대해서 궁금해지지 않을 수 없다. 왜냐하면 우리가 구한 사분위 범위에 따르면 전체 사례 중 절반이 2~6 사이에 있고 전체의 1/4은 2보다 작으며 가장 큰 값은 22임에도 불구하고, 전체 중에서 무려 75%가 6보다 작다는 것을 알 수 있기 때문이다.

가정폭력 피해 여성을 위한 대규모 프로그램을 운영하고 있는 어떤 전문가가 클라이언트의 자녀들의 연령 범위가 우리가 구한 범위인 0~22와 같다는 사실을 알게 되었다고 가정해보자(신생아의 나이는 0세로 한다). 사분위 범위가 4~6이라는 것을 알 때 우리는 가정폭력을 목격한 이 아동들의 욕구가 가정폭력을 경험한 어머니들의 욕구 못지않게 다양할 것임을 짐작해볼 수 있다.

한편, SPSS를 이용하여 집단 1의 사분위 범위

를 구하면 0.5~9.5라는 값을 얻게 되는데, 이에 대해서는 이 장의 마지막 부분에서 이 장에서 배운 모든 측도들을 모두 종합하면서 논의하기로 하겠다. 이제 다음 부분으로 넘어가서 분산에 대해 살펴보기 전에 "상자그림"이라는 제목의 글상자를 한 번 읽어보기 바란다. 이 글상자에는 연구논문이나 연구보고서에 자주 제시되는, 어떤 분포의 중앙값, 사분위 범위 및 범위를 하나의 그래프로 제시하는 방법이 소개되어 있다.

분산

앞서 살펴본 바와 같이, 범위와 사분위 범위는 분포의 산포도를 계산함에 있어서 모든 변수값을 고려하지 못한다는 것이다. 따라서 이들 두 측도는 변수값들이 서로 간에 평균적으로 얼마나 흩어져 있는지를 알려주지 못한다. 이제부터 살펴볼 **분산**과 **표준편차**는 산포도를 계산할 때 모든 변수값을 고려할 수 있는 매우 중요한 측도로서 연구논문이나 연구보고서에서 가장 많이 사용되는 측도이다.

표 7.1 집단 2의 심각한 문제행동 자료를 이용하여 분산 및 표준편차를 구하는 방법

1열 변수값		2열 평균		3열 편차	4열 편차제곱
3	−	5	=	−2	4
3	−	5	=	−2	4
3	−	5	=	−2	4
3	−	5	=	−2	4
4	−	5	=	−1	1
4	−	5	=	−1	1
4	−	5	=	−1	1
4	−	5	=	−1	1
5	−	5	=	0	0
5	−	5	=	0	0
5	−	5	=	0	0
5	−	5	=	0	0
5	−	5	=	0	0
5	−	5	=	0	0
5	−	5	=	0	0
5	−	5	=	0	0
5	−	5	=	0	0
6	−	5	=	1	1
6	−	5	=	1	1
6	−	5	=	1	1
6	−	5	=	1	1
6	−	5	=	1	1
7	−	5	=	2	4
7	−	5	=	2	4
8	−	5	=	3	9
				편차제곱합 =	42
				분산 =	42/24 = 1.75

이 중에서 표준편차는 분산의 제곱근이므로 먼저 분산에 대해서 살펴보기로 하자.

어떤 변수의 분산을 구하기 위해서는 우선 분포를 이루고 있는 모든 변수값 각각과 그 변수의 평균 간의 차이를 구한 다음 각 변수값과 평균 간의 차이를 제곱해준다. 그 다음으로는 변수값과 평균 간의 차이를 제곱한 값을 모두 더한 다음 그 값(이 값을 **제곱합**이라고 부른다)을 변수값의 개수에서 1을 뺀 값으로 나누어준다. 따라서 **분산**을 다른 말로 표현하면 **평균으로부터의 편차를 제곱한 값의 평균**(average of the squared deviation)이라고 할 수 있다(이 공식에서 분모가 변수값의 개수에서 "1을 뺀 값"인 이유는 표본분산으로부터 모분산을 추정하는 것과 관련이 있다. 만일 우리가 가진 자료가 모집단 자료라면—또는 우리가 하려는 바가 모분산을 추정하는 것이 아니라 표본을 기술하는 것이라면—변수값의 개수 그 자체를 분모로 사용할 수 있다. 이 주제에 관한 보다 자세한 내용은 고급 수준의 통계 교과서를 참조하기 바란다).

이상에서 소개한 내용이 너무 어렵다고 느껴진다면 언제든지 계산은 SPSS 같은 통계 소프트웨어를 이용하여 할 수 있다는 것을 생각하면서 일단 진정하도록 하자. 분산을 구하는 것이 그리 어렵지 않다는 것을 실제로 느껴보기 위해서(물론, 분산의 의미를 이해하는 데 도움이 되게 하기 위해서), 앞서 소개했던 가설적인 예에서 집단 2의 심각한

분산 및 표준편차 계산방법

제5장에서 소개했던 다음의 기호들을 기억하기 바란다:

$\bar{X}$ = 표본평균

Σ = 이 기호 오른쪽에 있는 모든 것의 합(이 기호는 그리스 알파벳 시그마의 대문자임)

X_s = 해당 변수의 모든 변수값의 합

N = 더하고자 하는 변수값의 총 개수(대개의 경우, 자료 파일에 있는 사례의 총 개수)

분산을 구하는 공식은 이 기호들을 이용하여 다음과 같이 정의된다:

$$\text{분산} = \frac{\Sigma(X_s - \bar{X})^2}{N - 1}$$

분산은 s^2으로 나타낸다. 따라서 일반적으로 위의 공식을 다음과 같이 표현한다:

$$s^2 = \frac{\Sigma(X_s - \bar{X})^2}{N - 1}$$

위의 공식에서 분자는 제곱합, 즉 각 변수값과 평균 간의 편차제곱합이다. 편차제곱합을 구하기 위해서는 먼저 각각의 변수값과 평균 간의 차이를 구한 다음 각각의 차이를 제곱한다. 그렇게 구한 차이의 제곱을 모두 더한 것이 분자인 편차제곱합이다. 그런 다음 편차제곱합을 분모로 나누어주는데, 분모는 변수값의 총 개수에서 1을 뺀 값이다.

표준편차를 나타내는 기호는 s이다. 표준편차는 분산의 제곱근이므로 표준편차를 구하는 공식은 분산을 구하는 공식의 제곱근에 해당한다. 즉,

$$\text{표준편차} = \sqrt{\frac{\Sigma(X_s - \bar{X})^2}{N - 1}}$$

표준편차를 나타내는 기호 s를 이용하여 위의 공식을 일반적으로 다음과 같이 표기한다:

$$s = \sqrt{\frac{\Sigma(X_s - \bar{X})^2}{N - 1}}$$

문제행동 횟수 자료를 가지고 분산을 구해보기로 하자. 표 7.1의 1열에는 25개의 변수값이 제시되어 있다. 2열에는 문제행동 변수의 평균인 5가 제시되어 있다. 각각의 변수값에서 평균을 뺀 값, 즉 1열과 2열의 차이가 제시되어 있다. 3열의 명칭인 **편차**(deviation)는 평균으로부터의 각 변수값이 벗어나 있는 정도를 뜻한다. 4열에 제시된 것은 각 편차의 제곱근이며 4열의 맨 아래에는 제곱근의 합이 제시되어 있다. 분산을 구하기 위해서는 이 값을 $N - 1$(기호 N은 분포를 이루고 있는 변수값의 개수를 의미한다)로 나누어주면 된다. 분산을 구하는 공식은 “분산 및 표준편차 계산방법”이라는 제목을 가진 글상자에 자세하게 설명되어 있다.

표준편차

분산이 평균으로부터의 편차를 제곱한 값에 기초한 측도이므로, 분산의 제곱근을 구하면 우리는 각각의 변수값이 분포의 중심으로부터 평균적으로 얼마나 흩어져 있는지를 알 수 있다. 이러한 “제곱근”을 구하는 과정을 거침으로써 분산을 보다 유용한 측도인 **표준편차**(standard deviation)로 전환할 수 있다. 표준편차는 산포도 측도 중에서 가장 많이 사용되는 측도이다. 이 장 다음에 나오는 장들에서 그 이유를 알게 될 것이다. 아마도 지금 당장은 표준편차가 정말 그다지 유용한 측도인가라는 생각을 할 수도 있을 것이다. 특히, 자신이 앞으로 연구를 할 것이라고 생각하지 않는 독자들의 경우는 더욱 그럴 것이다. 그렇다면 한 가지 간단한 계산을 해본 다음에도 그러한 생각이 그대로 있을지 한 번 살펴보기로 하자.

먼저, 표 7.1에 제시된 자료의 표준편차가 얼마인지 구해보자. 컴퓨터나 계산기를 사용하면 1.75(우리가 구한 분산)의 제곱근이 1.32라는 것을 쉽게 알 수 있다. 따라서 집단 2(기존 치료집단)의 심각한 문제행동 변수는 표준편차가 1.32이다. 집단 2의 평균은 5회였으므로 표준편차가 1.32라는 것은 집단 2의 아동들이 5회로부터 평균적으로 1.32회 떨어져 있다는 것을 의미한다.

이러한 정보가 얼마나 중요한 정보인지는 집단 1(신규 치료집단)의 표준편차를 구해보면 쉽게 알 수 있다. 집단 1의 표준편차를 구하려면 집단 1의 자료를 가지고 표 7.1과 동일한 계산 과정을 거치면 된다. 집단 1은 집단 2보다 편차제곱을 구하는 것이 약간 더 어렵다. 계산 과정은 표 7.2에 제시되어 있으며 집단 1의 표준편차는 7.69이다(표준편차는 분산의 제곱근이며 제곱근을 구하는 식은 표 7.2의 맨 아래에 제시되어 있고 “분산 및 표준편차 계산방법”이라는 제목의 글상자에도 제시되어 있다).

집단 1의 표준편차인 7.69는 집단 1의 평균보다도 큰 값이다. 각 집단의 평균과 표준편차를 알게 됨에 따라, 우리는 집단 2의 사례들은 평균인 5로부터 매우 가까이에 모여 있는 반면에 집단 1의 사례들은 평균으로부터 상당히 흩어져 있다는 것을 알 수 있다. 이러한 사실을 알 때 우리는 두 집단 간의 평균 차이를 너무 중요하게 여겨서는 안 된다는 것을 알게 된다. 집단 2의 평균이 더 낮기 때문에 기존 치료 개입이 더 효과적일 것이라고 막연히 생각하기보다는 새로운 치료 개입을 받은 클라이언트들(집단 1)의 산포도가 도대체 왜 이렇게 높은지를 이해하는 것이 더 중요할 수 있다.

아마도 어떤 사람은 이렇게 생각할 수도 있을 것이다: 각 집단에 속한 25명의 자료를 서열에 따라 두 개의 행으로 나열해놓고 훑어보면서 비교하면 쉽게 알 수 있다. 그런데 만일 집단별 사례의 수가 25개가 아니라 훨씬 많다면—예를 들어, 수백 개 혹은 수천 개라면—어떻게 해야 할까? 자료를 훑어보는 것만으로는 아무래도 어려울 것이다. 뿐만 아니라 표준편차의 용도는 여기서 그

표 7.2 집단 1의 심각한 문제행동 자료를 이용하여 분산 및 표준편차를 구하는 방법

1열 변수값		2열 평균		3열 편차	4열 편차제곱
0	−	6	=	−6	36
0	−	6	=	−6	36
0	−	6	=	−6	36
0	−	6	=	−6	36
0	−	6	=	−6	36
0	−	6	=	−6	36
1	−	6	=	−5	25
1	−	6	=	−5	25
1	−	6	=	−5	25
1	−	6	=	−5	25
2	−	6	=	−4	16
2	−	6	=	−4	16
2	−	6	=	−4	16
2	−	6	=	−4	16
3	−	6	=	−3	9
3	−	6	=	−3	9
6	−	6	=	0	0
7	−	6	=	1	1
8	−	6	=	2	4
11	−	6	=	5	25
18	−	6	=	12	144
19	−	6	=	13	169
20	−	6	=	14	196
21	−	6	=	15	225
22	−	6	=	16	256
분산 $= \frac{\Sigma(X_s-\bar{X})^2}{N-1}$				편차제곱합 =	1,418
				분산 =	1,418/24 = 59.08
표준편차 $= \sqrt{\frac{\Sigma(X_s-\bar{X})^2}{N-1}}$				표준편차 =	59.08의 제곱근 = 7.69

치는 것이 아니라 매우 중요한 다른 용도들을 더 가지고 있다. 이에 관한 자세한 논의는 제8장과 그 이후의 장들에서 논의하기로 하겠다.

종합하기

다음 장으로 넘어가기 전에, 이제까지 살펴본 중심경향도 측도와 산포도 측도들이 두 치료집단의 심각한 문제행동에 관한 가설적인 자료의 특성을 얼마나 잘 나타내는지 한 번 살펴보기로 하자. 표 7.3에는 각 집단의 측도들이 제시되어 있다(분산과 표준편차는 동일한 의미를 가진 측도이고 표준편차가 분산보다 해석하기가 더 쉬우므로 분산은 생략하기로 하겠다). 설령, 집단 1의 사례가 25개가 아니라 수백 개라고 하더라도 집단 1의 평균, 중앙값, 최빈값을 구해 이들 간에 차이가 있다는 사실을 알게 되고 집단 1의 세 가지 산포도 측도들을

구해보면, 비록 집단 1의 평균이 집단 2의 평균보다 높게(더 나쁘게) 나타나고는 있으나 집단 1의 사례들 중 상당수가 평균으로부터 멀리 떨어져 있다는 것을 알 수 있다. 이와 대조적으로, 집단 2는 대부분의 사례들이 평균 가까이에 모여 있다.

이러한 사실을 염두에 둔 상태에서 어느 치료집단이 심각한 문제행동을 예방하는 데 더 효과적이라 볼 수 있을까? 이 자료를 학생들에게 제시하고 똑같은 질문을 그들에게 던지면 대개의 경우 논쟁이 시작된다. 어떤 학생들은 기존 치료 개입을 받은 집단(집단 2)이 평균도 낮고 클라이언트들 간에 결과의 일관성이 높기 때문에 더 효과적이라고 주장한다. 이와 달리, 어떤 학생들은 신규 치료 개입을 받은 집단의 경우, 문제행동을 전혀 보이지 않은 클라이언트가 전체 25명 중 24%(6명)나 되고 이 집단의 중앙값 2는 집단 2의 중앙값 5보다 작으며 이 집단의 평균이 더 높은 것은 극단값들 때문이므로, 이 집단이 더 효과적이라고 주장한다. 그러나 이와 상반된 입장을 가진 학생들은 바로 그 극단값들을 무시할 수 없다는 것을 지적하면서 5명의 극단값들이 전체의 20%를 차지한다는 것을 지적한다. 아마도 집단 1이 받은 치료는 어떤 클라이언트들에게는 오히려 해가 되는 것 같다. 대개의 경우, 이러한 두 가지 상반된 입장은 논쟁을 통해 답을 찾지 못하고 본 저자에게 어느 쪽이 맞는지를 묻곤 한다. 아마도 이 글을 읽은 독자들도 비슷한 상황에 처하게 될 것이라 생각된다. 사실 두 입장 모두 일리가 있다. 이 책의 나머지 장들에서는 이 문제에 대한 답을 찾는 데 도움이 될 만한 여러 가지 다른 통계값들을 더 배우게 될 것이다.

논문에 산포도 측도를 제시하는 방법

앞서 언급한 바와 같이, 연구논문에 가장 많이 제시되는 산포도 측도는 표준편차이다. 사실 증거기반 실천 관련 논문에는 표준편차 이외의 산포도 측도가 제시되지 않는다. 일반적으로 표준편차는 평균 옆 또는 밑에 제시된다. 예를 들어, 표 7.4는 안구운동 둔감화 및 재처리(EMDR)와 장기간에 걸친 노출 치료(PE)라는 두 가지 치료 개입 각각에 대해서 두 가지 성과 척도를 측정하여 얻은 점수의 이전 시점 평균과 이후 시점 평균을 비교하고 있다. 이 표는 외상 후 스트레스 장애 증상과 우울증 증상(BDI는 Beck Depression Inventory의 약자임)이 호전되었음(점수가 낮아짐)을 보여줌과 동시에 제시된 각각의 평균을 중심으로 자료들이 상당히 흩어져 분포하고 있다는 것을 말해주고 있

표 7.3 치료집단별 평균, 중앙값, 최빈값, 범위, 사분위 범위 및 표준편차

	집단 1: 신규 치료집단	집단 2: 기존 치료집단
평균	6	5
중앙값	2	5
최빈값	0	5
범위	23	6
사분위 범위	0.5~9.5	4~6
표준편차	7.69	1.32

표 7.4 외상 후 스트레스 장애 점수와 우울증 증상 점수의 평균 및 표준편차: 6회 회기 이전과 이후

치료	이전	이후
PTSD 점수		
PE	34.56(8.06)	15.787**(9.16)
EMDR	26.58(11.56)	9.107**(11.22)
BDI 점수		
PE	27.00(10.84)	10.677**(3.13)
EMDR	17.20(8.60)	5.507**(4.35)

주: n = 19 (PE n = 9, EMDR n = 10). $^{**}p < .01$.
*회기 중 평가를 위한 회기는 한 번, 준비를 위한 회기는 두 번 그리고 노출 치료 또는 EMDR을 대상으로 한 적극적 치료를 위한 회기는 세 번임.

출처: G. Ironson, B. Freund, J. L. Strauss & J. Williams. (2002). Comparison of two treatments for traumatic stress: A community-based study of EMDR and prolonged exposure, *Journal of Clinical Psychology, 58*, 113-128.

다. 이 표에는 표준편차가 평균 바로 옆의 괄호 안에 제시되어 있다(표 주에 제시된 기호 n은 각 집단의 참여자 수를 나타내며, $p < .01$은 호전 정도가 통계적으로 유의한 수준임을 뜻한다. 이에 관한 보다 자세한 내용은 이 책의 제3부인 추론통계 부분에서 다루기로 하겠다).

표 7.5는 또 다른 연구에서 인용한 표로서 알코올 중독 치료 프로그램에 참여한 남성과 여성의 사회적 행동 역할을 서로 다른 네 시점에서 측정하여 얻은 자료이다. 이 표에서는 표준편차가 괄호 안에 제시되어 있지 않고 별도의 열에 제시되어 있다.

대부분의 연구논문들이 산포도를 나타내기 위한 측도로서 표준편차를 사용하지만, 어떤 논문들은 표준편차 이외의 산포도 측도들을 표로 제시하기도 한다. 예를 들어, 표 7.6은 장기요양 지역사회에서 독립적으로 생활하고 있는 노인들의 우울증 및 고독감 측정 점수의 산포도를 백분위값, 범위 및 분산으로 제시하고 있다.

표 7.5 사회적 행동 척도 점수의 평균 및 표준편차

	남성		여성	
	평균	표준편차	평균	표준편차
이전	**2.92**	**.63**	**2.88**	**.57**
이후	**3.23**	**.54**	**3.22**	**.55**
9개월 경과 시점	**3.25**	**.52**	**3.17**	**.56**
15개월 경과 시점	**3.25**	**.58**	**3.29**	**.53**

주: 평균적으로 볼 때, 클라이언트들은 성별에 상관없이 다음의 치료에 있어서 호전되었음. 내용의 명확성을 높이기 위해 성별을 기준으로 자료를 분류하여 제시하였음.

출처: A. K. Thevos, S. E. Thomas & C., L. Randall. (2001). Social support in alcohol dependence and social phobia: Treatment comparisons. *Research on Social Work Practice, 11*(4), 456-472.

표 7.6 노인성 우울증 척도 및 UCLA 고독감 점수의 빈도분포(n = 223)

백분위	점수	
	GDS	UCLA 척도
25	2	32
50	5	38
75	9	45
범위	23	41.05
분산	27.41	75.53
평균	5	38

출처: K. B. Adams, S. Sanders & E. A. Auth. (2007). Loneliness and depression in independent living retirement communities: Risk and resilience factors. *Aging & Mental Health, 8*(6), 475-485.

주요 내용

- 산포도 측도는 특정 변수의 분포 내에 어느 정도의 변량이 존재하는지를 나타내는 측도이다.
- 변량과 산포도라는 용어 모두는 분포를 이루고 있는 변수값들이 서로 간에 가까이 혹은 멀리 떨어져 있는지 정도를 뜻한다.
- 범위는 분포를 이루고 있는 변수값들 중 가장 작은 값과 가장 큰 값 사이에 있을 수 있는 가능한 모든 변수값의 개수이다.
- 사분위 범위는 서열에 따른 분포의 중간 50%에 해당하는 변수값의 범위이다. 우리는 이 개념을 백분위 개념으로 이해할 수 있는데 백분위란 서열 순으로 분포를 이루고 있는 변수값들의 백분율을 나타내는 값이다.
- 상자그림은 어떤 분포의 중앙값, 사분위 범위 및 범위를 하나의 그림으로 보여주는 그래프로서 극단값 또한 제시해준다.
- 분산이란 분포의 중심으로부터의 편차를 제곱하여 모두 더한 값을 평균으로 나눈 값이다.
- 어떤 변수의 분산을 구하기 위해서는 먼저 분포를 이루고 있는 모든 변수값 각각과 그 변수의 평균 간의 차이를 구해 제곱한다. 그런 다음 제곱한 값을 모두 더하고 그렇게 얻은 값(이 값을 제곱합이라고 부른다)을 변수값의 개수에서 1을 뺀 값으로 나눈다.
- 분산이 평균으로부터의 편차를 제곱한 값에 기초한 측도이므로, 분산의 제곱근을 구하면 우리는 각각의 변수값이 분포의 중심으로부터 평균적으로 얼마나 흩어져 있는지를 알 수 있다. 이러한 "제곱근"을 구하는 과정을 거침으로써 우리는 분산을 보다 유용한 측도인 표준편차로 전환할 수 있다. 표준편차는 산포도 측도 중 가장 많이 사용되는 측도이다.

연습문제

1. 그림 7.4는 제6장의 연습문제 1번에서 제시했던 치료 회기 참여 횟수 자료이다. 첫 번째 행은 고도의 훈련을 받은 경험 많은 치료 전문가들에 의해서 진행된 프로그램의 자료이다. 두 번째 행은 재정 부족으로 인해 고도의 훈련을 받고 경험이 많은 직원을 고용할 수 없었고 그렇기 때문에 훈련과 경험이 부족한 직원들에 의해서 진행된 프로그램의 자료이다. 두 프로그램 모두 미국과 멕시코 국경의 가까운 지역에서 실시된 프로그램이다. 프로그램 1은 캘리포니아 주에서 실시되었으며 프로그램 2는 텍사스 주에서 실시되었다. 두 프로그램 모두 거의 대부분의 클라이언트는 멕시코계 미국인들이다. 프로그램 1의 클라이언트들 중 대부분은 캘리포니아 주에서 태어난 사람들이고 프로그램 2의 클라이언트들 중 대부분은 최근에 이민 온 멕시코계 미국인들로서 이들의 모국어는 스페인어이다. 프로그램 1의 직원들이 더 많은 훈련과 경험을 가진 전문가들이기는 하지만 이들은 문화적 역량에 대한 훈련을 받은 적이 없다. 프로그램 2의 직원들은 훈련과 경험 면에서는 프로그램 1의 직원들보다 뒤지지만 그들 중 절반이 멕시코계 미국인이었으며 나머지 절반 또한 문화적 역량을 갖춘 직원들이다.

a. 각 집단에 대해서 범위, 사분위 범위, 분산 및 표준편차를 구하라.

b. 어느 집단의 산포도가 더 큰가? 두 집단에 관한 위의 정보에 근거해 볼 때, 두 집단 간의 산포도 차이는 무엇에 의해 설명될 수 있다고 생각하는지 말하라.

프로그램 1:	3	4	4	5	6	6	6	6	7	8	8	9
프로그램 2:	0	0	0	1	1	2	8	9	9	10	10	10

그림 7.4

2. 다음 자료는 12명의 청소년들이 지난 한 달 동안 약물이나 알코올을 복용한 횟수이다. 이 자료의 범위, 사분위 범위, 분산 및 표준편차를 구하라:

0 0 1 2 2 3 5 5 6 7 8 9

3. 다음 논문에 제시된 표 1~4를 검토해보자. 이 4개의 표에 제시된 평균과 표준편차를 이용하여 변수값들이 평균으로부터 매우 가까이에 모여 있는 변수와 평균으로부터 상당히 흩어져 있는 변수를 각각 4개 이상씩 선별하라.

V. Slonim-Nevo. (2001). The effect of HIV/AIDS prevention intervention for Israeli adolescents in residential centers: Results at 12-month follow-up. *Social Work Research, 25*(2), 71.

4. 다음 논문의 표 1을 살펴보아라. 표에 제시된 각각의 변수에 대해서 평균의 크기에 대한 표준편차의 상대적인 크기가 의미하는 바를 간략하게 서술하라.

T. Edmond, A. Rubin & K. G. Wambach. (1999). The effectiveness of EMDR (eye movement desensitization and reprocessing) with adult female survivors of childhood sexual abuse. *Social Work Research, 23*(2), 103.

5. 다음 논문에 제시된 상자그림이 의미하는 바를 해석하라:

M. L. McHugh. (2003). Descriptive statistics, part II: Most commonly used descriptive statistics. *Journal for Specialists in Pediatric Nursing, 8*(3), 111-116.

제 8 장

정규분포

서론

이제까지 논의한 바에 근거해볼 때, 우리는 어떤 변수의 변수값들은 다양한 모양으로 분포할 수 있다는 것을 짐작해볼 수 있다. 어떤 경우에는 평균으로부터 매우 가까이에 모여 있는가 하면 어떤 경우에는 그렇지 않고 평균으로부터 멀리 떨어져 분포할 수도 있다. 어떤 경우에는 평균보다 큰 쪽에 극단값들이 존재할 수도 있고 어떤 경우에는 평균보다 작은 쪽에 존재할 수도 있으며 또 어떤 경우에는 평균 양쪽에 존재할 수도 있다.

어떤 경우에는 평균과 중앙값이 동일하거나 매우 유사할 수 있는가 하면 어떤 경우에는 매우 다를 수 있다. 어떤 경우에는 최빈값이 평균이나 중앙값과 가까울 수 있지만 어떤 경우에는 그렇지 않을 수 있다. 어떤 분포는 산포도가 매우 클 수 있고(큰 분산과 표준편차) 어떤 분포는 산포도가 작을 수 있다(작은 분산과 표준편차).

이 장에서는 등간변수나 비율변수의 분포를 나타내기 위해서 빈도다각형을 어떻게 이용하는지에 대해서 살펴볼 것이다. 또한 다양한 모양의 분포들이 갖는 저마다의 특성과 서로 다른 모양의 분포들을 어떻게 부르는지에 대해서도 알아볼 것이다. 아울러 분포의 모양을 안다는 것이 분포의 복잡한 특성을 이해하고 분포의 중심경향도와 산포도를 이해하는 데 얼마나 도움이 되는지를 알게 될 것이다.

이제 정규분포와 편향분포라는 개념을 살펴보는 것으로써 논의를 시작해보기로 하자. 이 두 가지 개념은 이 책의 이하 장들에서 논의하게 될 추론통계를 이해하는 데 있어서 기본이 되는 중요한 개념이다. 이 두 가지 개념 중에서 먼저 편향분포 개념을 살펴보기로 하고, 그 다음으로 정규분포에 대해서 구체적으로 알아보기로 하자.

편향분포

편향분포(skewed distribution)란 평균의 어느 한 쪽에 다른 한쪽보다 더 많은 변수값들이 모여 있는 분포를 말한다. 이러한 불균등성으로 인해 편향분포의 평균과 중앙값은 일치하지 않는다. 아직 기억할지 모르겠지만 이전 장에서 소개했던 가시적인 주거 치료 센터에 대한 평가 예에서 신규 치료집단 25명의 자료의 분포가 바로 편향분포에 해당한다. 그림 8.1에 제시된 바와 같이, 이 집단의 평균은 6이며 25명 중 16명이 평균보다 작은 값을 갖는 반면 8명만이 평균보다 큰 값을 갖는 것을 알 수 있다.

극단값에 의해서 평균이 부풀려진 경우 대다수의 변수값들이 평균보다 작은 값을 갖게 된다. 이 경우, 변수의 분포는 **우편향분포**(positively skewed distribution)가 된다. 그림 8.2(A)는 우편향분포의 예이다. 이 그림을 통해서 알 수 있듯이, 우편향분포에서는 *x*축의 변수값들 중 대부분이 아래쪽, 즉 좌측 극단 쪽에 치우쳐 있고 소수의 극단적으로 큰 값들이 우측 극단 쪽에 존재함으로써 평균을 중앙값보다 오른쪽으로 끌어올리는 현상이 나타난다. 분포곡선 중 소수의 큰 극단값들에 해당하는 부분을 가리켜 분포의 **꼬리**(tail)라고 한다. 우편향분포의 경우, 분포의 꼬리는 *x*축의 우측 극단 쪽으로(그리고 *y*축의 작은 값 쪽으로) 길게 늘어져 존재한다.

좌편향분포는 대다수의 변수값이 평균보다 큰 값을 갖는 분포이다. 그림 8.2(B)는 좌편향분포의 예이다. 좌편향분포에서는 *x*축에 나열된 변수값들 중 대부분이 위쪽, 즉 우측 극단 쪽에 치우쳐 있으며 소수의 극단적으로 작은 값들이 평균을 축소시킴으로써 평균을 중앙값보다 왼쪽으로 끌어내리는 현상이 나타난다. 따라서 좌편향분포의 꼬리는 왼쪽, 즉 좌측 극단 쪽으로 길게 늘어져 존재

신규 치료집단의 심각한 문제행동 횟수

0 0 0 0 0 0 1 1 1 1 2 2 2 2 3 3 6 7 8 11 18 19 20 21 22

평균 = 6

그림 8.1

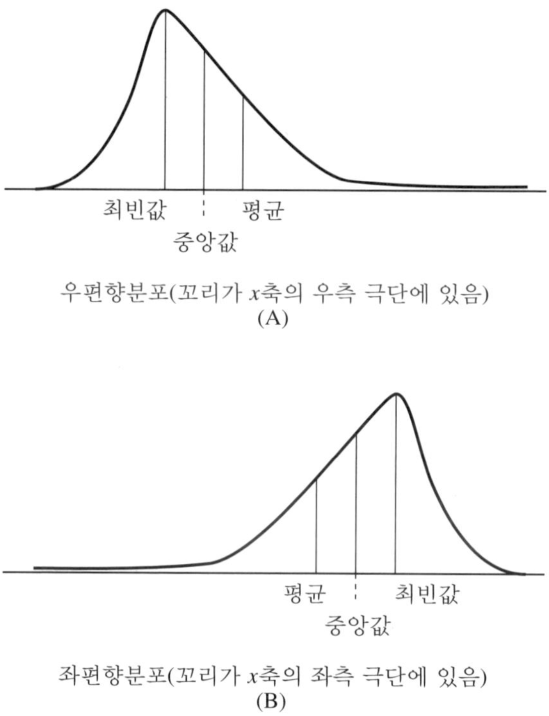

그림 8.2 우편향분포와 좌편향분포의 예

한다.

분포의 편향된 정도를 나타내는 왜도(skewness)는 컴퓨터 소프트웨어를 이용하여 쉽게 측정할 수 있다. 만일 왜도를 나타내는 통계값이 음의 값을 갖는다면—즉, 0보다 작은 값을 가져 숫자 앞에 음수 기호가 붙으면—해당 분포는 좌편향분포이다. 이와 반대로, 왜도를 나타내는 통계값이 양의 값을 가지면 해당 분포는 우편향분포이다. 증거기반 실천에서 접하게 되는 거의 모든 분포들은 약간의 편향됨을 가지고 있는 분포들이다. 만일 왜도 측도가 +2에서 −2 사이의 값을 갖는다면, 편향 정도는 낮다고 여겨진다. 이와 달리, 왜도 측도가 +2보다 훨씬 큰 값을 갖거나 −2보다 훨씬 작은 값을 갖는다면 편향 정도는 매우 높다고 여겨지며, 따라서 해당 분포를 정규분포라고 볼 수 없게 된다.

정규분포

비대칭 분포인 **편향분포**와 달리, 정규분포는 좌우가 대칭인 분포이다. 즉, 정규분포는 분포의 좌측 절반과 우측 절반이 정확하게 일치하는 분포이다. 따라서 그림 8.3에 제시된 바와 같이 정규분포의 평균, 중앙값 그리고 최빈값은 모두 일치하며 분포의 정중간에 위치한다. 만일 그림 8.3의 분포를 가위로 오려 낸 다음 평균, 중앙값, 최빈값을 나타내는 중간선을 기준으로 분포를 절반으로 접은 후 불빛에 비춰보면 분포곡선이 정확하게 일치하기 때문에 하나의 분포곡선만을 보게 될 것이다.

우리는 또한 그림 8.3을 통해서 정규분포의 모양이 종(bell) 모양이라는 것을 알 수 있다. 이러한 이유에서 종종 정규분포를 가리켜 **종형 곡선**(bell-shaped curve) 또는 간단히 **종곡선**(bell curve)이

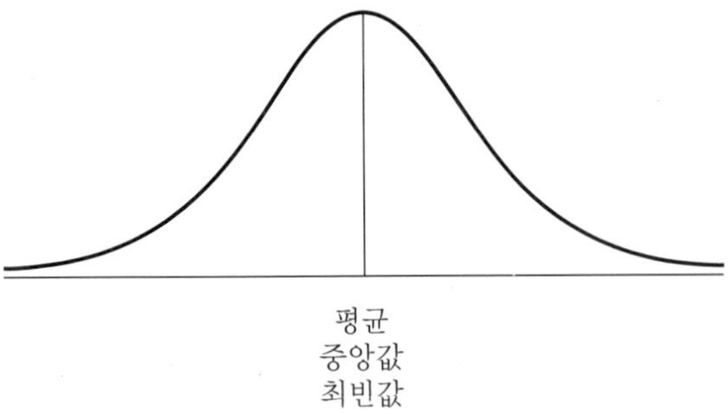

그림 8.3 정규분포(종형 곡선, 종곡선 또는 정규곡선이라고도 함)

라고 한다. 또한 정규분포는 종종 **정규곡선**이라 불리기도 한다.

수학자들은 정규곡선의 대칭성을 이용하여 정규분포를 이루고 있는 변수값들 중 평균으로부터 일정 표준편차만큼 위쪽 또는 아래쪽에 위치한 변수값들이 차지하는 비율을 계산해냈다. 예를 들어, 어떤 변수의 변수값이 정규분포를 따른다고 가정해보자. 이 말을 달리 표현하면, 이 변수의 빈도다각형이 그림 8.3에 제시된 정규분포와 같다는 것이다. 따라서 우리는 분포곡선 아래쪽의 면적이 모든 사례—또는 변수값—즉, 사례의 100%를 나타내며, 그 중 절반은 중심선(평균, 중앙값, 최빈값)의 좌측에 그리고 나머지 절반은 우측에 있다는 것을 알 수 있다. 이제 표준편차 개념에 대한 이해가 어떤 도움이 되는지를 설명하기 위해서 그림 8.4를 보도록 하자. 일단 설명의 용이성을 높이기 위해서 평균이면서 중앙값이면서 동시에 최빈값인 그림 8.4의 중심선을 그냥 평균이라고 부르기로 하자.

우리는 정규분포의 x축을 몇 개의 표준편차 단위 구간으로 나눠볼 수 있다. 예를 들면, 그림 8.4는 분포를 6개의 표준편차 단위 구간으로 나눈 것이다. 평균의 좌측은 평균보다 작은 변수값들을 3개의 표준편차 단위 구간으로 나눈 것이다. 마찬가지로, 평균의 우측은 평균보다 큰 변수값들을 3개의 구간으로 나눈 것이다. 평균으로부터 양방향으로 3 표준편차보다 바깥쪽에 해당하는 부분은 전체 분포 중 극히 일부분(0.0013)에 지나지 않는다.

평균으로부터 양방향으로 2 표준편차까지에 해당하는 부분은 가장 큰 y축 값을 나타내는 중심선의 의해서 양분되는데, 이 부분이 전체 분포 중에서 차지하는 백분율이 이 부분보다 바깥쪽 부분이 전체 분포 중에서 차지하는 백분율보다 더 크다는 것을 알 수 있다. 평균에서 가장 가까운 1 표준편

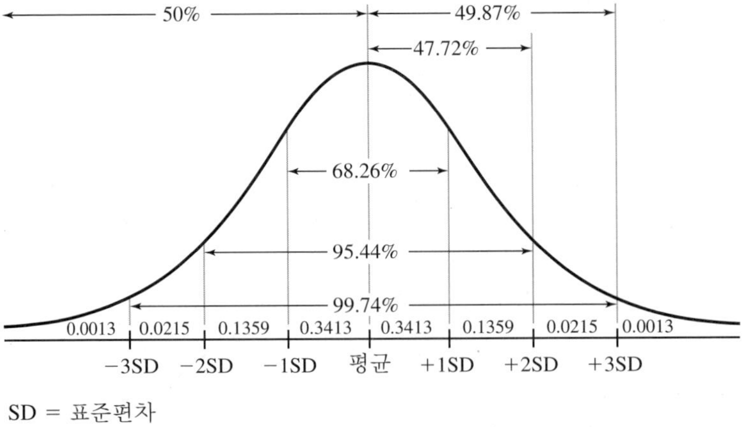

그림 8.4 정규곡선의 표준편차 단위별 비율

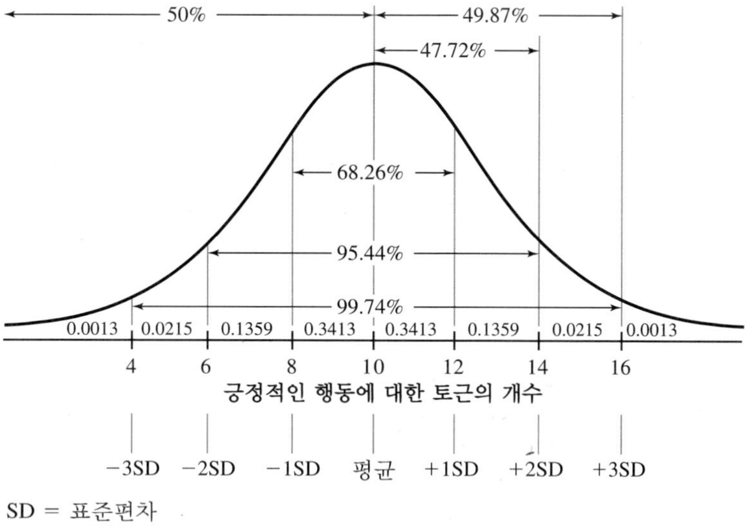

그림 8.5 평균이 10이고 표준편차가 2인 정규곡선의 표준편차 단위별 비율

차까지에 해당하는 구간 중 분포의 우측 부분은 전체 분포의 약 34%(0.3413)에 해당하며 분포의 좌측 부분 역시 전체의 약 34%에 해당한다. 즉, 평균과 평균보다 1 표준편차 큰 값으로 정의되는 범위 내에 전체 사례의 34%가 존재하며 평균과 평균보다 1 표준편차 작은 값으로 정의되는 범위 내에도 역시 전체 사례의 34%가 존재하는 것이다. 따라서 어떤 분포가 정규분포라면 그 분포를 이루고 있는 사례들 중 68%(0.6826)가 평균으로부터 양방향으로 1 표준편차 범위 내에 존재한다는 것을 알 수 있다.

이제 현실적인 예를 들어봄으로써 이상의 내용을 좀 더 쉽게 이해해보기로 하자. 그림 8.5는 그림 8.4에 제시된 평균이 10이고 표준편차가 2인 정규분포를 그대로 옮겨 놓은 것이다. 이 분포가 어떤 긍정적인 것, 예를 들면 청소년들이 긍정적인 행동을 보인 대가로서 받은 토큰 개수의 분포라고 가정해보자. 이 분포의 평균이 10이고 표준편차가 2이므로 우리는 연구대상 청소년 중 약 68%가 8개에서 12개 사이의 토큰을 받았다는 것을 알 수 있는데, 왜냐하면 평균이 10이고 표준편차가 2이므로 평균보다 1 표준편차 작은 값은 8(10 − 2 = 8)이고 1 표준편차 큰 값은 12(10 + 2 = 12)이기 때문이다.

더 나아가서, 우리는 그림 8.4와 8.5로부터 모든 정규분포는 분포의 약 13.59%가 평균보다 1 표준편차 큰 값과 2 표준편차 큰 값 사이에 존재하며 분포의 또 다른 13.59%는 평균보다 1 표준편차 작은 값과 2 표준편차 작은 값 사이에 존재한다는 것을 알 수 있다. 따라서 그림 8.5는 분포의 평균이 10이고 표준편차가 2이므로 청소년 중 13.59%는 6개에서 8개 사이의 토큰을 받았고 또 다른 13.9%는 12개에서 14개 사이의 토큰을 받았다는 것을 보여주고 있다.

이제 위에서 언급한 두 표준편차 구간들을 더해보면 13.59%가 두 번이면 27.18%이고 34.13%가 두 번이면 68.26%이므로 이 값들을 모두 더하면 청소년들 중 95.44%가 6개에서 14개 사이의 토큰을 받았다는 것을 알 수 있다(평균보다 2 표준편차 작은 값과 2 표준편차 큰 값으로 정의되는 범위).

마찬가지로, 우리는 95.44%를 평균의 양쪽으로 나눌 수 있다. 그렇게 할 경우 각각은 47.72%가 된다. 즉, 47.72%의 사례는 평균과 평균보다 2 표준편차 큰 값 사이에 존재하고 또 다른 47.72%의 사례는 평균과 평균보다 2 표준편차 작은 값 사이에 존재한다. 따라서 평균보다 2 표준편차 큰 값은 이 분포의 97.72 백분위값이다. 왜 그런가? 왜냐하면 분포의 50%는 평균보다 작은 값이고 분포의 47.72%는 평균보다 1 표준편차 큰 값과 2 표준편차 큰 값 사이에 존재하므로 50%와 47.72%를 더하면 97.72%가 되기 때문이다.

그림 8.5는 평균이 10이고 표준편차가 2인 정규분포이므로, 우리는 청소년들 중 97.72%가 14개 이하의 토큰을 받았으며 14개보다 많은 토큰을 받은 청소년은 2.28%에 불과하다는 것을 알 수 있다. 동일한 방법으로 계산해보면, 6개 미만의 토큰을 받은 청소년 역시 2.28%에 불과하다는 것도 알 수 있다.

또한 그림 8.4와 8.5는 정규분포의 경우 99.74%(또는 거의 모든)의 사례가 평균으로부터 양방향으로 3 표준편차 범위 내에 존재한다는 것을 보여준다. 위에서 설명한 계산방법을 그대로 적용하면 3 표준편차에 해당하는 값이 어떤 값인지를 쉽게 계산할 수 있다. 예를 들면, 그림 8.5는 평균이 10이고 표준편차가 2이므로 거의 모든 사례들이 4와 16 사이에 존재한다.

아마도 독자들 중 어떤 사람들은 이제까지 논의한 내용들이 통계학자가 아닌 사람들에게 실제로 어떤 도움을 줄 수 있는지에 대해서 궁금해 할 수도 있을 것이다. 만일 그렇다면 다음과 같은 예를 한 번 생각해보기로 하자. 두 가지 서로 다른 종류의 개입을 비교하는 평가 연구를 직접 실시하거나 평가 결과를 보고하는 논문을 읽는다고 가정해보자. 더 나아가서, 두 가지 개입 모두 바람직한 행동을 이끌어 내기 위한 개입이며 평가 결과가 정규분포를 따른다고 가정해보자.

두 가지 개입 중 개입 A는 평균이 12이고 표준편차가 2이며 개입 B는 평균이 10이고 표준편차가 2라고 가정하자. 개입 A의 평균(12)이 개입 B의 평균(10)보다 1 표준편차만큼 높다는 사실로부터 우리는 개입 A의 평균이 개입 B를 받은 사례들 중 84.13%(50%와 34.13%의 합)의 결과보다 높다는 것을 알 수 있다. 이는 놀랄만한 결과라고 하지 않을 수 없다! 동일한 논리에서, 만일 개입 A의 평균이 14라면, 이 값은 개입 B의 평균(10)보다 2 표준편차 큰 값이므로 개입 A의 평균이 개입 B를 받은 사례들 중 97.72%(50%와 47.72%의 합)의 결과보다 높다는 것을 의미한다. 이는 더 놀랄만한 결과이다!

앞서 왜도에 대해서 설명하면서 언급했던 바와 같이, 증거기반 실천 현장에서 접하게 되는 거의 모든 자료는 정규분포라고 볼 수 없는, 왜도가 0이 아닌 자료이다. 그러나 현실을 고려할 때 어떤 분포의 왜도가 +2에서 −2 사이의 값을 갖는다면 그 분포는 일반적으로 정규분포라고 여겨진다. 왜도가 0에 가까울수록, 분포는 정규분포에 가까워진다.

첨도

정규분포에 대한 설명을 마치기 전에 마지막으로 소개해야 할 개념은 첨도(kurtosis)이다. 물론 기형 발가락 같은 발에 관한 질병을 논의하는 것이 아니므로 안심하기 바란다! **첨도**란 분포의 솟아오르거나 내려앉은 정도를 가리키는 통계 용어이다. 첨도는 분포의 평균과 범위의 크기에 대한 표준편차의 상대적 크기에 의해 결정된다.

그림 8.6에 제시된 세 개의 대칭분포는 평균은 같지만 첨도가 각기 다른 분포이다. 이 중에서 높

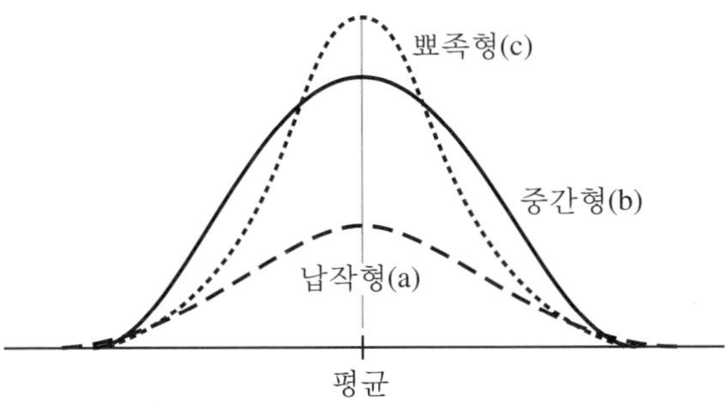

그림 8.6 평균은 같고 표준편차가 다른 세 개의 대칭분포

이가 가장 낮은 분포인 (a)는 다른 두 분포에 비해 분산이 더 크며, 따라서 표준편차가 가장 크다. 이와 반대로, 높이가 가장 높은 분포인 (c)는 산포도가 가장 낮기 때문에 표준편차가 세 분포 중에서 가장 작다. 곡선 (b)는 산포도가 중간인 분포로서 분포의 모양이 다른 두 분포에 비해 종 모양에 더 가깝다.

이들 세 개의 분포는 모두가 대칭분포이지만 정규분포라고 할 수 있는 분포는 (b)뿐이다. 왜냐하면 (b)는 거의 종 모양에 가까우면서 첨도가 거의 0이기 때문이다. 분포의 솟아오른 정도가 클수록 첨도는 커지고 산포도는 작아지는 반면, 내려앉은 정도가 클수록 첨도는 작아지고 산포도는 커진다.

첨도는 SPSS 같은 통계 소프트웨어를 이용하여 다양한 기술통계값을 구할 때 접하게 되는 통계값들 중 하나이다. 첨도는 또한 적절한 추론통계값을 선택하는 데 영향을 미치는 요인들 중 하나이기도 하다(추론통계에 대해서는 이 책의 제3부와 제4부에서 논의할 것이다). SPSS(또는 그 밖의 다른 소프트웨어)는 복잡한 공식을 이용하여 주어진 자료의 첨도를 계산한다. 첨도를 나타내는 측도가 +1.0보다 큰 값을 갖는다는 것은 분포의 모양이 중앙 부분이 높이 솟아올라와 있고 폭이 좁으며 산포도가 낮아 변수값들이 평균 주변에 모여 있는 **뾰족형**(leptokurtic) 분포라는 것을 의미한다. 이와 반대로, 첨도 척도가 −1.0보다 작다는 것은 분포의 모양이 사례들이 평균으로부터 멀리 흩어져 있는 **납작형**(platykurtic)이라는 것을 뜻한다. 첨도가 0에 가깝고 거의 종 모양인 분포는 **중간형**(mesokurtic) 분포라고 한다. 어떤 분포가 정규분포가 되기 위해서는 좌우 대칭이어야 할 뿐만 아니라 중간형 분포이어야 한다. 그러나 뾰족형 또는 납작형 분포라고 하더라도 분포의 모양이 대칭이면 분포의 표준편차 단위별 백분율은 중간형 분포의 표준편차 단위별 백분율과 동일하다는 것을 기억해둘 필요가 있다.

분명하게 이해해야 할 것

많은 학생들이 이 장에서 이제까지 설명한 다양한 종류의 분포와 백분율을 접하고 나면 다소 압도당한 듯한 느낌을 받는다. 따라서 다음 장으로 넘어가기 전에 복습을 통해서 이제까지 배운 내용들을 좀 더 분명하게 이해해보기로 하자.

먼저 표준편차를 나타내는 값과 각각의 표준편차에 해당하는 정규곡선 아래의 비율을 나타내는 값의 차이점을 분명하게 이해해보기로 하자. 그림 8.7은 평균은 다르고 표준편차가 같은 두 개의 대칭분포이다. 두 분포 중 좌측 분포는 양육 기술 개입에 참여하기 이전에 부모에게서 관찰된 긍정적인 양육행동 횟수의 분포이고 우측 분포는 개입 참여 이후의 분포이다. 개입 이전 분포의 평균은 10이고 표준편차는 2이다. 개입 이후 분포의 표준편차는 변하지 않았지만 평균은 20으로 증가했다.

두 분포가 모두 대칭분포이고 표준편차가 2로 동일하기 때문에 두 분포 모두에서 부모들 중 68.26%(2 × 0.3413%)에게서 관찰된 긍정적인

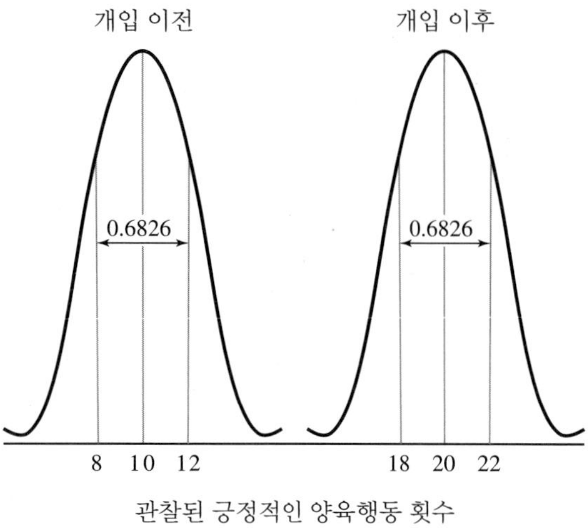

그림 8.7 평균은 다르고(10과 20) 표준편차는 같은(2) 두 개의 대칭분포

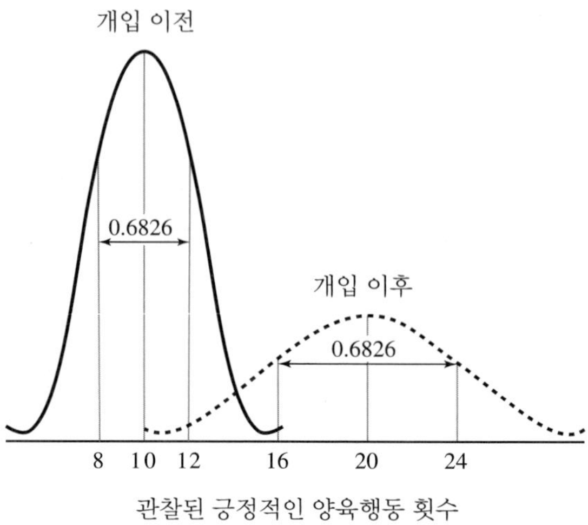

그림 8.8 평균(10과 20)과 표준편차(2와 4)가 서로 다른 두 개의 정규분포

양육행동 횟수는 평균보다 2 작은 값과 2 큰 값 사이에 존재한다(만일 개입에 참여한 부모가 100명이라면, 이들 중 68명에게서 관찰된 긍정적인 양육행동 횟수는 평균보다 2 작은 값과 평균보다 2 큰 값 사이에 있다는 것을 알 수 있다). 두 분포의 표준편차와 비율은 동일하지만 *x*축에 나열된 긍정적인 양육행동 횟수는 다르다. 좌측 분포의 경우, 평균 10 보다 1 표준편차 작은 값은 8회이고 1 표준편차 큰 값은 12회인데 비해, 우측 분포에서는 평균 20 보다 1 표준편차 작은 값은 18회이고 1 표준편차 큰 값은 22회이다. 좌측 분포에서 부모들 중 68.26%는 8회와 10회 사이의 값을 갖는데 비해, 우측 분포에서는 부모들 중 68.26%가 18회에서 22회 사이의 값을 갖는다. 즉, 두 분포가 표준편차와 *x*축의 비율에 있어서는 동일하지만 관찰된 긍정적인 양육행동의 실제 횟수에 있어서는 동일하지 않다는 것이다.

그림 8.7의 두 분포와 관련해서 또 한 가지 언급해둘 필요가 있는 것은 두 분포의 표준편차와 범위가 같기 때문에 두 분포의 첨도 또한 동일하다는 사실이다. 만일 두 분포의 첨도가 달랐다면 두 분포는 아마도 그림 8.8과 같았을 것이다.

그림 8.8의 두 분포 중에서 좌측 분포는 그림 8.7의 좌측 분포와 동일한 분포이지만 우측 분포는 그림 8.7의 분포보다 납작하고(납작형 분포) 더 큰 표준편차를 갖는 분포이다. 우측 분포의 표준편차가 4이므로 부모들 중 68.26%가 16과 24 사이의 변수값을 갖는다. 이때 그림 8.8의 우측 분포에서 평균보다 1 표준편차 작은 값과 1 표준편차 큰 값 사이에 해당하는 비율은 그림 8.7의 우측 분포와 동일하지만 그 비율에 해당하는 관찰된 긍정적인 양육행동 횟수는 18부터 22까지에서 16부터 24까지로 변했는데, 이는 표준편차가 2에서 4로 변했기 때문에 나타난 결과이다.

쌍봉 분포

다음 부분으로 넘어가기 전에, 대칭분포이지만 정규분포가 아닌 또 한 가지 분포에 대해서 살펴보기

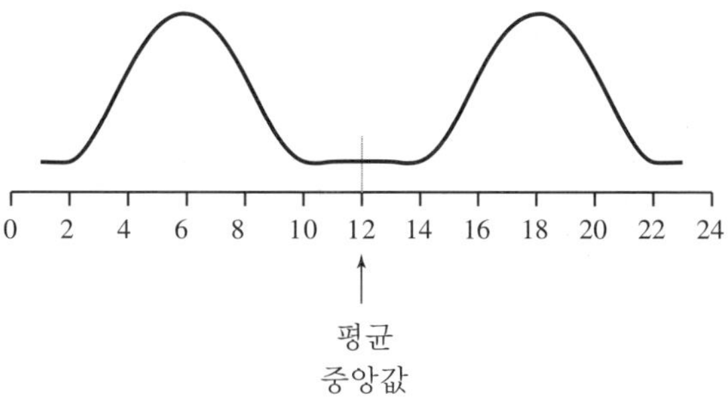

그림 8.9 쌍봉 분포

로 하자. 그림 8.9에 제시된 분포는 평균과 중앙값이 일치하는 대칭분포이다. 그러나 이 분포는 최빈값이 평균 및 중앙값과 일치하지 않기 때문에 정규분포가 아니다. 이 분포처럼 두 개의 최빈값을 갖는 분포를 가리켜 **쌍봉 분포**(bimodal distribution)라고 한다. 만일 그림 8.9의 분포가 양육 기술 개입 참여 이후 부모들로부터 관찰된 긍정적인 양육 행동 횟수의 분포라고 하고 개입 이전의 분포가 그림 8.7과 8.8의 왼쪽 분포와 같다고 가정한다면, 이 분포의 의미를 어떻게 해석할 수 있을까? 아마도 부모들 중 절반에게는 개입이 도움이 된 반면, 나머지 절반에게는 개입이 도움이 되지 않았다는 해석이 가능할 것이다.

증거기반 실천에서의 분포통계값 활용

이제까지 다양한 분포들을 소개했으면서도 그러한 분포들이 과연 증거기반 실천에서 어떻게 활용될 수 있는지에 대해서는 한 번도 언급한 적이 없었다. 이제 이제까지 살펴본 분포들이 갖는 유용성에 대해서 논의하면서 이 장을 마치도록 하자. 규모가 제법 큰 어떤 가족복지기관의 관리자가 대규모 표본에 대해서 클라이언트 만족도 조사를 실시했다고 가정해보자. 클라이언트들은 자신의 만족도를 0부터 10까지의 11점 척도로 나타냈는데, 0은 "전혀 만족하지 않는다"이고 10은 "정말 만족한다"이며 5는 약간 불만족과 약간 만족 사이쯤에 해당하는 중간 정도의 만족을 나타낸다.

조사를 담당했던 직원의 말에 따르면, 만족도 점수의 평균은 5이고 표준편차는 1.5로 나타났다고 한다. 이 만족도 점수의 분포가 정규분포인지 여부를 알지 못한다면 표준편차별 비율을 알 수 있는 방법은 없다.

만일 이 분포의 왜도를 측정한 결과 −3.0이라는 값을 얻었다고 가정해보자. 이러한 사실로부터 우리는 매우 불만족한 클라이언트들이 평균을 끌어내리는 현상이 나타나고 있으며 불만족한 클라이언트들보다는 만족한 클라이언트들이 더 많다는 것을 짐작해볼 수 있다. 이와 정반대로 왜도 측도의 값이 +3.0이었다면 문제가 좀 심각해진다. 왜냐하면 만족도가 매우 높은 몇 명의 클라이언트들이 평균을 부풀리고 있으며 만족한 클라이언트들보다는 불만족한 클라이언트들이 대부분이기 때문이다.

이번에는 왜도 측도는 0에 가까운 값을 갖지만 첨도 측도가 −1.0보다 훨씬 작은 음의 값을 갖는다고 가정해보자. 분포의 편향됨은 거의 없으나 첨도가 −1.0보다 작다는 것은 상당수의 클라이언트들이 평균으로부터 양방향으로 멀리 떨어져 분포하고 있다는 것을 의미한다. 이 분포는 대칭분포이기 때문에 표준편차를 알면 어느 정도 비율의 클라이언트들이 평균으로부터 얼마나 떨어져 존재하는지를 알 수 있다. 이와 정반대로 첨도는 0에 가깝지만 왜도가 +1.0보다 훨씬 큰 양의 값을 갖는다고 가정해보자. 이 경우는 상당수의 클라이언트들이 평균인 5 가까이에 대칭을 이루면서 모여 있다는 것을 알 수 있다.

이 분포가 쌍봉 분포이면서 표준편차가 매우 큰 분포라고 가정해보자. 이제 평균 가까이에 있는 클라이언트의 수는 상대적으로 적은 반면에 매우 불만족한 클라이언트와 매우 만족한 클라이언트의 수가 거의 비슷하다는 것을 짐작해볼 수 있다.

평균이 5이면서 이상과 같은 결과들을 접하게 됨에 따라 기관의 관리자는 왜 어떤 클라이언트들의 만족도는 낮은지를 좀 더 심층적으로 알아보고자 하는 마음을 갖게 될 수도 있을 것이다. 그러나 분포가 쌍봉 분포라는 것을 아는 이상, 적어도 매우 불만족한 클라이언트의 수와 매우 만족한 클라이언트의 수가 비슷하다는 것은 알 수 있으며, 그러한 지식을 토대로 하여 심층 연구에서 어떤 질문을 던져야 하는지 그리고 어떻게 연구를 설계해야 하는지를 생각해볼 수 있을 것이다. 예를 들면, 후속 연구에서는 질적 연구를 실시하여 매우 만족한 클라이언트들과 매우 불만족한 클라이언트들을 심층 면접함으로써 기관이 잘 하고 있는 것은 무엇이며 앞으로 더 개선하고자 노력해야 할 것은 무엇인지에 관한 통찰력을 얻을 수도 있을 것이다.

만일 분포가 좌편향분포였다면, 우리는 최소한 만족한 클라이언트가 불만족한 클라이언트보다 많다는 것만큼은 분명하게 알 수 있다. 따라서 평균이 5라는 사실 때문에 그다지 의기소침할 필요는 없으나, 그럼에도 불구하고 왜 상대적으로 소수의 클라이언트들이 극단적으로 불만족하게 되었는지를 알아볼 필요가 있다는 것은 분명히 느낄 수 있을 것이다.

만일 만족도 점수가 매우 높았다면—예를 들어, 8.0 정도—어떨까? 이 경우에도 역시 분포의 왜도와 첨도를 아는 것은 대칭분포의 표준편차별 비율을 이 분포도 적용할 수 있는지 여부라든지 클라이언트들이 평균을 중심으로 가까이에 모여 있는지 아니면 평균이 대다수 클라이언트들이 느끼고 있는 만족도를 지나치게 부풀리거나 축소하고 있는지 여부를 판단하는 데 도움이 될 것이다.

이제 이 장을 마치면서 이 장에서 살펴보았던 개념들을 충분히 이해해둘 것을 독자들에게 당부해두고자 한다. 이러한 개념들에 대한 이해는 지금 당장의 실천을 위해 도움이 될 뿐만 아니라 이 책의 나머지 장들에서 소개하게 될 여러 가지 다른 개념들을 이해하는 데도 도움이 될 것이다. 예를 들면, 이 책의 다른 장들에서 소개하게 될 여러 가지 가설검정 기법들은 가설검정을 위해 반드시 필요한 가정으로서 자료의 정규성(normality)을 요구하고 있다. 따라서 분포의 왜도와 첨도를 이해하는 것은 특정 가설검정 기법을 사용하는 것이 적절한지 아니면 대안적 검정 기법을 사용해야 하는지 여부를 판단하는 데 도움이 된다.

주요 내용

- 편향분포란 평균의 어느 한쪽에 다른 한쪽보다 더 많은 변수값들이 모여 있는 분포를 말한다.
- 우편향분포는 평균보다 작은 변수값들이 평균보다 큰 변수값보다 많은 분포이고 좌편향분포는 대다수의 변수값들이 평균보다 큰 분포이다.
- 편향분포와 달리, 정규분포는 좌우가 대칭인 분포이다. 즉, 정규분포는 분포의 좌측 절반과 우측 절반이 정확하게 일치하는 분포이다. 따라서 정규분포의 평균, 중앙값, 최빈값은 일치한다.
- 정규분포 곡선은 종 모양의 곡선이다. 이러한 이유에서 종종 정규분포를 가리켜 종형 곡선 또는 간단히 종곡선이라고 한다. 정규분포는 또한 종종 정규곡선이라고 불린다.
- 정규분포는 사례들 중 68.26%가 평균으로부터 양방향으로 1 표준편차 범위 내에 존재하는데 평균과 평균보다 1 표준편차 큰 값 사이에 사례의 34.13%가 존재하며 평균과 평균보다 1 표준편차 작은 값 사이에도 사례의 34.13%가 존재한다.
- 정규분포는 사례들 중 95.44%가 평균으로부터 양방향으로 2 표준편차 범위 내에 존재하는데 평균과 평균으로부터 2 표준편차 떨어진 값 사이에 사례의 47.22%가 존재한다.
- 첨도란 모든 정규분포는 대칭분포이지만 어떤 정규분포는 다른 정규분포에 비해 좀 더 뾰족하거나 납작할 수 있다는 사실을 의미하는 용어이다. 첨도는 분포의 평균과 범위의 크기에 대한 표준편차의 상대적 크기에 의해 결정된다.
- 정규분포가 종 모양에 가까울수록 첨도가 0에 가까운 값을 갖는다. 분포의 솟아오른 정도가 클수록 첨도는 양의 값을 가지며 산포도는 작아지는 반면, 분포가 납작할수록 첨도는 음의 값을 가지며 산포도는 커진다.
- 첨도를 나타내는 측도가 +1.0보다 큰 값을 갖는다는 것은 분포의 모양이 중앙 부분이 높이 솟아올라와 있고 폭이 좁으며 산포도가 낮아 변수값들이 평균 주변에 모여 있다는 것을 의미한다. 이러한 모양의 분포를 가리켜 **뾰족형 분포**라고 한다.
- 첨도 척도가 −1.0보다 작다는 것은 분포의 모양이 사례들이 평균으로부터 멀리 흩어져 있다는 것을 의미한다. 이러한 모양의 분포를 **납작형 분포**라고 한다.
- 첨도가 0에 가깝고 거의 종 모양인 분포를 가리켜 **중간형 분포**라고 한다.
- 쌍봉 분포는 최빈값이 두 개이기 때문에 두 개의 봉우리를 갖는 분포이다. 따라서 어떤 쌍봉분포가 대칭분포라고 하더라도 그 분포는 최빈값이 평균 및 중앙값과 일치하지 않기 때문에 정규분포가 될 수 없다.

연습문제

1. 그림 8.10에 제시된 세 개의 자료 분포를 바탕으로 다음의 질문에 답하라.

a. 우편향분포는 어느 분포인가?

b. 좌편향분포는 어느 분포인가?

c. 정규분포에 더 가까운 분포는 어느 분포인가?

d. 다음 중 평균이

d1. 중앙값보다 왼쪽에 있는 분포는 어느 분포인가?

d2. 중앙값보다 오른쪽에 있는 분포는 어느 분포인가?

d3. 중앙값과 일치하는 분포는 어느 분포인가?

2. 평균이 30이고 표준편차가 3인 정규분포에서:
   a. 전체 사례 중 몇 %가 0과 33 사이에 있는가?
   b. 전체 사례 중 몇 %가 27과 33 사이에 있는가?
   c. 전체 사례 중 몇 %가 24와 36 사이에 있는가?
   d. 전체 사례 중 몇 %가 21과 39 사이에 있는가?

3. 결석률이 높은 학생들을 위한 세 가지 서로 다른 개입을 평가한다고 가정해보자. 종속변수는 지난 2년 동안 정당한 이유 없이 결석한 횟수이다. 각각의 개입은 정규분포를 따르는 것으로 알려져 있다. 개입 A의 평균과 표준편차는 각각 12와 2이고, 개입 B의 평균과 표준편차는 각각 12와 4이고, 개입 C의 평균과 표준편차는 각각 16과 1이다.
   a. 왜도가 가장 작은 분포는 어느 개입의 분포인가?
   b. 왜도가 가장 큰 분포는 어느 개입의 분포인가?
   c. 가장 뾰족한 분포는 어느 분포인가?
   d. 가장 납작한 분포는 어느 분포인가?
   e. 정규분포(종 모양)에 가장 가까운 분포곡선은 어느 것인가?

분포 A:
1 2 2 3 3 3 4 4 4 4 5 5 5 5 5 5 6 6 6 6 6 7 7 7 7 8 8 8 9 9 10

분포 B:
3 3 3 3 3 3 3 3 3 4 4 4 4 4 4 5 5 5 5 5 6 6 6 7 7 8 12 14 18 19 20

분포 C:
1 2 3 4 5 10 14 18 20 25 30 35 45 45 48 48 50 50 50 50

그림 8.10

제 9 장

z-값, 백분위수 및 효과크기

서론

앞서 제8장에서 우리는 어떤 변수의 변수값이 정규분포를 따를 때 모든 변수값을 해당 변수의 평균으로부터 일정 표준편차 단위 위쪽 혹은 아래쪽에 위치한다는 식으로 나타낼 수 있다는 것을 살펴보았다. 예를 들어, 청소년들이 바람직한 행동에 대한 대가로 받은 토큰의 평균이 10이고 표준편차가 2라고 할 때, 죠가 12개의 토큰을 가지고 있다면 죠의 변수값은 평균보다 1 표준편차 큰 값이라는 것을 알 수 있었다. 어떤 변수값이 평균보다 몇 단위 표준편차 큰 값 또는 작은 값인지를 나타내기 위해 사용하는 통계값을 ***z*-값**이라고 한다(*z*-값을 **표준점수**라고도 부른다). *z*-값을 계산하는 공식은 다음 페이지에 있는 "*z*-값 공식" 이라는 제목의 글상자에 제시되어 있다. 이 공식을 죠의 자료에 적용해보면 죠의 *z*-값은 1.0임을 알 수 있으며, 이 값은 평균보다 **위쪽**에 위치한 값이므로 **양**(positive)의 *z*-값이다. 마찬가지 원리에 의해서, 만일 죠가 가진 토큰이 8개라면, 죠의 *z*-값은 **음**(negative)의 *z*-값인 −1.0이 된다(평균 아래쪽의 표준편차).

그림 9.1에서 우리는 양의 *z*-값 +1.0이라는 사실로부터 죠가 정규분포의 *x*축 상에서 전체 사례의 0.8413(84.13%)보다 큰 어떤 위치에 있다는 것을 알 수 있다. 그러한 사실을 어떻게 알 수 있을까? 평균과 평균으로부터 1 표준편차 위쪽에 해당하는 값으로 정의되는 비율인 0.3413을 전체 분포에서 평균 아래쪽에 해당하는 비율인 0.50과 더하면 된다. 동일한 원리에서, 만일 죠의 *z*-값이 −1.0이라면, 우리는 전체 사례의 0.8413(84.13%)이 죠보다 더 많은 토큰을 가지고 있다는 것을 쉽게 계산해낼 수 있다. 이 경우, 단순히 방향을 바꿔서 평균과 평균 아래쪽 1 표준편차에 해당하는 비율인 0.3413을 평균 위쪽에 해당하는 비율인 0.50과 더하면 된다.

동일한 논리를 사용하여, 죠의 *z*-값이 양의 값인 +1.0일 때 전체 사례 중에서 0.1587(15.87%)은 죠보다 토큰을 많이 가지고 있다는 것을 알 수 있는데 1.0에서 0.8413을 빼면(또는 100%에서 84.13%를 빼면) 0.1587이기 때문이다. 만일 죠의 *z*-값이 −1.0이라면, 전체 사례 중에서 0.1587(15.87%)은 죠에 비해 적은 수의 토큰을 가지고

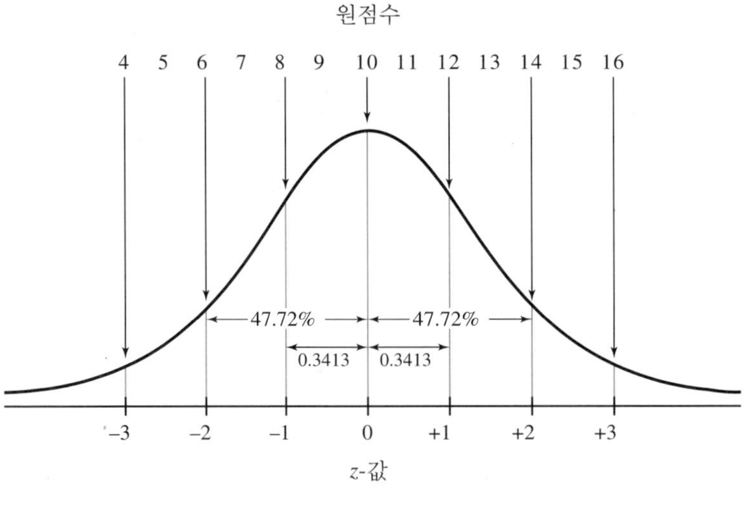

그림 9.1 평균이 10이고 표준편차가 2인 정규분포에서 *z*-값의 위치

> **z-값 공식**
>
> z-값을 구하는 공식은 다음과 같다:
>
> $$z = \frac{X - \overline{X}}{SD}$$
>
> 단, X = 표본 중 한 개 사례의 원점수
>
> $\overline{X}$ = 표본평균
>
> SD = 표본표준편차
>
> 예를 들어, 수(Sue)의 자존감 척도값이 60이고 표본평균과 표본표준편차가 각각 40과 10이라면, 수의 z-값은 2.00이 된다:
>
> $$\frac{60 - 40}{10} = \frac{20}{10} = 20$$

있다는 것을 알 수 있다.

z-값 계산

이번에는 죠가 가진 토큰이 9개라고 가정해보자. 이 경우, 죠의 z-값은 1 표준편차의 절반인 0.50이 되는데, 왜냐하면 표준편차가 2이므로 표본평균인 10보다 아래쪽으로 1 표준편차에 해당하는 거리의 절반 지점에 위치하기 때문이다. 동일한 원리에 의해서, 죠가 11개의 토큰을 가진다면 z-값은 +0.50(혹은 평균 위쪽으로 0.50 표준편차)이 된다.

원점수를 z-값으로 바꾸는 공식은 ("z-값 공식"이라는 제목의 글상자에서 제시된 바와 같이) 다음과 같다:

$$z\text{-점수} = \text{원점수} - \text{평균}$$

따라서, 만일 샘이 13개의 토큰을 가지고 있고 평균이 10이며 표준편차가 2라면, 샘의 z-값은 1.5가 된다:

$$\text{샘의 } z\text{-점수} = \frac{13 - 10}{2} = \frac{3}{2} = 1.5$$

또한 만일 벤(Ben)이 가진 토큰이 7개이고 평균이 10이며 표준편차가 2라면, 벤의 z-값은 −1.5가 된다:

$$\text{벤의 } z\text{-점수} = \frac{7 - 10}{2} = \frac{-3}{2} = -1.5$$

그림 9.1은 이상에서 설명한 원점수와 z-값 간의 관계, z-값과 표준편차 단위 간의 관계 및 정규곡선 상에서의 z-값의 위치를 나타내는 그림이다.

z-값의 실제 활용

z-값이 가진 특성 중 하나는 z-값을 이용할 경우 우리는 동일한 변수를 서로 다른 척도로 측정하여 얻은 값들을 비교할 수 있다는 것이다. 예를 들어, 아동 및 가족을 위한 기관에서 외상 후 스트레스 장애 아동들을 위한 놀이치료를 진행하는 어떤 전문가가 있다고 가정해보자. 아동들에게는 놀이치료가 분명히 도움이 되지만 모든 아동들을 한 명의 전문가가 감당하기에는 역부족이다. 적어도 중증 외상 후 스트레스 장애를 가진 아이들만큼은 치료집단에 참여할 수 있게 하기 위해서 각 아동의 표준화된 외상 후 스트레스 장애 척도값을 알아보기 위해 아동들의 파일을 살펴본 결과, 어떤 아동들의 경우는 척도 A라는 표준화된 척도로 외상 후 스트레스 장애를 측정한 반면 어떤 아동들은 척도 B로 외상 후 스트레스 장애를 측정했다는 사실을 발견하게 되었다.

이들 두 척도는 문항의 수와 응답 범주의 번호에 있어서 차이를 보이는데, 척도 A는 20개 문항으로 이루어져 있으며 각각의 문항은 서로 다른 증상의 빈도를 묻고 있으며 모든 문항은 "종종", "가끔", "거의 없음"이라는 세 개의 응답 범주를 갖는다. 각 문항의 점수는 1부터 3까지이며, 따라서 20개 문항의 총점은 20에서 60까지의 범위를 갖는다. 척도 B는 100개의 문항으로 이루어져 있다. 각 문항은 서로 다른 증상에 대해서 증상이 존재하는지 여부를 묻는다. 모든 문항에 대해서 응답자가 선택 가능한 응답 범주는 "예"와 "아니오" 뿐이며 "예"에 해당하는 점수는 1이고 "아니오"에 해당하는 점수는 0이다. 따라서 척도 B의 총점은 0부터 100까지의 값을 가질 수 있다.

이러한 상황에서 척도 A의 원점수가 35인 아동이 척도 B의 원점수가 50인 아동보다 외상 후 스트레스 장애 정도가 약한 것인지 아니면 심한 것인지를 어떻게 판단할 수 있을까? 두 척도가 너무도 다른 척도임을 고려해볼 때, 단순히 50이 35보다 큰 점수라고 해서 척도 B가 척도 A보다 심각한 외상 후 스트레스 장애를 나타내는 척도라는 결론을 내릴 수는 없다. 이때, 만일 우리가 매우 큰 아동 표본을 바탕으로 구한 두 척도 각각의 평균과 표준편차를 알고 있다면 문제를 쉽게 해결할 수 있다. (대표본을 바탕으로 구한 그런 자료를 가리켜 기준(norm)이라고 하는데, 몇몇 중요한 임상 척도들의 경우 기준이 알려져 있다.)

척도 A의 평균과 표준편차가 각각 25와 5이고 척도 B의 평균과 표준편차가 각각 40과 10이라고 가정해보자. 이러한 정보를 가지고 우리는 두 아동의 *z*-값을 구할 수 있다. 척도 A의 원점수 35는 척도 A의 평균인 25점보다 2 표준편차 큰 값이다(표준편차가 5이고 10은 이 값의 두 배이므로). 그림 8.4에 제시된 바와 같이, 이 *z*-값은 기준 자료(normative data)를 가지고 얻을 수 있는 척도 A 점수의 97.72%보다 큰 값이다. 척도 B에서 원점수 50은 척도 B의 평균인 40보다 1 표준편차(10) 위쪽에 위치한 값이다. 이 *z*-값은 그림 8.4에 제시된 바와 같이 기준 자료를 가지고 얻을 수 있는 척도 B 점수의 84.13%보다 큰 값이다. 두 척도 모두에서, 척도값이 클수록 외상 후 스트레스 장애가 더 심하다는 것을 의미한다고 가정한다면, 이 두 아동은 대부분의 다른 아동들에 비해 중증 외상 후 스트레스 장애 증상을 경험하고 있으며 둘 중에서 척도 A의 원점수가 35인 아동이 척도 B의 원점수가 50인 아동보다 더 심한 외상 전 스트레스 장애를 경험하고 있다는 것을 알 수 있다.

z-분포표

지금까지 우리가 구한 *z*-값(1 또는 2)은 그 값에 해당하는 정규분포 상의 비율을 그림 9.1이나 8.4를 통해 구할 수 있었던 값들이다. 그러나 실제 연구에서는 종종 *z*-값이 분수나 소수가 되며 그러한 *z*-값은 그림 9.1이나 8.4를 이용하더라도 정규분포 상의 비율로 전환할 수 없다. 예를 들어, 우리가 구한 *z*-값이 0.74 또는 1.65라고 가정해보자. 그림 9.1이나 8.4는 이러한 *z*-값들에 해당하는 정규분포 비율이 얼마인지가 제시되어 있지 않다.

다행히도, 우리는 표 9.1을 이용하여 정규분포 상에서 평균과 특정 *z*-값 간의 면적에 해당하는 백분율이 얼마인지를 쉽게 알 수 있다. 예를 들어, *z*-값이 1.65라고 가정해보자. 이 *z*-값은 평균보다 1.65 표준편차 큰 값이다. 표 9.1를 이용하여, 이 값에 해당하는 정규분포 백분율을 찾기 위해서는 먼저 표의 맨 왼쪽 열 윗부분에 *z*라고 표기된 곳에서부터 시작하여 아래로 내려오면서 1.6에 해당하는 행을 찾는다. 그 행에는 1.60에서부터 1.69에 이르는, 평균보다 큰 *z*-값들에 해당하는 비율들이 제시되어 있다. 다음으로는 그 행에서 *z*-값 1.65의 소수점 두 번째 자리값인 0.05에 해당하는

표 9.1 정규곡선 상에서 평균과 z-값 간의 면적에 해당하는 백분율

z	0.00	0.01	0.02	0.03	0.04	0.05	0.06	0.07	0.08	0.09
0.0	00.00	00.40	00.80	01.20	01.60	01.99	02.39	02.79	03.19	03.59
0.1	09.98	04.38	04.78	05.17	05.57	05.96	06.36	06.75	07.14	07.53
0.2	07.93	08.32	08.71	09.10	09.48	09.87	10.26	10.64	11.03	11.41
0.3	11.79	12.17	12.55	12.93	13.31	13.68	14.06	14.43	14.80	15.17
0.4	15.54	15.91	16.28	16.64	17.00	17.36	17.72	18.08	18.44	18.79
0.5	19.15	19.50	19.85	20.19	20.54	20.88	21.23	21.57	21.90	22.24
0.6	22.57	22.91	23.24	23.57	23.89	24.22	24.54	24.86	25.17	25.49
0.7	25.80	26.11	26.42	26.73	27.04	27.34	27.64	27.94	28.23	28.52
0.8	28.81	29.10	29.39	29.67	29.95	30.23	30.51	30.78	31.06	31.33
0.9	31.59	31.86	32.12	32.38	32.64	32.90	33.15	33.40	33.36	33.89
1.0	34.13	34.38	34.61	34.85	35.08	35.31	35.54	35.77	35.99	36.21
1.1	36.43	36.65	36.86	37.08	37.29	37.49	37.70	37.90	38.10	38.30
1.2	38.49	38.69	38.88	39.07	39.25	39.44	39.62	39.80	39.97	40.15
1.3	40.32	40.49	40.66	40.82	40.99	41.15	41.31	41.47	41.62	41.77
1.4	41.92	42.07	42.22	42.36	42.51	42.65	42.79	42.92	43.06	43.19
1.5	43.32	43.45	43.57	43.70	43.83	43.94	44.06	44.18	44.29	44.41
1.6	44.52	44.63	44.74	44.84	44.95	45.05	45.15	45.25	45.35	45.45
1.7	45.54	45.64	45.73	45.82	45.91	45.99	46.08	46.16	46.25	46.33
1.8	46.41	46.49	46.56	46.64	46.71	46.78	46.86	46.93	46.99	47.06
1.9	47.13	47.19	47.26	47.32	47.38	47.44	47.50	47.56	47.61	47.67
2.0	47.72	47.78	47.83	47.88	47.93	47.98	48.03	48.08	48.12	48.17
2.1	48.21	48.26	48.30	48.34	48.38	48.42	48.46	48.50	48.54	48.57
2.2	48.61	48.64	48.68	48.71	48.75	48.78	48.81	48.84	48.87	48.90
2.3	48.93	49.96	48.98	49.01	49.04	49.06	49.09	49.11	49.13	49.16
2.4	49.18	49.20	49.22	49.25	49.27	49.29	49.31	49.32	49.34	49.36
2.5	49.38	49.40	49.41	49.43	49.45	49.46	49.48	49.49	49.51	49.52
2.6	49.53	49.55	49.56	49.57	49.59	49.60	49.61	49.62	49.63	49.64
2.7	49.65	49.66	49.67	49.68	49.69	49.70	49.71	49.72	49.73	49.74
2.8	49.74	49.75	49.76	49.77	49.77	49.78	49.79	49.79	49.80	49.81
2.9	49.81	49.82	49.82	49.83	49.84	49.84	49.85	49.85	49.86	49.86
3.0	49.87									
.	.									
.	.									
.	.									
4.0	49.997									

출처: K. Pearson (ed.). Used by permission of The Biometrika Trustees. Present layout form El Lundquist, *A First Course in Statistics*, used by permission from Houghton Mifflin Co.

열을 찾는다. 1.6에 해당하는 행과 0.05에 해당하는 열이 교차하는 지점에 z-값 1.65에 해당하는 비율인 45.05가 제시되어 있는데, 이는 정규분포의 45.05%가 평균과 평균보다 1.65 표준편차 큰 값으로 정의되는 범위 내에 위치한다는 것을 의미한다. 이때 평균 왼쪽에 해당하는 정규분포 상의 면적은 정규분포의 절반인 50%이므로 이 비율을 45.05에 더해주면 95.05가 된다. 따라서 평균보다 1.65 표준편차 큰 값을 갖는 사례가 전체 사례의 95.05%(50% + 45.05%)를 넘어선다는 것을 알 수 있다. 만일 95.05%를 반올림하여 95%라고 본다면, z-값 1.65는 95번째의 **백분위수**—즉, 특정한 값 이하에 해당하는 정규분포의 백분율—라는 것을 알 수 있다.

이번에는 z-값이 음수인 −1.65라고 가정해보자. 이 경우, z-값이 1.65일 때와 동일한 행과 열을 이용하여 z-값 −1.65가 다섯 번째 백분위수라는 것을 알 수 있다. 따라서 이 z-값은 전체 사례 중 겨우 5%를 넘어서는 값이다. 평균과 평균보다 1.65 표준편차 작은 값 사이의 면적이 0.4505이므로, 45%(0.4505를 반올림한 값)와 평균 오른쪽에 해당하는 50%를 더하면 우리는 −z-값 −1.65보다 큰 값을 갖는 사례가 전체 사례 중 95%라는 것을 알 수 있다.

연습을 위한 몇 가지 예

표 9.1를 사용하는 방법을 익히기 위해서 z-값 0.74에 해당하는 백분위수를 한 번 찾아보기로 하자. 잠시 책 읽기를 멈추고 지금 즉시 답을 구한 다음 어딘가에 메모해두도록 하자. 이제 각자가 구한 답이 올바른 답인지 확인해보자.

무엇보다 먼저 표 9.1의 맨 왼쪽 열에서 0.7에 해당하는 행을 찾아야 한다. 그 다음으로는 그 행과 0.04에 해당하는 열이 교차하는 지점을 찾는다. 그리고 나면 우리는 27.04를 찾을 수 있게 된다. 이 값은 정규분포의 27.04%가 평균과 평균보다 0.74 표준편차 큰 값 사이에 위치한다는 것을 의미한다. 정규분포에서 평균 반대쪽(평균 이하)에 해당하는 면적인 50%를 더하면 평균보다 0.74 표준편차 큰 값을 갖는 사례가 전체 사례에서 차지하는 비율이 77.04%(50% + 27.04%)를 넘어선다는 것을 알 수 있다. 77.04%를 반올림하여 77%로 만들면 z-값 0.74는 77번째 백분위수에 가깝다는 것을 알 수 있다.

한 가지 예를 더 들어 보기로 하자. 이번에는 주어진 원점수, 평균 및 표준편차를 이용하여 z-값을 구해보자. 평균이 50이고 표준편차가 10인 정규분포가 있다고 가정해보자. 만일 제인(Jane)의 점수가 56점이라면, 이에 해당하는 z-값과 백분위수는 얼마일까? 다시 책 읽기를 잠시 멈추고 답을 구해 적어두기 바란다.

이 문제에 대한 답을 구하기 위해서 z-값 공식에 주어진 값들을 대입해보자. 56에서 50을 빼고 10(표준편차)으로 나누면 z-값은 0.60이 나온다. 이제 표 9.1에서 0.60을 찾아보자. 먼저 0.6에 해당하는 행을 찾은 다음 0.00에 해당하는 열을 찾는다(소수점 둘째 자리가 0이므로). 그 교차점에는 22.57이란 숫자가 쓰여 있을 것이다. 이 값은 평균(50)과 평균보다 0.60 표준편차 큰 값(56) 사이에 정규분포의 22.57%가 위치한다는 것을 의미한다. 이 값에 정규분포의 평균 반대쪽(평균 이하) 면적인 50%를 더하면 평균보다 0.60 표준편차 큰 값을 갖는 사례가 전체 사례 중 72.57%(50% + 22.57%)를 넘어선다는 것을 알 수 있다. 72.57%를 반올림하면 73%이므로, z-값 0.60은 73번째 백분위수에 가깝다고 말할 수 있다.

양과 음의 z-값의 백분위수

이제까지 우리는 양의 z-값, 즉 z-값이 평균보다 큰 값인 경우만을 연습했다. 지금부터는 평균보다 작은 값의 z-값을 구해보기로 하자.

제인의 점수가 56점이 아니라 44점이고 평균과 표준편차는 각각 50과 10으로 위의 예에서와 같다고 가정해보자. z-값을 계산할 때 우리는 제인의 점수 44점에서 평균 50을 뺀 다음 그 값을 10으로 나눈다. 44가 50보다 작은 수이기 때문에 44로부터 50을 빼면 음수인 −6이 나오고 −6을 10으로 나누면 음의 z-값인 −0.60이 나온다. 표 9.1을 이용하여 +0.60의 백분율을 구할 때와 같은 방법으로 백분율을 구하면 평균과 평균보다 0.60 표준편차 작은 값 사이의 면적이 정규분포의 22.57%라는 것을 쉽게 알 수 있다.

그러나 이번 경우는 주어진 −0.60 표준편차의 음의 z-값이 평균보다 작은 값이므로 22.57%에 평균 이하의 정규분포인 50%를 더하는 대신 50%에서 22.57%를 빼야 한다. 그러면 제인의 점수가 분포를 이루고 있는 전체 사례의 27.43%를 넘는다고 말할 수 있다. 즉, 전체 사례의 약 27%의 x축 점수가 제인의 점수와 같거나 왼쪽에 위치한다는 것을 의미한다. 따라서 제인의 점수는 그림 9.2에 제시된 것처럼 약 27번째 백분위수에 해당한다.

요약하면, 양의 z-값에 해당하는 백분위수를 구하기 위해서는 정규분포에서 평균 아래쪽에 해당하는 50%를 평균과 z-값 사이에 해당하는 정규분포의 백분율에 더해준다. 또한 음의 z-값에 해당하는 백분위수를 구하기 위해서는 정규분포에서 평균 이하에 해당하는 면적인 50%에서 평균과 z-값 사이에 해당하는 정규분포의 백분율을 빼준다.

어떤 음의 z-값은 긍정적인 것을 의미한다!

어떤 변수가 부정적인 행동이나 점수를 나타낼 때 음의 z-값은 긍정적인 것을 의미한다. 앞서 들었던 가설적인 주거 치료 센터에 대한 평가 예에서 개입은 심각한 문제행동 발생 횟수를 감소시키거나 예방시키는 것을 의미한다. 우리가 예방 또는 감소시키고자 하는 부정적인 것들은 폭력적 행동, 장기 결석, 지각, 우울, 높은 스트레스 척도값 등을 포함하여 무수히 많다.

이러한 부정적인 행동들을 예방하거나 줄이기 위해 개입을 시도할 때, 우리는 개입을 받은 클라이언트들의 평균 점수가 개입을 받지 않는 클라이언트들의 평균 점수보다 낮기를 바란다. 따라서 만일 주거 치료 센터에 거주하는 모든 클라이언트의 심각한 문제행동 횟수의 평균이 10이고 표준편차가 2라고 한다면, 메리에게 새로운 개입을 시도할 때 우리는 메리의 심각한 문제행동 횟수가 10회보다 줄어들기를 원할 것이다. 새로운 개입을 실시한 후 메리의 문제행동 횟수가 4회로 줄어들었다고 가정한다면 메리의 z-값은 −3.0이 된다: [4 − 10]/2 = −3.0. 표 9.1로부터 우리는 평균으로부터 3.0 표준편차까지의 거리가 정규분포의 49.87%에 해당한다는 것을 알 수 있다. 메리의 z-값이 음수이므로 50%에서 49.87%를 빼면 0.13%(이 값은 0.0013의 면적을 의미하므로 1%보다 훨씬 적다)가 된다. 따라서 메리의 z-값은 첫 번째 백분위수보다 작다는 것을 알 수 있다.

그러나 메리가 작은 z-값을 갖는 것은 바람직한 것이므로 메리의 z-값이 첫 번째 백분위수보다 작다는 것은 메리가 99% 사례들보다 더 낫다는 것을 의미한다. 이 말은, 만일 심각한 문제행동을 보이지 않은 횟수를 가지고 분포를 그린다면, 메리는

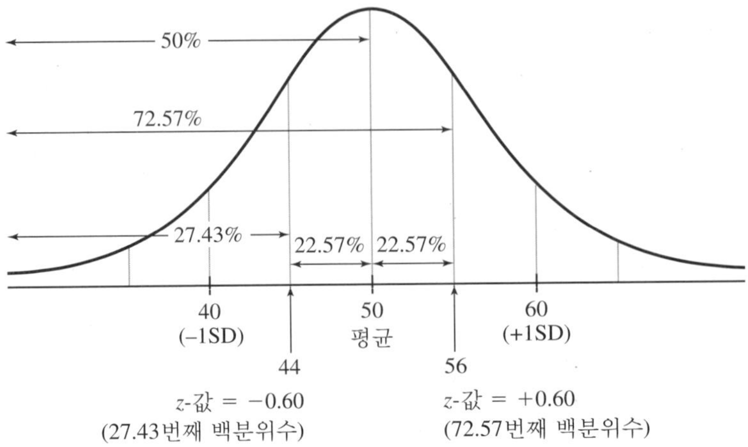

그림 9.2 평균이 50이고 표준편차가 10인 정규분포에서의 44점과 56점에 해당하는 양의 z-값, 음의 z-값 및 백분위수

99번째 백분위수에 있다는 것을 의미한다.

이상의 내용이 잘 이해되지 않는다면, 양의 z-값이 항상 긍정적인 것만은 아니며 반대로 음의 z-값이라고 해서 항상 부정적인 것만은 아니라는 점을 기억하도록 하자. 모든 것은 주어진 변수가 높아지기를 바라는 바람직한 행동을 의미하는지 아니면 낮아지기를 바라는 부정적인 행동을 의미하는지에 달려 있다. 이는 지금부터 z-값의 또 다른 중요한 용도를 살펴봄으로써 좀 더 명확해질 것이다: 효과크기 통계값.

효과크기

z-값은 개개인의 점수를 백분위수로 바꾸는 용도뿐만 아니라 두 집단이 있을 때 한 집단의 평균이 다른 한 집단의 평균에 비해 얼마나 높거나 낮은지를 비교할 수 있게 해준다. 이러한 z-값의 용도는 개입, 프로그램 또는 정책의 효과성을 측정할 때 매우 요긴하다.

예를 들어, (앞서 들었던 주거 치료 센터 평가 예에서) 심각한 문제행동 횟수를 줄이기 위한 새로운 치료와 기존 치료를 비교한다고 해보자. 새로운 치료를 받은 클라이언트들의 심각한 문제행동 횟수의 평균은 6이고 기존 치료를 받은 클라이언트들의 평균은 8이며 두 치료 모두 표준편차는 2라고 가정해보자. 새로운 치료의 평균인 6에서 기존 치료의 평균인 8을 빼면 두 값 간의 차이는 2가 된다. 이 차이값은 표준편차와 같은 일치하는 값이다. 따라서 새로운 치료의 평균 6은 기존 치료의 평균 8보다 1 표준편차 더 나은 값이다(이 경우는 해당 변수가 부정적인—심각한 문제행동 횟수—것이므로 음의 z-값이 긍정적인 경우이다).

두 집단의 평균 차이를 표준편차 단위로 나타내는 것은 두 집단의 평균 차이를 z-값으로 전환하는 것과 같다. 따라서 새로운 치료의 평균이 기존 치료의 평균보다 1 표준편차 더 낮다는 말은 두 집단의 평균 차이의 z-값이 1이라는 말과 같다. 평균보다 1 표준편차 나은 값은 84.13번째 백분위수이므로(앞서 설명한 바와 같이), 새로운 치료의 평균 점수가 기존 치료를 받은 클라이언트들의 점수들 중 84.13%보다 나은 점수라고 말할 수 있다.

z-값을 계산하는 공식을 이용하여 두 평균 간의 차이를 표준편차 단위로 나타낼 때, 우리는 z-값

이라는 통계값을 **효과크기**(effect size)라고 부른다. 이 통계값을 효과크기라고 부르는 이유는 이 통계값이 하나의 변수(예를 들면, 개입)가 다른 하나의 변수(예를 들면, 치료 결과)에 미치는 영향을 비교하는 통계값이기 때문이다.

효과크기라는 용어는 주로 실험설계 또는 유사실험설계를 이용하여 개입의 효과성을 평가하기 위해 두 개의 평균을 비교하는 연구에서 볼 수 있다. 효과크기(ES) 공식은 한 개 사례의 점수를 집단평균과 비교하는 것이 아니라 두 집단의 평균을 비교한다는 점만 다를 뿐 기본적인 구조는 z-값 공식과 동일하다. 효과크기를 구하는 공식은 다음과 같다:

$$\text{효과크기} = \frac{|\text{실험집단평균} - \text{통제집단평균}|}{\text{표준편차}}$$

예를 들어, 실험집단의 심각한 문제행동 평균이 5이고 통제집단의 평균이 6이며 두 집단 모두 표준편차가 2라고 가정한다면, 효과크기는

$$\text{효과크기} = \frac{|5 - 6|}{2} = \frac{|-1|}{2} = 0.5$$

이다. 아마도 독자들 중 어떤 사람은 이 공식의 분자에 있는 두 개의 수직선이 무엇을 의미하는 것인지 궁금해 할 수도 있을 것이다. 좋은 질문이다. 이 두 수직선은 두 수직선 안에 있는 숫자들을 계산하여 얻는 결과의 부호를 무시하여 계산 결과의 절대값을 구하라는 것을 의미하는 기호이다. 효과크기 통계값을 해석할 때 우리는 항상 이 점을 기억해야만 하는데, 왜냐하면 실험집단의 평균이 큰 값을 갖는다는 것의 의미는 종속변수가 바람직한 행동이어서 종속변수가 큰 값을 가질수록 좋은 것일 때에만 긍정적인 치료 결과로 해석되기 때문이다. 만일 종속변수가 우리가 감소시키고자 하는 바람직하지 않은 행동이라면, 실험집단의 평균이 크다는 것은 바람직하지 않은 치료 결과로 해석되며 아마도 유해한 치료를 의미하는 것이라고 볼 수 있다.

위의 공식에서 종속변수인 심각한 문제행동은 바람직하지 않은 부정적인 행동이다. 따라서 공식의 분자에 절대값 기호가 없다면 효과크기는 +0.5가 아니라 −0.5가 된다. 이와 반대로, 실험집단의 평균이 6이고 통제집단의 평균이 5일 때 개입의 결과가 부정적(바람직하지 않은)일 때 공식의 분자에 절대값 기호를 넣지 않는다면 효과크기는 +0.5가 된다.

일단 효과크기의 절대값을 구하고 난 다음 두 집단의 평균 차이가 바람직한 효과를 의미하는지 아니면 바람직하지 않은 결과를 의미하는지에 따라 효과크기 통계값에 음 또는 양의 부호를 붙인다. 만일 종속변수가 개입을 통해 증진시켜야 할 바람직한 행동이라면, 두 집단의 평균 차이가 양의 값을 갖는다는 것은 긍정적인 효과를 의미한다. 따라서 우리는 효과크기를 양의 값으로 보고한다(즉, ES = +0.50). 만일 종속변수가 감소시켜야 할 바람직하지 않은 행동이라면, 두 집단의 평균 차이가 양이라는 것은 부정적인 효과를 의미한다. 이 경우, 우리는 음의 부호를 붙여 효과크기를 음의 값으로 보고한다(ES = −0.50).

따라서 효과크기는 실험집단의 평균이 통제집단의 평균에 비해 몇 표준편차 위쪽 또는 아래쪽에 위치하는지를 알려준다. 또한 효과크기가 +0.5라는 말의 의미가 실험집단의 평균이 통제집단의 평균보다 1/2 표준편차 크다는 것임을 알 수 있다. 통제집단의 변수값이 정규분포를 따른다고 가정할 때, 우리는 표 9.1을 이용하여 통제집단의 변수값들 중에서 어느 정도가 실험집단의 평균보다 나은 값 또는 못한 값을 갖는지 알아볼 수 있다. 예를 들어, 실험집단의 평균의 효과크기가 0.50(이 값은 z-값 0.50과 같다)이라면 실험집단의 평균

은 통제집단의 변수값들 중 69.15%보다 크다는 것을 알 수 있는데, 왜냐하면 정규분포의 전체 면적 중 통제집단의 평균과 실험집단의 평균 사이에 해당하는 면적이 19.15%이기 때문이다. 따라서 실험집단의 50번째 백분위수가 통제집단의 69번째 백분위수보다 더 낫다. 만일 효과크기가 +2.0이라면, 표 9.1로부터 실험집단의 평균이 통제집단의 변수값들 중 97.72%보다 더 크다는 것을 알 수 있다.

동일한 효과크기 공식을 이용하여 한 개 실험집단과 한 개 통제집단을 비교하는 것이 아니라 두 개의 서로 다른 개입의 효과를 비교할 수도 있다. 예를 들어, 개입 A와 개입 B를 비교하고자 한다면 두 집단의 평균 차이를 공식의 분자에 두고 두 집단의 표준편차를 분모로 놓으면 된다.

효과크기 통계값의 용도

효과크기 통계값을 이해할 때 실천가들은 서로 다른 연구에서 사용된 서로 다른 개입의 효과를 비교할 수 있게 된다. 앞서 소개했던 주거 치료 센터 평가 예에서 개입 A가 심각한 문제행동 횟수를 감소시켰다고 가정해보자. 통제집단평균은 6이고 실험집단평균은 5이며 표준편차가 1이라면, ES는 5에서 6을 뺀 다음 그 결과를 1이나 1.0으로 나눈 값이 된다. 따라서 실험집단의 평균은 통제집단의 변수값들 중 84%보다 나은 값이다.

이와 유사한 또 다른 주거 치료 센터에서 클라이언트들에게 제공된 개입 B가 행동장애 척도 점수를 기존 개입을 제고했을 때보다 5점 향상시켰고 표준편차는 10이라는 연구결과가 있다고 가정해보자. ES는 5를 10으로 나눈 0.5이다. 따라서 실험집단의 평균은 통제집단의 변수값들 중 69%보다 더 나은 값이다(표 9.1 참조). 이들 두 연구는 각기 다른 문제행동 척도를 사용했으며 실험집단과 통제집단 간의 원점수 차이는 개입 B의 경우가 개입 A의 경우보다 5배나 크지만 개입 A의 효과크기가 더 강하기 때문에 개입 B보다 더 큰 치료효과를 갖는다는 결론을 내릴 수 있다.

위에서 저자는 서로 다른 두 연구의 효과크기를 비교할 때 "더 나은" 개입이라는 표현이 아니라 영향력이 "더 큰(stronger)" 개입이라는 표현을 사용했다. 그 이유는 결과 평가에서 모든 종속변수가 동일한 값을 갖지 않기 때문이다. 또 다른 연구가 있다고 가정해보자. 이 연구는 청소년들이 매일 잠자리에 들기 전에 기도하는 시간을 늘리기 위한 개입 C의 효과성을 평가하는 연구로서, 이 연구에 따르면 개입 C의 효과크기는 2.0이라고 한다. 기도가 행동에 큰 긍정적 효과를 미친다는 것이 분명하지 않는 한, 개입 C의 "더 큰" 효과크기 2.0이 개입 A의 "더 약한" 효과크기인 1.0보다 "더 낫다"거나 "더 가치 있다"고 말할 수 없다.

이 장을 마치기 전에 효과크기 통계값의 유용성을 보여줄 수 있는 또 한 가지 예를 들어 보기로 하자. 어떤 연구에 따르면, 개입 A가 청소년들이 약물남용으로 인해 다시 체포되는 횟수의 평균을 2에서 1로 떨어뜨린다고 한다. 또 다른 연구에 따르면, 유사한 청소년 표본에 대해서 개입 B를 제공한 다음 개입의 결과를 자기보고식으로 측정했을 때 개입 이전의 평균값은 50이었으나 개입 후에 평균값이 60으로 올랐는데, 이는 약물남용에 대해서 이제 청소년들이 비판적인 의견을 표현하게 되었다는 바람직한 변화를 의미한다.

이 두 연구를 비교해볼 때 개입 B가 10점의 차이를 만들어 냈고 개입 A는 1점의 차이를 만들어 냈다고 해서 개입 B가 훨씬 더 효과적이라고는 말할 수 없다. 이는 마치 사과와 오렌지를 비교하는 것과 같다고 하겠다. 우리는 하나의 척도에 있어서 어느 정도의 점수 변화가 다른 척도에 있어서 어느 정도의 점수 변화와 맞먹는지 알지 못한다. 자기보고식 척도를 측정하여 나올 수 있는 점수의 범위가 0에서 100까지라면 그 척도 점수가 10점 변화한 것보다 다시 체포된 횟수의 평균이 1점 변화한 것이 더 큰 의미를 가질 수 있다. 마찬가지로, 우리는 체포된 횟수에 있어서 얼마만큼의 변화가 자기보고식 척도 점수에 있어서 얼마만큼의 변화에 해당하는지를 알지 못한다.

이 딜레마를 해결하기 위한 방법은 각각의 결과를 z-값으로 변환하는 것이다. 이를 위해서 먼저 두 측정 결과가 정규분포를 따른다는 가정이 필요하다. 이 가정은 매우 중요한 가정이므로 두 분포의 모양을 확인하지 않고서는 측정 점수를 z-값으로 전환해서는 안 된다. 두 분포가 모두 정규분포를 따르고 개입 A의 표준편차는 0.50이고 개입 B의 표준편차는 10이라고 가정해보자. 개입 A를 평가하여 얻은 1점이라는 차이를 개입 A의 표준편차인 0.50으로 나누어 효과크기는 2가 된다. 동일한 방식으로, 개입 B를 평가하여 얻은 10점이라는 차이는 10점 차이를 표준편차 10으로 나누면 효과크기는 1이 된다.

이제 서로 다른 척도로 평가된 두 개입의 상대적 효과를 비교할 수 있다. 개입 A는 평균을 2 표준편차만큼 높인데 비해, 개입 B는 평균을 1 표준편차만큼 높이는 결과를 가져왔다. 따라서 비록 표준화된 차이의 정도에 있어서는 개입 A의 비표준화된 차이(1)가 개입 B의 비표준화된 차이(10)보다 작지만 개입 A가 종속변수에 더 큰 영향을 미친다는 것을 알 수 있다.

그림 9.1을 이용하여, 우리는 개입 A를 받은 청소년들의 평균이 통제집단 청소년들의 점수 중 97.72%보다 나은 점수인 반면, 개입 B를 받은 청소년들의 평균은 실험집단 청소년들의 점수 중 84.13%보다 더 나은 점수라는 것을 알 수 있다. 개입 B의 평균 차이의 원점수가 개입 A의 평균 차이의 원점수보다 10배나 크지만 표준화된 효과크기 통계값을 비교할 경우 개입 A가 더 효과적이라는 것을 알 수 있다.

그러나 만일 개입 B의 효과크기가 크다면 어떻게 되는가? 그러한 사실이 개입 B가 개입 A보다 "더 나은" 개입이라는 것을 의미하는가? 반드시 그렇지는 않다. 앞서 설명한 바와 같이, 결과 평가에서 모든 종속변수가 동일한 값을 갖지는 않는다. 어떤 실천가들은 청소년들이 자기보고식 척도를 통해 표현한 의견들이 과연 얼마나 의미 있는 것인지에 대해서 의구심을 갖기도 한다. 아마도 그러한 실천가들은 청소년들이 실제로 **행하는** 것에 더 많은 비중을 둘 것이다. 따라서 그러한 실천가들은 약물남용으로 인해 다시 체포되는 비율이 자기보고식 척도 점수보다 개입의 효과성과 가치를 보여주는 더 타당한 그리고 임상적으로 더 중요한 지표라고 생각할 것이다. 이 책의 제13장에서 다양한 효과크기들의 실질적 또는 임상적 중요성에 대해서 살펴볼 것이며, 그때가서 서로 다른 종류의 변수들의 상대적 가치에 관한 판단과 관련된 쟁점들에 대해서 다시 한 번 살펴보기로 하겠다.

주요 내용

- z-값(혹은 표준 점수)은 어떤 값이 평균의 위쪽이나 아래쪽으로 몇 표준편차 단위만큼 떨어져 위치하는지를 보여준다.
- z-값은 상이한 결과 척도를 사용한 서로 다른 평가의 결과를 비교할 수 있게 해준다.
- z-분포표를 이용하면 정규분포의 면적 중 평균과 z-값 사이에 해당하는 면적의 비율을 구할 수 있다.
- 백분위수는 정규분포의 면적 중에서 특정 값 이하에 해당하는 면적의 백분율이다.
- 양의 z-값에 해당하는 백분위수를 구하기 위해서는 정규분포 중 평균 아래쪽의 면적인 50%를 평균과 z-값 사이에 해당하는 백분율에 더한다. 음의 z-값에 해당하는 백분위수를 구하기 위해서는 평균 아래쪽의 면적인 50%에서 평균과 z-값 사이에 해당하는 백분율을 빼준다.
- 양의 z-값이 항상 긍정적인 것만은 아니며, 반대로 음의 z-값이라고 해서 항상 부정적인 것만도 아니다. 이는 주어진 변수가 높아지기를 바라는 바람직한 것인지 아니면 낮아지기를 바라는 부정적인 것인지에 따라 달라진다.
- z-값을 계산하는 공식을 이용하여 두 평균 간의 차이를 표준편차 단위로 나타낼 때 그 z-값을 가리켜 **효과크기**라고 한다.
- 효과크기(ES) 공식은 한 개 사례의 점수를 집단 평균과 비교하는 것이 아니라 두 집단의 평균을 비교한다는 점만 다를 뿐 기본적인 구조는 z-값 공식과 동일하다.
- 효과크기는 실험집단의 평균이 통제집단의 평균에 비해 몇 표준편차 위쪽 또는 아래쪽에 위치하는지를 알려준다.
- 효과크기의 절대값을 구하고 난 다음 두 집단의 평균 차이가 바람직한 효과를 의미하는지 아니면 바람직하지 않은 결과를 의미하는지에 따라 효과크기 통계값에 음 또는 양의 부호를 붙인다.
- 효과크기 통계값은 실천가들로 하여금 서로 다른 연구에서 사용된 서로 다른 개입의 효과를 비교할 수 있게 해주므로 매우 유용하다.
- 결과 평가에서 모든 종속변수가 동일한 값을 갖는 것은 아니다. 따라서 서로 다른 연구를 통해 얻은 서로 다른 효과크기를 비교할 때 '더 강하다'라는 말이 반드시 "더 낫다"는 것을 의미하지는 않는다.

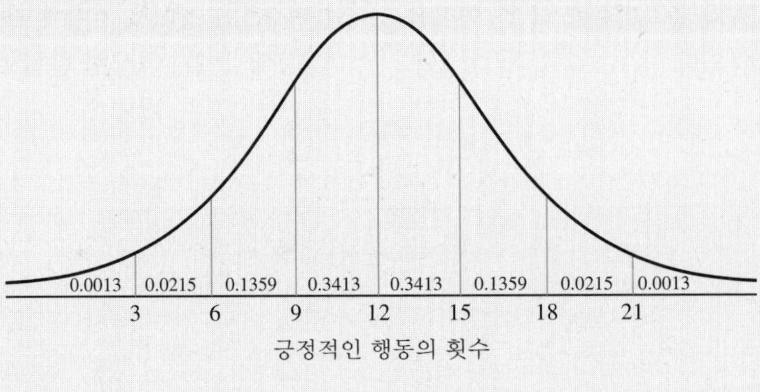

그림 9.3

연습문제

1. 그림 9.3에 제시된 평균이 12이고 표준편차가 3인 정규분포를 이용하여 아래의 결과에 대한 z-값과 백분율을 구하라.

a. 15번의 긍정적인 행동
b. 18번의 긍정적인 행동
c. 21번의 긍정적인 행동
d. 9번의 긍정적인 행동
e. 6번의 긍정적인 행동
f. 3번의 긍정적인 행동
g. 12번의 긍정적인 행동

2. 가정 내 아동학대 위험 정도를 측정할 수 있는 효과적인 척도가 있다고 가정해보자. 이 척도는 점수가 낮은 것이 학대 위험 정도가 낮다는 것을 의미하므로 낮은 점수가 높은 점수보다 바람직한 결과를 의미한다고 가정하자. 아동복지 개입을 받고 있는 모든 가정을 측정하여 얻은 평균과 표준편차는 각각 50과 6이라고 가정한다. 아래 표에는 아동복지 개입을 받은 가정들과 각 가정의 척도 점수가 제시되어 있다. 표 9.1을 이용하여, 각 가정의 z-값과 백분율을 구한 다음 어느 가정이 개입을 가장 많이 필요로 하고 어느 가정이 개입을 가장 적게 필요로 하는지 확인하라.

이름	점수	z-값	백분위수
아담스	52		
도	40		
존스	57		
스미스	61		
우드스	37		

3. 노인요양소 A는 직원 야유회가 환자들을 돌보는 직원들의 직업 만족도를 높이는 데 어떤 효과를 갖는지를 평가했다. 야유회 이후 자기보고식 직업 만족도 척도 점수의 평균이 30에서 60으로 향상되었다. 표준편차는 10이었다. 노인요양소 B는 환자들을 돌보는 직원들을 위한 새로운 연수 프로그램의 효과를 평가했다. 종속변수는 각 직원의 환자 학대 횟수이다. 연수 이후 실험집단의 평균은 0.34이었으며, 통제집단의 평균은 1이었고 표준편차는 0.33이었다.

a. 각 노인요양소의 평가 결과에 대한 효과크기를 계산하라.
b. 표 9.1을 이용하여, 두 효과크기 각각의 백분위수를 구한 다음 두 효과크기를 백분위수를 이용하여 해석하라. 또한 두 백분위수의 실제 의미를 설명하라.
c. 어떤 평가가 더 큰 효과크기를 갖는가?
d. 두 종속변수의 상대적 가치를 포함한 모든 사항을 고려한 상태에서 만일 자신이 노인요양소의 행정책임자라면, 두 개입 중 어떤 개입을 선택할지 서술하고 근거를 설명하라.
e. d에 대한 각자의 답을 다른 학생들과 비교해보라. 만일 서로의 답이 다르다면 각자가 제시한 근거에 대해서 의견을 교환하라.

4. 다음의 연구논문들을 읽고 효과크기 통계값이 연구논문에서 활용된 방식을 적어도 한 가지 이상 간단하게 설명하라:

D. H. Robinson, R. T. Fouladi, N. J. Williams & S. J. Bera. (2002). Some effects of including effect size and "what if" information. *The Journal of Experimental Education, 70*(4), 365-382.

R. A. Kowatch, T. Suppes, T. J. Carmody, J. P.

Bucci, J. H. Hume, M. Kromelis, G. J. Emslie, W. A. Weinberg & A. J. Rush. (2000). Effect size of lithium, divalproex sodium, and carbamazepine in children and adolescents with bipolar disorder. *Journal of the American Academy of Child and Adolescent Psychiatry, 39*(6), 713.

5. 다음의 연구논문이 백분위수를 자료분석에서 어떻게 활용하고 있는지 간략하게 기술하고, 그러한 활용이 백분위수의 유용성을 어떻게 보여줄 수 있는지 설명하라:

   P. W. Meilman, C. A. Presley & J. R. Cashin. (1997). Average weekly alcohol consumption: Drinking percentiles for American college students. *Journal of American College Health, 45*(5), 201.

제 3 부

추론통계: 이론적 기반

앞서 살펴본 제2부의 6개 장에서 우리는 수집한 자료를 조직화하고 요약하고 제시하는 것을 주된 목적으로 하는 기술통계에 초점을 맞추었다. 그런데 만일 우리가 가진 목적이 이 수준을 넘어서는 목적이라면 어떻게 해야 할까? 만일 우리가 수집된 자료를 이용하여 표본을 기술하는 데서 그치지 않고 모집단에 관한 추론을 하고자 한다면 어떻게 해야 할까? 후자의 목적을 위해서, 우리는 이 책의 나머지 10개 장에서 다루게 될 내용인 추론통계를 알아야 한다. 제3부를 이루고 있는 네 개 장에서 우리는 추론통계의 이론적 기반에 대해 살펴볼 것이다. 이들 네 개 장의 내용은 증거기반 실천에서 실천가가 자주 접하게 될 다양한 추론통계 기법들(이 책의 제4부에서 논의하게 될)과 그런 기법들이 가진, 실천 결정과 관련된 함의를 이해하는 데 도움이 될 것이다.

제 10 장

확률과 표본분포

서론

추론통계의 목적은 연구를 통해 얻은 결과를 우리가 한 연구 또는 우리가 사용한 표본이라는 범위 이상으로까지 일반화할 수 있는지를 알아보는 것이다. 기술통계와 추론통계의 차이를 이해하기 위해서 어떤 기관에서 여성을 위한 물질남용 개입 프로그램을 진행하고 있다고 가정해보자. 이 기관의 프로그램 실천가 중 한 명이 자신의 임상 경험에 비춰볼 때 클라이언트들 중 상당수가 성적 학대를 경험했을 것이라고 믿고 있으며, 그렇기 때문에 개입 프로그램이 성적 학대 문제에 초점을 맞춰야 한다는 의견을 제시했다. 이러한 의견을 듣게 된 프로그램 책임자가 프로그램 참여 클라이언트들을 대상으로 익명의 조사를 실시한 결과, 클라이언트들 중 50%가 성적 학대의 희생자라는 사실을 알게 되었으며 프로그램 운영 책임자는 위원회를 구성하여 더 나은 개입 접근방법을 모색하고자 노력하게 되었다. 이 경우, 클라이언트들 중 50%가 새로운 개입 접근방법을 필요로 한다는 사실을 알기 위해서 국내 또는 세계적으로 물질남용 개입 프로그램에 참여하고 있는 클라이언트의 모집단에 대해서 반드시 알고 있어야 하는 것은 아니며 새로운 접근방법을 모색하기 위한 노력은 해당 기관에 있어서는 중요한 의미를 갖는다. 즉, 일반화를 시도하고자 하는 것이 아니라면 해당 프로그램에 참여하고 있는 클라이언트들이 가진 문제의 빈도(frequency)를 보여주는 **기술통계**만으로도 충분하다는 것이다.

그러나 만일 이 문제에 대해서 다른 지역에서 유사한 프로그램을 진행하고 있는 동료 실천가들과 비공식적인 회의를 통해 논의하는 기회를 갖게 되었다고 가정해보자. 과연 동료 실천가들이 이 기관의 프로그램에 참여하고 있는 클라이언트들을 대상으로 실시한 조사결과만을 바탕으로 물질남용 개입 프로그램에 참여하고 있는 모든 클라이언트 중 50% 정도는 성적 학대를 경험했을 것이고, 그렇기 때문에 그러한 클라이언트들을 위한 새로운 개입 접근방법이 필요하다는 생각을 하게 될까? 아마도 연구결과를 더 많은 여성 클라이언트들에 대해서 일반화할 수 있는지 여부를 먼저 생각해보지 않고서는 누구도 그러한 결론을 내릴 수는 없을 것이다. **추론통계**는 바로 이러한 일반화 가능성을 사정하기 위해 필요하다.

더 나아가서, 새로운 개입 접근방법을 도입한 지 1년이 지난 시점에서 동료 실천가들을 만나 새로운 접근방법의 효과를 평가해본 결과, 새로운 개입을 받은 클라이언트들이 기존 개입을 받은 클라이언트들보다 재발률이 낮다는 이야기를 하게 되었다고 가정해보자. 아마도 제9장에서 배웠던 효과크기(effect-size) 통계값을 이용하여 두 개입 접근방법 간의 차이를 보여줄 수 있을 것이다. 물론 이번에도 동료 실천가들은 자신들의 기관에서도 새로운 개입 접근방법을 시도할 경우 이 기관과 동일한 재발률을 얻게 될 것이라고는 생각하지 않을 것이다.

연구결과를 모집단에 대해 일반화할 수 없는 이유로는 여러 가지를 꼽을 수 있는데, 그러한 이유들 중 대부분은 표본오차 가능성과 관련이 있다. 예를 들면, 이 기관의 클라이언트들이 모집단보다 평균적으로 나이가 많을(혹은 적을) 수도 있고, 모집단에 비해 사회적 지지 체계는 더 많은데 비해 정신병적 증상은 덜할 수도 있다. 어쩌면 이 기관의 클라이언트들이 소수계 인종이거나 빈곤한 사람들일 수도 있고 그 반대일 수도 있다. 어쩌면 새로운 개입을 받은 클라이언트들이 그렇지 않은 클라이언트들보다 변화에 대한 동기부여가 더 잘 되어 있었을 수도 있다.

이상과 같은 이유들 모두는 방법론적 쟁점과 관련이 있다. 추론통계는 일반화를 저해하는 표본추출에 있어서의 편향됨이나 실험설계 상의 편향됨 같은 방법론적 결점을 발견하기 위해 필요한 것은 아니다(이와 같은 방법론적 쟁점들은 제3장에서 검토한 바 있다). 일반화에 영향을 미치는 또 한 가지 문제는 **우연**(chance)과 관련이 있는데, 연구설계가 적절한 상황에서도 나타날 수 있으며 추론통계를 필요로 한다. 여기서 말하는 **우연**(chance)이란 표집오차(sampling error)를 말하는데, 편향성에서 비롯된 표집오차가 아니라 **무작위 오차**(random error)를 말한다.

우연(표집오차)

우연 또는 표집오차의 개념을 이해하기 위해서는 **모집단**과 **표본**의 의미를 먼저 이해할 필요가 있다. **모집단**(population)은 연구대상의 전체 집합으로서 일반화란 바로 이 전체 집합에 대한 일반화를 말한다. 예를 들면, 물질남용 치료 프로그램에 참여하고 있는 모든 남성과 여성, 모든 등록 유권자, 모든 노인요양시설 거주자, 통계에 관한 모든 책, 모든 정신건강 진료소 등이 모집단이 될 수 있다. 만일 어떤 연구자가 특정 기관의 클라이언트들에게만 관심이 있고 다른 클라이언트들에 대해서는 관심이 없거나 모든 클라이언트들에 대해서 일반화하려는 것이 아니라면, 해당 기관의 클라이언트들만이 모집단이 된다. 그러나 만일 모든 기관에 대한 일반화를 목적으로 특정 기관의 클라이언트들에 대해서 연구를 한다면, 모집단은 모든 기관의 클라이언트들이 된다.

현실에 있어서, **모집단**이라는 개념은 다분히 이론적인 경우가 많다. 왜냐하면 모집단은 항상 변화하기 때문이다. 예를 들어, 등록 유권자의 모집단은 오늘과 내일이 다를 수 있는데, 기존 유권자들 중에 어떤 사람들은 사망할 수 있는가 하면 신규 유권자가 되는 사람이 있을 수 있기 때문이다. 마찬가지로, 어떤 국가의 모집단은 사망, 출생, 이민 등으로 인해 매 순간마다 변할 수 있다.

표본(sample)이란 우리가 자료를 얻게 되는 모집단의 일부이다. 표본은 모집단의 극히 작은 일부일 수도 있고 상당히 큰 일부일 수도 있다. 만일 표본을 통해 얻은 연구결과를 모집단으로까지 일반화하고자 한다면, 표본은 모집단을 대표할 수 있어야 한다. 다시 말하면, 표본은 자신이 뽑혀져 나온 모집단과 특정 속성에 대해서 동일한 분포를 가져야 한다는 것이다. 따라서 만일 우리가 물질남용 치료를 받고 있는 모든 사람들에 대한 일반화를 목적으로 한다면, 표본은 성별, 연령, 인종, 물질남용의 종류, 동기부여 수준, 사회경제적 수준 등과 같은 배경 속성에 있어서 모집단과 동일한 분포를 가지고 있어야 한다. 대표성이 높은 표본(representative sample)을 뽑을 수 있는 가장 좋은 방법은 확률표본추출방법을 사용하여 표본을 추출하는 것이다. **확률표본추출**은 표본추출 편향을 방지할 수 있는 **무작위 표본추출** 과정을 이용하는 표본추출방법이다. (제3장에서 살펴보았던 이에 관한 연구방법 및 개념을 기억하기 바란다.)

그러나 무작위 표본추출이 표본추출 편향을 예방할 수는 있지만 무작위 표집오차(random sampling error)까지 예방할 수는 없다. 예를 들어, 선거 직전의 여론조사에서 단 두 명의 유권자만을 무작위로 뽑아 미국 대통령 선거의 결과를 예측하고자 한다고 가정해보자. 만일 대통령 후보자가 단 두 명이고 두 명의 유권자가 이들 중 어느 한 후보를 선택하게 된다면, 두 유권자 모두가 동일한 후보자를 지지할 가능성은 매우 높다(물론 우리는 두 명의 유권자가 서로 다른 후보를 지지할 가능성과 동일한 후보를 지지할 가능성이 같다는 것을 곧 알게 될 것이다). 따라서 이 여론조사는 어느 한 후보자가 100% 득표할 것이라고 예측할 가능성이 높은데, 그렇게 될 경우 표본추출 자체는 무작위로 이루어졌음에도 불구하고 여론조사의 결과는 엄청난 **표집오차**를 갖게 된다. 왜냐하면 이제까지의 미국 대통령 선거는 50/50에 가까운 결과를 보여 왔기 때문이다.

물론 이따금씩 한 후보자가 60%에 가까운 득표율을 기록한 경우가 나타난 적도 있었는데, 지금 우리가 논의하고 있는 경우가 바로 그러한 경우라고 가정해보기로 하자. 두 명의 유권자를 무작위 표본추출하여 실시한 여론조사에서 나타날 수 있는 결과는 두 명의 유권자가 모두 동일한 후보자에게 투표하는 경우(그 결과 한 명의 후보자가 100% 득표할 것이라고 예측하는 경우)와 각각의 유권자가 서로 다른 후보자에게 투표하는 경우(그 결과 각 후보자의 득표율이 50%가 될 것이라 예측하는 경우)이다. 이 두 가지 가능한 예측 모두는 한 후보자가 60%의 표를 얻고 다른 후보자가 40%의 표를 얻는 경우에서 크게는 40%, 작게는 10% 정도 빗나간 예측이라는 것을 쉽게 알 수 있다.

마찬가지로, 세 명의 유권자를 무작위로 뽑아 여론조사를 실시할 경우, 나타날 수 있는 가능한 결과는 모든 유권자가 동일 후보를 지지하거나(100%), 세 명 중 두 명이 동일 후보를 지지하고(67%) 나머지 한 명은 다른 후보를 지지하는(33%) 경우이다. 후보를 둘로 쪼개 반쪽의 후보에게 투표하는 것은 불가능하기 때문에(혹시라도 사람들로 하여금 더 이상 여론조사에 참여하지 않게 하려는 것이 아니라면), 유권자가 세 명일 때 한 명의 후보에 대한 지지율이 50%(1.5 유권자)이고 나머지 후보에 대한 지지율이 50%일 수는 없다. 따라서 만일 실제 선거 결과가 50/50에 가깝게 나올 경우, 여론조사 결과는 무작위 표본추출방법을 사용하여 표본을 뽑았음에도 불구하고 실제 결과와 약 50%에서 17% 정도의 차이를 보이게 된다.

상당히 과학적이라 여겨지는 대통령 선거 여론조사는 일반적으로 수천 명 이상의 사람들을 무작위 표본추출하며 선거일 전야에 실시하는 여론조사의 결과는 상당히 정확한 것으로 알려져 있다. 그럼에도 불구하고 대통령 선거 여론조사에도 약간의 오차(약 1~3% 정도)는 항상 있기 마련이다. 즉, 무작위 표본추출방법을 사용함으로써 표본추출 편향은 막을 수 있지만, 무작위 표집오차까지 피할 수는 없기 때문이다.

이상에서 설명한 동일한 개념을 증거기반 실천 연구 및 평가에도 똑같이 적용할 수 있다. 예를 들어, 어린이, 청소년, 성인, 노인을 대상으로 서비스를 제공하는 한 기관에서 세 명의 클라이언트를 표본으로 뽑아 조사를 실시한다고 가정해보자. 세 명의 표본을 무작위로 표본추출한다고 할지라도 이들의 평균 연령이 해당 기관의 모든 클라이언트들의 평균 연령과 정확하게 일치할 가능성은 매우 낮다. 또한 표본으로 뽑힌 세 명의 클라이언트가 전체 클라이언트의 인종이나 서비스 욕구 등의 분포를 그대로 반영할 가능성도 매우 낮다. 나중에 좀더 자세하게 논의하겠지만, 무작위 표본크기가 커질수록 표집오차는 작아진다. 그러나 대규모 표본을 바탕으로 하는 선거 여론조사에서도 표본크기와 상관없이 표집오차는 항상 발생하기 마련이다. 추론통계의 역할은 바로 이 부분에서 필요로 한다. 한 마디로 말해서, 추론통계는 표집오차가 연구결과에 어떤 영향을 미치는지 그리고 연구결과를 표본이라는 범위 이상으로 일반화할 수 있는 능력에 표집오차가 어떤 영향을 미치는지를 알 수 있게 해준다.

확률

추론통계를 통해서 어떻게 표집오차의 영향을 알 수 있는지를 이해하기 위해서는 먼저 **확률** 계산에 관한 몇 가지 기본적 개념들을 이해해야 할 필요가 있다. 어떤 사건이 일어날 확률은 어떤 사건이 일어난 횟수를 발생 가능한 모든 결과의 수로 나눈 것이다. 예를 들어, 동전을 던지면 앞면 또는 뒷면이라는 두 가지 결과가 나타날 수 있다. 동전을 한 번 던질 때 동전의 앞면으로 나올 수 있는 횟수는 한 번이기 때문에 동전의 앞면이 나올 확률은 1/2 또는 0.50이다. 동전의 뒷면이 나올 확률도 이와 동일하다. 확률은 0.5, 0.33 등과 같이 비율로 나타낼 수도 있고 50%, 33% 등과 같이 백분율로 나타낼 수도 있다.

동전을 던져서 클라이언트가 치료 A에 배정될지 아니면 치료 B에 배정될지를 결정한다고 가정해보자. 동전의 앞면이 나올 경우 클라이언트를 치료 A에 배정하고 동전의 뒷면이 나오면 치료 B에 배정하기로 한다면, 치료 A에 배정될 확률은 0.50(1/2) 또는 50%이고 치료 B에 배정될 확률도 0.50(1/2) 또는 50%가 된다.

어떤 기관이 백 명의 클라이언트들에게 서비스를 제공하고 있으며, 그 중 단 한 명만이 미국 원주민이라고 가정해보자. 사례연구를 위해서 클라이언트들 중 한 명을 무작위로 뽑을 때 미국 원주민이 뽑힐 확률은 1/100 또는 0.01(1%)이다. 만일 백 명의 클라이언트 중 두 명이 미국 원주민이라고 한다면, 미국 원주민이 뽑힐 확률은 2/100 또는 0.02(2%)가 된다.

이러한 확률 개념(어떤 사건이 일어날 확률은 어떤 사건이 일어난 횟수를 발생 가능한 모든 결과의 수로 나눈 것)과 동일한 개념의 확률은 다른 방법으로도 계산할 수 있다. 또 다른 방법은 두 개의 서로 다른 사건이 일어날 확률을 계산할 때 사용하는 방법으로서, 두 가지 사건이 발생할 확률은 한 사건의 확률과 다른 한 사건의 확률의 곱으로 정의된다.

예를 들어, 사례연구를 위해 백 명의 클라이언트 중에서 두 명을 뽑고자 하며 백 명의 클라이언트들 중 두 명이 미국 원주민이라고 가정해보자. 첫 번째 표본을 뽑을 때 미국 원주민이 표본으로 뽑힐 확률은 2/100 또는 0.02(2%)이다. 이제 남은 클라이언트는 99명이고 그 중 한 명은 미국 원주민일 것이다. 따라서 두 번째 표본으로 미국 원주민이 뽑힐 확률은 1/99 또는 0.0101이다. 두 명의 미국 원주민 중 한 명만이 아니라 두 명 모두 표본으로 뽑힐 확률은 0.02 × 0.0101 = 0.000202(2/100 × 1/99 = 2/9,900 = 1/4,950)이다.

이 예에서 각각의 미국 원주민 클라이언트가 표본으로 뽑히는 것은 독립적인 사건이 아니다. 다시 말해서, 한 명이 표본으로 뽑히는 사건은 다른 사람이 뽑힐 확률에 영향을 미친다. 앞서 설명한 곱셈 법칙이 독립적인 사건에 어떻게 적용되는지를 살펴보기 위해, 이번에는 백 명의 클라이언트 중에서 무작위로 절반을 물질남용 치료 개입 A에 배정하고 나머지 절반은 개입 B에 배정하는 경우를 생각해보자. 각각의 클라이언트를 무작위로 두 종류의 개입에 배정하기 위해서 동전을 던지는데, 만약 동전의 앞면이 나오면 해당 클라이언트를 개입 A에 배정하고 동전의 뒷면이 나올 경우 개입 B에 배정한다고 가정해보자.

첫 두 명의 클라이언트 댄과 톰은 클라이언트들 중에서 변화에 대한 동기부여 정도가 가장 높은 클라이언트라고 가정해보자. 동전의 앞면과 뒷면의 확률은 50/50이므로 댄과 톰 중 한 명이 개입 A에 배정될 확률은 0.5(1/2)이다. 그러나 두 명 모두가 개입 A에 배정될 확률은 0.5 × 0.5 = 0.25(1/4)이다. 댄과 톰을 두 종류의 개입에 배정할 때 나타날 수 있는 모든 가능한 결과는 다음과 같으며, 이들 네 가지 결과의 확률은 동일하다:

결과 1: 댄과 톰 모두 동전의 앞면이 나와 개입 A에 배정됨

결과 2: 댄과 톰 모두 동전의 뒷면이 나와 개입 B에 배정됨

결과 3: 댄은 앞면이 나와 개입 A에 배정되고 톰은 뒷면이 나와 개입 B에 배정됨

결과 4: 댄은 뒷면이 나와 개입 B에 배정되고 톰은 앞면이 나와 개입 A에 배정됨

댄과 톰이 모두 개입 A에 배정되는 것은 네 가지 결과 중 하나이므로 확률은 0.25이다. 이 확률은 댄과 톰 각각이 개입 A에 배정될 확률인 0.5를 서로 곱한 것과 같다. 또한 발생 가능한 네 가지 결과 중 동기부여 정도가 높은 두 명의 클라이언트가 동일한 개입에 배정되는 경우는 절반을 차지하며 두 클라이언트가 서로 다른 개입(A 또는 B)에 배정되는 경우 또한 절반이다.

두 개입의 효과를 비교하는 임상 결과 평가에서 클라이언트를 무작위 배정하는 이유는 두 가지 개입 집단 각각에 속하게 될 클라이언트들의 특성이 같을 확률을 극대화시키기 위해서이다(제3장에서 논의한 바와 같이). 따라서 만일 동기부여 정도가 가장 높은 두 클라이언트 댄과 톰이 모두 동일한 개입 집단에 배정된다면, 이는 심각한 문제가 된다.

종종 무작위 배정에서 우연에 의해 개입 집단의 개입 전 특성에 있어서 심각한 차이가 발생하기도 한다. 예를 들면, 변화에 대해 동기부여 정도가 매우 높은 클라이언트들이 특정 개입 집단에 더 많이 배정될 수도 있다. 위의 예에서 동기부여 정도가 가장 높은 댄과 톰이 동전 던지기 결과에 따라 모두 개입 A에 배정될 확률은 0.25이고 두 명 모두 개입 B에 배정될 확률 또한 0.25였다. 따라서 두 명 모두 개입 A 또는 개입 B에 배정되는 결과는 총 네 가지 결과 중 두 가지 결과, 즉 0.50이다(두 사건 각각의 확률을 더해도 동일한 결과를 얻을 수 있다). 개입 A 또는 개입 B에 배정된 첫 8명의 클라이언트들 모두가 댄과 톰처럼 동기부여 정도가 높다고 가정해보자. 이들 8명의 클라이언트 모두 동전의 앞면이 나와 개입 A에 배정될 확률은 얼마인가? 이들 8명 각각의 앞면이 나올 확률을 곱해보면 다음과 같다:

$$1/2 \times 1/2 \times 1/2 \times 1/2 \times 1/2 \times 1/2 \times 1/2 \times 1/2 = 1/256$$

또는

$$0.5 \times 0.5 \times 0.5 \times 0.5 \times 0.5 \times 0.5 \times 0.5 \times 0.5 = 0.004$$

따라서 8명 모두 개입 A에 배정될 확률은 1%의 1/2보다 작다. 8명 모두가 뒷면이 나와 모두 개입 B에 배정될 확률도 이와 동일하다. 이 두 가지 결과의 확률, 즉 8명 모두가 동일 개입 집단에 배정될 확률은 0.004 + 0.004 = 0.008이다. 이 확률 또한 1%보다 작다(0.008은 0.01보다 작다).

위의 예는 표본크기를 늘릴수록 우연이 무작위 표본추출이나 무작위 배정에 영향을 미칠 확률이 감소한다는 것을 보여준다. 또 다른 예를 들어 보기로 하자. 어떤 기관이 10명의 클라이언트에게 서비스를 제공하고 있으며, 이들 중 절반(5명)은 남성이고 절반(5명)은 여성이라고 가정해보자. 클라이언트들로부터 무작위로 표본을 뽑을 때, 더 많은 표본을 뽑을수록 표본의 남성과 여성의 비율이 모집단의 남성과 1명의 클라이언트를 표본으로 뽑는다면, 표본의 성비가 모집단의 성비인 50/50이 될 확률은 전혀 없다. 만일 2명의 클라이언트를 표본으로 뽑는다면, 2명 모두 남성일 확률은 0.22이고 2명 모두 여성일 확률 또한 0.22이다(1명의 클라이언트를 선출하면 9명의 클라이언트가 남고, 첫 번째 클라이언트가 표본으로 뽑혔기 때문에 성별이 같은 클라이언트는 4명이 남는다. 따라서 2명 모두 같은 성별일 확률은 1/2 × 1/2이 아니라 다음과 같이 계산해야 한다: 5/10 × 4/9 = 20/90 = 2/9 = 0.22). 따라서 두 가지 경우 중 어느 한 경우가 발

생할 확률은 0.44이며 표본으로 뽑힌 클라이언트들의 성별은 동일하다. 그러나 표본을 더 많이 뽑을수록, 동일한 성별을 가진 표본을 뽑을 확률은 점점 감소하고 모집단의 성비에 가까워질 확률은 증가한다.

동일한 내용을 다음과 같은 방식으로도 이해해 볼 수 있다. 처음 뽑은 두 명의 클라이언트 모두가 남성이라고 가정해보자. 표본으로 뽑히지 않고 남아 있는 클라이언트는 3명의 남성과 5명의 여성이다. 따라서 그 다음에 표본으로 뽑힐 클라이언트가 여성일 확률은 5/8이고 남성일 확률은 이보다 더 낮은 3/8이다. 처음 표본으로 뽑은 5명의 클라이언트 중 4명이 남성이고 1명의 여성이라고 가정해보자. 이제 10명의 클라이언트 중 표본으로 뽑히지 않은 5명 중 여성은 4명이고 남성은 1명이 된다. 따라서 그 다음에 뽑은 표본이 여성일 확률은 4/5(0.8)이고 남성일 확률은 1/5(0.2) 밖에 되지 않는다. 따라서 매번 표본을 뽑을 때마다 그 다음 번에 뽑힐 표본이 먼저 뽑힌 표본과 동일한 속성(이 예에서와 같이 성별일 수도 있고 다른 변수일 수도 있다)을 가질 확률은 점점 줄어든다. 마찬가지로, 이미 표본으로 뽑힌 클라이언트들의 속성과 다른 속성을 가진 표본을 뽑을 확률은 점점 높아진다.

이와 같은 확률의 원리를 이용하여, 개입 A와 B 간에 물질남용 재발 비율에 있어서 큰 차이가 존재한다는 것을 발견하게 되었다고 가정해보자. 개입 A에 참여한 8명의 클라이언트는 개입 후 물질남용을 하지 않은 반면, 개입 B에 참여했던 8명의 클라이언트는 개입 후에도 물질남용을 보고했다고 가정해보자. 추론통계를 이해할 때, 우리는 클라이언트들이 받은 개입의 종류와 전혀 상관없이 단순히 우연에 의해서만도 이와 같은 큰 차이가 발생할 수 있다는 것을 알 수 있다.

이와 마찬가지로, 클라이언트들 중 일부를 무작위 표본추출한다고 할 때, 추론통계는 다양한 표집오차 한계 범위 내에서 모집단이 표본과 동일한 비율 또는 평균을 가질 확률이 얼마인지를 제시해 줄 수 있다. 즉, 우리는 추론통계를 다음과 같은 두 가지 확률을 계산하기 위해 사용한다: (1) 집단 간의 차이가 표집오차에 비롯된 것일 확률(우연), (2) 표본의 속성이 표집오차 한계 범위 내에서 모집단의 속성과 일치할 확률. 이 두 가지 목적 모두에 있어서, 표본크기가 증가할수록 표집오차의 확률은 감소하고 표본통계량이 모집단의 모수를 반영할 확률은 증가한다. 제8장과 9장에서 논의했던 정규분포에 관한 개념들은 추론통계를 이해하는 데 있어서도 매우 중요하다. 따라서 추론통계의 두 가지 목적에 대해서 논의하기에 앞서 추론통계에서의 정규분포의 역할을 먼저 살펴보기로 하자.

이론적 표본분포

모집단에 대한 일반화를 목적으로 표본을 뽑을 때, 우리는 모집단의 모수에 대한 추정값으로서 표본통계값을 사용한다. 예를 들어, 표본으로 뽑은 10명의 클라이언트들의 평균 가족수(가구를 구성하고 있는 사람의 수)가 5.5명이라면 전체 클라이언트의 평균 가족수도 약 5.5명일 것이라고 추정해볼 수 있다. 통계학에서 모집단의 특성을 요약적으로 나타내는 통계값은 **통계값**(statistic)이라고 하지 않고 **모수**(parameter)라고 한다. **통계값**은 표본을 요약하여 기술할 때 사용하는 용어이다. 예를 들면, 표본평균 5.5는 **통계값**이고 모집단의 평균 5.5는 모수이다. 혹자는 이러한 차이가 그저 지루한 의미론적인 차이에 불과하기 때문에 무시해도 된다고 생각할지 모르지만, 용어들 간의 이러한 차이를 알아두는 것이 연구보고서를 읽을 때 큰 도움이 된다.

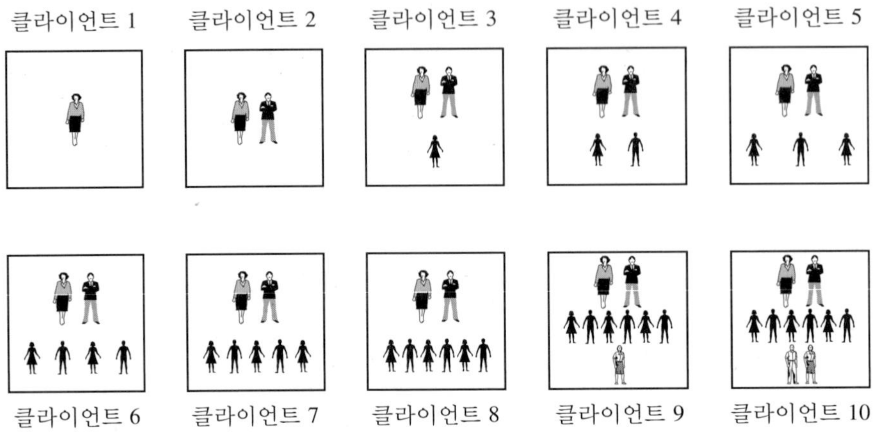

그림 10.1 10명의 클라이언트의 가족수의 모집단

확률 이론은 **표본분포** 중 정규분포의 특성을 이용하여 표본통계값을 바탕으로 모수를 추정할 수 있게 해준다. **이론적 표본분포**란 모집단으로부터 무작위로 표본을 뽑는 과정을 무수히 반복하여 구한 가능한 모든 표본통계값들로 이루어진 정규분포이다. 표본분포는 각각의 표본통계값이 단순히 우연에 의해서 나타난 경우가 전체에서 차지하는 비율을 말해준다. 다시 말하면, 표본분포는 표본 중 특정 경우가 우연에 의해서 발생할 확률이 얼마인지를 말해준다.

이해를 돕기 위해서 예를 들어 보기로 하자. 어떤 기관이 10명의 클라이언트들에게 서비스를 제공하고 있다고 가정해보자. 이들 10명의 클라이언트들 각각은 가족수가 1명부터 10명까지 모두 다르다. 즉, 첫 번째 클라이언트는 1인 가구이고 두 번째 클라이언트는 2인 가구, 세 번째 클라이언트는 3인 가구이며 이런 식으로 열 번째 클라이언트의 가족수는 10명이라고 가정해보자. 그림 10.1은 10명의 클라이언트의 가족수의 모집단을 그림으로 보여주고 있다.

그림 10.1의 모든 클라이언트의 가족수를 더하면 55명이고, 이를 모집단의 크기인 10으로 나누면 가구당 평균 가족수는 5.5가 된다. 따라서 평균 가족수의 모수는 5.5이다. 이제 모집단을 이루고 있는 10명의 클라이언트들 중에서 무작위로 1명을 표본으로 뽑는다고 가정해보자. 어떤 클라이언트가 뽑히든지 그 클라이언트는 모수에 대한 추정값이 된다. 만일 클라이언트 1이 표본으로 뽑힌다면, 모집단 평균이 1이라고 추정할 것이다(클라이언트 1은 1인 가구이므로). 만일 클라이언트 10이 표본으로 뽑힌다면, 모집단 평균이 10이라고 추정할 것이다(클라이언트 10은 가족이 9명이므로).

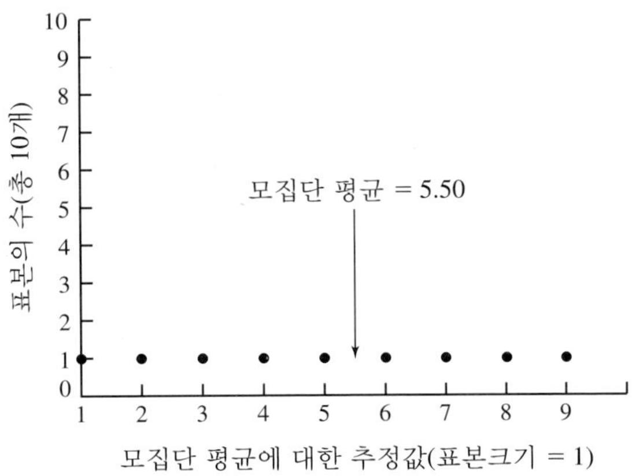

그림 10.2 표본크기가 1일 때의 이론적 표본분포

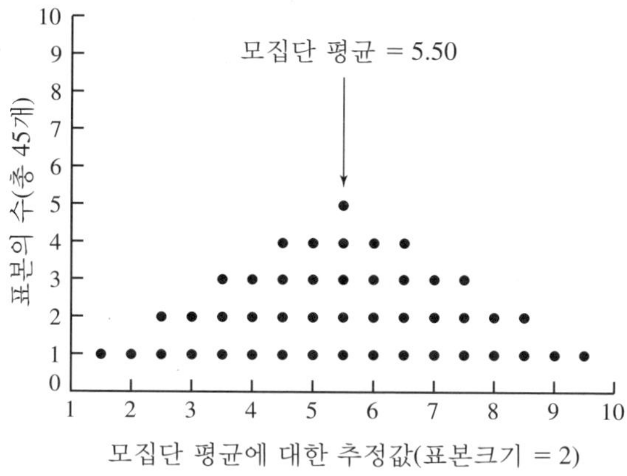

그림 10.3 표본크기가 2일 때의 이론적 표본분포

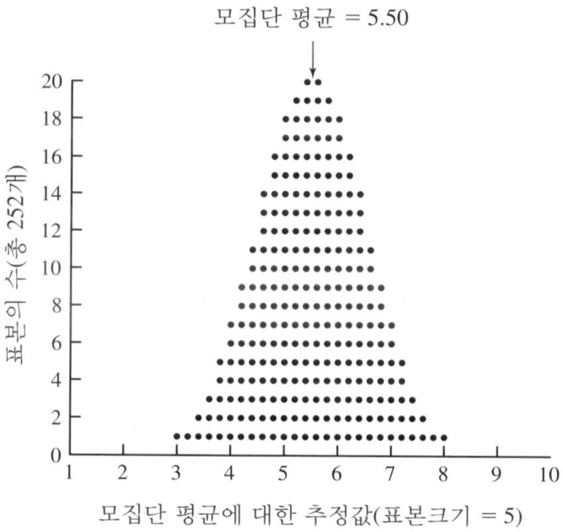

그림 10.4 표본크기가 5일 때의 이론적 표본분포

그림 10.2에는 모수에 대한 10개의 추정값이 제시되어 있다. 이러한 점들의 분포를 가리켜 이론적 표본분포라고 한다. 표본이 단 한 명의 클라이언트로 이루어질 때 10개의 표본 중 대부분이 모집단의 평균인 5.5에서 상당히 벗어나 있다는 것을 한 눈에 알 수 있다.

그림 10.3은 표본이 2명의 클라이언트들로 이루어진 경우에 해당하는 이론적 표본분포이다. 표본크기가 증가함으로써 그림 10.2와 비교해볼 때 더 많은 표본들이 모집단 평균에 가까워져 있으며, 따라서 표집오차가 줄어든 것을 알 수 있다. 이제 가능한 표본의 개수는 10개가 아니라 45개이며, 이 중 5개는 모집단 평균인 5.5와 정확하게 일치한다. 이 5개 표본은 다음과 같다: 클라이언트 1과 클라이언트 10, 클라이언트 2와 클라이언트 9, 클라이언트 3과 클라이언트 8, 클라이언트 4와 클라이언트 7, 클라이언트 5와 클라이언트 6(이들 다섯 쌍(pair) 각각의 가족수의 합은 11이며 이 값을 2로 나누면 5.5가 된다). 또 다른 8개 표본은 평균 가족수가 5 또는 6이며, 이는 모집단 평균에서 겨우 0.5 벗어나는 값이다.

여기서 주목해야 할 것은 전반적인 분포가 정규분포에 가까워지기 시작하며, 모집단 평균에 점점 더 가까워질수록 가능한 표본평균의 수가 증가한다는 점이다. 표본크기를 늘릴 때마다 더 많은 표본평균들이 모집단 평균 주위에 위치하게 된다. 이러한 사실은 표본크기를 5명으로 늘린 경우인 그림 10.4에 잘 나타나 있다.

그림 10.2에서 그림 10.4로 옮겨갈수록 표집오차가 점진적으로 감소하는 현상을 뜻하는 개념을 가리켜 **중앙극한정리**(central limit theorem)라고 한다. 중앙극한정리에 따르면, 표본크기가 증가할수록 그러한 표본크기를 바탕으로 한 표본분포는 점점 더 정규분포에 가까워지며 평균 또한 모집단 평균에 가까워진다.

그러나 이 장의 앞부분에서 논의했던 바와 같이, 크기가 큰 표본에도 표집오차는 항상 존재한다. 예를 들면, 대부분의 선거전야 여론조사들은 투표 결과의 분포를 예측할 때 실제 투표 결과의 모집단과 1~2% 정도의 차이를 보인다. 이와 유사한 맥락에서, 제8장과 9장에서 논의했던 내용을 되살려본다면 우리는 정규분포를 이루고 있는 변수값들 중 약 68%가 평균으로부터 양방향으로 1

표준편차 범위 내에 존재한다는 것을 알고 있다. 따라서 정규분포를 이루고 있는 변수값들 중 나머지 32%는 적어도 평균으로부터 1 표준편차 범위 바깥쪽에 존재한다. 결국, 표본크기에 상관없이 모집단 평균으로부터 적어도 1 표준편차 벗어나 표본평균을 얻게 될 확률은 약 32%임을 알 수 있다.

실제로 제9장의 표 9.1에 따르면, 정규분포를 이루고 있는 변수값들 중 19.15%는 평균과 *z*-값 0.50 사이에 존재한다. 따라서 변수값들 중 19.15%는 평균과 우측 0.5 표준편차 사이에 있고, 또 다른 19.15%는 평균과 좌측 0.5 표준편차의 절반 사이에 존재한다. 두 백분율을 더하면, 정규분포의 변수값들 중 38.30%만이 평균으로부터 양방향으로 0.5 표준편차 범위 내에 있다는 것을 알 수 있다. 또한 100%에서 38.30%를 빼면 정규분포의 변수값들 중 61.70%가 평균으로부터 적어도 0.5 표준편차 벗어나 존재한다는 것도 알 수 있다. 다시 말하면, 어떤 이론적 표본분포에서든 가능한 모든 경우들 중 대다수는 어느 정도의 표집오차를 항상 갖게 마련이라는 것이다.

이를 다른 말로 표현하면, 모집단으로부터 표본을 뽑을 때 아무리 엄격한 과학적 표본추출방법을 사용하더라도 표본을 바탕으로 구한 모수에 대한 추정값은 어느 정도의 부정확성을 갖는다는 것이다. 정규분포의 특성을 가진 이론적 표본분포는 우리로 하여금 표집오차의 정도를 추정할 수 있게 해준다. 그림 10.5에 제시된 바와 같이, 우리가 가진 변수가 등간 또는 비율 수준에서 측정한 변수일 때, 이론적 표본분포의 *y*축은 일정한 크기의 표본을 무수히 뽑아 평균을 구할 때 얻게 되는 *x*축에 나열된 평균 각각의 비율을 나타낸다. 또한 그림 10.5에 제시된 바와 같이, *x*축에 나열된 모든 표본평균들의 평균이 바로 모집단의 실제 평균이다.

표준오차

표본분포의 표준편차(standard deviation)를 **평균의 표준오차**(standard error of the mean)라고 부르는데 이는 무수히 많은 표본평균을 바탕으로 모집단 평균을 추정할 때의 표집오차를 나타낸다. 일반적으로 평균의 표준오차를 간단히 **표준오차**라고 부른다. 앞서 논의한 바와 같이, 표본크기가 커질수록 표본분포의 표준편차는 작아졌다(그리고 표준오차도 작아진다).

표본크기의 영향은 "표준오차는 표본의 표준편

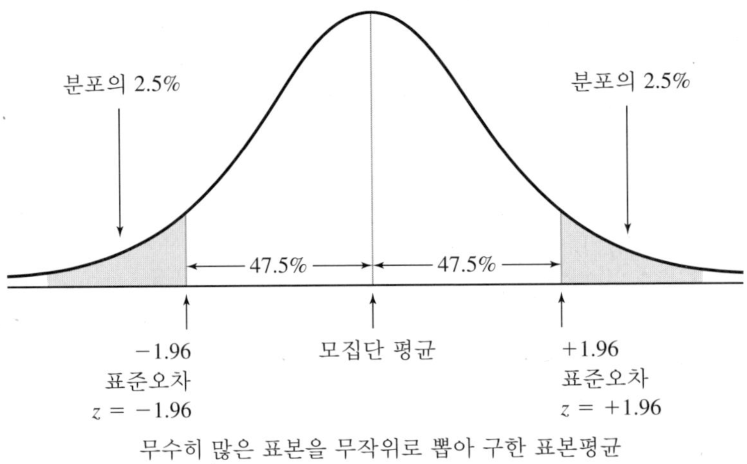

그림 10.5 이론적 표본분포와 평균으로부터 양방향으로 1.96 표준오차에 해당하는 백분율

차를 표본크기의 제곱근으로 나눈 것과 같다"는 공식을 이용하여 계산할 수 있다. 이 공식은 "표준오차 계산 공식"이라는 제목의 글상자에 자세히 설명되어 있다. (이 공식의 수학적 도출 과정은 이 책의 범위를 넘어서는 것이므로 생략하기로 하겠다.) 모집단의 표준편차는 표본 자료를 바탕으로는 알 수 없다. 따라서 표준오차를 구하기 위해서는 표본의 표준편차를 가지고 모집단의 표준편차를 추정해야 한다. 예를 들어, 표본크기가 100이라면 제곱근은 10이다. 따라서 표본의 표준편차가 10이라면 표준오차는 10/10 = 1이 된다. 만일 표본크기가 400이라면 제곱근은 20이므로, 표본의 표준편차가 10이라면 표준오차는 10/20 = 0.5가 된다. 즉, 표준오차는 이론적 표본분포의 표준편차이기 때문에 표본크기를 늘림으로써 이론적 표본분포의 산포도를 줄일 수 있다(이는 곧 표준편차가 줄어든다는 것을 의미한다).

아마도 이쯤에서 어떤 사람은 모집단의 표준편차를 추정할 때 왜 표본의 표준편차를 그대로 사용하지 않고 무엇인가로 나누어주어야 하는지 궁금해 할 것이다. 그러면서 "우리가 이론적 표본분포의 평균에 대한 추정값으로 표본평균을 사용하지 않았었나?"라는 질문을 던질 것이다. 복잡한 수학적 설명을 하지 않더라도 이 질문에 대한 답은 표본에서의 변수값의 개수와 이론적 표본분포에서의 변수값의 개수 간의 차이에서 쉽게 찾을 수 있다. 어떤 분포에 변수값이 더 많다는 것은 그 분포의 표본크기가 더 크다는 것을 의미한다. 앞서 설명한 바와 같이, 표본크기가 클수록 평균으로부터 벗어난 정도는 작아진다. 다시 말해서, 변수값들이 더 가깝게 분포할수록 변수값들이 평균으로부터 흩어져 있는 정도는 작아진다.

이론적 표본분포의 x축에 나열된 변수값들은 모집단으로부터 무작위로 표본을 뽑는 과정을 이론적으로 무수히 반복하여 구한 값들이다. 따라서 이론적 표본분포를 추정하는 데 사용된 표본의 무한히 큰 크기에 견주어보면 표본분포를 추정하기 위해 뽑은 특정 표본은 그 크기가 지극히 작다고 할 수 있다. 따라서 이론적 표본분포의 산포도(표준오차로 나타내어지는)는 표본의 산포도(표준편차로 나타내어지는)보다 훨씬 작아진다. 이론적 표본분포의 산포도가 얼마나 작을지는 표준오차를 추정하기 위해 사용한 표본크기에 따라 달라진다. 그림 10.2~10.4를 다시 살펴보면, 표본크기가 증가함에 따라 표본평균들이 표본분포의 평균에 점점 더 가까이 모이는 것을 알 수 있다.

표준오차 계산 공식

평균의 표준오차를 구하는 공식은 다음과 같다:

$$s = \frac{\text{SD}}{\sqrt{N}}$$

단, s = 표본평균
SD = 표본의 표준편차
N = 표본크기

따라서, 만일 SD = 4,000이고 N = 400이면:

$$s = \frac{4{,}000}{\sqrt{400}} = \frac{4{,}000}{20} = 200$$

모수 추정을 위한 신뢰구간

표본분포의 표준오차를 계산함으로써 우리는 표본평균이 모집단 평균에 얼마나 가깝다고 신뢰할 수 있는지를 추정할 수 있다. 예를 들어, 빈곤률과 신규 이민자의 비율이 높은 어떤 지역사회에서 주민 400명을 무작위로 뽑아 욕구조사를 실시한다고 가정해보자. 이 조사는 지역사회 주민들에게

신뢰구간 계산하기

$$95\%\ 신뢰구간 = (\bar{X} - 1.96s)에서\ (\bar{X} + 1.96s)$$
$$99\%\ 신뢰구간 = (\bar{X} - 2.58s)에서\ (\bar{X} + 2.58s)$$

단,

$\bar{X}$ = 표본평균

s = 표본오차

따라서, 만일 $\bar{X}$ = \$15,000이고 s = \$200이면:

$$\begin{aligned} 95\%\ 신뢰구간 &= \$15,000 - [(1.96)(\$200)]에서\ \$15,000 + [(1.96)(\$200)] \\ &= \$15,000 - \$392에서\ \$15,000 + \$392 \\ &= \$14,608에서\ \$15,392 \end{aligned}$$

$$\begin{aligned} 99\%\ 신뢰구간 &= \$15,000 - [(2.58)(\$200)]에서\ \$15,000 + [(2.58)(\$200)] \\ &= \$15,000 - \$516에서\ \$15,000 + \$516 \\ &= \$14,484에서\ \$15,516 \end{aligned}$$

새로운 서비스를 제공하기 위해 재정 지원을 요청하는 프로그램 계획서를 준비하는 데 필요한 조사이며, 조사를 통해 해당 지역이 경제적으로 상당히 열악하다는 것을 보여주고 재정 지원의 필요성을 제시하고자 한다고 가정해보자. 그러한 필요성을 보여줄 수 있는 지표 중 하나는 아마도 모집단의 평균 소득일 것이다. 앞페이지에 있는 글상자 "표준오차 계산 공식"에 제시된 가설적 자료를 이용하여 모집단 평균을 구해보자. 우리가 가진 표본의 평균소득이 \$15,000이고 표준편차가 \$4,000라면, 이론적 표본분포의 표준편차를 구하기 위해서는 \$4000를 20(표본크기인 400의 제곱근)으로 나눠주면 된다(평균의 표준오차는 \$4,000/20 = \$200이다).

이론적 표본분포의 표준편차가 \$200이므로 분포의 약 95%가 평균인 \$14,600와 \$15,600 사이에 존재한다. 왜 그런가? \$14,600는 평균 \$15,000로부터 좌측으로 2 표준편차(2 × \$200) 벗어난 값이고 \$15,400는 평균 \$15,000로부터 우측으로 2 표준편차 벗어난 값이기 때문이다.

이처럼 어림셈도 가능하기는 하지만, 이번에는 좀더 정확하게 계산해보기로 하자. 정확하게 표본분포의 95%를 나누는 평균을 구하기 위해서는 ±2.0이 아니라 ±1.96을 z-값으로 사용해야 한다(이에 대해서는 제9장에서 논의한 바 있다). 위의 글상자 "신뢰구간 계산하기"에 제시된 바와 같이, \$200와 1.96을 곱하면 \$392가 된다. 이 값을 평균 \$15,000에 한 번은 더해주고 한 번은 빼주면 표본분포의 95%는 \$14,608와 \$15,392 사이에 존재한다는 것을 알 수 있다. 이때 \$14,608와 \$15,392에 의해 정의되는 구간을 95% **신뢰구간**(confidence interval)이라고 하고, 이 신뢰구간이 모집단 평균을 포함하고 있을 확률에 대한 추정값인 95%를 가리켜 **신뢰수준**(confidence level)이라고 한다.

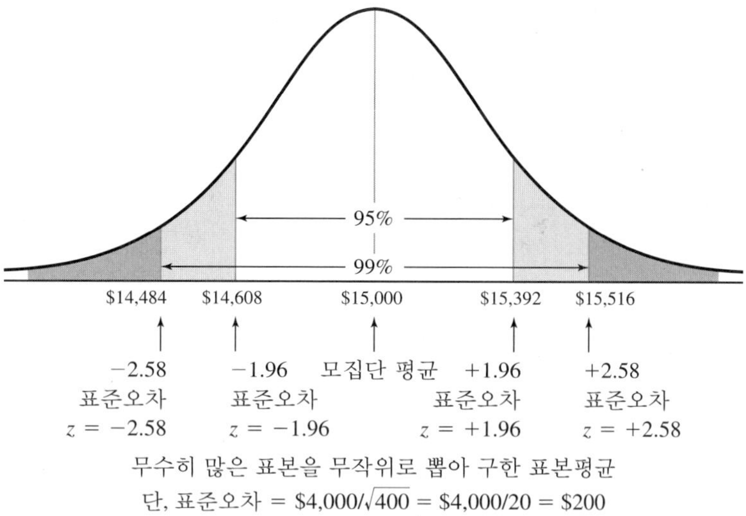

그림 10.6 표본크기가 400이고 평균이 $15,000, 표준편차가 $4,000인 이론적 표본분포의 0.95 및 0.99 신뢰구간

즉, 신뢰구간 $14,608와 $15,392가 모집단 평균을 포함하고 있을 것이라고 95% 신뢰한다고 말할 수 있다.

만일 우리가 신뢰수준에 대해서 틀릴 확률을 0.05보다 낮추고자 한다면 어떻게 해야 할까? 또 그럴 확률이 1%가 되게 하려면 어떻게 해야 할까? 이 질문에 대한 답은 99% 신뢰구간을 설정하는 것이다. "신뢰구간 계산하기"라는 제목의 글상자에 따르면, 이론적 표본분포의 99%는 평균으로부터 ±2.58 표준편차 내에 존재한다. 평균의 표준오차인 $200에 2.58을 곱하면 $516가 되고, 평균 $15,000에 $516를 한 번씩 더하고 빼주면 우리가 원하는 99% 신뢰구간은 $14,484와 $15,516가 된다. 따라서 이러한 연구결과를 재정지원 요청서를 작성할 때 활용한다면, 우리가 조사한 표본의 평균 소득이 $15,000라는 사실과 더불어서 모집단의 평균 소득은 $14,484에서 $15,516 사이에 있을 것이라 추정되며, 이러한 추정이 틀릴 확률은 1% 밖에 되지 않는다는 내용을 언급할 수 있다. 그림 10.6은 이론적 표본분포의 신뢰수준를 보여주는 그림이다.

모집단 비율에 대한 신뢰구간

지금까지 우리는 등간 및 비율 수준에서 측정된 변수들의 표준오차와 신뢰구간을 추정하는 방법을 살펴보았는데, 표준오차와 신뢰구간은 명목 수준의 변수에서도 구할 수 있다. 명목 수준의 변수의 경우에는 평균이나 표준편차가 아니라 비율을 사용해야 하는데, 바로 이 방법이 선거 여론조사에서 두 명의 후보자가 일정 오차 한계 내에서 어느 정도 득표할지를 예측할 때 사용하는 방법이다. 예를 들어, 지난 2004년 미국 대통령 선거 전야에 여러 여론조사기관들은 조지 부시(George Bush)와 존 케리(John Kerry)가 3%의 오차 한계 내에서 우열을 가리기 어려운 접전—여론조사기관들은 두 후보자 각각이 50%의 표를 얻을 것이라고 예상하였다—을 펼칠 것이라 예상했다. 그 정도의 오차 한계 내에서 여론조사기관들은 두 후보자가 47~53% 정도를 득표할 것이라고 확신했다. (투표 결과, 부시가 51.5%, 케리가 48.5%를 득표함으로써 실제 결과가 여론조사기관들이 말한 신뢰구간 내에 있었다는 것이 확인되었다.)

여론조사기관들은 2004년 선거 결과를 예측했을 때 어느 정도의 확신을 가졌는가? 이는 여론조사기관들이 95% 신뢰구간을 사용했는지 아니면 99% 신뢰구간을 사용했는지에 따라 달라진다. 만일 여론조사기관의 신뢰구간이 그들이 여론조사를 통해 얻은 비율로부터 ±1.96 표준오차 범위 내에 있었다면, 여론조사기관은 그들의 예측이 맞을 것이라 95% 확신하는데 이는 정규분포(이론적 표본분포)의 95%가 ±1.96 표준편차(표준오차) 사이에 존재하기 때문이다.

여론조사기관들은 어떻게 평균과 표준편차를 계산할 수 있는 등간 또는 비율 수준의 자료가 아닌 명목 수준의 자료를 가지고 표준오차를 계산할 수 있었을까? 여론조사기관들은 다음의 공식을 이용했다:

$$s = \sqrt{\frac{P \times (1 - P)}{N}}$$

단, s = 표준오차(비율 표본분포 표준편차의 추정치)

P = 표본비율

N = 표본크기

이 공식을 이용하여 두 명의 후보자 각각의 득표율이 0.50에 달할 만큼 우열을 가리기 어려운 선거 결과를 예측한 방법은 다음과 같다. 위의 공식에서, P는 0.50이며 이를 (1 − 0.50)과 곱하면 0.25가 된다. 이 0.25는 제곱근 기호 안의 분수에서 분자에 해당한다. 이제 이 분자는 표본크기가 얼마인가에 따라 영향을 받는다. 표본크기가 1,000이라고 하면 제곱근 안의 분수는 0.25/1,000 또는 0.00025가 된다. 이 값의 제곱근은 0.0158이다. 따라서 표준오차는 1.58%이다. 정규분포에서

모집단 비율에 대한 신뢰구간 계산방법

$$95\%\ 신뢰구간 = (P - 1.96s)에서\ (P + 1.96s)$$

$$99\%\ 신뢰구간 = (P - 2.58s)에서\ (P + 2.58s)$$

단, P = 표본비율

s = 다음과 같은 공식을 이용하여 구한 표준오차: $s = \sqrt{\frac{P \times (1 - P)}{N}}$

N = 표본크기

따라서, 만일 $P = 0.05$이고 $N = 100$이면: $s = \sqrt{\frac{0.5 \times (1 - 0.5)}{100}} = \sqrt{\frac{0.25}{100}} = \sqrt{0.0025} = 0.05$

$$\begin{aligned} 95\%\ 신뢰구간 &= [0.50 - (1.96)(0.05)]에서\ [0.50 + (1.96)(0.05)] \\ &= 0.50 - 0.098에서\ 0.50 + 0.098 \\ &= 0.402에서\ 0.598 \end{aligned}$$

$$\begin{aligned} 99\%\ 신뢰구간 &= [0.50 - (2.58)(0.05)]에서\ [0.50 + (2.58)(0.05)] \\ &= 0.50 - 0.129에서\ 0.50 + 0.129 \\ &= 0.371에서\ 0.629 \end{aligned}$$

소표본(N = 25)이면서 표본비율이 50%인 경우

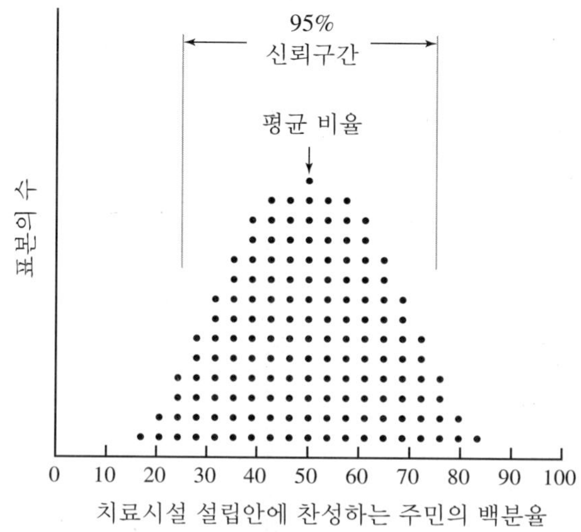

주: $s = \sqrt{\frac{0.5 \times (1-0.5)}{25}} = \sqrt{\frac{0.25}{25}} = \sqrt{0.01} = 0.10$

$1.95s = 0.196$(0.20으로 반올림함)

대표본(N = 100)이면서 표본비율이 50%인 경우

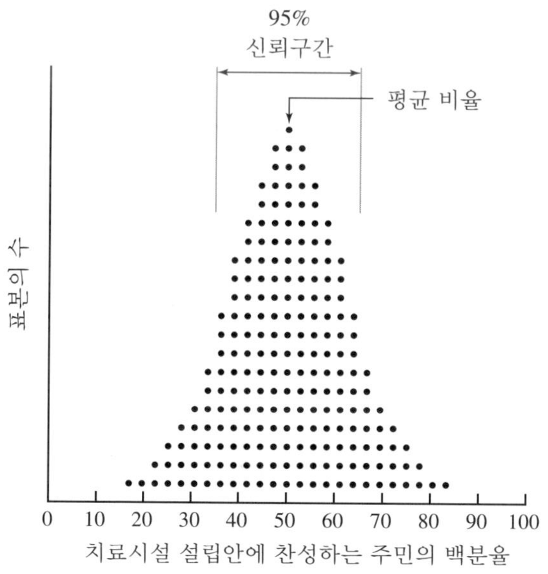

주: $s = \sqrt{\frac{0.5 \times (1-0.5)}{100}} = \sqrt{\frac{0.25}{100}} = \sqrt{0.0025} = 0.05$

$1.95s = 0.098$(0.10으로 반올림함)

그림 10.7 비율의 이론적 표본분포

95%의 신뢰구간은 ±1.96 표준오차 사이의 구간이므로 0.0158에 1.96를 곱하면 0.031이 되고 반올림하면 3%가 된다. 따라서 95%의 신뢰구간은 표본비율 0.50으로부터 아래쪽 3%(47%)와 위쪽 3%(53%)가 된다. 지난 2004년 여론조사기관들이 그들의 오차 한계가 ±3%라고 밝혔다는 것은 그들이 자신들의 예측을 95% 확신했었다는 것을 알 수 있다.

이제 행정 차원의 실천과 관련된 증거기반 실천에 있어서 이러한 지식을 어떻게 활용할 수 있는지 살펴보기로 하자. 어떤 지역사회에서 100명의 주민을 무작위 표본추출하여 그들이 지역사회 내에 물질남용 치료시설을 만드는 안에 찬성하는지 반대하는지를 알아본다고 가정해보자. 표본 중 50%는 이 안을 지지하고 50%는 반대한다고 가정하고 이를 위의 공식에 대입시켜 보면,

$$s = \sqrt{\frac{0.5 \times (1-0.5)}{100}} = \sqrt{\frac{0.25}{100}} = \sqrt{0.0025} = 0.05$$

이다. 즉, 표준오차는 0.05이다. 이를 1.96과 곱하면 0.098이 되고 반올림하면 0.10 또는 10%가 된다. 따라서 95% 신뢰구간은 우리에게 40%(표본비율로부터 아래쪽으로 1.96 표준오차)와 60%(표본비율로부터 위쪽으로 1.96 표준오차) 사이의 구간이 치료시설 설립안에 대한 주민들의 찬성 또는 반대 모집단 비율(population proportion)을 포함하고 있다고 95% 확신할 수 있다는 것을 말해준다.

앞페이지에 있는 글상자 "모집단 비율에 대한 신뢰구간 계산방법"은 위에서 소개한 행정 차원의 실천 예에서 신뢰구간을 구하는 방법을 설명하고 있다. 그림 10.7은 비율과 관련된 이론적 표본분포에서 신뢰구간이 어떤 모양인지를 보여주고 있는데 비율에 대한 신뢰구간이 평균에 대한 신뢰구간과 다를 바가 없다는 것을 알 수 있다. 유일한 차이점은 x축의 변수가 표본평균이 아니라 표본

비율이라는 것뿐이다. 물론 각 표본의 자료는 명목 수준의 자료이지만, 여러 개의 표본을 이용하여 비율을 구한 다음 그러한 비율들을 가지고 평균을 계산할 수는 있다. 각각의 표본비율을 점으로 나타내면 분포의 모양은 앞서 살펴본 등간 또는 비율 수준의 변수들의 정규분포와 동일한 속성과 표준편차 비율을 가진 정규분포와 유사해진다. 표본크기가 증가하면, 정규분포는 더욱 위로 솟아오르며 표본비율들이 점점 더 평균 비율 가까이에 위치하게 된다.

활용

이상에서 배운 내용들이 증거기반 실천에 어떤 도움을 줄 수 있을까? 어떤 기관의 관리자가 물질남용 치료시설의 필요성을 적극 주장하면서 지역사회가 자신의 생각을 압도적으로 지지할 것이라고 확신하고 있다고 가정해보자. 이 관리자는 한 걸음 더 나아가서 지역사회 주민들 중 시설 설립에 반대하는 사람은 극히 적을 것이라고 주장하고 있다.

우리가 조사한 바에 따르면, 표본으로 뽑은 100명의 지역사회 주민들 중 50%가 시설 설립에 반대하는 것으로 나타났다. 이러한 조사결과를 들은 관리자는 50%라는 수치는 단 한 개 표본에 근거한 수치라고 주장하면서 그러한 결과는 우연에서 비롯된 것일 수 있다고 주장한다. 물론 또 다른 조사를 실시한다면 관리자가 원하는 바를 뒷받침해주는 결과가 나타날 수도 있다. 그러나 우리가 구한 95% 신뢰구간에 근거하여, 우리는 관리자에게 시설 설립을 반대하는 응답자가 50%라는 사실과 함께 시설 설립을 반대하는 주민이 전체 주민의 40%보다 적을 확률은 2.5%보다 낮다는 말도 해줄 수 있다(신뢰구간 범위 밖의 5%를 둘로 나누면 x축의 양쪽 극단 각각에 2.5%씩이 되므로). 만일 99% 신뢰구간을 구한다면, 우리는 관리자에게 전체 주민의 37% 미만이 시설 설립을 반대할 확률은 1% 보다 낮다는 사실을 알려줄 수 있다. (표본분포의 99%는 표본비율로부터 위쪽 2.58 표준오차와 아래쪽 2.58 표준오차 사이에 있다. 따라서 2.58에 0.05를 곱하면 0.13이고, 표본비율 50%에서 13%를 빼면 시설 설립에 반대하는 주민은 적어도 37%라는 것을 알 수 있다.)

이러한 정보는 매우 중요하다. 왜냐하면 어느 누구도 지역사회가 반대하는 시설을 설립하려고 시간과 자원들을 낭비하고 싶어하지는 않을 것이기 때문이다. 게다가, 그러한 반대를 예상할 수 있는 능력은 우리로 하여금 시설 설립을 추진하기에 앞서 지역사회의 반대를 감소시키기 위한 전략을 수립할 수 있게 해준다. 이는 무작정 시설을 설립한 다음 반대 여론에 부딪혀 시설을 닫는 것보다 훨씬 바람직한 접근이 아닐 수 없다.

이러한 통계 정보를 활용하여, 우리는 기관의 관리자에게 설립하려는 시설에 대해서 더 수용적인 지역을 찾거나 지역사회 주민들로부터 더 많은 지지를 받을 때까지 시설 설립을 연기하자고 설득할 수 있을 것이다. 그러나 과연 관리자를 설득할 수 있을까? 어쩌면 관리자는 통계를 "거짓말"이라고 비웃으면서 무시할는지도 모른다. 어쩌면 관리자는 자신의 뜻을 가로막는 모든 것을 싫어하는 사람일 수도 있다. 만일 관리자가 그런 사람이라면, 아무리 합리적인 주장을 하더라도 그 사람은 엄청난 대가를 치르고서야 비로소 자신이 틀렸다는 것을 배우게 될 것이다. 이런 상황은 그다지 보기 힘든 상황이 결코 아니다! 중요한 것은 만일 이 관리자가 지금 우리가 배우고 있는 개념들을 배운 적이 있다면, 우리는 좀 더 쉽게 그를 설득할 수 있을 것이라는 점이다. 더욱 중요한 것은 앞으로 언젠가 우리 자신이 관리자가 되면 지금 우리가 배우고 있는 것들을 매우 유용하게 활용할 수 있을 것이라는 점이다. (따라서 나중을 위해서 이 책을 잘 보관해둘 필요가 있을지도 모른다!)

주요 내용

- 기술통계가 특정 연구를 통해 수집한 자료를 조직화하고 요약하고 제시하기 위한 것인 반면, 추론통계는 모집단에 관한 추론을 위해 사용하는 통계방법이다.
- 우연(chance)이란 무작위로 표본을 뽑을 때 발생할 수밖에 없는 표집오차를 말한다.
- 모집단은 우리가 일반화하고자 하는 전체 대상인 반면, 표본은 모집단의 일부분이다.
- 특정 사건이 발생한 확률은 특정 결과가 나타난 횟수를 가능한 모든 결과의 수로 나눈 것이다.
- 두 사건이 발생할 확률은 한 사건의 확률에 다른 사건의 확률을 곱한 것이다.
- 표본크기가 커질수록, 무작위 표본추출 과정이나 무작위 배정 과정에 우연이 영향을 미칠 확률은 줄어든다.
- 추론통계는 두 가지 확률을 말해준다: (1) 집단 간 차이가 표집오차(우연)에서 비롯된 것일 확률, (2) 표본의 속성이 표집오차 한계 범위 내에서 모집단의 속성과 일치할 확률.
- 모집단에 대한 일반화를 목적으로 표본을 뽑을 때, 모집단 통계값에 대한 추정값으로서 표본통계값을 사용한다.
- 통계학에서 모집단의 특성을 요약적으로 나타내는 통계값은 **통계값**이라고 하지 않고 **모수**라고 한다.
- 이론적 표본분포란 모집단으로부터 무작위로 표본을 뽑는 과정을 무수히 반복하여 구한 가능한 모든 표본통계값들로 이루어진 정규분포이다. 표본분포는 각각의 표본통계값이 단순히 우연에 의해서 나타난 경우가 전체에서 차지하는 비율을 보여준다.
- 중앙극한정리에 따르면, 표본크기가 증가할수록 그러한 표본크기를 바탕으로 한 표본분포는 점점 더 정규분포에 가까워지며 평균 또한 모집단 평균에 가까워진다.
- 정규분포의 특성을 가진 이론적 표본분포는 표집오차의 정도를 추정할 수 있게 해준다.
- 이론적 표본분포의 표준편차를 가리켜 **평균의 표준오차** 또는 단순히 **표준오차**라고 한다. 표본크기가 커질수록, 표본분포의 표준편차는 작아진다(따라서 표준오차도 작아진다).
- 표본크기의 영향은 "표준오차는 표본의 표준편차를 표본크기의 제곱근으로 나눈 것과 같다"는 공식을 이용하여 계산한다.
- 표본분포의 표준오차를 계산함으로써 우리는 표본평균이 모집단 평균에 얼마나 가깝다고 신뢰할 수 있는지를 추정할 수 있다.
- 신뢰구간은 이론적 표본분포에서 평균의 위쪽과 아래쪽으로 특정 표준오차 사이에 존재하는 구간이다.
- 신뢰수준은 특정 신뢰구간이 모집단 평균을 포함하고 있다고 확신할 수 있는 정도이다.
- 명목 수준에서 측정된 자료를 바탕으로 구한 비율에 대한 신뢰구간의 표준오차는 1에서 표본비율을 뺀 값을 표본비율에 곱한 다음 표본크기로 나눈 뒤 그 값의 제곱근을 씌운 것과 같다.

연습문제

1. 실태 파악을 목적으로 클라이언트 만족도 조사를 실시하고자 한다고 가정해보자. 기관을 이용하는 전체 클라이언트 2,000명 중 무작위로 뽑은 100명의 클라이언트를 대상으로 만족도를 조사한 결과, 평균 만족 점수는 6.8이고 표준편차는 1.0으로 나타났다고 가정해보자. (1~10점 척도를 사용하였고, 7점은 중간 정도의 만족을 나타냄.) 이 기관의 관리자는 이 결과를 바탕으로 관리자는 일반적으로 클라이언트들이 중간 정도 만족하고 있다는 결론을 내렸다.
   a. 관리자의 결론이 왜 올바르지 않은 결론인가?
   b. 관리자에게 기술통계와 추론통계의 차이를 어떻게 설명하겠는가?
   c. 관리자에게 추론에 앞서 어떤 다른 통계값을 고려해볼 것을 제안하겠는가?
2. 문제 1에서 주어진 자료를 이용하여 95% 신뢰구간과 99% 신뢰구간을 계산하라. (평균의 표준오차는 표준편차를 표본크기의 제곱근으로 나눈 것임을 기억하라.) 관리자에게 이 신뢰구간을 어떤 식으로 설명하겠는가?
3. 문제 1에서 언급한 조사를 크기가 400명인 표본을 대상으로 다시 실시한 결과, 이전 조사와 동일한 평균 및 표준편차를 얻게 되었다고 가정해보라. 이러한 사실이 결론에 영향을 미칠 것이라 생각하는가? 결론이 왜 그리고 어떻게 변했는가?
4. 범죄자들의 재범을 막기 위해 교도소에서 종교에 기반을 둔 프로그램을 도입했다고 가정해보자. 이 프로그램에 참여한 210명의 출감자들 중 무작위 표본을 뽑아 연구한 결과 3년 내에 재범할 확률이 30%라는 것을 알게 되었다고 가정한다.
   a. 표본비율이 0.30일 때 95% 신뢰구간과 99% 신뢰구간을 구하고 해석하라.
   b. 종교기반 프로그램 참여 여부와 상관없이 모든 출감자들 중 3년 이내에 재범한 사람의 비율이 0.35라고 가정하라. 이 프로그램의 운영자는 프로그램에 참여했던 표본 중 0.30만이 3년 내에 재범했기 때문에 종교기반 프로그램이 재범률을 35%에서 30%로 낮추었다고 주장하고 있다. 이러한 생각에 동의하는가? 왜 동의하는지 또는 왜 동의하지 않는지 설명하라.
5. 아래의 논문을 읽고 다음 중 한 가지를 설명하라:
   a. "Let's Make a Deal" 프로그램에 나갈 경우, 왜 선택을 바꾸겠는가?
   b. 어떤 조건 하에서 복권을 사거나 사지 않겠는가?
   c. 이 논문의 내용 중 **확률** 개념에 대한 이해를 증진시켜주는 것은 어떤 것인가?

   P. Murphy & P. Doherty. (2002). What are the odds? *The Magazine of Fantasy and Science Fiction, 102*(5), 128-136.
6. 아래의 두 논문을 읽고 확률에 대한 개념이 창조론자와 진화론자들 간의 논쟁에 대한 우리의 생각에 영향을 미칠지에 대해서 논의하라.

   K. Devlin. (2000). Snake eyes in the Garden of Eden. *The Sciences, 40*(4), 14.

   M. A. Kaplan. (2000). Probability, design, and the limits of explanation. *World and I, 15*(7), 16.

제 11 장

가설검정과 통계적 유의성

서론

10장에서 우리는 이론적 표본분포를 통해 모수가 표본의 통계값을 기준으로 일정한 범위 안에 존재할 확률을 계산하는 데 활용될 수 있다는 것을 알았다. 즉, 우리는 신뢰구간을 계산함으로써 모집단의 평균(등간 혹은 비율 척도) 또는 비율(명목척도)이 통계값을 기준으로 일정 정도의 표집오차(이론적 표본분포의 표준편차)를 가감한 범위 내에 존재할 확률을 구할 수 있다. 이 장에서는 이론적 표본분포가 어떻게 같은 방식으로 가설검정에 사용될 수 있는지를 살펴보게 될 것이다.

가설검정이란 우리가 표본에서 발견한 변수들 간의 관계가 단지 표집오차로 인하여 나타난 것인지에 대한 판단을 의미한다. 표본에서 발견되는 관계가 표집오차 때문일 확률이 매우 낮을 때, 그러한 관계(혹은 결과, finding)를 통계적으로 유의미하다고 말한다. 여기서 경쟁관계에 있는 두 가설이 작동하기 시작한다. 하나는 우리의 연구가설이고, 다른 하나는 영가설이라고 지칭된다.

3장에서 논의되었듯이, **연구가설**이란 어떻게 한 변수(독립변수)의 변화가 다른 변수(종속변수)의 변화를 초래하거나 설명하는지에 관한 잠정적이고 검정 가능한 예측을 의미한다. 예를 들어, 한 유형의 개입이 다른 유형의 개입에 비하여 더 많은 학생들의 학교 중도탈락을 방지할 수 있다고 예측할 수 있다. 바로 이 가설에서 개입의 유형이라는 명목변수가 우리의 독립변수이고, 또 다른 명목변수인 학생의 중도탈락 여부는 종속변수가 된다. 또 다른 가설은 순위, 등간, 비율척도의 독립변수와 종속변수 간의 관계를 예측할 수 있다. 예컨대, 고등학생들이 더 자주 약물이나 알코올을 섭취할수록 더 자주 학교에 결석할 것이라고 예측할 수 있다.

반면에, **영가설**은 우리가 설정해 놓은 변수 간의 관계가 실제로 모집단에서 나타나지 않는다고 가정한다. 설령 표본에서 변수들 간의 관계가 약간 나타났다 해도, 영가설은 이 결과는 표집오차에 의한 것일 뿐이며 그러한 관계가 모집단 혹은 이론적 측면에서 실재하지는 않는다고 가정한다. 따라서 중도탈락방지를 위한 개입을 평가하고 그래서 그 개입을 받은 표본의 중도탈락률이 개입을 받지 않은 표본에 비해 약간 탈락률이 낮다는 것을 발견했다면, 영가설은 이러한 중도탈락률의 차이가 표집오차에 의한 것으로 파악한다.

통계적 유의성을 검증하는 것은 영가설이 맞을 확률을 평가함을 의미한다. 그 확률이 표본에서 관찰된 그럴듯한 설명으로서의 영가설을 기각하기에 충분할 정도로 낮다면, 우리는 그 관계를 **통계적으로 유의미하다**고 지칭한다. 영가설의 역할에 대해 논의하기에 앞서, 확률분포가 통계적 유의성을 검증할 때 수행하는 역할은 무엇인지 살펴보도록 하자.

가설검정에서의 이론적 표본분포

분석된 결과(finding)가 통계적으로 유의미한지 여부를 검정할 때, 이론적 표본분포는 영가설의 분포를 따른다. 이것은 이론적 표본분포가 우리의 연구가설에서 가정한 변수 간의 관계가 존재하지 않는다는 전제에 기반해 있음을 의미한다. 따라서 단지 표집오차로 인하여 특정 결과가 나타나게 될 확률을 보여준다. 표본 자료에서 관찰된 변수 간의 관계가 정규분포의 극히 일부만을 차지하는 아주 좁은 이론적 표본분포 구간(대개 평균에서 2 표준편차 바깥의 영역)에 놓여 있다면, 그 분석 결과가 표집오차에 의한 것일 가능성은 매우 낮게 된다. 바로 이러한 현상이 나타날 때 우리는 그 관계가 통계적으로 유의미한 것이라고 지칭하고 영가설을 기각할 수 있다.

두 치료집단(혹은 하나의 치료집단과 통제집단)의 성과(outcome)를 비교할 경우, 가설검정을 위한 이론적 표본분포는 두 모집단—한 표본의 치료집단이 대표하는 모집단과 다른 한 치료집단이 대표하는 모집단—의 성과에는 차이가 없음을 가정하게 된다. 다르게 표현하자면, A라는 치료를 받은 사람들과 B라는 치료를 받은 사람들로 두 치료집단이 구성되어 있다면, 여기서 이론적 표본분포는 치료 A를 받은 모집단과 치료 B를 받은 모집단이라는 두 이론적 모집단의 성과에는 아무런 차이가 없다는 것을 가정하고 있다.

통계적 유의성 검정에서 이론적 표본분포를 사용하는 것을 설명하기 위해 시설 치료 센터에 대한 가상(fictitous)의 평가로 돌아가보자. 여기서 우리는 새로운 치료법이 기존의 것보다 문제행동 발생을 줄이는 데 더 효과적이라고 평가한다. 제6장에서 새로운 치료법을 적용한 **표본**의 평균은 6이었고, 기존의 치료법을 적용한 집단의 **표본평균**이 5였음을 떠올려보라. 여기서 우리가 이론적 표본분포를 모집단(새로운 치료법을 적용받은 환자의 모집단)의 평균을 추정하기 위한 신뢰구간을 구하는 데 사용한다면, 이론적 표본분포의 평균은 6이 될 것이다.

그러나 새로운 치료법의 수혜자 **모집단**이 기존 치료법 수혜자 **모집단**보다 문제행동 발생빈도가 더 적다는 가설을 검증하기를 바란다면, 비록 **표본**에서의 차이가 0이 아니라 할지라도(두 표본의 평균이 각각 6과 5이므로, 표본의 차이는 실제는 1이었음), 이론적 표본분포의 평균은 0이 될 것이다. 이는 이론적 표본분포가 두 이론적 **모집단** 간의 성과에 아무런 차이가 없음을 가정하고 있기 때문이다. 다시 말하면, 표집오차가 **표본** 자료에서 나타나는 집단 간 차이를 설명하므로, **모집단**에서의 실제 차이는 0이라는 것을 가정하고 있다.

그림 11.1에서 볼 수 있듯이, 이론적 표본분포를 통해 어느 정도의 차이가 0이라는 영가설 평균(즉 차이가 없다는 영가설)으로부터 1.96 이상의 표준오차에 놓여 있게 되는지 알 수 있다. 이론적 표본분포(면적)의 95%가 평균으로부터 1.96 표집오차 이내의 범위에 있으므로(제10장에서 다루어진 것처럼), 우리는 단지 5%만이 그 구간 바깥에 놓여있음을 알고 있다. 따라서 그림 11.1을 통해 우리는 새로운 치료집단과 기존의 치료집단 간의 결과의 차이가 (차이가 없음을 가정한 평균으로부터) 최소한 1.96 표집오차 이상일 경우는 무수히 많은 무작위 표본 중 단지 5%에서만 발견된다고 추론해볼 수 있다. 다시 말하면, 표집오차로 인해 그렇게 큰 차이가 나타날 확률은 0.05 이하라고 추론할 수 있다.

우리의 표본통계값(sample statistics)이 통계적으로 유의미하다(즉, 표집오차로 간주하기에는 너무나 그 확률이 낮다)고 판단되도록 위치되어야 할 이론적 표본분포 영역을 **임계영역**(critical region)이라고 부른다. 임계영역의 확률과 나머지 이론적 표본분포 영역을 구별해주는 경계 지점(cutoff point)을 **유의 수준**(level of significance)이라 한다. 이것은 **기각 수준**(rejection level) 혹은 **알파 수준**(alpha level)으로 불리기도 한다. 이 용어들은 모두 같은 의미를 가진다. 즉, 영가설을 잘못 기각할—사전에 선택한—확률을 지칭한다. 대개 그 확률은 0.05 수준으로 설정되며(그 이유는 이 장의 뒷부분에서 살펴보게 될 것이다), 바로 이러할 때 이 0.05를 유의 수준, 기각 수준 또는 알파 수준이라고 부른다. 어떠한 용어를 사용하든, 임계영역은 표집오차에 의해 발생될 확률이 0.05 이하인 값을 포함하는 이론적 표본분포의 구간을 의미한다.

단순화를 위해, 평가에 사용된 표본크기가 터무니없이 작다고—네 명의 소년으로 구성되어 있다고—가정해보자. 동전 던지기로 두 명을 한 치

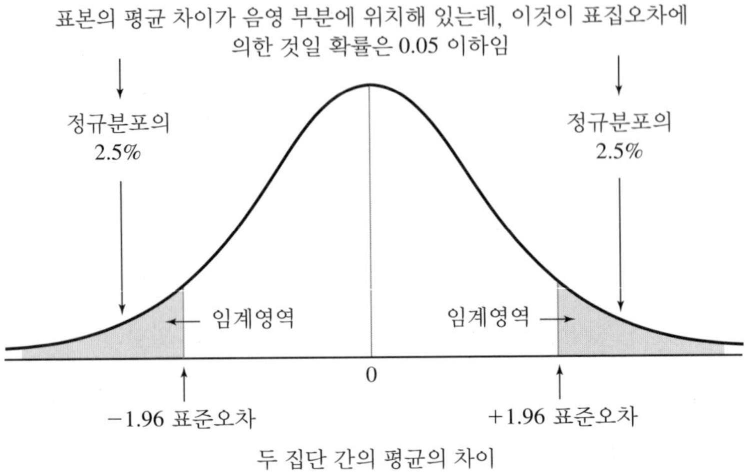

그림 11.1 두 집단 간의 평균의 차이에 관한 이론적 표본분포

료집단으로, 다른 둘을 다른 치료집단으로 할당한다고 가정한다. 치료 후에, 새로운 치료집단에 배정된 두 소년 중 한 명은 전혀 문제행동을 하지 않았고, 다른 한 명은 두 번의 문제행동이 나타났다. 결국 이 둘의 평균은 1이다. 기존의 치료집단에 배정된 두 소년의 경우, 한 명은 7번, 다른 한 명은 9번의 문제행동이 관찰되었다. 따라서 이 둘의 평균은 8이다.

비록 이 두 집단 간 평균의 차이(1 : 8)는 크지만, 이것은 우연 때문에 나타난 것이기 쉽다. 두 치료의 효과성에 아무런 차이가 없다 할지라도, 단지 동전 던지기에 의해 문제행동이 적게 나타난 두 소년이 한 집단에 모이게 되었을 확률이 0.05보다는 훨씬 더 높다. (제10장에서 연속하여 두 번의 앞면이 나올 확률은 0.25이고 연속 두 번의 뒷면이 나올 확률 역시 0.25임을 보았다. 따라서 처음의 두 소년이 둘 다 앞면이 나오거나 혹은 둘다 뒷면이 나왔을 확률은 0.25 + 0.25 = 0.50이다.)

반면에, 각각 20명으로 구성된 두 집단 간의 평균 차이가 동일하게 나타났다고 가정해보자. 우연히 그러한 차이가 발생되었을 확률은 훨씬 더 낮은데, 이는 표본크기가 훨씬 더 크기 때문이다. 얼마나 낮아지는가는 표준오차에 달려 있는데, 표준오차는 표본크기에 의해 영향을 받는다. (제10장에서 논의했듯이 표본의 표준편차를 이용하여 계산된다.) 표준오차를 3이라고 가정해보자. 1과 8의 차이는 7이므로, 새로운 치료집단에 속한 소년 20명의 평균은 기존 치료그룹의 평균(8)보다 2 표준오차(2 × 3 = 6) 이상 양호하다. 따라서 우연에 의해 이러한 평균의 차이가 발생될 확률은 0.05보다 적다. 다시 말하면, 영가설이 참일 확률이 0.05보다 적다. 이렇게 낮은 확률을 가지고, 대부분의 연구자들은 영가설을 기각하고, 따라서 그 차이가 통계적으로 유의미하다는 판단을 내리게 된다. 이제 영가설의 용도에 대하여 좀 더 살펴보도록 하자.

영가설

지금까지 우리는 연구가설과 대립된 설명으로서의 우연 혹은 표집오차를 논의해왔다. 그러나 당신이 연구방법을 공부했거나 이 책의 제3장(주요 연구방법의 개념을 다루었음)을 읽었다면, 다양한 연구설계의 단점들 역시 부수적으로 연구가설과 대립된 설명으로 쓰일 수 있음을 기억할 것이다.

상대적으로 무명인 치료자(이 사람을 죠(Joe)라고 부르자)가 새로운 개입(intervention)을 고안해냈다고 가정해보자. 그는 이 개입이 사람들을 돕는 이타주의적 필요를 채워줄 뿐 아니라 그에게 부와 명예를 가져다주기를 희망하고 있다. 연구방법에 능통하지는 못하면서 자신의 가설을 지지해줄 연구결과를 얻으려는 열망으로, 죠는 그의 개입이 클라이언트의 사회적 기능을 증진시키도록 돕는 데 효과적인지를 평가하기 위해 다음과 같은 방법을 사용하였다. 그는 (자기의 임상적 판단에 근거하여) 이 개입이 가장 필요할 것 같은 클라이언트에게만 새로운 개입을 제공하되, 다른 클라이언트들에게는 새로운 개입이 개발되기 전에 제공했던 통상적인 것들을 제공한다. 죠는 각 클라이언트들에게—치료가 종결되었을 때—그가 "생각하기에" 그들이 얼마나 나아졌는지 1점부터 10점 사이의 주관적 점수를 부여함으로써, 이 두 방법의 효과를 비교하고자 한다. 그 점수가 높을수록 죠는 클라이언트가 더 많이 나아진 것이라 생각한다. 그가 고안한 개입을 제공받는 클라이언트들에게는 평균 9점을 주고, 통상적인 개입을 받은 클라이언트들에게는 평균 2점을 준다. 죠의 연구결과가 표집오차에 의한 것일 확률은 1% 미만이라고 가정해보자. 따라서 죠는 영가설을 기각하고 그의 연구결과가 통계적으로 유의미하다고 판단한다.

영가설이 참일 확률이 매우 낮다는 것을 근거로, 우리는 두 개입집단 간의 큰 점수 차이가 표집오차에 의한 것일 가능성을 배제하는 죠의 입장에 동의할 수 있다. 그러나 죠의 연구가설—그의 새로운 개입이 클라이언트의 사회적 기능을 향상시키는 데 도움이 된다는 것—만이 그러한 큰 차이를 설명할 수 있는 유일한 길일까? 물론 아니다! 연구방법의 취약점—측정의 편향(bias), 치료자의 편향, 그리고 선택의 편향와 같은—을 주시하는 것은 매우 설득력 있는 대안적 설명이 된다(제3장에서 논의된 것들과 같은 편향들). 사실, 죠가 그랬던 것만큼 우리가 연구방법에서 한쪽으로 많이 치우친다면, 표집오차에 의한 것이 아닌 결과를 매우 쉽게 얻을 수 있을 것이다. 즉, 그의 연구결과에서 우연인 것은 없다. 왜냐하면 그는 (아마도 의도하지 않은 것이겠지만) 너무나 터무니없이 카드패를 맞추어 놓았었기에(연구를 조작했으므로 - 역자 주), 그의 "유의미한" 연구결과는 너무나 뻔한 결론이다.

따라서 우리가 영가설을 기각하도록 보장하는 결과를 얻었을 때, 그러한 결과가 우리의 연구가설과 일치된 것이고 표집오차에 의한 것이 아니라는 점을 보여준다 할지라도, 우리가 얻은 결과를 대신할 수 있는 설명으로서 연구설계의 문제를 간과할 수는 없다. 영가설(null hypothesis)이라는 통계학 용어는 우리가 그러한 사실을 항상 주의해야 함을 일깨워준다. 이것은 또한 이론적인 표본분포가 우리의 연구가설 분포가 아닌, 영가설의 분포—우리의 연구가설이 참이 아닐 때 채택하게 되는 결과의 분포—임을 상기시켜 준다.

영가설을 확증할 수 있는가?

영가설을 기각하는 데 실패했다는 것이 곧 영가설을 확증할 수 있다는 것과 같지는 않다. 표집오차가 우리의 가설을 지지해주는 표본 자료를 설명할 확률이 0.25라고 가정해보자. 표집오차를 반박하기 위해 0.05나 0.10과 같이 더 낮은 절사점(cutoff point)을 사용한다고 가정하면, 우리의 연구결과가 표집오차에 의한 것일 가능성을 배제할 수 없으며, 따라서 영가설을 기각할 수 없다. 그러나 이것이 영가설을 확증해 줌을 의미하지는 않는다. 영가설이 참일 확률은 0.25로 여전히 낮은 수준이다. 그 확률이 영가설이 참일 수 있다는 가능성을 기각하기에는 너무 높다 할지라도, 영가설이 참으로 판명되는 것과는 큰 차이가 있다.

예를 들어, 당신과 내가 어느 쌀쌀한 가을날 자선기금을 마련하기 위해 오후의 5마일 걷기를 막 시작하려는 상황을 가정해보자. 우리가 막 떠나려 할 때 오후의 강수확률은 30%라는 일기예보를 들었다. 이 예보를 듣고 당신은 우산을 가지러 가지만, 나는 당신이 너무 소심하다고 잔소리를 한다. 30%의 확률일 뿐이므로 비는 오지 않는다고 안심할 수 있다고 목소리를 높이면서 말이다. 결국 내 예상은 비가 오지는 않는다는 것이다. 내 판단이 빗나갈 확률은 30%일 뿐이다. 그럼에도 불구하고, 당신은 안전한 길을 택하고 우산을 가져온다. 가을 공기가 제법 쌀쌀하지만, 비에 젖을 만한 날은 전혀 아니다! 그러나 비가 오지 않는다는 것이 아니라 비가 올 가능성이 적다는 것이지만, 당신이 우산을 가져왔으므로 내 예상이 잘못되었다는 것을 의미하지는 않는다. 당신은 내가 틀릴 위험을 감수하고 싶지 않았을 뿐이다. 영가설을 기각하지 않는다는 것은 바로 이와 같은 것이다. 영가설이 틀릴 확률이 0.30(또는 0.15나 0.2)에 불과할 때 우리가 영가설을 기각하지 않는다면, 우리는 영가설을 참인 것으로 받아들일 수는 없는 노릇이다. 우리는 단지 실수로 인해 영가설을 기각하게 될 위험을 되도록 회피하기를 바랄 뿐이다.

신중을 기하기 위해, 통상적으로 연구자들과 평가자들은 그들의 연구결과가 표집오차 때문일 확률이 매우 낮을 때에만—대체로 0.05 이하일 때(때로는 0.10 이하일 때도 있지만)—영가설을 기각하려 한다. 아마도 당신은 강수확률이 그처럼 낮을 때 일부러 우산을 챙겨 가지고 다니지는 않을 것이다. 그러나 우리의 결과가 표집오차로 인한 것일 확률이 0.15나 0.20 정도로 더 높아진다는 것이 표집오차 때문에 나타난 결과임을 확증해주는 것과는 현저한 차이가 있다.

우리의 연구 목적이 영가설을 기각하는 것이 아니라 채택하는 것이라면 어떻게 될까? 즉, 선행연구에 의해 지지되었던 가설을 거부하고자 한다면 어떻게 될까? 예를 들어, 죠가 그의 개입 평가결과를 학술논문으로 제출하고, 연구방법에 그리 능통하지 않은 심사자에게 그 논문이 배당되어 마침내 저널에 출간되었다고 가정해보자. 우리가 출간된 논문을 읽고 그 연구방법과 논문으로 출간되었다는 사실에 질겁했다고 상상해보라. 우리가 더 적절한 평가를 하기로 결정했는데, 이는 영가설을 기각하기 위한 것이 아니라 죠의 연구결과를 거부하기 위한 것이었다고 하자. 즉, 우리는 그의 개입이 기존의 대안적 개입보다 더 효과적이지 않음을 보여주려 할 것이다.

이제 죠의 개입이 다른 개입보다 실제로는 더 나쁘다는 것을 보여주기 원한다면, 차이가 없다는 영가설을 기각하려 하겠지만 이는 죠의 가설과는 정반대의 방향이 된다. 그러나 죠의 개입이 더 나쁘다는 예측을 하는 대신 단순하게 다른 개입과 별다른 차이가 없다고 예측한다면, 차이가 없음을 가정할 것이다. 따라서 우리는 영가설을 기각하는 것이 아니라 영가설을 입증(support)하려는 것이 된다.

우리의 예측을 입증하기 위해—즉, 영가설을 입증하기 위해—통계적으로 할 수 있는 것은 무엇인가? 죠의 개입이 다른 개입에 비하여 유의할 정도로 더 양호한 결과를 보여주는지 여부를 살펴볼 수 있다. 만약 더 양호한 결과를 보인다면, 차이가 없음을 가정한 우리의 가설은 수포로 돌아간다. 만약 두 결과에 아무런 차이가 없다면 어떻게 될까? 그렇다면 이것은 죠의 개입이 더 양호한 것은 아니라는 우리의 생각을 입증하는 증거가 될 것이다.

그러나 죠의 개입이 더 양호한 결과를 보여주었지만 이것이 표집오차로 인한 것일 확률이 약 0.15나 0.20 정도라면 어떻게 될까? 죠의 개입이 가져온 양호한 결과가 표집오차 때문일 가능성이 단지 그 정도라면, 죠의 개입이 다른 개입보다 더 낫지 않다고 입증하지는 못한다. 우리는 단지, 그러한 결과의 차이가 표집오차 때문일 확률이 너무 높아서 이것을 통계적으로 유의미하다고 보기에는 무리가 있음을 보여줄 수 있을 뿐이다.

결론은 우리가 영가설을 입증하려 할 때, 영가설을 잘못 기각할 확률을 생각하는 것과 똑같은 방식으로 영가설을 잘못 채택할 확률을 떠올릴 수는 없다는 것이다. 우리가 할 수 있는 최선의 방법은 거의 아무런 관련이 없음을 보여주는 결과를 산출해 내는 것이다—예를 들어, 우리의 표본에서 두 치료집단의 평균적인 결과가 동일하거나 이에 가깝다는 것을 보여주는 것이다. 우리의 결과가 아무런 관련성이 없다는 것을 보여주는 바로 그 정도만큼 영가설을 입증(그러나 확증해주는 것은 아님)해주는 것이다. 우리의 결과가 우연에 의한 것일 확률이 적은 만큼, 그러나 0.05(또는 우리가 선택한 대안적인 유의 수준)보다 낮지는 않은, 그 결과는 우리가 기각하기를 바라는 결과에 대한 불확실성을 제기할 수 있게 되지만, 그렇다고 영가설을 확증해주는 것은 아니다.

많은 연구에서, 영가설을 연구가설의 정반대로 보는 실수를 범하고 있다. 죠가 그의 개입이 통상적인 것보다 더 효과적이라고 가정할 때, 그 반대 가설은 통상적인 개입이 죠의 개입보다 더 효과적이라는 것이다. 반면에, 영가설은 그 둘 간에 아무런 차이가 없음을 예측하고 있다.

영가설이 연구가설의 반대가 되는 유일한 경우는 연구가설이 두 변수 간의 관계에 있어서 어떤 형태를 예측하고 있지만 그 관계의 방향은 예측하지 않을 때이다. 예를 들어, 죠가 두 가지의 개입을 개발하고 둘 다 똑같이 마음에 들어 한다고 가정해보자. 그는 둘 중 어느 하나가 더 효과적이라는 예측을 하지 않고 두 개입방법을 평가하여 비교했다고 해보자. 그는 단지 개입의 유형이 사회적 기능의 증진과 관련이 있다고 하는 가설을 검증하고자 했을 뿐이었다고 하자. 어떠한 유형의 개입이 더 효과적이라고 예측하지 않았기 때문에 —단지 그러한 관계가 존재한다는 것만을 예측—그는 **무지향적(nondirectional)인 가설**을 가정하고 있다. 죠는 어떠한 범주의 독립변수가 종속변수 값의 증가나 감소를 유발한다는 예측 없이 단지 어떤 관계가 존재한다는 것만을 예측하고 있으므로, 그의 가설과 반대되는 가설은 관계성이 존재하지 않는다는 영가설이 될 것이다.

통계적 유의성의 단측검정과 양측검정

그림 11.1에 나타나 있듯이, 임계영역이 이론적 통계분포 상의 평균에서 최소한 1.96 표준오차 바깥 지역에 속해 있다면, 모든 가능한 무작위 할당 결과 중 5%(0.05)만이 표집오차에 의한 것으로 설명된다. 그렇게 함으로써 우리는 분포의 양 극단을 결합하게 된다: 평균보다 높은 가장 윗부분 극단의 2.5%와 평균보다 낮은 가장 아래 부분의 2.5%.

우리가 무지향적인 가설을 검증한다고 가정해보자. 즉, 개입의 유형과 종속(결과)변수 간의 관계를 예측하고 있지만 어떤 유형의 개입이 더 혹은 덜 효과적인지는 구체화하지 않았다고 해보자. 이 경우, 우리는 유의성 검정에서 **양측검정**을 사용한다. 왜냐하면 치료 A 또는 치료 B를 뒷받침해줄

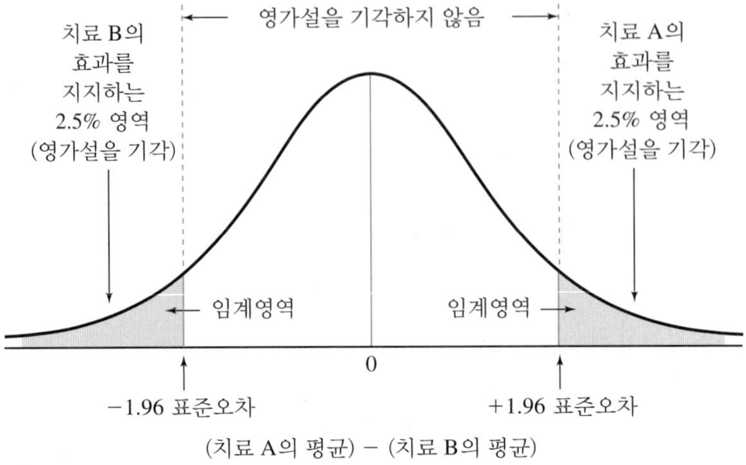

그림 11.2 영가설을 잘못 기각할 확률이 0.05%인 양측검정의 실례

수 있는 충분한 평균의 차이가 우리의 가설을 지지해주기 때문이다. 평균의 차이가 표집오차에 의한 것일 확률이 0.05(5%)보다 작기 위해서는, 따라서 영가설을 기각하기 위해서는, 평균의 차이가 평균으로부터 1.96 표준오차 위에 있거나, 아니면 1.96 표준오차 아래에 있어야 한다. (따라서 최소 ±1.96의 z-값이 필요하다.) 이것은 그림 11.2에 나타나 있다.

이제 우리가 특정 방향을 가정한, 즉 어떤 범주의 독립변수가 종속변수 값의 증가나 감소를 유발한다는 가설을 설정했다고 가정해보자. 예를 들어, 치료 A가 치료 B보다 더 효과적이라고 예측했다고 하자. 이 경우, 우리는 **단측검정**을 사용한다. 왜냐하면 오직 치료 A를 뒷받침해주는 충분한 평균의 차이만이 우리의 가설을 지지해주기 때문이다. 단측검정에서, 이론적 표본분포 상의 모든 임계영역은 우리가 미리 예측한 한 방향에만 놓여진다. 다른 한 극단에는 임계영역이 존재하지 않는다. 치료 A를 뒷받침해주는 평균의 차이가 표집오차에 의한 것일 확률이 0.05(5%)보다 낮아서 영가설을 기각하기 위해서는 평균의 차이가 이론적 표본분포의 5%를 구성하고 있는 평균 위쪽의 임계영역 안에 있어야 한다. 제9장에서 설명했듯이, z-값 1.65는 정규분포의 백분위 95번째 지점에 있다. (즉, 분포에 있는 모든 값의 50%는 평균 아래에, 45%는 평균과 평균으로부터 위쪽으로 1.65 표준편차 사이에 존재한다.) 따라서 단측검정에서 이론적 표본분포의 5%를 구성하고 있는 평균 위쪽 지역의 지점에 다다르는 것이 필요하다. 즉, 치료 A가 더 효과적이라는 것을 뒷받침할 수 있으려면, 평균의 차이가 (평균의 차이가 없음을 가정한) 영가설 평균보다 1.65 표준오차 이상이 되어야 한다.

그림 11.3에 나타나 있듯이, 유의도 단측검정에서 영가설을 기각하기 위한 두 평균 차이의 가장자리(margin)가 아주 크지는 않다. 그러나 그 지점은 반드시 예측된 방향에 있어야 한다. 만약 그 지점이 반대 방향에 있다면—우리가 예측한 방향에 포함되어 있지 않다면—영가설을 기각할 수 없다. 왜 그럴까? 그 결과가 어느 한 극단에서 0.05 지점에 있다면 (평균 위와 아래 모두에서) 영가설을 기각할 수 있는데, 이럴 경우 분석된 결과가 표집오차에 의한 것일 위험이 10%에 달하기

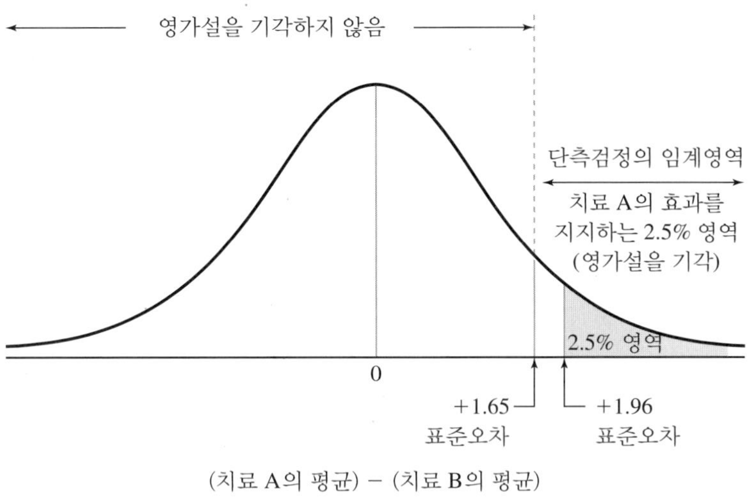

그림 11.3 영가설을 잘못 기각할 확률이 0.05%인 단측검정의 실례

때문이다.

많은 연구들은 특정 방향을 예측한 가설을 가지고 있음에도 양측검정을 사용하곤 한다. 이것은 때때로 분석 결과가 우리가 예측한 것과 반대되는 방향을 가질 수 있기 때문이고, 그러한 경우가 발생될 때에도 영가설을 기각할 수 있기를 원하기 때문이다. 예를 들어, 우리가 예측한 방향은 치료 A가 치료 B보다 효과적이라는 것이었다고 하자. 그러나 분석 결과는 정반대여서, 치료 B가 치료 A보다 더 효과적이다. 치료 B가 정말로 더 효과적이라면, 우리는 미래의 클라이언트(또한 실천가)들에게 그렇다고 말하지 않기 위해 몹쓸 짓을 하는 셈이다. 결과적으로, 우리가 예측한 것과 정반대로 나오는 경우가 발생할 때라도 여전히 그것이 표집오차로 인한 것이라는 설명을 배제할 수 있도록 양측검정을 사용하는 것을 선택하게 될 것이다. 그러나 우리가 유의성 검정을 하기 전에 양측검정을 할지 아니면 단측검정을 사용할지 결정해야 한다. 단측검정으로 영가설을 기각하려 했지만 그 결과가 예측한 것과 반대였다는 결과를 확인한 후에야 양측검정으로 전환했다면, 그 결과가 표집오차에서 비롯된 것일 확률을 배가(doubling)시키는 것이다. 우리가 이론적 표본분포의 양극단에 각각 0.05를 임계영역으로 지정한 양측검정을 사용할 수 있는 유일하고 적합한 방법이 있다면, 그것은 영가설이 참일 확률이 0.10(양쪽에 각 0.05씩) 이하일 때 영가설을 기각하는 양측검정을 사용할 것이라는 점을 사전에 미리 지정해 놓는 것이다.

앞 장에서 우리는 표본크기가 작으면 정규분포가 더 평평하고 표본크기가 크면 더 뾰족하다는 것을 배웠다. 다시 말하면, 작은 표본을 통해서 분석된 결과의 이론적 표본분포에서는 산포도(dispersion)가 더 크게—따라서 표집오차도 더 크게—나타난다. 따라서 그림 11.4에 나타난 것처럼, 이론적 표본분포의 어느 한 극단에 놓여지기 위해 요구되는 평균의 차이는 표본크기가 작을수록 더욱 극단적으로 커지게 된다. 그림 11.4의 (A) 분포는 (B) 분포보다 더 뾰족한데, 이는 (A) 분포가 더 큰 표본크기를 바탕으로 산출된 결과이기 때문이다. 위의 분포 (A)에서는 플러스 혹은 마이너스 3의 평균 원점수의 증분(increments)이 분포 양 극단의 임계영역에 닿게 되지만, 아래의 분

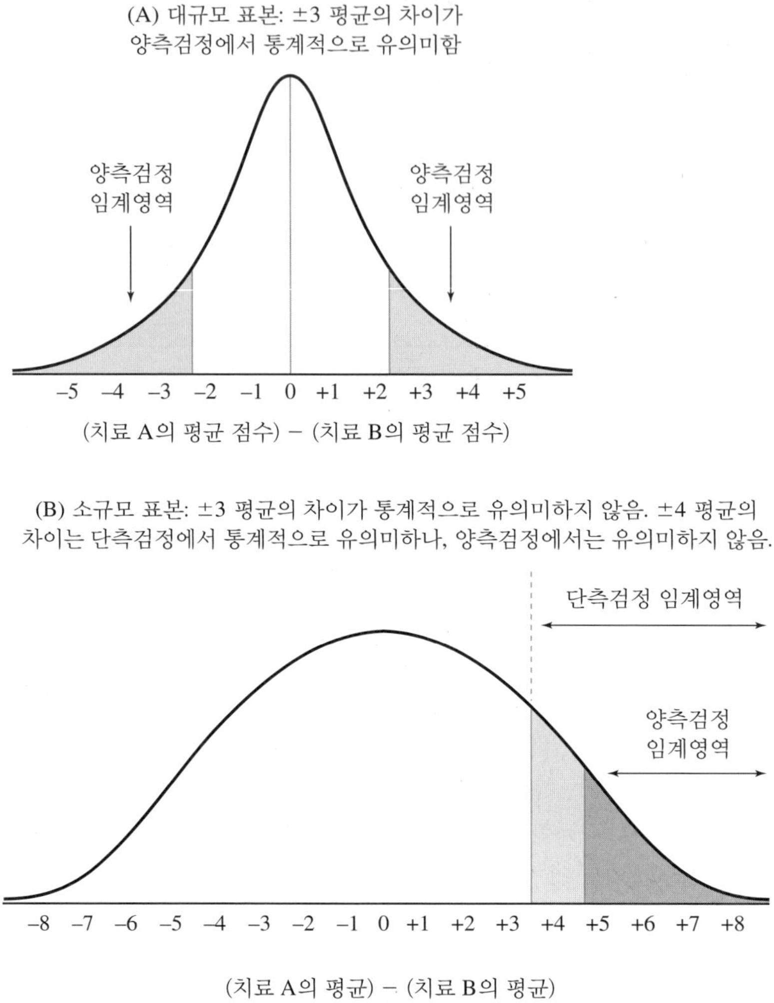

그림 11.4 표본크기와 단측검정·양측검정별로 통계적으로 유의미하기 위해 요구되는 평균의 차이 정도에 대한 실례

포 (B)에서는 단측검정임에도 플러스 3의 평균 차이가 임계영역에 미치지 못한다. 아래의 분포 (B)에서 단측검정 임계영역에 도달하기 위해서는 플러스 4의 차이가 요구되며, 그러한 차이도 양측검정으로 할 경우에는 임계영역에 도달하지 못한다.

표본크기가 매우 작은 경우, 우리의 연구결과가 매우 효과적인 개입임을 보여줄 경우라도, 영가설을 기각하기 위해서는 집단 간 평균의 차이가 극단적으로 커야 하므로, 영가설을 기각할 수 없을지 모른다. 결과적으로, 표본크기가 작다면, 비록 우리가 양측검정을 선호한다 할지라도 단측검정을 사용하게 될 것이다. 단측검정을 사용함으로써, 우리는 예측했던 방향과 정반대의 결과가 나올 경우 그 영가설을 기각할 수 있는 여지를 포기하지만, 예측했던 방향과 동일한 결과에 대한 영가설을 기각시킬 가능성은 증가되는데, 이는 집단 간 평균의 차이가 아주 극단적일 필요는 없기 때문이다.

방향성을 가정한 가설과 방향성을 가정하지 않은 가설에 대한 단측검정과 양측검정의 예

가설 및 근거 | **이론적 표본분포의 임계영역**

가설:

위탁보호의 변화가 많아질수록 아동의 행동문제가 많아짐

단측검정의 근거:

방향성을 가정한 가설, 정적 관계를 예측하고 있음

정적 관계에 대한 임계영역을 가진 단측검정

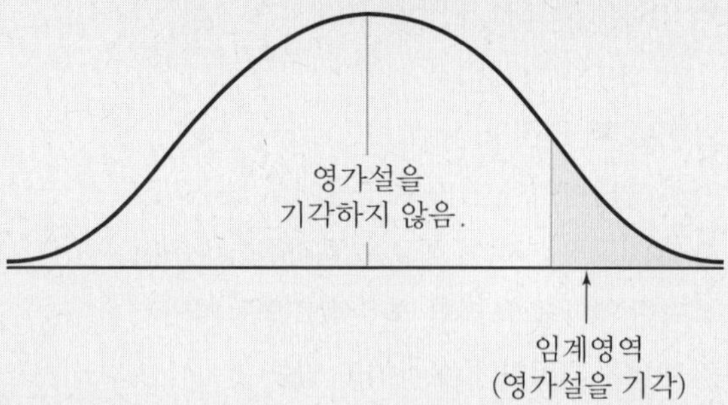

그림 11.5

가설:

긍정적인 성인역할 모형을 더 많이 접할수록 피학대아동의 문제행동은 더 적어짐

단측검정의 근거:

방향성을 가정한 가설, 부적 관계를 예측하고 있음

부적 관계에 대한 임계영역을 가진 단측검정

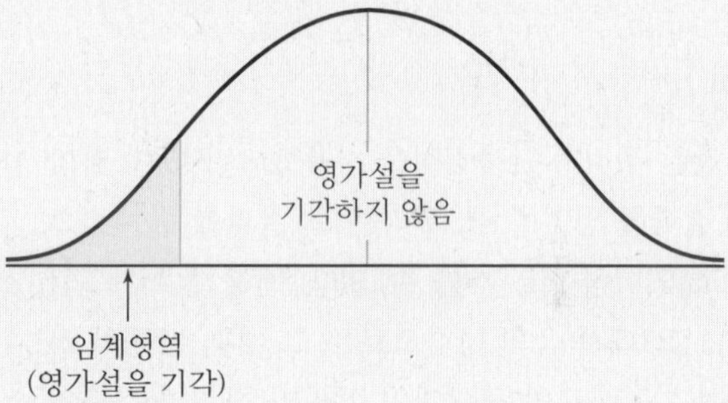

그림 11.6

가설:

종교적 사회 서비스와 세속적 사회 서비스 간의 효과성 차이가 존재함

양측검정의 근거:

방향성을 가정하지 않은 가설; 어느 서비스가 더 효과적인지 예측하지 않음

특정 방향을 가정하지 않은 가설에 대한 양측검정으로 임계영역이 두 부분으로 나뉘어져 있음:

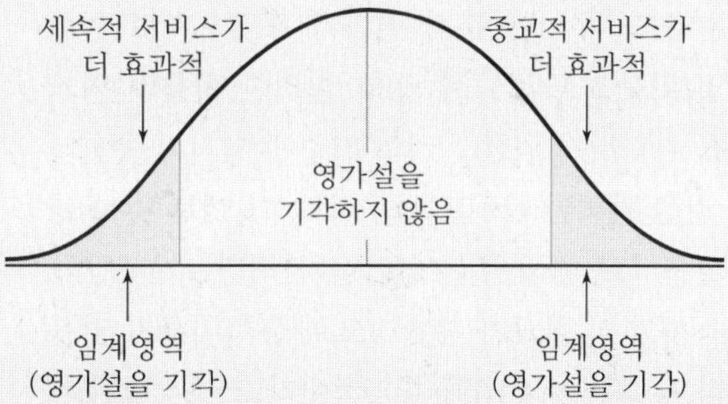

그림 11.7

방향성을 가정한 가설과 방향성을 가정하지 않은 가설에 대한 단측검정과 양측검정의 예(계속)

가설:
폭력 가해자와 그 배우자를 함께 치료하는 것이 더 이상의 학대를 방지할 것임

양측검정의 근거:
가설이 방향성을 가지고 있음에도 불구하고, 함께 치료하는 것이 해로운 효과를 낳아 더 심각한 학대를 초래할 경우에도 연구자가 영가설을 기각하기를 바라고 있음

결과가 예측된 방향과 반대일 경우에도 영가설을 기각할 수 있도록 두 개의 임계영역을 설정한 양측검정:

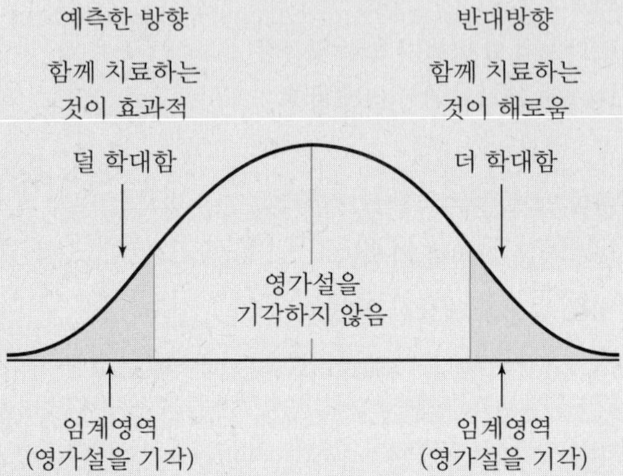

그림 11.8

만일 우리가 단측검정을 사용했으나 반대 방향의 결과를 얻었을 때, 우리는 그 결과를 통계적으로 유의미하다고 부를 수 없다. 예를 들어, 그림 11.4 (B)에서 음의 방향으로는 그 어떤 평균의 차이라도—아무리 극단적인 차이라 할지라도—임계영역에 미치지 못한다. 왜냐하면 단측검정을 사용할 때 예측되지 않은 방향에서는 임계영역이 존재하지 않기 때문이다. 따라서 우리는 영가설을 기각할 수 없지만, 발견된 것을 독자들에게 알려줄 수는 있다. 우리는 분석 결과가 표집오차로 인한 것일 확률을 말해줄 수 있다. 이러한 확률이 영가설을 기각하기 위한 우리의 기준에 미치지 못한다는 것을 말해야 함에도 불구하고, 그 어떤 것도 영가설을 확증해줄 수는 없음을 지적할 수는 있다. 따라서 분석 결과가 통계적으로 유의미하지 않을 때라도, 그것이 우리가 효과적이라고 생각했던 개입이 실제로는 다른 것들에 비하여 덜 효과적이라는— 심지어 해가 될 수도 있다는—것을 암시하고 있다면, 실천가들은 그러한 가능성을 경계해야 한다. 우리는 분석 결과가 표집오차로 인한 것일 확률을 알려줄 수 있다. 그 확률이 0.05나 0.10 수준을 넘을 때라도 말이다. 그리고 바로 그러한 정보를 바탕으로 실천가들은 우리가 검정한 개입을 사용할지 말아야 할지를 스스로 결정할 수 있다. 아마도 어떤 독자들은 우리의 연구결과를 근거로 더 큰 표본을 가지고 양측검정을 통해 그 개입의 효과성을 시험할 것이다.

"방향성을 가정한 가설과 방향성을 가정하지 않은 가설에 대한 단측검정과 양측검정의 예"라는 제목이 붙은 글상자는 단측검정과 양측검정을 이해하고, 또 그것을 언제 사용할지 결정함에 있어서 도움이 되는 몇 가지 추가적인 예시들을 보여주고 있다.

단측검정과 양측검정에서 임계영역과 표본크기의 영향에 관한 실례

표 11.1은 단측검정과 양측검정 각각 0.05 수준에서 통계적으로 유의미한 임계영역 안에 포함되기 위한 상관계수값을 발췌하여 보여주고 있다. 임계치(critical values)를 포괄하고 있는 전체 표는 제17장에 나타나 있다. 표 11.1을 이해하기 위해서는 상관계수에 대한 어느 정도의 지식이 필요하다. 상관계수에 대해서는 제13장과 17장에서 보다 깊이 다루게 될 것이다. 지금은 상관계수가 0.0(관계가 전혀 없음)에서 1.0(완벽한 상관관계)의 범위를 갖는다는 것만 알고 있으면 된다. 두 변수 간의 상관관계가 강할수록, 상관계수는 1.0에 더 근접하게 된다. 변수 간의 관계가 약할수록, 그 값은 0.0에 가까워진다. 제13장에서 논의하겠지만, 상관계수는 약 0.50 이상이면 강한 상관관계가 있는 것으로 간주된다. 상관계수가 0.30 근처라면 중간 정도로, 그보다 훨씬 더 작다면—대략 0.10 이하라면—두 변수 간의 관계는 약한 것으로 여겨진다.

표 11.1에서, 표본크기가 10에 불과할 때 0.60 정도의 강한 상관관계가 있더라도 양측검정에서는 임계영역에 도달하지 못하지만(그러기 위해서는 상관계수가 최소 0.6319 이상이어야 함), 단측검정에서는 임계영역에 닿아 있음(0.5494가 경계 지점임)에 주의하라. 마찬가지로, 표본크기가 30일 때 0.30이라는 중간 정도의 상관관계가 있다면 양측검정에서는 임계영역에 미치지 못하지만(최소 0.3490 이상이어야 함), 단측검정에서 그 정도의 상관관계가 있다면 임계영역 안에 닿게 된다. 또한 표본크기가 더 커져서 50이 되면 0.24 정도의 비교적 낮은 상관관계일지라도 양측검정과 단측검정 모두에서 임계영역에 도달한다. 마지막으로, 500 또는 1000 정도의 대규모 표본일 경우 0.10 이하의 매우 약한 상관관계라도 양측검정과 단측검정 모두에서 임계영역에 도달하게 될 것이다.

제 12장에서 통계적 유의성에 미치는 표본크기의 영향에 대한 논의로 돌아가게 될 것이고, 제13장에서 다양한 수준의 상관관계가 갖는 실천적 중요성을 논의하게 될 것이다. 지금은 표 11.1이 임계영역의 개념에 대한 우리의 이해를 촉진시키고 있으며, 단측검정과 양측검정에서의 임계영역에 어떻게 다른지를 알도록 도와준다는 것만 이해하면 충분하다. 또, 대규모의 표본을 가진 연구들에서는 하찮은 관계라도 임계영역에 도달할 수 있는 반면, 작은 표본크기를 가진 연구들의 경우 그 관계가 얼마나 중요하든 통계적으로 유의미하게 나타나지 않을 수 있다는 것을 이해할 수 있으면 된다.

표 11.1 단측검정과 양측검정 각각 0.05 수준에서 통계적으로 유의미한 임계영역 안에 포함되기 위한 상관계수값

표본크기	단측검정	양측검정
10	0.5494	0.6319
20	0.3687	0.4438
30	0.2960	0.3490
50	0.2310	0.2370
100	0.1640	0.1950
500	0.0740	0.0880
1,000	0.0520	0.0620

주요 내용

- 가설검정은 우리가 표본에서 관찰한 변수 간의 관계가 표집오차로 인한 것인지 여부를 판단하는 것을 의미한다.
- 영가설은 모집단에서 우리가 가정한 변수들 간의 관계가 실제로 존재하지 않음을 가정한다. 표본에서 변수들 간의 관계가 나타난다 할지라도, 영가설은 그 같은 결과가 표집오차에 의한 것이고 모집단이나 이론적 측면에서는 그러한 관계가 실제로 존재하지 않음을 가정한다.
- 통계적 유의성 검정은 영가설이 참일 확률을 평가하는 것을 의미한다. 그 확률이 표본에서 관찰된 관계에 대한 그럴듯한 설명으로서의 영가설을 기각시킬 정도로 충분히 낮을 때, 우리는 그 관계를 **통계적으로 유의미하다**고 지칭한다.
- 이론적 표본분포는 영가설의 분포를 나타낸다. 이것은 연구가설에서 변수 간의 관계가 존재하지 않는다는 전제에 기초한 것이다. 따라서 단지 표집오차로 인하여 특정한 결과를 얻게 될 확률을 보여준다.
- 표본의 통계값이 통계적으로 유의미하다(즉, 표집오차로 돌리기에는 그 가능성이 매우 낮다)고 간주되기 위해 위치되어야 할 이론적 표본분포의 영역을 **임계영역**이라 부른다.
- 임계영역의 확률과 이론적 표본분포의 나머지 영역을 구분해주는 경계점을 **유의 수준**이라고 한다. 이것은 또한 **기각 수준** 혹은 **알파 수준**이라고 불리기도 한다. 이 모든 용어들은 동일한 것을 의미한다. 즉, 영가설을 잘못 기각할 확률을 지칭한다.
- 대체로 유의 수준은 0.05로 설정되는데, 이는 임계영역이 표집오차로 인해 발생될 확률이 0.05 이하인 값을 가지는 이론적 표본분포 영역이 됨을 의미한다.
- 우리가 영가설을 기각하기에 충분한 결과를 가졌을 때, 비록 그러한 분석 결과가 우리의 연구가설과 일치되고 표집오차의 가능성을 배제할 수 있게 한다 할지라도, 그러한 결과가 나오게 대안적 설명으로서 연구설계의 문제를 간과할 수 있음을 의미하는 것은 아니라는 점을 기억해야 한다.
- 영가설을 기각하는 데 실패했다는 것이 영가설을 확증한다는 것과 동일하지는 않다.
- 영가설을 입증하려 할 때, 영가설을 잘못 기각할 확률을 산출하는 것과 동일한 방식으로 접근할 수는 없다. 우리가 할 수 있는 최선의 것은 실제로 아무런 관계도 보여주지 못하는 결과를 산출하는 것이다. 분석 결과가 아무런 관계가 없음을 보여주는 그 정도만큼, 그러한 결과는 영가설을 지지해준다(그러나 확증해주는 것은 아니다). 분석 결과가 우연에 의한 것일 가능성은 낮지만 임계영역 안에 있지 않을 정도까지, 그러한 결과는 우리가 배척하려 했던 관계에 대해 의심을 제기할 수 있을지는 모르지만, 그것이 영가설을 확증해주는 것도 아니다.
- 특정 방향을 가정하지 않은 가설을 검증하려 할 때 양측검정을 사용한다.
- 양측검정은 이론적 표본분포의 양쪽 끝부분으로 임계영역을 분리한다.
- 특정 방향을 가정한 가설, 곧 독립변수의 어떤 범주가 종속변수값을 높이거나 낮추는 것을 예측한 가설을 검증할 때에는 단측검정을 사용한다.
- 단측검정에서, 우리는 임계영역 전체를 예측한 방향의 이론적 표본분포 끝부분에 배정한다. 그 반대 방향의 임계영역은 존재하지 않는다.
- 많은 연구들은 특정 방향을 예측한 가설을 가지고 있을지라도 양측검정을 이용한다. 이는 종종

예측된 방향과 정반대의 방향에서 결과가 나오기도 하며, 그러한 결과가 실제 발생했을 때 영가설을 기각할 수 있기를 원하기 때문이다.

- 아주 작은 표본으로는, 집단간 평균의 차이가 매우 극단적으로 나타나야 하므로, 설령 분석 결과가 매우 효과적인 개입임을 보여줄 때라도 영가설을 기각할 수 없게 될지 모른다. 결과적으로, 우리가 양측검정을 선호함에도 불구하고 단측검정을 선택하게 될 수도 있다. 단측검정을 사용함으로써, 우리는 예측했던 방향과 반대된 결과가 나왔을 때에 영가설을 기각할 수 있는 여지를 상실하게 되지만, 집단 간의 차이가 극단적으로 되어야 할 필요는 없기 때문에 우리가 예측했던 방향에서 결과가 나올 경우 영가설을 기각할 수 있는 가능성을 증가시킨다.

연습문제

1. 치료 A가 치료 B보다 고등학교 중도탈락 방지에 더 효과적이라는 가설을 검증하려 한다고 가정해보자.

a. 영가설을 말로 어떻게 표현할 것인가?

b. 이론적 표본분포의 평균은 무엇이겠는가?

c. 아주 작은 표본만을 확보할 수 있다면, 단측검정을 사용할 것인가 아니면 양측검정을 사용할 것인가? 그 이유는 무엇인가?

d. 큰 표본을 확보할 수 있다면 단측검정을 사용할 것인가 아니면 양측검정을 사용할 것인가? 그 이유는 무엇인가?

2. 당신이 공공아동복지기관을 관리한다고 가정해보자. 이 기관은 아동학대와 방임에 관한 보고를 조사하고, 학대 또는 방임아동을 위탁보호할지 여부를 권고하며, 위탁보호에 배치되지 못한 아동의 학대 및 방임부모에게 서비스를 제공하고 있다. 부모에 대한 서비스는 더 이상의 학대나 방임을 방지하려는 목적을 갖는다. 가족에 통상적인 아동복지 서비스를 제공하는 당신 기관 대부분의 부서들은 위탁보호를 해야 하는지 의심되는 상황에서 가족을 유지시키는 것보다는 아동을 보호하는 것을 더 우선시하고 있다. 그러나 그 불확실한 상황에서 아동을 위탁보호에 맡기지 않고 가족을 유지시키려는 노력으로 더욱 집중적인 가족 서비스를 제공하도록 하고 있는 자그마한 가족유지지원 부서에서 시범 프로젝트를 수행한다고 가정하자.

그 작은 가족유지지원 부서는 20 가정을 대상으로 한 실험을 통해 그 효과성을 평가한다고 가정해보자. 10 가정은 가족유지지원에 무작위로 할당되고, 다른 10 가정은 통상적인 개입에 할당된다. 종속변수는 아동이 위탁보호에 배치되는지 여부이다. 다른 부서의 일부 실천가들은 그러한 종속변수에 비판적인 입장을 가지고 있다. 그들은 위탁보호에 배치되지 못한 일부 아동들도, 원래 가정에서 지속적인 학대나 방임이 발생할 수도 있으므로, 위탁보호를 받도록 해야 한다고 주장한다. 따라서 이러한 비판은 가족유지를 우선으로 하는 접근이 가정으로부터 떼어 놓는 것을 막는 데에 우선적인 순위를 둠으로써 어떤 아동에게는 해가 될 위험이 있음을 지적하고 있다.

a. 당신은 단측검정을 사용할 것을 권하는가 아니면 양측검정을 사용하도록 권할 것인가? 그 이유는 무엇인가?

b. 평가 결과, 가족유지 접근에 유리한 차이가 발견되었으나, 그러한 차이가 우연에 의한 것일 확률이 유의 수준보다 아주 조금 높은

것으로 나타났다고 가정해보자. 이러한 결과를 어떻게 해석하도록 권할 것인가? 그러한 결과가 실천 혹은 후속연구에 주는 함의는 무엇이라 생각하는가?

c. 이 연구결과를 보고, 가족유지 접근을 비판하는 사람들은 가족유지 접근이 통상적인 접근에 비해 더 효과적인 것은 아님을 밝혀주고 있다고 주장한다고 하자. 당신은 이들의 주장에 동의하는가? 동의한다면 왜 동의하며, 동의하지 않는다면 왜 동의하지 않는가?

d. 0.05 유의 수준에서 단측검정을 이용해 두 번째 종속변수에 대한 평가를 수행한다고 가정하자. 종속변수는 추가적인 학대나 방임이 있었는지 여부이다. 검사 결과, 예측한 방향과 반대로 통상적인 접근을 지지하는 차이가 발견되었고, 이론적 표본분포의 반대편 꼬리에서 0.05 안쪽에 있는 것으로 나타났다고 가정하자. 이러한 결과를 바탕으로, 가족유지 접근을 비판하는 이들이 그러한 결과는 통상적인 기존의 접근법이 가족유지 접근에 비하여 더 효과적임을 보여주는 것이라 주장한다. 당신은 이에 동의하는가? 그렇다면 왜 그러하며, 동의하지 않는다면 왜 동의하지 않는가? 이러한 분석 결과로 이끌어 낼 수 있는 실천 및 후속연구에 대한 함의는 무엇인가?

3. 지나치게 편중된 연구설계를 통해 통계적으로 유의미한 결과를 얻었다고 하자. 여기서 영가설을 기각하는 것이 연구가설이야말로 그 분석 결과를 가장 잘 설명할 수 있음을 의미하는 것인가? 설명하라.

4. 가설검정과 추론통계를 설명함에 있어, 다음의 논문은 "추론통계는 0이 될 수밖에 없다(the inferential statistic should equal zero)"고 지적한다. 지금까지 이 책을 읽은 것에 비추어 볼 때 이 말에 동의하는가? 그렇다면 왜 그렇고, 아니라면 왜 아닌가?

J. T. Martelli. (1997). Using Statistics in HRD. *Training & Development*, *51*(2), 62-63.

5. 다음의 논문을 읽고 그 요점을 간략히 요약하라:

H. Coolican. (2002). Of cricket, screws and the null hypothesis. *Psychology Review*, *9*(2), 17-22.

제 12 장

1종 오류와 2종 오류

- 서론
- 통계적 결과 타당도
- 1종 오류
- 2종 오류
- 어떤 오류가 더 심각한가?
- 유의 수준의 선정
- 표본크기의 영향
- 주요 내용
- 연습문제

서론

제11장에서, 우리는 영가설을 잘못 기각할 가능성을 평가하는 것이 유의성 검정을 하는 주요 목적임을 살펴보았다. 예컨대, 0.05 유의 수준일 때 영가설이 참일 확률은 0.05이다. 그 가능성이 매우 낮기 때문에 분석 결과가 임계영역 안에 놓이게 될 때 우리는 영가설을 기각하는 것이다. 그러나 영가설을 기각함에 있어서, 우리는 잘못될 0.05의 가능성을 위험으로 떠안는다. 아마도 영가설이 실제 참일 수 있다. 결국, 통계적 요행(fluke)은 단지 표집오차로 인해 발생될 수 있다.

예를 들어, 내가 자칭 마음을 읽는 사람이라 주장하고 있다고 해보자. 이를 증명하기 위해 나는 당신에게 한 뭉치의 카드에서 한 장을 뽑아 그것을 보라고 부탁한다. 물론 나에게는 보여주지 않는다. 당신이 하트 퀸을 뽑았다고 해보자. 그런 다음, 나는 당신이 하트 퀸을 뽑았다고 정확히 추측한다. 카드 한 뭉치가 52장이므로, 정확히 추측할 확률은 1/52 또는 0.02 미만이다. 0.02가 매우 낮은 확률이라는 사실이(그리고 그 확률은 통상적인 유의 수준인 0.05 미만이다), 당신에게 나는 진짜 마음을 읽는 사람이라고 확신시켜 줄까? 아마도 그렇지 않을 것이다. 그 대신, 당신은 두 가지의 가능성을 의심하게 될 것이다. 하나는 눈속임을 포함해서 내가 마술을 배웠을 것이라는 가능성이다(아마 당신 뒤에 거울이 있었을 수도 있고, 아니면 52장의 카드가 모두 하트 퀸인 작업용 카드였을 수도 있다). 이러한 설명은 마치 한 조사연구의 인상적인 분석 결과가 연구설계에서의 편향 때문이라고 의심하는 것과 같다.

정확한 추측을 설명할 수 있는 또 하나의 가능성은 그건 단지 억세게 운이 좋았을 뿐이라는 것이다. 그런 요행이 일어날 수 있다고 인정한다면, 아마도 당신은 나에게 꽤나 인상적이었던 묘기를 다시 해보라고 채근할 수 있다. 그래서 당신은 다른 한 장의 카드를 뽑는다. 이번엔 스페이드 에이스인데, 나는 이것을 클로버 4라고 추측한다. "아이쿠! 나 충분히 집중하지 못했는데. 한 번만 더 해봐"라고 변명한다. 우리는 계속 했고 나는 연달아 몇 번이나 틀려 버렸다. 이제 당신은 나의 첫 번째의 정확한 추측은 단지 재수가 좋아서였음을 확신할 수 있다. 이러한 설명은, 한 조사연구가 통계적으로 유의미한 결과를 얻었을 때라도, 그 분석 결과가 단지 표집오차에 의한 것이라는 가능성—비록 작은 가능성이라 할지라도—이 존재함을 인식하는 것과 같다. 연구방법의 용어로, 그러한 유형의 오류를 **1종 오류**—영가설을 기각할 때마다 우리가 떠안게 되는 위험—라 부른다. 우리가 영가설을 기각하지 않을 때 다른 종류의 오류를 발생시킬 수 있는데, 이것을 **2종 오류**라 한다. 이 장에서는 이 두 종류의 오류와 함께, 이것이 증거기반 실천 및 평가에서 가지게 되는 유용한 함의를 살펴본다.

통계적 결과 타당도

한 연구가 1종 오류와 2종 오류를 피하려고 할 때마다 **통계적 결과 타당도**(statistical conclusion validity)가 고려될 수 있다. 통계적 결과 타당도라는 용어는 내적 타당도라는 용어와 같이 잘못된 연구결과를 이끌어 내는 것과 관계된 것이다. 제3장에서 논의되었듯이, 내적 타당도라는 용어는 한 연구의 연구설계가 다른 논리적 설명이 그 연구결과를 설명하는 것을 통제할 수 있는 정도를 지칭한다. 따라서 한 연구가 통제집단이 없는 불충분한 연구설계를 사용하고 터무니없이 편향된 측정 절차를 사용함으로써 한 개입의 효과를 평가한다면, 그 연구는 지독히 내적 타당도가 결여된 것이다.

그러나 어떤 한 연구가 상당한 내적 타당도를 지닌 예외적으로 강력한 연구설계를 활용함으로써 한 개입의 효과를 평가하였지만, 그 분석 결과에 대한 통계적 유의성 검정에는 실패했다고 가정해보자. 실험집단을 지지하는 결과로 나타난 그 작은 차이에만 근거하여—그 어떠한 추론통계도 활용하지 않고—그 차이가 개입이 효과적임을 의미하는 것이라 결론 내렸다고 가정해보자. 그러한 경우, 그 연구는 통계적 결과 타당도가 결여된 것이다. 따라서 강력한 연구방법과 훌륭한 수준의 내적 타당도를 지닌 연구라 할지라도 통계적 결과 타당도를 결여할 수 있다.

반대로, 어떤 한 연구가 내적 타당도는 결여되었다 할지라도 통계적 결과 타당도를 가질 수 있다. 왜냐하면 통계적 결과 타당도는 연구자가 그 분석 결과를 설명함에 있어 다른 대안적 설명의 가능성을 배제하는 것이 옳은지 여부와 관계된 것이기 때문이다. 즉, 이것은 오직 연구자들이 1종 오류와 2종 오류를 범하는 것을 피할 수 있는지 여부와 직결된 것이다. 사실, 비윤리적인 연구자들은 고의적으로 터무니없이 편향된 측정 절차를 사용함으로써 통계적으로 유의미한 결과를 획득할 가능성을 높일 수도 있다. 예를 들어, 그들은 자신들에게 부와 명예를 가져다주기를 바라면서 새로이 개발한, 그러나 무가치한, 개입을 적용했다고 하면, 그들은 클라이언트의 개선을 평가함에 있어 자기들의 "판단"을 사용할 수도 있다. 따라서 그들이 통계적으로 유의미한 결과를 설명함에 있어 우연을 배제할 수 있다면, 그들이 아마 옳을 것이다. 우연은 이러한 결과와 아무런 관련이 없다. 그러나 그러한 결과를 설명하는 것은 바로 편향이다. 결과적으로, 증거기반 실천의 과정에 있는 연구들을 읽고 칭찬할 때, 연구설계가 내적 타당도를 결여하고 있다면 통계적 결과 타당도의 측면에서 가장 인상적인 결과를 갖는 아주 훌륭한 통계분석일지라도 잘못된 것일 수 있음을 기억해야 한다. 마찬가지로, 내적 타당도의 측면에서 가장 훌륭한 연구설계가 통계적 결과 타당도는 부족할 수 있다.

대부분의 경우, 한 연구가 실제로 통계적 결과 타당도를 가지고 있는지 여부를 아는 것은 가능하지 않다. 대체로, 우리가 할 수 있는 최선은 그것이 1종 오류나 2종 오류를 만들어낼 위험을 최소한 평가했는지, 표본크기는 적절했는지, 그리고 적절한 통계 절차를 사용했는지 여부를 판단하는 것이다. 왜 그런가는 이 장의 나머지와 이 책의 후반부를 읽으면 더욱 명확해질 것이다. 그러나 우리가 추론통계분석에 대한 고려 없이 기술통계 상의 차이만으로 개입의 효과성을 주장하는 연구를 접하게 될 때, 그러한 주장이 통계적 결과 타당도를 결여하고 있음을 확신할 수 있다.

본 저자는 이러한 점을 보여줄 수 있는 많은 다양한 경험들을 제시할 수 있으나, 가장 악명 높은 사례 하나만 언급하기로 하자. 이것이 발생한 것은 필자가 아동학대 및 방임 방지를 목적으로 한 연방정부 기금의 시범 사업 평가자를 위한 훈련 워크숍에 참석했을 때였다. (본 저자는 그 중 한 사업의 프로그램 평가자였다.) 워크숍의 후원자들은 자기들이 비용을 부담한 프로그램에서 긍정적인 결과를 획득할 수 있도록 저자에게 편향된 입장을 유도한다는 느낌을 받았으며, 그들이 프로그램 평가에서 "미국 최고의 전문가"로 부르는 누군가를 과시하고 있었다. 그 전문가는 평가자들이 아동학대나 방임 건수가 프로그램 실행 전후의 각 1년을 비교했을 때 10%가 감소했음을 발견한 것만으로 그 다양한 프로그램이 효과적이었다고 결론짓도록 촉구하였다. 그는 참석자들에게 그런 결론을 도출함에 있어서 내적 타당도에 관한 문제를 무시하도록 충고했다. 본 저자가 그에게 단지 우연에 의해 10%의 차이가 나타났는지 여부(한 연도와 다음 연도 간의 무작위적 변동)를 배제하기 위해 추론 통계를 사용할 필요가 있다고 지적했을 때, 그는 마치 사회복지 실천의 실제 세계를 알지 못하는 한 학자의 쓸데없는 관심에 불과하다는 듯 무시해 버렸다. 결국 그는 통계적 결과 타당도의 중요성을 져버렸다.

그의 충고를 따라 통계적 결과 타당도를 고려하지 않은 평가자들은 통계적 결과 타당도를 결여한—그들이 이 문제에 주의하지 않음으로 인하여—연구를 생산해 냈을 것이라고 추론할 수 있다. 그러나 통계적 결과 타당도는 미묘한 개념이다. 왜냐하면 우리는 통계적 결론이 맞는지를 확실하게 알 수는 없기 때문이다. 완벽한 통계 기법을 사용하는 연구자라 할지라도 잘못된 결론에 도달할 수 있다. 통계적 결과 타당도의 관점에서, 우리가 할 수 있는 전부는 다음의 두 가지를 고려하는 것이다: (1) 연구자들이 그들의 결론을 정당화할 만한 적합한 통계 절차를 사용했는지, 그리고 (2) 그들의 결론이 잘못되었을 확률(연구자들이 계산하고 보고해야 하는)이다. 이 중 첫 번째는 이 책의 나머지 부분에서 다루어질 것이다. 두 번째로 고려해야할 문제가 바로 1종 오류와 2종 오류를 발생시킬 확률을 계산하는 것과 관련된다. 비록 우리가 통계적 결론이 정확한지 아닌지를 (100%) 확실히 알 수는 없다 할지라도, 1종 오류나 2종 오류를 발생시킬 가능성을 보고함으로써, 한 연구는 그 결론이 통계적 결과 타당도를 가지게 될 확률을 우리에게 말해줄 수 있는 것이다.

비록 통계적 결과 타당도가 미묘한 개념임에도 불구하고, 많은 연구들은 명백한 통계적 결과 타당도를 가지고 있다. 즉, 그 연구들은 결과가 우연에 의한 것일 확률을 계산해주는 적합한 통계방법을 사용한다. 마찬가지로, 많은 연구들은 통계적 결과 타당도와 함께 높은 수준의 내적 타당도를 가지고 있다. 예를 들어, 방법론적으로 강력한 실험들은 실험집단을 뒷받침하는 커다란 결과의 차이를 보고할 것이며 그것이 우연에 의한 것일 확률은 0.05 미만에 불과할 것이다. 물론 이러한 연구의 결과가 정말로 우연 때문일 가능성을 전혀 상상할 수 없는 것은 아니겠으나, 이 연구는 여전히 통계적 결과 타당도를 가질 것이며, 그 결과는 사회복지 실천을 인도함에 있어 가치가 매우 클 것이다. 그리고 만약 그 결과가 우연에 의한 것일 확률이 0.05보다 훨씬 더 작다면(예를 들어, 0.01이나 0.001이라고 하자), 더욱 더 좋은 결과이다. 당신이 통계적 결과 타당도를 더 잘 이해할 수 있도록, 이제 1종 오류와 2종 오류를 설명하는 것으로 넘어가자.

1종 오류

연구자들은 그들이 통계적으로 유의미한 결과를 갖고, 따라서 영가설을 기각할 때마다 1종 오류를 발생시킬 위험이 있다. **1종 오류**(type I errors)는 실제로는 참인 영가설을 기각할 때마다 발생한다. 다시 말해서, 연구자들이 가정한 관계가 일반적 혹은 이론적 측면에서 실재하지 않으며 그 결과들이 단지 표집오차 때문에 나타난 것이라면, 영가설은 참이다. 만약 이것이 사실이라면, 단지 표본의 요행이 통계적으로 유의미한 결과를 산출한 것이며, 이것은 연구자들이 영가설을 기각하게 만들기 때문에 1종 오류를 범하게 된다.

만약 연구자들이 참일 확률이 0.05에 불과하기 때문에 영가설을 기각한다면, 그들이 실제로는 참인 영가설을 잘못 기각할 0.05의 확률이 존재하는 것이다. 만약 그들이 참일 확률이 0.01에 불과하기 때문에 영가설을 기각한다면, 실제로는 참인 영가설을 잘못 기각할 0.01의 확률이 존재한다. 아무리 작더라도, 그 결과가 표집오차 때문일 확률은 항상 존재한다. 영가설이 아무리 받아들이기 힘든 것이라 할지라도, 절대 불가능하지는 않다.

예를 들어, 당신이 음주운전으로 체포되어 법원에서 의뢰된 십대를 대상으로 한 명백히 비효과적인 개입을 평가하고 있는 연구보고서를 읽고 있다고 상상해보라. 그 연구의 표본은 10명의 십대 청소년이며, 그 중 5명은 과거에 음주운전한 경력이 없고, 진정으로 잘못을 뉘우치고 있으며, 또한 이들은 변화에 대한 열망이 매우 높아서 그 어떤 개입 없이도 다시는 음주운전을 하지 않을 것이라고 가정해보라. 나머지 5명은 재범자이며, 변화에 대한 동기도 전혀 없고, 어떤 개입을 받든 상관없이 미래에 동일한 범죄를 저질러 다시 체포될 것이 확실하다고 가정해보라.

연구자들은 각각의 청소년에 대해 동전 던지기를 한다. 앞면이 나오면 무의미한 개입을 받도록 할당되고, 뒷면이 나오면 통상적인 서비스에 배정된다고 해보자. 잘못을 뉘우쳤던 첫 번째 5명은 전부 앞면이 나왔고, 나머지는 뒷면이 나왔다고 하자. 이렇게 될 가능성은 희박하지만(0.05보다 작다), 전혀 불가능한 것은 아니다. 결론적으로, 그 결과는 통계적으로 유의미하며 연구자들이 영가설을 기각하도록 이끌었다. 왜냐하면 무가치한 개입을 받았던 십대 청소년들 중에서는 단 한 명도 술을 마시고 운전해서 체포된 일이 없었으며, 통상적 서비스를 받았던 나머지는 전부 다시 붙잡혔기 때문이다. 이것은 단지 표본의 오차로 인해 어떻게 통계적으로 유의미한 관계가 발견될 수 있는지를 예시해준다. 따라서 0.05의 신뢰도 수준을 평가에 적용하는 연구자들은 1종 오류를 범할 0.05의 위험을 갖는다. 0.05의 위험을 가질 때, 연구자들이 100번의 가설을 검증할 때마다 5번의 1종 오류를 범하게 됨을 예측할 수 있다.

2종 오류

연구자들이 1종 오류를 발생시킬 위험을 피할 수 있는 유일한 경우는 영가설을 기각하기를 거부할 때이다. 변수 간의 관계가 표집오차 때문일 확률이 너무 높을 때(예컨대, 0.05보다 클 때) 연구자들은 영가설을 기각하기를 거부하게 된다. 다시 말하면, 연구결과가 통계적으로 유의미하지 않을 때 영가설을 기각하기를 거부한다. 그러나 영가설을 기각하지 않기로 할 때마다 연구자들은 불가피하게 2종 오류를 범할 위험을 갖는다. **2종 오류**(type II errors)는 연구자가 잘못된 영가설을 기각하지 못할 때 발생된다. 표 12.1은 가설을 통계적으로 검증할 때 한 위험이나 다른 위험을 피하는 것이 불가능함을 설명해 준다.

학생들은 종종 표 12.1에 나타난 개념을 붙잡고 발버둥치곤 하는데, 좀 더 명확히 이해하기 위해서 또 다른 표 하나를 살펴보도록 하자. 표 12.2에서, 가운데 열은 영가설이 참인 경우를 가정하고 있어서, 개입의 효과성을 뒷받침해 주는 연구결과가 나온다면 이것은 실제로는 우연에 의한 것이다. 이 열에서는 영가설을 기각하지 않는 것이 올바른 결정이며, 따라서 통계적으로도 타당하고, 영가설을 기각하는 것이 1종 오류이다. 오른쪽 열은 잘못된 영가설을 가정하고 있어서 개입의 효과성을 뒷받침하는 연구결과를 우연으로는 설명할 수 없다. 이 열에서는 영가설을 기각하는 것이 올

표 12.1 우리가 영가설을 기각하거나 기각하지 못할 때 발생되는 오류의 유형

오류의 유형	영가설에 대한 결정	
	기각	기각하지 못함
1종	위험 있음	위험 없음
2종	위험 없음	위험 있음

표 12.2 영가설이 참이고 거짓일 때 나타나는 통계적 결론의 타당성 여부에 대한 실례

통계적 결론	영가설이 참일 때 (개입의 효과성을 지지하는 결과가 우연에 의한 것일 때)	영가설이 거짓일 때 (개입의 효과성을 지지하는 결과가 우연에 의한 것이 아닐 때)
영가설을 기각	**1종 오류** (통계적 결론이 타당하지 않음)	올바른 결정 (**통계적 결론이 타당함**)
영가설을 기각하지 않음	올바른 결정 (**통계적 결론이 타당함**)	**2종 오류** (통계적 결론이 타당하지 않음)

바른 결정이며, 따라서 통계적으로도 타당하고, 영가설을 기각하지 않는 것이 2종 오류이다.

연구자들은 표본크기가 작을 때 2종 오류를 범할 여지가 가장 크다. 예를 들어, 제11장의 그림 11.4에서 보았듯이, 표본크기가 작을수록 임계영역에 도달하는 데 요구되는 평균의 차이는 더 극단적으로 커지게 된다. 제11장에서 설명했듯이, 연구자들에게 영가설을 기각하지 못하게 하는 연구결과는 영가설을 확증해주지 못한다. 만약 연구결과가 표집오차에 의한 것일 0.20의 확률이 존재한다면, 그래서 우리가 영가설을 기각하지 못한다 해도, 표집오차가 우리의 결과를 설명할 확률은 여전히 0.20에 불과할 뿐이다. 따라서 우리가 표집오차를 배제하지 않기로 할 때마다—즉, 영가설을 기각하지 않기로 할 때마다—잘못된 영가설을 기각하지 않을 가능성을 위험으로 떠안게 되는데, 바로 이것이 2종 오류를 범할 위험을 가진다는 의미이다.

2종 오류의 확률을 계산하는 것은 1종 오류의 확률을 계산하는 것보다 훨씬 더 복잡하다. 앞에서 암시되었듯이, 우리의 연구결과가 영가설의 이론적 표본분포에 놓여 있는가를 살펴봄으로써 1종 오류의 확률을 계산할 수 있다. 2종 오류의 확률을 계산하기 위해서는 단순히 영가설의 이론적 표본분포를 살펴보는 대신, 연구가설이 참이며 영가설은 거짓이라는 가정에 근거한 또 다른 이론적 확률분포를 만들어 내야 할 것이다. 연구가설의 이론적 표본분포의 평균은 가정한 변수들이 얼마나 강하게 모집단과 실제 연관되어 있는지에 관한 예측에 의존하게 될 것이다. 그 다음 예측된 표본분포에서 영가설 표본분포의 임계영역에 미치지 못하는 부분을 찾기 위해 두 가설 분포 간에 중복된 것을 살펴보게 될 것이다.

예를 들어, 음주운전으로 인하여 다시 체포되는 것을 방지하기 위한 새로운 개입을 평가할 때, 그 개입이 재 체포율을 반으로 낮출 것이라 예측했다고 하자. 우리는 이미 음주운전으로 인한 재 체포율의 주 전체 평균이 30%라는 것을 알고 있으며, 우리의 새로운 개입 서비스를 받는 수혜자들은 15%의 재 체포율(vs. 통제집단은 30%)을 보일 것이라고 예측했다고 하자. 영가설의 이론적 표본분포의 평균은 실험집단과 통제집단 간의 재 체포율의 차이가 없다는 것이다. 연구가설의 이론적 표본분포의 평균은 두 집단 간에 15%의 차이(30% − 15% = 15%)가 있다는 것이다.

위에서 언급했듯이, 우리의 평가에서 2종 오류가 발생될 확률을 계산하는 것은 복잡하다. 이를 위해서는 SPSS와 같은 통계 소프트웨어가 필요할 것이다. 그러나 그림 12.1을 살펴봄으로써 1종 오류의 발생 확률과 2종 오류의 발생 확률을 계산하는 것의 차이가 무엇인지를, 그리고 2종 오류 발생 확률이 단지 1에서 1종 오류 발생 확률을 빼

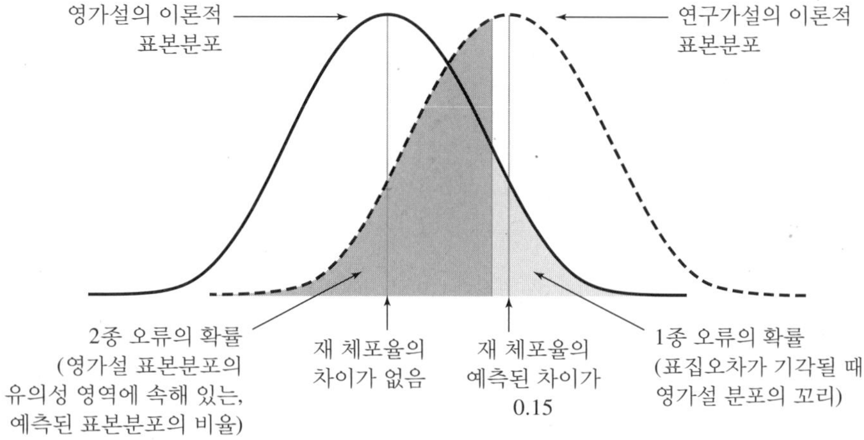

그림 12.1 1종 오류와 2종 오류의 확률을 계산하는 것의 차이

는 단순한 것이 아니라는 사실을 눈으로 볼 수 있을 것이다.

어떤 오류가 더 심각한가?

역사적으로, 사회과학자들은 1종 오류에 대해서는 매우 큰 관심을 보여왔으나 2종 오류를 범할 위험은 거의 무시해 왔다. 이것은 아마도 그들이 연구가설을 뒷받침하고자 하는 편향을 나타내는 것을 꺼려하기 때문일 것이다. 사회과학자들은 그들의 연구결과가 표집오차 때문일 가능성이 매우 낮은 경우가 아니라면 가설을 지지하는 추론을 자제함으로써 과학적 신중성과 객관성이라는 대중적 이미지를 보호한다.

그러나 많은 사회과학 연구들은 인간의 고통을 경감시키고 사회정의를 증진시키기 위한 목적으로 개입의 효과성을 평가하지는 않는다. 실험실의 쥐를 가지고 지식을 습득하는 조건과 연계된 가설을 검증하는 연구나, 남학생 및 여학생 사교클럽 멤버의 사회적 준거에 관한 가설을 검증하는 연구에서는 2종 오류를 범하는 것이 그리 비극적으로 보이지는 않을 것이다. 그러나 증거기반 실천에서 그러한 오류를 범하는 것은 비극적일 수 있다. 예를 들어, 우리가 학대 및 가정폭력 가해자의 재범을 실질적으로 감소시키는 효과적인 개입에 대하여 효과적이지 않을 것이라 잘못 판단했다고 가정해보라. 만약 시험된 개입이 실제로는 현존하는 다른 어떠한 것보다 더 효과적이라면, 그러한 2종 오류는 특히 더 비극적일 수 있다.

증거기반 실천과 밀접한 관계가 있는 평가 연구에서, 하나의 개입이나 프로그램, 또는 정책의 효과성을 시험하는 이유는 다른 대안들의 효과성에 만족하지 못하는 것과 종종 관련이 있다. 때로는 그 대안들이 먼저 테스트를 거치고 부족함이 발견되었을 것이다. 때로는 우리가 단지 특별한 표적 문제나 표적 모집단에 무엇이 효과적인지 알지 못한다. 이러한 상황에서, 실제로는 효과적인 개입에 대하여 2종 오류를 범하는 것은 실천가들이 그 개입에 의해 도움을 받을 수 있는 사람들에게 그것을 사용하지 못한다는 것을 의미할 수도 있다. 그것은 정말로 심각한—아마도 진정 비극적인—오류일 것이다. 따라서 2종 오류를 범할 수 있다는 위험은 증거기반 실천가들이 서비스나 정책을 평가할 때 매우 심각히 다루어져야 한다.

그러나 2종 오류의 심각성을 인식하는 것이 1종 오류보다 2종 오류가 더 심각하다는 것을 반드시 의미하지는 않는다. 어떠한 오류가 더 심각한 것으로 여겨져야 하는가는 연구에 따라 차이가 있을 것이고, 다양한 고려사항에 대한 우리의 가치판단에 달려 있다. 우리가 투옥된 성범죄 피의자를 조기 석방하고 지역사회 보호관찰을 하도록 하는 정책의 효과성을 평가하고 있다고 가정해보자. 만약 1종 오류를 범해서 실제로는 효과적이지 않으나 재범을 방지하는 정책이 효과적이라고 생각한다면, 비효과적인 정책을 실행함으로써 발생될 수 있는 위험은 우리가 실제로 효과적인 정책이지만 그렇지 않다고 생각하여 그것을 집행하지 않을 때 발생하는 위험을 아마도 능가하게 될 것이다. 만약 그들이 성범죄를 더 저지를 것이라면, 우리는 그 수감자들을 조기에 석방하려 하지 않을 것이다.

마찬가지로, 외상 증상을 감소시키기 위한 개입이 실제로는 비효과적이지만 효과적이라고 생각하는 1종 오류를 범하는 상황을 가정해보자. 더 나아가, 그 개입이 원치 않는 부작용 발생 위험이 커서 논란이 되고 있다고 하자. 아마도 일부 클라이언트들은 개입의 일부로서 외상이 정신적으로 "되살아남"에 따라 외상 증상이 악화된다. 만약 우리가 평가하고 있는 개입이 일부 클라이언트들에게 해를 끼칠—혹은 일시적이지만 매우 심각한 정서적 고통을 야기할—상당한 위험이 존재한다면, 우리는 진정 비효과적인 개입을 잘못 추천하는 위험을 최소화하기를 바라게 될 것이다. 바로 그러한 맥락에서, 2종 오류보다는 1종 오류가 더 심각하다고 판단할 수도 있다.

반면에, 유해한 부작용의 위험이 명백하지 않은 개입이나 정책을 평가하고 있다고 해보자. 아마도 우리는 석사학위를 소지한 아동복지 실천가가 학부를 마친 실천가들보다 아동학대 방지에 있어 더 효과적인지를 보고자 한다. 석사학위를 가진 실천가들에 의해 서비스를 받는 클라이언트 모집단의 아동학대 발생 비율이 다른 유형에 비하여 20% 더 낮았지만, 우리의 연구가 영가설을 기각하는 데에는 실패했다고(아마도 표본의 규모가 작아서) 가정해 보자. 그러한 경우에는 1종 오류를 범하는 것보다 2종 오류를 범하는 것을 더 심각한 것으로 생각해야 할 것이다. 물론 본 저자가 말하고자 하는 것이 그러한 경우에 있어서 1종 오류가 하찮다는 것을 의미하고자 함은 아니다. 어떤 것이 실제로 그렇지 않음에도 사람들을 돕게 될 것이라고 우리가 (비고의적으로) 생각하도록 호도한다면 결코 하찮은 문제가 아니다. 필자의 요점은 1종 오류가 심각할 때라도, 어떤 경우에서는 2종 오류를 그와 마찬가지로 혹은 더욱 더 심각하게 판단해야 할 때가 있다는 것이다. 되풀이하면, 어떤 오류를 더 심각한 것으로 여겨야 할지는 연구마다 다를 것이며, 그것은 지금까지 논의한 것들을 고려하여 우리가 내려야 할 가치판단에 달려 있다는 것이다.

유의 수준의 선정

어떻게 우리가 1종 오류와 2종 오류의 상대적 심각성을 판단할 수 있는가는 그 오류를 범할 위험의 정도를 얼마나 감내할 수 있는가에 영향을 받게 될 것이다. 앞에서 지적했듯이, 우리가 감내하는 1종 오류 발생위험의 수준은 영가설을 잘못 기각할 확률을 얼마나 받아들일 수 있는가 하는 것이다. 또한 위에서 언급했듯이 그 확률은 우리가 임계영역의 어느 곳에 이론적 표본분포의 x축 선상에 있는 절사점(cutoff point)을 놓게 되는가에 의해 결정되는데, 임계영역은 우리가 통계적으로 유의미하다는, 따라서 표집오차에 의한 것이 아니라고 판단하는 결과와 통계적으로 유의미하다고 간주하기에는 표집오차에 의한 것일 확률이 너무 높은 결과를 구분해준다.

이 교재의 나머지 장에서는 통계적 유의성 검정의 또 다른 방법들을 살펴보게 될 것이다. 또한 적합한 검정을 선택하는 기준 역시 배우게 될 것이다. 비록 다른 검정방법들이 여러모로 다르지만, 모두 동일한 기능을 가지고 있다: 한 연구의 결과가 표집오차에 의한 것일 확률을 계산하는 것. 그 확률을 p-값이라 부른다.

p-값을 유의 수준과 동일시하지 않는 것은 중요하다. p-값은 0.0에서 1.0 사이의 값을 가지며 우리의 자료로부터 계산되지 우리가 직접 고르는 것은 아니다. 반면에, 유의 수준은 우리가 p-값을 계산하기 전에 말하는 것이다. 만약 p-값이 우리가 설정한 유의 수준 이하인 것으로 나타난다면, 이는 이론적 표본분포 상의 임계영역 안에 놓임을 의미한다. 다시 이것은 우리의 결과가 통계적으로 유의미하며 우리가 영가설을 기각시킬 수 있음을 의미한다. 왜냐하면 그 p-값은 우리의 결과가 표집오차에 의한 것일 확률이 충분히 낮음을 보여주고 있기 때문이다.

예를 들어, 유의 수준이 0.05이고 p-값은 0.04라면, 우리의 결과는 통계적으로 유의미하며 동시에 1종 오류의 위험을 안는다. 만약 유의 수준이 0.05이지만 p-값이 0.06 또는 0.051이더라도, 우리는 그 결과를 통계적으로 유의미하다고 부를 수 없고 2종 오류의 위험을 갖는다.

전형적으로, 우리는 SPSS와 같은 통계 프로그램을 사용하여 p-값을 계산한다. (컴퓨터는 유의 수준을 우리에게 말해주지 않는다; 우리는 우리 자신이 유의 수준을 사전에 선택한다.) 컴퓨터 분석 결과물을 살펴볼 때 우리의 주된 관심사는 p-값이 우리가 선택한 임계영역 안에 있는지 보는 것이다. 분석 결과에서 p-값은 전형적으로 p = [어떤 확률 값] 또는 p < [어떤 확률 값]으로 나타난다. 예를 들어, 유의 수준이 0.05로 설정되어 있고, p-값이 0.04라면, 우리는 통계적 유의성이 있음을 알게 된다. 또한 컴퓨터 분석 결과 $p < 0.05$ 또는 $p = 0.01$로 나타나면 통계적 유의성을 갖게 된다. 부등호 "<"는 미만을 의미한다; 따라서 $p < 0.001$은 우리의 결과가 표집오차에 의한 것일 확률이 0.001보다 작음을 의미한다. p-값이 극단적으로 낮을 때, 분석 결과는 정확한 확률 대신 대체로 "미만"이라는 기호를 사용한다. 마찬가지로, $p = 0.0000$이라면, p-값은 0.001보다 작음을 의미하고, 컴퓨터는 우리에게 정확한 확률 대신, 단지 p-값이 0.001보다 작다는 것을 알려준다. p-값이 우리의 유의 수준보다 작음을 알면 우리의 결과가 통계적으로 유의미하다고 판단하는 데 충분하다.

이제 이러한 용어와 기호들에 익숙하다면, 어디에 유의 수준을 둘 것인지에 대한 질문으로 넘어가보자. 앞에서 언급했듯이, 많은 사회과학자들은 다른 기준들을 고려조차 하지 않은 채, 전통에 따라 유의 수준을 자동적으로 0.05로 설정한다. 역시 앞에서 언급했듯이, 작은 표본크기를 가진 연구에서는 더 높은 확률—0.10과 같은—을 유의 수준으로 설정하는 것이 정당화될 수도 있다. 드물게, 매우 큰 표본을 가진 연구들의 경우에 유의 수준을 0.01 정도로 매우 낮게 지정하는 것을 볼 수도 있다.

우리가 2종 오류보다 1종 오류를 더 염려한다면, 유의 수준을 낮추는 것이 적합할 것이다. 만약 2종 오류를 더 걱정한다면, 더 높은 유의 수준을 선택할 것이다. 유의 수준을 낮출수록, 1종 오류의 위험 역시 낮아진다. 앞서 논의했듯이, 우리는 이것을 정의상으로 안다. 유의 수준이 높을수록, 1종 오류의 발생위험은 더 커지지만, 2종 오류의 위험은 더 적어진다. 왜 유의 수준이 더 높을수록 2종 오류의 위험은 낮아지는가? 왜냐하면 임계영역이 커질수록 영가설 이론적 표본분포의 임계영역에 위치하는 연구가설 이론적 표본분포의 비중이 적어지기 때문이다. 이를 명확히 하기 위해서, 그림 12.1을 다시 잘 살펴보기 바란다. 당신이 그러하듯, 임계영역의 절사점을 좌측으로 이동시킴으로써 영가설 분포의 임계영역을 확장하는 것을 상상해보라. 그 기준점이 좌측으로 이동함에 따라, 그 기준점의 우측, 즉 임계영역 안에 위치하는 우측 분포의 비율(연구가설의 이론적 확률분포)은 점점 더 커지게 된다.

표본크기의 영향

표본크기를 증가시키는 것은 2종 오류를 범할 확률을 감소시키는 또 하나의 방법이다. 예를 들어, 제11장의 그림 11.4는 표본크기가 작을수록 임계영역 안에 놓이는 데 요구되는 평균의 차이가 더욱 극단적이 됨을 보여준다. 이는 큰 표본이 작은 표본에 비하여 더 적은 표집오차를 갖기 때문이다. 따라서 표본크기가 증가할수록 이론적 표본분포의 표준편차는 감소한다. 그것이 발생함에 따라 임계영역은 이론적 표본분포의 평균의 차이가 없는 것에 더 근접한다. 따라서 임계영역에 도달하는 데 필요한 집단 간 평균의 차이가 작을수록, 실제 모집단에서의 두 집단 간 평균의 차이가 임계영역 안에 놓이게 될 확률은 더 커진다. 정의에 의하면, 그러한 확률의 증가는 2종 오류의 확률을 감소시키는데, 이는 잘못된 영가설을 기각시키지 못할 확률을 낮추기 때문이다.

아마도 표본크기가 통계적 유의성 검정에 미치는 영향을 보여주는 가장 단순한 예는 이산변수인 독립변수와 종속변수(곧 두 개의 범주만을 갖는 변수)이다. 우리가 학교 중도탈락을 방지하기 위해 고안된 개입을 평가하고 있다고 가정해보자. 표 12.3 상단의 표 세 개는 세 개의 상이한 표본크기에서 중도탈락률이 20% 차이가 날 때 p-값이 어떻게 되는지를 예를 들어 설명해주고 있다. 표 12.3 하단의 표 두 개는 중도탈락률에 4%의 차이가 있을 때 표본크기가 상이한 두 표본에서 p-값이 어떻게 되는지를 보여주고 있다. 대부분의 연구보고서에서와 마찬가지로, 기호 N은 표본크기를 의미한다.

상단의 표 세 개에서 실험집단은 40%의 중도탈락률을, 통제집단은 60%의 탈락률을 보이고 있다. 따라서 실험집단의 탈락률이 통제집단에 비하여 20%가 더 양호하다. 그러한 결과는 실험집단과 통제집단이 각기 10명의 학생으로 구성되었을 경우 0.05 수준에서 통계적 유의성이 나타나지 않는다. 그러나 각 집단이 50명으로 구성되면 동일한 비율의 차이라도 0.05 수준에서 통계적으로 유의미하며, 한 집단에 100명이 있다면 0.01 수준에서 통계적으로 유의미할 것이다.

표 12.3 하단의 표 두 개에서 실험집단은 48%의 탈락률을, 통제집단은 52%의 탈락률을 보이고 있다. 따라서 실험집단의 탈락률은 통제집단에 비하여 단지 4% 양호한 것에 불과하다. 그러한 결과는 두 집단이 각각 50명의 학생으로 구성되었을 경우 0.05 수준에서 통계적으로 유의미하지 않다. 하지만, 각 집단에 5,000명의 학생이 있는 경우라면, 그 동일하게 미미한 탈락률의 차이는 0.001 수준에서 유의미할 것이다. 따라서 $N = 10{,}000$이고 4%의 차이를 보이고 있는 맨 아래의 결과(결과 E)는 이보다 훨씬 더 큰 차이(20%)가 있는 $N = 200$의 중간부분의 결과(결과 C)보다 표집오차에 의한 것일 확률이 더 낮다.

만약 표본크기를 증가시키는 것이 가능하다면, 유의 수준을 증가시키는 것보다 2종 오류의 확률을 줄이는 것이 더 나은 방법이다. 제13장에서 살

표 12.3 표본크기가 중도탈락률의 차이에 관한 통계적 유의성에 미치는 영향

결과 A: 사례수 = 20; $p > 0.05$; 20%의 탈락률 차이

결과	실험집단	통제집단
중도탈락	4 (40%)	6 (60%)
졸업	6 (60%)	4 (40%)
합계	10 (100%)	10 (100%)

결과 B: 사례수 = 100; $p < 0.05$; 20%의 탈락률 차이

결과	실험집단	통제집단
중도탈락	20 (40%)	30 (60%)
졸업	30 (60%)	20 (40%)
합계	50 (100%)	50 (100%)

결과 C: 사례수 = 200; $p < 0.01$; 20%의 탈락률 차이

결과	실험집단	통제집단
중도탈락	40 (40%)	60 (60%)
졸업	60 (60%)	40 (40%)
합계	100 (100%)	100 (100%)

결과 D: 사례수 = 100; $p > 0.05$; 4%의 탈락률 차이

결과	실험집단	통제집단
중도탈락	24 (48%)	26 (52%)
졸업	26 (52%)	24 (48%)
합계	50 (100%)	50 (100%)

결과 E: 사례수 = 10,000; $p > 0.001$; 4%의 탈락률 차이

결과	실험집단	통제집단
중도탈락	2,400 (48%)	2,600 (52%)
졸업	2,600 (52%)	2,400 (48%)
합계	5,000 (100%)	5,000 (100%)

펴보겠지만, 우리가 충분히 큰 표본을 갖는다면 1종 오류와 2종 오류의 확률은 둘 다 0.05 혹은 그 이하가 될 수 있다. 그러나 표본의 규모가 작아질 경우 1종 오류의 확률(유의 수준)을 0.05로 설정하는 것은 그보다 몇 배 높은 2종 오류의 발생 가능성을 요구하게 될 것이다. 실행상의 제약으로 인해 우리가 작은 표본만을 가질 수 있을 때, 우리는 유의 수준을 높이기를 바랄 수 있다. 그리고 결과가 우리가 예측한 방향이기는 하지만 임계영역에 도달하지 못한다면, 우리는 2종 오류의 발생 가능성과 그 잠재적 심각성을 충분히 고려하는 것이 필요하다.

표본크기가 매우 클 때에는 아주 미약한 관계라도 통계적 유의성을 가질 수 있으므로, 일부 통계 교과서들은 너무 큰 표본은 사용하지 말 것을 충고한다. 그들의 관심은, 평균의 차이에 있어 중요한 것은 통계적 유의성이며 그 차이의 크기는 중요하지 않다고 독자들이 생각할 수 있도록 현혹할 수 있다는 점이다. 다시 말하면, 독자들은 차이의 크기는 무시한 채 오직 통계적 유의성에만 관심을 둔다는 것이다. 더욱이, 독자들은 낮은 *p*-값이 더 강력한 혹은 더 중요한 관계를 의미한다고 오해할 수 있을 것이다. 예를 들어, 표 12.3의 예에서 보자면, 독자들은 결과 E에서 나타난 4%의 차이가 발생시킨 *p*-값의 차이를 결과 C에서 나타난 20%의 차이보다 더 인상적이고 유의미한 것으로 잘못 생각할 것이다. 왜 그것이 잘못된 것일까? 왜냐하면 *p*-값은 단지 표집오차가 그 비율의 차이를 설명할 확률을 지칭하기 때문이다. 이것은 그 차이의 실천적 중요성이나 크기를 표시해 주는 것은 아니다.

탈락률에 20%의 차이를 발생시키는 것을 99% 확신하는 것과 단지 4%의 탈락률 차이를 99.9% 확신하는 것 중에서, 당신은 실천 현장에서 어느 것을 선호하겠는가? 우리는 이 문제를 관계의 중요성과 강도를 평가하는 것을 다루는 제13장에서 더 살펴보게 될 것이다. 다음으로, 제4부는 표 12.3의 *p*-값을 계산하는 데 공통적으로 사용되는 몇 가지 통계적 유의성 검정방법을 논의하게 될 것이다.

이 장은 어떤 결과의 통계적 유의성을 검증하

는 것이 통계적 결론이 타당한지 타당하지 않은지에 대한 확실성을 주는 것은 절대 아니라는 점을 보여주었다. 우리는 단지 1종 오류 또는 2종 오류의 확률, 즉 통계적 결론이 타당하지 않을 확률을 추론할 수 있을 뿐이다. 하나의 결과가 통계적으로 유의미할 때, p-값은 통계적 결론(영가설을 기각하고 그럼으로써 1종 오류의 위험을 감내하는)이 타당하지 않을 확률은 역으로 표본크기와 관련되어 있는데, 이는 2종 오류의 가능성이 표본크기가 커짐에 따라 감소하기 때문이다. 다음 장에서 통계적 설명력(statistical power)의 개념을 살펴볼 때, 2종 오류의 정확한 확률(영가설이 기각되지 않을 때 통계적 결론이 적합하지 않을 정확한 확률)을 어떻게 확인할 수 있는지를 보게 될 것이다.

주요 내용

- 1종 오류는 참인 영가설을 기각할 때마다 발생한다.
- 1종 오류를 범할 확률이 p-값이다.
- 한 연구에 있어 1종 오류나 2종 오류를 피하려할 때마다, 통계적 결과 타당도가 있는지 고려될 수 있다.
- 어떤 한 연구가 내적 타당도를 결여하고 있다 할지라도 통계적 결과 타당도를 가질 수 있다. 통계적 결과 타당도는 연구자들이 연구결과를 다르게 설명할 수 있는 확률을 배제하는 것이 타당한지 여부와 관련되어 있을 뿐이기 때문이다.
- 분석 결과의 통계적 유의성을 검증하는 것이 통계적 결론이 타당한지에 대한 확실성을 제공해주는 것은 결코 아니다. 우리는 단지 1종 오류와 2종 오류의 확률을, 따라서 통계적 결론이 타당하지 않을 확률을 유추할 뿐이다.
- 우리의 결과가 표집오차 때문일 가능성은 아무리 적다고 해도 항상 존재하기 마련이다. 영가설이 이상하여 받아들이기 힘듦에도 불구하고 그것이 절대 불가능한 것은 아니다.
- 우리가 1종 오류의 위험을 피할 수 있는 경우는 오직 영가설을 기각하지 못할 때이다. 변수들 간의 관계가 표집오차에 의한 것일 확률이 너무 높을 때(예컨대, 0.05보다 클 때), 우리는 영가설 기각을 거부한다. 다시 말해서, 분석 결과가 통계적으로 유의미하지 않을 때 우리는 영가설을 기각하기를 거부한다.
- 우리가 영가설을 기각하지 **않기로** 할 때마다 우리는 불가피하게 2종 오류가 발생할 위험을 갖게 된다.
- 2종 오류는 **잘못된** 영가설을 기각하지 못할 때 발생된다.
- 표본이 작을 때 2종 오류를 범할 여지가 가장 크다.
- 2종 오류의 확률은 영가설의 이론적 표본분포를, 연구가설이 참이고 따라서 영가설은 거짓이라는 가정에 기초한 이론적 표본분포에 병렬시킴으로써 시각화될 수 있다. 2종 오류의 확률은 영가설 표본분포의 유의성 영역에 속해 있는 예측된 표본분포의 비율이다.
- 비록 역사적으로 사회과학자들이 2종 오류보다 1종 오류를 범하는 것에 더 많은 주의를 기울여 온 경향이 있지만, 증거기반 실천에서는 2종 오류가 1종 오류와 최소한 동등한 정도로 심각할 때가 있다.
- 만약 2종 오류보다 1종 오류를 더 염려한다면,

우리는 유의 수준을 낮추는 것을 선택할 것이다. 우리가 2종 오류를 더 염려한다면, 더 높은 수준의 유의성을 선택할 것이다.

- 연구결과가 표집오차에 의한 것일 확률을 *p*-값이라 부른다.
- 2종 오류를 범할 가능성을 감소시키는 두 가지 방법은 유의 수준을 높이는 것(따라서 임계영역을 확장하는 것)과 표본크기를 증가시키는 것이다.
- 더 낮은 *p*-값이 더 강력하고 더 중요한 관계를 반드시 의미하는 것은 아니다. 큰 표본으로는 미약한 관계일지라도 통계적으로 유의미할 수 있는데, 이는 표본크기가 증가함에 따라 표집오차는 감소하기 때문이다.

연습문제

1. 제11장의 연습문제로 돌아가서, 당신이 공공아동복지기관을 운영하고 있다고 가정해보자. 당신의 기관은 아동학대 및 방임 보고사항을 조사하고, 학대 또는 방임된 아동을 위탁보호에 배치할지를 권고하며, 위탁보호에 배치되지 않은 학대 및 방임아동의 부모에 대한 서비스를 제공하고 있다. 부모에게 서비스를 제공하는 목적은 더 이상의 학대나 방임을 방지하는 것이다. 가족에게 통상적인 서비스를 제공하는 대다수의 부서들은 위탁보호에 배치하는 것이 정당한지 의심될 때 가정을 유지하는 것보다 아동을 보호하는 것에 더 큰 우선권을 부여하고 있다고 가정해보자. 그러나 그렇게 의심되는 상황에서 위탁보호 대신 가정을 유지하려는 노력으로 좀 더 집중적인 서비스를 제공하려 하는 작은 가정유지지원 부서에서 시범사업을 수행 중에 있다고 가정해보자.

그 작은 가정유지지원 부서는 20 가정이라는 작은 표본을 가지고 실험함으로써 그 효과성을 평가한다고 하자. 그 중 10 가족은 가족유지 접근에 무작위로 할당되고, 나머지 10 가족은 통상적 접근에 할당된다. 종속변수는 아동이 위탁보호에 배치되었는지 여부이다. 다른 부서의 몇몇 실천가들은 그러한 종속변수에 비판적인 입장을 취하는데, 위탁보호에 배치되지 않은 일부 아동들의 경우, 그들의 원래 가정에서 계속적인 학대나 방임이 지속될 가능성을 고려하지 않고 있다는 점을 주장하고 있다. 따라서 그러한 비판은 최우선순위로서 가정으로부터 떼어 놓는 것을 회피하려고 시도할 때, 가족유지 접근은 일부 아동에게 해로운 영향을 줄 위험이 있다는 것에 관심을 둔다.

a. 이 평가에서 어떤 종류의 오류—1종 오류 또는 2종 오류—가 더 심각하다고 생각하는가? 그 이유는 무엇인가?

b. 그 평가를 수행하는 당신 직원에게 어느 정도의 유의 수준을 권할 것인가? 그 이유는?

c. 그 평가에서 영가설의 이론적 표본분포의 평균은 무엇인가?

2. 문제 1에서의 평가가 훨씬 더 큰 표본인 1만 가구를 대상으로 수행되었다고 가정해보자.

a. 어느 정도의 유의 수준을 권할 것인가? 그 이유는?

b. 그 평가 결과 통상적인 서비스를 받는 가족들 중 위탁보호에 배치된 비율이 52%였다는 것과 비교하여, 가족유지 서비스를 받는 가족의 48%가 위탁보호에 배치되었다. 그 차이에 대한 *p*-값은 매우 낮다($p < 0.001$)는 조명하에, 가족유지 접근 옹호자들이 가족유지 접근이 통상적 접근보다 더 효과적이라고 결

론을 내렸다. 당신은 이에 동의하는가? 왜 그러하며, 그렇지 않다면 왜 그렇지 않은가?

3. 이론적 표본분포의 임계영역을 증가시키는 것이 왜 1종 오류의 위험을 증가시키고 2종 오류의 위험을 감소시키는지 설명하라.

4. 통계적 유의성 검정을 기초로 한 연구결과의 통계적 결과 타당도에 관한 확신을 왜 절대 가질 수 없는지 설명하라.

5. 왜 2종 오류가 증거기반 실천과 연관성이 없는 기초사회과학연구에서 보다 더 중요할 수 있는지 설명하라.

6. 유의 수준을 선정하는 것과 1종 오류 및 2종 오류의 문제에 특별한 관심을 가지고 다음에 제시한 논문을 읽어라. 당신은 저자들의 자료분석과 해석에 있어서의 문제를 다루는 것에 동의하는가? 왜 그런지 혹은 왜 아닌지 진술해보라.

   S. B. Sharma, D. Elkins, A. van Sickle & C. S. Roberts. (1995). Effect of pre-discharge interventions on aftercare attendance: Process and outcome. *Health and Social Work*, *20*(1), 15-20.

7. 다음의 논문에서, 0.10 유의 수준을 사용한 저자들의 결정에 동의하는가? 그 이유를 간단히 논하라.

   C. S. Robert, L. Piper, J. Denny & G. Cuddeback. (1997). A support group intervention to facilitate young adults' adjustment to cancer. *Health and Social Work*, *22*(2), 133-138.

제 13 장

관계의 강도와 중요성 해석하기

서론

제12장에서 살펴보았듯이, 매우 큰 표본을 가진 연구에서는 미약한 관계가 통계적으로 유의미하게 나타날 수 있다. 마찬가지로, 표본크기가 작은 연구들의 경우에는 관계가 실제로 중요함에도 통계적 유의성을 발견하지 못할 수도 있다. 따라서 유의성이라는 용어를 해석할 때 매우 주의할 필요가 있음을 알았다. 통계적으로 유의미하다는 것이 반드시 강하다거나 중요하다는 것을 의미할 필요는 없으며, 중요하고 강한 관계가 항상 통계적으로 유의미한 것은 아니다.

이 장에서는 관계의 강도를 측정함으로써 통계적 유의성에 관한 결과를 어떻게 확장시킬 수 있는지를 살펴보게 될 것이다. 우리는 상관관계라는 개념을 살펴봄으로써 논의를 시작할 것이다. 비록 상관계수만으로는 무엇이 다른 무엇의 원인이고 결과가 되는지를 알 수는 없음에도 불구하고(이것은 제17장에서 논의할 것이다), 증거기반 실천에서 상관계수는 매우 큰 가치를 갖는다. 왜냐하면 여러 개입들의 효과성 정도를 비교할 수 있도록 해주기 때문이다. 예를 들어, 강력한 실험설계를 적용한 한 연구가 통계적으로 유의미한 결과를 얻었는데, 그 결과는 치료 A가 치료 B보다 더 효과적임을 보여주었다면, 그 연구설계의 내적 타당도는 치료 A의 우수한 치료효과에 대한 인과관계 추론을 가능하게 하는 것이다. 이 장에서 살펴보겠지만, 상관계수로—혹은 관계의 강도(효과크기)라는 대안적 지표로—그러한 인과관계 분석 결과를 확장하는 것은 치료 A의 우수한 효과가 상대적으로 강한지, 중간 정도인지, 아니면 약하다고 판단할지를 결정할 수 있도록 해준다. 이것은 다시 우리로 하여금 개입효과 차이의 중요성을 고려하도록 해준다. 이 장은 한 연구의 통계적 설명력을 확증함에 있어서 관계의 크기를 나타내는 통계값의 유용성을 보여주게 될 것인데, 통계적 설명력은 우리에게 그 연구의 2종 오류 확률을 알려준다.

상관관계

상관관계(correlation)라는 용어는 두 변수의 값이 일관되게 함께 변화하는 정도를 지칭한다. 예를 들어, 명목 수준 독립변수의 상이한 범주가 등간 혹은 비율 수준 종속변수의 평균값에 대하여 변한다면 우리는 두 변수에 상관관계가 있다고 말할 수 있다. 따라서 치료 A의 수혜자가 치료 B의 수혜자보다 더 나은 점수를 갖는다면, 치료의 유형은 점수와 상관관계가 있다. 마찬가지로, 독립변수의 범주들이 종속변수에 대하여 상이한 비율을 보이면 그 정도에 따라, 두 명목변수는 서로 상관관계가 있다고 말할 수 있다. 따라서 치료 A의 수혜자가 치료 B의 수혜자보다 더 낮은 재범률을 보인다면, 개입의 유형은 재범률과 상관관계가 있다.

상관관계는 변수의 측정 수준과 상관없이 관계의 강도를 알려줄 수 있는 일반적인 개념임에도 불구하고, 두 변수가 순위, 등간, 혹은 비율 측도일 때 가장 일반적으로 사용된다. 두 개의 순위, 등간, 비율 변수의 하나가 증가 혹은 감소하는 것이 다른 하나의 증가 혹은 감소를 동반할 때, 두 변수는 상관관계가 있다. 따라서 약물남용 수준이 낮은 청소년들의 학교 결석률이 낮고, 약물남용 수준이 심각한 청소년들의 학교 결석률 역시 높다면, 약물남용의 수준과 결석률 간에는 상관관계가 있다.

상관관계가 있다는 것이 존재의 유무를 나타내는 현상은 아니며, 대개 많은 예외가 있다. 대부분의 키 큰 사람들이 대다수의 키 작은 사람들보다 몸무게가 많이 나가지만, 일부 키 작은 사람들의 몸무게가 일부 키 큰 사람의 몸무게보다 더 많이 나갈 수 있다. 마찬가지로, 고등교육을 받은 대부분의 사람들이 교육을 잘 받지 못한 사람들보다 더 많이 벌지만, 일부 교육을 잘 받지 못한 사람들의 소득이 일부 고등교육을 받은 사람들보다 더 많은 돈을 벌기도 한다. 예를 들어, 미하엘 델(Michael Dell)은 델 컴퓨터사를 설립하기 위해 텍사스 대학의 학부를 중퇴했는데, 이제 그는 전 세계에서 가장 부유한 사람의 하나이다. 오늘날 그는 아마도 텍사스 대학 모든 교직원들의 연봉을 합한 것보다 더 많은 실소득을 가질지도 모른다.

상관계수

두 변수 간의 상관관계에 대한 예외가 적을수록, 그 상관관계는 더 강하다. 예외가 더 많을수록, 그 상관관계는 약하다. **상관계수**는 두 변수 간의 관계의 강도를 나타내기 위해 사용되는데, 변수의 측정 수준에 따라 상이한 상관계수가 사용되곤 한다. 두 변수가 등간 혹은 비율 측도일 때, 대개 기호 r로 표시되는 모수적(parametric) 상관계수가 사용된다. 하나 혹은 그 이상의 변수가 등간 이하의 측도라면 비모수적(nonparametric) 상관계수가 사용된다.

모수적이라는 용어와 **비모수적**이라는 용어는 전체 모집단을 기술할 수 있는 통계값(statistics)인지 아니면 단지 표본만을 기술해줄 수 있는지로 구분된다. 전체 모집단을 기술할 수 있는 통계값을 **모수**(parameter)라고 부른다. 따라서 모수를 계산하는 데 사용될 수 있는 통계 절차를 모수적이라고 부르며, 단지 표본에만 적용되는 통계값을 계산하는 절차를 **비모수적**이라고 부른다. 모수적 통계값은 특정 가정을 충족시키는 변수에 대해서 계산될 수 있다. 그 가정 중 하나가 변수들이 등간 혹은 비율의 측정 수준이라는 것이다. 이 책의 뒷부분은 다른 나머지 가정들을 논의할 것이고, 일반적으로 사용되는 몇 가지 비모수적 상관관계들을 살펴볼 것이며, 상관관계의 개념과 그 통계적 측면에 대하여 더 깊이 탐구할 것이다.

이 장에서 당신이 알아야 할 중요한 것은, 모수적 상관관계가 사용되는지 아니면 비모수적 상관관계가 사용되든 상관없이, 상관관계는 전형적으로 0.0과 1.0 또는 0.0과 −1.0 사이의 범위를 갖는다는 점이다. 상관계수 앞에 붙는 양 또는 음의 부호는 상관관계가 정적인지 아니면 부적인지를 나타낸다. 음의 부호를 갖는다는 것이 양의 부호를 갖는 것에 비하여 상관관계가 약하다는 것을 의미하지는 않는다. 음의 부호는 변수들이 부적으로(정반대로) 상관되어 있음을 의미할 뿐이다: 하나가 올라가면 다른 하나는 내려간다.

예를 들어, 우리가 약물남용 수준과 학교결석일수 사이에 +0.50의 상관관계가 있으며, 약물남용 수준과 부모−자녀 관계의 질 사이에는 −.050의 상관관계가 있음을 발견했다고 가정해 보자. 두 상관관계는 동일하게 강력하며, 후자의 음의 부호는 한 변수가 감소할 때 다른 하나는 증가한다는 것을 의미할 뿐이다. 음의 부호가 한 변수의 값을 다른 한 변수의 값에 근거하여 예측하는 우리의 설명력을 감소시키지 않는다. 그 음의 부호는 단지 예측의 방향(높이거나 혹은 낮추는)만을 말해줄 뿐이다.

+1.0과 −1.0의 상관관계는 동일한 강도를 가지는데, 둘 다 예외가 없는 완벽한 상관관계를 예측하고 있다. 예를 들어, 상관관계 +1.0은 한 변수가 얼마나 증가하든, 그에 따라 다른 한 변수도 정확히 그 정도로 증가함을 의미한다. 한 변수가 한 단위 증가할 때 다른 변수가 한 단위 증가하지 않는 경우는 없다. 마찬가지로, 상관관계 −1.0은 한 변수가 얼마나 감소하든, 그에 따라 다른 한 변수도 정확히 그 정도로 감소함을 의미한다. 한 변수가 한 단위 감소할 때 다른 변수가 한 단위 감소하지 않는 경우는 없다.

존재할 수 있는 가장 약한 상관관계는 0인데,

이것은 전혀 관계가 없음을 의미한다. 관계가 0에 근접할수록, 한 변수의 상대적 가치를 다른 변수를 통해 예측할 가능성은 더 적어진다. 예를 들어, 당신 클라이언트 이름이 몇 개의 문자로 구성되었는지 아는 것은 치료가 종결된 후 약물중독을 중단할 날수를 예측하는 데에 아무런 가치를 갖지 못한다. 이름의 문자수와 중단한 기간 간의 상관관계는 아마도 0이 될 것이다. 반대로, 중단기간과 고용기간 간에는 강한 상관관계가 존재할지 모르며, 이것이 사실이라면 한 변수를 아는 것은 당신이 다른 한 변수를 예측하는 데 도움이 될 것이다.

"상관계수의 강도에 관한 가상의 예"라는 제목의 글상자는 부적 상관관계가 정적 상관관계만큼이나 강할 수 있음을 보여준다. 또한 상관관계는 대개 약한, 중간 정도의, 혹은 강한 것으로 이해될 수 있음을 보여준다. 부가적으로, 상관계수 앞의 양(+)의 부호가 반드시 바람직한 관계를 의미한다고 할 수 없는 것처럼, 음(−)의 부호가 바람직하지 않은 관계를 나타내는 것으로 이해될 필요는 없다.

결정계수

우리는 상관계수가 플러스 혹은 마이너스 1에 근접할수록 두 변수 간의 관계는 더 강하다는 것을 알고 있다. 그러나 하나의 상관관계를 그 자체로 강하다든지, 중간이라든지, 아니면 약하다라고 부르는 근거는 무엇인가? 특정 상관계수의 강도를 표현하는 일반적 방법의 하나는 상관계수를 제곱하는 것이다. 상관계수를 제곱할 때(상관계수를 자체 값으로 곱하는 것), 우리는 더 작은 계수를 갖게 되는데, 이것을 결정계수(coefficient of determination)라고 부른다. 대체로 r^2으로 표기되는 **결정계수**는 종속변수의 변이 가운데 독립변수에 의해 설명되는 비율을 말해준다. 따라서, 만약 $r = 0.6$이라면 $r^2 = 0.36$이 되고, 이것은 종속변수 변이의 36%가 설명됨을 의미한다. 나머지 64%의 변이는 설명되지 못한 채로 남겨진다. 아마도 우리가 연구할 수 있는 다른 변수들이 그 나머지 변이를 일부 설명할 것이다. 만약 r이 0.3이고 r^2이 0.09라면, 종속변수 변이의 9%가 설명되고 나머지 91%는 설명되지 않았음을 의미한다.

따라서 0.60이 0.30보다 두 배 더 높지만, 이것이 설명하는 종속변수 변이의 양적 측면에서 보면 네 배가 더 강한 것이다(0.36은 0.09의 네 배이다). 마찬가지로, $r = 0.9$라면 $r^2 = 0.81$인데, 이것은 종속변수 변이의 81%가 설명되었고 단지 19%만이 설명되지 않았다는 것을 의미한다. 따라서 0.90이 0.30보다 세 배 더 높음에도 불구하고 그것이 설명하는 종속변수 변이의 양적 측면에서는 아홉 배가 더 강하다(0.91은 0.09의 아홉 배이다).

결정계수의 의미를 명확히 하기 위해, 그림 13.1에 나타나 있듯이 우리가 가정한 요양 치료센터의 청소년(youth) 일부가 다른 청소년들에 비하여 왜 더 심각한 문제행동이 발생하는지 이해하고자 한다고 가정해보라. 그림 13.1의 첫 번째 겹쳐진 동그라미 한 쌍에서는 우리가 고려하고 있는 독립변수는 청소년들이 가지고 있는 행동장애의 정도인데, 이것은 우리가 행동장애검사(Conduct Disorder Checklist, CDC)라고 부르는 척도를 통해 측정되었다고 가정해보자. 더 나아가, 이 척도는 심각하고 바람직하지 못한 다양한 행동들을 그 목록에 두고 있으며, 아이들이 각 행동을 얼마나 자주 표출하고 있는지 표시하도록 그 시설의 보호자에게 요청했다고 가정해보자. 척도 상으로 나타나는 각 아이들의 상대적 점수는 심각한 문제행동 발생보고의 상대적 건수와 밀접하게 상응될 것이다. 왜냐하면 기본적으로 그 척도는 단지 행동장애를 측정하고 있기 때문인데, 이것은 문제행동 발생보고에 반영되어 있는 동일한 유형의 행동에 대한 빈도로 측정된다. 따라서 두 변수 간의 상관

상관계수의 강도에 관한 가상의 예

약물중독을 감소시키는 것을 목적으로 한두 개의 상이한 개입 프로그램이 두 개의 다른 연구에서 각각 평가되고 있는데, 프로그램의 성과를 측정하는 측도 역시 다르다고 가정해보자. 연구 1—좌측 열—은 학생들이 더 많은 치료 회기에 참석할수록 약물중독의 나쁜 영향에 대한 지식을 측정하는 측도 점수가 더 좋아지는지를 평가한다. 연구 2—우측 열—는 더 많은 치료 회기에 참석할수록 그들의 약물중독 정도가 더 낮아지는지를 평가한다. 두 열 모두에서, 관계의 강도는 양과 음의 부호와는 상관없이 동일하다. 그러나 우측 열에서 사용되는 성과 측도가 바람직하지 않은 행동(약물중독)이므로, 양의 부호는 바람직하지 못한 결과임을 뜻한다(즉, 더 많은 치료 회기에 참석한 것이 더 심각한 약물중독과 병행되었다). 이와는 대조적으로, 좌측 열에서 나타나는 양의 부호는 바람직한 결과를 나타낸다(즉, 더 많은 치료 회기에 참석한 것이 더 큰 지식과 병행되었다).

치료 회기에 참석한 수와의 상관관계 정도:

약물중독의 나쁜 영향에 대한 지식을 측정한 점수 (연구 1)	약물중독의 정도 (연구 2)
+1.00 (완벽하게 정적이며, 바람직한 상관관계)	+1.00 (완벽하게 정적이나, 바람직하지 못한 상관관계)
+0.50 (강한 정적, 바람직한 상관관계)	+0.50 (강한 정적, 그러나 바람직하지 못한 상관관계)
+0.30 (중간 수준의 정적, 바람직한 상관관계)	+0.30 (중간 수준의 정적, 바람직하지 못한 상관관계)
+0.10 (약한 수준의 정적, 바람직한 상관관계)	+0.10 (약한 수준의 정적, 바람직하지 못한 상관관계)
0.00 (상관관계 없음)	0.00 (상관관계 없음)
−0.10 (약한 수준의 부적, 바람직하지 못한 상관관계)	−0.10 (약한 수준의 부적, 바람직한 상관관계)
−0.30 (중간 수준의 부적, 바람직하지 못한 상관관계)	−0.30 (중간 수준의 부적, 바람직한 상관관계)
−0.50 (강한 부적, 바람직하지 못한 상관관계)	−0.50 (강한 부적, 그러나 바람직한 상관관계)
−0.10 (완벽한 부적, 바람직하지 못한 상관관계)	−0.10 (완벽한 부적, 그러나 바람직한 상관관계)

관계는 0.90처럼 아마도 거의 완벽에 가까울 것이며, 0.90의 상관관계라면 각각의 한 변수가 다른 변수 변이의 81%를 공유하고 있음을 의미한다. 비록 그 0.90이라는 상관관계가 매우 강한 것이라 할지라도, 우리가 가정한 요양 치료 센터의 청소년 중 몇 명이 왜 다른 아이들보다 더 심각한 문제행동을 가지는지를 이해하도록 하지는 못하는데, 이는 두 변수 모두 기본적으로 같은 것을 측정하고 있기 때문이다.

그림 13.1의 두 번째 동그라미 그림(그림 b)에서는 독립변수가 아이들이 센터에 들어오기 전에 학대받은 정도라고 가정해보자. 만약 이전의 학대 정도와 문제행동 발생빈도 간의 상관관계가 0.60이라면, 36%의 문제행동 발생빈도 변이의 36%가 이전의 학대 정도에 의해 설명된다. 상관관계 하나만을 보는 것만으로는 무엇이 나머지 64%의 문제행동 발생빈도 변이를 설명하는가는 알지 못할 것이다. 나머지 변이에 영향을 줄 수 있는 가능한

요소의 목록은 광범위하다. 여기에는 주의력 결핍 과잉행동장애를 가지고 있는 정도 혹은 충동을 통제할 수 있는 힘에 영향을 미치는 신경학적 조건들과 같은, 아마도 다양한 생물학적 요소들이 포함될 것이다. 또래들의 영향, 역할 모형, 자아존중감에 대한 영향들, 학교에서의 성취도, 빈곤, 약물 남용, 가족해체, 부모로부터의 부적절한 애정 또는 감독 그리고 다른 많은 것들을 포함한 다양한 아이들의 이전 사회환경 역시 이에 포함될 것이다. 또한 지능, 우울, 조울증, 병전기(pre-morbid)의 정신분열증과 같은 심리학적 요인들 역시 포함될 것이다.

광범위한 다른 요인들이 영향을 줄 수 있음을 고려하는 것은, 종속변수 변이의 64%는 우리가 설정한 독립변수에 의해 설명되지 못하고 있다는 사실을 다르게 보이게 한다. 우리의 독립변수가 변이의 36%나 설명하고 있다는 사실은, 얼마나 많은 변수들이 사회복지 실천가들이 다루는 변수에 영향을 미치는가를 고려할 때 더욱 인상적으로 보이는 것 같다. 이러한 생각을 하게 되면, 한 변수의 변이를 36% 설명한다는 것은 통계검정에서 36%라는 수치가 나온 것보다 훨씬 더 인상적이지 않은가!

그림 13.1의 세 번째 동그라미 그림(그림 c)에서는 기관의 어떤 개입을 받았는지 여부가 독립변수이며, 우리가 그 개입의 효과성을 평가하고 있다고 가정해보자. (그 변수가 명목변수이므로 이 세 번째 상관관계는 비모수적이지만, 위에서 논의한 모수적 상관관계와 동일한 방식으로 제곱하여 해석될 수 있다.) 만약 개입 유형과 문제행동 발생빈도 간의 상관관계가 0.30이라면, 문제행동 발생빈도 변이의 9%가 아이들이 개입을 받았는지 여부에 의해 설명된다.

언뜻 보면, 9%는 하찮은 것으로 여겨질 법 한데, 0.30이라는 상관관계가 통계적으로 유의미하다 할지라도 그 개입이 그다지 효과적이지 않다고 시사하는 듯하다. 그러나, 다시 그 9%는 두 가지 다른 생각에 비추어보면 더욱 인상적이 된다. 첫째, 많은 생물학적, 심리적, 사회적 요인들이 사회복지 실천가가 다루는 문제에 영향을 주고 있는데—그 요인들은 어떤 유형의 개입에서도 대부분 통제될 수 없는 것이다—하나의 개입이 한 문제의 변이의 9%를 설명한다는 것은 그리 초라한 것이 아니다.

둘째, 결정계수는 개입의 효과성을 그릇되게 폄하할 수 있다. 그것이 얼마나 잘못될 수 있는가를 보여주기 위해, 표 13.1에 제시된 개입 효과성의 가설적 결과를 살펴보자. 우리는 비모수적 상관관계 파이(phi)를 계산할 수 있다(이에 대해서는 제17장에서 논의될 것이다). 만약 당신이 그러한 결과를 파이를 계산하는 공식에 밀어 넣는다면, 당신은 이것이 0.28임을 발견할 것인데, 이 수치는 그림 13.1(c)에서 나타나고 있는 상관관계 0.30보다는 약간 낮은 것이다. 0.28을 제곱하면 0.078이 되는데, 다시 이것은 같은 그림의 결정계수 0.09보다 더 낮다. 그러나 표 13.1의 비율을 살펴보면(이는 0.01 수준에서 통계적으로 유의미하다), 평가된 개입을 받지 않은 클라이언트는 36%만이 성공적인 결과를 보인 반면, 그 개입을 받은 클라이언트의 64%가 성공적인 결과를 보였다. 대부분의 인간을 대상으로 한 개입—예를 들어, 학교 중도탈락 또는 학대 부모나 배우자의 재범(recidivism)—에서는 그러한 정도의 차이는 매우 유의미한 것으로 간주된다.

비록 잘못 해석될 수 있다 하더라도, 결정계수는 유용한 통계값이다. 결정계수는 상관계수의 의미를 명확히 하며, 또 연구보고서에서 공통적으로 언급된다. 따라서 이것이 무엇을 의미하는지 아는 것은 중요하다. 그러나 이것이 무엇을 의미하는지 이해하는 데에는 그 해석에 있어서 주의를 요할

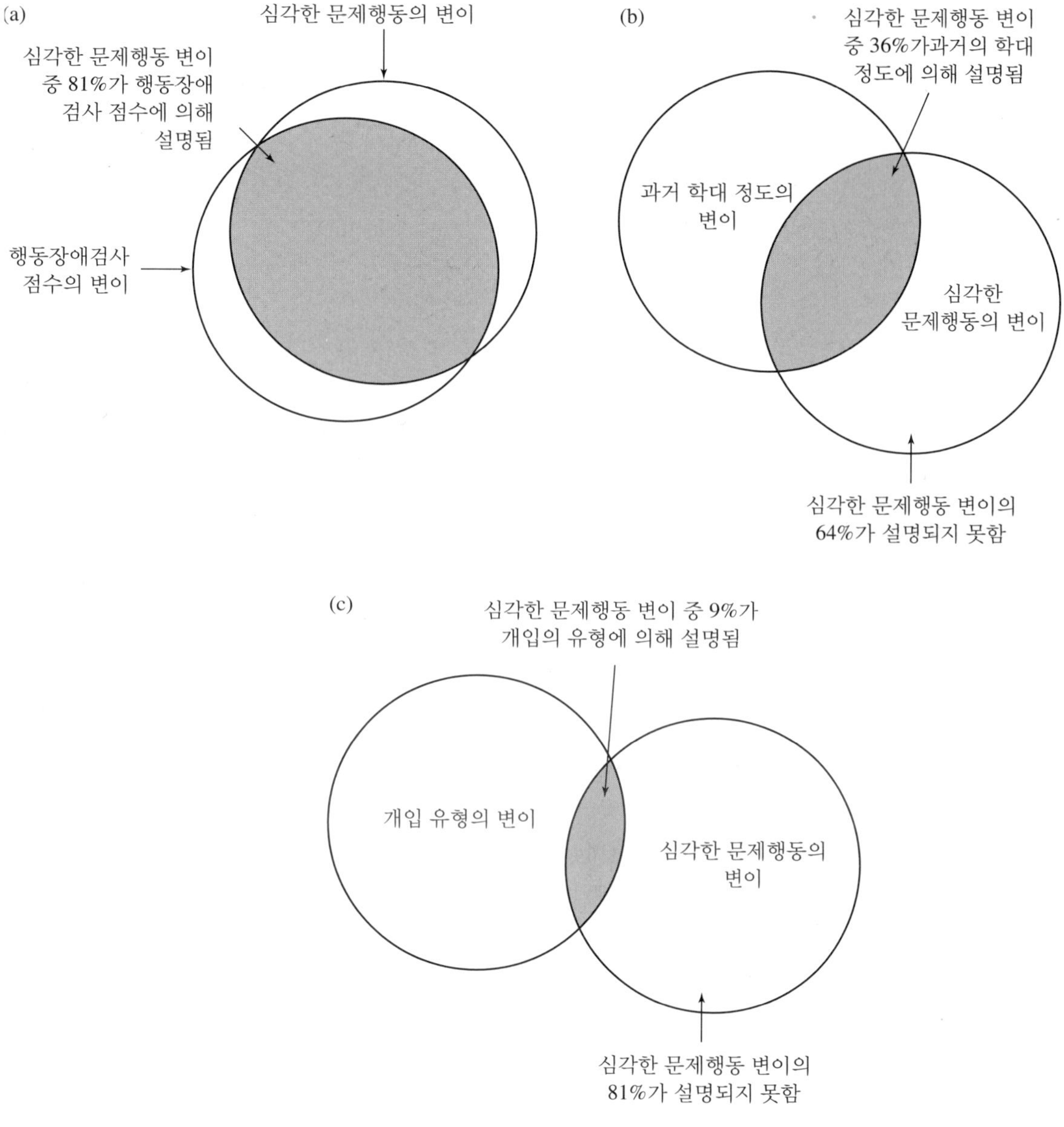

그림 13.1 보고된 심각한 문제행동의 수와 상관관계가 있는 세 개의 변수에 관한 가설적 결정계수의 예: (a) 심각한 행동장애검사 점수 간의 상관계수가 0.90(결정계수는 0.81)인 경우; (b) 과거의 학대 정도와 심각한 문제행동 사이의 상관계수가 0.60(결정계수는 0.36)인 경우; (c) 개입의 유형과 심각한 문제행동 간의 상관계수가 0.30(결정계수는 0.09)인 경우.

필요가 있음을 또한 암시한다. 이것은 시험 점수와 유사하다고 생각하는 사람들에게 공통적으로 잘못 이해되고 있다. 예를 들어, 본 저자는 0.30(결정계수는 0.09)인 상관계수를 미약한 것이라고 여기는 대학 교수들과 맞서왔다. 표 13.1에 나타나 있듯이, 그러한 해석은 증거기반 실천과 밀접한 관계를 두고 있는 연구결과에 적합하지 않다. 사실, 우리가 곧 살펴보겠지만, 효과적이라고 발견

표 13.1 비모수적 상관관계(파이(phi) = 0.28, $p < 0.01$)와 결정계수(파이의 자승 = 0.078)로 효과성을 평가한 가설적 개입의 결과

결과	치료집단별 클라이언트의 수	
	실험집단 (치료를 제공받음)	통제집단 (치료를 받지 않음)
성공	64	36
실패	36	64

되고 평가된 개입들—즉, 적어도 어느 정도는 증거기반적이라고 간주되는 개입들—은 평균적으로 종속변수 변이의 9% 정도를 설명하는 경향이 있다.

효과크기

관계의 강도를 측정하는 또 다른 방법은 **효과크기**(effect size)이다. 만약 이 용어가 익숙하다면, 이는 앞의 9장에서 가장 탁월한 유형의 효과크기에 대한 통계값을 이미 살펴보았기 때문이다. 효과크기(ES) 통계값은 당신이 기억하는 것처럼 *z*-점수 개념에 근거해 있으며, 다음과 같이 계산된다:

$$\text{효과크기} = \frac{|\text{실험집단평균} - \text{통제집단평균}|}{\text{합동 표준편차}}$$

집단의 평균을 비교하여 개입의 효과성을 평가하는 실험설계나 유사실험설계에 대한 보고서를 읽을 때, 효과크기에 대한 통계값을 접하게 될 가능성이 가장 크다. 때로는 효과크기 대신 코헨의 *d*로 부른다. 어떤 연구들은 분모에 결합된 표준편차 대신 통제집단의 표준편차를 사용하기도 한다. 두 공식 모두 대체로 유사한 결과를 내놓는다.

결정계수뿐만 아니라, 우리가 논의해 온 모든 종류의 상관계수 역시 때때로 효과크기 통계값이라고 불리곤 한다. 효과크기라는 용어는 관계의 강도라는 용어와 같은 의미이다. 상관계수와 결정계수를 포함하여, 모든 효과크기 통계값들은 상이한 유형의 결과 측정을 활용하는 연구들에서 상이한 개입의 효과를 비교할 수 있도록 해준다.

코헨의 *d* 효과크기 통계값이 표준편차 단위에서 관계의 강도를 보여준다면, 효과크기에 대한 상관관계적 접근은 0과 1 사이의 비율 또는 0에서 100% 사이에서 설명된 변이라는 측면에서 관계의 강도를 보여준다. 개입 A의 효과성을 평가하기 위해 수행된 한 연구가 있다고 가정해보자. 두 변수 모두 명목 수준으로 측정되었고, 개입 A가 좋은 행동으로 인해 시설 밖으로 나올 수 있었던 청소년의 비율을 40%에서 60%로 증가시켰고, 파이값은 0.20(그리고 결정계수는 0.04)임을 발견했다고 해보자. 또 다른 연구는 같은 표적 모집단을 대상으로 개입 B의 효과성을 평가하지만, 비율 수준의 종속변수를 사용하며 코헨의 *d* 효과크기 통계값 측면에서 그 결과를 보고하고 있다고 가정해보자. $d = 0.60$이라고 하자. 어떻게 두 효과크기 통계값의 관련성 크기를 비교할 수 있는가? 다시 말해서, 어떠한 개입이 더 강한 효과를 가진다고 어떻게 판단할 수 있는가?

우리는 개입 B의 효과크기에 대한 에타 통계값을 구함으로써 이러한 질문에 답할 수 있다. **에타**(Eta)는 독립변수가 명목 수준이고 종속변수가 등간 혹은 비율 수준일 때 적합한 비모수적 상관관계를 나타내는 통계값이다. 에타는 다른 상관관계와 마찬가지로 제곱근을 구하여 해석될 수 있다. 따라서 개입 B 결과에 대한 에타가 0.30이라면(결정계수는 0.09), 개입 B가 개입 A보다 더 강한 관계를 가진다고 결론내릴 수 있다. 왜냐하면 이는 개입 A의 상관관계 효과크기(파이)가 0.20(결정계수는 0.04)으로 더 낮기 때문이다. (에타를 직접 구

하는 공식은 이 책의 범위를 넘어서는 것이지만, SPSS와 같은 통계 프로그램으로 손쉽게 구할 수 있다. 이에 대한 설명은 제17장을 참조하라.)

메타 분석에서 알 수 있는 바와 같이, 통계적으로 유의미한 결과를 가지고 인간을 대상으로 한 개입의 평가에 나타난 평균적인 효과크기는 *d*가 보고될 때 대략 0.60이며, 모수적 혹은 비모수적 상관관계가 보고될 때는 대략 0.30 정도이다. (제2장과 이 장의 후반부에서 논의되었듯이, 메타 분석은 통계적 측면에서 선행 조사연구를 고찰하는 것이다.) 따라서 한 연구에서 *d*는 0.60임을 보고하고 또 다른 한 연구에서 에타가 0.50이라 보고된다면, 후자의 효과크기가 전자에 비해 더 강하다. 왜냐하면 전자의 경우 *d*가 0.60이면 바로 그 통계값의 평균에 해당하는 것인 반면, 에타가 0.50이라면 0.30의 평균 상관관계 효과크기보다 더 큰 것이고, 따라서 평균 효과보다 더 강하기 때문이다.

얼마나 강해야 "강한가"?

우리가 둘 이상의 연구에 나타난 효과크기를 비교할 때, 한 효과크기가 다른 것보다 더 강한지 여부를 말할 수 있다. 그러나, 좀 더 일반적으로, 우리는 한 연구를 수행하거나 읽고, 그것을 다른 연구와 비교하지 않은 채 그 효과크기의 강도를 해석해야 한다. 그렇다면 그 효과크기가 약하거나 중간이거나 혹은 강하다고 결정하기 위해 우리가 사용하는 기준은 무엇일까?

효과크기의 강도를 어떻게 특징짓는가 하는 것은, 부분적으로 우리가 얼마나 많은 독립변수를 가지고 종속변수를 설명하려 하는가에 달려 있다. 제18장과 부록 C에서 우리는 다변량분석을 논의할 것이다. 다변량분석은 다수의 독립변수로 이루어진 변수 세트 전체가 하나의 종속변수와 얼마나 잘 상관되어 있는지 평가하는 것을 포함할 것이다. 예를 들어, 한 연구는 20개로 이루어진 독립변수 세트가 청소년의 문제행동 발생건수를 예측할 수 있다고 가설을 설정하였고, 종속변수와 20개 변수 전체에 대한 전반적 상관관계가 0.30임을 발견했다고 가정해보자. 또 다른 한 연구는 단 하나의 변수와 종속변수 간의 상관관계가 그와 같은 수준인 0.30이었다고 가정해 보자. 첫 번째 연구에서는 많은 수의 독립변수가 포함되어 있으므로, 0.30이라는 상관관계는 상대적으로 약해 보일 수 있다. 이 장에서 우리가 살펴보는 기준은 이변량 상관관계에 국한된다. 즉, 하나의 독립변수와 하나의 종속변수만을 포함하는 관계에 국한된다. 만약 당신이 다른 책이나 교수가 이 장에서 사용하는 것과 다른 기준을 사용하는 것을 보았다면, 그러한 기준은 여러 개의 독립변수를 포함하는 다변량 관계에 적용되는 것일 가능성이 있다.

앞에서 언급했듯이, 상관계수를 근거로 효과크기를 해석하는 것은 신뢰도 계수나 시험 점수를 해석하는 것과 같지 않다. 어떤 개입들은 0.20이나 0.30 정도의 상관관계로 매우 가치 있는 효과를 가질 수 있다. 비록 그 결정계수가 종속변수 변이의 단지 4% 혹은 9%만을 설명해주는 것에 불과하지만 말이다. 예컨대, 아동학대로 의뢰된 부모에 대한 개입이 재범률을 60%에서 40%로 낮추었다면, 그 개입이 재범률을 33%나 감소시켰다는 사실에도 불구하고(60%의 1/3인 20%의 하락) 파이는 단지 0.20 정도이다.

다행히, 통계학자들은 효과크기의 강도를 해석할 수 있는 표준을 개발해왔다. 공인된 통계학자의 한 사람인 제이콥 코헨(Jacob Cohen)은 연구들에서 발견된 다양한 효과크기에 기초한 기준을 옹호하였다. 코헨(Cohen, 1988)에 의하면, 상관관계가 약 0.50 이상일 때(또는 코헨의 *d*가 약 0.80 이상일 때) 효과크기가 강한 것으로 판단되어야 한다.

표 13.2 이변량 관계에 있어서 효과크기 강도를 해석하는 대략적인 기준

강도	효과크기 통계값		
	코헨의 d	상관계수	결정계수
강함	0.80 이상	0.50 이상	0.25 이상
중간-강함	0.70	0.40	0.16
중간	0.45~0.65	0.25~0.35	0.06~0.12
약함-중간	0.40	0.20	0.04
약함	0.20 이하	0.10 이하	0.01 이하

상관계수가 약 0.30 이상일 때(또는 코헨의 d가 약 0.50에서 0.60의 범위에 있을 때) 효과크기는 보통(중간) 정도로 판단되어야 한다. 코헨이 약 0.50 정도를 추천한 반면, 다양한 메타 분석들은 거의 0.60 수준을 추천하고 있음에 주의하라. 상관계수가 0.10 이하일 때(또는 코헨의 d가 약 0.20 이하일 때) 효과크기는 약한 것으로 판단되어야 한다. 다른 통계학자들도 수백 개의 출간 논문의 효과크기의 평균과 표준편차를 계산한 것을 바탕으로 이와 유사한 기준을 개발해왔다. 그들의 일관된 결과와 그들의 기준이 코헨의 지침(guideline)과 유사하다는 것에 비추어, 표 13.2는 효과크기가 강함, 중간 혹은 약함으로 판단하는 데 사용될 수 있는 대략적인 기준을 제시하고 있다. 이 기준들은 단지 대강의 지침일 뿐이므로, 본 저자는 대략적이라는 단어를 강조하고자 한다.

실질적(실천적) 유의성

다양한 효과크기 통계값들은 통계적 유의성을 넘어서는 큰 가치를 가지는데, 한 연구에서 발견된 특정한 관계가 강한지, 중간 정도인지, 아니면 약한지를 해석하는 데 도움을 준다. 만약 두 개입이 동일한 방식으로 평가된다면, 그리고 하나가 다른 하나보다 더 큰 효과크기를 산출한다면, 그 통계값은 어느 개입이 더 효과적인지를 지적해줄 수 있다. 그러나 상이한 연구들은 대개 상이한 개입들을 상이한 방식으로 평가하며, 결과적으로 효과크기가 상이하다는 것이 어느 개입이 더 효과적이고 가치있는지를 자동적으로 알려주지는 못한다.

두 상이한 연구가 아동학대로 의뢰된 부모에 대한 상이한 개입 방식 두 가지를 평가하고 있다고 가정해보라. 한 연구는 개입 A가 더 이상의 학대를 방지하는 데에 중간 정도인 0.60의 코헨 d를 가지고 있음을 발견한다. 다른 한 연구는 개입 B가 0.80이라는 강한 코헨 d를 가지고 있음을 발견했는데, 이것은 적절한 아동훈계기술에 대한 부모의 지식을 측정하는 시험 점수가 얼마나 증진되었는가로 나타난 결과이다. 만약 당신이 아동학대로 의뢰된 부모 개입을 위해 새로운 프로그램을 시작한다면, 이 두 개입 가운데 어느 것을 당신 프로그램을 위해 선택할 것인가(단 하나만을 할 수 있다고 가정하자)?

개입 B의 잠재적 가치를 폄하하지는 않지만, 당신은 아마도 개입 A를 선택할 것이다. 비록 그 효과크기는 더 낮지만, 당신은 중간 정도의 효과크기(ES)를 가지고 실제 학대를 방지하는 것으로 밝혀진 개입을, 정답을 아는지 시험한다는 측면에서 강한 효과크기를 가졌으되 실제 학대를 방지하는

효과가 있는지는 알려지지 않은 개입보다 더 선호할 것이다.

따라서 효과크기에 대한 통계값 그 자체로는 연구결과의 유의미성이나 실천적 중요성을 밝히지는 못한다. 우리가 실천적 가치나 관계의 중요성—즉, 이것이 클라이언트, 다른 중요한 주변인, 사회 혹은 문제와 관련된 사회복지 실천가에게 얼마나 의미가 있는가—에 대하여 질문할 때, 우리는 그러한 관계의 **실질적 유의성**에 대하여 탐구하고 있는 것이다. 결과의 실천적 유의성은 실질적 유의성을 고려함에 있어 중요한 주제이기 때문에, 실질적 유의성과 **실천적 유의성**은 자주 상호교환적으로 사용되곤 한다. (사실, 본 저자의 마이크로소프트 워드 프로그램에서 "실질적"이라는 것의 정의는 "실천적 중요성을 가진" 것을 의미한다.)

통계적 유의성과 강한 효과크기가 반드시 실질적(혹은 실천적) 유의성을 내포하는 것은 아니라는 또 다른 예가 있다. 대규모의 표본을 가진 실험이 시행되는데, 이 실험은 고도비만인 사람들의 체중감량을 돕는 개입의 효과를 보기 위한 것이라고 가정해보자. 실험집단과 통제집단 참여자들은 비만으로 인하여 심각한 건강문제가 발생될 위험에 처해 있다. 실험집단 참여자들은 개입 후에 평균 3파운드의 체중이 감량되었다. 통제집단 참여자들은 전체 연구기간 동안 평균적으로 체중감량이 일어나지 않았으며, 표준편차는 1파운드였다. 코헨의 d는 3이었다(3에서 0을 뺀 것을 1로 나눔). 적정한 표본의 규모를 가질 때, 3이라는 매우 강한 코헨의 d는 매우 낮은 유의 수준에서 통계적으로 유의할 것이다. 또한 3이라는 코헨의 d는 평균적인 실험집단 참여자가 99%의 통제집단 참여자보다 더 많은 체중을 감량했음을 의미하는 것이다. 그러나 고도비만 참여자, 사회 그리고 비만으로 인한 건강문제에 관련된 다른 사람들에게 있어, 단지 3파운드 감량이 실질적인 유의성을 가지고 있지는 못할 것이다. 3파운드 감량이 그들의 삶의 질이나 삶을 위협하는 건강문제에 유의미한 영향을 주지는 못할 것이다.

마찬가지로, 배우자 학대 가해자를 위한 개입이 학대 발생빈도를 한 달에 두 번에서 한 번으로 감소시켰다면, 그 통계적 유의성이나 효과크기가 얼마나 강한지와 상관없이, 우리는 그 개입의 실질적 유의성에 대해 결코 만족할 수 없을 것이다. 그러나 불행히도 우리가 통계적 유의성을 계산할 수 있는 방식으로 실질적 유의성을 평가하는 데 사용할 수 있는, 보편적으로 수용되는 기준—통계적이든 아니면 다른 것이든—은 없다. 궁극적으로, 어떤 통계적 결과의 실질적 유의성은 그 결과의 유의미성(meaningfulness)과 함께 클라이언트, 다른 중요한 주변인, 사회 혹은 그 결과에 속한 문제와 관련된 사회복지 실천가를 향한 실천적 가치에 대한 고유한 가치판단에 의존하게 된다. 그러한 가치판단은 많은 무형의 것들을 고려하게 되는데, 분석 결과의 함의를 근거로 서비스나 정책을 개정하는 것으로 인한 편익이 개정 비용을 초과하는지, 분석 결과에서 평가된 변수들이 실제로 중요한지, 분석 결과가 이미 알려진 것보다 더 많은 것을 덧붙이고 있는지 그리고 선행연구들이 좀더 중요한 함의를 가진 다른 분석 결과를 가지고 있지는 않은지 등이다. 예를 들어, 선행연구들이 개입 A가 이를 제공받은 배우자 학대 가해자의 95%의 재범을 방지하였다는 일관된 연구결과를 보여주었고, 새로운 연구가 개입 B가 이를 제공받은 가해자의 80%의 재범을 방지하였다는 결과를 보여주었다면, 아마도 후자의 결과는 매우 제한적인 실질적 유의성을 가진다고 판단할 것이다. 왜냐하면 이는 그 효과크기가 개입 A의 효과크기보다 더 낮기 때문이다.

임상적 유의성

우리가 임상적 개입의 효과성을 평가하고 있는 연구들의 실질적 유의성을 언급할 때, 대개 **실질적 유의성**이라는 용어를 대신하여 **임상적 유의성**이라는 용어가 사용되곤 한다. 이러한 용어들은 대체로 같은 의미를 전달하지만, 임상적 유의성에 관한 문헌들은 몇 가지 독특한 개념과 측정 방식을 포함하고 있다.

임상적 유의성은—예를 들어, 개입 효과크기 측면에서—단지 한 연구의 전반적인 결과에 대한 유의미성이나 실천적 가치에만 관련된 것은 아니다. 이것은 또한 평가된 개입의 **개별적 수혜자들**에게 있어, 그 개입의 이점에 대한 유의미성 및 실천적 가치와 관계된 것이다.

배우자 학대 가해자를 위한 개입 평가가 있었다고 가정하자. 실험집단 수혜자의 1/3은 전혀 변화가 없었고, 1/3은 아주 조금 학대빈도가 감소되었으며, 나머지 1/3의 경우는 어떤 유형의 학대도 지속되지 않았다. 이 마지막 1/3의 영향으로 인하여, 아무런 진전도 없었던 통제집단과 실험집단 간의 평균 차이가 매우 크게 나타났고, 또 이것이 통계적으로 유의미한 것으로 나타난 것 같다. 비록 전체적인 효과크기는 **실질적으로 유의미하다고** 생각됨에도 불구하고, 그 개입은 다시 학대를 범하지 않은 1/3의 수혜자에게만 **임상적으로 유의미**하다는 판단을 내리게 될 것이다.

따라서 임상적 유의성을 염두에 둔 연구자들과 실천가들은 단지 전체적인 효과크기를 아는 것과 그 유의성을 판단하는 것만으로 만족해하지 않는다; 이들은 각 집단에서 얼마나 많은 **개별** 클라이언트들이 임상적으로 유의미한 개선을 경험했는지 알고자 한다. 사실, 그들은 각 집단에서 임상적으로 유의미한 개선을 경험한 클라이언트 비율의 차이가 표집오차에 의한 것일 확률을 구하기 위해 통계적 유의성 검정을 수행하려 할 것이다.

개별 클라이언트들의 임상적 유의성을 측정하기 위해—일차적으로 임상심리학 학술지에서—세 가지 통계적 접근이 제시되어 왔다. 각 통계적 접근은 논쟁적이며, 많은 실천가들, 특히 심각하고 만성적인 장애를 지닌 클라이언트를 대상으로 하는 이들에게는 제한적인 관련성만이 있을 것이다. 첫 번째 방법은 **통계적으로 신뢰할 수 있는 변화**라고 지칭되는 어떤 것이다. 이 방법을 활용하기 위해 상이한 통계적 방법들이 고안되어 왔는데, 각 방법은 사전-사후에 발생된 변화의 양이 측정의 오류에 의한 것인지 평가하기 위해, 하나의 공식을 모든 클라이언트에게 따로따로 적용한다. 이 방법의 문제는 많은 연구들이 사전조사를 사용하지 않는다는 것이다. 예를 들어, 한 개입이 배우자 학대 가해자들의 재범을 방지하는지 평가하고자 한다면 이 방법이 적용되지 못할 것이다. 또 다른 문제는 이 방법이 변화의 유형이나 정도가 클라이언트 또는 다른 사람들에게 의미가 있을 것인지 확신하지 못한다는 점이다. 예를 들어, 우리가 배우자 학대에 대한 사전-사후검사 점수를 가지고 있고, 측정 오류가 매우 작다 할지라도, 통계적으로 신뢰할 수 있는 변화 공식에 의하면 학대의 빈도가 한 달에 네 번에서 세 번으로 감소한 것조차 통계적으로 신뢰할 수 있다. 실제로 임상적으로는 아무에게도 중요하지 않다고 할지라도 말이다. 즉, 우리가 그 공식으로 할 수 있는 것은 매우 작은 변화를 설명함에 있어서 측정 오류의 가능성을 배제할 수 있다는 것뿐이다. 이것이 그러한 변화가 가지는 중요한 의미(meaningfulness)나 실천적 가치를 반드시 전해주는 것은 아니다.

더욱이, 이 방법은 변화의 정도가 크다 할지라도 측정되고 있는 종속변수가 클라이언트나 다른 사람들이 진정 관심을 두고 있는 문제를 적절히 반영하고 있음을 보장해주지는 않는다. 만약 약물을 남용하고 있으며 아동학대로 의뢰된 부모들이 부모교육이라는 개입을 받았다면, 그리고 아동양육 검사에서 정답을 맞춘 개수가 크게, 그리고 통계적으로 신뢰할 만하게 증가했다고 가정하자. 이것이 스트레스를 받거나 약물 혹은 알코올의 영향을 받고 있는 상황에서도 부모의 학대행위를 실제로 의미있게 변화시키고 있는지를 반영하고 있는가라는 측면에서 보면, 그러한 결과가 임상적 유의성을 갖는지에 대해 여전히 회의적일 수밖에 없다.

임상적 유의성에 대한 두 번째 통계적 접근은 **회복과 규준적 비교**를 강조하고 있다. 이 접근을 사용하는 방법의 하나는 치료 전과 후에 진단적 면접을 수행하고, 치료 전에 특정한 장애의 요건을 충족시켰던 클라이언트가 치료 후에는 더 이상 그 기준에 도달하지 않는지를 살펴보는 것이다. 또 다른 방법은 어떤 측정도구에 대한 클라이언트의 점수를 그 도구에 대한 기존의 기준들과 비교해보는 것이다. 이 방법은 측정도구의 활용을 요구하는데, 이것은 그 도구가 특정 장애의 유무 또는 장애의 상이한 단계별 모집단에 대하여 이미 확립된 기준을 가지고 있을 때 가능하다. 이러한 아이디어는 사전검사 점수가 임상적 모집단(심리적 장애를 가진)의 평균에서 크게 벗어나 있지 않은 클라이언트들이 사후검사 점수에서는 임상적 모집단의 평균보다는 정상인 모집단의 평균에 더 가까운지를 보는 것이다. 예를 들어, 대규모의 선행연구들이 우울증으로 치료를 받는 사람의 우울 점수 평균이 50이고 표준편차는 10인데, 우울증 치료를 받지 않는 사람들의 평균과 표준편차는 각각 20과 5라는 결과를 확립해왔다고 가정해보자. 사전검사 점수가 40인 클라이언트는 환자들의 평균에서는 불과 1 표준편차 낮은데 불과하지만, 정상집단의 평균에서는 4 표준편차 위에 있다. 사후검사 점수가 25로 낮아진다면, 정상평균보다 단지 1 표준편차 높지만, 환자들의 평균에서는 2.5 표준편차나 더 낮다. 따라서 이러한 개선은 임상적으로 유의미한 것으로 판단될 것이다. 왜냐하면 그들이 임상분포에 있을 확률이 높고 정상분포에 있을 확률은 낮았던 것에서부터 반대 방향, 즉 정상분포에 있을 확률이 높고 임상분포에 있을 확률은 낮은 것으로 이동했기 때문이다.

이 방법의 문제점은 치료의 결과를 측정하는 많은 측도들의 경우 그러한 비교를 가능하게 하는 확립된 기준을 가지고 있지 못하다는 것에 있다. 또 다른 문제는, 심각한 혹은 만성적 손상을 지닌 클라이언트들의 경우, 손상이 없어지거나 "정상"으로 되지 않더라고 클라이언트 자신들이나 다른 사람들에게 유의미한 향상을 가져올 수 있다는 것이다. 실천가들은 심각하고 지속적인 정신적 혹은 심리적 장애를 지닌 클라이언트들이 장애에서 완전히 회복되지 못하더라도 그들의 삶의 질이 향상되도록 도와줄 수 있다. 마찬가지로, 너무 우울증이 심해서 활동할 수 없는 사람을 돕는 것은 그들의 우울증을 경감시켜 일상생활을 수행할 수 있도록 해줄 수 있으며, 비록 그들의 우울 점수가 여전히 임상적 범위에 있다 할지라도 매우 큰 가치를 갖는다. 따라서 한 척도가 우울증 수준별로 다른 기준을 가지고 있다면, 임상적으로 유의미한 진전이 있는지를 살펴보는 근거로서 우울증에서 벗어났는지를 요구하는 것보다는, 치료로 인하여 사람들이 매우 높은 수준의 우울에서 중간 정도의 범위로 이동되었는지 살펴보는 것이야말로 임상적 유의성이 있는가를 규범적으로 판단할 수 있게 하는 보다 합리적인 방법이다. 이렇게 덜 엄격한 방법은 장애가 심각한 수준에 있는 사람들을 돕는 데 적용되지 못할지 모르지만, 그들이 심각한 장애에 대처하면서 삶의 질을 증진시키도록 원조를 받는 사람들에게는 적용될 수 있다. 예를 들어, 정신분열증으로 고통 받고 있는 어떤 사람이 직업을 계속 유지하고, 노숙을 방지하며, 병원에 머물러 있지 않도록 하는 것은, 비록 정신분열증의 심각성이 줄어들지 않는다 할지라도 그 임상적 유의성은 매우 크다고 할 수 있다.

임상적 유의성에 대한 세 번째 통계적 접근은 앞의 두 방법을 결합시키는 것이다. 결국, 이것은 임상적 분포에서 정상적 분포로 이동했는지 뿐만 아니라 사전검사와 사후검사 사이에 통계적으로 신뢰할 만한 변화가 있었는지도 살펴볼 것을 요구하고 있어서, 위의 두 접근보다 훨씬 더 엄격한 기준이다. 이 두 방법을 결합할 때, 그들의 문제점도 합쳐지면서 대부분의 임상적 평가에 대한 적용성이 떨어지게 된다.

위에서 논의한 통계적 접근과는 대조적으로, 임상적 유의성은 주관적 현상으로서 다루어지고 있는 문제의 성격, 치료의 목적 그리고 임상적 유의성을 누가 판단하는가 등에 의존하고 있다는 시각도 있다. 남편이 아내를 정서적으로 학대하는 이유가 그의 낮은 자존감 때문이라고 부정확하게 그리고 단순하게 믿고 있는 치료자가 있다고 가정해보자. 치료 결과, 아내에 대한 학대는 줄어들지 않았음에도 불구하고 그는 자신에 대해 더 긍정적으로 느끼게 되었다고 생각해보자. 남편은 치료가 임상적으로 유의미했다고 느낄지 모른다. 치료자로서 같은 방식으로 느꼈을 것인데, 만약 임상적 유의성을 자아존중감 척도의 사전-사후검사 점수의 차이라는 측면에서 판단했다면 특히 그러했을 것이다. 그러나 정서적 학대의 수준이 변하지 않았으므로, 그의 아내, 좀더 기민한 치료자 그리고 나아가 임상적 유의성의 개념을 이해하고 가정폭력에 관심을 갖는 사람이라면 누구든지 치료의 효과가 임상적으로 유의미하다고 생각하지는 않을 것이다.

임상적 유의성과 실질적 유의성이 그리 명확하지 않은 성격을 가지고 있지는 않지만, 당신의 평가 결과를 논의할 때 이 문제들을 다루는 것은 중요하다. 당신의 결과가 임상적으로 그리고 실질적으로 유의미한지에 대하여 사람들이 동의하지 않을 수 있다는 것을 인식해야 할 것이다. 그럼에도 불구하고, 분석 결과가 통계적으로 유의미하거나 효과크기가 중간에서 높은 수준에 있으므로, 실천적 입장에서도 마찬가지로 큰 가치와 의미가 있다고 생각하면서 이러한 문제를 모두 회피하는 것보다는 상이한 시각을 논의하는 것이 훨씬 더 낫다고 볼 수 있다. 아마도 당신은 임상적 유의성에 대한 통계적 접근의 하나를 당신의 자료를 해석하고 분석하는 데 적용하고 싶어할지 모른다. 이러한 접근에 내재되어 있는 문제점에도 불구하고, 그러한 방법들이 당신의 결과를 측정하는 데 적용될 수 있다면, 이를 보고하는 것이 자신들의 입장에서 당신의 연구결과에 대한 임상적 유의성을 판단하고자 하는 독자들에게는 상당한 도움을 줄 것이다. 더욱이, 당신이 이러한 통계적 접근의 하나를 사용할 수 있지만 그러지 않는다면, 그러한 접근에 대해 가치를 부여하는 독자들은 당신의 연구결과를 더 회의적으로 바라보게 될 것이다. 마찬가지로, 당신이 통계적 접근을 사용하지 않는다면 왜 그러지 않았는지 설명해야만 한다. 최소한 그럴 때라야 독자들은 당신이 그러한 방법들을 이해하고 있으며, 그러한 접근을 사용하지 않은 것이 그 문제를 간과하고 있다든지 아니면 그 방법들을 모르기 때문에 빼먹은 것은 아니라는 점을 알게 될 것이다. 반면에, 당신이 통계적 접근의 하나를 사용한다면, 당신은 그 방법이 가지는 한계점을 지적해주어야 하며, 분석 결과의 임상적 유의성에 대한 다른 대안적, 주관적 시각들을 논의해주어야 한다.

이러한 권고들은 당신이 연구비를 위해 연구제안서를 쓰고 있다면 더더욱 중요해진다. 당신의 제안서를 심사하는 심사자들은 임상적 유의성을 통계적으로 측정하는 데 특별히 민감해 할 수 있다. 아마도 그 한계점을 설명하고 다른 대안적 시각으로부터 임상적 유의성을 고려할 필요가 있다는 점을 포함시킨다면, 당신의 제안서에 통계적 접근을 포함시키는 것이 해가 되지는 않을 것이다. 임상적 유의성에 대한 세 가지 접근방법의 각각에 대한 부가적인 통계적 정보는 "통계적으로 임상적 유의성 평가하기(Assesing Clinical Significance Statistically)"라는 제목의 온라인 부록에 제시되어 있다. 그 부록은 워즈워스 출판사의 웹사이트 www.cengage,com/social_work/rubin에 가면 발견할 수 있다.

통계적 설명력 분석

어떤 연구들은 대부분의 사람들이 실질적으로 또는 임상적으로 유의미하다고 동의할 수 있을 정도의 효과크기를 가지고도, 표본크기가 너무 작아서 표집오차를 배제할 가능성이 거의 없는 경우가 있다. 예를 들어, 배우자 학대자의 재범률을 20% 감소시킨다면 임상적으로 유의미하다고 우리가 동의할 수 있지만, 표본크기가 단 10명이라면 통계적으로 유의미한 결과를 얻기 매우 힘들다. 설령 그것이 배우자 학대자 모집단에 적용되었을 때에도 재범률을 20% 낮출 수 있는 것이라 해도 말이다.

개입이 실제 효과적인지 평가하고 있을 때 표집오차를 배제하지 못한다면(즉, 분석 결과가 통계적으로 유의미하지 않다면), 우리는 2종 오류를 범해온 것이다. 그리고 평가해온 개입의 실제 효과가 실질적으로 또는 임상적으로 유의미하게 중요한 것이라면, 우리는 특별히 불행한 2종 오류를 범하는 것이다.

제12장에서 연구자들은 표본크기를 증가시킴으로써 2종 오류의 발생 가능성을 감소시킬 수 있음을 살펴보았다. 그러나 우리는 연구자들이 2종 오류 발생위험의 정도를 어떻게 평가할 수 있는지에 대해서는 아직 논의하지 않았다. 우리는 이 장을 위해 그러한 평가를 남겨두었는데, 이것은 관계의 강도를 측정하고 이해하는 것을 요구하기 때문이다.

통계적 유의성 검정은 실제 참인 영가설을 잘못 기각하는 1종 오류를 범할 확률을 평가하는 것이다. 2종 오류를 범할 가능성을 평가하는 것은 **통계적 설명력 분석**이라고 부른다. 한 연구의 통계적 설명력은 거짓인 영가설을 올바르게 기각할 수 있는, 따라서 2종 오류를 피할 수 있는 확률이다. 반대로, 2종 오류를 범할 확률은 1에서 통계적 설명력을 뺀 것이다. 따라서 통계적 설명력이 0.90이라면 2종 오류를 범할 확률은 0.10이다. 마찬가지로, 2종 오류를 범할 확률이 0.20이라면 통계적 설명력은 0.80이다.

한 연구의 통계적 설명력은 표본크기, 설정한 가설의 모집단에서 가정하고 있는 효과크기, 선정된 유의 수준 그리고 측정도구의 신뢰도와 연구설계의 강력함과 같은 다양한 방법론적 요인들에 의해 영향받는다. 한 연구의 통계적 설명력을 계산하는 데 사용되는 공식은 이 책과 같은 입문과정의 통계 교과서에서 다루기에는 너무나 복잡하다. 그러한 공식은 제이콥 코헨(Jacob Cohen, 1988)의 『행동과학을 위한 통계적 설명력 분석』이라는 책에서 찾아볼 수 있다. 또한 그 책은 직접 계산하지 않고도 한 연구의 통계적 설명력을 보다 간단히 파악할 수 있는 표를 제시해주고 있다. 코헨은 상이한 통계적 유의성 검정 수준에 따라 각기 다른 표를 만들었다. 이 표들은 상이한 수준의 통계적 유의성, 상이한 표본크기 그리고 상이한 효과크기에 대한 통계적 설명력의 수준을 보여주고 있다.

코헨의 표에 나와 있는 수치들을 바탕으로, 표

13.3은 0.05 및 0.10 유의 수준, 그리고 낮은 수준, 중간 수준, 높은 수준의 효과크기에 따라, 상관계수의 유의성을 검증하는 설명력을 제시해주고 있다. 코헨의 표에 나와 있는 다른 유형의 유의성 검정에 대한 통계적 설명력 수준 역시 표 13.3에 나타낸 것과 유사하다. 따라서 당신의 유의성 검정이 상관계수를 포함하지 않는다 해도, 조사연구에 대한 계획을 수립하기 위해 표 13.3을 활용할 수 있다. 그러나 더 큰 정확도를 기하기 위해서는 코헨의 책과 표를 활용하기를 권한다.

조사연구를 계획하기 위해 통계적 설명력 분석을 활용할 때, 우리는 먼저 유의 수준을 선정한다. 그 다음, 모집단에 존재할 것이라 가정하는 독립변수와 종속변수 간의 효과크기를 추정한다. 예를 들어, 표 13.3의 각 열은 효과크기가 작은 경우($r = 0.10$; $r^2 = 0.01$), 중간인 경우($r = 0.30$; $r^2 = 0.09$) 그리고 큰 경우($r = 0.50$; $r^2 = 0.25$)이다. (코헨의 책에서 다른 효과크기에 대한 설명력을 찾아볼 수 있다.)

학생들은 종종 "우리가 연구를 수행하고 연구결과를 얻기 전에 모집단에서의 효과크기를 가정해야 할 근거는 무엇입니까?"라고 묻곤 한다. 자료를 수집하기 전에 실제 효과크기를 알 수 있는 방법은 없음에도 불구하고, 합리적인 가정을 수립하기 위한 몇 가지 근거가 있다. 하나는 우리가 평가하고자 하는 개입이 중간 정도의 효과크기가 있다고 가정하는 것이다. 코헨의 d 0.5나 상관계수 약 0.3 정도를 중간 수준의 효과크기로 사용할 수 있을 것이다. 다른 한편으로, 특히 효과크기가 약하더라도 임상적 혹은 실질적 유의성을 가질 수 있다면 약한 효과크기를 가정할 수도 있다. 아마도 가장 좋은 방법은 다양한 효과크기에 대한 통계적 설명력을 표에서 찾아, 각각에 대하여 통계적으로 유의미한 결과를 얻을 가능성이 얼마나 되는지 알아보는 것이다.

또 하나의 공통된 질문은 "영가설이 참인지 거짓인지 미리 알 수 없을 때, 어떻게 통계적 설명력 분석이 2종 오류를 범할 가능성을 사전에 알려줄 수 있는가?"이다. 이러한 질문은, 통계적 설명력이 낮아 영가설을 기각할 수 없다면, 영가설은 거짓일 것이며 그것을 기각하지 않는 것은 잘못된 것일 수밖에 없다는 잘못된 생각에 근거한 것이다. 그러나 통계적 설명력은 영가설이 실제 참인지 거짓인지 말해주지 않는다. 이것은 단지 실제로 거짓인 영가설을 기각할 확률을 말해줄 뿐이다. 따라서 연구의 기획 단계에서 통계적 설명력 분석을 수행할 때, 영가설은 실제 거짓이고 우리가 검증하고 있는 관계는 실제로 어떤 효과크기를 가지고 있다고 가정한다. 그리고는 그러한 가정에 근거하여 2종 오류를 피할 수 있는 확률을 확정한다.

통계적 설명력에 대한 표를 어떻게 활용할 수 있는지 예를 들어 보기 위해, 피어슨의 r 0.30($r^2 = 0.09$) 정도의 중간 수준의 효과크기를 가정해보자. 표 13.3에서 그 효과크기를 보여주는 열을 찾을 수 있다. 그 열에서 상이한 표본크기별로 그 효과크기에 대한 통계적 설명력이 어느 정도인지 발견할 수 있다. 각 수치 앞에 소수점이 있음을 가정한다면, 그 수치(즉, 통계적 설명력)는 표본크기라고 되어 있는 열에 나와 있는 상이한 표본의 크기별로 잘못된 영가설을 올바르게 기각할 수 있는 확률을 우리에게 알려준다.

그 열을 쭉 훑어보면, 표본크기가 증가함에 따라 통계적 설명력(즉, 잘못된 영가설을 올바르게 기각할 확률)이 어떻게 증가하는지 볼 수 있다. 예를 들어, 표본크기가 20 케이스뿐이고 유의 수준이 0.05라면, 거짓인 영가설을 올바르게 기각할 확률(통계적 설명력)은 0.25에 불과하다. 따라서 우리가 거짓인 영가설을 잘못 채택할 확률은 1 − 0.25, 또는 0.75가 될 것이다. 그러나 표본크기가 100이라면 통계적 설명력은 0.86이고 2종 오류를 범할 확

표 13.3 유의 수준, 효과크기, 표본크기에 따른 상관계수 유의성 검정 설명력

	0.05 유의 수준			0.10 유의 수준[b]			
	효과크기			효과크기			
	작음	중간	큼	작음	중간	큼	
표본 크기[a]	$r = 0.10$ $r^2 = 0.01$	$r = 0.30$ $r^2 = 0.09$	$r = 0.50$ $r^2 = 0.25$	$r = 0.10$ $r^2 = 0.01$	$r = 0.30$ $r^2 = 0.09$	$r = 0.50$ $r^2 = 0.25$	표본 크기[a]
10	06	13	33	11	22	46	10
20	07	25	64	13	37	75	20
30	08	37	83	15	50	90	30
40	09	48	92	16	60	96	40
50	11	57	97	18	69	98	50
60	12	65	99	20	76	99	60
70	13	72	*	22	82	*	70
80	14	78		23	86		80
90	16	83		25	90		90
100	17	86		27	92		100
200	29	99		41	*		200
300	41	*		54			300
400	52			64			400
500	61			72			500
600	69			79			600
700	76			84			700
800	81			88			800
900	85			91			900
1000	89			94			1000

[a] 이 표의 수치들은 카이제곱(2×2 교차표) 및 *t*-검정표에 나와 있는 것과 거의 유사함. *t*-검정의 경우 각 집단의 사례수를 더한 것이 이 표의 표본크기와 유사하다. (제 14장에서 *t*-검정을 논의할 것이며, 제16장에서 카이제곱 검정을 논의할 것이다.)

[b] 각 유의 수준별로 제시된 값들은 양측검정을 위한 것이다; 그러나 0.10 수준의 설명력 수치들은 0.05 수준의 단측검정의 설명력과 유사하다.

* 이 지점 아래의 설명력 값은 0.995를 초과함

출처: Jacob Cohen, *Statistical Power Analysis for the Behavioral Sciences*, 2nd ed., New York: Lawrence Erlbaum Associates, Inc., 1988.

률은 불과 0.14가 될 것이다. 코헨은 2종 오류를 범할 확률의 최대 허용치로 0.20을 권고하고 있다. 따라서 그는 최소로 받아들일 수 있는 통계적 설명력 수준이 0.80임을 제시하고 있다. 이러한 기준은 사회과학에서 일반적으로 받아들여져 왔다.

통계적 설명력을 보여주는 표를 활용하여 당신이 원하는 통계적 설명력 수준(그리고 2종 오류 위험의 수준)에 맞는 표본크기를 선택할 수 있다. 많은 임상 평가 연구에서는 0.05 유의 수준에 0.80 통계적 설명력을 얻기에 충분한 표본크기를 확보하는 것은 거의 불가능하다. 이런 일이 발생하면 유의 수준을 0.10으로 높여 통계적 설명력을 증가시키는 것이 합리적이다. 개입효과성에 대한 결과의 평가에 참여할 수 있는 클라이언트로 우리가

단 60명만을 확보할 수 있었다고 가정해보자. 표 13.3을 참조하면, 유의 수준을 0.05에서 0.10 수준으로 증가시키고 중간 정도의 효과크기를 가정함으로써, 우리는 통계적 설명력을 0.65에서 0.76으로 증가시킬 수 있으며, 따라서 2종 오류의 확률을 0.35에서 0.24로 줄일 수 있음을 볼 수 있다. 우리의 통계적 설명력이 코헨이 권고한 최소 기준에 여전히 미달하는 것은 사실이지만, 0.10 유의 수준에서 그 최소 기준에 매우 근접하게 된다.

표본크기와 통계적 설명력을 증가시키기 위해 할 수 있는 모든 노력을 다해야 함에도 불구하고, 실천 현장에서 코헨의 기준을 충족시킬 수 없는 경우도 자주 발생한다. 코헨의 통계적 설명력 기준이 충족되지 않아 실천의 효과성에 대한 평가가 이루어지지 않는다면, 실천이나 프로그램 평가는 훨씬 더 적어질 것이다. 많은 이들은 대체로 평가를 아예 하지 않는 것보다는 0.80 이하의 설명력을 가졌더라도 평가를 수행하는 것이 더 낫다는 것에 동의할 것이다. 아마도 효과크기가 중간보다 클 것이다. 이상적인 기준보다 설명력이 떨어지는 연구에서 한 개입이 통계적으로 또 임상적으로 유의미한 효과를 가지는지 배우게 될 것이다.

그러나 우리의 연구결과가 통계적으로 유의미하지 않을 때라도, 효과크기가 충분히 크다면 그것은 유용한 결과일 것이다. 다른 한편으로, 표집오차가 연구결과를 설명할 가능성을 배제할 수 없다면, 그 효과크기를 통계적으로 유의미하다고 말할 수 없다. 그러나 우리의 연구에서 표본크기가 작고 따라서 통계적 설명력도 낮다면, 그리고 우리가 실제 발견한 효과크기가 임상적으로 또 통계적으로 유의미한 수준에 있다면, 높은 2종 오류 발생 위험은 그 효과를 더 평가해볼 필요가 있음을 의미하는 것이다. 후속 연구, 특히 더 큰 설명력을 지닌 연구들은 우리가 평가한 개입이 임상적으로 유의미한 효과가 있음을 발견하게 될 것이다. 낮은 통계적 설명력을 지닌 임상 결과에 대한 평가는 표집오차를 배제하기 위해 2종 오류의 위험을 너무나 크게 떠안는 것보다는 통계적 유의성 검정을 피하고 대신 기술통계를 통하여 효과크기만을 단순히 보고해야 한다는 신념을 가진 사람들도 있다. 향후 연구들이 유의미한 효과크기를 일관되게 반복한다면, 그 반복은 표집오차를 배제하는 데 사용될 수 있다.

비록 통계적 설명력 분석이 표본크기를 얼마로 해야 하는지 결정하는 연구의 기획 단계에서 공통적으로 수행됨에도 불구하고, 통계적으로 유의미한 결과를 얻지 못한 완결된 연구에 대한 자료분석의 일환으로 수행될 수도 있다. 이러한 경우에 있어서, 가정된 효과크기보다는 분석 결과에 나타난 효과크기가 설명력을 평가하는 데 활용될 수 있다. 독자들은 그 효과크기와 연관된 2종 오류의 확률을 알 수 있다. 만약 효과크기에서 의미가 있고 통계적 설명력은 낮다면, 평가의 대상이 되었던 개입이 단순히 비효과적이라고 치부해서는 안 된다. 이 개입이 알려진 증거기반 개입이 존재하지 않는 문제에 적용된다면 특히나 그렇다.

메타 분석

어떤 특정한 개입의 효과성을 평가하는 몇 개의 연구들이 보고되어 왔을 때, 2종 오류와 낮은 통계적 설명력에 대한 염려를 완화시킬 수 있는 연구방법을 메타 분석이라 한다. 이 장의 앞부분과 제2장에서 언급된 것처럼, 메타 분석은 연구자들이 모든 다른 연구들의 본질적으로 상이한 연구결과를 합치는 고급통계방법을 사용하는 연구에 대한 연구이다. (메타 분석은 보통 개입의 효과성을 평가하는 연구를 대상으로 수행되는 것이 사실이지만, 또한 다른 유형의 연구 질문을 다루고 있는 연구에서도 종종 사용된다.)

메타 분석에서는 각 연구가 메타 분석 연구의 대상이 된다. 따라서 연구 1의 효과크기를 비롯한 다른 자료들이 메타 분석의 대상 1이 되고, 연구 2의 효과크기를 비롯한 다른 자료들은 메타 분석의 대상 2가 되는 식이다. 다양한 고급통계 공식(이 책의 범위를 벗어난)이 각 연구가 보고한 결과에 적용된다. 이러한 공식들을 적용하는 목적은 그 연구의 표본크기와 측정의 신뢰도 등과 같은 사항에 따라 각 연구의 분석 결과에 가중치를 부여하는 것이다. 이러한 가중치 작업을 통하여 모든 연구들의 전반적인 효과크기에 대한 평균을 계산한다. 또한 메타 분석은 그 연구들의 집계된 분석 결과에 대한 전체적인 통계적 유의성을 계산할 수 있다. 어떤 메타 분석의 경우 전체적인 통계적 유의성을 계산하지 않은 채 평균만 보고할 때가 있다. 그러나 전체적인 통계적 유의성을 계산할 때, 2종 오류의 위험이 큰 연구와 그렇지 않은 연구, 효과크기가 일관적이지 못한 다양한 연구들에서 얻어진 너무나 다양해서 당황스러운 여러 연구결과를 종합할 때 발생되는 어려움에서 벗어날 수 있다.

예를 들어, 메타 분석에 포함된 모든 연구가 작은 표본(그리고 높은 2종 오류의 위험)을 가지고 있어서 통계적으로 유의미한 결과를 얻지 못했을 때일지라도, 그 개별 연구의 결과를 합쳤을 때 전체적인 효과크기의 평균은 통계적으로 유의미하다는 결과를 얻을 수도 있다. 마찬가지로, 어떤 연구들은 대규모 표본을 가지고 미약한 효과크기를 발견하고, 다른 연구들은 작은 표본으로 인해 통계적으로 유의미하지는 않았지만 효과크기가 컸음을 발견하였고, 추가적인 연구들은 다른 방식으로 상이한 결과를 발견했다면, 메타 분석은 당신이 이 모든 것을 이해할 수 있고, 더 나아가 당신이 모든 개별 연구를 찾아서 평가하는 어려움을 면하게 해준다.

그 모든 자료를 통합시키는 데 사용되는 통계적 계산은 이 책의 범위를 넘어서는 것이지만, 이 책을 통해 이미 배워왔던 추론통계에 관한 것들은 당신이 메타 분석의 주요 결론—통계적 유의성과 평균적인 효과크기와 관련된 결과—을 이해하고 활용할 수 있도록 해줄 것이다. 그러나 이러한 메타 분석의 가치에도 불구하고, 여기에 내재된 몇 가지 위험을 인지해야 한다.

그 위험의 하나는 이해 갈등의 가능성이다. 한 제약회사가 신약에 대한 불신과 안정성에 대한 메타 분석을 수행하는데, 그 신약이 회사에게 엄청난 이익을 가져다 줄 것으로 예상된다면, 이러한 메타 분석은 상당한 주의와 의심을 가지고 면밀히 검토되어야 한다. 또, 부와 명예를 가져다 줄 새로운 심리치료법을 개발한 사람이 그 치료의 우수한 효과성을 입증하는 메타 분석을 수행한다면, 그때에도 앞의 경우와 유사한 신중함과 의심을 가지는 것이 타당할 것이다. 메타 분석에 관한 출판된 보고서에는 그러한 잠재적 이해 갈등이 발생할지를 밝혀야 하며, 만약 그 문제를 다루지 않는다면, 독자들이 주의해야 한다. 편향되지 않고 일관된 메타 분석을 제공하고 있는 아주 훌륭한 두 출처는 코크레인 공동연구단(http://www.cochrane.org)과 캠벨 공동연구단(http://campbellcollaboration.org)이다.

흔히 인용되는 또 하나의 위험은 메타 분석의 표본을 구성하고 있는 연구들이 방법론적인 결함을 가지고 있을 가능성이다. 예를 들어, 가장 문제가 되는 것은, 한 연구가 가장 큰 효과크기를 보고하고 있으나, 가장 엄밀한 연구들이 그와 반대되는 결과를 보고하고 있는 경우이다. 어떤 연구자들은 메타 분석 표본을 구성하는 각 연구의 방법론적 측면의 질에 등급을 부여하고, 그 다음에는 그 등급과 보고된 효과크기에 대한 상관관계를 계산함으로써 이러한 위험의 정도를 측정하려 할 것이다. 상관관계가 약할수록, 그 위험은 덜한 것으로 나타나게 된다. 그러나 이러한 방법은 연구자의 등급판정이 정확하고 편향되어 있지 않음을 가정한 것이다. 예를 들어, 한 연구자가 한 개입의 효과를 지지하는 편향을 가지고 있다면, 그는 그 개입을 가장 덜 지지하는 결과를 제공하는 연구를 가장 결함 있는 연구방법을 가진 것으로 미리 등급을 부여할 수도 있을 것이다.

방법론적 결함의 문제를 다루는 또 다른 방법은 방법론의 질을 평가할 때 연구자의 판단을 사용하지 않는 것이다. 그 대신, 효과크기와 특정 설계의 속성에 대한 관계를 살펴본다. 예를 들어, 어떤 분석에서는 클라이언트를 무작위적으로 치료집단에 할당한 실험이 무작위 할당을 하지 않은 유사실험에 비해 훨씬 더 약한 효과크기를 가졌음을 발견할 수도 있다. 아니면 치료의 결과에 대한 자기보고 측정 방식을 사용한 연구가 비관여적 측정 방식을 사용한 것에 비하여 더 강한 효과크기를 가졌을 수도 있다.

더욱 중요한 위험은 개입의 효과성을 뒷받침하는 데 실패한 연구들이 효과성을 증명한 연구에 비해 논문으로의 출간 가능성이 더 낮을 것이라는 점이다. 저널 심사자들이 개입의 효과성을 뒷받침하는 데 실패한 논문보다는 개입의 효과성을 보여주는 논문을 더 선호하며 논문게재를 추천할 가능성이 높다는 실증적 증거가 존재한다(Epstein, 2004). 마찬가지로, 자신들의 가설을 뒷받침할 수 있는 결과가 있는 연구자들은 그렇지 못한 연구자들보다 논문출간을 위해 연구결과를 제출할 가능성이 더 높다(Vergano, 2001). 그러한 경향을 **파일서랍 효과**(file drawer effect)라고 부르는데, 이것은 연구자들이 실망스러운 분석 결과를 얻게 되면 저널들은 그러한 결과를 보고하는 연구들에 관심을 갖지 않을 것이라고 가정하여 그들의 연구를 서류함에 슬며시 감추어 버린다는 것이다. 또한 긍정적인 연구결과를 얻을 때 기득권을 갖게 되는 연구자는 그 연구결과가 기득권을 위협한다면 파일에 철하여 넣어버리게 될 것이다.

아마도 당신이 짐작할 수 있듯이, 출판 편향성(혹은 파일서랍 효과)은 개입을 실제보다 더 효과적으로 보이도록 만들 수 있다. 결과적으로, 최선의 메타 분석을 수행하는 연구자들은 출판되지 않은 연구들을 포괄적으로 찾아서 그들의 표본에 포함시킨다. 예를 들어, 출판되지 않은 학위논문, 학술대회 자료집의 보고서 등을 찾을 수 있다. 또한 출판 편향성이 그들의 메타 분석 결과에 영향을 미칠 수 있는 위험의 정도를 조명할 수 있는 통계분석을 수행한다. 출판 편향성의 위험을 평가하기 위해, 다양한 대안적이고 복잡한 통계 공식이 존재한다—그 공식들은 이 책의 범위를 넘어서는 것이다. 연구결과가 출판 편향성의 가능성을 나타내고 있는지 알기 위해서 그 공식을 이해해야 할 필요는 없다.

각 공식은 적은 표본크기를 가진 연구들은 많은 표본크기를 가진 연구들보다 출판될 가능성이 적다는 선행연구에 의해 뒷받침된 가정에 근거하고 있다. 그리고 적은 표본을 가지고 출판된 연구가 많은 표본을 가지고 출판된 연구보다 더 큰 효과크기를 보고할 가능성이 더 크다. 결과적으로, 메타 분석에서 작은 표본을 가진 연구가 큰 표본을 가진 연구보다 더 큰 효과크기를 보고하는 경향이 있다면, 출판 편향성의 위험은 명백한 것이다.

출판 편향성의 위험을 살펴볼 수 있는 시각적인 방법은 **나팔그림**(funnel plot)에 있는 각 연구들의 표본크기(또는 표준오차)와 효과크기를 도면에 나타내보는 것이다. (표본크기와 표준오차 간의 연관성에 대한 논의는 제10장을 참조하라.) 표준오차(또는 표본크기)는 수직축을, 효과크기는 수평축을 따라 산포되어 있다. 나팔그림을 해석하기 위해, 깔때기 하나를 떠올려보자. 그 나팔의 넓은 끝자락은 테이블에 면하여 아래를 향해 있고, 좁은 끝자락은 위를 향해 있어서, 그 전체적인 모양은 뒤집혀진 나팔이다. 만약 그래프가 좁은 끝자락이 아래를 향해 있는 모양을 이루고 있다면, 출판 편향성의 위험은 더 적어진다고 가정한다. 이것은 그 대칭이 가장 작은 표본크기를 가진 연구들이 분포의 중앙점의 양쪽으로 대칭적으로 퍼져 있으며 보다 큰 표본을 가진 연구들에 비해 중앙점에서 더 멀리 떨어져 있음을 보여주기 때문이다.

예를 들어, 그림 13.2의 두 나팔 모양의 산포도를 생각해보라. 위의 것은 뒤집혀진 나팔 모양의 산포도이며, 가장 큰 표본을 가진 연구들은 수평축에서 정적인 효과의 중앙점에 가깝게 대칭적 군집을 이루고 있고, 가장 작은 표본을 가진 연구들은 정적인 효과크기 전반에 걸쳐서 대칭적으로 넓게 퍼져 있음을 보여주고 있다. 표본의 규모가 가장 작은(따라서 표준오차가 가장 큰) 연구들은 평균적인 효과크기에 비스듬하게 있지 않으므로, 출판되지 않은 연구들을 제외시켜 발생될 수 있는 편향성의 위험은 적어진다.

반면에, 아래의 나팔그림은 비대칭적이고, 뒤집힌 나팔 모양을 닮지 않았으며, 그래서 가장 작은 표본을 가진(그리고 더 큰 표준오차) 연구들은 가장 큰 효과크기를 보고할 가능성이 더 높다. 이것은 아마도 반대의 결과를 가진 작은 표본의 연구들이 출판되고 메타 분석에 포함될 가능성이 더 낮음을 의미할 것이다.

출판 편향성의 잠재적 위험성을 예시하는 것에 더하여, 나팔그림은 방법론적 결함의 영향을 반영하는 것으로 해석될 수 있다. 이러한 해석은 표준오차가 가장 작은(그리고 표본크기가 큰) 연구들이 심각한 결함이 있을 가능성이 가장 적다는 가정에 의존하는 것이다. 예를 들어, 위의 산포도에서 방법론적 결함이 메타 분석 결과에 영향을 미쳤을 위험이 아래의 산포도에 비해 더 낮다. 이것은 아래의 산포도에서 가장 큰 표준오차를 가진 연구들이 가장 강력한 효과크기를 보고하고 있는 반면, 위의 산포도에서 가장 큰 표준오차를 보이는 연구들은 정적인 효과크기의 중간 지점 양편에 걸쳐 대칭적으로 퍼져 있기 때문이다.

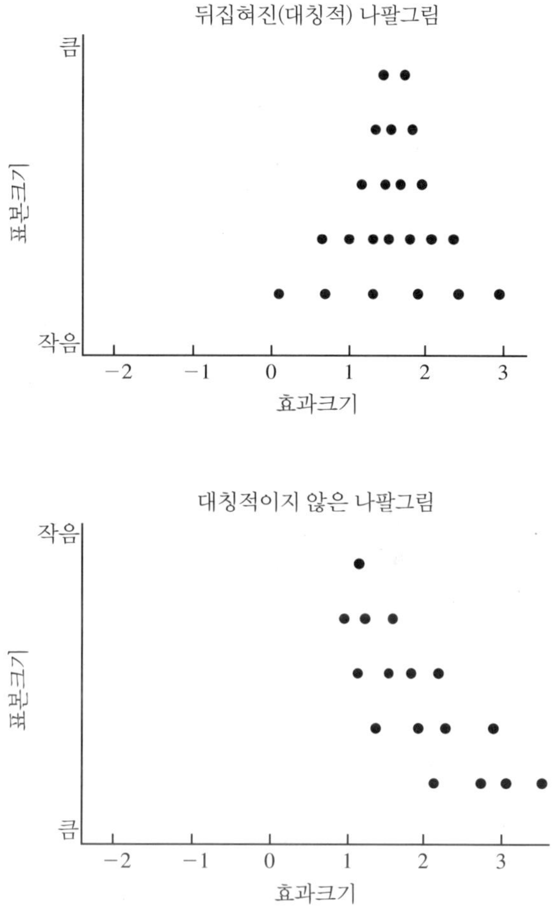

그림 13.3 출판 편향성의 잠재적 위험과 메타 분석 결과의 방법론적 결함을 보여주고 있는 두 개의 나팔그림

주요 내용

- "통계적으로 유의미하다"는 것이 반드시 강하거나 중요하다는 것을 의미할 필요는 없으며, 강하거나 중요한 관계가 항상 통계적으로 유의미한 것은 아니다.
- r^2으로 표기되는 결정계수는 독립변수에 의해 설명되는 종속변수 변이의 비율이 얼마나 되는지를 알려준다.
- 효과크기라는 용어는 관계의 강도와 동의어이다. 상관계수와 결정계수를 포함하여 모든 효과크기에 대한 통계값들은 상이한 유형의 결과측정도구를 사용한 연구들의 상이한 개입의 효과를 비교할 수 있게 해준다. 효과크기를 보여주는 통계값 중에 코헨의 d는 표준편차단위의 관계의 강도를 나타내주는 반면, 상관관계는 설명되는 변이를 0과 1.0 사이의 비율, 혹은 0에서 100%로 그 관계의 강도를 보여주고 있다.
- 코헨의 d를 보고하는 연구에서는 에타를 얻기 위해 공식이 사용될 수 있다. 이것은 상이한 효과크기 통계값을 사용하는 연구들의 상대적인 효과크기를 비교할 수 있도록 해준다.
- 통계학자들은 효과크기의 강도를 해석하기 위한 기준들을 개발해왔다. 상관계수가 약 0.50 이상일 때(또는 코헨의 d가 약 0.80 이상일 때) 효과크기는 강한 것으로 판단될 수 있다. 상관계수가 약 0.30 이상이라면(또는 코헨의 d가 약 0.50에서 0.60이라면) 효과크기는 보통(혹은 중간)으로 판단될 수 있다. 상관계수가 약 0.10 이하라면(또는 코헨의 d가 약 0.20 이하라면) 효과크기는 미약한 것으로 판단될 수 있다.
- 효과크기에 대한 차이가 어느 개입이 더 효과적이고 가치있는지를 자동적으로 알려주는 것은 아니다.
- 실천적 가치나 관계의 중요성—즉, 이것이 클라이언트, 다른 중요한 주변인, 사회 혹은 문제와 관련된 사회복지 실천가에게 얼마나 의미가 있는가—에 대하여 질문할 때, 우리는 그러한 관계의 실질적 유의성에 대하여 탐구하고 있는 것이다.
- 임상적 개입의 효과성을 평가하고 있는 연구들의 실질적 유의성을 언급할 때, 대개 실질적 유의성이라는 용어를 대신하여 임상적 유의성이라는 용어가 사용되곤 한다. 이러한 용어들은 대체로 같은 의미를 전달하지만, 임상적 유의성에 관한 문헌들은 몇 가지 독특한 개념과 측정 방식을 포함하고 있다.
- 임상적 유의성은 한 연구의 전체적인 결과의 실천적 유의성과 유의미성뿐만 아니라 그 평가된 개입을 받는 각각의 개별적 수혜자들에게 주는 개입의 이점에 대한 유의미성과 그 실천적 가치를 함께 나타내고 있는 것이다.
- 개별 클라이언트들의 임상적 유의성을 측정하기 위해—일차적으로 임상심리학 학술지에서—세 가지 통계적 접근이 제시되어 왔다. 각 통계적 접근은 논쟁적이며, 많은 실천가들에게 제한적인 타당성만이 있을 것이다. 그럼에도 불구하고, 당신이 연구비를 위해 연구제안서를 쓰고 있다면, 심사자들은 임상적 유의성을 통계적으로 측정하는 데 특별히 민감해 할 수 있다. 따라서 그 한계점을 설명하고 다른 대안적 시각으로부터 임상적 유의성을 고려할 필요가 있다는 점을 포함시킨다면, 당신의 제안서에 통계적 접근을 포함시키는 것이 해가 되지는 않을 것이다.
- 어떤 연구들은 대부분의 사람들이 실질적으로 또는 임상적으로 유의미하다고 동의할 수 있을 정도의 효과크기를 가지고도 표본크기가 너무 작아서 표집오차를 배제할 가능성이 거의 없는

경우가 있다.

- 2종 오류를 범할 가능성을 평가하는 것을 **통계적 설명력 분석**이라고 부른다. 한 연구의 통계적 설명력은 거짓인 영가설을 올바르게 기각할 수 있는, 즉 2종 오류를 피할 수 있는 확률이다. 반대로, 2종 오류를 범할 확률은 1에서 통계적 설명력을 뺀 것이다. 따라서 통계적 설명력이 0.90이라면 2종 오류를 범할 확률은 0.10이다. 마찬가지로, 2종 오류를 범할 확률이 0.20이라면 통계적 설명력은 0.80이다.
- 한 연구의 통계적 설명력은 표본크기, 설정한 가설의 모집단에서 가정하고 있는 효과크기, 선정된 유의 수준, 그리고 측정도구의 신뢰도와 연구설계의 강력함과 같은 다양한 방법론적 요인들에 의해 영향받는다.
- 비록 통계적 설명력 분석이 표본크기를 얼마로 해야 하는지 결정하는 연구의 기획 단계에서 공통적으로 수행됨에도 불구하고, 통계적으로 유의미한 결과를 얻지 못한 완결된 연구에 대한 자료분석의 일환으로 수행될 수도 있다. 이러한 경우에 있어서, 가정된 효과크기보다는 분석 결과에 나타난 효과크기가 설명력을 평가하는 데 활용될 수 있다. 독자들은 그 효과크기와 연관된 2종 오류의 확률을 알 수 있다. 만약 효과크기에서 의미가 있고 통계적 설명력은 낮다면, 평가의 대상이 되었던 개입이 단순히 비효과적이라고 치부해서는 안 된다. 이 개입이 알려진 증거기반 개입이 존재하지 않는 문제에 적용된다면 특히나 그렇다.
- 메타 분석은 연구자들이 모든 다른 연구들의 본질적으로 상이한 연구결과를 합치는 고급통계 방법을 사용하는 연구에 대한 연구이다.
- 메타 분석은 모든 전반적인 효과크기에 대한 평균을 계산할 수 있을 뿐만 아니라, 모든 상이한 연구들의 집계된 분석 결과에 대한 전체적인 통계적 유의성을 계산할 수 있다.
- 메타 분석에서 주의해야 할 잠재적 위험으로는 메타 분석을 수행하는 사람들 간 이해관계의 갈등, 검토된 연구들의 방법론적 결함 그리고 출판 편향성(파일서랍 효과를 포함한) 등을 포함한다.
- 깔때기 산포도는 출판 편향성과 방법론적 결함에 의한 영향 받을 가능성을 파악하기 위해 수행될 수 있다.

연습문제

1. 동기강화 개입(motivational intervention) A를 평가하는 연구가 수행되었는데, 그 연구는 12회기로 이루어진 프로그램을 마치도록 약물남용 청소년을 동기화하는 것을 목적으로 하고 있다. 동기강화 개입 A를 제공받은 100명의 청소년 중에서, 10명만이 치료 프로그램을 마쳤고 나머지 90명은 6회기가 끝나기 전에 중도탈락했으며, 전체 참여자의 평균 회기 참여 횟수는 4회였다. 동기강화 개입을 제공받지 않은 통제집단의 청소년들은 0에서 4회의 회기에 참가하였고, 참가 횟수의 평균은 2, 표준편차는 0.5였다. 연구결과는 통계적으로 유의미하다($p < 0.001$).

a. 이 연구의 코헨의 d를 계산하라.

b. 그 d는 강한가, 중간인가, 아니면 약하다고 여겨지는가? 왜인가?

c. 개입 A의 효과를 임상적으로 유의미하다고 판단하는가? 왜인가 혹은 왜 아닌가?

2. 동기강화 개입 B를 평가하기 위한 연구가 수행되었는데, 마찬가지로 그 개입은 1번 문제에서와 마찬가지로 약물남용 청소년들이 12회기로

이루어진 치료 프로그램을 마치도록 동기화하는 것을 목표로 하고 있다. 동기강화 개입 B를 제공받은 100명의 청소년 중에서, 30명이 치료 프로그램을 마쳤고 70명은 6회기가 끝나기 전에 중도탈락했으며, 전체 참여자의 평균 회기 참여 횟수는 5회였다. 동기강화 개입을 제공받지 않은 통제집단의 청소년들은 0에서 8회의 회기에 참가하였고, 참가 횟수의 평균은 4, 표준편차는 1.0이었다. 연구결과는 통계적으로 유의미하다($p < 0.05$).

a. 이 연구의 코헨의 *d*를 계산하라.

b. 그 *d*는 강한가, 중간인가, 아니면 약하다고 여겨지는가? 왜인가?

c. 개입 A의 효과를 임상적으로 유의미하다고 판단하는가? 왜인가 혹은 왜 아닌가?

3. 1번과 2번 문제에 나타난 두 연구의 결과에 비추어 볼 때, 개입 A나 개입 B가 임상적으로 더 유의미하다고 볼 수 있는가? 왜인가 혹은 왜 아닌가?

4. 또 다른 연구가 문제 1과 2에서 12회기를 모두 마친 실험집단 참여 청소년들에게 치료 프로그램의 효과성을 평가하였다. 이 연구는 참여 청소년들의 80%가 더 이상 약물을 남용하지 않았다고 스스로 보고한 반면, 20%는 약물남용을 지속했다고 대답하였다. 통제집단에서는 20%의 참여 청소년들이 더 이상 약물을 남용하지 않았다고 스스로 보고한 반면, 80%는 약물남용을 지속했다고 대답하였다. 이 결과는 비모수적 상관계수(파이)가 0.60으로 통계적으로 유의미하다($p < 0.001$). 이 결과가 임상적으로 유의미하다고 생각하는가? 왜인가 혹은 왜 아닌가?

5. 약물남용 청소년을 위한 대안적 치료 프로그램이 약물남용으로 인하여 다시 체포되는 비율이라는 면에서 평가되었다. 통제집단에서는 청소년 중 40%가 다시 체포된 것에 비해 실험집단에서는 20%가 치료를 완료한 후에 다시 체포되었다. 이 결과는 비모수적 상관계수(파이)가 0.20으로 통계적으로 유의미하다($p < 0.05$).

a. 이 결과가 임상적으로 유의미하다고 생각하는가? 왜인가 혹은 왜 아닌가?

b. 두 치료 프로그램 중 어느 것—4번 문제의 프로그램과 5번 문제의 프로그램 중에서—이 임상적으로 더 유의미한 효과를 가지고 있다고 생각하는가?

6. 약물남용 예방을 위한 개입의 효과성이 30명의 참여자를 표본으로 평가되었다. 종속변수는 미래의 약물남용이다. 그 결과는 코헨의 *d*가 0.5로 0.05 유의 수준에서 통계적으로 유의미하지 않았음을 보여주었다. 약물남용을 방지하기 위한 또 하나의 개입에 대한 효과성이 1000명의 참여자를 대상으로 평가되었다. 종속변수는 약물남용에 대한 자기보고식 척도이다. 그 결과는 코헨의 *d*가 0.2로 0.05 유의 수준에서 통계적으로 유의미하였다.

a. 각 연구의 통계적 설명력은 무엇인가? (이 질문에 답하기 위해 표 13.3을 활용할 때, 상관관계라는 제목은 무시하라. 그 대신, "작은", "중간" 그리고 "큰"이라는 단어를 사용하라. 왜냐하면 코헨의 *d*는 *z*-점수의 통계값이지 상관관계가 아니기 때문이다.)

b. 각 연구에서 2종 오류 발생 확률은 무엇인가?

c. 통계적 설명성과 실질적(실천적) 유의성이라는 측면에 비추어 볼 때, 실천적 그리고 후속 연구를 위해 이 두 연구의 결과가 주는 함의는 무엇인가?

7. 다음의 논문을 읽고 증거기반 실천가로서 당신이 배우고 아는 데 도움이 될만한 점이 무엇인지 간략히 논의하라.

J. Trusty, B. Thompson & J. V. Petrocelli. (2004). Practical guide for reporting effect size in quantitative research in the *Journal of Counselling and Development. Journal of Counselling and Development*, *82*(1), 107-110.

8. 다음의 논문을 읽고, 그 안의 표 2에 나타난 분석 결과가 효과크기와 통계적 설명력 간의 관계를 보여주고 있는지 간략히 논의하라. (그 표에 나타난 **사후분석**이라는 용어는 통계적 설명력 분석이 그 연구가 완료되고 효과크기가 계산된 후에 수행된 것임을 의미한다.)

L. Hinkelman & D. H. Granello. (2003). Biological sex, adherence to traditional gender roles, and attitudes toward persons with mental illness: An exploratory investigation. *Journal of Mental Health Counseling*, *25*(4), 259-270.

9. 다음의 논문을 읽어라. 그런 다음, 표 2의 차이점 열에 있는 자료를 활용하여 세 개의 통계적으로 유의미한 t-검정 결과 각각에 대하여 코헨의 d를 계산하라. 당신은 저자들이 이러한 세 개의 결과에 대한 임상적(혹은 실질적) 유의성을 은연중에 해석하고 실천에 대한 결론을 내리는 것에 동의하는가? 왜 그런지 혹은 왜 동의하지 않는지 간략히 서술하라.

C. S. Roberts, L. Piper, J. Denny & G. Cuddeback. (1997). A support group intervention to facilitate young adults' adjustment to cancer. *Health and Social Work, 22*(2), 133-141.

10. 다음의 논문을 읽고 비판적으로 평가하되, 본 저자들이 그들의 메타 분석에 포함시킨 연구들의 방법론적 강점의 문제를 어떻게 다루고 있는지 특별히 주의하라:

L. Maxfield & L. Hyer. (2002). The relationship between efficacy and methodology in studies investigating EMDR treatment of PTSD. *Journal of Clinical Psychology*, *58*(1), 23-41.

(당신이 평가할 때, 주 저자가 그녀가 일하는 분야에서 잘 알려져 있으며 안구운동 둔감화 및 재처리를 뒷받침하고 있음을 기억하라.)

제 4 부

추론적인 자료분석: 모수적 및 비모수적 방법

지금까지 우리는 추론통계의 개념적인 공통점들과 함께 이것이 실천 분야의 의사결정에 주는 함의를 다루었다면, 이제 좀 더 일반적으로 사용되는 구체적인 추론통계방법들을 살펴볼 수 있다. 제4부에서 다루는 장들은 여러 유형의 추론통계방법과 그 목적들을 논의하게 될 것인데, 언제 그 방법들을 사용하기에 적합한지, 그 분석 결과를 어떻게 해석하는지 그리고 어떻게 계산할 수 있는지 등을 다루게 될 것이다. 당신이 증거기반 실천의 마지막 단계에서, 당신이 내렸던 실천적 측면의 의사결정이 가져온 결과를 평가하는 것에 어떤 통계방법을 사용한다면, 그것이 어떠한 방법이든 그것을 계산하는 측면이 아마도 당신과 가장 큰 관련성이 있는 것이다. 그러나 어떠한 방법에서든 계산 과정을 이해하는 것은 증거기반 실천 과정의 앞부분 평가 단계에서 그 방법의 의미와 실천적 함의를 이해하는 데 도움을 준다.

제13장에서 언급했듯이, 추론통계방법들을 두 가지로 포괄적으로 분류하면 모수적 통계와 비모수적 통계로 나누어볼 수 있다. 모수적 통계는 종속변수가 등간 혹은 비율척도일 때 사용된다. 그러한 변수는 평균과 표준편차를 계산하고 통계적 유의성에 대한 **모수적 검정**을 활용할 수 있도록 해준다. 모수적 검정의 가정

- *t*-검정
- 분산분석
- 교차표와 카이제곱
- 상관관계
- 회귀분석
- 단일체계 평가설계에 적용

중 하나는 최소한 하나의 변수가 등간 혹은 비율 척도라는 것이다. 또 다른 가정은 그러한 변수들이 검증하는 모수는 모집단에서 정상분포를 이룬다는 것이다. 세 번째는 비교에 사용되는 집단이 각각에 대하여 독립적이며 무작위적으로 할당되거나 선정된다는 것이다.

통계적 유의성을 검증할 때 모수적 방법을 사용하는 것이 불가능하거나 권할 수 없을 때에는 비모수적 검정이 사용될 수 있다. **비모수적 검정**은 모수적 검정과 동일한 가정을 모두 요구하지는 않는다. 비모수적 검정을 사용하는 가장 일반적인 이유는 우리가 사용하는 변수가 등간이나 비율 척도가 아니기 때문이다. 몇 개의 비모수적 검정방법은 검정에 사용되는 변수가 명목측정일 때에만 적용된다. 다른 비모수적 방법들은 순위변수일 때 사용된다. 또 다른 방법들은 한 개 이상의 변수들이 등간 혹은 비율 척도이지만 연구에 사용된 그 변수들이 모집단에서 정상분포를 이룬다고 가정할 수 없을 때 사용된다.

때때로 모수적 검정은 하나 혹은 그 이상의 가정이 충족되지 않을 때에도 사용되는 경우가 있다. 그 이유는 다양하다. 어떤 연구자들은 그 적합성에 대한 고려 없이 사용하기도 한다. 다른 사람들은 그 가정이 충족되지 않음을 알고, 또 고급통계방법이 흔히 특정 가정에 대한 위배가 적은 경우를 인용하는 것을 알고도 모수적 방법을 사용할 때도 있다. 결과적으로, 모수적 방법의 가정들이 위배될 때라도, 그 검정들은 비모수적 방법을 사용했을 때 얻어지는 결과들과 흔히 매우 유사한 결과를 낳기도 한다. 제4부의 몇 개 장은 모수적 통계방법에, 다른 몇 개의 장은 비모수적 방법에 초점을 맞추게 될 것이다.

제 14 장

t-검정

서론

이 장에서는 구체적인 통계적 유의성 검정을 살펴보기 시작할 것이다. 이러한 통계적 유의성 검정은 우리의 분석 결과가 표집오차에 의한 것일 확률을 계산하는 목적을 공통적으로 가지고 있다. 제12장에서 지적했듯이, 그러한 확률은 *p*-값으로 주어진다. 그리고는 각 유의성 검정을 함에 있어서 우리는 계산된 *p*-값이 우리가 설정한 유의 수준보다 더 낮은지를 보는 것에 관심을 갖게 된다. 만약 그러하다면, 영가설을 기각할 수 있다. 어떠한 유의성 검정을 사용할 것인지는 이 책의 앞뒤 표지 안의 차트에 제시되어 있듯이 연구의 목적, 사용하는 변수 및 자료의 성격 등 다양한 요소를 고려해야 한다. 이 장에서는 많이 사용하는 모수적 유의성 검정의 하나인 *t*-검정에 초점을 맞추게 될 것이다. 또한 사용되는 자료가 모수적 검정의 가정을 충족시키지 못할 때 사용될 수 있는 *t*-검정의 대안으로서, 몇 가지 비모수적 방법들을 살펴보게 될 것이다.

t-검정의 종류

***t*-검정**은 통계적 유의성에 관한 모수적 검정의 하나로, 등간 혹은 비율 수준의 종속변수에 대한 두 집단 간의 평균 차이를 비교하는 데 사용된다. 독립변수는 명목이면서 두 개의 범주만을 가지고 있어야 한다. 프로그램과 실천방법을 평가함에 있어 *t*-검정을 사용하게 되는 가장 일반적인 경우는 두 개의 상이한 치료조건들(실험집단 대 통제집단 또는 새로운 치료 대 통상적 치료)에 할당된 각 집단들의 결과점수 평균을 비교하는 것이다. 이것은 이론적 표본분포의 표준오차에 관한 제10장과 11장에서 논의된 개념을 사용함으로써 이루어진다.

제10장에서, 표준오차는 모집단의 표준편차를 추정한 것인데, 이것은 표본의 표준편차를 표본크기의 제곱근으로 나누어줌으로써 계산되는 것임을 보았다. 제11장에서는 한 집단의 평균이 다른 집단의 평균과 상이한지 여부에 대한 가설을 검증할 때, 이론적 표본분포는 두 이론적 모집단—한 집단의 표본을 대표하는 모집단과 다른 한 집단의 표본을 대표하는 모집단—의 평균 사이에는 차이가 없다는 영가설 가정에 근거하고 있음을 보았다. 따라서 이론적 표본분포의 *x*축 상에 있는 값들은 평균들 간의 차이이다.

영가설의 이론적 표본분포가 모집단에서의 집단 간 평균의 차이가 없음을 가정하고 있기 때문에, 그 분포의 평균은 0이다. 다른 말로, 표집오차는 우리의 **표본**자료에서의 어떠한 집단 간 평균의 차이라도 설명하고 있는 것이며, 따라서 **모집단**에서의 실제 차이는 0이다.

예를 들어, 본 저자는 외상 후 장애 피해자를 위한 안구운동 둔감화 및 재처리(eye movement desensitization and reprocessing, EMDR)라는 심리치료 요법의 효과성을 평가하는 다양한 연구에 관여해 왔다. 한 연구에서 동료 연구자와 나는 EMDR을 제공받은 아동집단과 통상적인 치료를 받은 통제집단 간에 행동적 문제를 측정하는 척도 상으로는 평균의 차이가 거의 나타나지 않음을 발견하였다. 또 다른 연구에서 우리는 성적학대를 받은 여자아이들을 대상으로 EMDR을 제공받은 실험집단과 그 통제집단 간에 외상 후 증상을 측정하는 척도 상의 평균의 차이가 통계적으로 유의미함($p < 0.05$)을 발견하였다.

그림 14.1은 그러한 두 개의 평가에서 두 집단 간의 평균 차이에 대한 통계적 유의성을 검정할 때 어떻게 이론적 표본분포가 사용되는지를 보여준다. *x*축의 값들은 실험집단의 평균에서 통제집

단의 평균을 뺀 것을 나타낸다. x축의 중앙에 있는 0은 EMDR 요법을 제공받은 집단과 그렇지 못한 집단 간의 평균 차이가 없다는 영가설을 나타내준다. 연구 A에서는, 우리의 표본에서 나타난 평균의 차이는 매우 작아서 임계영역에 가까이 있지 않았으며, 따라서 통계적으로 유의미하지 않았다. 연구 B에서는, 우리의 표본에서 나타난 평균의 차이가 임계영역에 도달할 정도로 충분히 크기 때문에 통계적으로 유의미하였다. 다시 말하면, 연구 B의 결과가 0.05 수준의 임계영역에 도달했다는 것은 100번 중 5번만이 표집오차에 의한 것일 정도로 평균의 차이가 큰 것임을 의미한다. 결과적으로, 우리는 영가설을 기각하였다.

t-검정은 두 평균 간의 차이가 통계적으로 유의미한지 여부를 확증하기 위해 복잡한 공식을 적용한다. 비록 t-검정을 계산하기 위해 컴퓨터 소프트웨어에 의존하게 될 때 당신이 직접 그 복잡한 공식을 사용할 필요는 없다 할지라도, t-검정 공식이 두 평균 간의 차이를 이론적 표본분포 상의 두 평균 간의 차이에 대한 표집오차로 나누어줌으로써 t-점수를 계산한다는 것을 알아야 한다. 수학적 기호로 표시된 공식을 보고자 한다면(또는 당신 과목을 가르치는 교수가 그 공식을 알아두라고 한다면), "t-검정 공식: 요약판"이라는 제목의 글상자를 살펴보면 된다.

우리는 이제 몇 가지 종류의 다른 t-검정을 살펴보게 될 것이다. 각각의 t-검정은 t 분포라 부르는 평균의 차이에 대한 정상분포를 기반으로 한다. 다양한 t 분포가 존재하는데, 각 t 분포는 평균이 0인 정상분포를 이루고 있다. (이것은 각 t 분포가 모집단에서의 평균의 차이가 존재하지 않는다는 영가설에 대한 이론적 분포를 나타내고 있기 때문이다.)

t 분포는 표본크기와 그 표준편차에 따라 상이하다. 표본크기가 작고 표준편차가 커질수록, 이론적 표본분포에서의 표준오차 추정치는 커진다. 결과적으로, 표본크기가 작고 표준편차가 커질수록, t 분포는 더 평평하고 퍼져 있게 된다. t-점수가 평균의 차이를 평균의 차이에 대한 표준오차로 나누어주는 것으로 계산되기 때문에, 더 평평하고 퍼져 있는 이론적 표본분포에서 통계적으로 유의미하기 위해서는 더 큰 평균의 차이를 필요로 한다. 대조적으로, 평균의 차이에 대한 표준오차가 작은 t 분포에서는 작은 평균의 차이라도 통계적으로 유의미할 수 있다.

앞 장들에서 이론적 표본분포를 논의할 때 z-점수를 사용했던 것을 기억한다면, 왜 우리가 t 분포를 필요로 하는지 의문을 품을지 모른다. 그 주요한 이유는 표본크기가 매우 작거나 심하게 비대칭일 때 t 분포가 모집단의 평균과 표준오차에 대한 더 나은 추정치를 제공하기 때문이다. z-점수와는 달리, t 분포 상의 임계영역에 도달하는 데 요구되는 표준오차의 수치는 표본크기에 따라 달라진다. 양측검정에서 유의 수준이 0.05라면 정상분포의 5%(0.05)를 차지하는 임계영역에 도달하기 위해서는 1.96 표준오차라는 z-점수가 필요하다는 제11장의 내용을 기억할 것이다. 표본크기가 매우 크지 않다면, 임계영역에 도달하기 위해서는 1.96보다 훨씬 더 큰 t-점수를 필요로 한다.

표본크기가 증가함에 따라, 요구되는 t-점수는 1.96에 더 가까워진다. 표본크기가 크면 요구되는 t-점수는 1.96이 되는데, 이는 z-점수와 동일한 것이다. 이것은 표 14.1에 나타나 있는데, 여기에는 단측 및 양측 검정에서 상이한 표본크기에 따라 상이한 유의 수준에 도달하기 위해 요구되는 t-점수는 무엇인지를 보여주고 있다. 표 14.1을 살펴보면, 표본크기에 대한 열이 없다는 것을 알게 될 것이다. 이것은 *df*라는 제목으로 되어 있는 열에 있다. 이게 도대체 무슨 소리냐고?! *df*라는 기호는 자유도라는 통계학적 용어를 나타낸다.

자유도라는 용어는, 우리가 한 세트(set)에서의

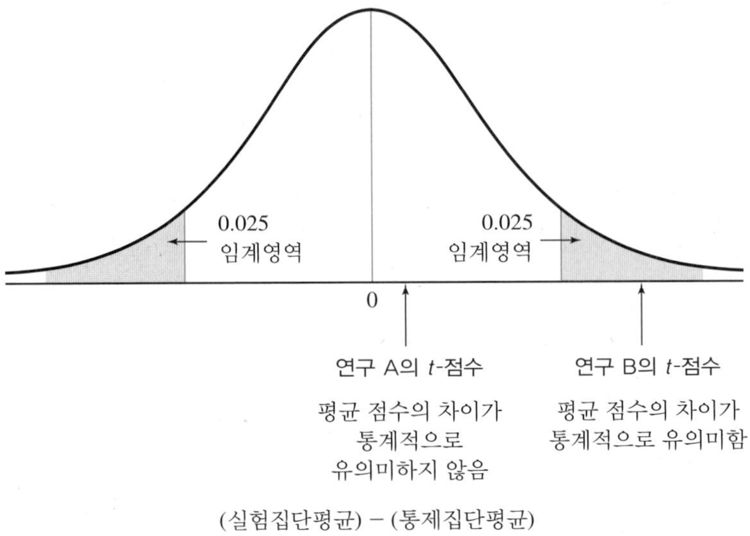

그림 14.1 두 집단의 평균 점수 차이에 대한 이론적 표본분포

t-검정 공식: 요약

아래의 공식에서, t-점수는 두 평균의 차이를 이론적 표본분포 상의 두 평균의 차이에 대한 표준오차로 나누어주는 것으로 계산된다:

$$t = \frac{\bar{X}_1 - \bar{X}_2}{s_{\bar{X}_1 - \bar{X}_2}}$$

단, $\bar{X}_1$ = 첫 번째 표본의 평균

$\bar{X}_2$ = 두 번째 표본의 평균

$s_{\bar{X}_1 - \bar{X}_2}$ = 두 평균 간의 차이에 관한 표준오차 추정치

변수값의 개수와 요약 통계값을 알고 있다면 그 세트의 변수값에서 얼마나 많은 값들이 자유롭게 변할 수 있는가를 지칭하는 것이다. 즉, 나머지 변수값을 추론하기 위해 우리가 얼마나 많은 변수값을 알아야 하는가? 간단한 예를 들어 보라. 세 개의 값의 평균이 2라는 것을 알고 있다고 가정하자. 나머지 값을 추정할 수 있기 위해서는 얼마나 많은 값을 알아야 할까? 정답은 둘이다. 우리가 어떻게 이것을 알 수 있을까?

2라는 평균을 얻기 위해서는 세 값의 합이 6이어야 한다. 만약 세 값 중 하나만을 안다면, 나머지 값을 추정하는 것은 불가능하다. 우리가 세 값 중 하나가 2라는 것을 안다고 하자. 6이 되기 위해서는 나머지 두 값이 모두 2일 수 있고, 또 하나는 1이고 다른 하나는 3일 수도 있다. 아니면 하나는 0이고 다른 하나는 4가 될 수도 있다. 단 하나의 값을 안다는 것이 우리가 나머지 값이 무엇인지를 결정할 수 있도록 하지는 않기 때문에, 우리는 하나보다 큰 자유도를 가진다.

그러나 우리가 두 개의 값을 안다면 우리는 빠

표 14.1 *t*의 임계값

	단측검정의 유의 수준					
	0.10	0.05	0.025	0.01	0.005	0.0005
	양측검정의 유의 수준					
df	0.20	0.10	0.05	0.02	0.01	0.001
1	3.078	6.314	31.821	31.821	63.657	636.619
2	1.886	2.920	4.303	6.965	9.925	31.598
3	1.638	2.353	3.182	4.541	5.841	12.941
4	1.533	2.132	2.776	3.747	4.604	8.610
5	1.476	2.015	2.571	3.365	4.032	6.859
6	1.440	1.943	2.447	3.143	3.707	5.959
7	1.415	1.895	2.365	2.998	3.499	5.405
8	1.397	1.860	2.306	2.896	3.355	5.041
9	1.383	1.833	2.262	2.821	3.250	4.781
10	1.372	1.812	2.228	2.764	3.169	4.587
11	1.363	1.796	2.201	2.718	3.106	4.437
12	1.356	1.782	2.179	2.681	3.055	4.318
13	1.350	1.771	2.160	2.650	3.012	4.221
14	1.345	1.761	2.145	2.624	2.977	4.140
15	1.341	1.753	2.131	2.602	2.947	4.073
16	1.337	1.746	2.120	2.583	2.921	4.015
17	1.333	1.740	2.110	2.567	2.898	3.965
18	1.330	1.734	2.101	2.552	2.878	3.922
19	1.328	1.729	2.093	2.539	2.861	3.883
20	1.325	1.725	2.086	2.528	2.845	3.850
21	1.323	1.721	2.080	2.518	2.831	3.819
22	1.321	1.717	2.074	2.508	2.819	3.792
23	1.319	1.714	2.069	2.500	2.807	3.767
24	1.318	1.711	2.064	2.492	2.797	3.745
25	1.316	1.708	2.060	2.485	2.787	3.725
26	1.315	1.706	2.056	2.479	2.779	3.707
27	1.314	1.703	2.052	2.473	2.771	3.690
28	1.313	1.701	2.048	2.467	2.763	3.674
29	1.311	1.699	2.045	2.462	2.756	3.659
30	1.310	1.697	2.042	2.457	2.750	3.646
40	1.303	1.684	2.021	2.423	2.704	3.551
60	1.296	1.671	2.000	2.390	2.660	3.460
120	1.289	1.658	1.980	2.358	2.617	3.373

출처: R. A. Fisher and F. Yates, *Statistical Tables for Biological, Agricultural, and Medical Research*, published by Longman Group, Ltd., London (previously published by Oliver and Boyd, Ltd., Edinburgh) and by permission of the authors and publishers.

져 있는 나머지 값을 추정할 수 있다. 예를 들어, 두 개의 값이 각각 1과 3이라면, 이 둘의 합은 4가 된다. 평균이 2가 되기 위해서는 세 값의 합이 6이 되어야 한다는 것을 알고 있으므로, 나머지 하나의 값이 2라는 것을 추론할 수 있다. 마찬가지로, 두 개의 값이 각각 1과 2라는 것을 안다면, 합이 6이 되어 평균이 2가 되기 위해서는 나머지 하나의 값이 3이 되어야 함을 추론할 수 있다. 따라서 우리는 두 개의 자유도를 갖는데, 이는 나머지 하나가 이미 정해지기 전에 두 개의 값은 자유로이 변할 수 있기 때문이다.

평균을 다룰 때, 자유도(*df*)는 표본크기보다 하나 더 적다. 표본크기를 알파벳 *N*으로 나타낸다면, *df*는 $N - 1$과 같다. 다시 말해서, 우리가 평균과 표본크기를 안다면, 그 평균을 얻는 데 필요한 나머지 값이 무엇인지 항상 추론할 수 있다. 우리가 하나를 뺀 나머지 값 모두를 안다면 말이다. 따라서 변수값은 $N - 1$개에서 **자유롭게 변할** 수 있지만, 일단 우리가 그 $N - 1$개의 값을 안다면 더 이상의 **자유도**는 존재하지 않는다; 그 나머지 값은 미리 결정된다.

당신이 지금 이렇게 투덜거릴 것이 분명하다: "이런(우리가 말끔히 정리할 것이다!), 장황하고 혼란스럽게 하는 것이 이게 전부가 아니었어? 자유도에 관한 혹독하고 알아들을 수 없는 말 대신 그냥 표본크기(*N*)를 사용하자고 하면 될 것 아냐?" 왜 자유도를 사용하는지 진정 알기 원한다면, 고급 통계이론에 대한 책을 살펴볼 수 있을 것이다. 그러나 지금은 표 14.1에서 자유도가 표본크기를 나타낸다는 것만 알면 충분하다.

두 집단의 평균을 비교하기 위해 *t*-검정을 사용할 때, 자유도 값은 각 집단의 자유도의 합과 같다. 따라서 전체 표본크기가 50이고, 각 집단이 25개의 사례를 갖는다면, 각 집단의 자유도는 24이고, *t*-검정을 위한 전체 자유도는 48이다. 이것을 생각할 수 있는 또 다른 방법은 두 집단의 전체 사례수에서 2를 빼는 것이다(이것은 각 집단의 표본크기에서 1을 빼고 두 집단의 자유도를 합하는 것과 동일하다).

자유도라는 용어, 혹은 *df*라는 기호는 이 책의 이어지는 두 개의 장에서 계속 등장하게 될 것이다. 또한 자유도는 SPSS와 같은 통계 프로그램을 사용할 때 그 분석 결과에도 나타나게 된다. 이에 현혹되지는 마라. 통계적 유의성 검정을 활용하고 해석하는 것을 위해 자유도에 관한 고급통계이론을 알아둘 필요는 없다.

t-점수의 계산

우리가 두 개의 독립된 집단의 평균을 비교하는지, 한 집단 내의 변화를 파악하는 것인지, 짝지어진 집단의 평균을 비교하는지, 아니면 표본의 통계값을 모집단의 통계값과 비교하는지에 따라 *t*-점수를 계산하는 상이한 공식이 사용된다. 본 저자가 학생시절, 그때는 컴퓨터가 사용되기 이전의 옛날이었는데, 우리는 각각의 공식을 사용하여 *t*-점수를 손으로 직접 계산하는 방법을 배웠고, 그런 다음 표 14.1에 나와 있는 값들을 찾아 *t*-점수가 임계영역에 도달했는지를 살펴보아야 했다(대개 *p*-값은 0.05 이하였다). 오늘날에는 SPSS와 같은 통계 프로그램들이 *t*-점수를 계산해주고 그 *p*-값을 제공해준다. *p*-값이 당신이 미리 정해 놓은 유의 수준 이하라면, 당신은 집단 간 평균의 차이가 통계적으로 유의미함을 알게 될 것이고, 영가설을 기각한다(따라서 1종 오류의 위험을 가진다). 만약 *p*-값이 사전에 정해놓은 유의 수준보다 높다면, 집단 간 평균의 차이가 통계적으로 유의미하지 않음을 알게 될 것이고, 영가설을 기각하지 않을 것이다(따라서 2종 오류의 위험을 가진다).

비록 다양한 *t*-점수를 계산하는 여러 공식들을 더 이상 알 필요는 없다 할지라도, 각 공식들이 두

동일한 분산을 지닌 집단의 t-검정 공식

앞의 글상자에서 요약된 t-검정 공식을 제시한바 있다:

$$t = \frac{\bar{X}_1 - \bar{X}_2}{s_{\bar{X}_1 - \bar{X}_2}}$$

단, $\bar{X}_1$ = 첫 번째 표본의 평균

$\bar{X}_2$ = 두 번째 표본의 평균

$s_{\bar{X}_1 - \bar{X}_2}$ = 두 평균 간의 차이에 관한 표준오차 추정치

이제 우리는 이 공식을 확장하여 분모의 계산 과정을 볼 수 있다:

$$s_{\bar{X}_1 - \bar{X}_2}$$

이것은 이론적 표본분포 상의 평균의 차이에 관한 표준오차의 추정치이다:

$$t = \frac{\bar{X}_1 - \bar{X}_2}{\sqrt{\left(\frac{N_1 s_1^2 + N_2 s_2^2}{N_1 + N_2 - 2}\right)\left(\frac{N_1 + N_2}{N_1 N_2}\right)}}$$

단, s_1^2 = 첫 번째 표본의 분산

s_2^2 = 두 번째 표본의 분산

N_1 = 첫 번째 표본의 표본크기

N_2 = 두 번째 표본의 표본크기

평균 간의 차이를 이론적 표본분포 상의 두 평균 간의 차이에 대한 표준오차로 나누어줌으로써 t-점수를 구한다는 것은 알아두어야 한다. 또한 각 공식에서 평균 간의 차이가 커질수록 t-점수가 통계적으로 유의미하게 될 확률 역시 커진다는 것을 기억해야 한다. 표본크기가 작아질수록 또 표준편차가 커질수록 그러한 확률은 낮아진다. "동일한 분산을 지닌 집단의 t-검정 공식"이라는 제목의 글상자에서 가장 흔하게 사용되는 공식의 하나를 살펴볼 수 있다. 이것은 앞의 글상자에 나타난 t-검정 공식의 요약을 좀 더 자세히 확장시킨 것이다. 그 공식이 너무 복잡해 보인다면, 당신은 컴퓨터 프로그램이 그 계산을 수행하게 하려면 어떠한 명령어를 수행시켜야 하는지만을 알아두면 되는 것임을 기억하라.

독립표본 t-검정

두 개의 독립된 집단의 평균을 비교하고자 할 때 우리는 **독립표본 t-검정**을 사용한다. 이 맥락에서 독립이라는 용어는 비교되는 두 집단이 서로 연결되거나 관련되어 있지 않다는 의미이다. 독립적인 집단을 구성하는 일반적인 방법은 난수(random numbers)나 동전 던지기를 해서 사례들을 한 집단과 다른 집단에 무작위로 할당하는 것이다. 따라서, 만약 사례들을 치료 A 혹은 치료 B에 무작위로 배정한다면, 또는 사례들을 실험집단과 통제집단에 무작위로 배정한다면, 우리는 독립된 집단을 갖게 된다. (대응표본 t-검정을 살펴볼 때에 독립적이지 않은 집단들의 예를 논의하게 될 것이다.)

우리가 독립표본 t-검정을 하기 위해 SPSS를 사용하고 있다고 가정해보자. 시설 치료 센터에서 수행된 우리의 가설적 평가에서 집단 1과 집단 2의 문제행동 발생건수의 평균을 비교한다고 해보자. 집단 1은 새로운 치료를 받았고 집단 2는 통상적인 치료를 받았다는 것을 떠올릴 수 있을 것이다. 또한 집단 1의 평균 문제행동 발생건수는 6이

표 14.2 SPSS를 활용한 독립표본 t-검정 분석 결과: 시설 치료 센터의 효과성을 평가하기 위한 가설적 평가 자료

집단통계값

집단		사례수	평균	표준편차	평균에 대한 표준오차
문제행동발생(SBI)	등분산성 가정됨	25	6.00	7.69	1.54
	통상적 치료	25	5.00	1.32	0.26

독립표본 t-검정

		레빈의 등분산성 검정	
		F	유의성
SBI	등분산성 가정됨	36.09	0.000
	등분산성 가정되지 않음		

독립표본 t-검정

		평균의 동일성에 대한 t-검정			
		t	df	유의성(양측)	평균의 차이
SBI	등분산성 가정됨	0.641	48	0.525	1.00
	등분산성 가정되지 않음	0.641	25.42	0.527	1.00

었고, 집단 2의 경우는 5였음도 기억할 것이다. t-검정은 그러한 평균의 차이를 설명하는 것으로 우연(표집오차)을 반박할 수 있는지 여부를 우리에게 말해줄 것이다. SPSS를 활용한 t-검정 결과는 표 14.2에 제시되어 있다.

표 14.2 상단의 표는 사례수(N), 평균, 표준편차 및 각 집단의 평균에 대한 표준오차를 보여준다. 따라서 우리는 각 집단이 25개의 사례로 이루어져 있으며, 평균은 6.00과 5.00이고, 표준편차(결과적으로 표준오차 역시)는 통상적인 치료집단보다 새로운 치료를 받은 집단이 더 높음을 볼 수 있다.

그 다음 표는 등분산성에 대한 레빈의 검정(Levene's Test)을 제시해주고 있는데, 이것은 두 집단의 분산이 유의미한 차이가 있는지를 보여준다. 두 집단의 분산이 유의미하게 상이한가에 따라 다른 t-검정 공식이 사용된다. 만약 p-값이 0.05보다 크다면, 등분산(equal variance)을 가정한 공식이 사용된다. 만약 p-값이 0.05보다 작다면, 등분산성을 가정하지 않은 공식이 사용된다. 당신이 그러한 공식에 대하여 걱정할 필요는 없다; 단지 그 다음 표의 등분산성을 가정한 행(row)과 등분산성을 가정하지 않은 행 가운데서 어떤 행을 사용해야 하는지 알면 된다. (또 이 표의 F가 무엇을 의미하는지에 대해 염려하지 않아도 되지만, 다음 장에서 분산분석을 배울 때 이에 관하여 논의할 것이다.) 레빈의 검정 결과, p-값이 0.000으로 0.05보다 훨씬 더 작음을 유념하라. 이것은 앞의 여러 장에서 집단 1의 25개 값에서 나타나는 산포도가 집단 2의 25개 값보다 얼마나 더 흩어져 있는가를 기억한다면 그리 놀라운 것은 아니다. 산포도(또는 분산)에 있어서의 큰 격차는 집단 1과 집단 2의 표준편차에 큰 차이가 있음을 반영한다.

등분산성이 가정될 수 없다는 것이 결정되었다면, 이제 표 14.2의 마지막 표를 볼 준비가 된 셈이다. 등분산성이 가정될 수 없으므로 이 표에서 우리가 보아야 할 행은 두 번째 행, 즉 등분산성이 가정되지 않은 경우이다. 여기서 우리는 1.0 미만(정확히는 0.641)의 상대적으로 낮은 *t*-점수를 볼 수 있다. 그 다음 열은 자유도를 보여준다. 우리의 표본은 두 집단에 각 25개씩 50개의 사례로 이루어져 있으므로, 등분산성을 가정한다면 자유도는 48이 될 것이다. 그러나 등분산성을 가정할 수 없다면 자유도를 계산하기 위한 다른 방법이 적용되지만, 당신이 그것을 처리할 필요는 없다. 중요한 것은 *p*-값을 보여주고 있는 그 다음 열을 보는 것으로, 이것이 우리의 주요 관심사이다. *p*-값을 제목으로 하는 열은 이것이 양측검정에 관한 것임을 알려준다. (당신이 단측검정을 사용하고 있다면, 이것이 유의미한 것인지를 살펴보기 위해서 표 14.1의 *t*-점수를 찾아볼 수 있다.) *p*-값이 0.527이며, 이것은 0.05보다 훨씬 큰 값임을 본다면(심지어 우리가 유의 수준으로 0.10을 선택한다고 해도 마찬가지이다), 우리는 두 집단 간 평균의 차이는 통계적으로 유의미하지 않음을 안다. 따라서 우리는 영가설을 기각할 수 없으며, 2종 오류의 위험을 아는 것을 선택한다. 사실 *p*-값이 0.50보다 크다면, 우리의 분석 결과가 표집오차에 의한 것일 확률이 50:50보다 크다는 것을 알게 된다.

우리의 분석 결과는 이와 같은 정도(즉, 6 : 5 정도)의 평균 차이를 얻을 때에는 항상 통계적으로 유의미하지 않은 차이라는 것을 의미하지는 않는다. 표본크기가 충분히 크거나 집단 1의 표준편차가 훨씬 더 작아진다면, 그러한 정도의 차이도 아주 쉽게 통계적으로 유의미하게 나타날 수 있다. *t*-검정의 공식이 평균의 차이를 평균의 차이에 대한 표준오차로 나누어준 것이며, 이것은 다시 표본크기와 두 집단의 표준편차에 달린 문제임을 기억하라. 예를 들어, *t*-검정 공식에 사용하는 표준오차가 0.4에 불과하다면, 두 평균의 차이가 1이라도 표준오차로 나누어주면 *t*-점수는 2.5가 될 것이다. 표 14.1에서 그에 해당되는 값을 찾아보면, 자유도가 단지 6에 불과할 때라도 0.05 수준에서 통계적으로 유의미한 것임을 보게 될 것이다.

또한 표본크기가 각각 250 사례씩 총 500 사례라면, 우리의 데이터가 변화하지 않더라고 유의미한 *p*-값을 가지게 될 것이다. 이에 대한 예를 보기 위해, 50개로 이루어진 데이터를 복사한 후 아홉 번 붙이기를 해서 500개의 사례로 이루어진 데이터를 만들어 보라. 이 데이터는 10배가 더 큰 가상의 표본이라는 점을 제외하고는 50개의 사례로 이루어진 표본과 동일한 속성을 갖는다. 훨씬 더 큰 크기의 표본을 가지고 있으므로, 표준오차는 크게 감소하며 자유도는 크게 증가하여, *p*-값은 0.04가 된다. 이것은 0.05 수준에서 통계적으로 유의미하다. 더 나아가서, 이것은 표본크기가 통계적 유의성에 미치는 영향력을 보여준다.

대응표본 *t*-검정

우리가 비교하고자 하는 두 집단의 값이 어떤 방식으로 서로 연결되어 있거나 관련되어 있을 때 **대응표본**(paired-sample) ***t*-검정**을 사용한다. 아마도 개인들의 쌍(pair)들이 이에 부합될 것인데, 이는 어떤 변수에 있어 서로 유사하므로 그들을 상이한 치료를 받도록 두 개의 비교되는 집단에 분리시킬 것이기 때문이다. 예를 들어, 같은 형제나 자매 두 명은 상이한 치료를 받도록 두 집단에 나누어지게 될 것이다. 아니면, 아마도 우리는 어떤 태도를 측정하는 척도의 점수에 있어서 남편 집단 하나의 평균을 그들의 아내 집단의 평균과 비교하기를 원할 수도 있다.

그러나 대응표본 *t*-검정이 가장 일반적으로 사용되는 곳은 한 집단 안에서 두 개의 다른 시점 사

표 14.3 SPSS를 활용한 대응표본 *t*-검정 결과: 시설 치료 센터의 가설적 평가 연구에서 나타난 외상 후 증상척도 점수의 사전-사후 변화

대응표본 통계값

	평균	사례수	표준편차	평균의 표준오차
사후점수	44.68	50	8.17	1.16
사전점수	19.42	50	5.33	0.75

대응표본 검정

	대응된 차이			*t*	*df*	유의성(양측)
	평균	표준편차	평균의 표준오차			
대응 1	25.26	11.36	1.61	15.728	49	0.000

이에 발생된 변화를 측정할 때이다. 예를 들어, 빈곤론 수강생을 대상으로 개강일과 종강일 사이에 빈곤의 원인에 대한 학생들의 태도가 변화되었는지를 보려 할 수 있다. 아니면, 클라이언트 한 집단의 복지를 측정하는 어떤 측도에 있어, 사전검사(개입전에 부과된)에서 사후검사(개입이 끝난 후에 부과된)에 이르기까지 진전이 있는지를 평가하려 할 수 있다.

시설 치료 센터에서의 가설적 평가를 가정하되, 새로운 치료와 기존 치료의 효과성을 비교하는 것에 더하여, 청소년들이 시설에 입소된 시점과 퇴소된 시점 사이에 외상 증상에 대한 측도에 진전이 있는지를 평가하기를 원한다고 가정해보자. 그 측도는 15 문항으로 구성된 자기보고식 척도로서, 청소년들은 이 시설에 입소하기 전, 그들이 시달렸던 외상으로 인하여 어떤 바람직하지 못한 것들을 얼마나 자주 경험했는지를 표시함으로써 그 질문지를 완성하도록 되어 있다. 이러한 바람직하지 못한 것들에는 악몽, 분노의 폭발, 슬픔, 나쁜 생각, 플래시백, 공포, 금단 증상 등을 포함한다. 이러한 항목들이 우리의 가설적 척도에서 모두 바람직하지 못한 것이므로, 이 척도에 대한 점수가 낮아질수록 더 바람직한 것이다.

그 척도에 대한 가상의 점수가 *presum*과 *postsum*이라는 SPSS 변수의 약자로 우리 자료에 나타나 있다. *presum* 변수는 사전조사 척도 점수로서 각 문항의 답안에 배정된 점수들을 합한 것이다. 예를 들어, 각 항목에 "가끔"이라고 대답한 청소년들이 각각 3점을 얻을 것이고, 따라서 척도 점수의 총합은 15문항에 45점이 될 것이다. 각 항목에 "드물게"로 대답한 청소년들은 각각 2점을 얻을 것이고, 따라서 척도 점수의 총합은 15 문항에 30점이 될 것이다. *postsum* 변수는 같은 방식으로 점수화된 것으로 사후조사 척도 점수이다. 따라서 입소와 퇴소 시점 사이에 청소년들의 외상 증상들이 개선되었다면, 그 사후조사 점수는 사전조사 점수에 비해 더 낮아야 한다.

SPSS를 활용하여 대응표본 *t*-검정을 실행해보면 표 14.3에 나타난 것과 같은 결과를 얻게 된다. 표 14.3 상단의 표는 평균, 사례수(*N*), 표준편차 및 사전조사와 사후조사 평균에 대한 표준오차를 보여주고 있다. 비록 50개의 *N*이 두 번 나와 있지만, 이것이 100명의 청소년들이 각기 50명으로 구성된 두 집단으로 나뉘어져 있다는 것을 의미하지는

않는다. 이것은 각각에 대하여 동일한 50명의 청소년 표본을 사용하여 사전조사와 사후조사를 한 것이고, 따라서 각 행에 있는 50이라는 *N*은 같은 청소년 50명을 뜻한다. 각 청소년들은 그 척도에 대하여 두 개의 점수—사전조사와 사후조사—를 가지므로 총 50명의 청소년으로부터 총 100개의 점수가 존재하게 되는 것이다. 이 표는 또한 평균 점수가 크게 감소함을 보여주고 있는데, 44.68이던 사전조사 점수는 사후조사에서 19.42로 감소되었다. 점수가 낮을수록 더 바람직한 것이므로, 이러한 감소는 자기보고식 외상 증상에 있어서 입소와 퇴소 사이에 큰 진전이 있었음을 반영한다.

그러나 이러한 진전이 통계적으로 유의미한 것일까? 즉, 이것이 표집오차에 의한 것일 확률은 얼마나 될까? 표 14.3 하단의 표는 25.26점이라는 평균 점수의 개선이 실제 통계적으로 유의미하고, 이것이 표집오차에 의한 것일 확률은 0.001보다 더 작았음($p < 0.001$)을 보여준다. 따라서 1종 오류의 위험이 지극히 적으므로—1천 번에 한 번보다 더 적다—우리는 영가설을 기각한다.

그러나 표 14.3의 결과가 외상 증상 척도 점수에서의 커다란 개선을 설명하는 것으로서 표집오차의 가능성을 배제할 수 있도록 해줌에도 불구하고, 그러한 개선이 시설 치료 센터의 치료적 측면의 노력에 의한 것임을 반드시 의미하는 것은 아니다. 통계적 유의성 검정은 단지 표집오차의 가능성을 배제하는 것임을 기억하라; 유의성 검정이 역사, 성숙, 측정 편향 등과 같은 다른 설명 가능한 대안들을 배제하지는 못한다. 아마도 그 점수에서의 개선이 시간의 경과에 의한 것일 가능성이 더 클 수도 있다. 혹시 외상에 대한 기억이 과거의 것으로 점점 더 희미해져 감에 따라, 외상 증상이 시간이 지날수록 없어져 갈 수 있다. 아니면, 사전검사를 했을 때보다 사후검사를 했을 때 센터의 직원들을 더 기쁘게 해주려는 마음이 더 컸을 수 있고, 따라서 그들이 외상 증상 경험이 지속되었던 그 정도를 축소해서 진술했을지도 모른다. 한 집단 안에서 시간의 경과에 따른 변화에 대해 대응표본 *t*-검정을 수행할 때, 우리는 방법론적 한계나 표집오차 말고도 다른 대안적 설명이 존재할 수 있음을 잊어버리게 만드는 인상적인 통계 결과에 너무 매혹되지 않도록 주의하는 것이 필요하다.

단일표본 *t*-검정

표본의 통계값을 모집단의 통계값과 비교하고자 할 때에는 **단일표본 *t*-검정**을 사용한다. (앞서 언급했듯이, 모집단의 통계값에 대한 용어는 모수라 한다.) 단일표본 *t*-검정을 사용하기 위해서는 먼저 모집단의 모수를 알아야 한다. 예를 들어, 우리는 시설 치료 센터에 대한 전국조사 결과보고서를 읽음으로써 센터에 입소해 있는 청소년들의 평균 연령이 11.0세라는 것을 알 수 있다. 우리의 가설적 평가에서 사용하고 있는 청소년 50명 표본이 연령이라는 면에서 전형적이지 않은지 여부를 보고자 한다고 가정해보자. 아마도 표본의 평균 연령은 전국 평균보다 높거나 낮을 것이다. 만약 우리가 성별, 인종, 진단 등과 같은 다른 모집단의 모수를 갖는다면, 그 모수와 우리 표본의 통계값을 비교할 수 있을 것이며, 이를 통하여 우리의 표본이 모집단을 대표하고 있는지를 전반적으로 검토할 수 있을 것이다.

단일표본 *t*-검정에 대한 첫 번째 실례를 평균 연령의 비교에 국한시켜 보자. 우리는 SPSS를 활용하여 단일표본 *t*-검정을 수행할 수 있다. SPSS는 우리 표본의 평균 연령을 계산해줄 것이고, 이것이 전체 모집단의 평균 연령 11과 유의미한 차이가 있는지를 평가해줄 것이다. 우리의 가설적 데이터를 가지고 그러한 순서를 밟으면, 표 14.4 상단의 두 개의 표에서 나타난 결과를 얻을 것이다.

표 14.4 SPSS를 활용한 단일표본 *t*-검정 분석 결과: 시설 치료 센터의 가설적 평가 연구에서 나타난 표본의 평균 연령과 SBI 평균을 모집단의 평균 연령과 모집단의 SBI 평균과 비교

연령

단일표본 통계값

	사례수	평균	표준편차	평균의 표준오차
연령	50	10.84	1.98	0.28

단일표본 검정

검정값 = 11

	t	*df*	유의성(양측)	평균의 차이	차이에 대한 95% 신뢰구간	
					하위	상위
연령	−0.570	49	0.571	−0.16	−0.7236	0.4036

SBI

단일표본 통계값

	사례수	평균	표준편차	평균의 표준오차
SBI	50	5.50	5.48	0.77

단일표본 검정

검정값 = 6

	t	*df*	유의성(양측)	평균의 차이	차이에 대한 95% 신뢰구간	
					하위	상위
SBI	−0.645	49	0.522	−0.50	−2.06	1.06

맨 위의 표에서, 우리의 평가에서 사용된 50명의 청소년으로 이루어진 표본의 평균 연령이 10.84임을 볼 수 있다. 또한 50명의 청소년의 연령에 대한 표준편차(1.98)도 볼 수 있다. 그 다음 표는 연령에 대한 우리의 표본 자료와 11이라는 검정값을 비교할 때 얻는 *t*-점수와 그 확률을 보여준다. *p*-값이 0.571이라는 것에서, 우리는 우리 표본이 모집단과 유의미하게 다르지 않음을 알 수 있는데, 이는 0.571이 우리가 선택할 수 있는 모든 유의 수준(0.05, 0.10, 아니면 0.20까지)보다 더 크기 때문이다. 이 표가 우리의 표본 평균이 모집단의 모수에 비해 0.16 더 적다는 것을 보여주지만, 우리는 그러한 차이에 대한 설명으로서 표집오차를 배제할 수 없다. 두 번째 표의 맨 오른쪽에 있는 두 열은 95%의 신뢰도를 가지고 센터에 거주하는 청소년 모집단의 평균 연령이 모집단의 모수보다 0.72 낮은 지점부터 0.40 더 큰 지점 사이에 있음을 보여준다.

우리가 표본의 모든 배경적 속성들을 그에 상응하는 모집단의 모수들과 비교할 때 이러한 정

도의 결과를 갖게 된다면, 우리는 우리가 사용하는 표본이 비전형적이지는 않다는 생각을 뒷받침하는 증거를 갖게 될 것이다. 그 대신, 그 표본은 최소 우리의 자료에서 나타난 배경변수에 관한 한, 모집단을 대표하는 것으로 밝혀지게 될 것이다. 그러나 그 증거를 해석하는 방식에 있어서는 주의를 기울여야 한다. 통계적 유의성이 결여되어 있다는 것이 영가설을 확증해주는 것은 아님을 기억하라; 이것은 단지 우리가 영가설을 기각할 수 없음을 의미할 뿐이다. 아마도 우리는 2종 오류를 범하고 있을지 모른다. 즉, p-값이 임계영역에 미치지 못한다는 사실에도 불구하고 표본과 모집단 사이에는 실제로 차이가 존재할 수 있다는 것이다. 만약 유의 수준이 0.05이고 p-값이 0.06이라면, 표본의 평균과 모집단의 모수 간의 차이가 표집오차에 의한 것일 확률이 단지 0.06에 불과하다는 사실에도 불구하고 우리는 통계적으로 유의미하지 않은 결과를 갖게 되는 것이다.

따라서 이러한 결과를 표본이 모집단을 대표하고 있다는 증거로 해석하기를 원한다면, t-검정은 p-값이 유의 수준보다 큰 t-점수를 산출해 내는 것뿐만 아니라 평균의 차이가 그 크기에서 거의 무시할 정도가 되어야 한다는 것도 중요하다. 우리의 표본과 모집단 간의 차이가 통계적으로 유의미하다고 단지 말하는 것이 그 차이가 하찮다거나 존재하지 않는다는 것을 반드시 의미하지는 않는다. 일부 논문 저자들(그리고 어떤 통계 교과서에도!)은 단지 단일표본 t-검정이 통계적으로 유의미한 t-점수를 산출하지 못하므로 특정 변수에 대해서 한 표본이 모집단을 대표한다고 주장하는 오류를 범한다. 본 저자가 평균 차이의 크기를 제시하지 않고 그러한 주장을 하는 연구논문을 읽을 때, 그러한 실수가 오해의 일종인지 아니면 편향된(따라서 비윤리적인!) 보고인지 궁금해 하지 않을 수 없다.

단일표본 t-검정은 우리의 표본이 하나의 모집단을 대표하고 있는지 알아보고 싶을 때 사용될 뿐 아니라, 우리의 표본과 모집단 사이에 존재하는 어떠한 차이를 발견하려 할 때에도 사용될 수 있다. 예컨대, 우리의 가설적 평가에서, 시설 치료센터에서 사용된 치료방법이 전반적으로 전국 평균보다 문제행동 발생의 측면에서 더 나은 결과를 가져오고 있는지 보고 싶어한다고 가정해보자. 다시 말하면, 이러한 목적을 가지고 우리는 각각 25명의 청소년으로 구성된, 센터 안에 있는 두 개의 치료집단을 서로 비교하는 것에 관심을 두지 않고, 오히려 전반적으로 우리 센터가 전국 평균보다 유의미하게 더 나은지에 관심을 두는 것이다. 전국조사로부터 특정 시기의 문제행동 발생(SBI)에 대한 모집단 평균이 6.0이었음을 안다고 가정해보자.

SPSS를 사용하여 단일표본 t-검정을 수행한 것이 표 14.4 하단의 표 두 개에 결과가 제시되어 있다. 거기서 우리는 50명의 청소년으로 구성된 표본의 평균이 5.50이고 모집단의 모수는 6.0으로서 두 평균 간의 차이가 0.50이며, 이것은 통계적으로 유의미하지 않음을 보게 된다. 이러한 평균의 차이에 대한 t-점수는 0.645에 불과하고 p-값은 0.522로서 그 어떠한 합리적 유의 수준보다 더 큰 것이다. 우리의 t-점수 앞에 음(−)의 부호가 있다는 사실은 표본의 평균이 모집단의 모수보다 더 작음을 의미할 뿐이다. 그 음의 부호는 바람직한 것이다; 우리 표본의 평균이 더 낮기를 바랬는데, 이는 문제행동 발생(SBI)이 바람직하지 못한 것이기 때문이다. p-값이 우리가 선택할 수 있는 그 어떤 통계적 유의 수준보다도 더 높기 때문에, 우리는 영가설을 기각할 수 없다. 따라서 우리는 평가한 센터의 평균이 모집단의 평균보다 왜 낮은지에 대한 설명으로서 표집오차를 배제할 수 없다.

흔한 오류

지금까지 우리는 오직 두 평균만의 비교를 살펴보았다. 그러나 많은 실천 또는 프로그램 평가들은 시간이 지남에 따라 발생하는 개선의 측면에서 두 집단이 상이한지 여부를 평가한다. 그러한 평가를 하는 데에는 보통 네 개의 평균이 포함된다: 두 개의 사전조사 평균과 두 개의 사후조사 평균. *t*-검정 절차는 두 개 이상의 평균을 다룰 수 없다.

당신은 왜 우리가 독립집단 *t*-검정에만 의존해서 두 집단의 사후검사 점수만을 비교할 수는 없는지에 관하여 의문을 가질지 모른다. 사전검사 평균을 가지고 일을 복잡하게 만들지 않을 수 있을 텐데 말이다. 정답은 우리가 비교하고 있는 집단 간의 사전점수에 중요한 차이가 있을 수 있다는 점이다. 만약 집단 A와 집단 B가 외상 증상에 관하여 동일한 평균 사후검사 점수를 가지고 있다면, 그러나 평균 사전검사 점수가 집단 B보다 집단 A에서 더 나쁜 것이었다면, 집단 A가 집단 B보다 더 나은 개선을 나타낸 것이다.

반대로, 집단 A가 집단 B보다 더 나은 사후검사 점수를 가지고 있다면, 그러나 그 사전검사 점수 역시 더 낫다면, 이 경우 집단 B보다 더 나아진 것은 아닐 것이다. 예를 들어, 집단 A의 평균 점수가 40에서 30으로 개선되는 동안, 집단 B는 45에서 35로 개선되었다고 가정해보자. (외상 증상을 측정하는 우리의 가설적 상황에서 점수가 낮아질수록 더 바람직하다는 점을 기억하라.) 그러면 각 집단은 동일한 10점씩의 개선이 발생한 것이고, 따라서 사후검사에서의 5점 차이를 집단 A가 더 나은 결과를 가져왔다는 지표로 해석하는 것은 그릇된 것이다.

결과적으로, 왜 한 집단이 또 다른 집단에 비해 더 많이 변화했는지를 설명함에 있어서 표집오차가 작용될 확률을 측정하기 위해, 우리는 두 가지 절차 중 하나를 사용해야 한다: (1) 각 참가자의 사전-사후검사 점수의 차이로 구성된 새로운 종속변수를 만들거나, (2) 공변량분석(analysis of covariance, ANCOVA)이라 부르는 다변량분석 방법을 수행하는 것.

후자의 방법은 제15장에서 살펴보게 될 것이다. 우리가 첫 번째 방법을 살펴보기 전에, 초보 연구자들이 다음의 두 가지 방법 가운데 어느 하나도 사용하지 않을 때 모두가 너무나 자주 저지르게 되는 오류에 대하여 먼저 논의해보기로 하자. 그러한 오류는 비교가 행해지는 두 집단에 대해서 각각 독립된 대응표본 *t*-검정을 수행하는 것이다. 한 집단이 유의미한 *t*-점수를 가지고 있고 다른 집단은 그렇지 않다면, 어떤 연구자들은 이것을 집단 간에 유의미한 차이가 있다는 의미라고 잘못 해석한다—마치 그들이 독립표본 *t*-검정을 수행한 것처럼. 왜 이것이 오류란 말인가? 표집오차가 오직 한 집단 내에서 사전검사에서 사후검사 사이에 발생한 평균의 변화를 설명할 확률을 계산해주는 것, 이것이 바로 대응표본 *t*-검정임을 기억하라. 한 집단이 대응표본 *t*-검정에서 유의미한 변화를 보이고, 다른 집단(따로이 수행된)에서는 대응표본 *t*-검정에서 유의미한 변화가 나타나지 않았다면, 그것은 집단 간에 유의미한 차이가 존재한다는 것을 의미하지 않는다. 왜 그런지에 대한 단순화된 사례가 여기에 있다.

치료 A를 제공받는 5명의 클라이언트와 치료 B를 제공받는 5명의 클라이언트가 있으며, 그들은 외상 증상 척도에 관하여 다음과 같은 사전검사 및 사후검사 점수의 쌍을 가지고 있다고 가정해보자(낮은 점수는 더 적은 증상을 가지고 있음을 나타낸다):

치료 A		
클라이언트	사전검사 점수 평균 = 38 표준편차 = 1.58 표준오차 = 0.71	사후검사 점수 평균 = 36
알	40	40
빌	39	39
칼	38	36
도나	37	34
이브	36	32

치료 B		
클라이언트	사전검사 점수 평균 = 38 표준편차 = 1.58 표준오차 = 0.71	사후검사 점수 평균 = 37
지나	40	41
할	39	39
질	38	37
로이스	37	35
마크	36	33

두 집단 모두 평균 사전검사 점수가 38이고 표준편차도 1.58로 동일함을 유념하라. 표준편차를 표본크기(N = 5)의 제곱근으로 나누어주면, 두 집단 모두에서 사전검사 점수의 표준오차로 0.71을 얻게 된다. 계산을 간단히 하기 위해, 대응표본 t-검정에서의 임계영역에 도달하기 위해 각 집단의 사후검사 점수가 사전검사 평균보다 2 표준오차 이상 더 낮아야 한다고 해보자. 따라서 두 집단의 사후검사 평균은 38 − (2 × 0.71), 혹은 38 − 1.42 = 36.58이어야 할 것이다. 집단 A의 사후검사 평균(36)이 간신히 임계영역에 들어가고, 집단 B의 사후검사 평균(37)은 임계영역에서 가까스로 포함되지 못했음을 유념하라.

치료 A의 결과가 유의미하고 치료 B는 그렇지 못하다는 사실이 치료 A의 변화 정도(이것은 사전검사와 비교되었을 때 유의미하다)가 치료 B의 변화 정도와 유의미하게 다르다는 것을 의미하지는 않는다. 이것을 보여주기 위해, 다음의 점수 목록은 각 집단별로 다섯 개씩 각 사례별 사전-사후검사 변화 점수를 제시해주고 있다(각 사례별로 사전검사 점수에서 사후검사 점수를 뺀 것이다):

변화 점수:					
치료 A:	0	1	2	3	4
치료 B:	−1	0	1	2	3

각 집단 모두 다섯 개의 사례 중 네 개가 0, 1, 2, 3이라는 변화 점수를 가지고 있음을 유의미하라. 단 한 가지 다른점은 치료 A의 한 사례가 4이고, 치료 B의 한 사례가 −1인 것이다. 치료 A의 평균 변화 점수는 2이고, 치료 B의 평균 변화 점수는 1이다—평균 변화 점수의 차이는 1이다. 이러한 변화 점수를 독립표본 t-검정으로 분석하면 자유도 8에 t-점수 1.0을 산출하고 있는데, 이것은 통계적 유의성에 요구되는 t의 임계치에 훨씬 못 미치는 것이다(표 14.1 참조). 결론적으로, 변화 점수의 차이가 표집오차(우연)에 의한 것일 확률이 너무 높아서 영가설을 기각할 수 없다. 다시 말해서, 치료 A의 평균 사후검사 점수가 그 평균 사전검사 점수보다 유의미하게 낮다는 사실이—그리고 치료 B는 그렇지 않았다는 것이—두 집단 간의 변화에 대한 작은 차이를 설명하는 것으로 표집오차의 가능성을 배제할 수 있음을 의미하지는 않는다.

변화의 점수를 가진 독립표본 t-검정

두 번의 대응표본 t-검정을 실행하는 잘못을 범하

는 대신, 우리는 변화 점수를 가지고 독립표본 *t*-검정을 수행할 수 있다. 단 한 가지 차이점을 제외하고는 앞 절에서 논의한 것과 동일한 절차를 따라 독립표본 *t*-검정을 수행할 수 있을 것이다. 우리의 데이터 파일에 입력될 종속변수로 사후검사 원자료를 사용하는 대신, 우리는 먼저 각 사례의 사전검사 점수에서 동일한 사례의 사후검사 점수를 뺀 새로운 종속변수를 만들어야 한다. 대안적으로, 사후검사 점수에서 사전검사 점수를 제할 수도 있다. 어느 것에서 어느 것을 뺄지는 우리가 점수의 증가 혹은 감소 중에 어느 것을 원하는지에 달려 있다. 예를 들어, 더 높은 점수가 더 나쁜 외상 증상을 의미한다면, 우리는 감소를 원할 것이고, 따라서 사전검사 점수에서 사후검사 점수를 제하게 될 것이다. 반대로, 더 높은 점수가 더 나은 사회적 기능을 의미한다면, 우리는 사후검사 점수에서 사전검사 점수를 뺄 것이다.

손으로 직접 뺄셈을 하는 대신, 통계 프로그램을 활용하여 그러한 모든 뺄셈을 수행하고 새로운 변화 점수에 대한 종속변수를 만들어 낼 수 있다. 일단 변화 점수가 계산되면, 우리는 그 새로운 변수를 독립표본 *t*-검정의 종속변수로 간단히 사용하면 된다. 우리의 가설적 평가에서 50 사례를 대상으로 이를 실행한 결과가 표 14.5에 제시되어 있다.

표 14.5 상단의 표는 사례수(*N*), 평균 변화 점수, 표준편차 그리고 각 집단의 평균 변화 점수에 대한 표준오차를 보여주고 있다. 우리는 두 집단이 비슷한 수준의 분산을 가지고 있고, 새로운 치료를 받은 집단의 변화 점수가 29.96으로 통상적인 치료를 받은 집단의 변화 점수 20.56에 비해 더 높음을 볼 수 있다. 따라서 새로운 치료를 받은 집

표 14.5 SPSS를 활용한 독립표본 *t*-검정 분석 결과: 시설 치료 센터의 가설적 평가 연구에서 점수의 변화를 분석

집단통계값					
집단		사례수	평균	표준편차	평균의 표준오차
변화	새로운 치료	25	29.96	10.94	2.19
	통상적 치료	25	20.56	9.90	1.98

독립표본 *t*-검정			
		레빈의 등분산성 검정	
		F	유의성
변화	등분산성 가정됨	0.149	0.701
	등분산성 가정되지 않음		

독립표본 *t*-검정					
		평균의 동일성에 대한 *t*-검정			
		t	*df*	유의성(양측)	평균의 차이
변화	등분산성 가정됨	3.186	48	0.003	9.4
	등분산성 가정되지 않음	3.186	47.52	0.003	9.4

단은 통상적인 치료를 받은 집단에 비해 평균적 개선이 더 컸음을 보여준다.

그 다음 표는 등분산성에 대한 레빈의 검정을 나타내주고 있다. 이것은 두 집단의 분산에 유의미한 차이가 존재하지는 않음을 보여준다. 동일한 분산이 가정될 수 있다는 것이 결정된다면, 우리는 세 번째 표의 첫 번째 행을 살펴볼 수 있다. 거기서 우리는 *t*-점수가 3.186임을 볼 수 있다. 또한 자유도는 48이고 *t*-점수에 대한 *p*-값이 0.003임을 보게 된다. *p*-값이 0.05보다 작기 때문에(또는 우리가 더 엄격한 통계적 유의 수준을 선택한다면, 0.01 수준에서조차도), 두 집단의 평균 변화 점수의 차이는 통계적으로 유의미하다. 따라서 우리는 영가설을 기각하고, 그러한 평균의 차이에 대한 설명으로 표집오차를 배제하게 될 때 0.003이라는 매우 적은 1종 오류의 위험을 갖게 된다.

어떤 통계학자들은 변화 점수를 사용하여 *t*-검정을 수행하는 것은 잘못된 것이라고 주장하는데, 이는 그렇게 하는 것이 결과 자료에 있어서의 비신뢰성(unreliability) 수준을 증가시키기 때문이다. 예컨대, 어떠한 검사 점수에서도 일정 수준의 비신뢰성은 피할 수 없다. 따라서 사전검사에서도 또 사후검사에서도 어느 정도의 비신뢰성은 존재하기 마련이다. 그러나 우리가 변화 점수를 계산할 때, 두 검사 사이의 상관관계에 의해 변화 점수의 신뢰성은 더욱 더 감소된다(사전검사 점수와 사후검사 점수에서 나타나는 비신뢰성을 초과하는). 따라서 일부 통계학자들은 변화 점수를 가지고 독립표본 *t*-검정을 수행하지 말고, 사전검사와 사후검사 사이의 집단 간 변화에 대한 통계적 유의성을 평가하기 위한 더 적합한 방법으로 **공변량분석**(analysis of covariance, ANCOVA)이라는 통계적 검정을 사용하도록 조언한다.

그러나 다른 통계학자들은 그러한 비신뢰성의 증가는 무시할 만한 것이라 주장하고, 또 일부 통계학자들은 어떤 경우에 있어서는 변화 점수를 사용하는 것을 선호한다. 이것은 이 책의 범위를 벗어난 통계학적 복잡성이 포함되어 있는 풀리지 않는 논쟁이다. 본 저자의 경험에 비추어보면, 같은 자료에 대하여 두 방법을 모두 사용할 때 항상 근본적으로 동일한 결과를 얻었다. 그리고 우리는 제15장에서 공변량분석이 변화 점수를 사용한 위의 *t*-검정 결과와 거의 동일한 결과를 나타내고 있음을 보게 될 것이다. 따라서 본 저자는 어떤 것이든 당신이 좀 더 편하게 느끼는 것을 사용하길 권하며, 또 어떤 이가 당신의 선택을 비판한다면, 당신은 그들에게 Malgady와 Colon-Malgady(1991; 이에 대한 좀더 자세한 정보는 이 책 끝에 나와 있는 참고문헌 목록을 참조하라)를 참조하게 할 수 있다. 그럼에도 불구하고, 당신의 연구보고서 혹은 연구계획서의 청중들 가운데 통계학 원리주의자들(statistical purists)이 일부 포함되어 있다면, 공변량분석을 사용하는 것이 더 안전한 선택이라는 점을 충고하는 바이다. 이것을 어떻게 하는지는 다음 장에서 살펴보게 될 것이다.

t-검정의 비모수적 대안들

이 장의 서두에서 언급한 바와 같이, *t*-검정은 모수적 검정의 하나이다. 그러한 것으로서, *t*-검정은 종속변수가 등간 혹은 비율 수준의 측정이며 정상적인 분포를 이루고 있다고 가정한다. 이 두 가지 중 하나라도 만족되지 못할 때 *t*-검정에 대한 비모수적 대안이 사용될 수 있다. 통계학자들은 *t*-검정 대신 비모수적 대안을 사용할 필요성에 대해서 동의하지 않는데, 이러한 경우는 순위 수준의 종속변수가 많은 범주를 가지고 있고 정상분포로부터 벗어난 정도가 심하지 않을 때 특히 그러하다. 그럼에도 불구하고, 이러한 비모수적 대안들과 친숙

해져야만 하는데, 이는 당신이 근거를 측정하고 결과를 평가하는 증거기반 실천 과정에서 그러한 것들을 마주하게 될지도 모르기 때문이다.

순위 자료를 가진 대응표본 *t*-검정에 대한 비모수적 대안들

부호검정(sign test)은 대응표본 *t*-검정에 대한 비모수적 대안인데, 이것은 종속변수가 순위 측정일 때 사용될 수 있다. 예를 들어, 우리가 한 개입이 구타를 당한 배우자나 파트너의 반응을 보기를 원하는데, 그 반응이란 그들이 구타를 한 사람과 계속 사는지 혹은 떠나는지 그 가능성에 대한 순위 척도 상의 변화를 의미하는 것이라면, 이러한 검정을 사용하게 될 것이다. 그 척도의 반응 범주가 매우 그럴 것이다, 어느 정도 그럴 것이다, 그렇지 않을 것이다, 절대 그렇지 않을 것이다로 구성되어 있다고 가정해보자. 부호검정은 사전조사와 사후조사 사이에 구타한 사람을 떠나게 될 가능성이 증가했다고 스스로 응답한 클라이언트의 수를 세게 될 것이다.

순위 수준의 데이터와 두 개의 관련된 집단에 사용될 수 있는 또 다른 방법은 **윌콕슨 결합 쌍 검정**(Wilcoxon-pairs test)이다. 이것은 대응표본 *t*-검정뿐 아니라 부호검정과도 유사한데, 이 방법은 또한 **윌콕슨 부호-순위 검정**(Wilcoxon signed-ranks test) 또는 **윌콕슨 *T* 검정**(Wilcoxon *T* test) 이라고 불리는 것으로서, 서열로 순위화된 값에 따라 집단 간의 차이를 비교하는 것이다. 예를 들어, 구타 피해자를 위한 척도가 세 개의 순위 수준의 항목을 포함하고 있는데, 이 항목들을 합하면 3에서 12 사이의 점수를 가질 수 있다고 가정해보자. 7명의 클라이언트가 표 14.6에 제시된 것과 같은 사전조사와 사후조사 점수를 가지고 있다면, 이 방법은 정적이고 부적인 순위서열 차이의 합을 우연으로 설명할 수 있을 가능성을 측정하게 될 것이다. 차이를 보여주는 열에 그 순위를 부여해줄 때, 우리는 플러스와 마이너스 부호를 무시한다. 따라서 점수가 −10인 클라이언트는 +8을 가진 클라이언트보다 더 높은 순위에 있다. 부호는 순위화된 차이를 표 우측에 플러스 및 마이너스 열로 구분하는 데에 사용되었다. 그리고는 플러스 열의 순위와 마이너스 열의 순위가 합해진다. 두 개의 합 가운데 작은 것이 윌콕슨 *T* 값인데, 우리는 이 값을 특정한 신뢰도 수준과 표본크기에 통계적으로 유의미하기 위해 요구되는 값이 무엇인지를 보여주는 표와 비교하게 된다. 표 14.6에서 두 개의 합 가운데 작은 것은 3이다(마이너스 열의 합 1 + 2). 윌콕슨 *T*의 임계치 표를 살펴보면, 표본

표 14.6 두 개의 관련된 집단에 대한 윌콕슨 검정 자료의 예

클라이언트	사전검사 점수	사후검사 점수	차이	차이의 +순위	차이의 −순위
A	3	10	+7	6	
B	5	11	+6	5	
C	8	7	−1		1
D	4	12	+8	7	
E	6	10	+4	3	
F	9	7	−2		2
G	4	9	+5	4	

만-휘트니 U 검정 공식과 데이터의 예

공식:

$$U_1 = (n_1)(n_2) + \frac{n_1(n_1+1)}{2} - \Sigma R_1$$

$$U_2 = (n_1)(n_2) + \frac{n_2(n_2+1)}{2} - \Sigma R_2$$

단, n_1과 n_2는 각 집단의 표본크기
ΣR_1과 ΣR_2는 각 집단의 순위의 합

$$U_1 = (5)(5) + \frac{5(5+1)}{2} - 17 = 23.0$$

$$U_2 = (5)(5) + \frac{5(5+1)}{2} - 38 = 2.0^*$$

데이터의 예:

실험집단		통제집단	
원점수	순위 점수	원점수	순위 점수
8	6	12	10
3	1	10	8
7	5	9	7
5	3	6	4
4	2	11	9
	$\Sigma R_1 = 17$		$\Sigma R_2 = 38$
	$n_1 = 5$		$n_2 = 5$

* 낮은 U 값을 U 임계치의 표에서 찾아보면, $U = 2.0$이 0.05 수준에서 통계적으로 유의미함을 알 수 있다.

표 14.7 비교의 유형에 따른 t-검정과 그 비모수적 대안들

비교의 유형	t-검정	비모수적 대안
두 개의 독립된 집단	독립표본 t-검정	만-휘트니 U 검정
두 개의 관련된 집단	대응표본 t-검정	부호검정; 윌콕슨 대응표본 검정
한 집단을 모집단과 비교	단일표본 t-검정	없음, 그러나 카이제곱이 사용될 수 있음 (제16장에서 카이제곱 검정을 다루게 될 것임)

크기가 7이고 0.05 수준에서 단측검정을 할 때 통계적으로 유의미하기 위한 윌콕슨 T 값을 찾을 수 있다.

독립표본 t-검정에 대한 비모수적 대안들

가장 흔하게 사용되는 비모수적 통계방법 중의 하나가 **만-휘트니 *U* 검정**(Mann-Whitney *U* test)이다. 이것은 우리의 종속변수가 순위 수준일 때 t-검정의 대안으로 사용될 수 있다. 또한 이것은 자료가 정상분포(t-검정이 요구하듯이)를 보이고 있지 않은 등간 또는 비율 자료를 분석하는 데에도 사용될 수 있다. 두 집단의 평균을 비교하는 대신, 만-휘트니 *U* 검정은 전체 표본의 원점수를 순위로 변환시킨다. 그런 다음 두 집단 각각에 대하여 그 순위를 합하고, "만-휘트니 *U* 검정을 위한 공식과 데이터의 예"라는 제목의 글상자에 있는 공식을 사용하여 각각의 합을 빼준다. 그리고는 두 개의 *U* 가운데 작은 것을 *U* 임계치 일람표와 비교해서 두 집단 간 순위의 차이가 통계적으로 유의미한지 여부를 결정한다. 표 14.7은 이 장에서 논의한 모든 t-검정과 그 비모수적 대안들을 정리해주고 있다.

t-검정 결과를 보고서와 논문에 어떻게 보여주는가

t-검정 결과를 보고서와 논문에 보여주는 획일적 방법이 있는 것은 아니다. 어떤 저자들은 비교하는 평균만을 제시하고 그 차이가 통계적으로 유의미했다는 것만을 아마도 별표와 각주로 언급할 뿐이다. 어떤 사람들은 *t*-검정이 통계적 유의성 검정을 위해 사용되었다는 것조차도 언급하지 않는다. 어떤 때에 *t*-검정 결과는 표로 제시되지만, 다른 때에는 단지 두 평균 간의 차이가 유의미했다는 것만이 본문 안에서 언급되기도 한다. 원칙적으로 저자들은 *t*-검정이 사용되었다는 것과 함께 평균, 표준편차, 자유도, *p*-값 그리고 그 효과크기를 보고해야 한다는 것이 일반적으로 합의되어 있다.

그러나 불행하게도, 대부분의 보고서와 논문들은 그러한 원칙에서 벗어나고 있다. 표 14.8은 치매 간병인들의 스트레스를 완화하는 것을 목적으로 한 명상 개입의 효과성 평가 결과를 보고하고 있는 논문에 있는 것으로, *t*-검정 분석 결과를 제시하는 가장 일반적인 방법의 하나를 보여주고 있다. 이 표가 효과크기를 보여주고 있지 않음에도 불구하고, 논문의 본문에서 이를 말해주고 있으므로 괜찮다고 볼 수 있다. 더욱이, 평균과 함께 표준편차가 제시되고 있어서 독자들이 그 효과크기를 쉽게 계산할 수 있도록 해주고 있다. 표 14.8은 한 집단에 대한 사전-사후 변화의 *t*-값과 *p*-값을 보여준다. 따라서 우리는 이 시범 연구가 대응표본 *t*-검정을 사용한 것으로 추측해볼 수 있다.

표 14.8 명상 개입을 시행하기 전과 개입 한 달 후에 얻게 된 주요 측도($N = 12$)

변수	개입 전			개입 후		
	평균	표준편차	평균	표준편차	*t*	*d*(평균 차이)
우울(CES-D)	23.50	17.78	18.58	17.05	3.64**	1.02
불안(STAI)	24.75	7.16	21.08	7.39	2.36*	.68
자기효능감(SEC)	61.38	22.35	74.29	10.68	−2.28*	.66
문제의 수(RMBPC)	14.08	7.23	12.33	3.80	1.07	.30
문제에 대한 대응(RMBPC)	1.05	.90	.95	.83	.47	.14

* 주: CES-D = Center for Epidemiological Studies−Depression Scale; STAI = State-Trait Anxiety Inventory; SEC = Self-Efficacy for Caregiving; RMBPC = Revised Memory and Behavior Problem Checklist.

* $p < .05$; ** $p < .01$.

* 출처: L. C. Waelde & L. Thompson. (2004). A pilot study of a yoga and meditation intervention for dementia caregiver stress. *Journal of Clinical Psychology, 60*, 677−687.

주요 내용

- t-검정은 등간 혹은 비율 수준의 종속변수와 이항 명목 수준의 독립변수를 가질때 사용될 수 있다.
- 두 평균 간의 차이가 통계적으로 유의미한지를 발견하기 위해, t-검정은 두 평균 간의 차이를 이론적 표본분포 상의 두 평균 간의 차이에 대한 표준오차로 나누어줌으로써 t-점수를 구한다.
- 다양한 t 분포가 존재하는데, 각 t 분포는 평균이 0인 정상분포를 이루고 있다. (이것은 각 t 분포가 모집단에서의 평균의 차이가 존재하지 않는다는 영가설에 대한 이론적 분포를 나타내고 있기 때문이다.)
- t 분포는 표본크기와 그 표준편차에 따라 상이하다. 표본크기가 작고 표준편차가 커질수록, 이론적 표본분포에서의 표준오차 추정치는 커진다. 결과적으로, 표본크기가 작고 표준편차가 커질수록 t 분포는 더 평평하고 퍼져 있게 된다. 대조적으로, 평균의 차이에 대한 표준오차가 작은 t 분포에서는 작은 평균의 차이라도 통계적으로 유의미할 수 있다.
- 표본크기가 매우 작거나 심하게 비대칭일 때 t 분포는 z 분포보다 더 나은 모집단의 평균 및 표준오차 추정치를 제공한다. z-점수와는 달리, t 분포 상의 임계영역에 도달하는 데 요구되는 표준오차의 수치는 표본크기에 따라 달라진다.
- **자유도**라는 용어는 한 세트에서의 변수값의 개수와 요약통계값을 알고 있다면 그 세트의 변수값에서 얼마나 많은 값들이 **자유롭게 변할 수 있는가**를 지칭하는 것이다. 즉, 나머지 변수값을 추론하기 위해 우리가 얼마나 많은 변수값을 알아야 하는가?
- 우리가 평균을 다룰 때, 자유도(df)는 표본크기보다 하나 더 적다. 두 집단의 평균을 비교하기 위해 t-검정을 사용할 때 자유도 값은 각 집단의 자유도의 합과 같다. 따라서 전체 표본크기가 50이고, 각 집단이 25개의 사례를 갖는다면, 각 집단의 자유도는 24이고, t-검정을 위한 전체 자유도는 48이다.
- 두 개의 독립된 집단의 평균을 비교하고자 할 때는 독립표본 t-검정을 사용한다.
- 종속변수가 정상분포를 그리지 않거나 순위 수준의 측정일 때 사용될 수 있는 독립표본 t-검정의 비모수적 대안은 만-휘트니 U 검정이다.
- 비교하고자 하는 두 집단의 값이 어떤 방식으로 서로 연결되어 있거나 관련되어 있을 때 대응표본 t-검정을 사용한다. 대응표본 t-검정이 가장 일반적으로 사용되는 곳은 한 집단 안에서 두 개의 다른 시점 사이에 발생된 변화를 측정할 때이다.
- 종속변수가 정상분포를 그리지 않거나 순위 수준의 측정일 때 사용될 수 있는 대응표본 t-검정의 비모수적 대안 두 가지는 **부호검정**과 **윌콕슨 결합 쌍 검정**이다.
- 표본의 통계값을 모집단의 통계값과 비교하고자 할 때 단일표본 t-검정을 사용한다.
- 흔한 오류의 하나는 한 집단이 대응표본 t-검정에서 유의미한 변화를 보이고, 다른 집단(따로이 수행된)에서는 대응표본 t-검정에서 유의미한 변화가 나타나지 않았을 때, 그것은 집단 간에 유의미한 차이가 존재한다고 생각하는 것이다. 이것은 그렇지 않다.
- 왜 한 집단이 또 다른 집단에 비해 더 많이 변화했는지를 설명함에 있어서 표집오차가 작용될 확률을 측정하기 위해, 우리는 각 참가자의 사전-사후검사 점수의 차이로 구성된 새로운 종속변수를 만들고, 그 다음 독립표본 t-검정을 활용

하여 평균 변화 점수를 비교한다. 그러나 변화 점수에서 나타나는 비신뢰성의 증가로 인하여, 어떤 통계학자들은 공변량분석이 더 적합한 검정이라고 조언한다.

연습문제

1. 다음의 시나리오에 각각에 사용될 수 있는 *t*-검정의 유형은 무엇인가?

a. 배우자 학대 가해자들이 집단 치료에 참가하고 있다. 한 시범연구가 분노 조절을 측정하는 척도로 가해자들의 사전과 사후 점수를 비교함으로써 그 치료의 잠재적 효과성을 측정하려 한다.

b. 정서적으로 학대된 배우자와 파트너들이 두 치료집단에 무작위적으로 할당된다. 집단 A에 배정된 사람들은 다른 가해자들과 함께 집단 치료에 참여하게 되고, 그들의 가해 배우자는 참여하지 않는다. 집단 B에 배정된 사람들은 다른 가해자들은 물론 자신들의 배우자와 함께 집단 치료에 참여한다. 종속변수는 각 배우자에 의해 보고된 향후의 정서적 학대 발생건수이다.

c. 약물을 남용하는 이민자 가정의 십대들과 그 부모들이 그들의 문화적응 정도를 측정하는 척도에 대한 응답을 완료하였다. 이 연구의 목적은 약물을 남용하는 이민자 십대들이 그들의 부모보다 더 문화적응을 잘 할 것이라는 가설을 검증하는 것이다.

d. 위의 연구에서 부모의 평균 연령은 38세이다. 전국 조사에 의하면, 십대 청소년이 있는 이민자 가정의 부모 연령 평균은 42세라 한다. 연구자는 이러한 평균 연령의 차이가 통계적으로 유의미한지를 보기 원한다.

e. 약물남용으로 처음 체포된 십대들을 위한 치료 프로그램이 치료 3년 후 평균 0.2회 다시 체포된 것을 알았다. 주 차원의 데이터는 그 주에서 약물남용으로 체포된 십대들의 모집단이 첫 체포에서 3년 후까지 다시 체포된 평균 건수가 0.2의 두배인 0.4였음을 보여주고 있다. 이 연구자는 치료를 받은 십대들의 평균이 주 전체의 평균보다 유의미하게 낮은지를 보고자 한다.

2. 독립표본 *t*-검정이 유의 수준 0.05에서 수행되었는데, 이 검정은 학대 당한 후 치료를 받은 어린이 100명의 점수가 학대를 당하지도 않고 치료를 받지도 않은 어린이 100명보다 유의미하게 더 높은지를 보고자 하는 것이고, 그 점수는 외상 증상을 측정하기 위해 새로이 개발된 척도에 대한 것이다. 이 연구의 목적은 척도의 타당성을 평가하는 것이다. 두 집단의 평균은 예상된 방향대로 각각 20점, 17점이었다. 그러나 독립표본 *t*-검정을 수행했을 때, 연구자들은 먼저 두 집단의 분산에 유의미한 차이가 있음을 보았다. 그 이후, 그들은 다음의 표에 나온 것처럼 평균의 동일성에 대한 검정 결과를 보았다. 평균에 있어서의 차이가 통계적으로 유의미한지를 결정하기 위해 그들이 사용해야 하는 것은 어떤 행인가? 그들은 영가설을 기각해야 하는가? 그렇다면 왜이며, 그렇지 않다면 왜 아닌가? 그들은 어떠한 유형의 오류를 안을 위험이 있는가? 설명하라.

	평균의 동질성에 대한 t-검정	
	t	유의성(양측)
등분산성이 가정됨	2.2	0.04
등분산성이 가정되지 않음	1.9	0.07

3. 문제 2번에 나온 연구가 훨씬 더 적은 표본을 가지고 수행되었지만 동일한 평균을 얻었다고 가정하자. 따라서 표에 나온 데이터가 다를 것이라 생각하는가? 다를 것이라 생각한다면, 각 열에 있는 수치들이 증가할 것인지 아니면 감소할 것인지 기술하고, 왜 그런지 설명하라. 다르지 않을 것이라 생각한다면, 왜 아닌지 설명하라.

4. 코스모 크래머(Cosmo Kramer)는 한 연구를 수행했는데, 그 연구는 그의 요가 회기가 참가자들의 스트레스를 감소시키는 데 효과적이었는지를 보는 것이다. 그는 사전과 사후에 스트레스 척도를 실험집단과 통제집단 모두에 실시한 후, 각 집단에 대해 대응표본 t-검정을 실시하였다. 실험집단(즉, 요가 회기 참여자)의 경우 사후검사 때 더 낮은(더 나은) 평균 스트레스 점수를 보이고 있었고, 그 결과는 통계적으로 유의미하였다. 그러나 통제집단의 경우 사후검사 때 더 낮은 평균점수가 나왔으나 통계적으로 유의미하지 않았다. 그의 실험집단이 유의미한 변화를 보였고, 통제집단의 평균 점수의 개선이 임계영역에 도달하지 못했으므로, 코스모는 그의 요가 회기가 참가자들의 스트레스 수준을 낮추는 데 효과적이었다고 결론내렸다. 당신은 코스모의 결론에 동의하는가? 왜인가 혹은 왜 아닌가?

5. 다음 논문의 표 1에서 대응표본 t-검정이 사용된 이유와 표 2에서 독립표본 t-검정이 사용된 이유를 간략히 설명하라:

T. S. Vinson & G. J. Neimeyer. (2003). The relationship between racial identity development and multicultural counseling competency: A second Look. *Journal of Multicultural Counseling and Development, 31*(4), 262-277.

제 15 장

분산분석

서론

제14장에서 우리는 *t*-검정이 한 번에 단 두 개의 평균만을 비교할 수 있음을 보았다. 그러나 많은 평가 연구들은 세 개 혹은 그 이상의 집단 간 평균의 비교를 포함한다. 그렇게 하기 위해서는 **분산분석**(analysis of variance) 혹은 **ANOVA**라 부르는 방법을 사용해야 한다.

t-검정이 두 평균의 차이와 그 차이의 표준오차와의 관계를 반영하는 *t*-점수를 산출한다면, ANOVA는 *F*-비라는 유사한 통계값을 산출한다. ***F*-비**는 여러 집단의 평균의 분산과 집단 내 분산의 관련성을 반영한다.

F-비 공식

F-비(*F*-ratio)의 분자는 집단 간 자승평균(between-groups mean square)이라 부르며, *F*-비 공식에서는 MSBG라는 기호로 표시된다. 이것은 각 집단 평균 간의 분산을 집단 간 자유도로 나누어 준 것을 의미한다. 분자의 자유도는 집단수에서 1을 뺀 것으로, 기호로는 $K - 1$로 표시되며, 여기서 K는 비교가 되고 있는 집단의 수이다. *F*-비의 분모는

F-비 공식

$$F = \frac{MS_{BG}}{MS_{WG}}$$

단,

MS_{BG} = 각 집단의 평균과 전체 평균의 차이를 제곱한 것을 모두 합하고, 이를 집단의 수에서 1을 뺀 것으로 나누어 줌. 따라서 각각 10개의 사례를 가진 세 집단이 있고, 각 집단의 평균이 1, 2, 3이며 전체 평균이 2라면, MS_{BG}는 다음과 같이 계산된다:

$$\frac{10(1-2)^2 + 10(2-2)^2 + 10(3-2)^2}{3-1} = \frac{10+0+10}{2} = \frac{20}{2} = 10$$

MS_{WG} = 각 집단 내의 개별 사례의 값과 그 집단의 평균값 간의 차이를 제곱한 것을 모두 합하고, 모든 집단의 자승 합을 다시 합한 후, 이를 전체 사례수에서 집단의 수를 뺀 것으로 나누어 줌. 따라서 각각 10개의 사례를 가진 세 집단이 있고, 각 집단의 차이자승의 합이 각각 25, 26, 30이라면, MS_{WG}는 다음과 같이 계산된다:

$$\frac{25+26+30}{30-3} = \frac{81}{27} = 3$$

위에서 얻은 MS_{BG}와 MS_{WG}를 이용하면, 다음을 얻을 수 있다:

$$F = \frac{10}{3} = 3.3$$

집단 내 자승평균(within-groups means square)이라 부르며, MS_{WG}라는 기호로 표시된다. 이것은 각 집단 안에 있는 개별 사례들 간의 종속변수 분산을 집단 내 자유도로 나누어 준 것을 의미한다. 집단 내 자유도는 각 집단 자유도의 합이다. 어떤 집단에서든 그 집단 내의 자유도는 그 집단 사례수에서 1을 뺀 것과 같으므로, 총 집단 내 자유도는 모든 집단의 전체 사례수(N)에서 집단의 수(K)를 뺀 것과 같다. 총 자유도는 모든 집단을 포괄하는 전체 표본의 총 사례수보다 1이 더 적다.

우리가 세 집단의 평균을 비교하는데, 각 집단이 21 케이스씩이라고 가정해보자. 총 사례수(N)는 63이고(즉, 세 집단에 각 21 케이스씩), 총 자유도는 62이다(즉, 63 − 1). 집단의 수가 세 개로, $K = 3$이고, 집단 간 자유도는 2이다(즉, $K - 1 = 2$). 각 집단마다 21 케이스씩으로, 전체적인 집단 내 자유도는 60인데, 이것은 각 집단의 집단 내 자유도 20을 모두 합한 것이다(즉, 각 집단마다 21에서 하나를 뺀 것), 따라서 우리는 또한 전체적인 집단 내 자유도를 N에서 K를 빼줌으로써 구할 수 있으며, 여기서는 $63 - 3 = 60$이다.

t-점수와 마찬가지로, 우리는 다양한 수준의 자유도마다 임계영역에 도달하는 데 필요한 F-비 값이 무엇인지를 보여주는 표와 비교한다. 그러나 본 저자가 학창시절이었던 그 예전과는 달리, 당신은 그 표가 필요하지 않다; 당신의 통계 프로그램(SPSS와 같은)이 F-비를 계산해줄 것이고 또 당신에게 그 p-값을 알려줄 것이다. 그럼에도 불구하고, 당신은 "F-비 공식"이라는 제목으로 되어 있는 글상자를 보기 원할지 모른다. 이것은 당신이 이 장을 더 잘 이해하는 데 도움을 줄 수 있을 것이고, 또 이것이 다소 복잡해 보일지라도 그렇게 까다롭지는 않을 것이다. 그러나 그 모든 기호들과 글상자 안의 수학에 압도되는 기분을 느낀다 해도, 절망하지 마라. 그냥 읽어라. 당신의 걱정이 당신을 집어 삼키도록 놓아두지 않는 한, 이 장의 나머지 부분을 아주 잘 이해할 수 있게 되리라 생각한다.

ANOVA의 예시

지금까지 ANOVA에 관한 우리의 논의는 아마도 매우 추상적으로 보일 것이니, 이제 이것을 시설 치료 센터에서의 가설적 평가에 적용시켜 보도록 하자. 제14장을 돌이켜 보면, 이 가설적 평가에서는 문제행동 발생에 대한 t-검정을 수행했는데, 여기서 새로운 치료를 받은 집단과 통상적 치료를 받은 집단 간에 통계적으로 유의미한 결과를 산출하는 데 실패했음을 기억할 것이다. 그러나 우리가 그 어떤 추론적 분석을 시작하기도 전에, 표준편차와 같은 기술통계값들은 우리의 표본에 상당히 큰 규모의 산포도가 있었음을 보여주었다. 우리의 독립표본 t-검정 결과는 독립변수인 **치료집단**이 종속변수인 **문제행동 발생건수**를 설명한다는 가설을 뒷받침해주지 못했으므로, 결국 우리는 그 변수에서의 커다란 변량에 대한 대안적 설명을 찾아야 할지도 모른다.

그러한 변이가 청소년들이 머무르고 있는 세 개의 시설 가운데 어떤 것과 관련되어 있을지 모른다는 직감이 있다고 가정해보자. 우리는 그 시설들을 숙소 A, 숙소 B, 그리고 숙소 C라 부르기로 하자. 각 시설의 문제행동 발생건수의 평균을 계산한다면, 그 평균값이 숙소 A는 3.3, 숙소 B는 2.8, 숙소 C는 10.8임을 발견하게 된다. 이런, 숙소 C에서는 대체 어떤 일이 있었던 거지? 그처럼 훨씬 더 높은 평균을 단지 표집오차 때문이라고 할 수 있을까?

시설의 개수가 두 개보다 더 많기 때문에, 우리는 평균을 비교하기 위한 목적으로 t-검정을 사용할 수 없다. t-검정은 두 집단의 평균을 비교할 때에만 사용될 수 있으며, 두 개보다 더 많은 평균을

표 15.1 세 숙소 간의 SBIS 평균의 차이를 비교한 ANOVA 분석 결과

	자승의 합	*df*	자승평균	*F*	유의성
집단 간	650.912	2	325.456	18.618	0.000
집단 내	821.588	47	17.481		
합계	1,472.500	49			

비교하는 데 사용될 수 없음을 유념하라. 세 평균을 비교하기 위해서, 우리는 ANOVA를 수행할 필요가 있다. 우리가 수행할 ANOVA는 **일원분산분석**(one-way analysis of variance)이라 부른다.

일원분산분석 결과는 표 15.1에 제시되어 있다. 우리는 *F*-비가 18.618이고 그 *p*-값이 0.001보다 적음을 알 수 있다. 또한 *F*-비를 계산하는 데 사용되는 다양한 통계값들을 볼 수 있지만, 우리의 일차적 관심은 *p*-값이 임계영역에 도달해 있는지 여부이다. 우리의 유의 수준이 0.05라고 가정하면, 0.001보다 작은 것이 0.05보다 훨씬 더 작으므로 *F*-비가 우리의 임계영역 안에 확실히 들어와 있다. 결국, 우리의 분석 결과는 0.01이나 0.001처럼 더 엄격한 유의 수준을 선택하더라도 통계적으로 유의미할 것이다. 따라서 우리는 표집오차가 세 숙소 사이에 나타난 평균 문제행동 발생건수의 차이를 설명한다는 영가설을 기각할 수 있다.

사후검정

지금까지 우리의 ANOVA 결과는 비교의 대상이 되는 여러 집단의 어딘가에 통계적으로 유의미한 차이가 있다는 것만을 우리에게 말해준다. 그 결과는 구체적으로 어떤 집단과 어떤 집단 간의 평균의 차이가 통계적으로 유의미한지를 말해주지는 않는다. 숙소 C와 숙소 A의 평균의 차이가 통계적으로 유의미한가? 숙소 C와 숙소 B를 비교하는 것은 어떠하며, 숙소 A와 숙소 B를 비교하면 어떨까? 집단의 평균들 가운데 어떤 특정한 비교가 통계적으로 유의미한지를 알아내기 위해서는 **사후검정**(post hoc test)을 수행할 것이다. 사후검정에는 여러 유형이 있는데, 이들 모두 어떤 집단들 간의 평균이 통계적으로 유의미한지를 말해준다. 사후검정은 여러 집단을 포괄하는 전체적인 자료에서 *F*-비가 유의미할 때에만 사용되어야 한다.

당신은 아마도 왜 우리가 각각의 두 집단 비교에 대한 *t*-검정을 따로따로 수행할 수 없는지 궁금할 것이다. 그 이유는 그렇게 따로따로 *t*-검정을 하면 1종 오류의 발생 가능성이 증가할 것이기 때문이다. 우리의 유의 수준을 0.05라고 가정해보자. 그렇다면 우연(표집오차)에 의해 유의미한 결과를 얻을 가능성은 100번 중 5번, 또는 20번 중 한 번이다. 이것은 우리가 매우 많은 통계적 유의성 검정을 수행하면, 100번 통계적으로 유의미한 결과를 얻을 때마다 5번은 우연해 의해 그러한 결과를 얻게 됨을 의미한다.

본 저자가 써놓은 1에서 20 사이의 수를 당신이 짐작할 수 있는 동일한 가능성(odds)을 주고 있다고 가정해보자. 당신이 그 수를 알아맞힌다면 상품을 받는다. 저자가 다른 종이에 1에서 20 사이의 수 하나를 다시 써놓고 둘 중 하나만 맞히면 상품을 받을 수 있다고 얘기한다면 어떻게 될까? 저자가 당신에게 두 숫자 중 하나만을 맞히든지 아니면 두 번째 숫자까지도 맞힐 수 있는 기회까지 갖든지 하는 선택을 부여했다고 가정해보자. 당신은 단 하나의 숫자를 알아맞힐 기회만 가지든지,

표 15.2 본페로니 방법을 활용한 사후검정 결과

(I) 숙소	(J) 숙소	평균 차이 (I − J)	표준오차	유의성	95% 신뢰구간	
					하위	상위
A	B	0.53	1.43	1.0	−3.03	4.09
A	C	−7.46*	1.46	0.000	−11.07	−3.84
B	C	7.99*	1.46	0.000	−11.60	−4.37

* 평균 차이는 0.05 수준에서 유의미하다.

아니면 첫 번째 선택에서 틀렸다면 두 번째 숫자를 알아맞힐 기회를 가질 수도 있다.

단 한 번 하는 것보다 상품을 받기 위해 두 번의 기회를 갖는 것이 전혀 해로울 것이 없음을 알기 때문에, 당신은 첫 번째 선택에서 틀렸다면 두 번째 숫자를 알아맞힐 기회를 갖고자 할 것이다. 더 많은 숫자를 알아맞힐 기회를 가질수록 궁극적으로 정확한 예측을 통해 행운을 낚아챌 가능성이 커진다는 것을 직관적으로 알기 때문에 그 어떤 수학도 사용하지 않고도 당신은 두 번의 기회를 가지려 할 것이다. (물론, 이것은 당신이 상품을 받기 원한다는 것을 가정한다. 만약 상품이 장거리 버스여행을 하는 동안 당신과 승객들에게 들려주기 위해 이 책의 오디오 테이프를 주는 것이라면, 당신은 숫자를 알아맞히려 하지도 않을 것이다!)

만약 우리가 여러 개의 쌍비교 각각에 대하여 t-검정을 수행하려 한다면, 이와 동일한 논리가 적용될 것이다. 두 번의 유의성 검정을 하면, 하나의 p-값이 0.05보다 낮을 확률은 실제로 0.05보다 더 크다. 그리고 그 확률은 우리가 유의성 검정을 더 많이 할수록 지속적으로 더 커진다. 예를 들어, 한 번의 유의성 검정에서 1종 오류를 범하지 않을 확률은 0.05 유의 수준에서 $1 - 0.05 = 0.95$이다. 두 번의 유의성 검정을 따로 할 경우 그것이 두 번 발생될 확률은 $0.95 \times 0.95 = 0.903$이다. 따라서 0.05 수준에서 두 번의 유의성 검정을 따로 한다면, 1종 오류를 발생시킬 실제 확률은 $1 - 0.903 = 0.097$이 된다. 세 번의 유의성 검정을 하면 그 확률은 $1 - 0.858 = 0.142$가 된다. 네 번의 유의성 검정을 하면 그 확률은 0.185이며, 다섯 번을 하면 0.23이 된다.

사후검정은 실제로는 우연에 의해 통계적으로 유의미한 관계로 나타날 확률을 증가시키지 않고, 따라서 1종 오류의 확률을 팽창시키지 않고 다중비교를 할 수 있도록 하는 통계적 절차를 포함하고 있다. 당신이 SPSS를 이용하여 사후검정을 통한 다중비교를 수행한다면, POST HOC(사후검정)이라는 버튼을 클릭하고 여러 개의 사후검정 방법을 선택할 수 있는데, 여기에는 본페로니(Bonferroni), 쉐페(Scheffé), 투키(Tukey) 등의 방법이 있다. 이 중 어느 방법을 사용할 것인가는 이 책의 범위를 벗어나는 논의이지만, 어느 것을 사용하든 그 결과는 매우 유사하다.

표 15.2는 SPSS 분석 결과를 단순화시킨 것으로, 본페로니 방법을 사용하여 세 숙소에 대한 가설적 다중비교를 한 결과를 제시해주고 있다. 이 방법은 각 비교에 대한 p-값을 비교가 이루어지는 총 개수로 나누어줌으로써 1종 오류의 위험이 커지는 것을 방지한다. 표 15.2에서 우리는 숙소 A, B, C를 비교하는 데 있어, 총 세 개의 쌍에 대한 평균의 차이를 볼 수 있다. 0.05 수준에서 통계적으로 유의미한 차이는 그 옆에 별표로 표시되어 있

다. 유의성으로 시작되는 열은 각 비교의 *p*-값을 비교가 이루어지는 총 개수로 나누어준 것을 나타내주고 있다. 우리는 총 세 개의 쌍비교에서 두 개가 통계적으로 유의미함을 볼 수 있다. 숙소 A와 B는 각각 숙소 C보다 문제행동 발생건수 평균이 더 낮았고, 숙소 C의 평균은 숙소 A 또는 B보다 훨씬 더 높았다. 우리는 또한 숙소 A와 B 사이에 존재하는 무시할 만한 차이는 통계적으로 유의미하지 않음을 볼 수 있다.

공변량분석

14장에서, 두 집단을 시간의 경과에 따른 평균의 개선이라는 측면에서 비교하고자 할 때 무엇을 해야 하는지에 대하여 논의한 바 있다. 우리는 변화의 점수를 사용하여 독립표본 *t*-검정을 수행하는 방법을 살펴보았으며, 변화 점수를 사용하는 것이 결과를 측정함에 있어서 비신뢰성을 증가시키기 때문에 어떤 통계학자들은 **공변량분석**(analysis of covariance), 또는 **ANCOVA**를 수행하는 것이 더 나은 선택이라는 조언을 한다는 점을 언급한 바 있다.

ANCOVA 방법은 사전검사의 효과를 통제할 때 사후검사 점수에 대한 집단 간의 차이가 유의미한지를 살펴볼 수 있다. 이것은 바로 앞에서 제시된 ANOVA 방법을 실행함으로써 수행할 수 있지만, 사전검사 점수를 **공변량**(covariate)이라 부르는 통제변수로 입력하는 추가적 절차가 필요하다. 이제 다음의 간단한 표를 가지고 이 방법의 논리를 살펴보도록 하자. 이 표는 두 치료집단의 사전검사 점수는 공변량으로 사용하면서 사후검사 점수를 비교하고 있다. 우리가 다음과 같은 결과를 얻었다고 가정하자:

치료집단 A			치료집단 B		
청소년 대상자	사전 검사	사후 검사	청소년 대상자	사전 검사	사후 검사
A1	10	5	B1	10	5
A2	10	5	B2	10	5
A3	10	5	B3	30	25
A4	30	25	B4	30	25
평균	15	10		20	15

집단 A가 집단 B보다 더 낮은 사후검사 평균을 가지고 있음을 알 수 있지만, 그 차이는 집단 A의 청소년들의 사전검사 점수 역시 더 낮다는 사실에 의해 설명될 수 있다. 또한 어느 집단에 있든지 상관없이 사전조사 점수가 10이었던 청소년의 사후검사 점수는 5였고, 사전검사 점수가 30이었던 청소년의 사후검사 점수는 25임을 주목하라. 따라서 집단변수는 사후검사 점수의 차이를 설명하지 못한다. 그 차이를 실제 설명하는 것은 바로 **공변량**, 즉 사전검사 점수이다.

만약 우리가 공변량 없이 독립표본 *t*-검정만을 수행한다면, 사후검사 점수에서의 차이가 통계적으로 유의미한 것인지만을 알게 될 것이다. 만약 통계적으로 유의미하다면, 집단 A의 치료가 집단 B보다 더 효과적이라는 잘못된 추론을 하게 될지 모른다. 그러나 ANCOVA에서 사전검사 점수 공변량을 통제함으로써, 우리는 사전검사와 사후검사 사이의 개선이라는 측면에서는 두 집단 간의 차이가 통계적으로 유의미하지 않다는 것과 사후검사 점수의 차이는 두 집단 간의 사전검사 점수의 차이에 의해 설명된다는 것을 알 수 있다.

앞서 설명했던 논리들을 염두에 두고, 우리의 외상 증상 척도에 대한 사전검사와 사후검사 사이의 변화의 양을 비교해 봄으로써, 이제 우리의 가설적 평가에서 50개 사례에 대한 ANCOVA를 수행해보자. 외상 증상 척도에 대한 사후검사 점수는 종속변수이고, 사전검사 점수는 공변량이며, 치료집단은 독립변수이다. 결국, 우리는 새로운 치료를 받았던 집단과 통상적인 치료를 받은 집단 간에 외상 증상 개선에 유의미한 차이가 있는지를 평가하게 될 것이다.

SPSS의 ANCOVA 분석 결과는 표 15.3에 제시되어 있다. 상단의 표는 두 치료집단의 사후검사 점수의 평균을 그 표준편차와 함께 보여주고 있다. 우리는 최소한 **기술통계**의 측면에서 새로운 치료를 제공받은 집단이 통상적인 치료를 제공받은 집단에 비해 더 나은(낮은) 외상 증상 사후검사 점수를 가지고 있음을 알 수 있다. 그러나 그러한 사후검사 평균에 대한 기술통계값들은 다음의 두 가지, 즉 (1) 사전검사에서 사후검사 사이의 변화에 차이가 존재하는지, 그리고 (2) 그러한 변화의 차이가 통계적으로 유의미한지를 말해주지는 않는다.

이러한 두 질문에 답하기 위해서는 ANCOVA의 **추론통계** 결과를 살펴볼 필요가 있는데, 이것은 표 15.3의 하단에 제시되어 있다. 여기서 제시되고 있는 자료에서 우리의 주요 관심은 독립변수, 즉 GROUP(집단)이 종속변수인 POSTSUM(사후검사 점수를 나타내는 SPSS의 약어)과 통계적으로 유의미한 관계를 가지고 있는지 여부이다. GROUP이라고 되어 있는 행(Source라는 열에 있는)과 Sig.(유의성)라고 되어 있는 열의 교차점을 살펴봄으로써, 우리는 사전검사 점수 공변량이 통제되었을 때 집단 간 사후검사 점수 평균의 차이에 대한 *p*-값이 0.001보다 낮음을 볼 수 있다.

PRESUM 행이 낮은 *p*-값을 가지고 있다는 것은 사전검사 점수가 사후검사 점수와 유의미한 관계가 있음을 의미할 따름이다. 그러나 ANCOVA가 그러한 관계를 통제하고, 또 독립변수(GROUP)에 대한 유의미한 *p*-값은 새로운 치료를 받은 집단이 통상적 치료를 받은 집단보다 유의미하게 낮은(더 나은) 사후검사 점수 평균을 가지고 있음을 의미하는데, 이것은 심지어 낮은 사후검사 점수를 가진 청소년들이 마찬가지로 낮은 사전검사 점수를 가지고 있을 때라도 그러함을 의미한다. 다시 말해서, 새로운 치료를 받은 집단의 개선 정도가 통상적 치료를 받은 집단보다 더 크고, 우리는 표집오차가 그러한 차이를 설명할 수 있다는 것을 배제할 수 있다는 것이다.

마지막으로, 이 ANCOVA 분석 결과는 우리가 제14장에서 변화 점수를 가지고 독립표본 *t*-검정을 수행한 결과와 상당히 일관된 것임을 유념하라. 두 방법 모두 우리의 유의 수준보다 훨씬 낮은 통계적으로 유의미한 *p*-값을 산출하였다. 비록 ANCOVA의 *p*-값이 0.001보다 낮은데 비해 변화 점수 *t*-검정에 대한 *p*-값이 0.003으로 0.001보다 크다 할지라도 그러하다. 그러한 차이는, 비록 그것이 아마도 매우 작은 것일지라도, 변화 점수를 사용했을 때 비신뢰성이 증가하는 것에 기인한 것일 수 있다.

아마도 당신은 왜 우리가 단지 두 집단의 평균을 비교할 때 ANCOVA를 써야 하는지에 대하여 어리둥절해 할지도 모른다. 이 장의 앞부분에서 ANOVA는 세 집단 이상의 평균을 비교할 때 사용된다는 것을 언급했으며, 당신은 제14장에서 두 집단의 평균을 비교할 때 *t*-검정이 사용되는 것임을 떠올릴 것이다. 공변량을 통제하지 않은 상태에서 단지 두 집단의 평균을 비교할 때 *t*-검정을 수행하는 것이 더 간단함에도 불구하고, 실제로는 ANOVA를 사용할 수 있다. ANOVA는 *t*-검정과 정확히 동일한 결과를 산출할 것이다. 그러나 공변량을 통제하고자 할 때는 반드시 ANCOVA를 사용해야 한다. 왜냐하면 이것은 *t*-검정 방법이 세 개 이상의 변수를 다룰 수 없기 때문이다.

또, 우리의 시설 치료 센터 평가에서 새로운 치료를 받은 집단이 문제행동 발생 변수에 대해서

표 15.3 사전검사 점수를 통제하고 집단별 사후검사 점수를 비교하는 SPSS ANCOVA 분석 결과

기술통계			
종속변수: POSTSUM			
집단	평균	표준편차	*N*
새로운 치료	15.200	3.391	25
통상적 치료	23.640	3.067	25
합계	19.420	5.33	50

대상 간 효과 검정					
종속변수: POSTSUM					
소스	Type Ⅲ 자승의 합	*df*	자승평균	*F*	유의성
수정된 모형	1,053.818	2	526.909	73.190	0.000
절편	1,369.367	1	1,369.367	190.211	0.000
POSTSUM	163.398	1	163.398	22.697	0.000
GROUP	842.681	1	842.681	117.052	0.000
오차	338.362	47	7.199		
합계	20,249.000	50			
수정된 합계	1,392.180	49			

통상적 치료를 받은 집단보다 더 높은(좋지 않은) 평균 점수를 가지고 있었다는 것을 당신이 기억하며 의문을 표할지도 모르겠다. 그러면 왜 새로운 치료를 받은 집단이 외상 증상 척도에 대해서는 유의미하게 더 좋은 결과를 가지고 있을까? 그러나 우리의 독립표본 *t*-검정이 문제행동 발생의 평균 간 차이가 통계적으로 유의미하지 않았음을 보여주었다는 사실을 기억하라. 또한 더 많은 문제행동 발생건수를 가진 청소년들이 처음부터 더욱 더 큰 충격을 받았고, 더 심각한 문제행동을 가지고 있었을 것이다. 비록 그들이 치료 센터에 거주하는 동안 더 많은 문제행동을 보였을지라도, 아마도 치료 과정이 끝날 때까지는 그들의 증상 전반에 걸쳐 훨씬 더 큰 진전이 있었을 것이다. 치료의 결과를 보여주는 두 척도가 상이한 분석 결과를 가져온 이유에 대한 다른 설명들이 가능한데, 우리가 다음에 살펴볼 것과 같은 다변량 ANOVA 방법을 이용할 때 가장 잘 평가될 수 있는 설명들이 존재한다.

먼저, ANCOVA 그 자체가 다변량 방법임을 유념해야 한다; 즉, 이것은 동시에 세 변수 이상을 파악하고 있다. 위에서 지적했듯이, 이것이 파악할 수 있는 추가적인 변수를 **공변량**이라고 부른다. 지금까지는 사전검사 점수라는 한 가지 유형의 공변량만을 예로 들었다. 그러나 어떠한 유형의 등간 또는 비율 변수라도 위와 동일한 논리와 절차에 따라 ANCOVA의 공변량으로 통제될 수 있다. 예를 들어, 집단 간 연령의 차이가 그들의 평균 점수 차이를 설명할지 모른다고 추측한다면, 우리는 연령을 공변량으로 투입할 수 있다. 사실, 하나의 주어진 ANCOVA에서 몇 개의 공변량을 넣을 수 있으며, 이것은 모든 공변량이 통제되었

을 때 평균 점수의 차이가 유의미한지를 보여주는 결과를 낳을 수 있게 된다. 자, 이제 ANOVA의 다른 다변량 형태들로 넘어가보도록 하자.

두 요인 분산분석

ANCOVA의 공변량은 우리가 통제하고자 하는 외생변수이다. 우리는 또한 두 개 이상의 명목 독립변수(**요인**(factor)으로 불리는)를 가지고 ANOVA를 수행할 수 있다. 결국 두 요인 ANOVA, 세 요인 ANOVA 등이 가능하며, 이것은 우리가 동시에 분석하고자 하는 명목 독립변수가 얼마나 많은가에 달려 있다. 두 개보다 더 많은 요인을 가지고 ANOVA를 사용함으로써 평가를 수행하는 경우는 드물고, 또 세 개 이상의 요인이 포함되었을 때에도 동일한 논리가 적용되므로, **두 요인 ANOVA**에 초점을 맞추어 논의를 단순화하기로 하자.

ANCOVA가 단위화 될 수 있는 통제변수로서 제3의 변수를 포함하는 반면, 두 요인 ANOVA는 제2의 명목 독립변수로서 제3의 변수를 포함한다. 종종 두 요인은 상이한 개입을 지칭하며, 이 두 개입은 결합된 방식으로 평가되고 있는 경우가 많다. 예를 들어, 정신분열증과 약물의존(약물남용)이라는 이중진단을 가진 입원환자들을 대상으로 두 가지 개입의 효과성을 평가하고자 한다고 가정해보자. 개입의 궁극적 목적은 퇴원 후 재입원을 방지하는 것이다.

하나의 개입은 퇴원 전의 것으로, 약물남용이 정신분열증으로 고통받고 있는 사람에게 특별히 해로운 효과를 가지고 있음을 입원환자들에게 교육시키는 프로그램이다. 다른 하나는 퇴원 후에 제공되는 새로운 사례관리 기법이다. 두 가지 개입방법을 동시에 평가하기 위해서는 표 15.4에 나온 것처럼 두 개씩의 요인을 가진 설계를 필요로 한다. 이 표에서는 네 가지의 경우를 볼 수 있다: (1) 퇴원 전 심리교육 프로그램 + 새로운 사례관리 기법, (2) 퇴원 전 심리교육 프로그램 + 기존의 사후보호(aftercare) 기법, (3) 통상적인 입원보호 서비스 + 새로운 사례관리 기법, (4) 통상적인 입원보호 서비스 + 기존의 사후보호 기법.

이원분산분석(two-way ANOVA)은 각 독립변수가 종속변수에 대한 **주효과**(main effect)와 함께 그 둘 간의 **상호작용효과**(interaction effect)가 종속변수에 미치는 영향을 분석한다. 종속변수는 재입원 전에 지역사회에 있었던 날수이다. 우리는 표 15.4에서 각 독립변수의 주효과를 시각화할 수 있는데, 이는 각 독립변수의 두 범주를 따로 비교함으로써 가능하다. 예를 들어, 퇴원 전 심리교육 프로그램의 전체 평균(750)이 통상적인 입원보호 서비스만을 제공한 것(500)보다 더 큼(나음)을 볼 수 있다. 마찬가지로, 새로운 사례관리 기법을 적

표 15.4 퇴원 전의 심리교육적 개입과 새로운 사례관리 기법의 평가에 관한 두 요인 ANOVA의 가설적 결과, 재입원까지 소요된 일수

	퇴원 전의 치료조건		
사례관리 기법의 치료조건	심리교육적 개입	통상적 보호	전체 평균(행)
새로운 접근	1,000	600	800
과거의 접근	500	400	450
전체 평균(열)	750	500	625

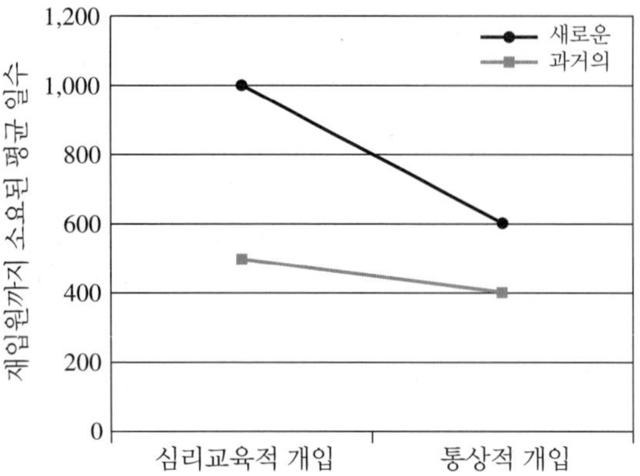

그림 15.1 표 15.4에 나타난 상호작용효과에 대한 그래프

용했을 때의 전체 평균(800)이 기존의 사례관리 기법을 적용했을 때의 전체 평균(450)보다 더 크다(낫다)는 것을 알 수 있다. 따라서 우리는 새로운 사례관리 기법의 주효과가 퇴원 전 심리교육 프로그램의 주효과보다 약간 더 큼을 또한 알 수 있다.

그러나 우리는 또한 이 표에서 가장 좋은(가장 높은) 평균은 퇴원 전 심리교육 프로그램과 새로운 사례관리 기법을 모두 제공받은 클라이언트에서 나타나고 있음을 알 수 있다. 이들은 재입원까지의 평균 기간이 1000일이었다. 이것은 상호작용효과를 표시해주는 것으로, 두 가지의 개입 여건들이 상호작용하고 있으며 종속변수에 대하여 결합된 효과를 가지고 있음을 의미한다. 상호작용효과를 볼 수 있는 또 하나의 방법은 두 열에서(합계 열은 제외하고) 첫째 행의 평균에서 둘째 행의 평균을 빼는 것이다. 이렇게 하면, 우리는 첫째 열에서 500(1,000 − 500), 둘째 열에서는 200(600 − 400)이라는 값을 얻게 된다. 이러한 두 열 사이의 나머지 차이의 정도는 두 가지의 개입 여건 간의 상호작용효과가 발생하는 정도를 나타내준다.

지금까지 논의한 상호작용효과는 그림 15.1에서와 같이 그래프의 형태로도 나타낼 수 있다. 새로운 사례관리 기법에 대한 두 개의 값이 위에 있는 선에 나타나 있으며, 기존의 사례관리 기법에 대한 두 개의 값은 아래의 선에 제시되어 있다. 각 선의 좌측 값은 퇴원 전의 심리교육 프로그램과의 교차점이다. 각 선의 우측 값은 통상적인 입원보호 서비스와의 교차점이다. 상호작용효과는 두 개의 선이 평행을 이루지 않는 정도에 의해 나타난다.

이원분산분석이 항상 두 개의(혹은 하나의) 명목변수가 치료적인 상황이어야 함을 요구하지는 않는다. 예를 들어, 브라넨과 루빈(Brannen and Rubin, 1996)이 배우자 학대에 개입하는 두 가지의 대안적인 접근법을 비교했는데, 여기서 두 번째 요인은 가해자가 알코올을 남용하고 있는가 하는 것이었다. 그들은 알코올남용이 수반되었을 때 한 유형의 치료가 더 효과적으로 작동했지만, 알코올남용이 수반되지 않았을 때에는 아무런 차이도 낳지 못함을 발견하였다. 따라서 그들의 분석 결과는 상호작용효과를 보여주고 있지만, 치료의 유형에 대한 주효과는 보여주지 못했다.

그림 15.2는 ANCOVA 분석에 있어서 주효과와 상호작용효과의 개념을 보여주고 있는데, 분노조절 개입에 대한 가설적 평가에 대하여 몇 가지 가능한 결과를 예시해주고 있다. 그래프 A에서는 알코올을 남용하는 집단과 그렇지 않은 집단 모두 동일한 비율로 나아지고 있다. 알코올남용 집단의 점수가 사전검사에서 더 나쁨에도 불구하고, 그 개선 정도의 기울기는 알코올을 남용하지 않는 집단의 기울기와 대등하다. 두 개의 선이 평행을 그리고 있다는 사실은 아무런 상호작용효과가 나타나고 있지 않음을 제시해 준다. 결국, 그 개입은 주효과가 나타나고 있으며, 그 효과는 알코올남용 집단과 그렇지 않은 집단 모두에 적용되고 있다.

이와는 대조적으로, 그래프 B는 명확한 상호작용효과를 보여주는데, 이는 그 개입이 비알코올남용 집단에서는 상당한 개선을 보여주고 있으나, 알코올남용 집단에서는 아무런 개선도 보여

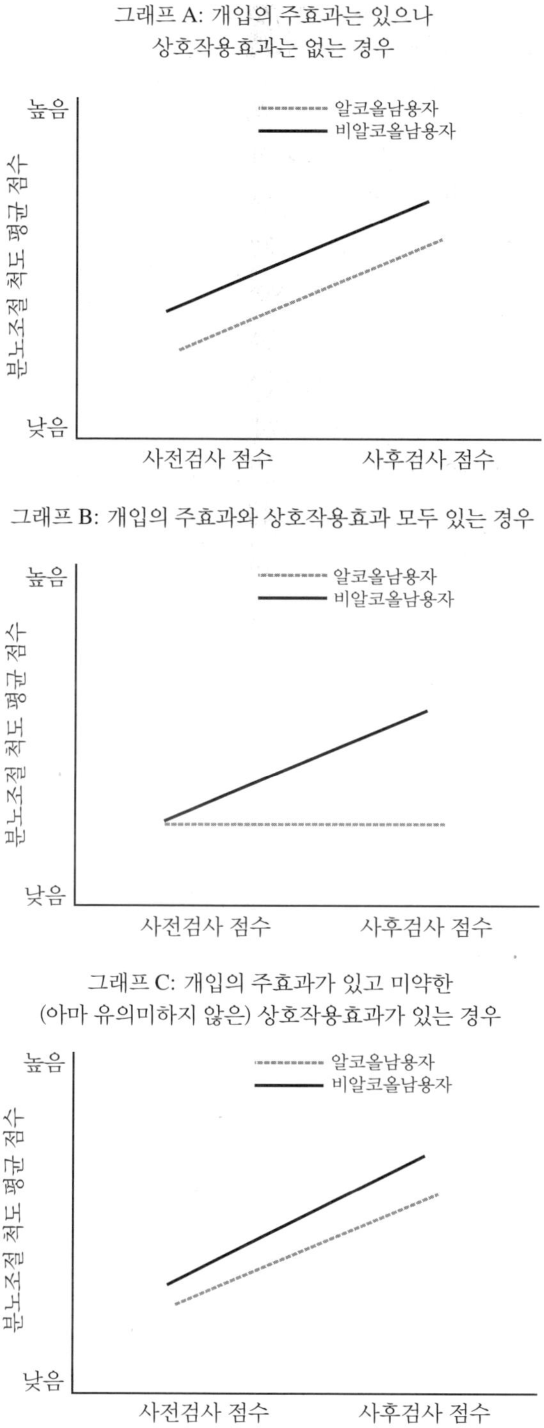

그림 15.2 ANCOVA 분석에 있어서 주효과와 상호작용효과의 그래프

주고 있지 못하기 때문이다. 결국, 그 개입은 알코올남용 여부 변수에 있어 하나의 범주에서만 효과적인 것으로 드러나고 있다. 두 개의 선의 기울기에서 나타나는 명확하고도 실질적인 차이는 상호작용효과를 보여주고 있다. 유의미한 상호작용효과는 ANCOVA의 주효과를 오도하게 만든다. 알코올남용 집단의 개선이 나타나고 있지 않으므로, 주효과는 그 개입의 비알코올남용 집단에 대한 실제 효과성을 축소하게 될 것이다. 따라서 ANOVA나 ANCOVA 분석 결과가 유의미한 상호작용효과를 보고하고 있을 때마다, 그 분석 결과를 더욱 엄밀하게 조사할 필요가 있으며 그 주효과에 대한 통계값들이 사실을 오도할 수 있음을 인식해야 한다.

그래프 C에서 우리는 두 선의 기울기에 나타난 약간의 차이가 있음을 볼 수 있다—그 차이는 너무나 작아서 주 개입효과를 무시하라고 장담할 수는 없다(두 집단 모두). 그 개입은 두 집단 모두에서 효과적인 것으로 나타나고 있으나, 비알코올남용 집단에서 약간 더 효과적이다. 다시 말하면, 두 개의 선은 평행에 아주 가깝지만, 완전한 평행은 아니다. 매우 큰 표본을 가지고 있다면 그렇게 미세한 차이도 통계적으로 유의미하게 나타날 수 있겠지만, 작은 표본으로는 동일한 정도의 작은 차이는 아마도 통계적 유의성과는 한참 거리가 있을 것이다. 극단적으로 큰 표본을 가지고 있다면, 통계적으로 유의미한 상호작용효과를 다루는 데 있어서 상당한 주의를 요한다. 그러나 데이터를 면밀히 살펴보고 또 그래프 C와 같이 그 자료들을 그래프로 그려본다면, 우리는 그 작은 상호작용효과의 유의미함이 표본의 수로 인하여 나타나게 된 것이며, 개입의 주효과를 무시할 수 있는 근거로 볼 수는 없다.

통계적 유의성에 대한 두 요인 ANOVA 분석 결과는 일원분산분석의 그것과 유사하다. 이것은 자승의 합(sum of squares), 자유도, 자승의 평균(mean of squares), *F*-비 그리고 각 요인과 상호작용효과에 대한 *p*-값을 보여준다. 당신의 일차적인 관심사는 *p*-값에 있게 될 것인데, 이것은 어떠한 주효과 또는 상호작용효과가 통계적으로 유의미한지를 보기 위해서이다.

다변량 분산분석

지금까지 우리는 하나 또는 그 이상의 독립변수가 포함되었는지의 측면에서 ANOVA를 살펴보았다. 그러나 많은 평가 연구들은 둘 이상의 종속변수를 포함시켜 분산분석을 수행한다. 이렇게 하기 위해서는 **다변량 분산분석**(multivariate analysis of variance, MANOVA)을 수행할 필요가 있다.

예를 들어, 퇴원 전 심리교육 프로그램인가 아니면 새로운 사례관리 기법인가에 관한 우리의 가설적 평가에서, 재입원까지 지역사회에서 머무른 날수에 더하여 종속변수로 삶의 질을 측정하는 척도를 활용하기 원한다면 어떻게 할까? 하나의 방법은 두 개의 다른 ANOVA—하나는 지역사회에서 머무른 날수를 종속변수로, 다른 하나는 삶의 질을 종속변수로 하여—를 수행하는 것이다. 그러나 왜 MANOVA를 수행하는 것이 두 개의 ANOVA를 따로 분석하는 것보다 더 적절한 것인지에 관한 두 가지의 근본적인 이유가 존재한다.

그 이유 중의 하나는 1종 오류의 확률이 팽창하는 것과 관련이 있다. 독립변수가 세 개 이상의 범주를 가지고 있어서 여러 개의 쌍비교를 해야 할 때, 여러 번의 *t*-검정을 수행하는 대신 사후검정 비교방법을 사용했던 앞의 논의들을 기억해 보라. 우리가 여러 개의 종속변수를 가진 개입의 효과를 검증할 때에도 동일한 논리가 적용된다. 각각의 종속변수에 대하여 ANOVA를 따로따로 할 경우 하나의 "유의미한" *p*-값을 가지게 될 확률은 우리가 이변량 유의성 검정을 더 많이 할수록 계속 높아지게 된다.

개입에 대한 많은 평가 연구들은 둘 이상의 종속변수를 사용한다. 많은 경우 서너 개 이상을 사용하기도 한다. 이것은 어떤 개입이 유용한 효과를 가지게 되리라고 판단하는 데 단 하나의 방법만 있다고 가정할 수 있는 마땅한 근거가 부족할 때가 많고, 또 우리가 넓은 그물을 펼쳐서 영향을 미칠지도 모르는 그 어떤 변수들이라도 놓치지 않기를 바라기 때문이다.

예를 들어, 우리가 비행청소년에게 멘토를 붙여주는 프로그램(Big Brother/Big Sister program)의 효과성을 그 청소년들에게 미치는 영향이라는 측면에서 평가하고 있다고 가정해보자. 우리가 자아존중감에 미치는 영향을 측정하는가? 학교 성적은 어떨까? 학교에서의 행동은? 우울과 같은 정서상태는? 사회적 활동과 레크레이션 활동에서의 참여는? 아마도 이 프로그램은 어떤 청소년들에게는 이러한 방법들 가운데 몇 가지 측면에서 영향을 줄 것이고, 다른 청소년들에게는 다른 방식으로 영향을 줄 것이다. 어떤 중요한 효과를 놓쳐서 그 프로그램을 비효과적이라고 잘못 판단하기를 원하지 않는다면, 우리는 여러 개의 종속변수를 사용할 것이다. 우리가 여러 개의 독립된 이변량 유의성 검정에서 단 하나에서만 통계적 유의성을 발견한다면 우연을 배제하기 힘들 것이다.

그러나 MANOVA를 통하여 우리는 여러 개의 종속변수를 고려하고 통계적 방법을 사용할 수 있을 것이며, 이것은 여러 개의 종속변수를 결합한 것에 비추어 우연을 배제할 수 있는 전반적인 확률을 우리에게 알려준다. (통계적 계산방법은 행렬대수에 기반하고 있는데, 이것은 이 책의 범위를 벗어나는 것이다.) 여러 개의 통계값들이 결합 계산된 종속변수에 있어서의 집단 간 차이에 대한 전체적

표 2 치료조건별 성과 측도에 관한 평균(및 표준편차)

	하위 집단		
측도	CR + ET (n = 16)	ET + CR (n = 16)	SC (n = 16)
ICC			
치료 전	40.06 (11.80)	40.38 (7.75)	48.14 (10.81)
치료 중	33.25 (11.22)	29.19 (11.84)	42.67 (14.87)
치료 후	25.63 (9.30)	23.56 (10.73)	40.71 (12.15)
사후조사	22.46 (12.14)	20.92 (12.99)	42.20 (16.99)

표 3 주요 성과에 대한 공분산분석 결과의 요약

측도	세 조건의 비교	조건 1 대 조건 2	조건 1 대 조건 3	조건 2 대 조건 3
ICC				
치료 중	$F(2, 34) = 2.68$	$F(1, 29) = 2.58$	$F(1, 9) = 1.18$	$F(1, 19) = 2.67$
치료 후	$F(2, 35) = 4.79$*	$F(1, 29) = 0.51$	$F(1, 20) = 7.08$*	$F(1, 20) = 6.21$*

그림 15.3 ANCOVA 결과를 보고하고 있는 학술논문의 표

출처: P. A. Boelen, J. de Keijser, M. A. van den Hout & J. van den Bout. (2007). Treatment of complicated grief: A comparison between cognitive-behavioral therapy and supportive counseling. *Journal of Consulting and Clinical Psychology*, *75*, 277–284.

인 p-값을 보고하는 데 사용된다. 이 중에서 윌크의 람다(Wilks' lambda)가 가장 흔하게 보고된다. 독립변수의 범주의 개수와 자료의 등분산성 정도에 따라 필라이의 트레이스(Pillai's Trace), 호텔링의 트레이스(Hotelling's Trace–Hotelling's T^2) 및 로이의 가장 큰 루트(Roy's largest root) 등의 다른 대안적 통계값들도 사용된다.

MANOVA 분석 결과를 보고하는 연구의 소비자로서 기억해야 할 중요한 것은, 어떤 통계값이 사용되든지 상관없이 그 의미는 동일하다는 것이다: 결합된 종속변수에 비추어 1종 오류를 발생시킬 확률이라는 의미인 것이다. 만약 그 확률이 통계적으로 유의미하다면, 연구자들이 계속하여 각 종속변수에 대하여 일련의 ANOVA를 따로따로 실행할 수 있도록 허용하는데, 이는 어떤 것이 그 개입에 의해 영향 받고 있는지 보기 위함이다.

지금까지 1종 오류의 발생확률이 팽창되는 것을 방지하기 위해 MANOVA를 사용하는 것이 필요하다는 점을 논의해왔다. 그러나 MANOVA를 사용해야 할 두 번째 이유가 존재하는데, 이것은 좀 더 적극적인 필요성이다. 분석에 사용되는 종속변수들은 종종 서로 상관관계를 갖게 되는데, 이것은 한 개입이 여러 종속변수 중 하나에만 영향을 미치는 것이 아니라 그 종속변수들의 선형적 결합에 유의미한 영향을 줄 것이라는 측면에서 그러하다. 그러한 경우 여러 개로 분리된 ANOVA는 유의미한 결과를 낳지 못할 것이지만, MANOVA는 결합된 종속변수에 대하여 유의미한 결과를 발견하게 될 것이다.

어떤 연구들은 MANOVA 대신 MANCOVA를

사용한 결과를 보고한다. *MAN*과 *OVA* 사이에 있는 *C*라는 글자는 단지 최소 하나의 공변량이 분석에 포함되어 있음을 의미하는데, 이것은 공변량에 대한 다변량분석(multivariate analysis of covariance)이 된다. ANCOVA처럼, MANOVA도 독립변수와 종속변수 세트 간의 관계에 어떤 공변량이 어떻게 영향을 주는지 연구자들이 볼 수 있게 해준다.

ANCOVA, 두 요인 ANOVA 및 MANOVA에 관한 이 장의 논의들은 세 개 이상의 변수들이 동시에 분석되고 있는 다변량분석의 개념을 소개하였다. 다변량분석의 다른 유형들도 다양하게 존재한다. 제18장에서 다중상관관계와 다중회귀분석을 논의할 때 이 중 두 가지를 살펴보게 될 것이다. 다변량분석의 여러 다른 형태에 대하여 개념적으로 간략히 알고자 한다면 부록 C를 참조하라. 우리가 그러한 고급분석으로 나아가기 전에 몇 가지 추가적인 이변량 추론통계에 대해서 살펴볼 필요가 있다. ANOVA와 *t*-검정이 독립변수가 명목 수준이고 종속변수가 등간 혹은 비율 수준일 때 사용되는 반면, 다음 두 개의 장에서는 독립변수와 종속변수가 동일한 측정 수준을 가지고 있을 때 적합한 통계방법들을 논의하게 될 것이다.

ANOVA와 ANCOVA를 보고서와 논문에 어떻게 보여주는가

t-검정 결과처럼, ANOVA와 ANCOVA 분석 결과를 연구보고서와 학술논문에 제시하는 단일한 방법이 있는 것은 아니다. 어떤 저자들은 비교가 되고 있는 평균만을 보여주고 그러한 차이가 통계적으로 유의했다는 것만을—아마도 별표나 각주로—언급한다. 또 어떤 연구자들은 ANOVA가 유의성 검정에 사용되었다는 것조차 언급하지 않을지 모른다. 때로는 ANOVA 분석 결과가 표에 제시되며, 다른 때에는 저자가 본문을 서술할 때 그것들을 단지 언급만 할지 모른다. 원칙적으로 저자들은 ANOVA나 ANCOVA가 사용되었다는 것을 보고해야 하고, 그 *F*-비, 집단 내 및 집단 간 자유도, *p*-값 그리고 효과크기를 제시해야 한다는 일반적 합의가 존재한다. 그림 15.3은 어떤 평가 결과를 보고하고 있는 한 논문에서 나온 것으로, 이 평가는 사랑하는 사람의 죽음 이후에 겪는 복잡한 슬픔을 다루는 세 가지 방법의 효과성을 비교하는 것이었다: (1) 인지적 재구조화와 그 다음의 노출 치료(CR + ET), (2) 노출 치료와 그 다음의 인지적 재구조화(ET + CR), 그리고 (3) 지지적인 상담(supportive counseling, SC).

이 논문의 본문은 MONOVA의 분석 결과 *F*-비가 전반적으로 통계적으로 유의미함을 보고하였는데, 이 *F*-비는 시간이 지남에 따라 세 치료의 조건들 사이에 차이가 있다는 것에 관한 것이었다. 그림 15.3의 첫 번째 표는 복잡한 슬픔에 대한 일람표 상의 네 시점에 걸쳐 각 치료조건들의 평균을 제시하고 있다. 두 번째 표는 시간의 경과에 따른 개선에 대한 ANCOVA 분석 결과를 보여주고 있는데, 이에 관한 *F*-비와 자유도를 제시하고 있다. 예를 들어, $F(2,34) = 2.68$이 의미하는 것은 집단 간 자유도가 2이고 집단 내 자유도가 34인 *F*-비가 2.68이라는 것이다. 별표는 그 비교가 통계적으로 유의미함을 나타내준다. 예를 들어, 치료 후의 시점에서 CR + ET(조건 1)와 ET+CR(조건 2) 둘 다 SC(조건 3)보다 유의미하게 더 낫다는 것을 보여준다.

주요 내용

- ANOVA는 세 개 이상의 평균을 비교하기 위한 통계적 유의성 검정이다. *t*-검정이 두 평균의 차이와 그 차이의 표준오차와의 관계를 반영하는 *t*-점수를 산출한다면, ANOVA는 *F*-비라는 유사한 통계값을 산출한다.
- *F*-비는 여러 집단의 평균의 분산과 집단 내 분산의 관련성을 반영한다.
- *F*-비의 분자는 **집단 간 자승평균**(between-groups mean square)이라 부르는데, 이것은 각 집단 평균 사이의 분산을 집단 간 자유도로 나누어준 것을 의미한다. 분자의 자유도는 집단수에서 1을 뺀 것이다.
- *F*-비의 분모는 **집단 내 자승평균**(within-groups means square)이라 부르는데, 이것은 각 집단 안에 있는 개별 사례들 간의 종속변수 분산을 집단 내 자유도로 나누어준 것을 의미한다. 집단 내 자유도는 각 집단의 자유도의 합이다. 총 자유도는 모든 집단을 포괄하는 전체 표본의 총 사례수보다 1이 더 적다.
- *t*-점수처럼, 우리는 *F*-비를 다양한 수준의 자유도에서 임계영역에 도달하는 데 필요한 *F*-비는 무엇인지를 보여주는 표와 대조한다.
- ANOVA 결과는 비교의 대상이 되는 여러 집단의 어딘가에 통계적으로 유의미한 차이가 있다는 것만을 우리에게 말해준다. 그 결과는 어떠한 특정 집단의 평균들이 통계적으로 유의미한지를 말해주지 않는다. 집단의 평균들 가운데 어떤 특정한 비교가 통계적으로 유의미한지를 알아내기 위해서는 사후검정을 수행한다.
- 사후검정에는 여러 유형이 있는데, 이 모두 어떤 집단들 간의 평균이 통계적으로 유의미한지를 말해준다.
- 사후검정은 여러 집단을 포괄하는 전체적인 자료에서 *F*-비가 유의미할 때에만 사용되어야 한다.
- 우리는 각각의 두 집단 비교에 대한 *t*-검정을 따로따로 수행할 수 없는데, 그 이유는 그렇게 하면 1종 오류의 발생 가능성이 증가할 것이기 때문이다.
- ANCOVA 방법은 사전검사의 효과나 다른 등간 혹은 비율 변수들이 통제되었을 때 사후검사 점수에 대한 집단 간의 차이가 유의미한지를 살펴보는 것이다. ANCOVA에서 통제되는 변수들을 **공변량**이라 부른다.
- ANOVA는 요인이라 부르는 두 개 이상의 명목수준 독립변수를 가지고도 수행될 수 있다. 두 요인 ANOVA, 세 요인 ANOVA 등이 가능한데, 이것은 우리가 동시에 분석하고자 하는 명목 독립변수가 얼마나 많은가에 달려 있다.
- 이원분산분석(two-way ANOVA)은 각 독립변수가 종속변수에 대한 주효과와 함께 그 둘 간의 상호작용효과가 종속변수에 미치는 영향을 분석한다.
- 다변량 분산분석은 분산분석에 둘 이상의 종속변수가 포함될 때 사용되어야 한다.
- MANOVA는 각각의 종속변수에 대해서 ANOVA를 따로 수행할 때 발생될 수 있는 1종 오류확률의 팽창을 방지한다. MANOVA를 사용하는 두 번째 이유는, 분석에 사용되는 종속변수들은 종종 서로 상관관계를 갖게 되는데, 이것은 한 개입이 여러 종속변수 중 하나에만 영향을 미치는 것이 아니라 그 종속변수들의 선형적 결합에 유의미한 영향을 줄 것이라는 측면에서 그러하다는 것이다. 그런 경우 여러 개로 분리된 ANOVA는 유의미한 결과를 낳지 못할 것이지만, MANOVA는 결합된 종속변수에 대하여 유의미한 결과를 발견하게 될 것이다.

연습문제

1. 자존감 점수를 높이는 것을 목적으로 한 세 가지 치료방법의 평균 점수를 비교하는 ANOVA가 수행되었고, $p < 0.05$ 수준에서 유의미한 F-비를 얻었다. 치료 1의 평균 점수는 70, 집단 2는 67, 집단 3은 50점이었으므로, 연구자는 치료 1이 가장 효과적이고, 치료 2는 두 번째로 효과적이었으며, 치료 3은 가장 덜 효과적인 것으로 결론내렸다. 당신은 이러한 결론에 동의하는가? 동의한다면 왜인지 설명하라. 동의하지 않는다면 그 이유를 설명하고, 이러한 결과에 대하여 당신은 어떠한 결론을 내리게 될 것인지 밝혀라.

2. 자존감을 증진시키기 위한 새로운 개입에 대한 평가 연구가 실험집단의 평균 점수는 60에서 70점으로 증가하였고 통제집단의 평균 점수는 50에서 60점으로 증가했음을 발견하였다. t-검정을 수행했을 때 두 집단의 사후검사 점수에는 통계적으로 유의미한 차이를 발견했으나, ANCOVA 분석은 통계적으로 유의미한 집단 간의 차이를 발견하는 데 실패하였다. 이러한 분석 결과에서, 당신은 새로운 개입의 효과성에 대하여 무엇을 추론할 수 있겠는지 설명하라.

3. 다음의 두 요인 ANOVA 분석 결과는 어떤 주효과 또는 상호작용효과가 0보다 크다는 것이 통계적으로 유의미함을 가정하고 있는데, 이 분석 결과에서 주효과와 상호작용효과를 어떻게 해석할 것인가? 종속변수는 바람직하지 않은 행동(학대 발생건수와 같은)이다. 이 표의 수치들은 발생건수의 평균을 나타낸다.

	치료조건		
성별	치료 A	치료 B	전체 평균 (성별)
남성	6	6	6
여성	3	1	2
전체 평균 (치료조건)	4.5	3.5	8

4. 장애인 친척을 돌보고 있는 사람들을 위한 새로운 지지집단의 효과를 평가하고자 한다. 세 집단이 있는데, 한 집단은 새로운 개입을, 다른 한 집단은 통상적인 개입을 받았으며, 세 번째 집단은 개별적인 상담을 제공받았다. 개입의 효과를 측정할 수 있는 최상의 방법을 확신할 수 없었기 때문에 세 가지 측도를 사용하기로 결정하였다. 그것은 우울, 분노 그리고 스트레스를 따로 측정하는 것이다. 어떤 통계방법을 사용해야 하는지 설명하라.

5. 다음 논문의 표 1과 2를 찾고, 이 표에 나온 다중 t-검정 결과를 살펴보아라. (이 논문은 제14장의 연습문제에서도 언급되었다.) 이 장에서 사후검정에 대하여 당신이 읽었던 것에 비추어, 이 논문의 저자들이 여러 번의 t-검정을 수행하고 분석한 방법이 적합하다고 생각하는가? 그렇다면 왜 그런지, 아니라면 왜 아닌지 간략히 논하라.

T. S. Vinson & G. J. Neimeyer. (2003). The relationship between racial identity development and multicultural counseling competency: A second Look. *Journal of Multicultural Counseling and Development, 31*(4), 262-277.

6. 다음의 논문에서 저자들이 ANOVA를 수행하고 그 결과를 해석한 방법을 비판적으로 평가하라. 당신의 비평에 사후검정의 문제를 고려해야 한다는 것을 확인하라.

N. Weinberg. (1995). Does apologizing help? The role of self-blame and making amends in recovery from bereavement. *Health and Social Work, 20*(4), 294-299.

제 16 장

교차표와 카이제곱

서론

지난 몇 개의 장에서는 등간 및 비율 척도를 종속변수로 하는 것을 다루어왔다. 이러한 변수를 통해 우리는 평균과 표준편차를 계산하고 또 통계적 유의성에 관한 모수적 검정을 수행할 수 있었다. 이 장에서는 카이제곱이라는 가장 흔하게 사용되는 비모수적 검정과 그 적용에 대한 것을 살펴보게 될 것이다. **통계적 유의성에 관한 카이제곱 검정**(chi-square test of statistical significance)은 교차표에 나타난 명목 수준 변수들 간의 관계를 설명하는 것이 표집오차에 의한 것일 확률을 측정한다. **교차표**(cross-tabulation tables)는 두 개 이상의 명목 수준 변수들이 관련이 있는지 그리고 어떠한 관계가 있는지를 보여준다. 이것은 한 변수의 범주들에 대한 빈도나 비율을 다른 변수(들)의 빈도나 비율과 교차시켜 보여주는 것이다.

2 × 2 교차표

교차표와 카이제곱의 활용을 예시하기 위해, 시설치료 센터에서의 가설적 평가 연구로 돌아가 보기로 하자. 우리가 새로운 치료의 효과성을 통상적 치료의 그것과 비교함에 있어 명목 종속변수를 사용한다고 가정하자. 청소년의 행동과 학업성취가 퇴소허가를 얻기에 충분히 긍정적인 것인지 여부가 그 변수라고 가정하자. (그 변수는 우리의 SPSS 데이터 파일에서 *campus*라고 표시되어 있다.) 그 변수가 단지 "예"와 "아니오"라는 두 범주로만 되어 있으므로, 그것에 관한 평균과 표준편차를 계산하는 것은 온당치 않다. 마찬가지로, 우리의 독립변수—어느 치료집단에 속해있는가 하는 것—역시 명목 수준이다. 따라서 우리가 두 변수 간의 관계를 표로 제시하기 원한다면, 우리는 평균이나 중앙값 혹은 다른 모수적 통계값 대신에 빈도(머릿수)를 사용해야 한다. 표 16.1에 나타난 교차표는 우리의 가설적 평가 자료에 관한 SPSS 교차표 분석 결과를 바탕으로, 이것이 어떻게 되는지를 보여주고 있다.

우리의 독립변수인 치료집단 유형은 표 16.1의 열에 위치되어 있다. 종속변수인 퇴소허가를 획득했는지 여부는 행에 있다. 가장 우측에 있는 열은 종속변수(행에 위치된)의 각 범주에 대한 합계를 제시하고 있으며, 가장 하단에 있는 행은 독립변수(열에 위치된)의 각 범주에 대한 합계를 보여주

표 16.1 치료집단과 퇴소허가 획득 여부에 관한 교차표

퇴소허가 획득 여부		치료집단		합계
		새로운	통상적	
예	빈도	16	9	25
	기대빈도	12.5	12.5	
	집단 내 비율(%)	64.0%	36.0%	50%
아니오	빈도	9	16	25
	기대빈도	12.5	12.5	
	집단 내 비율(%)	36.0%	64.0%	50%
합계	빈도	25	25	50
	집단 내 비율(%)	100%	100%	100%

표 16.2 치료집단과 퇴소허가 획득 여부에 관한 표 16.1 교차표의 데이터를 이용한 SPSS 분석 결과

	값	*df*	점근유의성(양측)	엄밀유의성(양측)	엄밀유의성(단측)
피어슨 카이제곱	3.920[b]	1	0.048		
연속성 조정[a]	2.880	1	0.090		
피셔의 엄밀성 검정				0.089	0.044
유효 사례수	50				

[a] 2×2 교차표에서만 계산됨
[b] 0개의 셀이 5 미만의 기대빈도를 가짐. 최소 기대빈도는 12.50.

고 있다.

이 표의 열과 행 교차점에서 분류된 수들을 셀이라 부른다. 각 셀 안에는 세 개의 수치가 있다. 첫 번째 값은 관측값으로 해당되는 행과 열이 교차되는 셀에서 실제 관측된 원 사례수를 의미한다. 결국 새로운과 예가 교차하는 지점의 셀에서는 16이라는 관측값을 보게 되는데, 이는 새로운 치료를 받은 25명의 청소년 중 16명이 퇴소허가를 받았음을 의미한다. 각 셀의 두 번째 수치는 열과 행의 변수 간에 그 어떠한 관계도 존재하지 않을 때 그 셀에서 발견되리라 기대되는(expected) 사례수이다. 이 수치는 우리가 카이제곱 통계값을 계산할 때 작용하는데, 이에 관한 것은 나중에 "카이제곱을 계산하는 공식"이라는 제목의 글상자에서 논의된다. (이 표의 두 변수는 관측값과 기대값이 상이한 정도만큼 관련이 있다.)

각 셀의 세 번째 수치는 백분율(percentage)인데, 이것은 각 셀의 관측값을 그 열의 합계로 나누어준 것이다. 따라서 행에서 예에 속한 새로운 치료집단의 청소년 16명은 전체 새로운 치료집단의 청소년 합계인 25명의 64%를 차지한다.

왜 이 표의 백분율이 행에 의해서가 아니라 열에 의해 계산되었는지 의아해 할지도 모른다. 통상적으로, 우리는 독립변수의 범주에 따라 계산한다. 이는 우리가 어떻게 독립변수의 한 범주에 있는 어떤 비율을 다른 범주의 비율과 비교하는지에 관심을 갖기 때문이다. 당신이 독립변수의 범주들을 행에 놓을지 아니면 열에 놓을지는 중요하지 않다. 중요한 것은 독립변수의 범주들을 열에 놓았다면 백분율의 기준은 열의 합계를, 독립변수를 행에 놓았다면 백분율의 기준 역시 행의 합계에 근거해야 한다는 점이다.

표 16.1의 교차표 분석 결과는 통상적인 치료를 받았던 25명의 청소년들 중 단지 9명(25%)만이 퇴소허가를 받은 것에 비해, 새로운 치료를 받았던 25명의 청소년들 중에서는 16명(64%)이 퇴소허가를 받았음을 보여준다. 따라서 이 표에 나타난 두 변수 간의 관계를 볼 수 있는데, 이는 새로운 치료를 받은 수혜자들이 통상적인 치료를 받은 수혜자들보다 퇴소허가를 받을 가능성이 더 크다는 것이다. 그러나 우리의 표본에서 관찰된 백분율의 차이가 새로운 혹은 통상적인 치료를 받은 이론적인 청소년 모집단에서 실제 존재하지 않으며 단지 표집오차에 의한 결과일 확률은 얼마나 될까? 이 질문에 답하기 위해서는 카이제곱 통계값을 계산할 필요가 있다.

카이제곱 계산하기

카이제곱을 계산하기 위한 공식은 "카이제곱을 계산하는 공식"이라는 제목의 글상자에서 논의된다. SPSS와 같은 통계 프로그램은 당신을 위해 카이제곱값을 계산해줄 것이고 그것이 통계적으로 유의미한지를 말해주므로, 카이제곱을 계산하기 위한 공식을 알지 않고도 그럭저럭 잘 헤쳐 나갈 수 있다. 그러나 단지 그 의미를 더 잘 이해하기 위해서라도 당신은 어쨌든 글상자를 살펴보고 싶어할지 모른다. 반면에, 당신이 수학적 공식에 압도되어 옴짝달싹 못하는 많은 사람들과 같은 부류이고, 그러한 공식들이 좀 더 큰 그림을 배우는 데 결과적으로 방해가 될 것으로 여긴다면—그리고 SPSS와 같은 통계 프로그램을 다룬다면—당신은 글상자를 보는 대신에 SPSS를 활용하여 분석하는 방법을 알기 원할 것이다. (당신은 또한 담당교수가 당신이 그 공식을 배우기를 원하는지 알고자 할 것이다!)

표 16.1에 있는 교차표 자료를 가지고 카이제곱 분석을 한 SPSS 결과는 표 16.2에 나타나 있다. 그 표에서 가장 중요한 열은 Asymp. Sig.(2-sided)라는 제목이 나와 있는 곳이다. 그 열은 우리의 분석 결과가 표집오차에 의한 것일 확률을 나타내주는 *p*-값을 제시해준다. (Asymp. Sig.(2-sided)라는 약어는 점근선의 유의성(asymptotic significance)을 의미하는데, 이는 통계적 유의성을 확증하기 위해 정상적인 이론표본분포(normal theoretical sampling distribution)의 임계영역으로 양측을 모두 사용하는 것을 말한다.) 어떤 행을 사용할지는 피어슨(Pearson Chi-square)이라는 제목이 붙은 행에 제시된 정상 카이제곱 통계값을 사용할 수 있는지에 달려 있다. 2 × 2 교차표에서 어떤 셀의 기대빈도(expected counts)가 너무 낮아 피어슨 카이제곱을 사용할 수 없을 때에는 다른 공식이 활용된다.

이 대안적인 공식을 활용한 결과는 표 16.2의 연속성 조정과 피셔의 엄밀성 검정(Fisher's exact test)이라는 제목이 붙어 있는 다른 행에 나타나 있다. 당신이 SPSS를 사용해서 카이제곱을 계산하든 아니면 직접 손으로 계산하든 그러한 대안적인 공식을 아는 것이 필요하다. 연속성 조정 행은 **연속성을 갖게 하기 위한 조정**을 의미하며, 이것은 또한 **예이츠의 수정**(Yeat's correction)이라고 부르기도 한다. 연속성을 위한 수정은 열과 행이 각각 둘 뿐인 교차표(즉, 2 × 2 교차표)에서 어느 한 셀이라도 그 기대빈도가 10보다 작을 때 사용된다. 그러한 상황에서는 정상적인 카이제곱 공식은 부풀려진 카이제곱값을 산출하기 때문에 수정이 필요하다. "카이제곱을 계산하는 공식"이라는 제목의 글상자에서 논의되는 바와 같이, 카이제곱을 계산하는 과정은 관측값(관측빈도라고도 함)에서 기대값(기대빈도라고도 함)을 빼주는 것을 포함한다. 연속성을 갖게 하기 위한 조정은 관측값과 기대값 간의 절대값 차이(마이너스 부호를 무시하는 것)를 0.5만큼 줄여주게 된다.

당신이 SPSS를 이용해서 카이제곱을 계산한다 하더라도 이것을 알아둘 필요가 있는데, 이것은 SPSS 결과가 자동적으로 연속성 조정을 수행한 것과 수행하지 않은 원래의 카이제곱값 모두를 자동적으로 보여주기 때문이다. 당신은 어느 것을 보고해야 할지 아는 것이 필요하다. 당신이 행과 열이 각각 두 개씩인 교차표를 가지고 있고 그 셀 가운데 하나라도 그 기대값이 10 아래라면 연속성 조정을 거친 결과를 사용하고 보고해야 한다. 만약 이 교차표의 모든 셀이 10을 초과하는 기대값을 갖는다면, 피어슨 카이제곱 결과를 사용하고 보고해야 한다. 표 16.2에서는 2 × 2 교차표임에도 피어슨 카이제곱을 사용할 것인데, 이는 모든 기대값(표 16.1에 있는)이 10을 넘기 때문이다. 그러나 연속성 조정을 한 결과를 사용한다면 카이제

표 16.3 카이제곱의 임계값

	단측검정의 유의 수준					
	0.10	0.05	0.025	0.01	0.005	0.0005
	양측검정의 유의 수준					
df	0.20	0.10	0.05	0.02	0.01	0.001
1	1.64	2.71	3.84	5.41	6.64	10.83
2	3.22	4.60	5.99	7.82	9.21	13.82
3	4.64	6.25	7.82	9.84	11.34	16.27
4	5.99	7.78	9.49	11.67	13.28	18.46
5	7.29	9.24	11.07	13.39	15.09	20.52
6	8.56	10.64	12.59	15.03	16.81	22.46
7	9.80	12.02	14.07	16.62	18.48	24.32
8	11.03	13.36	15.51	18.17	20.09	26.12
9	12.24	14.68	16.92	19.68	21.67	27.88
10	13.44	15.99	18.31	21.16	23.21	29.59
11	14.63	17.28	19.68	22.62	24.72	31.26
12	15.81	18.55	21.03	24.05	26.22	32.91
13	16.98	19.81	22.36	25.47	27.69	34.53
14	18.15	21.06	23.68	26.87	29.14	36.12
15	19.31	22.31	25.00	28.26	30.58	37.70
16	20.46	23.54	26.30	29.63	32.00	39.29
17	21.62	24.77	27.59	31.00	33.41	40.75
18	22.76	25.99	28.87	32.35	34.80	42.31
19	23.90	27.20	30.14	33.69	36.19	43.82
20	25.04	28.41	31.41	35.02	37.57	45.32
21	26.17	29.62	32.67	36.34	38.93	46.80
22	27.30	30.81	33.92	37.66	40.29	48.27
23	28.42	32.01	35.17	38.97	41.64	49.73
24	29.55	33.20	36.42	40.27	42.98	51.18
25	30.68	34.38	37.65	41.57	44.31	52.62
26	31.80	35.56	38.88	45.86	56.64	54.05
27	32.91	36.74	40.11	44.14	46.94	55.48
28	34.03	37.92	41.34	45.42	48.28	56.89
29	35.14	39.09	42.69	46.69	49.69	58.30
30	36.25	40.26	43.77	47.96	50.89	59.70
32	38.47	42.59	46.19	50.49	53.49	62.49
34	40.68	44.90	48.60	53.00	56.06	65.25
36	42.88	47.21	51.00	55.49	58.62	67.99
38	45.08	49.51	53.38	57.97	61.16	70.70
40	47.27	51.81	55.76	60.44	63.69	73.40
44	51.64	56.37	60.48	65.34	68.71	78.75
48	55.99	60.91	65.17	70.20	73.68	84.04
52	60.33	65.42	69.83	75.02	78.62	89.27
56	64.66	69.92	74.47	79.82	83.51	94.46
60	68.97	74.40	79.08	84.58	88.38	99.61

출처: R. A. Fisher and F. Yates, *Statistical Tables for Biological, Agricultural, and Medical Research*, published by Longman Group, Ltd., London (previously published by Oliver and Boyd, Ltd., Edinburgh) and by permission of the authors and publishers.

곱값과 p-값은 더 높아지게 될 것임을 유념하라. 또한 연속성 조정이 2 × 2 교차표에서만 계산되는 것임을 상기시켜 주는 표의 각주 a를 주목하라.

피셔의 엄밀성 검정(Fisher's exact test)은 2 × 2 교차표의 어느 한 셀이라도 그 기대값이 5 미만일 때 사용된다. 만약 이러한 상황이 발생한다면, SPSS는 우리의 기대빈도가 너무 낮아서 피어슨 카이제곱을 사용할 수 없다는 경고를 하게 될 것이다. 표 16.2의 SPSS 결과에 나온 각주 b는 그 어떤 셀도 기대빈도가 5 미만인 것이 없으므로 우리가 첫째 행에 나타난 피어슨 카이제곱 결과를 사용할 수 있음을 말해준다.

첫째 행의 피어슨 카이제곱 결과에서 가장 중요한 자료는 Asymp. Sig.(2-Sided)라고 되어 있는 열에 제시된 0.048이라는 확률이다. 위에서 언급했듯이, 그것은 우리의 분석 결과가 표집오차에 의한 것일 확률이다. 우리가 (미리) 0.05 수준의 유의성을 선택했다고 가정한다면, 0.048은 0.05보다 작으므로 영가설을 기각할 수 있을 것이다. 표 16.2 역시 카이제곱값과 자유도를 제시해준다. 또한 각각의 값을 계산하는 방법은 "카이제곱을 계산하는 공식"이라는 제목의 글상자에 설명되어 있다. 카이제곱값을 직접 손으로 계산한다면, 어떤 표—표 16.3과 같은—에서 카이제곱값을 찾는 것이 필요하게 될 것인데, 그러한 표는 다양한 수준의 자유도, 그리고 단측 및 양측 검정에서의 유의 수준별로 임계영역에 도달하는 데 요구되는 카이제곱값은 무엇인지 보여준다.

우리가 표 16.3에서 3.92라는 카이제곱값(표 16.2에 나온)을 찾는다면, 그 값은 0.025 수준의 단측검정에서 통계적으로 유의미함을 발견하게 될 것이다. 그러나 분석 결과가 반대일 때에도, 즉 통상적인 치료를 받은 집단의 64%와 새로운 치료를 받은 집단의 36%가 퇴소허가를 획득하였다 해도 동일한 카이제곱값이 계산될 것이다. 우리가 (사전에) 새로운 치료를 받은 집단이 퇴소허가를 획득하는 데 있어서 더 높은 비율을 가질 것이라고 예측하는 단측검정을 선택했다면, 그러나 반대되는 결과를 얻는다. 즉, 3.92라는 카이제곱값은 통계적으로 유의미하지 않을 것인데, 이는 그 값이 이론적 표본분포 상의 반대편 가장자리(tail)에, 즉 통상적인 치료집단의 퇴소허가 비율이 새로운 치료를 받은 집단보다 더 높다는 것에 속해 있기 때문이다.

우리가 퇴소허가를 받았는지 여부를 볼 때에는 새로운 치료의 효과성을 입증하는 것과 같은 유의미한 차이가 나타나지만, 우리가 문제행동 발생건수를 볼 때에는 새로운 치료의 효과성을 입증할 만한 차이가 나타나지 않는 이유는 무엇일지 아마도 당신은 의아해 할지도 모른다. 사실, 새로운 치료를 받은 집단의 SBI 평균은 6으로 통상적인 치료를 받은 집단의 평균 5보다 조금 더 높다. 그러나 새로운 치료를 받은 집단의 중앙값이 통상적인 치료를 받은 집단의 중앙값보다 더 낮고, 이것은 몇 개의 극단치에 의해 새로운 치료를 받은 집단의 평균값이 부풀려졌음을 의미하는 것임을 기억하라. 제4장에 나타난 두 집단의 심각한 문제행동 빈도분포로 되돌아가 본다면, 가장 낮은 수준의 심각한 문제행동을 보이고 있는 청소년의 수가 새로운 치료를 받은 집단보다는 통상적인 치료를 받은 집단에서 더 많다는 것을 보게될 것이다. 결국 통상적인 치료를 받은 집단보다 심각한 문제행동의 평균이 더 낮지는 않음에도 불구하고, 이것은 새로운 치료를 받은 집단이 긍정적인 행동을 보여주어 퇴소허가를 받은 청소년이 더 많았음을 논증해주는 것이다. 우리는 이 문제를 나중에, 즉 이 장의 뒷부분에서 다른 하나의 비모수적 통계검정인 중앙값 검정을 살펴볼 때 다시금 다루게 될 것이다.

세 개 이상의 행이나 열이 있는 교차표

교차표는 행과 열이 각각 두 개인 표 16.1보다 더 많은 행과 열을 가질 수 있다. 예를 들어, 퇴소허가를 받았는지 여부의 측면에서 거주 치료 센터의 세 숙소를 비교하기 원한다면, 우리는 표 16.4와 같은 교차표를 구축하게 될 것이다.

표 16.4는 숙소 A와 B에 있는 대다수의 청소년들(64.7% 및 82.4%)이 퇴소허가를 받은 반면, 숙소 C에서는 16명의 청소년 중 단 한명도 퇴소허가를 받지 못했음을 보여준다. 결국, 우리는 이 표에서 두 변수 간의 관계를 볼 수 있는데, 숙소 C의 청소년들은 다른 두 숙소에 비해 퇴소허가를 받을 가능성이 더 적음을 보게 된다. 그러나 이렇게 명백한 관계가 표집오차에 의한 것일 확률은 어떻게 될까? 이 질문에 대답하기 위해서는 카이제곱 통계값을 계산할 필요가 있다. 이를 구하기 위해 SPSS를 사용하면 24.588이라는 카이제곱값과 0.001보다 낮은 p-값을 얻게 되는데($p < 0.001$), 이러한 p-값은 우리가 영가설을 기각할 수 있도록 해주며, 결국 표 16.4에 나타난 관계가 표집오차에 의한 것이라는 설명을 거부할 수 있도록 해준다. "카이제곱을 계산하는 공식"이라는 제목의 글상자는 각 셀의 기대값과 함께 카이제곱 통계값을 계산하는 방법을 보여준다.

앞에서 언급한 바와 같이, 교차표의 셀 가운데 어느 하나라도 그 기대값이 5보다 작다면 피어슨 카이제곱 공식 대신에 피셔의 엄밀성 검정을 사용할 필요가 있다. 그러나 2 × 2 교차표일 때에만 그 검정을 사용할 수 있다. 결과적으로, 세 개 이상의 행이나 열을 가진 교차표에서 어느 셀이든 그 기대값이 5보다 작은 경우가 있다면, 세 개 이상의 범주를 가지고 있는(즉, 두 개를 초과하는 행이나 열을 가지고 있는) 변수(들)의 범주를 합치는 것이 필요하다. 이렇게 함으로써 두 변수 모두 이항변수가 되어 그 교차표는 2 × 2 교차표로 축약된다. 그런 다음 두 개의 축약된 변수에 대한 SPSS 카이제곱 분석을 실행시킬 수 있다. 그 변수들을 2 × 2 교차표로 축소시킨 후에도 여전히 기대값이 5 미만인 셀을 갖게 된다면, 우리는 SPSS 분석 결과에서 피셔의 엄밀성 검정을 사용하게 될 것이다.

표 16.4 숙소 유형과 퇴소허가 여부에 따른 교차표

퇴소허가를 받았는가?		숙소 A	숙소 B	숙소 C	합계
예	빈도	11	14	0	25
	기대빈도	8.5	8.5	8.0	
	집단 내 비율(%)	64.7%	82.4%	0%	50%
아니오	빈도	6	3	16	25
	기대빈도	8.5	8.5	8.0	
	집단 내 비율(%)	35.3%	17.6%	100%	50%
합계	빈도	17	17	16	50
	집단 내 비율(%)	100%	100%	100%	100%

카이제곱을 계산하는 공식

카이제곱을 직접 계산하는 첫 번째 단계는 교차표의 모든 셀에 대하여 그 기대빈도를 구하는 것이다. 이는 각 셀에서 해당되는 열의 합계와 행의 합계를 곱한 다음, 이것을 전체 교차표의 총 사례수(N)로 나누어줌으로써 구할 수 있다. 다음 모형은 2 × 2 교차표에서 이것을 어떻게 계산하는지 보여주는데, 나중에 우리는 이 교차표를 더 많은 행과 열을 가진 것으로 확장시키게 될 것이다:

a	b	$a + b$
c	d	$c + d$
$a + c$	$b + d$	N

a, b, c, d라는 문자는 이 교차표의 관측값을 표시해준다. 맨 아래의 행과 가장 우측 열은 각각 행과 열의 합계를 포함하고 있는데, 이것은 또한 표의 가장자리라고 부르기도 한다. 결국, $a + c$는 a와 c를 포함하는 열의 합계를 나타내는 식이다. 우측 최하단의 셀은 N으로 표시된 총 합계이다. 우리의 총 사례수는 $a + b + c + d$와 같다.

a라는 관측값이 있는 셀의 기대빈도를 구하기 위해서는, $a + c$(열의 합계)와 $a + b$(행의 합계)를 곱해준 다음, 이것을 총 사례수인 N으로 나누어준다. b라는 관측값이 있는 셀의 기대빈도를 구하기 위해서는, $b + d$(열의 합계)와 $a + b$(행의 합계)를 곱해준 다음, 이것을 총 사례수인 N으로 나누어준다. c라는 관측값이 있는 셀의 기대빈도를 구하기 위해서는, $a + c$(열의 합계)와 $c + d$(행의 합계)를 곱해준 다음, 이것을 총 사례수인 N으로 나누어 준다. d라는 관측값이 있는 셀의 기대빈도를 구하기 위해서는, $b + d$(열의 합계)와 $c + d$(행의 합계)를 곱해준 다음, 이것을 총 사례수인 N으로 나누어준다. 따라서 각각의 기대빈도를 구하는 공식은

$$(\text{열의 합계}) \times (\text{행의 합계})/N$$

이다. 관측값 a가 있는 셀을 예로 들면, 이 공식은

$$(a + c) \times (a + b)/N$$

이 된다.

이제 위의 공식을 표 16.1의 자료에 적용해보자. 이를 통해 어떻게 SPSS가 그 표의 각 셀에 대한 기대빈도로 12.5를 산출하는지 보게 될 것이다. a, b, c, d라는 문자가 각 셀의 관측값임을 기억하라. 이 단순화된 예에서, 모든 행과 열의 합계가 동일한 값(25)을 갖기 때문에 각 셀의 기대빈도가 12.5로 모두 동일하다는 것을 알 수 있다. 대부분의 실제 연구에서, 행의 합계와 열의 합계는 변화하며, 따라서 각 셀의 기대빈도 역시 상이하다.

관측빈도: $a = 16$ 기대빈도: 25×25/50=12.5	관측빈도: $b = 9$ 기대빈도: 25×25/50=12.5	$a + b = 25$
관측빈도: $c = 9$ 기대빈도: 25×25/50=12.5	관측빈도: $d = 6$ 기대빈도: 25×25/50=12.5	$c + d = 25$
$a + c = 25$	$b + d = 25$	$N = 50$

각 셀의 기대빈도를 계산하고 나면 카이제곱 공식을 관측빈도와 기대빈도에 적용할 준비가 된 것이다. 그 공식(연속성을 갖게 하기 위한 조정을 하지 않은)은 다음과 같다:

카이제곱을 계산하는 공식(계속)

$$\chi^2 = \Sigma\frac{(F_o - F_e)^2}{F_e}$$

이 카이제곱 공식에서 χ^2은 계산된 카이제곱값을 나타낸다. 그리스 문자 시그마(Σ)는 이 등식에서 얻는 모든 값을 합해야 한다는 것을 의미한다. 관측빈도는 F_o로 기호화되어 있다. 기대빈도는 F_e라는 기호로 나타나 있다. 결국 이 공식은 교차표의 모든 셀에 대하여 관측빈도에서 기대빈도를 빼고 그 차이를 제곱한 후, 이것을 기대빈도의 제곱으로 나누어 준다는 것을 의미한다. 시그마는 마지막 단계가 각 셀의 결과를 합해주는 것임을 의미한다.

이 카이제곱 공식을 위의 표의 관측 및 기대 빈도에 적용해보면, 다음과 같은 결과를 얻는다:

a 셀의 경우:
16 − 12.5 = 3.5
$(3.5)^2 = 12.25$
12.25/12.5 = 0.98

b 셀의 경우:
9 − 12.5 = −3.5
$(3.5)^2 = 12.25$
12.25/12.5 = 0.98

c 셀의 경우:
9 − 12.5 = −3.5
$(3.5)^2 = 12.25$
12.25/12.5 = 0.98

d 셀의 경우:
16−12.5 = −3.5
$(3.5)^2 = 12.25$
12.25/12.5 = 0.98

모든 셀의 결과를 합하면, $\chi^2 = 0.98 + 0.98 + 0.98 + 0.98 = 3.92$이다.

지금까지 우리는 3.92라는 카이제곱값을 계산했지만, 그 값이 통계적으로 유의미한지는 아직 모른다. 이것을 알기 위해서는 표 16.3을 참고해야 한다. 그러나 표 16.3은 또한 자유도(*df*)를 묻고 있다. 카이제곱에서 자유도는 교차표의 행의 개수에서 1을 뺀 것과 열의 개수에서 1의 뺀 것을 곱한 것과 항상 같다. 여기서 행과 열이란 관측빈도와 기대빈도를 포함하고 있는 셀만을 나타낸다. $a + b, b + d$ 등을 포함하는 열과 행의 합계(가장자리)를 지칭하는 것은 아니다. 자유도를 계산하는 공식은 *df* = (행의 개수 − 1)(열의 개수 − 1)이다. 따라서 위의 2 × 2 교차표에 대한 자유도는 *df* = (2 − 1)(2 − 1) = 1이다.

이제 카이제곱값과 자유도를 알면 표 16.3을 볼 수 있다. 자유도가 1이고 양측검정으로 0.05 수준의 유의성을 갖기 위해서는 카이제곱값이 최소한 3.84가 필요함을 볼 수 있다. 카이제곱값이 3.92로 3.84보다 더 크기 때문에, 우리의 분석 결과는 0.05 수준에서 통계적으로 유의미하다. 표 16.3에서 단측검정을 사용한다면, 우리의 분석 결과는 0.025 수준에서 유의미함을 또한 볼 수 있다. 표 16.2의 SPSS 분석 결과로 다시 돌아가면, SPSS는 우리에게 0.048이라는 정확한 *p*-값을 주고 있음을 볼 수 있다. SPSS는 정확한 *p*-값과 카이제곱값을 계산해줄 수 있어서 카이제곱값이 표에 제시된 임계값보다 큰지 혹은 작은지를 단지 보여주는 데 국한되지 않는다.

연속성 교정으로 카이제곱 계산하기

2 × 2 교차표에서 어느 한 셀이라도 그 기대빈도가 10보다 작다면, 위에서 논의한 카이제곱 공식은 부풀려진 카이제곱을 산출한다. 이것이 우리 자료에서도 그러하다면, 우리는 카이제곱 공식을 연속성 교정을 활용하여 수정할 필요가 있는데, 이것은 관측값과 기대값의 절대적 차이(그 어떠한 마이너스 부호도 무시하는 것)를 0.5만큼 감소시키는 것을 포함한다. 그 공식은 다음과 같다:

$$\chi^2 = \Sigma\frac{(|F_o - F_e| - 0.5)^2}{F_e}$$

이 공식에서 $F_o - F_e$의 앞과 뒤에 있는 수직선은

카이제곱을 계산하는 공식(계속)

우리가 마이너스 부호를 무시하고, 단지 관측값과 기대값의 절대적 차이에서 0.5를 빼야 함을 의미하는 것이다. 이 연속성 교정을 표 16.1의 자료에 적용하면, 네 개의 셀 각각에서 (절대값으로) 3.5의 차이로부터 0.5씩을 단순히 빼주면 된다. 결국, 3.5를 네 번 제곱한 다음 그 제곱한 값을 모두 더하는 대신, 우리는 각각 3.5에서 0.5를 뺀 값, 즉 3을 제곱해서, 매번 12.25 대신 네 개의 9를 얻게 된다. 네 개의 9는 각각 기대값인 12.5로 나누어지며, 0.98 곱하기 4가 아니라 0.72 곱하기 4를 산출한다. 네 개의 0.72를 합하면 2.88이 되며, 이것은 연속성 조정을 거친 카이제곱값으로 표 16.2의 두 번째 행에 제시된 것과 같다. 그러나 우리의 자료에서 그 어떠한 셀도 기대값이 10보다 작은 경우는 없으므로, 우리는 연속성 조정을 거친 결과를 사용하지 않으며, 그 대신 연속성 조정을 거치지 않은 피어슨 카이제곱 결과를 사용하게 된다.

세 개 이상의 행과 열이 있는 경우 카이제곱 계산하기

지금까지 우리는 가장 간단한 형태의 교차표—단지 두 개의 행과 열만을 가진 교차표—를 가지고 카이제곱을 계산하는 것을 보여주었다. 우리가 더 많은 행 그리고(또는) 열을 가지고 있다 해도 카이제곱 공식이 변하지는 않는다. 다른 점이 있다면 그것은 더 많은 셀의 기대빈도를 계산한다는 것이다. 아래의 2 × 3 교차표는 기대빈도를 어떻게 계산하는지 보여주는데, 2 × 2 교차표에서 했던 것과 동일한 규칙을 따르고 있다. 이 2 × 3 교차표의 수치들은 표 16.4에 나온 자료에 근거하고 있다. 그 값들을 카이제곱 공식에 집어넣게 되면, 다음과 같은 과정을 통해 24.588이라는 카이제곱값을 얻게 된다:

$$\chi^2 = \frac{(11-8.5)^2}{8.5} + \frac{(14-8.5)^2}{8.5} + \frac{(0-8.0)^2}{8.0} + \frac{(6-8.5)^2}{8.5} + \frac{(3-8.5)^2}{8.5} + \frac{(16-8.0)^2}{8.5}$$

$$= \frac{6.25}{8.5} + \frac{30.25}{8.5} + \frac{64}{8.0} + \frac{6.25}{8.5} + \frac{30.25}{8.5} + \frac{64}{8.0}$$

$$= 0.735 + 3.559 + 8 + 0.735 + 3.559 + 8$$

$$= 24.588$$

두 개의 행과 세 개의 열을 가진 교차표에서, 우리는 (2 − 1)(3 − 1) = 2라는 자유도를 갖게 된다. 표 16.3을 보면, 자유도가 2일 때 임계영역에 도달하기 위해서는 5.99라는 카이제곱값을 필요로 한다. 따라서 우리의 카이제곱값 24.588은 통계적으로 유의미하다.

관측빈도: $a = 11$ 기대빈도: 17 × 25/50 = 8.5	관측빈도: $b = 14$ 기대빈도: 17 × 25/50 = 8.5	관측빈도: $c = 0$ 기대빈도: 16 × 25/50 = 8.0	$a + b + c = 25$
관측빈도: $d = 6$ 기대빈도: 17 × 25/50 = 8.5	관측빈도: $e = 3$ 기대빈도: 17 × 25/50 = 8.5	관측빈도: $f = 16$ 기대빈도: 16 × 25/50 = 8.5	$d + e + f = 25$
$a + d = 17$	$b + e = 17$	$c + f = 16$	$N = 50$

적합도 검정

지금까지 우리는 두 명목변수 간의 관계에 카이제곱을 적용시켜 왔다. 카이제곱은 하나의 변수에 대해서도 적용될 수 있는데, 이는 그 명목변수의 범주에 대한 기대빈도를 미리 알 수 있을 때 가능하다. 그리고는 우리가 미리 예측한 빈도와 실제 관측된 빈도 간의 적합도(goodness-of-fit)를 검정한다. **적합도 검정**의 일반적 용례는 표본에서의 비율을 이미 알려진 더 폭넓은 모집단의 비율과 비교하는 것이다.

예컨대, 우리의 가설적 평가 연구에서, 우리는 시설 치료 센터에 대한 전국 데이터가 있으며, 그 자료에 의하면 퇴소허가를 받는 비율이 30%이고 그렇지 못한 비율이 70%임을 알고 있다고 가정해 보자. 이러한 비율은 우리가 15를 "예"라는 셀의 기대빈도(우리의 50개 사례의 30%)로 놓고 35를 "아니오"라는 셀의 기대빈도(우리의 50개 사례의 70%)로 사용할 수 있음을 말해준다. 우리가 가진 50 사례 중 절반이 퇴소허가를 받았기 때문에, 예와 아니오 셀 모두에서 실제 관측된 빈도는 각각 25이다. 이를 카이제곱 공식에 적용하면, 관측값에서 기대값을 뺀 후의 절대값으로 두 셀 모두에서 각각 10을 얻는다. 그런 다음 각각의 10을 제곱하고(제곱하면 100이 됨), 이 제곱한 값을 각 셀의 예측치로 나누어주면 100/15 = 6.667과 100/35 = 2.857을 얻는다. 6.667과 2.857을 합하면 카이제곱값으로 9.524를 갖게 된다. 우리의 자유도는 셀의 개수에서 1을 뺀 것으로 2 − 1 = 1이다. 표 16.3의 분석 결과를 살펴보면, 양측검정으로 0.01 수준에서 유의미함을 발견할 수 있다. 결국 우리는 우리 표본의 비율과 모집단 비율 간의 차이가 표집오차에 의한 것이라는 영가설을 기각할 수 있다.

표 16.5 가설적 표본에서 나타난 퇴소허가 획득 비율과 모집단에서의 가설적 비율을 비교하기 위해 SPSS를 이용한 적합도 검정 결과

퇴소허가를 받았는가?			
	관측빈도	기대빈도	잔차
예	25	15	10.0
아니오	25	35	−10.0
합계	50		

검정통계값	
	퇴소허가를 받았는가?
카이제곱[a]	9.524
df	1
점근유의성	0.002

[a] 0개의 셀(0.0%)이 5 미만의 기대빈도를 가짐. 최소 기대빈도는 15.0이다.

중앙값 검정

카이제곱 공식은 중앙값 검정이라 불리는 또 하나의 비모수적 통계적 유의성 검정에도 사용될 수 있다. 우리가 명목 수준의 이항 독립변수(즉, 오직 두 개의 범주 혹은 집단을 포함)와 심각하게 편포된 순위, 등간 혹은 비율 수준 종속변수를 가지고 있을 때 **중앙값 검정**을 사용한다. 우리의 가설적 평가 연구에서, 새로운 치료집단과 통상적 치료집단 간의 문제행동 평균의 차이가 통계적으로 유의미한지를 보기 위해 *t*-검정을 수행했을 때가 바로 이러한 경우임을 기억하라. 우리는 그 차이가 통계적으로 유의미하지 않았음을 발견하였다. 그러나 *t*-검정은 관심을 갖는 변수가 모집단에서 정상적으로 분포되어 있음을 가정하고 있다. 새로운 치료집단에 속해 있던 25명의 청소년들에 있어서 문제행동이 심각하게 정적으로 편포되어 있었음에 비추어본다면, 그러한 가정은 성립될 수 없다. 그 집단의 중앙값이 다른 집단의 중앙값보다 더

낮았으며, 또 그 평균은 소수의 극단치에 의해 이끌어진 것임을 기억하라. 중앙값 검정은 정상분포를 가정하지 않기 때문에, 그리고 평균보다는 중앙값에 초점을 맞추기 때문에, 우리의 두 가설적인 치료집단의 문제행동 발생건수를 비교할 때 더 적합한 통계적 검정이 될 것이다. 이제 *t*-검정을 대신해서 중앙값 검정을 사용할 때 발견할 수 있는 것은 무엇인지 살펴보기로 하자.

중앙값 검정을 사용하기 위해서는, 먼저 전체 표본에 대한 중앙값을 계산한다. 우리의 가설적 평가 연구에서, 전체 표본수는 50 사례이다(각 집단에 25개씩으로 전체 *N*은 50이다). 50 사례로 이루어진 우리 표본에 대한 전체 중앙값은 4.61이다. 다음으로, 각 집단에서 등간 혹은 비율 자료를 두 개의(이항) 범주로 나눈다: (1) 중앙값을 상회하는 점수들과 (2) 중앙값에 미달하는 사례들. 여기서 하나의 범주가 다른 하나보다 더 높은 것을 알기 때문에, 이제 우리는 순위 자료를 갖게 됨을 유념하라. 그럼에도 불구하고, 우리는 카이제곱 공식을 활용하여 여전히 이 두 범주를 분석할 수 있다.

그러면, 왜 우리는 이 과정을 **재범주화된 변수에 대한 카이제곱**이라고 부르지 않을까? 또 하나의 통계적 검정을 기억해야 하는 것을 대신할 수 있는데 말이다. 본 저자가 추측할 수 있는 유일하게 좋은 대답은 바로 우리가 SPSS를 사용한다면 그러한 축소의 과정을 할 필요가 없다는 것이다. SPSS에 중앙값 검정을 수행하라고 요청하기만 하면, SPSS는 이러한 범주의 축소를 실행할 것이다. 우리가 해야 할 것은 독립변수와 종속변수를 지정해주는 것 뿐이다.

중앙값 검정을 수행하기 위해 우리가 SPSS를 사용한다면, SPSS는 4.61인 중앙값을 5.0으로 반올림한 다음, 문제행동 발생 변수의 값이 5.0인 사례를 중앙값 아래에 있는, 즉 5.0 SBI보다 작은 사례들과 같은 범주로 묶어버린다. 결국, SPSS에서 독립변수의 두 범주는 (1) 중앙값 초과와 (2) 중앙값 이하로 구분된다. 이것은 문제의 소지가 있는데, 우리의 가설적 표본에서는 SBI 변수값이 5인 경우가 9 사례나 되기 때문이다. 이 9개의 사례는 우리의 표본 50 사례의 45%를 형성한다. 중앙값에 정확히 떨어지는 사례의 수가 상대적으로 클 때에는 그 사례들을 중앙값 검정에서 제외하는 것이 최선이다. (만약 당신이 SPSS를 사용한다면 그러한 사례를 제외하는 방법이 있는데, 맨 위의 메뉴에서 DATA를 클릭하고 다시 SELECT CASES를 클릭한다. 그런 다음 "If condition is satisfied" 옆의 버튼을 클릭하고, 그런 후 IF 버튼을 클릭한다. 그 다음 해당되는 변수를 검정 상자로 옮기고, not equal(~ =) 기호를 클릭한 후 중앙값을 입력한다.)

SPSS는 중앙값 4.61을 사사오입하여 5로 만들고 SBI 변수값이 5.0인 9 사례를 중앙값 아래에 있는 집단으로 묶어버리기 때문에, 위에서 논의했듯이 중앙값 검정을 수행하기 위해서는 카이제곱을 사용하는 것이 더 낫다. 즉, 각 집단의 비율 자료를 두 개의 이항 범주, 곧 (1) 4.61 중앙값을 초과하는 사례와 (2) 4.61이라는 중앙값에 미치지 못하는 사례로 나누어 카이제곱을 하는 것이다.

표 16.6은 우리의 중앙값 검정 결과로 구성된 교차표를 보여준다. 표에서는 새로운 치료를 받은 청소년의 64%가 중앙값보다 더 적은 SBI를 가지고 있는데, 이것은 통상적인 치료를 받은 청소년의 비율이 32%에 불과한 것과 비교된다. 결국, 새로운 치료를 받은 집단이 통상적인 치료를 받은 집단에 비해 중앙값보다 낮은 문제행동 발생건수를 보이는 비율이 두 배 더 높았다. 마찬가지로, 통상적인 치료집단보다 새로운 치료를 받은 집단에서 중앙값을 초과하는 청소년의 비율이 훨씬 더 낮았다.

표 16.6의 수치들을 카이제곱 공식에 넣어보면, 카이제곱값으로 5.128을 얻게 된다. 표 16.3을 살

펴보면, 자유도가 1이고(2 × 2 교차표이므로) 카이제곱값은 0.05 수준에서 통계적으로 유의미하다. 카이제곱을 수행하기 위해 SPSS를 사용한다면, 표 16.7에 나타나 있듯이 정확한 p-값은 0.024임을 알게 될 것이다. 0.024가 0.05보다 작으므로, 우리는 두 치료집단 간의 차이를 설명하는 요인으로서 표집오차를 배제하고 영가설을 기각한다.

결국, 중앙값 검정의 결과는 동일한 두 변수(치료집단의 유형과 심각한 문제행동 발생건수)에 대하여 t-검정과는 전혀 다른 결과를 보여주고 있다. 우리의 t-검정 결과는 새로운 치료집단과 통상적 치료집단 간의 심각한 문제행동 평균의 차이가 통계적으로 유의미하지 않았음을 발견하였다. 반면에, 중앙값 검정 결과는 우리가 비율 수준의 심각한 문제행동 자료를 두 개의 순위적 범주로 축약했을 때 새로운 치료집단의 성과가 통상적인 치료집단의 성과보다 유의미하게 더 좋다는 것을 발견하였다. 우리가 다른 결과를 얻게 된 이유는, 위에서 언급했듯이, t-검정은 심각한 문제행동이 모집단에서 정상분포를 보이고 있음을 가정하고 있다는 것이다. 25명의 새로운 치료집단 청소년에 대한 심각한 문제행동 분포가 정적으로 심하게 편포되어 있기 때문에, 새로운 치료집단의 평균 6이 통상적 치료집단의 평균 5보다 약간 더 높았음에도 불구하고, 새로운 치료집단은 통상적인 치료집단보다 전체적인 중앙값(4.61)에 미치지 못하는 청소년의 비율이 유의미하게 높았다.

t-검정과 중앙값 검정 결과의 차이는 모수적 통

표 16.6 치료 유형과 심각한 문제행동에 대한 중앙값 검정

문제행동 발생건수가 중앙값 4.61보다 높거나 낮은가?		치료 유형		합계
		새로운 치료	통상적 치료	
중앙값보다 높음	빈도	9	17	26
	기대빈도	13.0	13.0	
	집단 내 비율(%)	36.0%	68.0%	52%
중앙값보다 낮음	빈도	16	8	24
	기대빈도	12.0	12.0	
	집단 내 비율(%)	64.0%	32.0%	48%
합계	빈도	25	25	50
	집단 내 비율(%)	100%	100%	100%

표 16.7 표 16.6의 자료를 활용한 SPSS 중앙값 검정 결과

	값	*df*	점근유의성(양측)	엄밀유의성(양측)	엄밀유의성(단측)
피어슨 카이제곱	5.128[b]	1	0.024		
연속성 조정[a]	3.926	1	0.048		
피셔의 엄밀성 검정				0.046	0.023
유효 사례수	50				

[a] 2 × 2 교차표에서만 계산됨

[b] 0개의 셀(0.0%)이 5 미만의 기대빈도를 가짐. 최소 기대빈도는 12.00이다.

계와 비모수적 통계 사이에서 올바른 선택을 해야 하는 것이 얼마나 중요한 것인지를 보여준다. 모수적 검정의 과정이 위배될 때—이 경우에는 정상분포의 가정—비모수적 검정이 더 적절할 수 있으며, 모수적 검정이 제공하는 결과와 매우 상이한 결과를 낳을 수도 있음을 보여준다.

t-검정과 중앙값 검정 간의 상반된 결과라는 측면에 비추어, 이제 우리의 연구결과에서는 어떤 치료방법이 더 효과적인 것인지에 관한 질문으로 되돌아가 보자. 포괄적이고 균형잡힌 연구보고서는 *t*-검정과 중앙값 검정 결과 모두를 수행하고 왜 모수적 검정과 비모수적 검정 결과에 차이가 있는지를 논의할 것이다. 이러한 보고서는 중앙값 검정 결과처럼 새로운 치료방법이 더 많은 청소년들에게 더 효과적인 것으로 나타났음을 지적할 수도 있겠으나, 아마도 소규모의 청소년 집단에는 덜 효과적일 것이라 보고할 것인데, 그러한 청소년들은 극단적으로 높은 심각한 문제행동 값을 가지고 있으며, 바로 이러한 청소년들이 새로운 치료집단의 평균이 통상적 치료집단의 평균보다 조금 더 높게 나오도록 하는 요인이었다.

우리가 서비스를 평가할 때 이처럼 비일관적인 결과를 얻게 되는 경우가 아주 일반적이지 못한 것은 아니다. 바로 이것이 연구결과를 보고하는 학술논문이 논의라고 하는 섹션을 갖는 이유의 하나일 것이다. 논의 섹션은 연구방법의 문제와 통계학적 개념에 대한 이해를 근거로, 평가자들이 그 결과를 상이하게 해석하는 몇 가지 합리적인 경우들을 제공하도록 해준다. 많은 논의 섹션들은 어떤 해석이 가장 견실한 것인지를 판별하는 방법으로 보고된 연구를 반복하는 것을 추천하기도 한다.

맥느마 검정

또 하나의 카이제곱 변형 형태는 **맥느마 검정**(McNemar's test)이라 불리는 것으로, 하나의 집단 안에서 명목변수에 대한 사전-사후의 변화를 비교할 때 적용된다. 예컨대, 어떤 개입이 구타를 당한 배우자가 그 학대자와 함께 사는지 아니면 떨어져 지내는지 그 상태의 변화를 보고자 할 때 이 검정이 사용된다. 마찬가지로, 하나의 개입이 시설 치료 센터에서의 어떤 특별한 혜택을 받을 자격조건을 변화시키는지("예" 또는 "아니오"의 범주로) 보기 위해 이 검정을 사용할 수도 있다.

두 번째 예를 살펴보기 위해, 표 16.8에 나타난 것과 같은 분석 결과를 얻었다고 가정해보자. 이 표는 개입이 있기 전에는 52명의 클라이언트가 적격성을 가졌고 52명은 그러지 못했는데, 개입 후에는 원래 비적격이었던 52명의 클라이언트 가운데 42명이 적격성을 갖추게 되었다(반면에, 원래 적격성을 갖추었던 52명 중에서는 단 한 명만을 제외한 나머지 모두는 계속 적격성을 유지하였다). 맥느마 검정 공식은 교차표에 있는 두 개의 대각선 쌍 가운데 하나를 사용한다—예를 들면, 비적격에서 적격으로 이동한 42명을 적격에서 비적격으로 이동한 1명과 비교하는 것이다. 우리는 네 개의 셀을 다음과 같이 알파벳 문자로 표시할 수 있으며:

A	*B*
C	*D*

그 공식은 다음과 같이 나타낼 수 있다:

$$\chi^2 = \frac{(|A - D| - 1)^2}{A + D}$$

이 공식을 사용하여, 우리는 *A*와 *D* 차이의 절대값에서 1을 빼주고 그 차이를 제곱한 다음, *A*와 *D*의 합으로 나누어준다. (우리가 절대값을 사용할 때 마이너스 부호를 무시한다는 것을 기억하라.) 표 16.8에서 A와 D에 해당하는 숫자를 공식에 집어 넣으면,

$$\chi^2 = \frac{(|1-42|-1)^2}{1+42} = \frac{40^2}{43} = \frac{1,600}{43} = 37.21$$

을 얻는다. 표 16.3에서 자유도가 1이고 카이제곱 값이 37.21에 해당하는 것을 찾으면, 우리는 적격성의 비율 변화가 우연에 의한 것일 확률이 0.001보다 적으며, 따라서 통계적으로 유의미한 결과임을 발견하게 된다.

이 장은 카이제곱 검정과 몇 가지 그 변형 형태를 논의하였다. 표 16.9는 각각의 검정방법과 그것을 사용하는 조건들을 요약하고 있다.

표 16.8 개입 전후 특별 혜택의 자격조건을 갖춘 입소자의 수

		개입 후 자격을 갖춤	
		아니오	예
개입 전 자격을 갖춤	예	1	51
	아니오	10	42

표 16.9 카이제곱 검정의 다양한 유형과 사용조건

검정의 종류	사용조건
피어슨 카이제곱	두 개의 명목변수. 2 × 2 교차표의 모든 셀이 그 기대빈도가 10 이상이거나, 두 개 이상의 행이나 열을 갖는 교차표의 경우 모든 셀의 기대빈도가 5 이상
연속성 조정	2 × 2 교차표에서 10 미만의 기대빈도를 갖는 셀이 하나 이상
피셔의 엄밀성 검정	2 × 2 교차표에서 5 미만의 기대빈도를 갖는 셀이 하나 이상
중앙값 검정	두 개의 범주를 갖는 독립변수와 심각히 편포된 순위, 등간, 혹은 비율 수준 종속변수
맥느마 검정	하나의 집단 안에서 명목변수에 대한 사전-사후의 변화를 비교

주요 내용

- 통계적 유의성의 모수적 검정은 검정에 사용되는 변수 중 최소 하나 이상이 등간 혹은 비율 측정이라는 것과 그러한 변수들이 검정하는 모수의 분포가 모집단에서 정규분포를 이루고, 또 비교되는 집단은 서로 독립적이고 무작위적으로 배정되고 선정되었음을 가정하고 있다.
- 비모수적 검정은 모수적 검정과 동일한 가정을 요구하지는 않는다. 비모수적 검정을 사용하는 가장 일반적인 이유는 변수가 등간 혹은 비율 측정이 아닐 때이다. 어떤 비모수적 검정은 검정에 사용되는 변수들이 모두 명목 수준의 측정일 때에만 적용되는 경우도 있다. 또 다른 비모수적 검정은 순위 수준의 측정일 때 사용된다. 또 다른 경우에는 하나 이상의 변수가 등간 혹은 비율 측정이지만 그 연구변수가 모집단에서 정규분포를 이룬다는 가정을 충족시킬 수 없을 때에 사용된다.
- 가장 흔하게 사용되는 비모수적 검정인 카이제곱은 교차표에 나타난 명목 수준 변수들 간의 관계를 설명하는 것이 표집오차에 의한 것일 확률을 측정한다.
- 교차표는 두 개 이상의 명목 수준 변수들이 관련이 있는지 그리고 어떠한 관계가 있는지를 보여준다. 이것은 한 변수의 범주들에 대한 빈도나 비율을 다른 변수(들)의 빈도나 비율과 교차시켜 보여주는 것이다.
- 연속성을 갖게 하기 위한 조정은 열과 행이 각각 둘 뿐인 교차표(즉 2 × 2 교차표)에서 어느 한 셀이라도 그 기대빈도가 10보다 작을 때 사용된다.
- 피셔의 엄밀성 검정(Fisher's exact test)은 2 × 2 교차표의 어느 한 셀이라도 그 기대값이 5 미만일 때 사용된다.
- 카이제곱 공식은 교차표의 모든 셀에 대하여, 관측빈도에서 기대빈도를 빼고, 그 차이를 제곱한 후, 이것을 기대빈도의 제곱으로 나누어 준다는 것을 의미한다. 마지막 단계는 각 셀의 결과를 합하는 것이다.
- 카이제곱은 하나의 변수에 대해서도 적용될 수 있는데, 이는 그 명목변수의 범주에 대한 기대빈도를 미리 알 수 있을 때 가능하다. 그리고는 우리가 미리 예측한 빈도와 실제 관측된 빈도 간의 적합도(goodness-of-fit)를 검정한다. 적합도 검정의 일반적 용례는 표본에서의 비율을 이미 알려진 더 폭넓은 모집단의 비율과 비교하는 것이다.
- 카이제곱 공식은 중앙값 검정이라 불리는 또 하나의 비모수적 통계적 유의성 검정에도 사용될 수 있다. 우리가 명목 수준의 이항 독립변수와 심각하게 편포된 순위, 등간, 혹은 비율 수준 종속변수를 가지고 있을 때 중앙값 검정을 사용한다.
- 중앙값 검정을 사용하기 위해서는, 먼저 전체 표본에 대한 중앙값을 계산한다. 다음으로, 각 집단에서 등간 혹은 비율 자료를 두 개의(이항) 범주로 나눈다: (1) 중앙값을 상회하는 점수들과 (2) 중앙값에 미달하는 사례. 그런 다음 카이제곱 공식을 활용하여 두 범주를 분석한다.
- 또 하나의 카이제곱 변형 형태는 맥느마 검정이라 불리는 것으로, 하나의 집단 안에서 명목변수에 대한 사전-사후의 변화를 비교할 때 적용된다.

연습문제

1. 약물남용 청소년의 부모들이 자녀의 치료에 참여하도록 동기화하는 아웃리치 개입을 평가하는데, 개입을 제공받은 50명의 부모 중 30명이 자녀의 치료 과정에 참여하였고 20명은 그렇지 않았다. 동기화 개입을 제공받지 않은 50명의 부모 중에서, 20명은 참여하였고 30명은 그렇지 않았다. 이러한 결과를 보여주는 교차표를 만들어라. 독립변수의 범주에 따라 비율을 만드는 것에 유념하라.
2. 교차표의 수치만으로 보았을 때, 동기강화 개입을 제공받았는지 여부와 자녀의 치료 프로그램에 참여하는지 여부 간에 어떤 관련이 있어 보이는가?
3. 위의 결과에 대한 통계적 유의성을 평가함에 있어, 연속성을 갖게 하기 위한 조정이 사용되어야 하는가? 왜인가 혹은 왜 아닌가?
4. SPSS를 사용하여 문제 1의 두 변수에 대한 자료를 입력하든지, 아니면 카이제곱 공식을 직접 이용하든지, 위의 결과에 대한 카이제곱값을 구하라.
5. 위의 카이제곱 계산에 있어서 자유도는 얼마인가?
6. 표집오차가 위의 결과를 설명할 확률은 무엇이며, 그 결과는 통계적으로 유의미한가?
7. 위의 프로그램의 부모의 참석 비율이 그와 유사한 프로그램에서의 전국적인 부모의 참석률보다 더 높은지를 알고자 한다고 가정해보자. 카이제곱에 기반한 통계적 유의성 검정방법 중에서 어떤 것을 사용해야 하는가?
8. 교차표의 셀 가운데 하나라도 그 기대빈도가 5 미만이라면, 카이제곱에 기반한 유의성 검정방법 중에서 어떤 것을 사용해야 하는가?
9. 위 프로그램에 대한 평가가 부모의 참석 여부뿐만 아니라 얼마나 많은 치료 회기에 출석했는지도 평가한다고 가정해보자. 출석 회기수에 대한 자료가 심각하게 편포되어 있다(즉, 정상분포를 이루지 않고 있다)고 가정해보자. 동기화 개입을 제공받은 집단에서는 10 사례가 중앙값 이하였고, 10 사례는 중앙값을 가지고 있었으며, 30 사례는 중앙값보다 높았다. 동기화 개입을 제공받지 못한 집단에서는 30 사례가 중앙값 이하였고, 10 사례는 중앙값을 가지고 있었으며, 10 사례는 중앙값보다 높았다.
   a. 어떤 유의성 검정을 사용해야 하는가?
   b. 중앙값을 갖는 사례들은 분석에서 어떻게 해야 하는가?
   c. 적합한 공식을 사용하거나 SPSS를 활용하여 유의성 검정을 계산하고 이를 해석하라.
10. 다음의 논문을 다시 살펴보아라(원래 제12장에서 언급되었다). 이 논문의 표 1에 제시된 자료를 사용하여, 카이제곱을 직접 손으로 계산하고, 그 통계적 유의성을 결정하며, 또 저자와 동일한 결과에 이르게 되었는지 살펴보아라. 당신의 결과가 다르다면, 그 이유를 당신의 동료나 교수와 함께 토론하라.

    S. B. Shama, D. Elkins, A. van Sickle & C. S. Roberts. (1995). Effect of predischarge interventions on aftercare attendance: Process and outcome. *Health and Social Work*, *20*(1), 15-20.

제 17 장

상관관계

서론

제13장에서 언급했듯이, 상관관계라는 용어는 두 변수의 값들이 일관된 방향으로 함께 변하는 정도를 의미한다. 순위, 등간, 비율 수준으로 측정된 변수들이 동일한 방향으로 이동할 때 변수들은 **양의 상관관계**를 갖는다. 변수들이 반대 방향으로 이동할 때 변수들은 **음의 상관관계**를 갖는다(또는 **역상관관계**로 불린다). 양의 상관관계에서는 한 변수의 값이 증가할 때 다른 변수의 값도 증가한다. 따라서 만약 학대를 당한 경험이 많은 아동이 더 많은 외상 증상을 가지고 있다고 한다면, 학대 경험의 빈도와 외상 증상 간에는 양의 상관관계가, 학대 경험의 빈도와 자존감 수준 간에는 음의(역) 상관관계가 있다.

양 또는 음의 상관관계의 예들을 많이 생각해 볼 수 있을 것이다. 키와 몸무게, 학력과 소득, 공부시간과 시험 점수를 양의 상관관계의 예로 들 수 있다. 몸무게와 운동시간, 소득과 체포빈도, 인터넷게임 시간과 시험 점수는 음의 상관관계의 예이다.

제13장에서 얘기했듯이, 순위, 등간 또는 비율 수준의 두 변수가 상관관계를 가질 때, 한 변수가 상, 중 또는 하인지를 아는 것은 다른 변수가 상, 중 또는 하인지를 예측하는 데 도움이 된다. 즉, 두 변수가 **예견된 방향으로 함께 변하는**(공변) 것이다. 예를 들면, 당신이 20명의 청소년 클라이언트들을 담당하고 있다고 가정하자. 10명은 상대적으로 약물남용 정도가 심하고 결석 일수가 많고, 나머지 10명은 상대적으로 약물남용 수준이 낮고 결석일수도 많지 않다. 약물남용 정도가 매우 심한 청소년 1명이 당신에게 의뢰되었다면, 당신은 20명의 청소년에 관해 알고 있는 것에 기초하여 이 청소년이 학교에 자주 결석했을 것으로 예측할 것이다.

제13장에서 상관계수는 변수들 간 관계의 강도를 나타낸다고 하였다. 상관계수의 범위는 양의 상관관계일 경우 0부터 +1.0까지이고, 음의(역) 상관관계일 경우 0부터 −1.0까지이다. 상관계수가 +1.0 또는 −1.0에 가까울수록 예외적인 관계들이 적고, 0에 가까울수록 예외적인 관계들이 많다.

이상의 기초적인 내용을 토대로, 이 장에서는 상관관계를 보다 깊이 다룰 것인데 상관계수를 계산하는 방법과 상관계수에 대한 통계적 유의성 검정을 포함하고 있다. 변수들 간의 상관관계를 그래프로 표시하는 것부터 시작하자.

산점도

순위, 등간 또는 비율 수준으로 측정된 두 개의 변수의 상관관계를 그림으로 표시한 것을 **산점도**(scatterplot)라고 한다. 산점도는 가로축(가로좌표)에 한 변수의 값(일반적으로 독립변수)을, 세로축(세로좌표)에 다른 변수의 값을 나타낸다. 5장에서 소개했던 그래프들에서는 세로축에 있는 각 값의 빈도를 가로축에 나타냈으나, 산점도에서는 각 사례를 점으로 표시하며 이 점은 두 변수에 대한 사례의 값을 의미한다. 따라서 독립변수의 값들이 동일한 사례들이 상이한 종속변수의 값들을 갖는다면, 가로축의 동일한 값 위에 있는 여러 점들이 세로축의 다른 수준들에 위치하게 된다. 상관관계가 어떻게 작동하는지를 보기 위해 몇 개의 산점도들을 검토해 보도록 하자.

그림 17.1의 산점도는 4명의 가설적 클라이언트들의 금주 일수와 근무 일수 사이에 +1.0의 완전 양의 상관관계를 보여주고 있다. 가로축의 각 값은 세로축에서 한 개의 값만을 갖는다는 점에 주목하라. 금주 일수가 증가할 때마다 근무 일수는 두 배 증가한다는 것에 주목하라. 또한 각 클라

4명의 가설적 클라이언트의 근무 일수와 금주 일수:

클라이언트	금주 일수	근무 일수
딕	4	8
해리	6	12
톰	10	20
월트	15	30

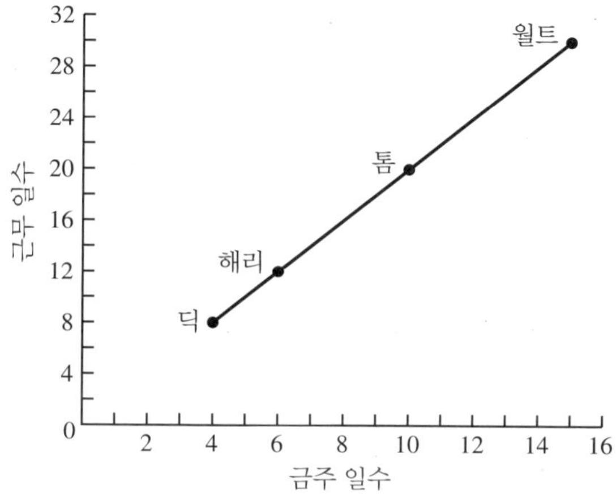

그림 17.1 금주 일수와 근무 일수 간의 완전 +1.0 상관을 보여주는 산점도

4명의 가설적 클라이언트의 근무 일수와 남용 일수:

클라이언트	남용 일수	근무 일수
딕	26	8
해리	24	12
톰	20	20
월트	15	30

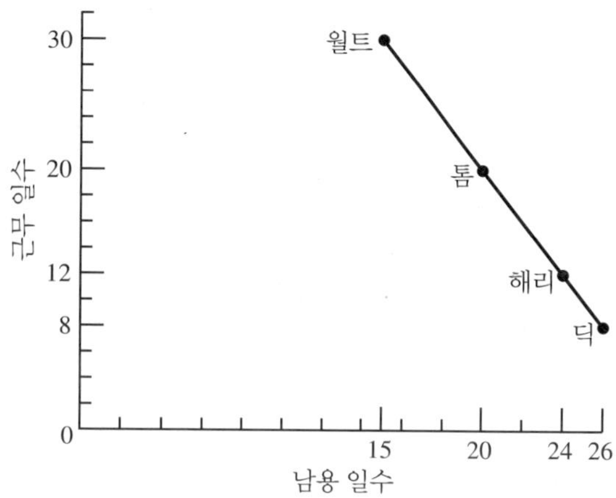

그림 17.2 남용 일수와 근무 일수 간의 완전 −1.0 상관을 보여주는 산점도

이언트의 근무 일수는 정확하게 금주 일수의 2배임에 주목하라. 어떤 예외도 없다. 금주 일수가 증가할 때마다 근무 일수는 금주 일수의 두 배씩 증가한다. 예외가 없기 때문에 한 변수의 값을 안다면 다른 변수의 값을 정확하게 알 수 있다. 만약 새로운 사례의 금주 일수가 20일이라면, 그림 17.1의 상관관계에 기초하여 근무 일수는 40일이라고 예측할 수 있다. 그러나 이 사례의 근무 일수가 다르다면, 두 변수 간의 상관관계는 더 이상 완전한 +1.0이 아니다.

완전 상관관계에 대한 예외가 없기 때문에 상관관계를 보여주는 그래프에 그어진 선은 모든 점들을 포함하는 직선이다. 이를 그림 17.2에서 다시 볼 수 있는데 그림은 −1.0의 완전 음의 상관관계를 보여준다. 그림 17.1의 선은 왼쪽 아래에서 오른쪽 위로 향하여 두 변수의 값들이 증가하고 있음을 보여주고 있으나, 그림 17.2의 선은 왼쪽 위에서 오른쪽 아래로 향하고 있어 가로축에 있는 값들이 증가하면서 세로축의 값들은 감소하는 것을 보여준다. 비록 그림 17.2의 선이 그림 17.1의 선과는 반대 방향으로 기울어졌지만, 여전히 이 선은 가로축에서 하루씩 증가할수록 세로축에서는 두 배씩 감소하는 완전 상관관계를 보여주고 있다.

이상의 산점도들과는 대조적으로 그림 17.3의 산점도는 영의 상관관계, 즉 치료 회기수와 금주 일수 사이에 어떤 상관관계도 없다는 것을 나타낸다. 가로축은 독립변수인 치료 회기수를 나타내는데 가로축의 각 값마다 3명의 사례들이 있다는 것에 주목하라. 또한 3명의 사례들은 세로축에 각기

9명의 가설적 클라이언트의 치료 회기수와 금주 일수:

클라이언트	치료 회기수	금주 일수
존	5	8
메리	5	12
피터	5	20
샐리	10	8
폴	10	12
앨리스	10	20
돈	15	8
캐롤	15	12
봅	15	20

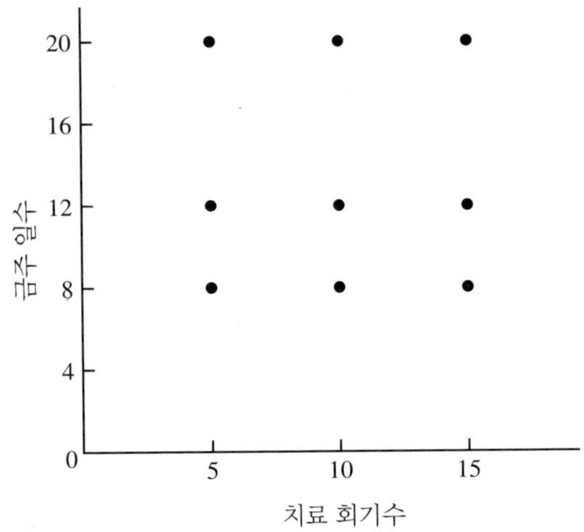

그림 17.3 치료 회기수와 금주 일수 간의 영의 상관을 보여주는 산점도

9명의 가설적 클라이언트의 치료 회기수와 금주 일수:

클라이언트	치료 회기수	금주 일수
존	5	10
메리	5	20
피터	5	30
샐리	10	20
폴	10	30
앨리스	10	40
돈	15	30
캐롤	15	40
봅	15	50

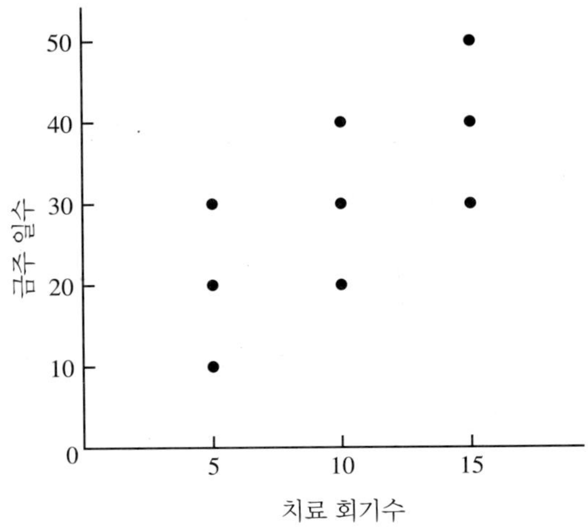

그림 17.4 치료 회기수와 금주 일수 간의 강한 상관을 보여주는 산점도

다른 값들을 가지는데 그 값들은 가로축에 있는 모든 값에서 동일하다는 점에 주목하라. 그러므로 치료 회기수가 증가해도 금주 일수는 증가 또는 감소하지 않는다. 따라서 두 변수들은 어떤 방식으로든 함께 변하지 않기 때문에 두 변수 사이의 상관계수는 0이다. 만약 실제 연구에서 이와 같은 결과를 얻는다면, 치료 회기는 금주와 아무런 관계를 가지고 있지 않다는 것을 의미한다. 또한 치료 전에 중독상태가 가장 심한 사례가 덜 심한 사례들보다 더 많은 치료 회기를 제공받았다는 것을 의미한다. 상관계수를 가지고 무엇이 무엇의 원인인지 아닌지를 얘기할 수는 없다(나중에 이 주제로 돌아갈 것이다). 여기서 중요한 점은 영의 상관관계를 이해하는 것이다. 또한 실제 연구들이 정확하게 영의 상관관계를 보고하는 경우는 거의 없다는 것을 이해하는 것도 중요하다. 심지어 모집단에서 두 변수들 사이에 관계가 없을 경우에도, 연구들은 표집오차의 탓으로 돌리면서 변수들 사이에 약간의 상관관계를 발견하려고 한다. 곧 상관계수의 통계적 유의성 검정을 논하면서 이 주제로 돌아갈 것이다.

쌍을 이루는 값들이 일관되면서 예견된 방향으

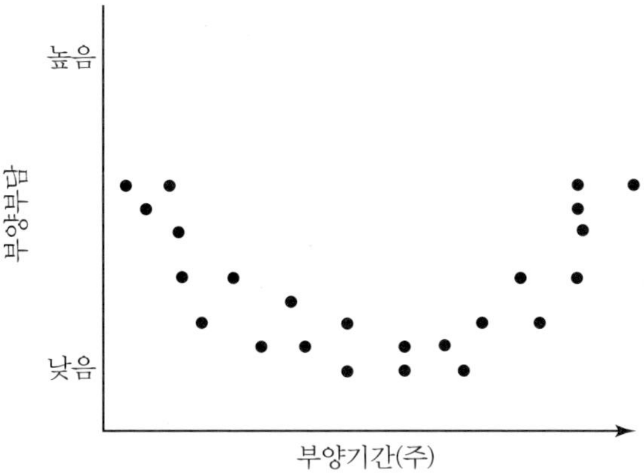

그림 17.5 부양기간과 부양부담 간의 U자형 상관을 보여주는 산점도

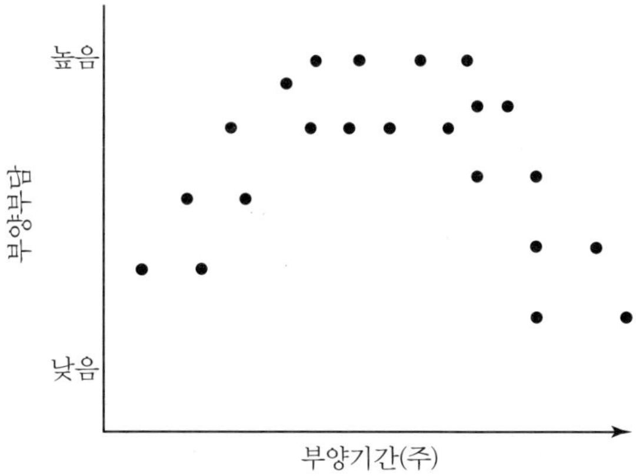

그림 17.6 부양기간과 부양부담 간의 아치형 상관을 보여주는 산점도

로 위로 또는 아래로 함께 이동한다면 가로축의 동일한 값들이 세로축에 여러 값들을 가질 때 상관관계는 강해진다. 이 점을 설명하기 위해 그림 17.3에서 소개했던 동일한 9명의 가설적 사례들을 예로 들어 보자. 한 가지 예외적인 점은 치료 회기수와 금주 일수 사이에 강한 상관관계가 있다는 것이다. 각 사례는 그림 17.3에서처럼 동일한 수의 치료 회기를 제공받았으나 이번에는 치료 회기수가 증가하면서 금주 일수가 더 증가하였다. 가설적 결과가 그림 17.4에 제시되어 있다. 비록 가로축의 각 값에 해당하는 세로축 값들이 변하지만, 가로축의 각 값이 증가하면서 세로축 값들의 평균도 증가한다. 그러나 한 변수의 값을 아는 것이 다른 변수의 값을 정확하게 예측하는 것을 보장하지 못하기 때문에 두 변수 사이에 완전 상관관계가 있는 것은 아니다. 예를 들면, 어떤 클라이언트가 치료에 15번을 참석했다는 것을 알아도 그 클라이언트가 30, 40 또는 50일을 금주했는지를 알 수는 없다. 그러나 치료에 15번 참석한 클라이언트가 5 또는 10번 참석한 클라이언트에 비해 더 오래 동안 금주할 가능성이 높다는 것을 예측할 수 있다.

곡선 상관관계

지금까지 검토한 산점도들은 **선형 상관관계** 또는 **선형 관계**를 보여주었다. 선형이라고 부른 이유는 직선을 가지고 관계의 본질 또는 관계의 부족을 정확하게 설명할 수 있었기 때문이다. 그러나 상관관계(관계)의 방향 또는 정도가 각 변수의 다른 수준들에서 변할 때도 있다. 그런 관계는 곡선으로 묘사되기 때문에 **곡선 관계** 또는 **곡선 상관관계**로 불린다.

예를 들어, 부양기간과 부양자의 부양부담 간의 관계를 고려해보자. 여기서 부양자란 장애를 가진 부모, 배우자, 자녀 등을 돌보는 사람을 그리고 장애는 치매, 정신질환, 신체마비, 에이즈 또는 다른 질병 등을 의미한다. 부양자가 경험하는 부양부담은 부양으로 인해 희생된 시간과 비용으로 환산하면 객관적일 수 있고, 원치 않은 정서적 영향으로 환산하면 주관적일 수 있다.

피부양자를 부양하는 기간이 길어질수록, 부양자는 더 많은 객관적인 부담을 경험할 것이라고 가설을 세운다면 선형 상관관계를 예측하는 것이다. 그러나 치매의 경우 주관적 부담이 부양 과정의 초반기와 후반기에 매우 심하고 중반기에 덜 심할 것이라고 가설을 세운다면 어떨까? 정서적 충격은 부양자들이 그들이 사랑하는 사람의 장애와 부양부담을 처음으로 받아들여야 할 때와 후반기에 사랑하는 사람의 상실을 예감할 때 가장 클 수 있다는 생각이다. 중반기 동안 부양자들은 비극을 받아들여야만 하는 것을 배우게 되고 부양하는 것에 익숙해질 수 있다. 만약 가설이 맞는다면, 결과는 그림 17.5의 산점도에서 묘사된 바와 같이 U자형 곡선 상관관계처럼 보인다. 상관관계가 초기에는 음(역)이었다가 이후에 양으로 되는 데 주목하라.

위의 가설과는 대조적으로, 치매와 관련된 객관적 부담은 중반기에 가장 심할 수 있고 초반기와 후반기에서는 덜 심할 수 있다. 부양자들이 부양을 하면서 희생하는 비용과 시간은 피부양자가 자신이 누구인지 알고 있고 덜 무능력할 때 그리고 후반기에 상황이 매우 좋지 않아 치매요양시설이 부양자의 부담을 경감시켜줄 때 덜 적게 들 수 있다는 생각이다. 그러나 부양자에 대한 요구가 중반기에 가장 심할 수 있다. 이 가설이 맞는다면, 결과는 그림 17.6의 산점도에서 묘사된 바와 같이 활모양의 곡선 상관관계처럼 보인다. 상관관계가 초기에는 양이었다가 이후에 음(역)으로 되는데 주목하라.

곡선 상관관계는 상관계수의 해석을 복잡하게 만드는데, 그 이유는 양의 방향과 음의 방향이 서로를 상쇄하여 전반적인 상관계수를 0에 가깝게 하기 때문이다. 상관계수의 계산은 해당하는 산점도의 검토를 동반해야 한다는 것을 기억해야 한다. 만약 산점도가 곡선 상관관계를 나타낸다면, 전반적인 상관계수만을 보고하는 것은 적절하지 않다. 독립변수의 다른 수준들에 해당하는 별도의 계수들을 계산하는 것이 더 적절하다. 고급통계 교재들이 이런 계산방법을 설명하고 있다.

왜 실천가는 산점도와 상관관계를 보고자 하는가?

산점도와 상관관계는 실천 결정을 안내하는 데 유용할 수 있다. 당신이 치매에 걸린 가족성원의 부양자들을 위한 개입을 제공하는 프로그램을 담당하고 있다고 가정해보자. 프로그램을 수행하기 위한 자금이 충분하지 않기 때문에 부양자의 수는 제한적이다. 따라서 당신은 서비스의 가치를 확대시키기 위해 부양부담을 가장 많이 경험하고 있는 부양자들에게 도움을 제공하고자 한다. 누가 그 대상이 되는지를 결정하기 위해 당신은 부양기간과 부양부담 정도 사이의 상관관계를 평가하는 보고서를 검토할 수 있다.

만약 보고서가 강한 양의 상관관계를 보여준다면, 당신은 치매 후반기에 있는 가족성원의 부양자들을 대상으로 결정할 것이다. 만약 보고서가 강한 음의 상관관계를 보여준다면, 당신은 초기 단계에 있는 가족성원의 부양자들을 대상으로 결정할 것이다. 당신은 산점도를 검토함으로써 상관관계의 방향과 정도를 신속하게 파악할 수 있다. 또한 보고서가 부양기간과 부양부담 정도 사이에 약한 관계 또는 관계가 없다고 보고할 경우, 산점도를 검토하는 것이 매우 유용하다. 만약 산점도가 그림 17.3과 같다면, 당신은 서비스 대상을 결정하기 위한 근거들에서 부양기간 변수를 제외시킬 수 있다. 왜냐하면 이 변수와 부담 정도 사이에 아무런 관계가 없다는 것이 명확하기 때문이다.

그러나 산점도가 그림 17.5와 17.6에 제시된 곡선 상관관계를 닮았다면 어떻게 하는가? 이런 경우라면 당신은 보고된 영(또는 약한)의 상관관계가 잘못 이끌고 있다고 생각할 것이다. 자료가 어떤 산점도를 닮았는지에 따라 당신은 중반기에 있는 부양자들을 아니면 초기나 후반기에 있는 부양자를 대상으로 하는 것을 끝낼 수도 있다.

약한 상관관계를 보일 경우 특이점이 상관관계를 약화시킬 가능성이 있다. 이 장의 후반부에서 특이점의 영향을 다룰 것이기 때문에 여기서는 산점도에 특이점이 있다면 실천 결정을 내릴 때 보고된 상관관계에만 의존해서는 안 된다는 것을 언급하기로 하겠다.

실천 사례가 하나 더 있다. 당신이 예산이 삭감된 요양시설의 시설장이라고 가정하자. 당신은 일부 프로그램을 중단하는 것 이외에 선택의 여지가 없다. 중단할 수 있는 영역은 입소자들을 위한 다양한 활동 프로그램을 진행하기 위해 일주일에 한 번씩 방문하는 사람들을 위한 비용이다. 당신은 매주 수요일과 목요일에 노래교실과 음악 퀴즈 프로그램을 진행하는 음악가에게 지불하고 있다. 이와 유사한 프로그램을 진행하는 몇몇 진행자들에게 주급을 지불하고 있다. 어떤 프로그램을 중단해야 할지를 결정하기 위해 당신은 입소자의 기능 변화와 입소자가 각 프로그램에 참여한 횟수 사이의 상관관계를 검토할 수 있다. 입소자의 기능 변화는 대부분의 프로그램과 중간 정도의 상관관계를 가지고 있으나 노래교실과 음악 퀴즈 프로그램과는 아무런 상관관계를 가지지 않을 수 있다. 당신은 음악가의 서비스를 중단하기로 결정할 수 있다. 그러나 당신이 산점도를 검토하였는데 프로그램들에 가장 많이 참여한 입소자들뿐 아니라 음악가의 프로그램에 참여하기 시작한 입소자들의 기능이 크게 향상된 반면, 중간 단계에 있는 입소자들의 기능은 거의 향상되지 않았다면 어떻게 되는 것인가? 이 경우, 입소자들 중 일부 집단은 그 프로그램의 도움을 받았다고 볼 수 있기 때문에 당신은 음악가의 서비스를 중단하지 않기로 결정할 수도 있다(아마도 일부 입소자들은 기능 손상이 심하지 않아 그 프로그램의 혜택을 누릴 수 있는 새로운 입소자들과 장기 입소자들일 것이다).

모수와 비모수 상관계수 계산하기

상관계수를 계산하기 위해 모수 또는 비모수 공식이 사용된다. 한 변수나 두 변수 모두 명목이나 순위 수준이거나 또는 모집단에서 정규분포를 이루지 않을 때 비모수 공식이 사용된다. 모수 공식은 변수들이 등간이나 비율 수준이거나 또는 모집단에서 정규분포를 이룰 때 사용된다.

가장 일반적으로 사용되는 공식은 **피어슨 곱적률**(Pearson's product-moment) **상관계수**라고 불리는 공식이다. 이는 **피어슨 *r*** 또는 간략히 ***r***이라고 한다. 피어슨 *r* 상관계수의 범위는 −1.0에서부터 +1.0까지인데 0은 상관관계가 없음을 의미한다. 피어슨 *r*을 직접 계산하기 위해 쌍을 이루는 사례의 값들을 모두 열거하고 그 값들을 가지고 계산해야 한다. 계산하는 과정이 길고 지루하기 때문에 SPSS와 같은 프로그램이 출현한 이후부터 연구자들은 직접 계산하지 않는다. 그렇지만 계산하는 방법을 검토하는 것은 상관계수의 의미를 이해하는 데 많은 도움이 된다. 따라서 "피어슨 *r* 계산 공식"이라는 제목의 글상자에 공식을 제시하였다.

순위 수준으로 측정된 변수들 또는 등간 수준이나 비율 수준으로 측정되었으나 정규분포를 이루지 못하는 변수들을 가지고 상관계수를 계산하기 위해 가장 흔히 사용되는 비모수 공식들로 **스피어만의 rho**(Spearman's rho)와 **켄달의 타우-*b***(Kendall's tau-*b*)를 들 수 있다. 둘 다 피어슨 *r*과 동일한 의미를 가지는 상관계수를 제공하며 상관계수의 범위는 −1.0에서 +1.0까지이다. 그러나 비모수 공식들은 상관계수를 계산할 때 실제 변수값들을 사용하는 대신 상관관계를 보이는 두 변수의 값들에 대해서 순위를 매긴 다음 원래 값 대신 순위를 공식에 삽입한다. 동점이 많을 경우 켄달의 타우-*b*가 더 적합한 공식이다. 그 외의 경

피어슨 r 계산 공식

피어슨 r을 직접 계산하기 위해 아래의 단계들이 필요하다:

1. 표본에 있는 각 사례에 해당하는 두 변수의 값들을 모두 나열한다.
2. 각 변수의 값을 따로따로 더한다.
3. 각 사례의 값들을 각각 제곱한다.
4. 쌍을 이루는 각 사례의 값들을 곱한다.
5. 4단계에 곱한 두 값들의 곱을 더한다.
6. 첫 번째 변수의 제곱들을 (3단계에서) 더한다.
7. 두 번째 변수의 제곱들을 (3단계에서) 더한다.
8. 앞의 단계들에서 얻은 합, 제곱, 곱을 아래 공식에 삽입한다:

$$r = \frac{N\Sigma XY - \Sigma X \Sigma Y}{\sqrt{[N\Sigma X^2 - (\Sigma X)^2][N\Sigma Y^2 - (\Sigma Y)^2]}}$$

단, ΣX = 첫 번째 변수(X)의 합

ΣY = 두 번째 변수(Y)의 합

ΣXY = 각 X와 각 Y를 곱한 값의 합

ΣX^2 = 각 X값의 제곱의 합

ΣY^2 = 각 Y값의 제곱의 합

위의 공식이 적용되는 방법을 보여주기 위해 10명의 클라이언트들이 있다고 가정하자. 변수 X는 변화동기를 측정하는 척도의 점수를, 변수 Y는 약물남용 치료를 위한 회기에 참여한 횟수를 의미한다. X^2의 열에 각 척도 점수의 제곱들이 나열되어 있고 Y^2의 열에 참여한 약물남용 치료 회기수의 제곱들이 나열되어 있다. XY의 열에는 각 X값과 각 Y값을 곱한 값들이 나열되어 있다.

10명의 사례를 위한 합을 공식에 삽입하면 다음과 같다:

$$r = \frac{(10)(253) - (30)(68)}{\sqrt{[(10)(110) - (30)^2][(10)(600) - (68)^2]}}$$

$$= \frac{2530 - 2040}{\sqrt{[1100 - 900][6000 - 4624]}}$$

$$= \frac{490}{\sqrt{[200][1376]}}$$

$$= \frac{490}{\sqrt{275,200}}$$

$$= \frac{490}{524.6} = 0.934$$

변화동기와 참석한 치료 회기수 사이에 강한 상관관계($r = 0.934$)가 있다. 변화를 위한 동기가 강한 클라이언트들이 더 많은 치료 회기에 참여하는 경향이 있다.

클라이언트	척도 점수 X	참석한 치료 회기수	X^2	Y^2	XY
A	1	1	1	1	1
B	1	2	1	4	2
C	2	4	4	16	8
D	2	5	4	25	10
E	3	5	9	25	15
F	3	8	9	64	24
G	4	12	16	144	48
H	4	10	16	100	40
I	5	10	25	100	50
J	5	11	25	121	55
합계	$\Sigma X = 30$	$\Sigma Y = 68$	$\Sigma X^2 = 110$	$\Sigma Y^2 = 600$	$\Sigma XY = 253$

스피어만의 rho를 계산하는 방법

학대 당한 경험이 있는 클라이언트들을 대상으로 하는 일부 인지행동 접근은 학대사건에 관한 부정적인 자기진술(예: "나는 나쁘다" 또는 "그것은 내 잘못이야")을 긍정적인 자기진술("나는 좋다" 또는 "나는 비난받아선 안 돼")로 변화시키는 것을 포함한다. 클라이언트가 긍정적 자기진술을 믿는 정도와 학대사건을 떠올릴 때 클라이언트가 느끼는 스트레스 정도 간의 상관관계를 분석한다고 가정해보자. 우리가 음의 상관관계를 예측한다고 해보자: 긍정적 인식에 대한 믿음이 강할수록 사건을 떠올릴 때 느끼는 스트레스가 감소한다. 각 변수는 순위척도로 측정되었다고 가정하자. 인지와 관련하여 클라이언트들은 1점(클라이언트는 긍정적 인지가 사실이라고 전혀 믿지 않는다)에서부터 10점(클라이언트는 긍정적 인지가 사실이라고 확신한다)까지의 평정을 제공하였다. 스트레스 정도와 관련하여 클라이언트는 1점(전혀 스트레스가 전혀 없는 수준)에서부터 10점(상상할 수 없을 정도의 스트레스 수준)까지의 평정을 제공하였다. 우리의 가설을 지지하는 데이터가 스피어만의 rho 계산방법과 함께 아래에 제시되어 있다.

$$\text{공식: } r_s = 1 - \frac{6(\Sigma D^2)}{N(N^2 - 1)}$$

단, r_s = 스피어만의 rho
ΣD^2 = 순위 차이의 제곱의 합
N = 사례수

데이터를 공식에 대입하면 다음과 같다:

$$r_s = 1 - \frac{6(298)}{10(100 - 1)} = 1 - \frac{1,788}{990}$$
$$= 1 - 1.81 = -0.81$$

상관계수 앞의 음수 부호는 관계가 약하다는 것을 의미하는 것이 아니라 역의 관계를 의미한다. 상관관계가 통계적으로 유의미한지를 보기 위해 표 17.3에서 제시한 피어슨 r의 유의성을 위해 사용했던 동일한 표를 사용하면 된다. 표를 보면 표본크기가 10일 때 단측검정에서는 r값이 0.5494이고 양측검정에서는 r값이 0.6319이다. 우리의 r값인 −0.81(음수 부호를 무시하라)은 두 값보다 크기 때문에 통계적으로 유의미하며 더욱이 제13장에서 논의한 관계 크기를 해석하는 지침에 따르면 강한 상관관계이다.

클라이언트	인지 순위	스트레스 순위	순위 차이	차이제곱
A	1	10	9	81
B	2	7	5	25
C	3	6	3	9
D	4	5	1	1
E	5	9	4	16
F	6	8	2	4
G	7	3	4	16
H	8	4	4	16
I	9	2	7	49
J	10	1	9	81
				합계 = 298

우에는 스피어만의 rho가 자주 사용된다. 스피어만의 rho를 계산하기 위한 공식이 "스피어만의 rho를 계산하는 방법" 이라는 제목의 글상자에 제시되어 있다.

상관계수의 활용과 해석

상관관계의 활용과 해석을 설명하기 위해 거주 치료 센터의 평가와 관련된 가설적 데이터로 돌아가 보자. 제14장에서 논의한 것처럼, 치료사-클라이언트 간 관계의 질이 외상 증상 척도에서 클라이언트가 사전조사와 사후조사 때 보인 변화와 관련 있는지를 알고자 한다고 가정하자. 클라이언트에게 치료사-클라이언트 간 관계의 질을 1점(가능한 가장 낮은 질적 수준)부터 10점(가능한 가장 높은 질적 수준)까지 10점 척도로 평가하도록 요청했다고 가정하자. 관계의 질을 측정하는 더 좋은 방법이 있을 수 있지만, 통계에 초점을 두기 때문에 측정 방법을 단순화하자. 가설적 데이터 세트에서 이 변수의 SPSS 라벨은 *qual*이다.

피어슨 $r = 0.561$, 스피어만의 rho $= 0.517$, 켄달의 타우-$b = 0.399$이다. 관계를 묘사하는 산점도가 그림 17.7에 제시되어 있다. 예외적인 사례가 많음에도 불구하고, 관계의 질을 낮게 평가한 사례의 대부분은 상대적으로 작은 변화 점수를 가지고 있는 반면, 관계의 질을 높게 평가한 사례의 대부분은 상대적으로 큰 변화 점수를 가지는 패턴을 볼 수 있다. 비록 관계가 완전 1.0 상관관계와는 거리가 있지만 산점도에서 명확하게 나타나고 있다.

또한 산점도에 관계의 질에 대한 평가가 동점인 사례들이 많다는 것에 주목하라. 예를 들어, 10점 위에 있는 9개의 점은 9명이 관계의 질에 대해 가장 높은 점수(10)를 주었다는 것을 의미한다. 6점과 8점 사이에도 많은 동점들이 있는 것을 볼 수 있다. 동점인 사례수가 많이 있고 10점 척도로 관계의 질을 평가하는 것이 순위 수준의 측정이라는 점을 고려할 때 세 가지 상관계수 중 가장 적절한 것은 켄달의 타우-b이다.

상관관계의 활용과 해석에 대한 추가 설명을 위해 이번에는 외상 증상 척도에서 클라이언트가 사전조사와 사후조사 때 보인 변화가 클라이언트

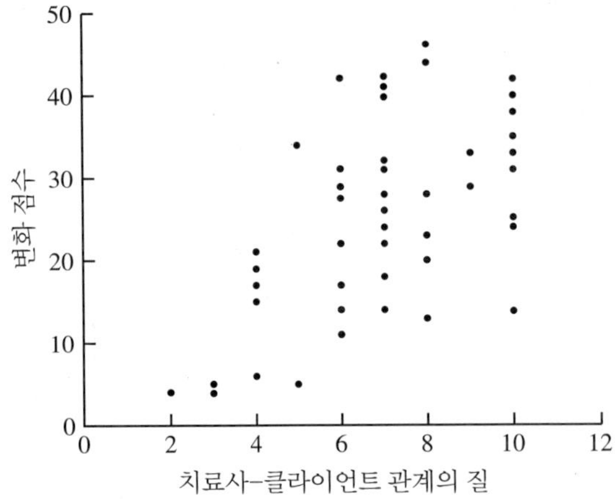

그림 17.7 치료사–클라이언트 관계의 질과 외상 증상 척도의 사전-사후 점수 변화 간의 양의 상관을 보여주는 산점도

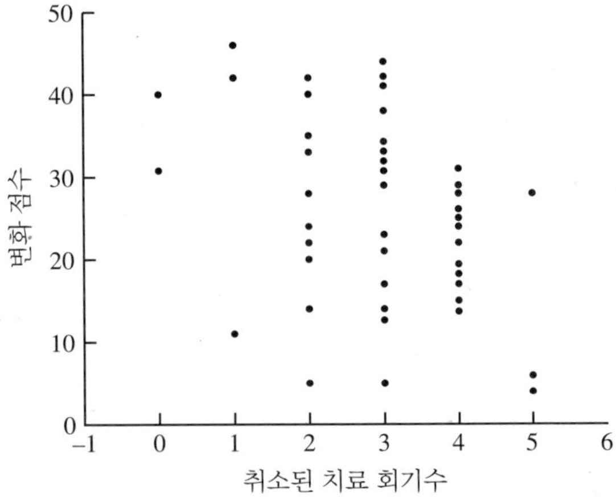

그림 17.8 취소한 치료 회기수와 외상 증상 척도의 사전-사후 점수 변화 간의 음의 상관을 보여주는 산점도

의 치료사가 취소한 치료 회기수와 관련 있는지 알기를 원한다고 가정하자. 우리는 이번에는 음의(역) 상관관계를 예상하여 취소된 치료 회기가 많을수록 치료는 덜 효과적일 것이라고 가정하자. 가설적 데이터 세트에서 치료 회기수 변수의 라벨은 *cancel*이다.

피어슨 $r = -0.550$, 스피어만의 rho $= -0.538$, 켄달의 타우-$b = -0.416$이다. 앞에서 언급했듯이, 상관계수 앞의 음수 부호는 관계의 강도와 관련이 없고 단지 관계가 음(역)이라는 것을 의미한다.

음의(역) 관계를 보여주는 산점도가 그림 17.8에 제시되어 있다. 예외적인 사례가 많음에도 불구하고, 취소된 회기수가 가장 적은 사례들의 대부분은 상대적으로 큰 변화 점수를 가지고 있는 반면, 취소된 회기수가 가장 많은 사례들의 대부분은 상대적으로 작은 변화 점수를 가지는 패턴을 볼 수 있다. 취소 횟수가 비율 수준의 측정이고, 산점도는 모집단에서 정규분포를 가정하지 않는다는 명확한 기반을 제공하지 않기 때문에 모수 상관관계인 피어슨 r을 사용하는 것이 적절할 것이다.

명목 자료를 위한 상관계수

가설적 관계에서 한 개 또는 두 개 변수들이 명목 수준일 때 추가적인 비모수 상관계수들을 계산할 수 있다. 어떤 상관계수를 사용할 것인지는 두 변수 모두 명목 수준인지 아니면 둘 중 하나만 명목 수준인지 그리고 명목변수의 범주의 수에 따라 결정된다. 예를 들면, 명목변수(참가자가 어떤 치료집단에 속하는지와 같은)의 두 개 이상의 범주의 평균을 비교할 경우 에타(eta)를 사용한다. 에타는 앞에서 소개한 상관계수들처럼 해석되고 그 범위는 영 상관관계에서부터 완전 상관관계 1.0까지이다. 주요 차이점은 에타에서는 한 변수가 명목 수준이고 나머지 변수만 높고 낮을 수 있기 때문에 음의(역) 상관관계가 적용되지 않는다. 따라서 에타는 양수만을 갖는다.

에타를 계산하기 위한 공식은 이 책의 범위를 넘어서는 내용이지만 SPSS와 같은 통계 프로그램을 사용해서 에타를 쉽게 계산할 수 있다. 상단에 있는 메뉴에서 ANALYZE, COMPARE MEANS, MEANS를 차례로 클릭하고, 분석할 변수들을 클릭한 후, OPTIONS를 클릭한다. 대화상자에서 ANOVA TABLE AND ETA 옆에 있는 상자를 체크한 다음, CONTINUE와 OK를 클릭하면 에타 통계량과 함께 ANOVA 분석 결과물을 얻게 된다. (이항적 독립변수를 가지고 t-검정을 할 때에도 이것을 할 수 있다. 왜냐하면 ANOVA는 이항적 독립변수를 가진 t-검정과 동일하기 때문이다. 따라서 에타는 t-검정과 ANOVA에서 동일한 의미를 갖는다.)

두 변수가 명목 수준일 때, 일반적으로 사용되는 두 가지 상관관계 측도는 **파이계수**(phi coefficient, Φ)와 **크래머 V**(Cramer's V)이다. 파이는 두 개의 명목변수가 두 개의 범주를 가질 때 사용되고 행과 열이 각각 두 개인 표가 만들어진다. 파이의 용도를 설명하기 위해 제16장에서 카이제곱과 관련하여 검토했던 가설을 다시 고려해보자. 제16장에서 청소년의 행동과 학업수행이 학교 밖 생활을 할 수 있는 특권을 얻을 수 있을 만큼 충분히 긍정적이었는지의 여부와 관련하여 새로운 치료와 기존 치료의 효과성을 비교하였다.

학교 밖 생활을 할 수 있는 특권을 가진 청소년의 비율이 두 집단에서 동일하다고 가정하자. 특정 청소년이 어떤 집단에 속해 있는지를 아는 것은 그 청소년의 특권 획득 여부를 예측하는 능력을 향상시키지 않았다. 결과적으로, 상관계수는 0이다.

새로운 치료집단에 속한 모든 사례들이 학교 밖

표 17.1 두 개의 이항 명목변수 간 영 상관과 완전 상관의 예시

영 상관관계		
학교 밖 생활 특권 유무	새로운 치료 집단(%)	기존 치료 집단(%)
예	70	70
아니오	30	30

완전 상관관계		
학교 밖 생활 특권 유무	새로운 치료 집단(%)	기존 치료 집단(%)
예	100	0
아니오	0	100

생활 특권을 얻었고 기존 집단의 청소년들 중 아무도 특권을 얻지 못했다면, 특정 사례가 어떤 집단에 속해 있는지를 아는 것은 그 사례의 특권 획득 여부를 100% 정확하게 예측할 수 있게 해준다. 결과적으로, 상관계수는 1.0, 즉 완전 관계이다.

표 17.1은 위의 두 상관관계를 보여주고 있다. 위에 있는 2 × 2 표는 영 상관관계를 보여주는데, 왜냐하면 각 집단은 종속변수의 각 범주에 동일한 비율을 가지고 있기 때문이다. 아래에 있는 표에서 상관계수는 1.0이다. 왜냐하면 새로운 치료집단의 모든 사례들이 학교 밖 생활 특권을 얻은 반면, 기존 치료집단의 어떤 사례도 특권을 얻지 못했기 때문이다. 따라서 청소년이 어떤 집단에 속해 있는지를 아는 것이 청소년이 학교 밖 생활 특권 획득 여부를 정확하게 예측하는 데 필요한 모든 정보이다.

지금까지 완전 상관관계와 영 상관관계를 비교하였다. 그러나 예를 들어, 표 16.1에서 위의 두 변수와 관련하여 얻은 결과(이를 표 17.2에서 다시 제시하였음)와 같다면 변수의 관계는 어떠한가? 표에 제시된 데이터의 상관관계를 결정하기 위해 파이계수(Φ)를 계산할 수 있다. 파이계수는 2 × 2 표를 갖는 카이제곱에서 관계의 강도를 평가하기 위해 사용된다. 공식은 아래와 같다:

$$\Phi = \sqrt{\frac{\chi^2}{N}}$$

단,

χ^2 = 계산된 카이제곱

N = 전체 사례수

제16장에서 표 17.1에 제시된 데이터에 해당하는 카이제곱값은 3.92였다. 이 값과 사례수 50을 위의 공식에 대입하면 아래와 같다:

$$\begin{aligned}\Phi &= \sqrt{\frac{3.92}{50}}\\ &= \sqrt{.0784}\\ &= .280\end{aligned}$$

파이계수를 계산하는 공식이 상대적으로 간단해 보일지라도 통계 프로그램을 사용하면 더 쉽게 계산할 수 있다. 예를 들어, SPSS를 사용할 경우 카이제곱 통계량을 구할 때 PHI AND CRAMER'S *V* 옆에 있는 박스를 체크하기만 하면 된다. 크래머 *V*는 두 개의 명목변수 중 최소한 한 변수가 두 개의 범주 이상을 가지고 있을 때 사용되는 상관계수이기 때문에 프롬프트는 파이와 함께 크래머 *V*를 포함하고 있다. 파이는 2 × 2 표를 가질 경우에만 사용될 수 있다. 행 또는 열이 세 개 이상일 때에는 크래머 *V*가 사용된다. 크래머 *V*를 계산하는 공식은 파이 공식과 비슷하다. 유일한 차이는 분모인데 아래와 같이 사례수를 행 또는 열에서 1을 뺀 값과 곱한다:

$$V = \sqrt{\frac{\chi^2}{N(k-1)}}$$

단,

V = 크래머 V

N = 전체 사례수
k = 값이 작은 행 또는 열의 수

사례수가 100인 3 × 3 표에서 카이제곱값이 10.0이라고 가정하자. 위의 공식에 이 값들을 대입하면 아래와 같이 다소 약한 상관관계를 얻게 된다:

$$
\begin{aligned}
V &= \sqrt{\frac{10.0}{100(3-1)}} \\
&= \sqrt{\frac{10.0}{200}} \\
&= \sqrt{0.05} \\
&= 0.224
\end{aligned}
$$

위의 예에서, 행의 수(3)와 열의 수(3)가 같다는 것에 주목하라. 이 경우, 공식에서 k는 행의 수가 될 수도 있고 열의 수가 될 수도 있다. 물론 SPSS에서 카이제곱 통계량을 구할 때 PHI AND CRAMER'S V 옆의 박스를 체크만 하면 되기 때문에 걱정할 필요 없다.

상관계수의 통계적 유의성 검정

최소한 한 개의 명목변수를 포함하는 관계의 강도에 대한 분석은 일반적으로 카이제곱, t-검정, ANOVA와 같이 관계의 통계적 유의성을 평가한 후에 이루어진다. 두 변수가 순위, 등간 또는 비율 수준일 때, 상관계수를 먼저 계산한 다음 그 상관관계가 표집오차 때문일 확률을 평가하기 위해 유의성 검정을 실시한다.

앞에서 언급했듯이, 모집단에서 두 변수 간에 관계가 없을 때에도 표집오차로 인해 발생한 아주 작은 관계를 발견할 수도 있기 때문에 상관계수의 유의성을 검증하는 것이 필요하다. 마찬가지로, 표본크기가 작은 연구들은 표집오차로 인해 발생한 강한 상관관계를 발견할 수도 있다. 예를 들어, 네 명의 클라이언트에게 우리의 서비스를 매우 좋다, 좋다, 보통이다, 좋지 않다 등으로 평가하도록 요청한다고 가정하자. 두 명의 클라이언트(Dan, Jan)는 우리의 서비스를 좋지 않다고 평가하였고 나머지 두 명(Thelma, Louise)은 매우 좋다고 평가하였다. 따라서 클라이언트 이름의 철자 수와 서비스 질에 대한 평가 간에 완전 +1.0 상관관계가 나타났으나 그 상관관계는 표본크기가 더 클 경우 사라지는 요행수일 것이다.

상관계수의 통계적 유의성 검정은 집단평균 또는 비율의 차이에 대한 통계적 유의성 검정과 동일한 논리를 가진다. 예를 들어, 후자 검정에서 영가설이 모집단에서 집단 간 차이가 없고 표본에서 관찰된 어떤 차이도 표집오차 때문이라고 진술되는 반면, 상관계수와 관련된 영가설은 모집단에서 상관관계가 없고(예: r = 0.0) 표본에서 관찰된 어떤 상관관계도 표집오차 때문이라고 진술된다. 다른 유의성 검정처럼 상관계수의 통계적 유의성 검정에서도 표집오차는 평균 상관관계가 0인 이론적 표집분포의 사용을 포함한다. 따라서 표본크기가 작은 경우 표집분포는 상대적으로 납작하며 큰 산포도를 갖기 때문에 기각영역에 도달하기 위해서는 관찰된 상관계수가 상대적으로 커야 한다(예: 0에서부터 멀리 떨어져야 함). 표본크기가 클 경우 표집분포는 작은 산포를 갖기 때문에 관찰된 상관계수가 작아도(예: 0에 가까움) 기각영역에 도달할 수 있어 통계적으로 유의미해진다.

피어슨 r, 스피어만 rho, 켄달 타우-b 그리고 사용빈도가 낮은 비모수 상관계수의 유의성을 검증하기 위해 각기 다른 공식이 사용된다. 그러나 두 가지 이유로 인해 더 이상 이러한 공식들을 사용할 필요가 없게 되었다. 첫째, SPSS와 같은 통계 프로그램들은 상관계수를 계산함과 동시에 계수의 통계적 유의성을 계산한다. 둘째, 각기 다른 표본크기와 유의 수준에서 통계적 유의성을 위해 최소한으로 요구되는 상관계수값들을 나열한 표들이 있다. 피어슨 r의 임계값들이 표 17.3에 나열되어 있다. 이 표에서 표본크기(N)가 증가할수록 영가설을 기각하기 위해 필요한 r의 임계값은 감소한다. 앞에서 살펴보았듯이, 그 이유는 표본크기가 증가할수록 표집오차가 작아지기 때문이다. 표집오차는 큰 표본에서보다 작은 표본에서 결과물을 강한 상관관계로 설명한다.

이 장의 서두에서 제시한 가설적 평가에서 외상 증상의 변화 정도와 클라이언트의 치료사가 취소한 치료 회기수 간의 상관관계에 해당하는 피어슨 r은 -0.550이었다. 이러한 음의(역) 상관관계가 가설적 연구에서와 동일한 크기의 표본($N = 50$)을 가진 실제 연구에서 통계적으로 유의미한지를 보기 위해 표 17.3을 검토해보자. 행에 50이 없기 때문에 50 다음으로 큰 N인 52로 가도록 한다. 상관계수는 표의 행 제목에 나열된 모든 유의 수준에서 통계적으로 유의미할 것이다. 음수 0.550을 표에 나열된 양수와 비교할 때 음수 부호는 무시한다. 양수 또는 음수 부호는 단지 두 변수가 동일한 방향 또는 반대 방향으로 함께 변화한다는 것을 의미한다. 부호는 관계의 강도 또는 관계의 통계적 유의성과는 아무 관련이 없다는 것을 기억하라.

상관관계에 관련해서 주의할 점

상관관계를 계산하고, 보고하거나 또는 해석할 때 주의해야 할 네 가지 사항이 있는데, 그 각각을 살펴보도록 하자.

선형성과 다른 가정

평가자들은 때때로 틀린 유형의 상관관계를 선택하는데 이럴 경우 오도하는 결과를 초래할 수 있다. 데이터가 가정을 충족시키지 않을 때 모수 상관관계인 피어슨 r을 계산하는 것이 가장 흔히 범하는 실수일 것이다. 예를 들면, 피어슨 r은 등간 또는 비율 수준의 데이터를 요구한다. 명목 또는 순위 변수처럼 변수에 변동(variability)이 적을 경우 피어슨 r은 관계의 정도를 약화시킨다. 피어슨 r은 또한 산점도에서 선형인 데이터를 요구한다. 앞에서도 언급했듯이, 현저한 비선형성(curvilinearity)은 피어슨 r을 작게 한다. 마지막으로, 데이터는 **등분산적**(homoscedastic)이어야 하는데 등분산성이란 두 변수들의 분산 정도가 비슷해야 한다는 것을 의미한다. 만약 한 변수의 분산이 다른 변수의 분산보다 훨씬 크다면, 데이터는 **이분산적**(heteroscedastic)이 되고 피어슨 r은 잘못된 결과를 제공할 것이다.

다행스럽게도, 이러한 가정들이 충족되지 않을 때 우리는 상관관계를 분석하는 대안을 가지고 있다. 예를 들면, 데이터가 명목 또는 순위 수준일 때 이 장에서 논의했던 비모수 상관관계를 사용할 수 있을 것이다. 비선형 데이터를 가지고 있다면 변수들의 수준에 맞는 상관계수를 계산할 수 있을 것이다.

특이값 다루기

이 책 서두에서 특이값을 갖는 사례들이 집중경향에 대한 해석을 어렵게 하고, 집단평균의 비교를 위해 t-검정 또는 중앙값 검정 중 어떤 검정을 사용하는지에 영향을 끼치기도 한다고 했다. 특이값은 상관계수의 계산과 해석에도 비슷한 영향을 끼친다. 예를 들어, 그림 17.9의 산점도에서 우측 하단에 위치한 특이값을 고려해보자. 이 값은 전반적으로 두 변수가 동일한 방향으로 함께 이동하는 패턴에서 극히 예외적인 것이다. 이 값은 상관계수에 상당한 영향을 끼쳐 거의 모든 사례들에서

표 17.3 r의 임계값

	단측검정의 유의 수준				
	0.05	0.025	0.01	0.005	0.0005
	양측검정의 유의 수준				
N	0.10	0.05	0.02	0.01	0.001
5	0.8054	0.8783	0.9343	0.9587	0.9912
6	0.7293	0.8114	0.8822	0.9172	0.9741
7	0.6694	0.7545	0.8329	0.8745	0.9507
8	0.6215	0.7067	0.7887	0.8343	0.9249
9	0.5822	0.6664	0.7498	0.7977	0.8982
10	0.5494	0.6319	0.7155	0.7646	0.8721
11	0.5214	0.6021	0.6821	0.7348	0.8471
12	0.4973	0.5760	0.6581	0.7079	0.8233
13	0.4762	0.5529	0.6339	0.6835	0.8010
14	0.4575	0.5324	0.6120	0.6614	0.7800
15	0.4409	0.5139	0.5923	0.6411	0.7603
16	0.4259	0.4973	0.5742	0.6226	0.7420
17	0.4124	0.4821	0.5577	0.6055	0.7246
18	0.4000	0.4683	0.5425	0.5897	0.7084
19	0.3887	0.4555	0.5285	0.5751	0.6932
20	0.3783	0.4438	0.5155	0.5614	0.6787
21	0.3687	0.4329	0.5034	0.5487	0.6652
22	0.3598	0.4227	0.4921	0.5368	0.6524
27	0.3233	0.3809	0.4451	0.4869	0.5974
32	0.2960	0.3494	0.4093	0.4487	0.5541
37	0.2746	0.3246	0.3810	0.4182	0.5189
42	0.2573	0.3044	0.3578	0.3932	0.4896
47	0.2428	0.2875	0.3384	0.3721	0.4648
52	0.2306	0.2732	0.3218	0.3541	0.4433
62	0.2108	0.2500	0.2948	0.3248	0.4078
72	0.1954	0.2319	0.2737	0.3017	0.3799
82	0.1829	0.2172	0.2565	0.2830	0.3568
92	0.1726	0.2050	0.2422	0.2673	0.3375
102	0.1638	0.1946	0.2301	0.2540	0.3211

출처: R. A. Fisher and F. Yates, *Statistical Tables for Biological, Agricultural, and Medical Research*, published by Longman Group, Ltd., London (previously published by Oliver and Boyd, Ltd., Edinburgh) and by permission of the authors and publishers.

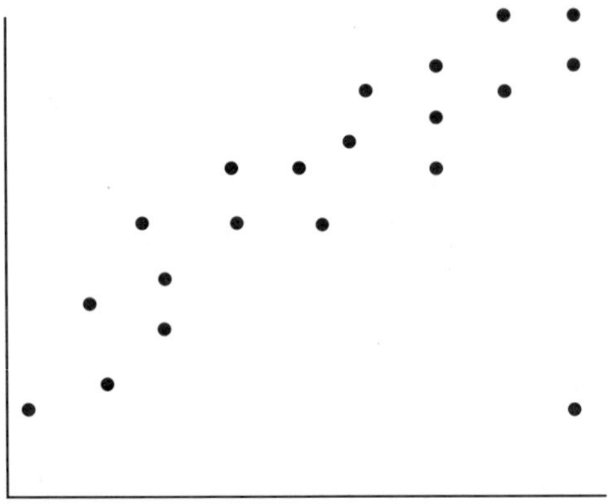

그림 17.9 특이값이 강한 상관에 끼치는 영향을 보여주는 산점도

나타난 두 변수 간의 강한 관계를 약화시킨다.

*r*을 계산할 때 그림 17.9에 있는 특이값을 제외시켜야만 하는가? 이와 같은 매우 극단적인 사례에서는 특이값이 제외되어야 할 것이다. 그러나 많은 실제 연구들에서 정확한 결정을 내리는 것이 쉽지 않다. 연구자들은 특이값에 대한 결정을 내릴 때 그들의 가설을 가장 잘 지지하는 방향으로 결정하기 쉬우며 이는 분석을 한쪽으로 치우치게 한다. 이러한 상황에서 가장 좋은 해결방법은 특이값을 포함할 때의 상관계수와 특이값을 제외했을 때의 상관관계 둘 다 계산하는 것이다. 또한 산점도를 제시하여 독자들 스스로 어떤 분석이 더 적절한지를 판단하도록 할 수도 있다.

상관관계가 지나치게 강할 수 있는가?

가설적 평가에서 청소년이 문제행동으로 주의를 받은 날수와 주의를 받지 않은 날수 간에 완전 −1.0 상관관계를 발견했다고 가정하자. 그런데 상관관계를 검사하거나 보고하는 것은 어리석은 일이다. 왜냐하면 두 개의 변수가 있는 것이 아니라 두 "변수"는 동일한 변수의 상대 범주이기 때문이다.

일부 연구들은 위의 사례보다 덜 명확한 방식으로 동일한 변수를 측정한다. 치료사-클라이언트 관계의 질을 설명하는 변수를 찾는 탐색적 연구를 수행한다고 가정하자. 관계의 질을 측정하기 위해 사용한 척도는 치료사가 얼마나 온화하고, 수용적이며, 이해심 많은지에 대한 클라이언트의 인지와 관련된 문항들로 구성되어 있다고 가정하자. 그리고 관계의 질을 설명하는 데 유용한 변수들 중 하나가 치료사의 공감 정도라고 가정해보자. 마지막으로, 치료사가 클라이언트 진술이 담긴 비네트에 응답하는 자기보고식 척도로 치료사의 공감을 측정하였으며 치료사의 반응이 온화함, 수용, 이해심을 반영하면 높은 점수를 얻는다고 가정하자. 만약 치료사의 감정이입 척도 점수와 치료사-클라이언트 관계 척도 간에 0.92 상관관계가 있다면, 치료사-클라이언트 관계의 질을 설명하는 새로운 또는 중요한 것을 정말로 배운 것인가? 아마도 그렇지 않을 것이다. 우리가 발견한 것은 공감과 관련해서 자기보고 점수가 더 높은 치료사들이 클라이언트에 의해 좀 더 공감적인 치료사로 인지된다는 것이다. 우리의 목적이 사용된 두 도구 중 하나가 타당한지를 밝히는 것이라면 이러한 결과는 가치가 있을 것이다. 그러나 두 도구는 동일한 것을 두 개의 다른 방식으로 측정했기 때문에 한 변수가 나머지 변수를 설명하는 데 도움을 주지 못한다.

이와는 대조적으로, 우리는 문화적 역량 척도의 치료사 점수와 치료사-클라이언트 관계 척도의 점수 사이에 0.50 상관관계를 발견했다고 가정하자. 문화적 역량 척도는 공감을 측정하지 않는다고 가정하자. 사실상 동일한 것을 측정하는 두 척도 간의 0.92 상관관계보다 0.50 상관관계가 치료사-클라이언트 관계의 질을 설명하는 데 부분적으로 도움이 되는 유용한 잠재적 요인을 제공해 준다고 가정하자. 치료사의 공감이 치료사-

클라이언트 관계의 질을 이해하는 데 가장 중요한 변수라고 말하는 것은 아니다. 공감은 가장 중요한 변수일 수도 있다! 그러나 본래 공감을 측정하는 척도를 가지고 치료사-클라이언트 관계의 질을 측정한다면 그 척도가 공감을 측정하는 또 다른 척도와 관계가 있다는 결과로부터 아무것도 배울 수 없을 것이다.

연구의 목적이 척도의 신뢰도 또는 타당도를 평가하는 것이 아니라면 거의 완전 상관계수를 해석할 때 조심해야 한다. 그러한 상관관계는 두 가지 다른 방식으로 동일한 변수를 측정했다는 것을 표시할 수도 있다. 하지만 신뢰도 또는 타당도를 평가하는 것이 목적이라면, 거의 완전 상관관계는 매우 유용할 수 있다. 예를 들어, 단일 차원 척도의 내적 일관성 신뢰도를 평가할 때, 척도의 반분들 간의 상관관계가 0.90 또는 그 이상이 되길 원할 것이다. 각 문항은 동일한 변수의 다른 측면을 측정한다고 가정하기 때문이다. 마찬가지로, 동일한 변수를 측정하는 두 척도들 간의 매우 높은 상관관계는 각 척도의 타당도를 지지하는 결과이다.

마지막으로, 척도를 완성하기 위해(그리고 단순화시키기 위해) 어떤 문항을 남기고 어떤 문항을 삭제할 것인지를 평가하기 위한 예비 분석에서 동일한 척도의 두 문항이 거의 완전 상관관계를 가지고 있다고 가정하자. 한 문항은 클라이언트에게 치료사가 클라이언트 자신을 수용받게끔 느끼게 해주었는지에 대해 동의 또는 동의하지 않는지를 묻는다고 가정하자. 다른 문항은 치료사가 클라이언트를 있는 그대로 수용했는지에 대해 동의 또는 동의하지 않는지를 클라이언트에게 묻는다고 가정하자. 두 문항 간에 0.90 또는 그 이상의 상관관계가 나타났다면, 두 문항은 관계 질의 동일한 지표를 측정하고 있기 때문에 둘 중 한 문항을 제거하여 척도를 단순화시킬 수 있을 것이다. 대안적으로, 각 문항에 대한 신뢰도 검토를 위해 두 문항을 그대로 유지하는 결정을 내릴 수도 있다. 그러나 내적 일관성 신뢰도에 대한 전반적인 평가 자체가 과다한 문항들로 척도를 길게 만들지 않고 동일한 기능을 수행하기 때문에 후자는 불필요할 수도 있다.

상관관계는 인과관계를 증명하지 못한다

독립변수와 종속변수 간의 상관관계가 아무리 강할지라도, 상관관계는 우리에게 독립변수가 종속변수의 원인인지를 얘기해줄 수 없다. 상관관계가 인과성 추론을 위해 필요한 조건일지라도 인과성 추론을 위해 요구되는 세 가지 조건 중 하나에 불과하다는 것을 조사방법론 교재들은 지적하고 있다(Rubin & Babbie, 2008). 시간 연속성이 나머지 다른 조건 중 하나이다. 만약 약물남용 청소년들이 다른 청소년들에 비해 부모와 좋지 않은 관계를 가지고 있다면, 관계문제가 약물남용의 발생에 기여하는가 아니면 약물남용이 관계의 악화를 초래하는가? 어떤 변수가 먼저 변했는지에 대해 알지 못한다면 상관관계만으로는 대답할 수 없다. 두 변수가 상관관계가 있다는 것을 아는 것은 한 변수가 다른 변수의 원인이라는 가설과 일치하지만, 그 가설을 증명하지는 못한다. 사실 부정적인 또래 영향과 같은 제3의 변수가 두 문제를 발생시킬 수도 있다.

상관관계와 인과관계의 차이에 관한 많은 예들을 인용할 수 있다. 어떤 사례들은 특정 지역에 있는 황새의 수와 그 지역의 출산율 간의 상관관계처럼 매우 어리석다. 이 상관관계는 새끼를 낳는 황새와 아무런 관련이 없다. 그것이 의미하는 바는, 인구가 많은 지역에는 동물원의 수도 많고 규모도 더 크기 때문에 출산율이 높다는 것이다.

상관관계와 인과관계에 관해 주의해야 할 점은 피어슨 *r*, 스피어만 rho, 켄달 타우-*b*와 같은 상관관계 유형뿐 아니라 *t*-검정, ANOVA, 카이제곱 그리고 많은 다른 통계를 가지고 검증되는 가설에도 적용된다. 우리의 통계적 분석이 얼마나 인상적인지에 관계없이 그리고 우리가 발견한 관계가 얼마나 강할지라도, 통계적 결과로부터 인과관계를 추론하기 전에 연구 설계는 어떤 변수가 먼저 발생했는지를 보여주어야 하고 내적 타당도 저해요인들(우연한 사건, 성숙 등)을 통제해야 한다. 예를 들면, t-검정을 통해서 약물남용 치료 프로그램을 수료한 클라이언트들이 치료 프로그램에서 탈락한 클라이언트들보다 더 좋은 결과를 얻었다는 것을 발견했다면, 그 결과는 치료효과보다는 변화에 대한 동기와 더 관련이 있는 것이다. 왜냐하면 두 집단(수료자 대 탈락자)은 사실상 비교될 수 없기 때문이다.

상관관계 결과를 보고서나 학술지 논문에 제시하는 방법

t-검정과 다른 추리통계에서처럼 연구보고서나 학술지 논문에 상관관계 결과를 제시하는 통일된 방법은 없다. 연구에 단지 소수의 상관관계만을 포함하고 있다면, 이야기체로 보고할 수도 있을 것이다.

표 17.4 상관행렬

	문항 1	문항 2	문항 3	문항 4
문항 1	1.0	0.44	0.39	0.56
문항 2	0.44	1.0	0.47	0.61
문항 3	0.39	0.47	1.0	0.53
문항 4	0.56	0.61	0.53	1.0
.				
.				
.				

많은 상관관계를 포함한다면 표로 제시할 수 있다. 예를 들어, 척도의 개발과 신뢰도에 관한 보고서는 표 17.4와 같은 상관행렬(correlation matrix)을 제시할 수 있는데, 상관행렬은 척도의 각 문항이 다른 문항들과 어떤 관계를 가지는지를 보여준다.

표 17.4에서 1.0 상관계수가 행렬을 대각선을 따라 대칭이 되게 반분하는 점에 주목하라. 1.0은 한 문항이 동일한 문항과 갖는 상관관계를 나타내는 값이기 때문에 관심의 대상이 아니다. 행렬에서 중요한 것은 다른 계수들이다. 각 문항의 행은 열과 동일한 상관관계를 보여주기 때문에 각각의 계수는 두 번씩 제시되어 있다.

표 17.5는 하나의 표에 얼마나 많은 상관관계들을 제시할 수 있는지를 보여주고 있다. 자료는 아프리카계 미국인 여성들 사이에서 파트너 폭력과 정신건강 간의 관계를 매개하는 대처 변수에 관한 연구에서 가져왔다. 별표는 계수가 통계적으로 유의미하다는 것을 의미하고 각주는 유의미한 계수의 p-값을 의미한다. 표는 폭력에 대처하는 각기 다른 전략들이 우울, 불안, 양육 스트레스처럼 여성들이 보고하는 증상들의 정도와 관련이 있다는 것을 보여준다. 이러한 결과에 기초하여 이러한 여성들과 일하는 정신보건 전문가들은 여성의 역량을 강화시킬 수 있는 대처전략을 사용할 수 있도록 하고, 학대적인 관계로부터 안전하게 벗어날 수 있도록 해주는 내적, 외적 자원을 획득할 수 있도록 원조해야 한다고 저자들은 추천하였다. 연구결과가 갖는 함의와 제한점을 논의하면서 저자들은 앞에서 논의했던 주의할 점과 관련 있는 연구설계의 횡단적 특징, 즉 상관관계는 인과관계를 증명하지 못한다는 것을 시인하였다.

이 장은 넓은 범위를 다루었다. 다양한 상관관계 통계들과 각각을 언제 사용하는지를 기억하기 위해 표 17.6을 살펴보길 바란다.

표 17.5 대처 변수와 정신건강 결과변수 간의 상관관계(기준 2)

변수	우울	불안	양육 스트레스
1. 직면적 대처	.476**	.443**	.304**
2. 거리두기	.401**	.333**	.263**
3. 책임 수용	.405**	.390**	.234**
4. 도피 회피	.577**	.519**	.307**
5. 계획적 문제해결	.281**	.283**	.059
6. 긍정적 재평가	.169*	.209*	.087
7. 자기통제	.386**	.311**	.303**
8. 사회적 지지 구하기	.163	.184*	.194*
9. 영적 안녕	−.386**	−.256**	−.388**
10. 사회적 지지	−.412**	−.332**	−.371**
11. 서비스 활용	.268**	.315**	.176*

출처: M. D. Mitchell, G. L. Hargrove, M. H. Collins, M. P. Thompson, T. L. Reddick & N. J. Kaslow. (2006). Coping variables that mediate the relation between intimate partner violence and mental health outcomes among low-income, African American women. *Journal of Clinical Psychology, 62*, 1503–1520.

표 17.6 자주 사용되는 상관관계 통계 요약

상관관계 통계량	사용할 때	다른 측면	예
피어슨 r	두 변수 모두 등간 또는 비율이고 정규분포를 이룰 때	실제 변수값을 가지고 계산	이전에 구속된 횟수와 재구속되기 전에 걸린 시간
스피어만 rho	최소한 한 변수가 순위 또는 정규분포를 이루지 않을 때	순위를 가지고 계산	이전의 외상 심각성 평가와 현재 정서적 스트레스 수준 평가 간의 긍정적 상관관계
켄달 타우-b	최소한 한 변수가 순위 또는 정규분포를 이루지 않을 때	순위를 가지고 계산; 동점 순위가 많을 때 스피어만 rho보다 적합	치료 결과에 대한 순위형 평가와 치료사-클라이언트 관계의 질(동점 순위가 많음)에 대한 순위형 평가 간의 긍정적 상관관계
에타	명목 수준 독립변수의 두 개 또는 그 이상 범주의 종속변수 평균 비교	한 변수가 명목 수준이기 때문에 음의(역) 상관관계를 적용할 수 없음	개입 A의 수혜자들이 개입 B 또는 C의 수혜자들보다 자존감 점수 평균이 높음
파이	두 변수가 명목 수준이고 이항변수임(각 변수가 두 개 범주만 가지고 있음)	2 × 2 표를 가지는 카이제곱분석에서 흔히 사용됨; 카이제곱값의 제곱근을 N으로 나눈 값과 동일함	개입 A의 수혜자들이 개입 B의 수혜자들보다 재구속될 가능성이 낮음
크래머 V	두 변수가 명목 수준임	카이제곱분석과 함께 흔히 사용됨; 2 × 2 표와 함께 사용된다면 파이와 동일한 값을 제공	개입 A의 수혜자들이 개입 B 또는 C의 수혜자들보다 재구속될 가능성이 낮음

주요 내용

- 상관관계라는 용어는 두 변수의 값들이 일관된 방향으로 함께 변하는 정도를 말한다.
- 두 변수가 동일한 방향으로 이동할 때 두 변수는 양의 상관관계를 갖는다. 한 변수의 값이 증가할 때 다른 변수의 값도 증가한다; 또는 한 변수의 값이 감소할 때 다른 변수의 값도 감소한다.
- 한 변수가 증가할 때 다른 변수가 감소한다면 변수들은 음(역)의 상관관계를 갖는다; 즉, 변수들은 반대 방향으로 함께 변한다.
- 순위, 등간 또는 비율 변수들 간의 상관계수의 범위는 −1.0에서 +1.0까지이다. 상관계수 앞의 양 또는 음(역)의 부호는 상관관계가 양 또는 음의 관계라는 것을 표시한다. 상관계수는 관계의 강도를 표시하지 않는다.
- 순위, 등간, 비율 변수들 간의 상관관계 정도를 그림으로 표시한 것을 **산점도**라고 부른다.
- 선형 관계(선형 상관관계) 또는 상관관계의 부족은 직선을 가지고 정확하게 묘사될 수 있다. 그러나 상관관계의 방향 또는 정도가 때때로 각 변수의 수준들에서 변한다. 그러한 관계는 곡선으로 그려지기 때문에 **곡선 관계** 또는 **곡선 상관관계**라고 불린다.
- 곡선 관계에서는 양과 음의 방향이 서로를 상쇄하여 전반적 상관계수를 0에 가깝게 만들기 때문에 상관계수에 대한 해석이 어렵다. 만약 산점도가 곡선 관계를 묘사한다면, 전반적 상관계수만을 보고하는 것은 정확하지 않을 수 있다. 독립변수의 수준들에 해당하는 별개의 계수들을 계산하는 것이 더 적절하다.
- 상관계수를 계산하기 위해 모수 또는 비모수 공식이 사용된다. 한 변수 또는 두 변수 모두 명목 또는 순위 수준일 때 또는 모집단에서 정규분포를 이루지 않을 때 비모수적 공식을 사용한다. 두 변수가 등간 또는 비율 수준이고 모집단에서 정규분포를 이룰 때 모수적 공식을 사용한다.
- 가장 널리 사용되는 공식은 피어슨 상관계수로 불리는 모수적 공식이며 피어슨 r 또는 단순히 r이라고 한다. 피어슨 상관계수의 범위는 −1.0에서부터 +1.0까지이며 0은 상관관계가 없음을 의미한다.
- 순위변수들을 가지고 있을 때 또는 정규분포를 이루지 않는 등간 또는 비율 변수를 가지고 있을 때 상관계수를 계산하기 위해 가장 널리 사용되는 비모수적 공식들은 스피어만 rho와 켄달 타우-b이다. 이 둘은 피어슨 r처럼 −1.0에서 +1.0까지의 범위를 갖는다. 그러나 이 계수들을 계산할 때 실제 변수값을 사용하는 대신 먼저 상관관계에 있는 변수들의 값의 순위를 매긴 다음 원점수 대신 순위를 공식에 대입한다. 동점인 순위들이 많을 경우 켄달 타우-b가 더 적절하다. 만약 그렇지 않으면 스피어만 rho가 사용된다.
- 명목변수의 두 개 이상의 범주를 비교할 때, 관계의 강도를 묘사하기 위해 에타 통계량을 사용한다. 에타는 위에서 언급한 상관계수처럼 해석되며 0에서 1.0까지의 범위를 갖는다. 에타에서는 한 변수만이 높거나 낮을 수 있고 나머지 변수는 명목 수준이기 때문에 음(역)의 상관관계를 적용할 수 없다는 점이 주요 차이점이다.
- 두 변수가 명목 수준일 때, 가장 널리 사용되는 상관계수는 파이계수와 크래머 V이다. 두 명목변수가 두 개의 범주를 가지고 있어(즉, 각 변수가 이항변수일 때) 2 × 2 표를 형성할 때 파이를 사용한다.
- 상관계수의 유의성을 검증하는 것이 필요하다. 두 변수 간에 관계가 없을 때에도 표집오차로 인해 발생한 아주 작은 관계를 발견할 수도 있

기 때문에 상관계수의 유의성을 검증하는 것이 필요하다. 마찬가지로, 표본크기가 작은 연구들은 표집오차로 인해 발생한 강한 상관관계를 발견할 수도 있다.

- 상관계수의 통계적 유의성 검정은 집단평균 또는 비율의 차이에 대한 통계적 유의성 검정과 동일한 논리를 가진다. 후자의 검정에서 영가설이 모집단에서 집단 간 차이가 없고 표본에서 관찰된 어떤 차이도 표집오차 때문이라고 진술되는 반면, 상관계수와 관련된 영가설은 모집단에서 상관관계가 없고(예: $r = 0.00$) 표본에서 관찰된 어떤 상관관계도 표집오차 때문이라고 진술된다. 다른 유의성 검정처럼 상관계수의 통계적 유의성 검정에서도 표집오차는 평균 상관관계가 0 인 이론적 표집분포의 사용을 포함한다. 따라서 표본크기가 작은 경우, 표집분포는 상대적으로 납작하며 큰 산포를 갖기 때문에 기각영역에 도달하기 위해서는 관찰된 상관계수가 상대적으로 커야 한다(예: 0에서부터 멀리 떨어져야 함). 표본크기가 클 경우, 표집분포는 작은 산포를 갖기 때문에 관찰된 상관계수가 작아도(예: 0에 가까움) 기각영역에 도달할 수 있어서 통계적으로 유의미해진다.
- 표본크기가 증가하면 표집오차가 감소하기 때문에 표집오차는 표본크기가 클 때보다 작을 때 분석 결과를 강한 상관관계로 설명하는 경우가 많다.
- 피어슨 r은 등간 또는 비율 수준이고, 산점도에서 선형이며, 등분산적인 데이터를 요구한다. 등분산성이란 두 변수들의 분산 정도가 비슷해야 한다는 것을 의미한다. 만약 한 변수의 분산이 다른 변수의 분산보다 훨씬 크다면, 데이터는 이분산적이 되고 피어슨 r은 잘못된 결과를 제공할 것이다.
- 특이값은 상관계수의 계산과 해석에 비슷한 영향을 끼친다. 특이값에 대한 결정을 내려야 할 때 최상의 해결책은 두 개의 상관계수를 계산하고 보고하는 것이다. 하나는 특이값을 포함하지 않을 때의 상관계수이고 다른 하나는 특이값을 제외했을 때의 상관계수를 말한다. 또한 산점도를 제시하여 독자들 스스로 어떤 분석이 더 적절한지를 판단하도록 할 수도 있다.
- 거의 완벽에 가까운 상관계수를 해석할 때 주의해야 한다. 그러한 관계는 우연하게도 동일한 변수를 두 가지 다른 방법으로 측정했다는 것을 표시할 수도 있기 때문이다.
- 독립변수와 종속변수 간의 상관관계가 아무리 강할지라도, 상관관계는 우리에게 독립변수가 종속변수의 원인인지를 얘기해줄 수 없다.

연습문제

1. 아래에 제시한 가설적 연구의 상관관계에 관한 해석들에 동의하는가? 그렇다면 그 이유는 무엇인지 설명하라. 만약 동의하지 않는다면 그 이유를 밝히고 당신 자신의 해석을 제시하라.

a. 100명의 요양시설 입소자들을 대상으로 한 설문조사는 참여한 여가 및 사회활동의 수와 신체적 안녕 간에 +0.35 상관관계를 발견하였다. 설문조사는 또한 참여한 여가 및 사회활동의 수와 우울증 수준 간에 −0.50 상관관계를 발견하였다. 첫 번째 상관관계가 양의 부호를, 두 번째 상관관계가 음의 부호를 가지고 있기 때문에 설문조사를 수행한 관리자는 참여한 여가 및 사회활동의 수와 신체적 안녕 간의 상관관계가 더 강하고 더 중요한

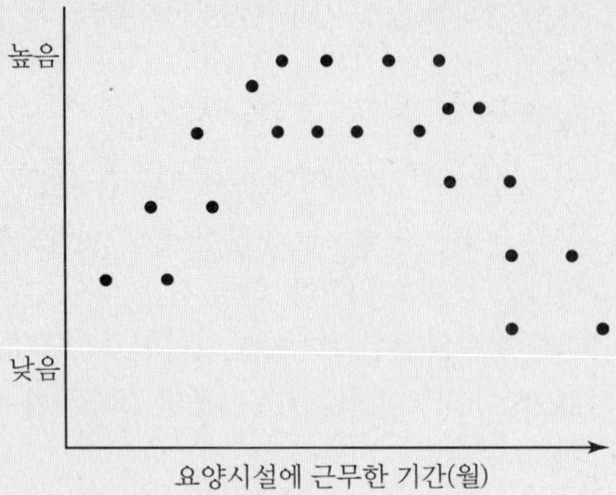

그림 17.10 연습문제 1c를 위한 가설적 산점도

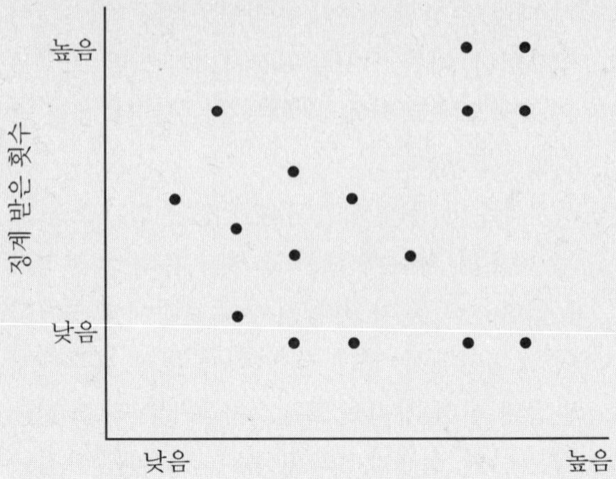

그림 17.11 연습문제 1e를 위한 가설적 산점도

상관관계라고 결론지었다. 설문조사를 수행한 관리자는 매우 강한 상관관계의 표시로 0.001 유의성을 언급했다.

b. 위의 설문조사 결과를 접한 실천가는 참여 횟수의 증가가 신체적 안녕을 증진시키는 것으로 보고, 위의 결과는 여가 및 사회활동을 더 제공하고 참여를 촉진하기 위해 더 많은 자원을 제공해야 하는 표시라고 결론을 내렸다.

c. 다른 관리자는 각 요양보호사가 제공하는 요양 서비스의 질을 평가하였고 요양시설에서 근무한 기간과 서비스 질 간에 영의 상관관계를 발견하였다. 이러한 상관관계와 그림 17.10의 산점도에 비추어서 이 관리자는 요양보호사가 요양시설에서 근무한 기간은 요양 서비스 질과 관련 없다고 결론을 내렸다.

d. 1,000명의 위탁부모를 대상으로 한 전국규모의 설문조사는 종교성 정도와 위탁부모-위탁아동의 관계의 질 간에 +0.10 상관관계를 발견하였다. 상관관계는 0.01 수준에서 유의미했기 때문에 연구자는 종교성이 많은 위탁부모들이 그렇지 않은 위탁부모들에 비해 위탁아동과 좋은 관계를 가질 가능성이 더 높다고 결론지었다. 이 연구는 종교성을 위탁부모를 선정할 때 중요한 선별 기준으로 추천하였다.

e. 학교사회복지사는 그가 개발한 치료에 더 많이 참여하는 학생들이 더 적게 참여한 학생들에 비해 징계를 덜 받을 것이라는 가설을 검증하였다. 그가 발견한 상관계수는 기대했던 것보다 작아 그림 17.11의 산점도를 검사하였다. 산점도에서 각 점은 그의 연구에 참여한 16명의 학생들 중 한 명을 가리킨다. 그러고나서 사회복지사는 산점도의 우측 상단에 있는 4명의 학생을 특이값이라고 보고 이들을 상관관계분석에서 제외하기로 결정한다. 사회복지사는 그들을 제외시킨 다음 상관계수를 다시 계산했고 이번에는 그의 기대에 좀 더 부합하는 결과를 발견하였다. 그는 연구보고서에 후자의 상관계수(특이값을 제외한 후의 상관계수)를 보고하였다.

f. 라디오 토크쇼 진행자인 루스 파라이트(Russ Farwright)는 주들이 편모 실업자들에게 복지혜택을 받을 수 있도록 허락한 기간과 편모 실업자들이 복지혜택을 제공받은 기간 간에

0.93 상관관계를 보고한 연구를 인용하였다. 그는 편모 실업자들을 위한 수급기간 연장은 이들의 경제적 의존을 강화한다고 결론을 내렸다. 주가 편모 실업자들이 복지혜택을 받을 수 있도록 허락한 기간과 그들 자녀들의 신체적 안녕 간에 0.60 상관관계가 있다고 보고한 후속 연구를 접한 그는 0.60 상관관계는 0.93 상관관계보다 작기 때문에 전자의 연구가 더 중요한 결과를 제공하였다고 주장했다.

2. 신앙에 기반한 교도소 재활 프로그램에 자발적으로 참여한 재소자들의 재구속률과 프로그램에 참여하지 않은 재소자들의 재구속률을 비교하는 연구가 있다. 연구결과는 2 × 2 표에 제시되어 있다. 이 결과에 해당하는 카이제곱은 8.0이며 통계적으로 유의미하였다($p < 0.01$). 이 장에서 소개한 공식을 사용하여 파이를 계산하고 해석하였다. 이 결과는 신앙에 기반한 프로그램이 재구속률을 예방하는 데 효과적이라는 것을 암시하는가? 동의하는가, 동의하지 않는가?

3. 사례수가 100인 연구에서 3 × 4 표에서 카이제곱값 20.0은 0.01 수준에서 유의미하였다. 이 장에서 소개한 공식을 사용하여 크래머 V를 계산하고 해석하였다.

신앙기반 교도소 재활 프로그램		
재구속 여부	참가자	참가자
예	40 40.0%	60 60.0%
아니오	60 60.0%	40 40.0%

4. 클라이언트 만족도 평가(매우 좋다, 좋다, 보통이다, 좋지 않다)가 클라이언트의 변화 동기(높다, 보통이다, 낮다)와 관련 있을 것이라는 가설을 검증할 때 사용할 수 있는 두 가지 상관계수는 무엇인가? 사용할 수 없는 상관관계는 무엇이고 그 이유는?

5. 자녀 양육에 관한 부모의 태도를 측정하는 척도를 개발하는 과정에서 관련성이 낮아 보이는 두 개의 예비문항 간에 0.95 상관관계를 발견했다. 예비척도는 매우 길어서 당신은 척도를 짧게 하고자 한다. 두 문항 간의 0.95 상관관계에 비추어서 당신이 하고자 하는 것은 무엇이고 그 이유는?

문항 3: 그릇된 행동을 하는 자녀를 체벌하지 않는다면 그 자녀는 미래에도 그릇된 행동을 할 것이다.

매우 동의한다 동의한다 동의하지 않는다 전혀 동의하지 않는다

문항 26: 품행이 좋지 않은 자녀를 체벌하지 않는다면 그 자녀는 응석받이가 될 것이다.

매우 동의한다 동의한다 동의하지 않는다 전혀 동의하지 않는다

6. 상관관계가 있어 보이는 변수 두 개를 생각해내라. 그러나 상관관계가 인과관계를 증명하지 못한다는 것을 보여주어라. 두 개의 변수를 밝혀내고 인과관계의 부족에도 불구하고 왜 상관관계가 존재하는지를 급우와 함께 논의하라.

제 18 장

회귀분석

서론

제17장에서 우리는 두 변수 간 관계의 방향과 강도에 관한 측도로서 상관관계를 살펴보았다. 연구, 평가, 증거기반 실천에서 상관관계가 다양하게 사용되는 것을 보았다. 이 장에서는 상관관계 개념이 실천을 이끄는 또 다른 중요한 방법, 즉 상대적으로 정확하고 유용한 예측을 할 수 있도록 도와주는 방법을 살펴볼 것이다.

우리는 이전 장들에서 예측을 넌지시 비추었다. 예를 들면, 두 개의 등간 또는 비율 변수들이 상관관계를 보일 때, 어떤 개인이 한 변수에서 낮은지, 보통인지 또는 높은지를 아는 것은 나머지 변수에서 그 사람의 수준에 대한 예측의 정확성을 향상시킨다는 것을 보았다. 또한 완전(+1.0 또는 −1.0) 상관관계에서 한 변수의 값을 알게 되면 나머지 변수의 값을 정확하게 예측할 수 있다는 것도 보았다. 상관관계가 없는 경우 한 변수의 값을 알게 되더라도 다른 변수의 값을 전혀 예측할 수 없다.

구체적인 미래값을 예측하기 원할 때 회귀분석을 사용한다. **회귀분석**은 방정식을 사용하는 상관관계분석의 한 형태이며 한 변수의 값에 기초하여 다른 변수의 값을 예측할 수 있게 해준다. 예를 들면, 이 책에서 다루고 있는 가설적 평가로 돌아가서 당신이 거주 치료 센터에서 근무하는 임상조정관이라고 가정하자. 당신은 다른 유형의 새로운 입소자들보다도 심각한 문제행동을 가지고 있는 새로운 입소자들을 어느 정도 정확하게 예측하길 원한다고 가정하자. 이것을 예측할 수 있다면, 새 입소자를 어떤 숙소에 거주하도록 하고, 어떤 치료사를 배정하며, 새 입소자에게 가장 문제가 심각한 또는 가장 문제가 덜 심각한 청소년을 위해 계획된 개입 방식을 제공할지 등에 관한 임상적 결정을 내릴 때 도움이 될 것이다.

입소 당시 청소년의 외상 증상 척도의 점수와 센터에 거주하면서 나중에 보고된 심각한 문제행동의 횟수 간에 상당히 강한 상관관계를 발견하였다고 가정하자. 입소 때 청소년들의 척도 점수에 기초하여 예비 입소자들이 얼마나 많은 심각한 문제행동을 보일지를 예측하기 위해 회귀분석을 실시할 수 있다. 이러한 예측에 기초하여 어떤 숙소, 치료사, 개입 등이 새 입소자를 위해 가장 적합한지를 결정할 수 있다.

회귀방정식

앞에서 언급했듯이, 한 변수의 값에 기초하여 다른 변수의 값을 예측하기 위해 회귀방정식을 사용한다. 하지만 그렇게 하기 위해 데이터는 피어슨 r과 관련하여 제17장에서 논의했던 가정들을 충족시켜야 한다. 따라서 데이터는 등간 또는 비율 수준이어야 하고, 산점도에서 어느 정도 선형이어야 하며, 등분산적(상관관계에 있는 두 변수의 분산의 정도가 비슷해야 한다는 의미이다)이어야 한다. 물론 두 변수는 또한 상관관계를 가져야 한다. 정의에 따르면, 상관관계가 없다는 것의 의미는 한 변수의 값을 아는 것이 다른 변수의 값을 예측하는 데 아무런 도움이 되지 않는다는 것이다.

데이터가 위의 가정들을 충족시킨다면 아래의 **회귀방정식**을 적용할 수 있다:

$$Y' = a + bX$$

단,

Y = 특정 X값을 가지고 예측된 변수 Y의 값
a = 회귀선이 y축과 교차하는 지점
b = 회귀선의 기울기, X의 각 변화량에 대한 Y의 각 변화량에 의해 결정됨
X = Y'를 예측하기 위해 사용된 변수 X의 값

10명의 가설적 클라이언트의 자료에 최소제곱 회귀방정식 적용하기

최소제곱 회귀선을 직접 계산하기 전에 아래의 단계들이 필요하다:

1. 표본에 있는 각 사례의 두 변수의 값들을 쌍으로 나열한다.
2. 각 변수의 값들을 각각 더한다.
3. 각 사례의 X값을 각각 제곱한다.
4. 각 사례의 쌍을 이루는 값들을 곱한다.
5. 4단계에서 곱한 값들을 더한다.
6. 첫 번째 변수(X)의 제곱들(3단계에서)을 더한다.
7. 회귀선의 기울기인 b를 구하기 위해 위 단계들에서 구한 합들을 아래 공식에 대입한다:

$$b = \frac{N\Sigma XY - (\Sigma X)(\Sigma Y)}{N\Sigma X^2 - (\Sigma X)^2}$$

ΣX = 첫 번째 변수(X)들의 합
ΣY = 두 번째 변수(Y)들의 합
ΣXY = 각 X값과 각 Y 값을 곱한 값들의 합
ΣX^2 = 각 X값의 제곱들의 합

8. Y값들의 평균과 X값들의 평균을 계산하고 a(y-절편, 회귀선이 y축과 교차하는 지점)를 구하기 위해 평균을 아래 공식에 대입한다:

$$a = \bar{Y} - b\bar{X}$$

단,

$\bar{X}$ = Y값들의 평균
$\bar{Y}$ = X값들의 평균
b = 기울기

이 공식을 적용하는 방법을 설명하기 위해 10명의 클라이언트를 가지고 있고 그들의 자료가 아래에 있다. X 변수의 값들은 거주 치료 센터에 입소할 당시 클라이언트의 외상 증상 척도 점수들이다. Y 변수의 값들은 클라이언트가 센터에 머무르는 동안 발생한 심각한 문제행동의 횟수이다. X^2을 제목으로 하는 열은 각 척도의 점수들의 제곱을 나열하고 있고 제목이 XY인 열은 각 X값과 각 Y값을 곱한 값들의 합을 나열하고 있다.

10명의 클라이언트들의 합을 최소제곱 회귀공식에 대입하면 아래와 같은 기울기를 얻는다:

$$b = \frac{(10)(2103) - (263)(61)}{(10)(10{,}039) - (263)^2}$$

$$= \frac{21{,}030 - 16{,}043}{100{,}390 - 69{,}169}$$

클라이언트	외상 증상 척도 점수 X	심각한 문제행동 발생 횟수 Y	X^2	XY
A	5	2	25	10
B	8	1	64	8
C	10	5	100	50
D	15	4	225	60
E	20	2	400	40
F	25	9	625	225
G	30	7	900	210
H	40	13	1,600	520
I	50	10	2,500	500
J	60	8	3,600	480
합계	$\Sigma X = 263$	$\Sigma Y = 61$	$\Sigma X^2 = 10{,}039$	$\Sigma XY = 2{,}103$

10명의 가설적 클라이언트의 자료에 최소제곱 회귀방정식 적용하기(계속)

$$= \frac{4987}{31,221}$$

$$= .16$$

기울기는 0.16이고 이는 척도 점수가 1점 증가할 때마다 심각한 문제행동 발생 횟수가 0.16 증가한다는 의미이다. 그 다음, a를 구하기 위해 X 열과 Y 열의 평균들을 a를 구하는 공식에 대입한다. 10명의 사례를 가지고 있기 때문에 X의 평균은 263/10 = 26.3, Y의 평균은 61/10 = 6.1이 될 것이다. 그러므로

$$a = 6.1 - [(0.16)(26.3)]$$
$$= 6.1 - 4.2$$
$$= 1.9$$

이다. 따라서 y축 위 1.9에서부터 회귀선을 긋기 시작한다. a와 b의 값을 가지고 있기 때문에 Y'의 공식을 사용하여 새로운 클라이언트 X 점수에 상응하는 Y'를 예측할 수 있다:

$$Y' = a + bX$$

만약 새로운 클라이언트 샘의 척도 점수가 10이면, 그의 심각한 문제행동 발생 횟수는 1.9 + (10)(0.16) = 1.9 + 1.6 = 3.5로 예측된다. 새로운 클라이언트 질의 척도 점수가 50이라면, 그녀의 심각한 문제행동 발생 횟수는 1.9 + (50) (0.16) = 1.9 + 8.0 = 9.9로 예측된다.

운이 좋게도, 대부분의 통계 소프트웨어 프로그램(SPSS 같은)은 당신을 위해 위의 모든 계산을 해준다!

위의 공식에서 실제 값이 아닌 **예측된** 값을 다루고 있다는 것을 의미하기 위해 Y 대신에 Y'를 사용했다. 방정식은 Y값을 예측하기 위한 최상의 기반을 제공하지만, 예측이 모든 사례에서 정확하다는 것을 보장하지는 않는다. 이것이 최상의 예측인 이유는 방정식이 x축에 있는 각 값에 해당하는 y축 위의 다양한 거리들을 평균하기 때문이다. 즉, 방정식은 선부터 실제 자료점까지 거리의 제곱의 합(또는 편차)이 최소인 곳에 선을 그을 수 있게 한다. 그래서 회귀선이 **최소제곱 회귀방정식**(least-squares regression equation)으로 불리는 이유이다.

예를 들어, 입소 때의 클라이언트 외상 증상 척도 점수에 기초하여 앞으로 발생할 심각한 문제행동의 횟수를 예측하기 원한다고 가정하자. "10명의 가설적 클라이언트의 자료에 최소제곱 회귀방정식 적용하기"라는 제목이 붙여진 글상자가 그 방법을 보여준다. 그림 18.1은 계산 결과에 기초하여 산점도 위에 그어진 회귀선을 보여주고 있다. 선이 자료점들에 근접하지만 대부분의 자료점들을 맞추지는 못하는 것에 주목하라. 또한 선이

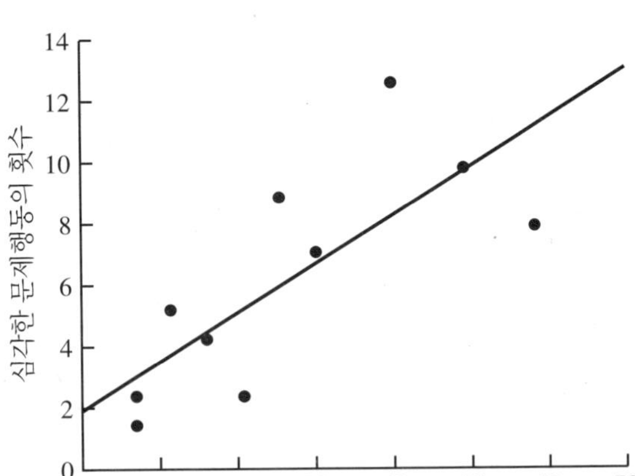

그림 18.1 외상 증상 척도 점수에 기초하여 심각한 문제행동의 횟수를 예측하는 회귀선을 가진 산점도

선의 위와 아래에 있는 y축 값 거리들을 얼마나 균형 있게 하는지에 주목하라.

새롭게 입소한 클라이언트의 심각한 행동문제 발생 횟수를 예측하기 위해 클라이언트의 척도 점수를 기울기 다음에 있는 X값에 대입한다. 즉, 공식에서 bX의 X값이다. 회귀선을 긋고 새롭게 입소한 클라이언트의 예측된 Y'값이 회귀선 위 어느 지점에 위치하는지를 찾기 전에 방정식에 있는 a와 b를 계산해야 한다. 방정식에서 a는 회귀선이 y축의 어느 지점에서 시작하는지를 말해준다. 즉, 회귀선이 y축과 교차하는 지점, 다시 말해서 회귀선을 긋기 시작하는 지점을 말해준다. 방정식에서 b는 y축의 시작점에서부터 오른쪽으로 이동하는 선을 그을 때 사용하는 기울기이다.

예를 들어, 양의 상관관계를 다룬다면, b값은 선이 얼마나 가파르게 올라가는지를 말해주는데 선이 오른쪽으로 이동하면서 점점 높아진다는 것이다. 음의 상관관계를 다룬다면, b값은 선이 얼마나 가파르게 내려가는지를 말해주는데 선이 오른쪽으로 이동하면서 점점 낮아진다는 것이다. 입소 당시의 외상 증상 척도 점수에 기초하여 심각한 문제행동 발생 횟수를 예측하는 예에서 높은 점수가 더 많은 발생 횟수를 예측하는 양의 상관관계를 가정할 것이다.

새로운 입소자인 샘의 척도 점수가 10이라고 가정하자. 샘의 문제행동 발생 횟수를 예측하기 위해 그의 점수(10점)와 b값(0.16)을 곱한다. "10명의 가설적 클라이언트의 자료에 최소제곱 회귀방정식 적용하기"라는 제목이 붙여진 글상자에서 설명했듯이 기울기를 결정하기 위한 방정식을 적용하여 b값을 구하였다. 그 다음, 곱한 값을 y축 위의 출발점(a)에 더한다. 이와 같이 10과 0.16을 곱하여 1.6을 구한 다음, 상자에서 설명했듯이 1.6을 a값(1.9)에 더한다. 우리가 예측한 샘의 심각한 문제행동 발생 횟수는 3.5이다. 마찬가지로, (상자에서 보여주었듯이) 새로운 클라이언트 질의 척도 점수가 50이라면, 그녀의 심각한 문제행동 발생 횟수는 $1.9 + (50)(0.16) = 1.9 + 8.0 = 9.9$로 예측된다.

그림 18.1을 다시 검토해보자. 축 위에서 샘의 점수인 10을 찾고 그 위를 보면, 그 점수 일직선 위의 회귀선에 있는 점의 축 값은 3.5이다. 마찬가지로, 축 위에서 질의 점수인 50을 찾고 그 위를 보면, 그 점수 일직선 위의 회귀선에 있는 점의 축 값은 9.9이다. 이는 회귀선을 가지고 각 X값에 상응하는 Y'값을 예측하는 방법을 설명하고 있다.

대부분의 예측은 완전히 정확하지는 않을 것이다. 예를 들어, 특정 클라이언트가 3.5 문제행동 발생 횟수 또는 9.9 문제행동 발생 횟수를 얻기란 불가능할 것이다. 클라이언트의 문제행동 발생 횟수는 정수만이 가능하기 때문에 3.5 예측은 3 또는 4에 가까운 발생 횟수, 9.9 예측은 거의 10에 가까운 발생 횟수일 것이다. 그러나 예측된 샘과 질의 점수들은 각 클라이언트로부터 얼마나 많은 발생 횟수를 기대할 수 있는지를 대략적으로 말해주기 때문에 임상 계획을 세울 때 이러한 정보를 사용할 수 있다. 예를 들어, 당신은 질처럼 예측되는 새로운 클라이언트를 동일한 숙소에 배치하지 않을 것이다. 또 다른 한편으로, 당신의 임상적 전략은 아마도 가장 적은 발생 횟수를 가진 클라이언트들을 위한 숙소, 가장 많은 발생 횟수를 가진 클라이언트들을 위한 숙소, 중간 수준의 발생 횟수를 가진 클라이언트를 위한 숙소을 갖는 것일 것이다. 그렇다면, 당신은 샘과 질을 비슷한 발생 횟수를 보일 것으로 예측되는 청소년들이 있는 숙소로 배치할 것이다. 이와 같은 회귀 정보는 새로운 클라이언트를 어디로 배치해야 하는지를 결정하는 데 유용할 것이다.

회귀방정식을 계산하는 모든 단계를 직접 경험해본다면 결과의 의미뿐 아니라 결과가 실천 결정에 어떻게 적용되는지를 이해하는 데 도움이 될 것이다. 그러나 X와 Y 간의 상관관계가 약하다면 (거의 0.0) 회귀분석을 사용하는 것이 당신이 결정을 내리는 데 거의 유용하지 못하다는 것을 기억하라. 각 X에 상응하는 Y값들의 분산이 클 경우 예측은 부정확해지고 그 결과 쓸모없게 될 것이다.

기울기의 의미에 관한 추가 내용

앞에서 언급했듯이, 회귀계수(b)는 회귀선의 기울기를 말하는데 기울기는 예측변수(X)의 각 변화량에 상응하는 종속변수(Y)의 변화량에 의해서 결정된다. 회귀분석에서 기울기라는 용어는 언덕의 기울기(또는 가파름)와 같다. b가 클수록 더 가파른 언덕을 의미한다. 마찬가지로, X값은 수평거리와 비슷하고 Y값은 수평거리의 각 단위에 따른 고도의 상승 또는 하강의 양과 비슷하다.

예를 들어, 당신이 매우 가파른 언덕을 올라가고 있다고 상상해보라. 한 걸음을 내디디면 앞으로 20인치를 가고 위로 12인치를 오르게 된다. b값 또는 기울기는 수평(X)으로 20인치 변할 때마다 고도(Y)는 12인치 증가한다는 것을 의미한다. 다시 말해서, X가 1인치 변할 때마다 Y는 0.60인치 변한다(12는 0.60×20과 같다). 만약 당신이 같은 언덕을 내려간다면, 같은 b값 또는 기울기를 가질 것이다. 그러나 내려가는 것이기 때문에 b값은 음의 부호를 가질 것이고, 이는 수평거리가 증가할 때마다 고도가 감소하는 것을 의미한다.

기울기 또는 b값은 상관계수와 관련이 있다. 만약 r이 0에 가까우면, 캔자스 주 위치타시 또는 텍사스 주 러벅시를 걷는 것과 같다. 당신이 평지에서 아무리 멀리 걷더라도 고도의 변화를 인지하지 못할 것이다. 다시 말하면, 사실상 수평거리(X)와 고도 간에 상관관계가 없다. 또 다른 한편, r이 $+1.0$이면 피라미드를 올라가는 것과 같다. 앞으로 한 걸음 내디딜 때마다 동일한 양의 고도 상승을 동반한다. 만약 r이 -1.0이면, 피라미드의 정상에서 내려오는 것과 같다.

비록 r이 0일 때 기울기(b)가 0일지라도, r이 $+1.0$ 또는 -1.0일 때마다 기울기가 양 또는 음이 되지는 않는다. 예를 들어, 마치 앞으로 20인치 걸을 때마다 고도가 12인치 상승한다면 r이 $+1.0$이 되는 것처럼, 앞으로 20인치 걸을 때마다 고도가 8인치 상승한다면 r은 $+1.0$이 될 것이다. 두 기울기는 각각 0.40(8/20)과 0.60(12/20)이 되는데, 수평으로 동일한 단위의 변화에 상응하는 고도 상승의 양에 편차가 없기 때문에 매번 r은 $+1.0$이 된다.

증거기반 실천에서 회귀분석의 활용에 관한 추가적 예시

지금까지 우리는 증거기반 실천에서 회귀분석의 활용을 거주 치료 센터를 포함하는 가설적인 예시와 관련해서만 고려하였다. 만약 당신이 문제 청소년을 위한 거주 치료 센터 이외의 현장에서 근무하고 있다면, 회귀분석이 당신의 실천에서도 유용할지에 대해 회의적일 것이다. 그래서 회귀분석을 증거기반 실천에 적용하는 다른 예들을 살펴보도록 하자.

당신이 아동복지기관에서 근무하면서 얼마나 자주 가정위탁 배치가 잘못되어 결과적으로 아동들이 여러 차례 배치되었는지에 관심을 가지고 있다고 가정하자. 그러한 재배치는 아동들이 사람들과 애착을 형성하는 데 매우 유해하고 이미 가지고 있는 정서적, 행동적 문제를 더욱 심하게 할 수도 있다.

성나게 하고 돌발적인 아동의 행동에 대처하고 다루는 예비 위탁부모들의 능력을 측정하는 척도를 가지고 있다고 가정하자. 더 나아가, 어떤 연구가 위탁부모의 척도 점수와 아동이 위탁부모와 함께 머무는 기간 간에 높은 상관관계를 보여주었다고 가정하자. 회귀분석을 통해서 심각한 정서적 또는 행동적 문제를 가진 아동들이 배치된 위탁가정에 머무는 개월수에 대한 예측이 0.20 + 0.50*X* 이었다고 가정하자. 다시 말해서, 회귀방정식 $Y' = a + bX$에서 a는 0.20이고 b는 0.50이다. 이는 척도 점수가 1점 증가할 때마다 배치기간이 보름 증가한다는 것을 의미한다.

예비 위탁부모들이 심각한 정서적 또는 행동적 문제를 가진 아동들에게 좋은 위탁부모들이 될 수 있는지를 결정하기 위해 그들에게 척도에 응답하도록 하였다. 스미스씨의 척도 점수가 80점이라고 가정하자. 당신은 스미스씨에게 배치되는 기간이 대략 40.20개월 또는 3년 이상이 될 것으로 예측할 수 있을 것이다. 왜냐하면 0.20 + (0.50)(80) = 0.20 + 40 = 40.20이기 때문이다. 존스씨는 척도에서 단지 10점만을 얻었다고 가정하자. 0.20 + (0.50)(10) = 0.20 + 5 = 5.20이기 때문에 존스씨와의 배치기간은 대략 5.20개월이 될 것으로 예측된다. 스미스씨의 예측된 배치기간과 존스씨의 예측된 배치기간을 비교하면 스미스씨에게 심각한 정서적 또는 행동적 문제를 가진 아동을 배치하는 것이 훨씬 더 적절할 것이다.

부모의 점수들을 비교하는 것에 더하여 예비 위탁부모들이 심각한 정서적 또는 행동적 문제를 가진 아동을 위해 적절한지를 고려하기 위해 절사점(cutoff point)을 개발할 수도 있다. 예를 들어, 당신이 최소한의 위탁배치기간을 1년으로 결정하였다고 가정하자. 최소한 12개월을 예측된 배치기간으로 한다면, 예비 위탁부모는 척도에서 최소한 24점을 얻어야 한다. 그 이유는 0.20 + (0.50)(24) = 12.20이기 때문이다. 12개월을 최소한으로 수용할 수 있는 배치기간으로 한다면, 예비 위탁부모가 심각한 정서적 또는 행동적 문제를 가진 아동을 위해 적절한지를 결정하기 위해 24점을 최소 절사점으로 할 수 있다. 물론 배치될 아동들보다 위탁부모 신청자들이 더 많다면, 척도에서 24점 이상을 얻은 모든 신청자들을 받아들일 필요가 없다. 가장 높은 척도 점수를 얻은 사람들을 선택할 수 있고 절사점은 넘었으나 상대적으로 낮은 점수를 받은 사람들을 대기자 명단에 올려놓을 수 있을 것이다.

예를 하나 더 들어 보자. 당신이 약물남용자 또는 뇌기능 장애를 겪고 있는 사람들을 위한 입원시설에서 근무하는 관리자 또는 임상조정관이라고 가정하자. 당신은 환자들의 퇴원 시기와 퇴원 후 그들이 어떤 유형의 생활환경이 필요한지를 결정해야 한다. 얼마나 오랫동안 퇴원한 환자들이 재발하지 않고 지역사회에서 독립적으로 생활하는지를 정확하게 예측하는 퇴원준비 척도가 개발되었다고 가정하자.

회귀분석이 재발하기 전 날수를 1 + 10*X*로 예측하였다고 가정하자. 만약 봅이 척도에서 단지 2점만을 얻었다면, 그는 아마도 독립적인 생활환경(자신의 아파트)으로 퇴원한 후 대략 21일 이내에 재발할 것으로 예측된다. 따라서 당신은 그가 아직 퇴원할 준비가 되어 있지 않다고 결정할 수도 있다. 만약 당신이 법에 따라 그를 강제로 퇴원시켜야 한다면, 당신은 그를 감독과 지지를 제공하는 중간 집에 배치시키려 할 것이다. 이와는 대조적으로, 수가 척도에서 150점을 얻었다고 가정하자. 그녀는 1,501일(4년 이상)을 재발하지 않고 지낼 것으로 예측되기 때문에 당신은 그녀를 그녀의 아파트로 퇴원하도록 결정할 것이다.

다중상관

지금까지 상관관계와 회귀분석에 대한 논의는 이변량 수준, 즉 두 개의 변수만을 포함하는 분석으로 제한되었다. 그러나 증거기반 실천가들이 관심 있어 하는 현상은 거의 항상 두 변수 이상을 포함한다. 예를 들어, 우리는 13장에서 대인 서비스에서 보통 수준의 효과적인 개입이 종속변수의 변량을 약 9% 설명한다고 언급하였다. 이는 다른 요인들이 나머지 91%를 설명한다는 의미이다.

17장에서 연구의 목적이 측도의 신뢰도나 타당도를 평가하는 것이 아니라면 거의 완전한 상관계수를 해석하는 데 주의해야 한다고 언급하였다. 그러한 상관관계는 우연히도 동일한 변수를 두 가지 다른 방법으로 측정했다는 것을 표시할 수도 있다. 이는 증거기반 실천과 평가에서 변수들이 다른 한 변수에 의해서 완전히 설명될 수 없다는 것을 암시한다. 다른 변수(종속변수)의 변량을 완전히 설명하기 위해서는 복수의 변수들이 거의 항상 필요하다.

일반적인 대인 서비스 개입을 고려할 때, 한 개의 변수에 의해 발생되는 어떤 것을 상상하기는 어려울 것이다. 당신의 초점이 임상 실천가들이 강화하려는 강점에 있든지 아니면 그들이 감소시키려는 문제에 있든지 간에 아마도 당신은 단일 변수에 의해서 설명되는 어떤 것을 상상할 수 없을 것이다.

아동학대 또는 방임을 예로 들어 보자. 이 문제가 단일 원인에 의해서 발생하는가? 물론 아닐 것이다. 학대와 방임으로 의뢰된 부모들을 대상으로 하는 개입의 효과성에 영향을 미치는 요인에는 부모들의 정신병리, 그들의 약물남용, 그들 부모의 양육 방식, 사회경제적 스트레스, 부부갈등, 지지체계의 활용, 이전에 발생한 남용의 빈도, 아동의 성격, 부모의 양육 지식과 기술 등이 포함될 수 있다. 만약 당신이 아동학대나 방임에 관해 연구했다면, 내가 언급하지 않았던 변수들을 추가할 수 있을 것이다.

청소년의 자존감과 같은 긍정적인 것은 어떨까? 당신의 개입처럼 단지 한 요인만이 자존감 향상 정도에 영향을 끼칠까? 부모의 영향, 교사의 영향, 또래의 영향, 호르몬의 영향 등은 어떠한가? 다른 긍정적인 예로, 요양보호시설 입소자들의 기분상태는 어떠한가? 그들의 기분을 북돋우려는 당신의 노력이 그들의 정신에 영향을 주는 유일한 요인인가? 사랑하는 사람들의 방문횟수, 그들을 방문하는 사람들과의 관계의 질, 요양보호사들이 그들을 대하는 방식 등은 어떠한가? 점점 쇠약해지는 신체기능과 같은 생물학적 요인들은 어떠한가?

사실, 교재나 교수들이 환경 속 인간 관점을 언급할 때 그들은 실천가들이 다양한 원인들을 가진 것들을 고려해야 한다는 것을 암시한다. 즉, 환경 속 인간 관점에서는 실천가들이 직면하고 있는 문제들을 설명하고 실천가들이 그 문제들에 효과적으로 개입하는 방법에 영향을 끼치는 생물학적, 심리적, 가족, 또래, 경제적 그리고 다른 환경적, 사회적 요인들을 고려한다.

결과적으로, 증거기반 실천과 평가에서 가장 유용한 노력은 단일 설명 또는 예측요인에 초점을 두는 것이 아니고 복수의 요인들을 고려하는 것이다. 상관관계나 회귀분석을 실시할 때, 실천가들은 단지 한 개의 독립변수가 아니라 복수의 독립변수를 방정식에 투입해야 한다. 그렇게 한다면, 우리는 **다중회귀분석** 또는 **다중상관분석**에 관여하고 있는 것이다.

다중회귀분석과 다중상관분석은 서로 관련이 있고 다변량분석의 일종이다. 이 책의 앞부분은 일변량분석과 이변량분석에 초점을 두었다. 단일 변수의 분포나 집중경향값을 기술하기 위해 사용된 통계량을 논의할 때 일변량분석을 고려하였다. 두 변수 간 관계의 유의성이나 강도를 검증하기 위해 추론통계를 살펴보았을 때 이변량분석을 다루었다. 이와는 대조적으로, 다변량분석은 세 개 이상의 변수들의 관계를 동시에 다룬다.

다중회귀와 다중상관만이 유일한 다변량분석

은 아니다. 이 책의 부록 C는 다른 종류의 다변량 분석을 요약하고 있다. 그러나 이 두 분석은 가장 흔히 사용되는 다변량분석이기 때문에 이들 분석을 좀 더 자세하게 살펴볼 것이다. 그렇다고 이변량 상관관계와 회귀분석에서 다룬 것과 같은 정도로 다중회귀분석과 다중상관관계 분석의 공식과 계산방법을 다루지는 않을 것이다. 그렇게 하는 것은 이 책의 범위를 넘어서는 것이다. 예를 들어, 다중회귀방정식은 직선으로 묘사될 수 없고 다차원 공간에서 평면을 묘사한다. 이것이 무슨 의미인지 걱정하지 마라. 심지어 통계학자들도 이 개념을 이해하고 설명하는 데 어려워한다.

다중회귀와 다중상관의 공식과 그림과 같은 복잡한 것들을 다루지 않아도 다중회귀와 다중상관 결과들의 의미와 활용을 개념화할 수 있다. 아래의 논의가 약간 어려울지라도 실천을 위해 다중회귀와 다중상관을 해석하고 이것을 실천 평가에서 사용하는 방법들을 이해할 수 있을 것이다.

다중상관과 부분상관

다중회귀분석을 논의하기에 앞서 다중상관과 부분상관의 개념을 살펴보도록 하자. **다중상관**은 여러 개의 독립변수들과 한 개의 종속변수 간의 상관관계이다. 예를 들어, 거주 치료 센터의 청소년들이 다른 청소년들에 비해 심각한 문제행동을 더 많이 보이는 이유를 설명하거나 예측하길 원한다면, 그들의 외상 증상만을 고려해서는 안 될 것이다. 그들이 이전에 얼마나 많은 학대를 경험했는지, 그들의 연령과 인종, 그들이 주의력결핍행동장애(ADHD)를 가지고 있는지, 그들이 어떤 그룹 홈에 머물고 있는지, 그룹 홈 부모 또는 치료사의 특성, 그들의 지적 능력과 학업 수행, 또래 영향, 친척들이 그들을 방문했을 때 또는 그들이 주말에 귀가했을 때 발생한 것들 그리고 다른 여러 요인들을 고려해야 할 것이다.

위의 사례를 다루기 쉽게 하기 위해, 우리의 연구를 세 개의 독립변수들(외상 증상 척도 점수, 연령, 이전의 학대 경험빈도)로 제한하도록 하자. 각 변수가 종속변수인 심각한 문제행동 발생빈도와 갖는 상관관계를 보기 위해 이변량분석을 여러 차례 실시한다고 가정하자. 더 나아가, 통계적으로 유의미한 이변량 상관계수 세 개(외상 증상 척도 점수와 $r = 0.70$, 연령과 $r = 0.40$, 이전의 학대 경험빈도와 $r = 0.70$)를 얻었다고 가정하자.

제13장에서 결정계수를 논의할 때 r을 제곱함으로써 독립변수의 변량으로 인해 발생한 종속변수의 변량의 비율을 알 수 있다고 했다. 잠시 짬을 내어 위에 있는 세 개 r의 결정계수를 계산해보라. 그 다음, 세 개의 결정계수를 더하라.

제곱한 값들은 0.49(외상 증상 척도 점수에 해당하는 0.70의 제곱), 0.16(연령에 해당하는 0.40의 제곱), 0.49(이전의 학대 경험빈도에 해당하는 0.70의 제곱)이다. 제곱한 값들의 합은 1.14이다. 당신은 이상하다고 생각하는가? 당연히 그럴 것이다. 각 독립변수에 기인하는 종속변수 변량의 비율들을 더한 값이 1.0을 초과했기 때문이다. 이는 세 개의 변수들이 종속변수 변량의 100% 이상(정확히 말하면 114%)을 설명한다는 의미이다. 그러나 그것은 불가능하다. 변량의 100%를 설명한다는 것은 그것의 전부를 설명하는 것이다. 더 이상 설명하기 위해 남겨진 것이 없다. 지금 무슨 말을 하고 있는 것인가?

100%를 초과한 이유는 세 개의 이변량 상관관계를 더할 때 독립변수들 간에 중복된 부분을 설명하지 못했기 때문이다. 즉, 독립변수들이 각 변수들과 가졌던 상관관계를 설명하지 못하였다. 따라서 단순히 각 독립변수가 종속변수와 갖는 이변량 상관관계를 더하여 여러 개의 독립변수들과 한 개의 종속변수 간의 상관관계를 발견할 수 없다. 이 개념은 그림 18.2에서 중복된 원들로 예

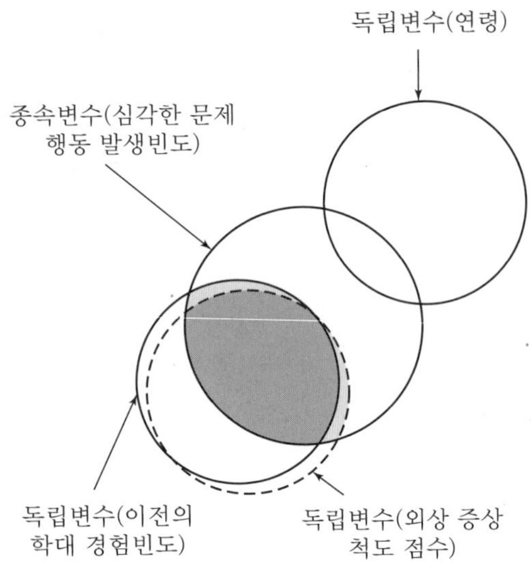

그림 18.2 다중공선성을 갖는 여러 개의 독립변수들과 한 개의 종속변수 간의 다중상관 예시

시되어 있다.

그림 18.2에서, 각 원은 각 변수의 변량을 나타낸다. 중간에 있는 원은 종속변수인 심각한 문제행동 발생빈도의 변량을 나타낸다. 이 원이 세 개의 독립변수들을 가지고 설명하려고 하는 변량이다. 다른 원들은 세 개의 독립변수들의 변량을 나타낸다. 원들 간에 중복된 정도는 공유된 변량의 양 또는 다른 변수에 기인한 한 변수의 변량의 양을 나타낸다.

당신은 아마도 종속변수의 변량을 나타내는 중간 원의 100% 미만이 세 개의 독립변수들과 중복된다고 즉시 알아차릴 것이다. 그러므로 세 개의 독립변수들이 종속변수의 변량의 114%를, 심지어는 100%도 설명하는 것이 아니다. 그 이유는 두 독립변수들(이전의 학대 경험빈도와 외상 증상 척도 점수) 간에 공유된 변량이 있기 때문이다. 이 두 독립변수의 원들 사이에 중복의 정도가 매우 크다는 점에 주목하라. 이 두 변수는 서로 강한 상관관계를 가지고 있기 때문에 두 변수 중 한 변수가 독자적으로 종속변수의 변량을 설명하는 것에 두 변수가 함께 추가하는 정도가 매우 적다.

비록 연령이 종속변수의 변량을 적게 설명하지만 다른 독립변수들과 겹치지 않는다는 것에 주목하라. 따라서 결정계수 0.16은 작아질 필요 없고 다른 두 독립변수들이 설명한 변량에 추가될 수 있다. 다른 두 독립변수들이 종속변수 원의 면적의 51%를 설명한다고 가정하자. 다시 말해서, 두 독립변수들과 종속변수와의 이변량 상관관계(r = 0.70)의 상당히 많은 부분이 두 독립변수들 간의 상관관계에 의해서 설명되었기 때문에 단지 2% 정도만이 두 변수의 결합에 의해서 설명되었다. 달리 표현하면, 두 변수의 결정계수 0.49의 대부분은 두 독립변수 간의 중복에 의해서 사라졌으며, 단지 종속변수의 소량(변수당 약 1%)만이 위의 두 변수의 결합에 의해서 설명되었다.

(나는 이것을 실제 연구에서 발견하는 상관관계라고 제시하는 것이 아니다. 중복의 강도와 정도는 매우 다를 수 있다. 아마도 두 개의 0.70 상관관계는 훨씬 작고 덜 겹칠 수도 있을 것이다. 아마도 각각은 연령과 겹칠 수도 있다. 나는 우리가 논의하고 있는 개념들을 쉽게 이해하고 시각화할 수 있도록 하기 위해 이런 숫자들을 만들어 냈다. 여러 독립변수들에 의해 설명된 종속변수 변량은 독립변수들 간에 중복되어 있는 정도로 감소된다는 것을 시각화할 수 있기를 바란다. 즉, 다수의 독립변수를 포함하는 다중상관이 이변량 상관관계들의 합보다 훨씬 적은 이유를 중복된 변량이 설명하고 있다는 것을 이해하기 바란다.)

그림 18.2에서 외상 증상 척도 점수와 이전 학대 경험 빈도 사이에 겹치는 정도가 많다는 것은 **다중공선성**(multicollinearity)을 설명하는 것이다. 다중공선성은 다중상관과 다중회귀분석에서 두 개 이상의 독립변수들이 강한 상관관계를 보여 분석이 왜곡될 때 발생하는 문제이다. 우리는 곧 이 문제로 돌아올 것이다.

부분 *r*

두 변수 간의 상관관계에서 다른 변수들과 공유되지 않은 부분을 밝히기 위해 부분상관계수를 계산할 수 있다(계산을 위해 SPSS를 사용할 수 있다). 부분상관계수를 **부분 *r***이라고 한다. 예를 들어, 그림 18.2에서 외상 증상 척도 점수의 부분 *r*은 약 0.10이고 이전 학대 경험 빈도의 부분 *r*도 약 0.10이다. 앞에서 언급했듯이, 두 변수는 각각 1%를 종속변수와 공유된 변량에 추가하였다. 결정계수는 *r*의 제곱이기 때문에 결정계수의 제곱근이 *r*이다. 그러므로 이 변수들 각각은 독자적으로 종속변수 변량의 0.01을 설명한다면, 0.01은 부분 *r*의 제곱 또는 부분 r^2을 나타낸다. 0.01의 제곱근은 0.10이므로 부분 *r*은 0.10이다.

다른 말로 표현하면, 외상 증상 척도 점수 또는 이전 학대 경험빈도를 고려할 때 이변량 상관관계 0.70 중 0.10만이 다변량분석에서 고유한 부분이라는 것이다. 나머지 0.60은 두 독립변수 간의 중복에 기인하는 부분이다. 다변량분석을 실시했을 때 이변량 결정계수 중 1%를 제외한 모든 부분은 나머지 독립변수와 공유된 부분이다.

다중공선성

다중상관 또는 다중회귀분석에서 독립변수들이 강한 상관관계를 보일 경우 **다중공선성**의 문제가 존재한다고 언급하였다. 가설적인 예에서 어떻게 다중공선성이 결과를 왜곡하는지를 보도록 하자. 우리는 앞에서 다중공선성을 가지는 두 변수들 각각의 부분 *r*이 단지 0.10이라고 했다. 마찬가지로, 각각의 부분 r^2은 0.01에 불과하다. 그림 18.2에서 연령 변수는 나머지 두 변수와 겹치지 않기 때문에 이 변수의 부분 *r*과 부분 r^2은 이 변수의 이변량 $r(= 0.40)$ 및 $r^2(= 0.16)$과 같다.

각 변수의 부분 *r*과 부분 r^2만을 고려하고 다중공선성을 고려하지 않는다면, 다른 변수들보다 연령이 종속변수를 더 강하게 예측하는 변수일 것이다. 왜냐하면 연령이 종속변수 변량의 16%를 설명하는 반면, 나머지 두 변수는 각각 1%만을 설명하기 때문이다. 그러나 다른 두 변수들이 매우 낮은 부분 *r*을 갖는 이유는 동일한 개념을 두 가지 다른 방법으로 측정한 것이기 때문에 이러한 해석은 오류일 수 있다. 그림 18.2에서 외상의 영향이 연령의 영향보다 종속변수를 더 강력하게 예측한다는 것을 볼 수 있다. 그러나 동일한 요인을 측정하고 상당히 많이 중복되는 두 변수들이 방정식에 투입되어 두 변수는 모두 거의 동일한 양의 설명 공간을 차지하여 각 변수와 종속변수 간의 고유변량을 삭제하였다.

독립변수들 간 상관이 얼마나 많을 때 너무 많은 것인가? 즉, 어느 정도의 다중공선성을 문제로 고려하는가? 어떤 이들은 독립변수들 간에 0.60 이상의 상관관계를 보일 때 문제로 고려한다. 일부는 분계점(threshold)을 0.80으로, 일부는 0.90으로 설정하기도 한다. 절사점에 관한 결정은 분석을 하는 사람에 달려 있다. 통계 소프트웨어 프로그램은 당신이 원하는 분계점을 설정할 수 있도록 해주기도 하고 또는 분계점이 미리 정해져 있기도 하다. 분계점이 정해져 있든지 아니면 당신이 설정했든지 간에 통계 프로그램은 당신의 분석에서 다중공선성이 문제시 될 때 이를 알려줄 것이다.

변수들이 너무 많은 다중공선성을 가질 때 다중상관과 다중회귀분석에서 모든 변수를 포함시키지 말아야 한다. 그 대신 변수들의 값들을 하나의 변수로 결합시키거나, 또는 변수들의 상관이 0.90 이상이라면 두 변수는 사실상 같은 개념을 측정하고 있기 때문에 두 변수들 중 하나를 제거해야 한다.

변수들을 하나의 변수로 결합시키는 방법은 요

인분석(factor analysis)이라고 하는 다변량 절차를 사용하여 요인 점수를 새로 만드는 것이다. (부록 C는 요인분석에 관한 설명을 제공하고 있으며 이에 관한 교재들을 소개하고 있다.) 변수들을 결합시키는 또 다른 방법은 지수를 만드는 것인데 각 변수의 값에 가중치를 주어 하나의 지수 점수를 만들어 내는 방법이다. 지수화하는 방법은 루빈과 배비가 저술한 『사회복지조사방법론』 교재에 설명되어 있다.

다중 R

여러 개의 독립변수들이 한 개의 종속변수와 갖는 상관관계의 정도를 발견하기 위해 다중상관계수를 계산한다. 다중상관계수를 **다중 R** 또는 간단히 **R**이라고 한다. 여러 개의 독립변수들이 설명하는 종속변수 변량의 양을 발견하기 위해 R을 제곱한다. 마찬가지로, R^2을 알게 되면 R^2의 제곱근을 구하여 R을 알 수 있다. 그림 18.2에서 세 개의 독립변수들이 설명하는 변량의 양을 모두 더하면 67%를 얻는다. 연령이 변량의 16%를 설명하였고, 외상 증상 척도 점수와 이전 외상 사건의 수가 결합하여 변량의 51%를 설명하였다. 따라서 16%와 51%를 더하면 67%가 되기 때문에 다중 R^2은 0.67이 된다. 0.67의 제곱근은 0.82이다. 따라서 다중 R은 0.82이다.

그림 18.3은 다중공선성이 문제가 아닌 다중상관의 예시이다. 위의 도표에서 상관관계가 없는 두 개의 독립변수(A와 B) 각각이 종속변수 Y 변량의 25%를 설명하고 있다. 독립변수들이 서로 상관관계를 가지고 있지 않기 때문에 두 변수는 함께 Y 변량의 50%를 설명한다. 즉, 다중 R^2이 0.50이다. 아래 그림에서 상관관계를 갖는 두 개의 독립변수(C와 D) 각각은 변수 A와 B처럼 동일한 이변량 상관관계를 가지고 있으나, 두 변수는 상관관계를 가지고 있기 때문에 설명공간에서 중복된 부분이 두 변수의 다중 R^2을 0.50 이하로 감소시킨다.

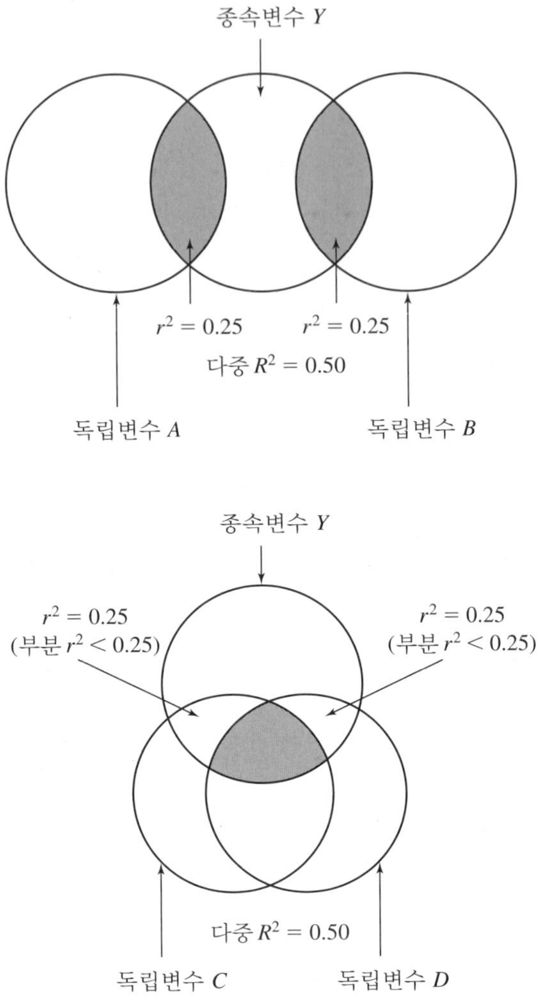

그림 18.3 상관관계가 있는 그리고 상관관계가 없는 독립변수들을 포함하는 다중상관

다중회귀

회귀분석에서 독립변수의 값에 기초하여 종속변수의 값을 예측할 수 있도록 해주는 방정식을 사용하는 방법을 앞에서 살펴보았다. 다중회귀분석은

최소한 두 개 이상의 독립변수들에 기초하여 종속변수의 값을 예측할 수 있도록 해준다. 때때로 다중회귀분석을 논하면서 **독립변수**라는 용어 대신 **예측변수**라는 용어를 사용한다. 그 이유는 다중회귀분석은 독립변수들에 관한 구체적인 가설을 검증하기 위해 사용되기보다는 여러 독립변수들 중 어느 변수가 가장 좋은 예측변수인지를 찾기 위해 사용되기 때문이다.

독립변수 대신 **예측변수** 용어가 사용될 때, **종속변수** 대신 **기준변수**라는 용어가 사용된다. 그러나 우리의 논의를 덜 복잡하게 만들기 위해 다중회귀분석에서 변수들을 언급할 때 **독립**과 **종속** 용어들을 계속해서 사용할 것이다. 그러나 당신이 **예측**과 **기준** 용어들을 우연히 접한다면 그 용어들은 이 장에서 당신이 접하고 있는 것과 동일한 것을 의미한다. 이제 용어 정의를 떠나 다중회귀방정식을 살펴보도록 하자.

다중회귀방정식

앞에서 이변량 회귀방정식 $Y' = a + bX$를 보았다. Y'는 이미 알고 있는 특정 X값으로부터 예측된 변수 Y의 값이고, 회귀선의 기울기인 b와 X를 곱해서 추정되며, 그 다음 상수인 a, 즉 회귀선이 y축과 교차하는 시작점을 더한다. 다중회귀방정식은 bX 다음에 더 많은 독립변수들을 추가함으로써 이변량 회귀 공식을 확장한다. 추가되는 변수들 각각은 그 자신의 기울기와 곱해지며 다중회귀방정식은 아래와 같다:

$$Y' = a + b_1X_1 + b_2X_2 + \cdots + b_kX_k$$

공식에서 아래첨자는 변수들이 방정식에 투입되는 순서를 나타낸다. 따라서 X_1은 첫 번째 변수, X_2는 두 번째 변수, X_k는 마지막 변수이다. 마찬가지로, b_1은 첫 번째 기울기, b_2는 두 번째 기울기를 의미한다.

위의 공식을 이 장 앞에서 논의했던 사례에 적용해보자. 당신이 아동복지기관에 근무하고 있고 위탁보호 배치가 제대로 기능하지 못해 결과적으로 아동들이 여기저기로 옮겨다녀야 하는지에 관심을 두고 있다고 가정하자. 예비 위탁부모들이 완성해야 하는 척도 세 개가 있다고 가정하자. 하나는 아동양육에 관한 그들의 지식과 기술을 측정한다. 이 척도를 척도 1이라고 하자. 두 번째 척도(척도 2)는 그들의 분노 조절을 그리고 세 번째 척도(척도 3)는 자존감을 측정한다. 당신의 연구에서 세 개의 척도를 세 개의 독립변수로 하고 위탁보호 배치기간을 종속변수로 하는 다중회귀분석을 실시한다. 당신의 결과는 아래와 같을 것이다:

$$Y' = 5 + 3(\text{척도 1 점수}) + 2(\text{척도 2 점수}) + 0.50(\text{척도 3 점수})$$

한 부모가 척도 1에서 80점, 척도 2에서 60점, 척도 3에서 70점을 얻었다고 가정하자. 이 부모의 위탁보호 배치기간은 다음과 같이 예측된다:

$$\begin{aligned}\text{예측된 기간(일)} &= 5 + 3(80) + 2(60) + 0.50(70)\\ &= 5 + 240 + 120 + 35\\ &= 400\text{일}\end{aligned}$$

표준화된 베타

다중회귀방정식에서 각 변수의 b값(기울기)을 발견하는 것에 더하여 다중회귀분석은 **표준화된 베타** 또는 **베타 가중치**로 불리는 각 변수의 통계량을 계산한다. 이 통계량의 부호는 β(그리스어 beta)이다. β가 더 크면, 다른 변수들이 통제되었을 때 종속변수의 변량을 설명하는 데 있어서 한 변수가 더 큰 영향력을 갖는다는 것을 의미한다.

당신은 기울기 통계량 b 대신 β를 사용하는 이유에 대해 궁금해 할 것이다. 그 이유는 b는 변수가 측정되는 방식에 영향을 받기 때문이다. 예를

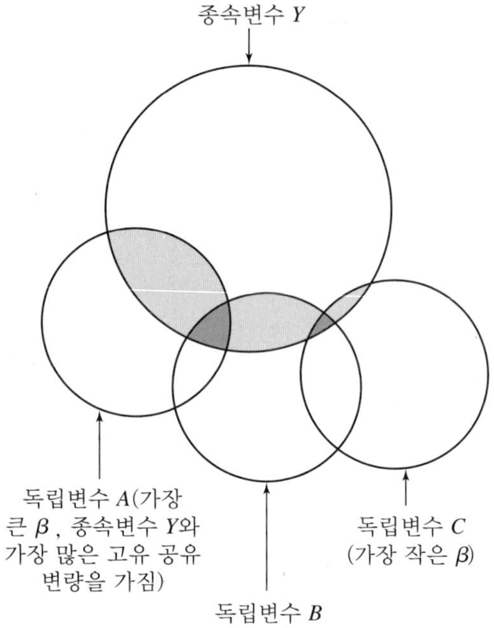

그림 18.4 종속변수 *Y*의 변량을 설명하는 다른 베타(β) 가중치(b)들을 가지고 있는 세 개의 독립변수

들어, 한 독립변수는 100점까지 가능한 척도이고 다른 독립변수는 부모의 자녀수라고 가정하자. 척도의 b는 2이고 자녀수의 b는 4라고 가정하자. 두 독립변수 중 어느 변수가 종속변수에 더 많은 영향을 갖는가? b가 더 크기 때문에 자녀수라고 생각하는가? 한 부모가 척도에서 50점을 얻었고 3명의 자녀를 두었다고 가정하자. 기울기 2와 50을 곱하면 예측된 Y'에 100점을 추가하는 반면, 기울기 4와 3명의 자녀수를 곱하면 예측된 Y'에 12를 추가한다. 따라서 두 독립변수의 측정 방식의 차이 때문에 값이 더 큰 b가 예측된 점수에 더 적은 영향을 가지고 있다.

다른 변수들을 비교 가능하게 하기 위해 변수 값들을 z-점수로 전환함으로써 값들을 표준화할 수 있다(제9장의 z-점수에 대한 논의를 상기하라). 종속변수의 변량을 설명하는 데 있어 각 독립변수의 상대적 중요성을 결정하기 위해 β 통계량을 비교한다.

아마도 당신은 시각적 학습자일 것이다. 만약 그렇다면, 그림 18.4를 검사하는 것이 유용하다. 그림에서 독립변수 *A*, *B*, *C*에 해당하는 겹쳐 있는 원들을 볼 수 있다. 또한 각 변수가 종속변수와 겹쳐 있는 것을 볼 수 있다. 변수 *A*와 겹쳐진 *Y*의 부분이 변수 *B*와 겹쳐진 *Y*의 부분보다 더 크다는 것에 주목하라. 또한 변수 *C*가 변수 *Y*와 겹쳐진 부분이 가장 적다는 것에 주목하라. 따라서 변수 *A*가 가장 큰 β, 변수 *B*가 두 번째로 큰 β 그리고 변수 *C*가 가장 작은 β를 갖는다.

다중회귀에서 변수를 투입하는 방법

다중회귀분석의 목적에 따라 독립(예측)변수를 분석에 투입하는 세 가지 방법이 있다. **모든 가능한 부분집합 방법**(all-possible-subsets method)이라고 불리는 방법에서는 모든 독립변수들이 동시에 투입된다. 이 방법을 사용할 때, 통계 소프트웨어 프로그램은 방정식에서 변수들의 모든 가능한 결합들과 순서들을 고려하고 가장 정확하게 종속변수를 예측하는 하나를 선택한다. **위계적 방법**(hierarchical method)으로 불리는 방법은 종속변수를 예측하는 데 있어 어떤 변수들 또는 어떤 변수들의 집합이 다른 변수들보다 더 영향력이 있다는 가설을 미리 세울 때 사용된다. 세 번째 방법인 **단계적 방법**(stepwise method)은 탐색하고자 하는 많은 가능한 독립변수들을 가지고 있을 때 사용된다. 이 방법에서는 종속변수를 예측하는 데 필요한 변수들을 찾고, 종속변수에 유의미하지 않거나 또는 적은 양의 설명 변량만을 추가하는 다른 변수들을 제거한다.

단계적 방법은 다른 방법으로 실행될 수 있다. **전진 단계적 방법**(forward stepwise method)에서 종속변수와 가장 큰 이변량 상관관계를 갖는 독립변수가 먼저 투입된다. 방정식에 투입되는 두 번째 변수는 첫 번째 변수의 효과를 제외한 후 종속변수와 가장 큰 **부분상관**을 갖는 변수이다. 나머지 변수들은 이미 투입된 변수들의 효과를 제외한 후 얼마나 많은 추가적인 종속변수 변량을 설명하는지에 따라 투입된다. 나머지 변수들이 유의미하지 않거나 매우 적은 양의 설명 변량만을 추가할 때 이 과정은 종결된다.

후진 단계적 방법(backward stepwise method)에서는 모든 변수들이 방정식에 투입된다. 그 다음, 가장 작은 부분상관을 갖는 변수가 방정식에서 제거되고 방정식이 다시 계산된다. 이는 부분상관에 기초해서 방정식으로부터 제거될 다음 변수를 알려준다. 이 과정은 종속변수에 유의미하거나 의미 있는 양의 설명 변량을 추가하는 변수들만이 방정식에 남겨질 때까지 반복된다.

위의 방법들을 보여주기 위해 당신이 아동보호센터의 관리자 또는 임상 조정관이라고 가정하자. 센터에서 치료받은 각 아동은 치료를 시작할 때와 종결할 때 정서적, 사회적 기능에 대한 전반적인 사정 점수를 제공받았다. 당신은 점수의 향상을 가장 잘 예측하는 변수를 찾는 능력을 향상시키고자 한다. 당신은 치료 계획을 세울 때 사용될 수 있는 변수들을 찾고자 한다. 예를 들어, 치료방법—놀이치료, 가족치료, 집단치료 또는 몇몇 치료방법들의 결합—이 향상을 가장 잘 예측하는가? 학력 수준 또는 학위 종류, 치료사와 아동이 동일한 성과 인종인지, 경력, 특별 훈련 등과 같은 치료사의 특성은 어떠한가? 아동 관련 요인은 어떠한가? 아동의 진단은 어떠한가? ADHD가 관련되어 있는가? 인종, 지능, 연령, 이전 외상, 의료적 상태, 학업 수행, 취미, 사회적 활동, 운동 등은 어떠한가? 부모의 연령, 부모의 교육 수준과 사회경제적 수준, 양부모의 존재 여부, 가정폭력과 갈등, 형제 관련 요인, 부모나 형제의 약물남용 등과 같은 가족 요인들은 어떠한가? 앞의 요인들이 당신이 고려할 수도 있는 모든 가능한 변수들을 고갈시키지 못하지만, 당신은 잠재적 예측변수들의 목록이 상당히 길 것으로 생각할 것이다.

당신의 기관이 포괄적인 접수 절차를 가지고 있고 다른 요인들뿐만 아니라 앞의 모든 요인들이 당신 기관의 컴퓨터 데이터베이스에 포함되어 있다고 가정하자. 데이터베이스는 많은 수의 클라이언트에 관한 정보를 가지고 있고 몇년 전부터 당신의 프로그램에 들어온 모든 클라이언트를 포함한다고 가정하자. (당신은 이처럼 포괄적인 변수들에 대해 다중회귀분석을 실시하기 위해 상당히 큰 크기의 표본을 필요로 할 것이다.)

만약 당신이 특정 변수들이 향상을 가장 강하게 예측하는 변수들이라고 기대하기에 충분한 이유를 가지고 있지 못하고 그리고 가장 중요한 예측변수들의 수를 줄이고자 한다면, 당신은 아마도 단계적 회귀를 실시할 것이다. 전진 또는 후진 단계적 투입방법 중 어느 방법을 사용하는지에 따라 당신은 다른 결과를 얻을지라도, 그 차이는 무시할 만하다.

단계적 방법을 사용하면, 당신은 임상 계획을 세울 때 다룰 수 있는 정도로 예측변수의 목록을 짧게 할 수 있을 것이다. 예를 들어, 분석 결과가 표 18.1과 같다고 가정하자. 표에 따르면, 아동은 개별, 집단, 놀이치료를 결합한 치료를 제공받았고, 가족치료가 가장 강력한 예측변수(가장 큰 β를 가진)이고 증가된 변량의 16%를 설명한다. 그 다음, 이전 외상(추가로 9%를 설명), 가족갈등과 폭력(추가로 6%를 설명), 외상 치료에 관한 치료사의 훈련(추가로 3% 설명), 치료사와 아동의 동일한 성과 인종(추가로 2% 설명)이었다. 그 이외에 다른 변수들은 유의미한 설명 변량을 추가하지 못하였다.

표 18.1에서 백분율을 더하면 5개의 변수가 변량의 36%를 설명하고 있다는 것을 알 수 있다. 표에서 제외된 변수들은 유의미하지 않은 예측변수

들이다. 다중 R^2은 0.36이고 다중 R은 0.36의 제곱근, 즉 0.60이다. 당신의 기관이 보다 더 많은 클라이언트들에게 보다 포괄적인 서비스를 제공하고 또 외상과 부부갈등을 다루는 직원들에게 특별 훈련 기회를 제공할 수 있도록 추가적인 외부지원금을 확보하기 위해 당신의 결과를 사용할 수 있을 것이다. 당신은 또한 가능할 때마다 아동에게 아동과 동일한 성과 인종을 가진 치료사를 배정하도록 해야 할 것이다. 그러나 상관관계가 인과관계를 암시하지 않는다는 것을 기억하라. 따라서 다중회귀 결과는 당신의 노력이 클라이언트의 개선으로 이어진다는 것을 보장하지는 않는다. 그러나 당신의 노력은 최소한 그 노력을 시도하고 실험설계나 유사실험설계를 사용하여 그 노력을 검증하기 위한 실증적 근거를 제공한다.

지금까지 단계적 방법을 실천 사례에 적용하였다. 위계적 방법은 어떠한가? 잠재적 예측변수들의 긴 목록을 짧게 만드는 대신 어떤 요인(들)이 가장 중요한지에 관한 가설을 가지고 있다면 위계적 방법을 사용한다. 아동이 개별, 집단, 놀이, 가족치료를 결합한 형태의 치료를 제공받았는지의 여부가 가장 중요한 요인이라고 가설을 세웠다고 가정하자. 그러나 당신은 일부 변수들이 아동의 치료 수혜 여부에 영향을 줄 가능성이 있다는 것을 인식하였다. 따라서 당신은 이 변수들을 방정식에 먼저 투입하고, 그 다음 아동의 치료 수혜 여부에 관한 변수가 방정식에 추가되었을 때 종속변수에서 얼마나 많은 변량이 추가되는지를 볼 것이다. 만약 유의미하고 의미 있는 정도의 변량이 추가되었다면, 당신의 가설은 지지받을 것이고 개별, 집단, 놀이, 가족치료를 결합한 형태의 치료를 제공할 것을 추천할 것이다.

각 단계에 개별 변수를 개별적으로 투입하는 대신 가족요인 묶음, 아동요인 묶음, 치료사 특성 묶음 등처럼 여러 변수들을 묶음의 형태로 투입할 수도 있다. 가족요인을 통제한 후 아동요인에 의해서 종속변수의 변량이 얼마나 많이 설명되는지, 가족과 아동요인을 통제한 후 치료사 특성에 의해서 종속변수의 변량이 얼마나 많이 설명되는지, 위의 모든 변수들의 묶음을 통제한 후 아동의 치료 수혜 여부에 의해서 종속변수의 변량이 얼마나 많이 설명되는지를 알기 원한다고 가정하자.

표 18.2는 가설적인 위계적 회귀분석 결과를 보여주고 있다. 모든 변수들을 통제한 후에도 아동의 치료 수혜 여부는 통계적으로 유의미하고 종속변수 변량의 8%를 설명하고 있다. 당신은 전진 단계적 방법을 사용할 때 아동의 치료 수혜 여부가 더 많은 변량(16%)을 설명하는 이유를 궁금해 할

표 18.1 기능 개선을 예측하는 가설적 연구에서 전진투입방법을 사용한 단계적 다중회귀분석 결과

변수	비표준화된 B	표준화된 β	P	R	R^2	R^2 변화
개별, 집단, 놀이, 가족치료의 결합	0.30	0.42	0.001	0.40	0.16	0.16
이전 외상	−0.20	−0.30	0.001	0.50	0.25	0.09
가족갈등과 폭력	−15	−0.25	0.001	0.56	0.31	0.06
외상 치료에 관한 치료사의 훈련	0.10	0.15	0.01	0.58	0.34	0.03
치료사와 아동의 동일한 성과 인종	0.07	0.10	0.03	0.60	0.36	0.02

표 18.2 기능 개선을 예측하는 가설적 연구에서 위계적 다중회귀분석 결과

변수	비표준화된 B	표준화된 β	P	R	R^2	R^2 변화
가족요인	−0.30	−0.40	0.001	0.40	0.16	0.16
아동요인	−0.28	−0.38	0.001	0.50	0.25	0.09
치료사 특성	0.15	0.25	0.01	0.53	0.28	0.03
개별, 집단, 놀이 가족치료의 결합	0.25	0.35	0.001	0.60	0.36	0.08

것이다. 그 이유는 전진 단계적 방법은 종속변수와 가장 큰 이변량 상관관계를 갖는 변수를 먼저 투입하기 때문에 R^2을 계산하기 전에 아무것도 제거되지 않기 때문이다. 그러나 위계적 방법에서는 통제하려는 모든 변수들이 제거된 후에 관심 있는 변수를 마지막에 투입한다. 따라서 여러 통제변수 묶음들이 제거된 후 변량의 8%를 설명하는 것은 아무것도 제거되지 않은 채 16%를 설명하는 것보다 더 인상적일 수 있다.

당신은 또한 표 18.1과 18.2에서 첫 두 행에 있는 일부 변수들이 왜 음의 부호를 가지는지에 대해 궁금해 할 것이다. 음의 부호는 음의 상관관계를 의미한다. 예를 들면, 가정폭력, 이전 외상 등이 많을수록 더 적은 개선의 양과 관련 있다는 의미이다.

다중회귀분석과 다중상관분석 결과를 보고하는 논문들을 접할 때 그 결과를 보고하는 표의 구조가 논문들마다 상당히 다양하다는 것을 보게 될 것이다. 정확하게 동일한 행들을 포함하는 다중회귀 표를 보고하는 두 편의 논문들을 찾기 어려울 것이다. 따라서 실제 논문의 결과를 보여주는 것 대신에 표 18.1과 18.2는 그러한 표를 이해하는 데 중요한 것들을 보여준다. 대부분의 표들은 위의 표들과 같거나 또는 표에 있는 모든 요소들을 포함하지 않을 것이다. 그러나 당신이 표 18.1과 18.2의 내용을 해석하는 방법을 이해한다면 연구 논문들을 통해서 접하게 되는 다양한 다중상관과 다중회귀 표들을 이해하는 데 어려움을 갖지 않을 것이다.

다중회귀분석의 가정들

앞에서 언급했듯이, 이변량 회귀는 이변량 상관과 동일한 가정들을 요구한다. 자료는 등간 또는 비율 변수이고, 산점도에서 선형적이어야 하며, 등분산적(두 변수에서 분산의 정도가 비슷해야 한다는 의미임)이어야 한다. 이 가정들은 다중회귀와 다중상관에서 약간 변한다. 자료는 여전히 선형적이고 등분산적이어야 한다. 종속변수는 등간 또는 비율 변수이어야 하지만, 모득 독립변수들이 그럴 필요는 없다.

명목변수와 순위변수는 방정식에 입력할 때 "가변수(dummy variable)"로 전환될 수 있다. 변수들을 전환하기 위해 변수들을 0과 1을 사용하여 이항 범주로 코딩한다. 이를 위해 SPSS를 사용한다면 코딩 변경 명령을 사용하면 된다. 예를 들어, 성의 코드가 남성에 1 그리고 여성에 2로 했다면, 여성의 2를 0으로 바꾸면 된다. 다른 방법으로는 남성의 1을 0으로, 여성의 2를 0으로 바꾸어도 된다. 명목변수가 두 개 이상의 범주를 가지고 있다면 그 범주들을 이항 변수로 전환할 수 있다. 예를 들어, 인종변수가 네 개의 범주를 갖는다고 가정하자: 1, 백인; 2, 아프리카계 미국인, 3; 남미계 미국인; 4, 기타. 가변수는 백인을 1로, 나머지를 0으로 분류할 수 있다. 다른 가변수는 아프리카계

미국인을 1 그리고 나머지를 0으로 분류할 수도 있다. 세 번째 가변수는 남미계 미국인을 1, 나머지를 0으로 분류할 수 있다. (기타를 위한 가변수를 만들 필요는 없다. 왜냐하면 다중회귀분석은 범주 개수보다 하나 적은 가변수를 사용하기 때문이다.)

마지막으로, 위에서 언급했듯이 독립변수 간에 다중공선성의 정도는 과도하지 않아야 한다. 극히 높은 상관관계를 보이는지를 알아보기 위해 독립변수들 간에 여러 개의 상관관계를 검사하여 다중공선성을 점검한다. 마찬가지로, 곡선 관계와 같은 선형성의 문제를 조사하기 위해 산점도를 보도록 한다. 그러나 앞에서 언급했듯이 다중공선성이 지나치게 크고 자료가 다른 가정들을 충족시키지 못할 때 소프트웨어 프로그램이 알려줄 것이다.

다중 회귀와 상관에서는 이변량 회귀와 상관에서 살펴본 정도로 공식과 계산을 다루지 않았다. 당신이 수학적 내용을 조금 더 깊이 있게 다루길 원한다면 고급 통계교재를 보도록 하라(Hair, Anderson, Tatham & Black, 1998; Kachigan, 1991; Mertler & Vannatta, 2005; Stevens, 2002).

다중회귀분석과 다중상관관계 분석이 유일한 다변량분석이 아니라는 것을 기억하라. 부록 C는 다른 종류의 다변량분석을 요약하고 있다. 이 장이 당신을 자극하여 당신이 부록을 읽어볼 수 있길 바란다. 부록은 공식과 계산에 대한 상세한 설명 없이 다른 종류의 다변량분석을 개념적으로 이해하도록 해줄 것이다.

주요 내용

- 회귀분석은 방정식을 사용하는 상관관계 분석의 한 형태이며 한 변수의 값에 기초하여 다른 변수의 값을 예측할 수 있게 해준다.
- 회귀방정식은 $Y' = a + bX$이다. 여기서 Y' = 특정 X값을 가지고 예측된 변수 Y의 값, a = 회귀선이 y축과 교차하는 지점, b = 회귀선의 기울기, X의 각 변화량에 대한 Y의 각 변화량에 의해 결정됨, X = Y'를 예측하기 위해 사용된 변수 X의 값이다.
- 회귀선은 최소제곱 회귀방정식으로 불린다. 방정식은 선부터 실제 자료점까지 거리제곱의 합(또는 편차)이 최소인 곳에 선을 그을 수 있게 한다.
- 대부분의 통계 소프트웨어 프로그램(SPSS와 같은)은 모든 회귀 계산을 해준다.
- X와 Y 간의 상관관계가 약하다면(거의 0.0) 회귀분석을 사용하는 것이 당신이 결정을 내리는 데 거의 유용하지 못하다. 각 X에 상응하는 Y값들의 분산이 클 경우 예측은 부정확해지고 그 결과 쓸모없게 될 것이다.
- 이변량분석과는 대조적으로 다변량분석은 세 개 이상의 변수들의 관계를 동시에 고려한다.
- 다중상관은 여러 개의 독립변수들과 한 개의 종속변수 간의 상관관계를 의미한다.
- 각 독립변수가 종속변수와 갖는 이변량 상관관계를 단순히 더하여 여러 개의 독립변수들과 한 개의 종속변수 간의 상관관계를 구할 수 없다. 먼저 종속변수의 설명 변량을 공유할 때 독립변수들 간에 중복되는지를 살펴보아야 한다. 다중상관은 각 변수가 독자적으로 종속변수와 공유하는 변량과 공유변량을 더한 것이다.
- 두 변수 간의 상관관계에서 다른 변수들과 공유

되지 않은 부분을 밝히기 위해 부분상관계수를 계산할 수 있다. 부분상관계수를 **부분** r이라고 한다. 다른 변수들의 효과가 제외될 때, 특정 독립변수에 의해서 독자적으로 발생한 종속변수 변량의 비율을 구하기 위해 부분 r을 제곱한다.

- 다중공선성은 다중상관 또는 다중회귀분석의 결과를 왜곡할 수 있다. 독립변수들이 서로 강한 상관관계를 보일 때 다중공선성이 존재한다.
- 변수들이 너무 많은 다중공선성을 가질 때 다중상관과 다중회귀분석에서 모든 변수를 포함시키지 말아야 한다. 그 대신 변수들의 값들을 하나의 변수로 결합시키거나, 또는 변수들의 상관이 0.90 이상이라면 두 변수는 사실상 같은 개념을 측정하고 있기 때문에 두 변수들 중 하나를 제거해야 한다.
- 여러 개의 독립변수들이 한 개의 종속변수와 갖는 상관관계의 정도를 발견하기 위해 다중상관계수를 계산한다. 다중상관계수를 **다중** R 또는 간단히 R이라고 한다. 부분 r처럼 모든 독립변수들에 의해 설명되는 종속변수의 총 변량을 구하기 위해 R을 제곱한다.
- 다중회귀분석은 최소한 두 개 이상의 독립변수의 값들에 기초하여 종속변수의 값을 예측할 수 있게 한다.
- 다중회귀방정식은 bX 다음에 더 많은 독립변수들을 추가함으로써 이변량 회귀 공식을 확장한다. 추가되는 변수들 각각은 그 자신의 기울기와 곱해지며, 다중회귀방정식은 $Y' = a + b_1X_1 + b_2X_2 + \cdots + b_kX_k$이다.
- 다중회귀방정식에서 각 변수의 b값(기울기)을 발견하는 것에 더하여 다중회귀분석은 **표준화된 베타** 또는 **베타 가중치**로 불리는 각 변수의 통계량을 계산한다. 이 통계량의 부호는 β(그리스어 *beta*)이다. β가 더 크면, 다른 변수들이 통제되었을 때 종속변수의 변량을 설명하는 데 있어서 한 변수가 더 큰 영향력을 갖는다는 것을 의미한다.
- 다중회귀분석의 목적에 따라 독립(예측)변수를 분석에 투입하는 세 가지 방법이 있다. 모든 가능한 부분집합 방법이라고 불리는 방법에서는 모든 독립변수들이 **동시**에 투입된다. 위계적 방법으로 불리는 방법은 종속변수를 예측하는 데 있어 어떤 변수들 또는 어떤 변수들의 집합이 다른 변수들보다 더 영향력이 있다는 가설을 미리 세울 때 사용된다. 단계적 방법은 탐색하고자 하는 많은 가능한 독립변수들을 가지고 있을 때 사용된다. 이 방법에서는 종속변수를 예측하는 데 필요한 변수들을 찾고, 종속변수에 유의미하지 않거나 또는 적은 양의 설명 변량만을 추가하는 다른 변수들을 제거한다.
- 전진 단계적 방법에서 종속변수와 가장 큰 이원량 상관관계를 갖는 독립변수가 먼저 투입된다. 방정식에 투입되는 두 번째 변수는 첫 번째 변수의 효과를 제외한 후 종속변수와 가장 큰 부분상관을 갖는 변수이다. 나머지 변수들은 이미 투입된 변수들의 효과를 제외한 후 얼마나 많은 추가적인 종속변수 변량을 설명하는지에 따라 투입된다. 나머지 변수들이 유의미하지 않거나 매우 적은 양의 설명 변량만을 추가할 때 이 과정은 종결된다.
- 후진 단계적 방법에서는 모든 변수들이 방정식에 투입된다. 그 다음, 가장 작은 부분상관을 갖는 변수가 방정식에서 제거되고 방정식이 다시 계산된다. 이는 부분상관에 기초해서 방정식으로부터 제거될 다음 변수를 알려준다. 이 과정은 종속변수에 유의미하거나 의미 있는 양의 설명 변량을 추가하는 변수들만이 방정식에 남겨질 때까지 반복된다.
- 다중회귀와 다중상관에서 자료는 등간 또는 비율 변수이고, 산점도에서 선형적이어야 하며, 등

분산적이어야 한다. 종속변수는 등간 또는 비율 변수이어야 하지만, 모든 독립변수들이 그럴 필요는 없다. 명목변수와 순위변수는 방정식에 입력할 때 "가변수"로 전환될 수 있다.

연습문제

1. 당신의 기관이 약물남용 청소년의 부모들에게 10회기 개입을 제공한다. 그러나 부모의 참석률이 저조하다. 클라이언트의 초기면접 기록지에는 초기면접 전 30일 동안 청소년들이 얼마나 자주 알코올 또는 약물에 취했는지 부모로부터 수집한 정보를 포함하고 있다. 당신은 앞으로 프로그램에 참가할 청소년들 부모의 출석률을 예측하길 원해 표 18.3의 자료를 사용하여 이변량 회귀분석을 실시한다. 계산을 간단히 하기 위해 자료를 10명의 클라이언트로 제한하였다. 당신의 프로그램에 참가한 청소년의 부모는 초기면접 전 30일 동안 다섯 차례 약물에 취하였다. 이변량 회귀 공식 $Y' = a - bX$를 사용하면 그 부모는 얼마나 자주 결석할 것으로 예측하는가?

2. 당신의 기관으로부터 서비스를 제공받은 1,000명의 청소년에 대한 자료를 분석하면서 부모가 약물에 취한 빈도와 결석빈도 간에 0.60 이변량 상관관계가 있다는 것을 알았다. 당신은 또한 부모-자녀 갈등 정도를 측정하는 척도와 결석빈도 간에 0.40 상관관계가 있다는 것을 알았다. 두 상관관계의 결정계수는 각각 0.36과 0.16이다. 따라서 두 변수가 함께 종속변수 변량의 52%를 설명한다고 결론지을 수 있는가? 당신의 답의 논리를 보여주기 위해 세 변수 사이에 변량이 중복된다는 것을 나타내는 원들을 그려보아라.

3. 다중상관분석을 통해 약물에 취한 빈도의 부분 r^2이 0.10이고 부모-자녀 갈등 정도의 부분 r^2이 0.05라는 것을 알았다. 이는 다중 R^2이 0.15라는 의미인가? 당신의 답을 설명하라. 당신의 답의 논리를 보여주기 위해 세 변수 사이에 변량이 중복된다는 것을 나타내는 원들을 그려보아라.

4. 당신은 위의 분석을 다시 하길 원한다. 이번에는 방정식에 부모-자녀 관계의 질을 측정하는

표 18.3 연습문제 1에 관한 자료

부모	약물에 취한 횟수 Y	결석 횟수 X	X^2	XY
A	1	2	1	2
B	8	5	64	40
C	7	6	49	42
D	1	1	1	3
E	0	0	0	0
F	0	0	0	0
G	6	4	36	24
H	4	3	16	12
I	3	2	9	6
J	2	1	4	2
합계	$\Sigma X = 32$	$\Sigma Y = 24$	$\Sigma X^2 = 180$	$\Sigma XY = 131$

척도 점수를 추가한다. 먼저 당신은 변수들 간의 이변량 상관관계를 조사하였는데 부모-자녀 관계의 질은 부모-자녀 갈등 정도와 0.90 상관관계를 가지고 있다. 이러한 상관관계에 비추어 당신은 무엇을 할 것인가?

5. 당신의 외래 약물남용 프로그램에 참가한 청소년들이 치료 종결 후 첫 6개월 동안 얼마나 자주 약물에 취할지를 예측하기 위해 다중회귀분석을 실시한다. 분석 결과 $a = 1$, 만성적인 약물남용 친구 수의 $b_1 = 1$, 부모-자녀 갈등 정도의 $b_2 = 0.10$, 부모의 결석 횟수의 $b_3 = 0.50$이다. 이 변수들에 대한 피트의 값들은 만성적인 약물남용 친구 수가 3, 부모-자녀 갈등 정도가 30, 부모의 결석 횟수는 4이다. 다중회귀방정식 $Y' = a + b_1X_1 + b_2X_2 + \cdots + b_kX_k$를 사용하여 피트가 치료 종결 후 첫 90일 동안 몇 차례 약물에 취할 것인지를 예측하라.

6. 위의 세 변수의 표준화된 베타(베타 가중치 또는 β 통계량)는 만성적인 약물남용 친구 수의 β가 0.42, 부모-자녀 갈등 정도의 β가 0.24, 부모의 결석 횟수의 β가 0.16이다. 이러한 결과가 주어진 상태에서 종속변수의 변량을 설명하는 독립변수들의 상대적 강도의 순위를 매겨보아라. 당신의 답을 설명하라.

7. 만성적인 약물남용 친구 수가 부모-자녀 갈등, 운동에 관여했던 경험 그리고 기타 변수들의 영향을 받는지를 알고자 한다. 다른 변수들이 통제된 후에, 즉 다른 변수들과 약물남용 사이에 공유된 변량이 제거된 후에 만성적인 약물남용 친구 수가 약물남용을 얼마나 강력하게 예측하는지를 알고자 한다. 다중회귀방정식에서 변수들을 투입하기 위해 어떤 방법을 사용할 것인가? 당신의 답을 설명하라.

8. 당신의 기관은 약물남용을 예측할 수 있는 여러 변수들에 관한 자료를 가지고 있다. 그러나 일부 변수들이 다른 변수들보다 더 중요하다고 가정할 근거를 가지고 있지 못하다. 당신은 가장 강력한 소수의 예측변수들을 찾길 원한다. 다중회귀방정식에서 변수들을 투입하기 위해 어떤 방법을 사용할 것인가? 당신의 답을 설명하라.

9. 다음 논문을 읽어라:

N. Zhang & D. N. Dixon. (2003). Acculturation and attitudes of Asian international students toward seeking psychological help. *Journal of Multicultural Counseling and Development, 31*(3), 205-222.

a. 저자들이 다중공선성을 검증한 이유를 간략히 설명하라.

b. 저자들이 다중회귀분석에서 변수들을 투입하기 위해 위계적 방법을 사용한 이유를 간략히 설명하라.

제 19 장

단일체계 평가설계에 적용

서론

증거기반 실천의 중요한 영역으로 실천가들이 그들 자신의 실천 효과성 평가를 위해 단일체계설계를 활용하는 것을 포함한다. 이 설계에서는 클라이언트 한 명 또는 한 가족처럼 표본이 단지 한 개의 사례로 구성되어 있다. 때때로 이 설계는 여러 사례를 포함하기도 하지만, 자료분석방법은 다른 설계를 사용하는 연구들과는 다르다. 그 이유는 많은 사례들의 집합 자료에 초점을 두기보다는 각 사례가 시간이 경과하면서 변화하는 패턴에 초점을 두기 때문이다.

설문조사, 집단 실험과 유사 실험과 같은 다른 종류의 연구와 평가설계들에서는 행과 열에 여러 변수들과 여러 사람(또는 다른 요소)들을 포함하는 표본 또는 모집단 자료를 가지고 기술과 추론 통계를 사용한다. 심지어 사람들이 시간이 경과하면서 변화하는지에 관한 자료를 가지고 있을 때에도 평균 또는 비율을 비교하는 데 초점을 둔다. 그리고 사전검사, 사후검사, 아마도 한 번 정도의 추후검사처럼 단지 몇 개의 시점만을 갖는다.

이와는 대조적으로, 단일체계 평가설계는 여러 시점에서 관찰하는 데 초점을 두기 때문에 한 사례의 한 변수가 여러 시점에 걸쳐 어떻게 변화하는지에 관한 측정을 할 수 있게 된다. 예를 들어, 어떤 실천가는 아동이 인지행동 개입을 시작하기 전 10일 동안과 개입을 한 후 10일 동안 하루에 얼마나 자주 짜증을 내는지에 관한 자료를 수집하였다. 데이터 세트는 20개의 숫자들로 구성되어 있는데, 10개의 숫자는 10일의 기초선 기간(개입 전) 동안 짜증이 하루에 얼마나 발생했는지에 관한 것이고 나머지 10개의 숫자는 개입이 시작된 후 10일 동안 짜증이 하루에 얼마나 발생했는지에 관한 것이다.

다른 종류의 조사나 평가와 차이가 있음에도 불구하고, 다른 종류의 설계와 관련하여 이 책에서 논의한 많은 통계적 개념과 절차들이 단일체계설계에도 적용될 수 있다. 따라서 이 장의 목적은 실천가들이 그들 자신의 실천을 평가하기 위해 단일체계설계를 사용할 때, 통계적 개념과 절차를 가장 실행 가능하고 널리 사용되는 방식으로 적용하는 방법을 다루는 데 있다.

시각적 분석

단일체계설계는 여러 교재들에서 소개되고 있어 독자들은 이 설계를 이미 배웠을 것이다(Rubin & Babbie, 2008; Bloom, Fischer & Orme, 2003). 따라서 자료를 수집하기 위해 사용되는 설계나 연구 방법의 논리를 다루지 않을 것이다. 대신에 초점을 단일체계설계 자료의 통계적 분석에 둘 것이다. 그러나 단일체계설계 자료를 분석하기 위한 가장 유용한 방법은 통계적 유의성 검정이 아니라, 개입 동안 연대순으로 수집된 자료들의 수준 또는

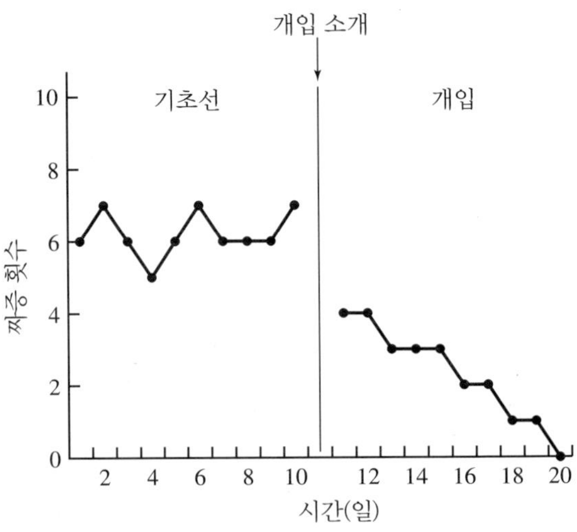

그림 19.1 짜증 횟수의 유의미한 변화를 시각적으로 보여주는 선 그래프

추세가 기초선 동안의 수준 또는 추세와 시각적으로 유의미한 차이를 보이는지를 묘사하는 그래프를 시각적으로 분석하는 것이다. 당신은 위에서 언급한 교재들을 통해 시각적 유의성을 배울 수 있다. 그러나 당신의 분석이 시각적 수준에 머물러도 제5장에서 논의한 선 그래프(line graph)의 개념을 적용하는 것이다. 예를 들어, 그림 19.1의 선 그래프는 짜증의 빈도에서 시각적으로 유의미한 변화가 있다는 것을 묘사하고 있다.

효과크기

비록 우리가 시각적 분석 수준에 머물러 있고 기초선 자료와 개입 자료 간의 차이가 통계적으로 유의미한지를 묻지 않을지라도, 이 책의 앞부분에서 논의했던 일부 기술통계를 적용하고자 한다. 예를 들어, 평균 또는 중앙값(제6장에서 논의하였음)을 사용하여 짜증 빈도의 변화를 표현할 수 있을 것이다. 이는 시각적으로 유의미한 결과의 임상적 유의성을 고려할 수 있도록 해준다. 따라서 "개입 전에 1일 평균 짜증 횟수는 5였으나 개입 후에 평균 횟수가 2.6로 감소하였다"라고 말할 수 있다.

효과크기(제9장과 13장에서 논의하였음)를 계산한다면 더욱 좋다. 효과크기를 구하기 위해 기초선 자료의 표준편차를 계산한 다음 이 값으로 기초선 평균과 개입 평균의 차이를 나누어주면 된다. 단일체계설계 자료를 가지고 효과크기를 계산할 때 기초선 자료는 통제집단, 개입 자료는 실험집단으로 취급된다. 상대적으로 적은 수의 기초선 관찰을 가지고 있을 때 기초선 단계의 표준편차보다는 두 단계의 합동 표준편차를 사용하는 것이 더 좋다(Bloom, Fischer & Orme, 2003). 표준편차가 1.2라고 가정하자. 기초선 평균이 5이고 개입 평균이 2.6일 때 효과크기는 다음과 같다:

$$\frac{2.6 - 5.0}{1.2} = \frac{-2.4}{1.2} = -2.0 \rightarrow +2.0$$

제9장에서 논의했듯이, 종속변수(짜증)가 부정적인 변수이기 때문에 음의 부호를 양의 부호로 바꿀 수 있다. 우리는 기초선 평균보다 개입 평균이 낮아지길 원한다. 또한 제9장과 13장에서 논의했듯이 효과크기 2.0은 상당히 강한 크기이며 개입 동안 평균 자료점이 기초선 평균으로부터 2 표준편차 멀리 떨어져 있다는 것을 의미한다. 제13장에서 논의했듯이 임상적 유의성과 관련하여 다른 요소들을 고려하길 원할지라도, 효과크기를 통해 개입이 임상적으로 유의미하였다고 고려할 수 있다.

통계적 유의성

기초선 단계와 개입 단계 사이의 자료 패턴의 차이를 설명하는 확률을 평가하기 위해 이 책의 앞에서 논의했던 몇 가지 절차들이 단일체계 자료에도 적용될 수 있다. 다른 유형의 연구설계들처럼 어떤 절차를 사용하는지는 결과변수의 측정 수준, 자료의 정규분포성, 자료점 개수에 의해 영향을 받는다. (단일체계설계에서 자료점 개수는 다른 설계들에서 표본크기와 같다.)

t-검정

예를 들어, 어떤 조건 하에서 기초선과 개입 평균들 간에 통계적으로 유의미한 차이가 있는지 살펴보기 위해 *t*-검정(제14장 참조)을 실시할 수 있다. *t*-검정에서 개입 자료는 실험집단 자료처럼 그리고 기초선 자료는 통제집단 자료처럼 취급하면 된다. 물론 *t*-검정을 위한 조건들 중 하나로 결과변수가 등간 또는 비율 수준이어야 하는 조건이 있다. 만약 결과변수가 명목 수준—어떤 것의 발생 유무(예 또는 아니오)—이라면, 평균과 표준편차를 계산할 수 없다. *t*-검정을 적용하기 위해서는 단계마다 최소한 6개 관찰점이 있어야 한다(Bloom, Fischer & Orme, 2003).

고려해야 할 점 중의 또 하나는 자료의 정규분포성이다. 각 단계의 자료는 정규분포를 이루어야 한다(제8장 참조). 적은 수의 자료점을 가지고 있을 때 이 가정의 위반은 특히 문제시된다. 또한 자료는 자기상관적이지 말아야 한다. 만약 자료들이 서로 독립적이지 않다면, 즉 연이은 다른 자료점들의 값을 알 경우 특정 자료점의 값을 예측할 수 있을 때 단일체계설계 자료는 자기상관적이다. *t*-검정만이 자기상관의 영향을 받는 통계적 절차가 아니기 때문에 잠시 후에 자기상관의 문제를 상세히 다룰 것이다.

2-표준편차 절차

결과변수가 등간 또는 비율 수준일 때 *t*-검정의 대안을 원하는 실천가는 **2-표준편차 절차**를 사용할 수 있다. 이 절차는 기초선 자료의 표준편차를 분모로 사용하여 효과크기를 계산하는 것을 포함한다. 만약 효과크기가 최소한 2.0이라면, 두 평균 간 차이(분자에서)는 통계적으로 유의미하다. 이 절차의 원리는 다음과 같다. 기초선이 영가설의 표집분포를 나타낸다고 가정한다면, 기초선 평균으로부터 2 표준편차 떨어져 있는 값들은 정규분포 값들의 5%(0.05) 이하를 포함하는 기각영역에 위치한다. 따라서 개입 평균이 기초선 평균으로부터 최소한 2 표준편차 떨어져 있는 것이 우연히 발생했다는 확률(표집오차)은 0.05보다 작다.

이 책의 앞 장들에서 효과크기가 2.0보다 훨씬 작지만 통계적으로 유의미한 결과를 얻을 확률을 논의했었다. 그러나 임상 실천가들이 사용하는 단일체계설계가 더 작은 효과크기를 가지고 충분한 수준의 통계적 힘을 가질 만큼 많은 자료점을 갖는 경우가 드물다. 2-표준편차 절차는 실천의 결과가 우연히 발생했다는 설명을 배제하는 것이 적절한지를 판단하기 위해 사용하는 대략적인 수단으로 볼 수 있다. 이와 관련된 문제는 임상적으로 유의미하고 매우 효과적인 일부 개입들이 2.0보다 훨씬 작은 효과크기를 갖는다는 것이다. 당신의 결과가 명확한 시각적 유의성을 가지고 있고 기초선과 개입 자료 간의 차이가 주관적인 임상적 관점에서 판단할 때 명확한 임상적 유의성을 갖는 것처럼 보이는 효과크기를 가지고 있다고 가정하자. 만약 효과크기가 2.0에 도달하지 못했기 때문에 개입을 효과적이지 못하다고 생각한다면, 당신은 2종 오류를 범하는 것이다. 물론 적절한 수준의 통계적 힘(제13장에서 논의했듯이 0.80 이상)을 갖기에 충분치 않은 자료점을 가지고 있는 단일체계 평가의 다른 유의성 검정뿐 아니라 *t*-검정에도 동일한 경고가 적용된다.

X 이동범위-3-표준편차 방법

블룸, 피셔와 옴(Bloom, Fisher, and Orme, 2003)이 등간 또는 비율 수준인 단일체계 자료를 분석하는 다른 방법—2-표준편차 절차에 비해 통계적 힘이 약한 방법—을 추천하였다. 그들은 이 방법을 **X 이동범위 차트**(X-mR-chart) 또는 **3-표준편차 띠**(three-standard-deviation band) 접근이라고 부른다. 간략히 표기하기 위해 이 방법을 X-mR-chart로 부르기로 하자.

X-mR-chart 방법은 2-표준편차 방법에 비해 통계적 힘이 약하다. 왜냐하면 이 방법은 통계적 유의성을 위해 기초선 평균으로부터 최소한 3 표준편차 떨어져 있는 기각영역을 사용하며, 이 경우 1종 오류를 범할 확률은 0.0027에 불과하기 때문이다. 그러나 X-mR-chart 방법의 장점은 불안정하

X-mR-chart를 계산하는 단계

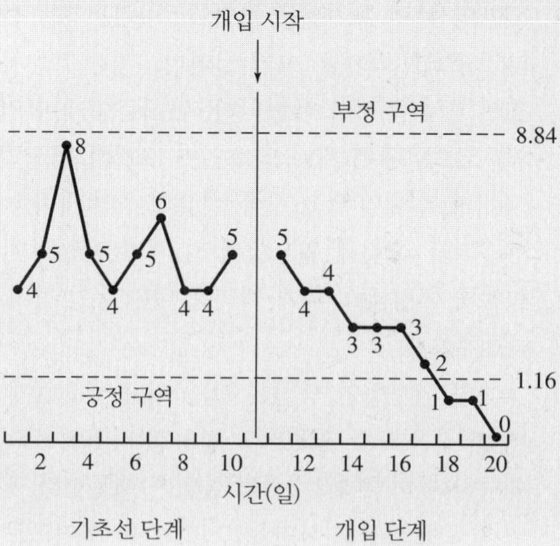

그림 19.2 개입 전과 후 아동의 짜증 횟수에 관한 그래프

아래 단계는 그림 19.2에 제시한 자료에 기초하고 있다.

단계 1: 기초선 평균을 계산한다:

$$\frac{4+5+8+5+4+5+6+4+4+5}{10}$$

$$= \frac{50}{10} = 5$$

단계 2: 이웃하는 자료점들의 각 쌍의 범위를 계산한 다음 더한다. 음의 부호는 무시한다. (자료점 개수보다 한 쌍이 적을 것이다.)

$4 - 5 = 1$
$5 - 8 = 3$
$8 - 5 = 3$
$5 - 4 = 1$
$4 - 5 = 1$
$5 - 6 = 1$
$6 - 4 = 2$
$4 - 4 = 0$
$\underline{4 - 5 = 1}$
합계 = 13

단계 3: 범위의 합을 자료점 개수 −1로 나누어 평균 범위를 계산한다:

$$13/9 = 1.444$$

단계 4: 표준편차를 구하기 위해 평균 범위를 수정요인 1.128로 나눈다:

$$1.444/1.128 = 1.28$$

단계 5: 표준편차에 3을 곱한다:

$$3 \times 1.28 = 3.84$$

단계 6: 평균 위 3-표준편차와 평균 아래 3-표준편차에 띠 선을 긋는다. 자료의 증가가 긍정적인지(예: 긍정적인 행동) 또는 감소가 긍정적인지(예: 반사회적 행동)에 따라 긍정 또는 부정 방향을 결정하면 되고, 이 띠 선 위와 아래에 있는 점을 통계적으로 유의미한 자료점으로 고려한다.

고 변동이 심한 기초선 패턴을 고르게 하는 방법으로 기초선 표준편차를 계산하는 데 있다. 블룸과 동료들은 이와 같이 표준편차를 계산하는 이동범위 방법은 보다 엄격한 유의 수준과 결합하여, X-mR-chart 방법이 자기상관의 문제에 덜 취약하게 하고 단지 한 개의 자료점만을 포함해도 통계적으로 유의미한 차이를 발견할 수 있게 해준다. 단계 간 변화를 결정하는 데 더하여 이 방법은 단계 내의 특정 자료점이 동일한 단계 내에 있는 다른 자료점들과 유의미하게 다른지를 알 수 있게 한다. 후자의 장점은 특히 실천가들에게 관련이 있는데, 그 이유는 단계 내의 갑작스러운 변화는 개입을 수정하거나 변화의 원인을 찾아야 할 필요성을 알려주는 표시이기 때문이다.

X-mR-chart를 사용하기 위해, 우선 준거 단계 자료점들의 평균을 계산하고 그 다음 이동범위 표준편차를 계산한다. 자료점이 평균으로부터 3 이상의 표준편차 떨어져 있다면, 이는 0.0027 수준에서 통계적으로 유의미한 것으로 본다. X-mR-chart 표준편차를 계산하기 위한 단계가 "X-mR-chart를 계산하는 단계"라는 제목의 글상자에 제시되어 있다. 개입 단계의 마지막 세 개 자료점이 통계적으로 유의미한 구역에 있다는 점에 주목하라. 그러나 개입 동안 10개 자료점들의 평균(26/10 = 2.6)은 유의미한 구역에 미치지 못하고 있다. 왜냐하면 개입 단계 평균은 기초선 단계 평균인 5보다 3 표준편차 이상이 되지 못하기 때문이다. 그렇지만 개입 단계 평균은 기초선 단계 평균보다 2 표준편차 이상($5 - 2 \times 1.28 = 3.84$)은 된다. 이는 어떤 방법을 사용하는지 그리고 유의성을 위한 기준으로 개입 평균 또는 단지 1~2개의 개입 자료점을 사용하는지에 따라 다른 결과를 얻게 된다는 것을 보여주고 있다.

자기상관

만약 자료에 유의미한 양의 **자기상관**(auto-correlation)이 있다면, 앞에서 설명한 세 가지 방법은 모두 왜곡된 결과를 만들어낼 수 있다. 앞에서 언급했듯이, 만약 자료들이 서로 독립적이지 않다면, 즉 연이은 다른 자료점들의 값을 알 경우 특정 자료점의 값을 예측할 수 있을 때 단일체계 설계 자료는 자기상관적이다. 따라서 자기상관적인 자료를 시계열 의존(serially dependent)으로 부르기도 한다.

자기상관을 설명하기 위해 클라이언트가 금연을 위해 당신의 도움을 청하였다고 가정해보자. 기초선을 만들기 위해 클라이언트에게 지난 7일 동안의 하루 흡연량을 기억할 수 있는지를 물었다. "글쎄요"하면서 그가 말한다. "지난 7일 동안 흡연 횟수를 기록했습니다. 어제는 8개비(일요일), 토요일에 10개비, 금요일에 12개비, 목요일에 14개비, 수요일에 16개비, 화요일에 18개비를 피웠습니다. 그런데 월요일에 몇 개비 피웠는지 기억하기 어렵네요. 내가 기억해 내는 동안 잠시 기다려주세요."

기다리는 동안 당신은 그가 지난 월요일에 담배 한 갑을 모두 피웠다고 말하길 기대할 것이다. 왜냐하면 하루에 2개비씩 줄였기 때문이다. 시계열 자료를 거꾸로 하면 8 10 12 14 16 18이므로 예측할 수 있는 수는 20이 될 것이다. 마찬가지로, 당신의 동료에게 첫 5개 숫자를 보여주고 6번째 숫자를 예측하라고 요청하면, 그 동료는 18을 예측할 것이고 자료의 시계열 의존은 시계열 자료를 예측할 수 있게 해주기 때문에 그녀의 예측은 정확할 것이다.

이와는 대조적으로, 자기상관적이지 않은 다음의 시계열 자료를 고려해보자: 5 4 6 6 5 6 7 5. 위의 자료에서 한 숫자를 가리고 그 숫자를 예측할 수 있게 해주는 패턴을 찾아보아라. 당신의 예측이 맞을 수도 있지만, 여러 사람들이 가려진 숫자를 정확하게 예측할 수 있게 해주는 패턴이 없기 때문에 그것은 놀랄 만한 행운일 것이다.

일부 시계열 자료는 시각적으로 명백하지 않은 방식으로 자기상관적이다. 결과적으로, 자료가 자기상관적인지를 검증하기 위해 활용할 수 있는 통계적 절차들이 있다. 블룸, 피셔와 옴(Bloom, Fischer, and Orme, 2003)은 통계적으로 자기상관을 검증하는 방법을 보여주고 있다. 그러나 자기상관적인 자료를 감지하고 전환하는 절차들은 대부분의 임상 실천가들을 위해 실행 가능한 자료점

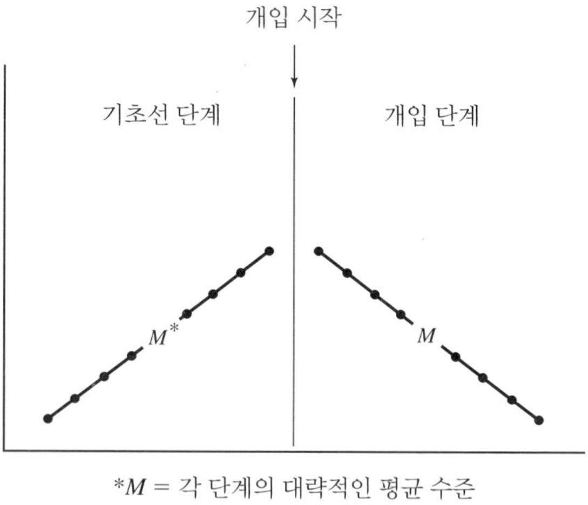

그림 19.3 평균과 표준편차에 기초한 통계적 유의성 분석의 잘못된 적용을 예시하는 현저한 추세를 가진 짜증에 관한 그래프

들보다 훨씬 더 많은 자료점들을 요구한다.

현저한 추세

단일체계설계 자료가 자기상관적일 수 있는 한 가지 경우는 자료가 현저하게 증가 또는 감소하는 추세를 가지고 있을 때이다. 이는 추세가 기초선 동안 발생한다면 특히 문제시된다. 예를 들어, 그림 19.3처럼 기초선 동안 점차 악화되다가 개입 동안 방향이 반대로 된 문제를 상상해보자. 비록 개입이 악화되는 문제를 효과적으로 바꿔 놓았으나 기초선과 개입 단계의 평균은 같다. 이와 같은 기울기를 가진 자료를 가졌을 경우 앞에서 소개한 세 가지 통계적 유의성 방법 중 어느 방법을 사용하는 것도 적절하지 못하다. 왜냐하면 각 방법은 자료점 수준의 변화만을 고려하고 추세의 방향이나 기울기는 고려하지 않기 때문이다.

기초선 추세가 개입 동안 거의 동일한 비율로 계속해서 증가 또는 감소할 때에도 유사한 문제가 발생한다. 예를 들어, 그림 19.4의 그래프에서는 기초선 동안 계속해서 변화하는 과정이 개입 동안에도 지속되기 때문에 시각적 유의성이 부족하다. 개입이 시각적 유의성을 촉진하거나 또는 그것에 영향을 주는 것 같지 않다. 그렇지만 개입 평균의 수준이 기초선 평균보다 낮기 때문에 통계적으로 유의미한 결과를 얻을 수도 있다(잘못된 방식으로). 이와 같은 상황에서 통계적 유의성에 대한 분석보다 시각적 유의성에 대한 분석이 더 의미 있고 덜 왜곡한다.

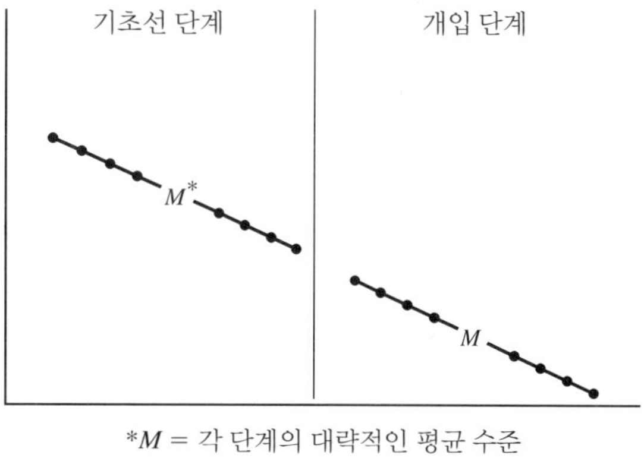

그림 19.4 통계적 유의성은 왜곡할 수 있고 시각적 분석이 선호되는 상황을 예시하기 위해 기초선부터 개입 동안 계속해서 현저한 추세를 가진 짜증에 관한 그래프

비율-빈도 절차

앞의 절차들은 모두 등간 또는 비율 수준의 자료를 요구한다. 자료가 예/아니오 형식처럼 이항적일 때 **비율-빈도 절차**를 사용할 수 있다. 이항적 자료에 적용할 수 없는 평균과 표준편차를 계산하는 대신 그래프에서 "예" 구역과 "아니오" 구역을 나누기 위해 수평선을 그은 다음 각 자료점을 표시한다.

클라이언트를 약물남용 외래치료집단에 참여

시키고 유지시키는 것을 목적으로 하는 동기면접 개입을 평가한다고 가정하자. 그림 19.5는 가설적 클라이언트의 비율-빈도 그래프를 보여주고 있다. 기초선을 시작할 때 클라이언트는 단지 치료 회기에 2번만 참가했고 그 다음에는 전혀 참가하지 않았다. 그래서 기초선 동안 긍정 구역에 있는 자료점들의 비율은 0.20(10개 중 2개)이다. 그러나 개입기간 동안, 그는 격주로 참가하여 총 5회기에 참가하였다.

이항적 그래프를 만든 다음 비율의 차이가 통계적으로 유의미한지를 결정하기 위해 표 19.1에 제시된 이항분포표를 검토한다. 먼저 가장 왼쪽 열을 따라 내려가서 그래프에서 준거 비율에 상응하는 행, 즉 0.20을 찾는다. 만약 값이 0.20보다 크고 0.25보다 작으면 0.25를 사용한다. 기초선의 비율 두 개 중 더 큰 비율을 사용함으로써 통계적으로 유의미한 개선을 찾는 것을 더 어렵게 만드는 것이다. 표에 관한 지침에서 이를 "보수적 규칙"이라고 하였다. 그 다음, 긍정 구역과 부정 구역 자료점을 모두 포함해서 개입기간의 총 자료점에 해당하는 행과 교차하는 열을 찾는다. 우리의 그래프에서는 클라이언트가 5회기에 참여하였고 5회기에 참여하지 않아 10이 적혀 있는 열이 된다. (개입 동안 긍정 구역에 있는 자료점 개수가 9라면 "보수적 규칙"에 따라 8이 적혀 있는 열을 사용한다.)

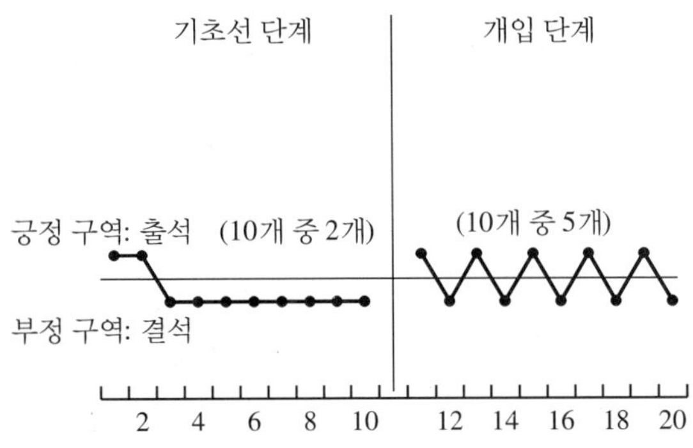

그림 19.5 주당 치료 회기의 비율-빈도 그래프

0.20 행이 10 열과 교차하는 곳의 숫자는 5이다. 이는 0.05 수준에서 비율의 차이가 통계적으로 유의미하기 위해 개입 동안 긍정 구역에 5개 자료점이 필요하다는 의미이다. 우리는 긍정 구역에 많은 점들을 가지고 있기 때문에 그 차이가 통계적으로 유의미하다고 결정할 수 있다. 긍정 구역에 개입 자료점이 한 개가 부족했다면, 그 차이는 통계적으로 유의미하지 않았을 것이다.

이 예는 또한 통계적 유의성과 임상적 유의성의 중요한 차이를 생각나게 한다. 집단치료 개입은 클라이언트가 모든 10회기에 참가했을 때 또는 10회기 중 9회기에 참가했을 때에만 효과적이라고 가정하자. 클라이언트가 격주로 회기에 참가하도록—총 5회기—동기부여하는 것은 통계적 유의성이 있음에도 불구하고 임상적으로 유의미하지 않을 것이다.

따라서 우리가 이 책의 마지막 부분에 도달하면서 우리는 통계적 유의성의 한계를 생각해야 한다. 통계적 유의성의 부재가 비효과적인 개입을 반드시 암시하는 것은 아니다. 그것은 집단 평가에서 작은 표본크기 또는 단일체계 평가에서 적은 개수의 자료점 때문에 통계적 힘이 약해 2종 오류의 결과일 수 있다. 통계적 유의성의 존재가 실천적으로 의미 있는 개입을 반드시 암시하는 것도 아니다. 지금까지 살펴보았듯이, 어떤 결과는 실질적(또는 임상적) 유의성이 부족함에도 통계적으로 유의미할 수 있다.

더욱이, 통계적 유의성은 결과에 대한 가능한 설명으로 우연 또는 표집오차를 배제하는 것에만 해당된다. 통계적 유의성은 설계 문제 또는 측정 편향으로 인해 발생하는 대안적 설명을 배제할 수 있는 어떤 근거를 제공하지 않는다. 단일체계설계의 경우 설계와 측정이 양호해도 명백한 시각적 유의성의 부족은 통계적 유의성을 무의미하게 만든다. 예를 들어, 기초선 단계에서 개선을 보이는 추세가 개입 단계 동안 계속해서 약해지지 않는다면 개선의 원인—성숙, 시간의 경과 또는 이미 존재하고 지속적인 자기 변화 과정 등—이 개입 이외의 것이 된다. 이는 기초선 평균과 비교할 때 개입 평균이 아무리 좋더라고 그리고 통계적 유의성 수준이 아무리 인상적일지라도 그렇다. 비록 이 교재의 전체 내용이 통계의 가치를 이해하고 통계를 활용할 수 있도록 도와주지만, 통계에 매혹되어 통계가 설계와 측정의 문제를 가리거나 또는 연구결과에 대한 대안적 설명을 고려할 수 없게 해서는 안 된다.

주요 내용

- 단일체계설계 자료를 분석하기 위한 가장 유용한 방법은 통계적 유의성 검정이 아니라, 개입 동안 연대순으로 수집된 자료들의 수준 또는 추세가 기초선 동안의 수준 또는 추세와 시각적으로 유의미한 차이를 보이는지를 묘사하는 그래프를 시각적으로 분석하는 것이다.
- 단일체계설계 자료를 가지고 효과크기를 계산할 때 기초선 자료는 통제집단, 개입 자료는 실험집단으로 취급된다.
- 다른 유형의 연구설계들처럼 어떤 절차를 사용하는지는 결과변수의 측정 수준, 자료의 정규분포성, 자료점 개수에 의해 영향을 받는다.
- *t*-검정에서 개입 자료는 실험집단 자료처럼 그리고 기초선 자료는 통제집단 자료처럼 취급하면 된다.
- 결과변수가 등간 또는 비율 수준일 때 *t*-검정의 대안을 원하는 실천가는 2-표준편차 절차를 사용할 수 있다. 이 절차는 기초선 자료의 표준편차를 분모로 사용하여 효과크기를 계산하는 것을 포함한다. 만약 효과크기가 최소한 2.0이라면, 두 평균 간 차이(분자에서)는 통계적으로 유의미하다.
- X-mR-chart 방법은 2-표준편차 방법에 비해 통계적 힘이 약하다. 왜냐하면 이 방법은 통계적 유의성을 위해 기초선 평균으로부터 최소한 3 표준편차 떨어져 있는 기각영역을 사용하며, 이 경우 1종 오류를 범할 확률은 0.0027에 불과하기 때문이다. 그러나 X-mR-chart 방법의 장점은 불안정하고 변동이 심한 기초선 패턴을 고르게 하는 방법으로 기초선 표준편차를 계산하는 데 있다.
- X-mR-chart 방법이 자기상관의 문제에 덜 취약하게 하고 단지 한 개의 자료점만을 포함해도 통계적으로 유의미한 차이를 발견할 수 있게 해준다. 단계 간(between) 변화를 결정하는 데 더하여 이 방법은 단계 내(within)의 특정 자료점이 동일한 단계 내에 있는 다른 자료점들과 유의미하게 다른지를 알 수 있게 한다. 후자의 장점은 특히 실천가들에게 관련이 있는데, 그 이유는 단계 내의 갑작스러운 변화는 개입을 수정하거나 변화의 원인을 찾아야 할 필요성을 알려주는 표시이기 때문이다.
- 연이은 다른 자료점들의 값을 알 경우 특정 자료점의 값을 예측할 수 있을 때 단일체계설계 자료는 자기상관적이다. 자료가 상당한 양의 자기상관을 가지고 있다면 통계적 유의성 검정은 왜곡된 결과를 산출해 낼 수 있다.
- 자료에 현저하게 증가 또는 감소하는 추세가 있

표 19.1 비율-빈도 절차를 위한 유의값 표(0.05 수준)

지침: 이 표는 기초선 기간 동안 관찰의 비율과 비교할 때 0.05 통계적 유의 수준에서 유의미한 증가라고 결정하기 위해 필요한 개입기간 동안 특정 유형(예: 바람직한 행동)의 관찰 개수를 보여준다. 이 표를 사용하는 단계는 다음과 같다:

1. 왼쪽 열에서 기초선의 긍정 영역에 위치한 관찰들의 비율을 찾아라(명기된 기초선 사건의 수를 전체 기초선 사건의 수로 나눈다). "보수적" 규칙을 사용하라.
2. 표의 가장 윗 행에서 개입 단계의 전체 관찰 개수를 찾는다. 필요한 경우 "보수적 규칙"을 사용하라.
3. 명기된 개입 단계 관찰 개수를 정확하게 열과 행이 교차하는 지점에 있는 수와 비교한다. 만약 관찰 개수가 교차된 지점에 있는 수와 같거나 크면, 비교는 0.05 수준에서 통계적으로 유의미하다.

기초선 동안 긍정 구역에 위치한	개입기간의 전체 자료점 수																												
자료점 비율	4	6	8	10	12	14	16	18	20	24	28	32	36	40	44	48	52	56	60	64	68	72	76	80	84	88	92	96	100
.05	2	2	3	3	3	3	3	4	4	4	4	5	5	5	6	6	6	7	7	7	8	8	8	8	9	9	9	10	10
.10	3	3	3	4	4	4	5	5	5	6	7	7	8	8	9	9	10	10	11	12	12	13	13	14	14	15	15	16	16
1/8	3	3	4	4	5	5	5	6	6	7	8	8	9	10	10	11	12	12	13	14	14	15	15	16	17	17	18	19	19
.15	3	3	4	4	5	5	6	6	7	8	8	9	10	11	12	12	13	14	15	15	16	17	18	18	19	20	21	21	22
1/6	3	4	4	5	5	6	6	7	7	8	9	10	11	12	13	13	14	15	16	17	18	18	19	20	21	22	22	23	24
.20	3	4	5	5	6	6	7	8	8	9	10	11	12	13	14	15	16	17	18	19	20	21	22	23	24	25	26	27	28
.25	4	4	5	6	7	7	8	9	9	11	12	13	14	16	17	18	19	20	22	23	24	25	26	27	29	30	31	32	33
.30	4	5	6	6	7	8	9	10	10	12	13	15	16	18	19	21	22	24	25	26	28	29	30	32	33	35	36	37	39
1/3	4	5	6	7	8	9	9	10	11	13	15	16	18	19	21	22	24	26	27	29	30	32	33	35	36	38	39	41	42
.35	4	5	6	7	8	9	10	11	12	13	15	17	18	20	22	23	25	27	28	30	31	33	35	36	38	39	41	42	44
3/8	4	5	6	7	8	9	10	11	12	14	16	18	19	21	23	25	26	28	30	31	33	35	36	38	40	42	43	45	47
.40	4	5	6	8	9	10	11	12	13	15	16	18	20	22	24	26	28	29	31	33	35	37	38	40	42	44	46	47	49

기초선 동안 긍정 구역에 위치한 자료점 비율	개입기간의 전체 자료점 수																											
	4	6	8	10	12	14	16	18	20	24	28	32	36	40	44	48	52	56	60	64	68	72	76	80	84	88	92	96	100
.45	4	6	7	8	9	10	11	13	14	16	18	20	22	24	26	28	30	32	34	36	38	40	42	44	46	48	50	52	54
.50	–	6	7	9	10	11	12	13	15	17	19	22	24	26	28	31	33	35	37	40	42	44	46	48	51	53	55	57	59
.55	–	6	8	9	10	12	13	14	16	18	21	23	26	28	31	33	35	38	40	43	45	48	50	52	55	57	59	62	64
.60	–	6	8	9	11	12	14	15	17	19	22	25	27	30	33	35	38	41	43	46	48	51	54	56	59	61	64	66	69
5/8	–	–	8	10	11	13	14	16	17	20	23	25	28	31	34	36	39	42	45	47	50	53	55	58	61	63	66	69	71
.65	–	–	8	10	11	13	14	16	17	20	23	26	29	32	35	38	40	43	46	49	52	54	57	60	63	65	68	71	74
2/3	–	–	8	10	12	13	15	16	18	21	24	27	30	32	35	38	41	44	47	50	53	55	58	61	64	67	70	72	75
.70	–	–	–	10	12	13	15	17	18	21	24	28	31	34	37	40	43	46	49	52	55	58	61	64	67	70	73	75	78
.75	–	–	–	–	12	14	16	17	19	22	26	29	32	35	39	42	45	48	51	55	58	61	64	67	70	74	77	80	83
.80	–	–	–	–	–	14	16	18	20	23	27	30	34	37	40	44	47	51	54	57	61	64	67	71	74	77	81	84	87
5/6	–	–	–	–	–	–	–	18	20	24	27	31	34	38	42	45	49	52	56	59	63	66	69	73	76	80	83	87	90
.85	–	–	–	–	–	–	–	–	20	24	28	31	34	38	42	46	49	53	56	60	63	67	70	74	78	81	85	88	92
7/8	–	–	–	–	–	–	–	–	–	24	28	32	36	39	43	47	50	54	57	61	65	68	72	76	79	83	86	90	94
.90	–	–	–	–	–	–	–	–	–	–	–	32	36	40	44	47	51	54	58	62	66	69	73	77	80	84	88	91	95
.95	–	–	–	–	–	–	–	–	–	–	–	–	–	–	–	–	52	56	60	64	68	72	76	79	83	87	91	95	99

출처: *Tables of the Cumulative Binomial Probability Distribution* — By the staff of the Harvard Computational Laboratory, Harvard University Press, 1955. This table was constructed under the direction of Dr. James Norton, Jr., Indiana University — Purdue University at Indianapolis, 1973.

(This table is reproduced by permission of the author and the publisher from the *Paradox of Helping: Introduction to the Philosophy of Scientific Practice* by Martin Bloom [Boston: Pearson Education, 1975].)

다면, 통계적 유의성에 대한 분석보다 시각적 유의성에 대한 분석이 더 의미 있고 결과를 덜 왜곡한다.

- 자료가 예/아니오 형식처럼 이항적일 때 비율-빈도 절차를 사용할 수 있다. 이항적 자료에 적용할 수 없는 평균과 표준편차를 계산하는 대신 그래프에서 "예" 구역과 "아니오" 구역을 나누기 위해 수평선을 그은 다음 각 자료점을 표시한다. 이항 그래프를 그린 후 비율의 차이가 통계적으로 유의미한지를 결정하기 위해 표 19.1에 제시된 이항분포표를 검토한다.
- 통계적 유의성은 결과에 대한 가능한 설명으로 우연 또는 표집오차를 배제하는 것에만 해당된다. 통계적 유의성은 설계 문제 또는 측정 편향으로 인해 발생하는 대안적 설명을 배제할 수 있는 어떤 근거를 제공하지 않는다. 단일체계설계의 경우, 설계와 측정이 양호해도 명백한 시각적 유의성의 부족은 통계적 유의성을 무의미하게 만든다.
- 통계에 매혹되어 통계가 설계와 측정의 문제를 가리거나 또는 연구결과에 대한 대안적 설명을 고려할 수 없게 해서는 안 된다.

연습문제

1. 아래는 하루에 발생하는 언어적 배우자 학대 빈도에 관한 데이터 세트이다. 통계적 유의성을 두 번 실시하라: 한 번은 2-표준편차 방법으로, 한 번은 *X* 이동범위 3-표준편차 방법으로 분석하라. 당신의 결과를 해석하고 각 데이터 세트를 위해 어떤 방법이 더 적절한지를 논의하라. 또한 개선 정도의 임상적 유의성을 논의하라.

기초선

세트 1:	6	3	2	6	9	3	6	9	9	7
세트 2:	3	6	5	2	5	4	5	6	5	4
세트 2:	8	7	8	9	7	5	8	7	4	7

개입

6	5	4	3	2	2	2	2	2	2
1	1	1	1	1	1	1	1	1	1
1	2	2	3	3	4	5	6	7	7

2. 아래는 특정 날에 학대의 발생 유무에 관한 데이터 세트이다. 통계적 유의성을 평가하기 위해 비율-빈도 절차를 사용하라. 당신의 결과를 해석하고 임상적 유의성을 논의하라. (Y = 예; N = 아니오)

기초선

세트 1:	Y	Y	N	Y	Y	N	Y	Y	N	Y
세트 2:	Y	Y	Y	Y	N	Y	Y	N	N	N

개입

N	Y	N	Y	N	Y	N	Y	N	Y
N	N	N	N	N	N	N	N	Y	Y

3. 다음 중 어떤 기초선 데이터 세트가 가장 많은 자기상관 그리고 가장 적은 자기상관을 가지고 있는가? 당신의 답을 설명하라.

기초선

세트 1:	1	3	3	5	5	7	7	8	9	8
세트 2:	1	8	1	8	1	8	1	8	1	8
세트 2:	4	3	2	4	4	4	3	4	2	4

4. 다음 결과는 X 이동범위–3-표준편차 방법을 사용했을 때 통계적으로 유의미하였다고 가정하라. 당신은 개입의 효과성을 어떻게 해석할 것인가? 개입은 고등학생의 주별 대마초 흡연 횟수를 줄이는 것이다.

기초선	개입
7 7 7 6 6 6 5 5 5 4	4 4 3 3 3 2 2 2 1 0

5. 아래 논문을 읽고 최소한 결론 중 하나가 어떻게 증거기반 실천가와 관련 있는지를 논하라:

R. I. Parker, D. F. Brossart, K. J. Vannest, J. R. Long, R. G. De-Alba, F. G. Baugh & J .R. Sullivan. (2005). Effect sizes in single case research: How large is large? *School Psychology Review, 34*(1), 116-132.

6. 아래 논문에서 그림 1의 그래프를 조사하라. 기초선 자료점 개수에 비추어 시각적 유의성에 대한 저자의 해석에 동의하는가? 저자는 그래프에 있는 자료에 대한 통계적 유의성을 강조하는 데 이에 동의하는가? 당신의 답을 간략히 설명하라.

J. S. March, L. Amaya-Jackson, M. C. Murray & A. Schulte. (1998). Cognitive-behavioral psychotherapy for children and adolescents with posttraumatic stress disorder after a single-incident stressor. *Journal of the American Academy of Child and Adolescent Psychiatry, 37*(6), 585-593.

부록 A

수학 기초에 대한 검토

서론

내가 처음 통계와 조사를 강의할 때 많은 학생들이 백분율 계산, 음의 부호를 제곱했을 때 부호의 변화와 같은 기초적인 내용을 잊었다는 사실을 알고서 매우 놀랐다. 만약 당신이 그 중 한명이라면, 당신은 많은 동료들을 가지고 있는 것이다. 이 부록은 당신을 위한 것이다. 검토는 포괄적이지 않다. 그 대신 이 책의 내용과 관련성 높은 영역이면서 내 경험상 학생들이 가장 어려워하는 영역만을 다루고 있다. 양(+)과 음(−)의 부호부터 시작하자.

양과 음의 부호

클라이언트에게 당신 기관의 서비스에 대한 만족도를 평가해 줄 것을 요청하였고 아래와 같이 그들의 평가에 숫자를 부여했다고 가정하자:

+2	매우 만족
+1	만족
0	보통
−1	불만족
−2	매우 불만족

덧셈

부호를 가진 숫자들을 더할 때, 부호가 같다면 숫자들을 더하고 부호를 유지하면 된다. 클라이언트들의 점수를 아래와 같이 더하여 합을 구할 수 있다:

$$+2 + 1 = +3$$
$$-2 - 1 = -3$$

만약 부호가 다르다면, 합은 두 숫자 간 차이이다:

$$+2 - 1 = +1$$
$$+1 - 2 = -1$$

위의 합 −1에서 음의 부호는 음수가 양수보다 크다는 것을 의미한다. 마찬가지로, 두 개 이상의 숫자를 더할 때 음수의 합이 양수의 합보다 크면, 아래와 같이 합의 부호는 음이 된다:

$$+1 + 3 + 1 - 2 - 2 - 2 = -1$$

(양수들의 합은 +5이고 음수들의 합은 −6이다.)

뺄셈

부호를 가진 숫자들을 가지고 뺄셈을 하기 위해, 먼저 부호를 바꾼 다음 숫자들을 더하라. 아래와 같이 세 명의 클라이언트의 점수를 가지고 있다:

+2에서 +1을 빼기 $= 2 + (-1) = 1$
+1에서 +2를 빼기 $= 1 + (-2) = -1$
+2에서 −1을 빼기 $= 2 + (+1) = 3$

뺄셈에서 음의 부호를 양의 부호로 바꾸는 생각은 이상해 보일 수 있다. 만약 그렇다면, 네 명의 클라이언트가 +2(매우 만족)로 응답했고 나머지 한 명이 −2(매우 불만족)로 응답했다고 가정하라. 아래와 같이 5개 평점의 합은 6이다:

$$+2 + 2 + 2 + 2 - 2 = 6$$

−2 평점이 작년 설문조사의 결과이고 실수로 올해 설문지들에 포함되었다고 가정하라. 따라서 이를 이번 자료분석에서 빼기로 결정하였다. 이는 우리가 얻은 합 6에 어떤 영향을 주는가? 음수를 빼는 것은 음수를 양수로 바꾸는 것을 의미하기 때문에 합은 $6 + (+2) = 8$이 되며, 이는 위의 5개의 평점에서 −2 없이 가질 수 있었던 합이다.

또 다른 예가 있다. 당신의 기관이 후원행사에서 $10,000를 모금했으나 숙박료와 식대로 호텔에 $1,000를 지불해야 한다. 그래서 당신의 기관은 결국 $9,000를 모금하였다. 그러나 만약 호텔 지배인이 당신의 기관을 후원하기를 원해 당신 기관이 지불해야 할 $1,000를 받지 않기로 한다면 어떻게 되는가? 그 빚을 빼는 것은 당신 기관이 모금한 후원금에 $1,000를 더하는 것이 되어 $10,000가 된다.

곱셈

곱하려는 숫자의 부호가 같다면, 곱셈은 양수이다. 만약 부호가 다르다면, 곱셈은 음수가 된다. 만약 두 클라이언트가 모두 +2 평점을 주었다면, 총점은 클라이언트 2(인) × +2 또는 +4가 된다. 만약 둘 다 −2 평점을 주었다면, 클라이언트 2(인) × − 2 = −4가 된다. 분석에서 한 쌍의 −2 평점이 제외되어야 한다고 가정하자. −2 평점을 둘 다 제거하면, 총점은 4점 증가한다. 즉, −2 클라이언트 × − 2 = +4이다.

다음 두 개의 곱셈 기호를 떠올려라: ×와 ( ). 예를 들어, 2 × 2는 2와 2를 곱하는 것을 의미한다. (2)(2)도 같은 의미를 갖는다. 그렇다면 (2)(2 + 1)은 어떤가? 곱하기 전에 괄호 안을 먼저 계산해야 한다. 따라서 (2)(2 + 1)은 (2)(3) = 6이 된다. 이것이 (2 × 2) + 1 = 5와 다르다는 것에 주의하라.

나눗셈

곱셈에서처럼 숫자들의 부호가 같으면, 나뉨수는 양수가 된다. 부호가 다르면, 나뉨수는 음수이다. 클라이언트 5명의 평점의 합이 10이고, 이 합을 클라이언트의 수로 나누면, 각 클라이언트마다 +2를 얻는다. 만약 합이 −10이고 −10을 +5로 나누면 각 클라이언트마다 −2를 얻는다.

−10에 −2가 몇 개가 있는지를 알고자 한다면 어떤가? −10에 5개의 −2가 있기 때문에 −10을 −2로 나누면 +5가 된다.

나눗셈을 위해 사용되는 기호는 다음과 같다:

$$10 \div 5$$

$$10/5$$

$$\frac{10}{5}$$

곱셈에서처럼 나눗셈에서도 괄호 안을 먼저 계산한다. 따라서 다음과 같다:

$$10/(2 + 3) = 10/5 = 2$$

위의 답이 (10 ÷ 2) + 3과 다르다는 점에 주의하라.

비율과 백분율

비율이란 한 값의 얼마나 많은 양이 다른 값에 있는지를 나타낸다. 예를 들어, 추수감사절 때 호박파이 두 개를 구웠고 각 파이를 같은 크기의 4조각으로 잘랐다고 가정하자. 만약 당신이 오븐에서 꺼낸 첫 번째 파이의 조각들 중 1조각을 먹었다면, 파이의 1/4을 먹은 것이다. 이 분수를 비율로 바꾸기 위해 1조각을 4조각으로 나눈다. 따라서 1을 4로 나누면 0.25가 된다. 이를 백분율로 바꾸기 위해 100을 곱한다. 따라서 당신은 첫 번째 파이의 25%를 먹었다. 두 파이의 8조각을 모두 고려한다면 당신은 전체 호박 파이의 1/8 = 0.125를 먹은 것이다. 이 숫자와 100을 곱하면 12.5%가 된다. 백분율을 비율로 다시 바꾸려면 100으로 나눈다. 따라서 12.5를 100으로 나누면 0.125가 된다.

비율 또는 백분율의 증감 계산하기

백분율의 증감을 계산할 때, 변화량을 증가 또는 감소된 수로 나눈다. 예를 들어, 1에서 2로의 증가는 100% 증가이지 50% 증가가 아니다. 즉, 1의 증가는 원래 수(1)의 100%이다. 1이 2의 반이기 때문에 50% 증가한다고 하는 것은 잘못된 것이다. 그러나 2에서 1로의 감소는 50% 감소인데, 그 이유는 2는 원래 양의 반이 줄었기 때문이다.

2007년 어떤 구에서 아동학대 발생건수가 100건이었고 2008년에는 90건이었다고 가정하자. 10건의 차이는 10/100 또는 0.10(10%) 감소이다. 2008년 90건은 2007년 발생건수의 90%(0.90)이다.

2009년에 발생건수가 다시 100건으로 증가했다고 가정하자. 비율 또는 백분율로 하면, 후자의 증가는 0.10(10%)이 아니다. 왜냐하면 10의 증가는 2008년의 90건에 기초하고 있기 때문이다. 따라서 10/90 또는 0.11(11%)의 증가이다. 2009년 100건은 2008년 발생건수의 111%가 된다. 만약 발생건수가 2010년에 100건에서 200건으로 두 배가 된다면, 이는 100% 증가가 되며 2010년의 발생건수는 2009년 발생건수의 200%가 될 것이다.

비율의 덧셈과 뺄셈

비율을 더하고 뺄 때 소수점을 정렬해야 한다. 만약 당신이 0.25 호박파이를 먹었고 내가 1.333 호박파이를 먹었다면, 우리가 먹은 양을 아래와 같이 더한다:

$$\begin{array}{r} 0.250 \\ +1.333 \\ \hline 1.583 \end{array} \text{ 조각}$$

내가 당신보다 얼마나 많은 조각을 먹었는가?

$$\begin{array}{r} 1.333 \\ -0.250 \\ \hline 1.083 \end{array} \text{ 조각}$$

비율과 백분율 곱셈

비율을 곱할 때 모든 숫자를 곱한 다음, 곱한 값에서 두 비율의 소수점 이하 자릿수를 합한 자릿수만큼 왼쪽으로 이동한 자리에 소수점을 위치시킨다. 우리나라의 아동학대 발생건수의 10%(0.10)가 우리 주에서 발생하였고, 우리 주의 발생건수의 33.3%(0.333)가 우리 시에서 발생하였다고 가정하자. 이 정보에 기초해서 우리 시에서 발생한 전국 발생건수의 비율을 구하기 위해 아래와 같이 두 비율을 곱한다:

$$\begin{array}{r} 0.333 \\ \times\ 0.10 \\ \hline 0.03330 \end{array}$$

[곱한 값에서 소수점 오른쪽으로 다섯 자리를 얻기 위해 소수점과 첫 번째 자리(3) 사이에 0을 추가해야 한다. 이렇게 해야 하는 이유는 곱할 두 비율에서 소수점 오른쪽으로 다섯 자리가 있기 때문이다.]

백분율을 곱하기 위해, 먼저 백분율을 비율로 바꾸고, 그 다음 비율을 곱한 다음 비율을 다시 백분율로 바꾸기 위해 곱한 값에 100을 곱한다. 따라서 50% × 50% = 0.50 × 0.50 = 0.25 = 25%이다. 백분율과 백분율이 아닌 수를 곱하려면 백분율을 비율로 바꾼 다음 곱한다. 그 외에 아무것도 할 필요가 없다. 그래서 100의 50%는 0.50 × 100 = 50이다.

비율 나눗셈

비율을 나눌 때 정수를 만들기 위해 분모의 소수점을 오른쪽으로 이동시켜 소수점을 제거해야 한다. 그런 다음 분자의 소수점을 동일한 자릿수만큼 오른쪽으로 이동한다. 그래서 아래와 같이 0.75를 1.5로 나눈다:

$$0.75/1.5 = 7.5/15 = 0.50$$

제곱과 제곱근

괄호 안의 숫자나 표현의 바로 오른쪽 위에 2가 있다면, 이는 숫자 또는 표현을 제곱해야 한다. 예를 들어, 5^2은 5를 제곱한다는 의미이다. 숫자를 제곱하는 것은 어떤 숫자를 그 숫자와 곱하는 것이다. 그러므로 $5^2 = 5 \times 5 = 25$이다. 마찬가지로, $(2 + 5)^2$은 2와 5를 먼저 더하고 그 합을 제곱하라는 의미이다. 그래서 $(2 + 5)^2 = 7^2 = 49$가 되나 $2 + 5^2 = 2 + 25 = 27$이 된다.

X나 Y와 같은 문자 기호를 다룰 때에도 동일한 규칙이 적용된다. 따라서 XY^2은 Y를 제곱한 다음 X와 곱하는 것을 뜻한다. 그래서 $X = 5$이고 $Y = 4$이면, $XY^2 = 5 \times 4^2 \times 5 \times 16 = 80$이고 $(XY)^2 = (5 \times 4)^2 = 20^2 = 400$이다.

올려진 숫자를 지수(exponent)라고 부른다. 지수 2는 제곱을, 지수 3은 3제곱을 하라는 의미이다. 3제곱은 제곱과 원래 수를 곱하는 것을 의미하거나 또는 $4 \times 4 \times 4 = 64(4^3)$처럼 원래 수를 3번 곱하라는 의미이다. 지수 1은 필요하지 않다. 이는 그 수가 변하지 않고 그대로 있다는 의미이다. 그래서 $4^1 = 4$이다.

앞에서 두 음수의 곱셈에 관해 논의했듯이, 음수를 제곱하면 부호가 바뀐다. 따라서 $-4^2 = +16$이다. 그러나 음수의 3제곱은 음수이다:

$$-4^3 = (-4)(-4)(-4) = +16(-4) = -64$$

숫자나 표현이 근호($\sqrt{\ }$) 아래에 있을 때 그 숫자나 표현을 제곱근한다. 제곱근은 제곱하기 전의 원래 수이다. 따라서 $\sqrt{16} = 4$이다. $X = 3$이고 $Y = 6$이라고 가정하자:

$$\sqrt{X + Y} = \sqrt{3 + 6} = \sqrt{9} = 3$$

마찬가지로,

$$\sqrt{XY} = \sqrt{3 + 6} = \sqrt{18} = 4.24$$

가 된다.

부록 B

통계 기호

이 부록은 이 책에 나오나 부록 A에서 설명되지 않았던 통계 기호를 나열하여 설명하고 있다. 각 기호 옆에 의미가 있다. 이 책을 읽으면서 이런 기호들을 접할 때 이 부록이 도움이 될 것이다. 이 기호들이 이 책에서 접할 수 있는 유일한 기호들이 아니다. 보다 많은 설명을 요하는 기호들은 이 책에서 소개될 때 설명되어 있다.

기호	의미	예
$>$	초과	$5 > 3$
$<$	미만	$3 < 5$
X 또는 Y	점수	$X = 10$은 X 변수의 점수가 10임을 뜻한다. $Y = 5$는 Y 변수의 점수가 5임을 뜻한다.
N	표본크기	데이터 세트에서 한 변수 값의 개수
Σ	합	ΣX는 X 변수의 모든 점수의 합이다.
μ	모집단 평균	미국에서 통계 수업을 수강한 학생 100,000명의 모집단이 총 $\Sigma X = 200{,}000$권의 통계 교재를 구입했다면, 모집단[$\Sigma X/N$]을 위해 구입된 통계 교재 권수의 평균은 200,000/100,000 = 2 통계 교재가 된다.
$\bar{X}$	표본평균	내 통계 수업을 수강하는 학생 20명의 표본이 20권의 통계 교재를 구입했다면, 표본평균은 20/20 = 1 통계 교재이다.
r	상관계수	키와 몸무게 간에 강한 상관이 있다.
p	확률	동전 던지기에서 앞면이 나올 확률은 $p = 0.50$이다.

부록 C

추가적인 다변량 절차: 개념적 개요

서론

판별분석

로지스틱 회귀분석

사건사 분석(생존분석)

경로분석

요인분석

서론

제15장에서 ANCOVA, 이원 ANOVA, MANOVA를 논의하면서 다변량분석의 개념을 소개하였다. 제18장은 그 개념을 다중상관과 다중회귀분석과 연결하였다. 두 장의 마지막 부분에서 약속했듯이, 부록은 추가로 몇 가지 종류의 다변량분석에 대한 개념적 개요를 제공하고 있다. 공식과 계산을 자세하게 다루지는 않을 것이다. 부록 C가 이러한 다변량 절차들을 당신 자신의 연구와 평가에서 독립적으로 사용할 수 있도록 당신을 준비시켜 주지는 못하지만, 다른 사람들이 이러한 절차들에 기초해서 보고하는 결과물의 의미와 실용성을 이해할 수 있도록 해줄 것이다. 부록 C는 또한 당신이 연구하고 평가할 때 당신을 도와주는 통계 전문가들의 자문을 보다 잘 이해할 수 있게 도와줄 것이다. 부록 C는 이러한 절차를 사용하는 방법을 더 배우고자 하는 당신의 욕구를 자극할 수도 있을 것이다. 다중회귀분석과 비슷하지만 종속변수가 명목 수준일 때 사용하는 다변량 절차부터 시작하자.

판별분석

다중회귀분석은 등간 또는 비율 수준의 종속변수를 요구한다는 것을 기억할 것이다. 그러나 실천 연구와 평가에서 종속변수가 클라이언트의 재발, 재범, 탈락 여부와 같이 명목 수준인 경우가 종종 있다. 판별분석은 등간 또는 비율 수준의 독립변수를 검사하고—다중회귀분석이 등간 또는 비율 수준의 종속변수를 예측하듯이—이들 중 어떤 변수가 명목 수준의 종속변수를 가장 정확하게 예측하는지를 알아내는 방법이다. 판별분석에서 명목 수준의 종속변수들은 종종 이항적이다(예: 재발 대비 재발처럼 두 개의 범주를 가짐). 또한 판별분석은 세 가지 이상의 치료 선택 또는 생활환경 중 어떤 것이 클라이언트에게 할당될지를 예측하는 요인들을 조사하는 것처럼, 두 개 이상의 범주를 갖는 명목 수준의 종속변수를 가지고 있을 때에도 사용된다.

판별분석은 **판별함수**(discriminant function)로 불리는 회귀방정식과 유사한 개념을 사용한다. **판별함수**는 개인을 명목 수준의 종속변수의 질적 범주들 중 하나로 할당하기 위해 예측변수의 가중치를 사용한다. 회귀방정식은 등간 또는 비율 수준의 종속변수에서 개인의 점수를 예측하기 위해 가중치를 사용하는 반면에, 판별분석은 개인이 탈락할지 탈락하지 않을지, 다시 구속될지 아닐지 등을 예측하기 위해 가중치를 사용한다. 판별함수방정식은 개인이 어떤 집단에 속하게 되는지를 예측하기 위해 사용되는 종합점수(회귀분석에서 Y' 같음)를 산출하기 위해 각 변수의 값과 각 변수에서 개인이 얻은 점수를 곱한 값을 추가한다. 이 방정식은 또한 각 종속변수 범주의 절사 점수(cutoff score)를 만들어 낸다. 개인이 어떤 범주에 속하게 될지 예측하기 위해 개인의 판별함수 점수는 절사 점수와 비교된다. 예를 들어, 탈락을 예측할 수 있는 절사 점수가 21점 이상이고 예측변수들에서 얻은 클라이언트의 가중치들을 더했을 때 21점 이상이라면, 그 클라이언트는 탈락할 것으로 예측된다. 만약 클라이언트의 가중치가 20점 이하라면, 클라이언트는 탈락하지 않는 집단에 포함될 것으로 예측된다.

회귀분석이 양적 값을 가장 정확하게 예측할 수 있는 방정식을 찾기 위해 최소제곱 방법을 사용하듯이, 판별분석은 사람들을 명목 범주들로 분류할 때 오류를 최소화하는 변수값을 찾아낸다. 회귀분석처럼 판별분석도 다수의 예측변수들 중 방정식에 의해서 산출된 분류오차를 줄이는 데 기

표 C.1 400건의 위탁보호배치 성공과 실패에 관한 예측 자료와 실제 자료를 포함한 혼동행렬

위탁보호배치의 실제 결과	위탁보호배치의 예측 결과		합계
	성공	실패	
성공	180 (90% 정확)	40 (80% 오차)	220
실패	20 (오차)	160 (80% 정확)	180
합계	200 (100%)	200 (100%)	400

여하지 않는 예측변수를 제외하여 예측변수 개수를 줄이는 단계적 방법을 사용한다.

판별함수분석은 또한 다중상관에서 R^2과 유사한 요약 통계량을 제공한다. 이 통계량은 *Wilks' lambda*, *Mahalanobis* D^2, *Rao's V*로 불린다. 당신이 이들 통계량을 알기 위해 각 통계량의 수학적이고 통계적인 세부내용을 공부할 필요는 없다. 이들 통계량의 목적은 본질적으로 동일하다. 즉, 이들 통계량은 종속변수를 정확하게 예측하는 판별함수의 강도를 묘사하며 그리고 정확히 분류된 것들의 개수를 설명할 때 우연을 배제하기 위한 통계적 유의성을 위해 검증될 수 있는 요약 통계량을 제공하는 것이다.

판별함수방정식에 의해 산출된 오차 개수를 분석하기 위해 판별분석은 표 C.1에 제시한 것과 같은 **혼동행렬**(confusion matrix)이라고 하는 것을 사용한다. 이 행렬은 특정 집단에 속할 것으로 예측되는 사람들의 수와 그들이 실제로 그 집단에 속하는지를 보여준다. 따라서 혼동행렬은 판별함수방정식에 의해 산출된 정확한 예측과 부정확한 예측들의 비율을 보여준다.

나는 아동, 위탁부모 등과 관련된 여러 개의 예측변수들에 할당된 가중치에 기초하여 위탁배치의 성공 여부를 예측하기 위한 가설적인 연구에서 혼동행렬의 활용을 설명하기 위해 표 C.1에 단순화된 가설적 자료를 만들었다. 행렬의 열을 따라 아래로 내려오면 성공으로 예측되었던 200건의 배치들 중 180개(90%)가 실제로 성공으로 나타났고 실패로 예측되었던 200건의 배치들 중 160개(80%)가 실패한 배치로 나타났다. 따라서 전반적으로 400개의 예측 중 340개가 정확하여 정확도는 85%였다.

이와 같은 결과는 미래의 위탁배치를 결정하는 실천가들을 원조해주는 가치가 있다. 또한 판별분석의 결과는 회귀분석에서처럼 종속변수를 예측하는 각 변수의 상대적 강도를 나타내는 각 변수의 표준화된 베타 가중치의 제곱을 제공한다.

판별분석의 잠재력은 명백하지만, 판별분석에 관해 기억해야만 하는 두 가지 경고가 있다. 하나는 자료가 등간 또는 비율 수준일 때 판별분석을 실시하기 위해 자료를 명목 수준으로 전환시키는 것보다 회귀분석을 실시하는 것이 더 좋다. 그 이유는 자료를 폭이 넓은 범주로 만들면 정밀함과 통계적 힘을 잃기 때문이다. 두 번째 경고는 회귀분석의 결과는 다른 표본에서 교차 검증 받아야 한다. 재연은 모든 조사연구에서 중요한데, 특히 판별분석에서 그렇다. 왜냐하면 판별방정식은 새 표본에서보다 원표본에서 더 정확한 분류를 만들어내기 때문이다.

로지스틱 회귀분석

앞에서 언급했듯이, 판별분석은 명목 수준이 아닌 양적 독립변수를 요구한다. 그러나 많은 다변량분석은 명목 수준 독립변수와 명목 수준 종속변수와의 관계를 분석한다. 명목 수준의 종속변수를 가지고 있고 독립변수들 중 일부 변수가 등간 또는 비율 수준이 아닐 때, 다중회귀분석과 판별분석의 확장 방법인 로지스틱 회귀분석을 사용할 수 있다. **로지스틱 회귀분석**은 각 독립변수의 값들에 비추어 종속변수의 특정 범주의 확률을 예측하는 방정식을 제공한다. 이 확률을 승산비(odds ratio)라고 부른다. **승산비**는 특정 독립변수 범주들이 다른 범주들보다 종속변수의 특정 범주를 얼마나 많이 가질 수 있는지를 표시한다.

예를 들어, 호지, 카르디나스와 몬토야(Hodge, Cardenas, and Montoya, 2001)는 뉴멕시코 주의 지방에 살고 있는 십대 청소년들 사이에서 술, 대마초, 기타 약물의 비사용을 예측하는 변수들로 종교참여와 영성의 영향을 알아보기 위해 로지스틱 회귀분석을 실시하였다. 이전 연구들에서 성과 연령이 청소년 약물남용의 강력한 예측변수들이었기 때문에, 연구자들은 위계적 로지스틱 회귀분석(위계적 다중회귀와 유사)에서 이들 변수를 통제하였다. 제18장에서 논의했듯이, 위계적 분석은 다른 변수들을 투입하기 전에 당신이 제외하고자 하는 변수들의 영향에 따라 변수들을 회귀방정식에 투입한다.

세 차례의 로지스틱 회귀분석을 실시하였다. 한 번은 알코올, 또 한 번은 대마초, 나머지 한 번은 기타 약물을 종속변수로 하였다. 표 C.2는 기타 약물의 비사용에 관한 결과를 약간 단순화했다. 한 열(B)은 각 예측변수의 비표준화된 회귀계수를 보여준다. 다른 열은 Wald 통계량(카이제곱의 다변량 방식)을 보여주는데, 이 통계량은 로지스틱 회귀분석에서 통계적 유의성을 검증하기 위해 사용된다. 마지막 열은 각 예측변수의 승산비를 보여준다. 승산비가 클수록 기타 약물을 사용하지 않을 가능성이 높아짐을 의미한다.

1.0보다 큰 승산비는 독립변수값이 클수록 종속변수의 특정 범주의 확률이 증가함을 의미한다. 1.0보다 작은 승산비는 반대, 즉 종속변수의 특정 범주에 포함될 가능성이 더 낮음을 의미한다. 예를 들어, 표 C.2에서 영성의 승산비가 1.90이고 이는 통계적으로 유의미하다. 이는 영성이 한 단위 증가할 때마다 청소년들은 기타 약물을 사용하지 않을 가능성이 1.9배 높음을 의미한다. (이를 달리 표현하면, 이 승산비는 영성이 상대적으로 약한 청소년들은 기타 약물을 사용할 가능성이 더 높고 영성이 보다 강한 청소년들은 기타 약물을 덜 사용할 것이라는 의미이다.)

종교참여와 관련하여 Wald 통계량 열에 별표가 없기 때문에 이 변수는 통계적으로 유의미한 예측변수가 아니다. 그러나 통제변수인 성은 유의미한 예측변수이다. 이 변수의 통계적으로 유의미한 승산비 2.18은 여성이 남성보다 기타 약물을 사용하지 않을 가능성이 2.18배 높다는 것을 의미한다.

다른 통제변수인 연령은 통계적으로 유의미하였다. 그러나 연령의 승산비 0.80은 1.0보다 작아

표 C.2 십대의 약물 비사용을 예측하는 성, 연령, 영성, 종교참여의 승산비를 보여주는 로지스틱 회귀분석 결과

예측변수	B	Wald	승산비
성(남 0 ; 여 1)	0.78	7.65**	2.18
연령	0.23	5.89*	0.80
영성	0.64	5.90*	1.90
종교참여	0.26	2.94	0,78

[a] 이 표는 호지, 카르디나스, 몬토야(2001)의 연구에서 발췌하였음
*$p < 0.05$
**$p < 0.01$

연령이 높은 범주에 속한 청소년들이 연령이 낮은 범주에 속한 청소년들보다 기타 약물을 사용하지 않을 가능성이 낮다. 정확하게 말하면, 승산비 0.80은 연령이 한 단위 증가할 때 기타 약물을 사용하지 않을 가능성이 0.80 증가되며, 이는 기타 약물을 사용하지 않을 확률이 20%(1.00 − 0.80 = 0.20) 감소한다는 의미이다. (이 연구에서 음수는 혼동을 일으킬 수 있다. 다시 말해서, 이 승산비는 나이가 더 많은 청소년들이 기타 약물을 사용할 가능성이 더 높고 나이가 어린 청소년들이 기타 약물을 사용할 가능성이 더 낮다는 것을 의미한다.)

약물 사용과 관련해 영성에 관한 결과(그리고 종교참여와 음주에 관한 유사한 결과)에 기초하여, 저자들은 청소년들의 약물남용을 예방하기 위한 프로그램에 영성과 종교참여를 통합한다면 프로그램 효과성을 향상시킬 수 있을 것이라고 제안하였다. 또한 청소년 약물남용을 예방하기 위한 노력에 이러한 점을 포함시키는 개입의 효과성에 대한 연구를 제안하였다.

사건사 분석(생존분석)

앞에서 소개한 다변량 절차들은 시간의 경과에 따른 변수들의 변화를 고려하지 않고 있다. 예를 들어, 학대와 남용 위험이 있는 가족의 자녀들의 탈가정화를 예방하기 위한 개입의 효과성에 영향을 미치는 변수들을 연구한다고 가정하자. 개입기간 동안 또는 개입 후 곧 탈가정화 욕구에 영향을 끼치는 변수들은 개입 후 1년 이상 그 욕구가 일어나지 않았던 가족들의 탈가정화 욕구에 영향을 미치는 변수들과는 매우 다를 것이다. 더욱이, 우리의 연구는 무한정 지속되지 않고 아마도 3~5년 내에 종료될 것이다. 만약 종속변수로 탈가정화 없이 보냈던 시간을 사용한다면, 연구가 종료될 때까지 탈가정화가 없었던 가족들의 시간을 과소평가하게 될 것이다.

사건사 분석이라고 하는 상대적으로 새로운 통계적 절차는 다중회귀분석과 로지스틱 회귀분석으로 확장된 방법으로 이러한 문제를 극복한다. 생존분석은 이러한 문제를 다룰 수 있기 때문에 실제 연구에서 활용도가 증가하고 있다. 사건사 분석은 **생존분석**이라고 불리기도 하는데, 그 이유는 재구속 탈가정화, 죽음(의학적 연구에서)과 같은 탐탁해하지 않는 사건의 회피를 예측하는 변수들을 연구하는 데 흔히 사용되기 때문이다.

사건사 분석에서 핵심 개념은 중도 절단이다. **중도 절단**(censoring)이란 종속변수값이 특정 기간 동안 알려지지 않은 사례를 말한다. 예를 들어, 양육권의 종결과 입양의 최종 승인 간의 시차를 줄이는 개입에 관한 2년짜리 연구를 수행한다고 가정하자. 2년이 다 될 때까지 아직 입양되지 않은 아동들은 중도 절단될 것이다. 왜냐하면 그들이 입양되기까지 어느 정도 시간이 소요될지 연구 종료 시점까지 알 수 없기 때문이다. 페스팅거와 프래트(Festinger and Pratt, 2002)는 이런 연구를 보고했는데, 이들의 연구에서 통제집단 사례들이 연구 종료 시점까지 입양되지 않아 그들 중 높은 비율이 중도 절단되었다.

시간 경과에 따른 예측변수 영향의 잠재적인 변화뿐 아니라 중도 절단의 문제를 다루기 위해, 사건사 분석은 변수들의 영향에 대한 분석을 일정 기간들로 구분하여 실시한다. 예를 들어, 연구 개시 후 첫 1년 동안 입양될 때까지의 시차를 가장 잘 예측하는 변수가 아동들이 개입집단 또는 통제집단 중 어느 집단에 속해 있는지 알 수 있다. 그러나 2차년도 동안에는 아동의 특성 또는 입양부모의 특성과 같은 다른 요인들의 영향이 더 클 수 있을 것이다.

각 기간 동안, 사건사 분석은 이전 기간 동안 발

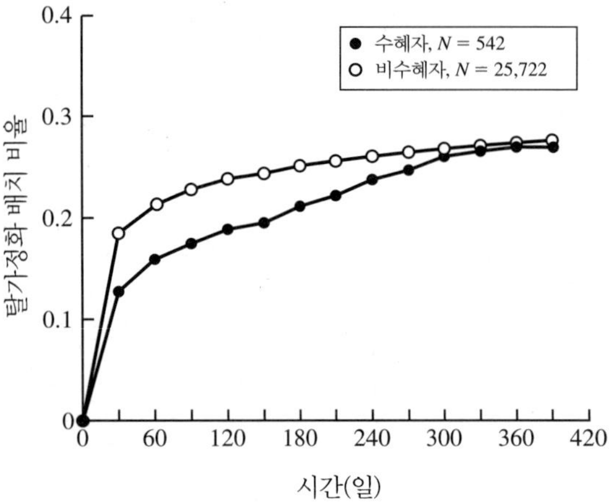

6개월: Wilcoxon = 7.649, $df = 1$, $p < 0.01$
12개월: Wilcoxon = 1.693, $df = 1$, ns

그림 C.1 집중가정보호서비스 수혜자와 비수혜자의 누적 배치위험

출처: R. S. Kirk & D. P. Griffith. (2004). Intensive family preservation services: Demonstrating placement prevention using event history analysis. *Social Work Research*, vol. 28, no. 1, p. 9. Copyright © 2004, National Association of Social Workers, Inc., Social Work Research.

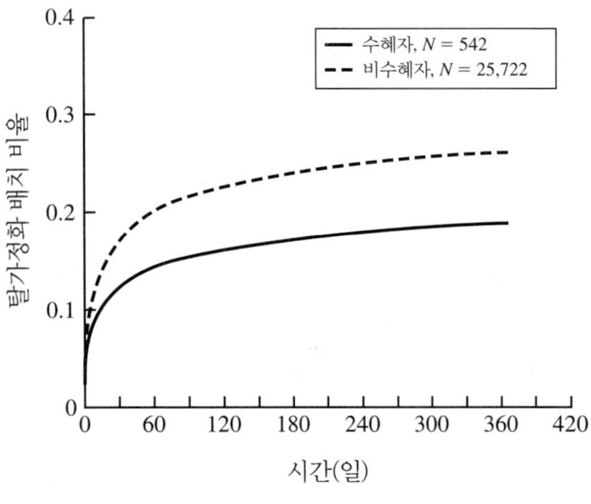

그림 C.2 집중가정보호서비스 수혜자와 비수혜자의 수정 누적 배치위험

출처: R. S. Kirk & D. P. Griffith. (2004). Intensive family preservation services: Demonstrating placement prevention using event history analysis. *Social Work Research*, vol. 28, no. 1, p. 13. Copyright © 2004, National Association of Social Workers, Inc., Social Work Research.

생한 사건을 아직 경험하지 못한 사례들만을 포함한다. 예를 들어, 첫 1년 동안 입양된 아동들은 입양되기까지의 시차에 영향을 끼치는 변수들에 대한 2차년도 분석에는 포함되지 않는다. 1차년도 연구기간 동안 입양되지 않았던 아동들만 포함될 것이다. 따라서 사건사 분석은 특정 기간 동안 어떤 사건을 경험할 위험에 있는 개인들이 그 기간 동안 그 사건을 경험하게 될 확률을 알려준다.

예비 입양부모가 첫 해에는 미혼이었으나 둘째 해에 결혼했다고 가정하자. 둘째 해 동안 그 부모의 혼인상태 변수값은 첫 해 분석에서의 값과 다를 것이다. 만약 아동이 첫 해에 입양되었다면, 그 부모와 아동은 둘째 해 분석의 일부분이 아닐 것이다.

이 방법을 사용한 연구들에는 다양한 종류의 통계량뿐 아니라 다양한 유형의 사건사 분석들이 보고되어 있다. 그러한 통계는 이 책의 범위를 넘어선 것이다[추가적인 정보를 위해 앨리슨(Allison, 1984)을 참고하라].

사건사 분석의 결과를 보고하는 덜 복잡한 방법 중 하나는 생존곡선의 형태로 보고하는 것이다. 커크와 그리피스(Kirk and Griffith, 2004)는 학대 또는 방임하는 가정의 자녀들이 탈가정화되는 것을 예방하기 위한 집중가정보호서비스의 효과성 평가에서 여러 개의 생존곡선을 보고하였다. 그림 C.1은 그들 중 하나인데, 이 생존곡선은 가족 위험 요인을 통제하지 않았다. 이 생존곡선은 개입 초기에 집중가정보호서비스 수혜자들이 비수혜자들에 비해 낮은 탈가정화 비율을 가지고 있다는 것을 보여준다. 그러나 330일째부터 두 비율 간에 차이가 거의 또는 전혀 없어졌다. 그림 C.2는 커크와 그리피스가 보고한 다른 생존곡선인데 이 곡선은 가족 위험 요인을 통제하였다. 이 곡선에서는 처음부터 추적관찰기간까지 집중가정보호서비스 수혜자들이 비수혜자들보다 더 낮은 탈

가정화 비율을 보였다.

경로분석

일부 연구는 회귀분석을 확장하여 베타 가중값들이 연구자에 의해서 설정된 인과모형에 적합한지를 분석한다. 원과 화살표를 사용한 도표는 변수들의 인과적 순서를 묘사하기 위해 개발되었다. 원들은 변수들을 나타내고, 화살표들은 어떤 변수가 다른 변수들에 직접 효과와 간접 효과를 갖는다는 가정을 나타낸다. 간접 효과가 있을 경우 독립변수와 종속변수 사이에 **중간변수**(intermediary variable)가 있다. **내생변수**(endogenous variable)라고도 불리는 중간변수는 한 변수의 영향을 받고 그 다음에 종속변수에 영향을 준다고 가정된다. 변수들을 연결하는 화살표는 **경로**(path)라고 부르며 도표 전체를 **경로모형**(path model)이라고 한다. 따라서 회귀분석의 확장된 방법인 이를 **경로분석**(path analysis)이라고 한다. 보다 복잡한 형태의 경로분석을 **구조방정식모형**(structural equation modeling)이라고 한다.

우리는 여기서 경로분석의 개념적 의미와 활용에만 초점을 두기로 하겠다. 초점은 경로분석 또는 구조방정식모형을 사용한 연구들을 이해할 수 있도록 돕는 데 있다. 이 방법들에 대한 자세한 설명을 위해 다른 교재(Kline, 1998)를 참고하라.

경로분석의 원리에 대한 단순화된 가설적 예시를 보도록 하자. 정신분열과 약물남용의 이중진단을 받은 입원 환자들을 위한 퇴원 전, 입원, 심리교육 개입의 효과성을 평가하고자 한다고 가정하자. 개입의 궁극적인 목표는 퇴원의 재입원을 예방하는 것이다. 개입은 두 가지 중간 목표를 통해 이 목표를 달성하기 위해 고안되었다: (1) 약물 및 알코올과 항정신병약과의 유해한 상호작용처럼 약물남용이 정신분열증 환자들에 끼치는 부정적 영향에 대한 지식을 증가시켜 그들이 퇴원 후 약물을 남용하지 않도록 하는 것; (2) 클라이언트가 퇴원 후 치료 계획을 따르도록 동기부여하는 것(항정신병약 복용과 사례 관리자와의 약속 준수).

만약 개입의 수혜자와 일상적인 보호만을 제공받는 통제집단을 비교하는 실험을 한다면, 개입의

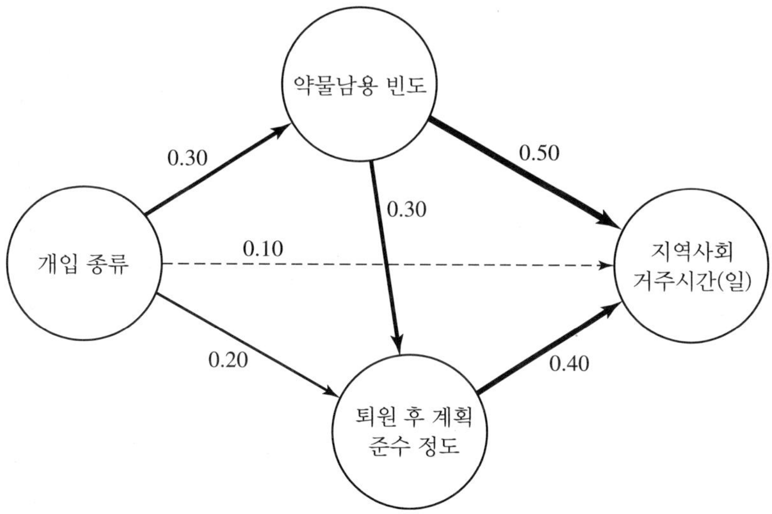

그림 C.3 정신분열과 약물남용의 이중진단을 받은 입원 환자들을 위한 퇴원 전 심리교육 개입의 효과성 평가를 위한 경로모형

수혜자들이 일상적인 보호 수혜자들 보다 재입원하기 전에 지역사회에서 더 오래 생활할 수 있을 것으로 가정할 것이다. 또한 퇴원 후 약물남용 수준이 낮고 퇴원 후 치료 계획을 잘 따르는 클라이언트들의 결과가 가장 좋을 것으로 가정할 것이다. 따라서 우리의 인과모형은 그림 C.3과 같다.

그림 C.3에서 독립변수인 개입 종류로 가는 선이 없다. 그 이유는 클라이언트들을 무작위로 두 가지 치료조건들로 할당했기 때문이다. 따라서 우리의 모형은 클라이언트가 어떤 종류의 개입을 제공받는지에 영향을 주는 변수를 가정하지 않는다(만약 클라이언트가 개입을 스스로 선택했다면, 이전의 기능 수준 또는 변화 동기 수준과 같은 다른 변수들이 개입 종류에 영향을 주었을 것이고 그 방향으로 향하는 화살표를 가졌을 것이다). 경로분석에서 자신에게로 향하는 화살표를 가지고 있지 않는 변수들을 **외생변수**(exogenous variable)라고 한다. 반대편 끝에, 종속변수(우리 연구에서 지역사회 거주시간)는 들어오는 화살표만을 갖는다. 들어오는 화살표와 밖으로 나가는 화살표를 모두 갖는 중간변수(중재변수 또는 매개변수)를 **내생변수**(endogenous variable)라고 한다. 우리 연구에서 두 가지 중간목표는 내생변수이고 들어오고 나가는 화살표를 모두 갖는다.

각 화살표 옆에 있는 숫자들은 다른 변수들을 통제한 후 연결된 두 변수들 간의 부분상관의 상대적 강도를 나타내는 **베타 가중값**(표준화된 회귀계수)이다. 경로분석에서 베타 가중값은 **경로계수**(path coefficient) 또는 **경로 가중값**(path weights)이라고도 불린다.

독립내생변수에서 직접 종속변수로 가는 화살표는 독립변수가 종속변수에 주는 **직접 효과**를 나타낸다. 그림 C.3에서, 가설적 개입이 지역사회 거주시간에 미치는 직접 효과는 0.10이다.

두 개 이상의 변수들이 종속변수로 가기 전에 화살표로 연결되었다면, 그들 경로의 값은 경로계수들을 곱한 값이 된다. 이 값은 독립변수가 종속변수에 끼치는 **간접 효과**를 나타낸다. 그림 C.3에서, 개입 종류에서 약물남용 빈도를 경유하여 지역사회 거주시간으로 가는 화살표들은 (0.30)(0.50) = 0.15의 간접 효과를 갖는다. 마찬가지로, 개입 종류에서 퇴원 후 계획 준수 정도를 경유하여 지역사회 거주시간으로 가는 화살표들은 (0.20)(0.40) = 0.08의 간접 효과를 갖는다. 개입 종류에서 약물남용 빈도와 퇴원 후 계획 준수 정도를 경유하여 지역사회 거주시간으로 가는 세 개의 화살표를 가진 경로는 (0.30)(0.30)(0.40) = 0.036의 간접 효과를 갖는다.

독립변수가 종속변수에 끼치는 총 간접 효과를 구하기 위해 간접 효과 곱들을 더한다. 따라서 0.15 + 0.08 + 0.036 = 0.266의 의미는 개입이 지역사회 거주시간에 끼치는 총 간접 효과가 0.266이라는 것이다. 독립변수가 종속변수에 끼치는 **총 효과**를 구하기 위해 이 값과 직접 효과 0.10을 더하면 0.10 + 0.266 = 0.366이 된다. 전반적 인과모형의 도표와 함께 여러 개의 직접, 간접 효과를 고려하면, 개입이 지역사회 거주시간에 끼치는 효과는 우선적으로 간접적이며 약물남용의 빈도를 줄이는 개입의 효과성에 크게 의존한다. 약물남용은 다시 퇴원 후 계획 준수 정도뿐 아니라 지역사회 거주시간에 영향을 주며, 후자 변수 또한 지역사회 거주시간에 영향을 준다.

경로분석을 떠나기 전에 한 가지 경고할 것이 있다. 상관관계가 인과관계를 암시하지 않듯이, 경로분석이 인과관계를 확인하는 것이 아니다. 경로분석이 하는 모든 것은 다변량 상관 자료가 자료분석 전에 가정된 인과모형에 적합한지를 알아볼 수 있도록 도와주는 것이다. 소프트웨어 프로그램은 모형을 개발하지 않는다; 연구자가 하는 것이다. 단순히 자료분석은 모형에 적용하는 경로계수를 계산하는 것이다. 만약 자료가 모형에 적합하면, 인과모형이 지지되지만 확인되는 것은 아니다. 이는 이변량 상관관계 분석에서의 인과관계와 유사하다. 두 변수 간 상관관계는 한 변수가 다른 변수의 원인이 될 수 있다는 증거를 제공하지만, 대안적 설명을 배제하지는 못한다. 마찬가지로, 경로분석의 결과가 가정된 인과모형에 적합하다면, 단순히 한 모형과 일치하는 결과를 가지고 있는 것이며 여러 개의 모형들 중 어느 모형이 그 증거에 가장 잘 적합한지를 보여주지만, 그 결과가 분석에 포함되지 않았던 대안적 인과모형을 배제하지는 못한다.

요인분석

부록에서 마지막으로 살펴볼 다변량 기법은 **요인분석**(factor analysis)이다. 이 절차는 측정 척도의 개발, 활용, 타당도에 관한 연구들에서 접할 수 있다. 요인분석이 측정 척도의 연구들에서 사용될 때, 특정 군집의 문항들이 다른 문항들보다 서로 더 강한 상관관계를 보이는지를 보고자 하는 것이다. 외상 후 스트레스를 측정하기 위한 척도를 개발한다고 가정하자. 첫 번째 군집의 문항들이 두통, 복통, 불면증, 무기력과 같은 신체화 증상들을 측정하고, 다른 군집은 악몽, 플래시백, 침투사고를 측정하며, 세 번째 군집은 우울과 불안을 측정한다. 네 번째 군집은 과민, 싸움, 논쟁, 욱하는 성질을 측정한다.

우리의 척도가 다른 요인들로 구성되어 있는 것을 미리 알지 못할 수 있다. **탐색적 요인분석**(exploratory factor analysis)은 문항들이 서로 상관관계를 보이는 방식을 분석하고, 요인들이 몇 개인지 각 요인의 문항들이 공통적으로 가지고 있는 것이 무엇인지를 알 수 있도록 해준다. 문항들 사이에서 공통적인 것에 대한 인식에 기초하여 요인에 이름을 부여한다. 예를 들어, 두통, 복통, 불면증, 무기력을 묻는 문항들을 포함하는 요인에 신체화 증상이라는 이름을 부여할 수 있다.

다른 종류의 요인분석으로 **확인적 요인분석**(confirmatory factor analysis)이 있다. 확인적 요인분석에서는 요인의 개수와 종류를 미리 구체화하고, 그 다음 척도가 정말로 그 개념들을 측정하는지 확인하기 위해 요인분석을 실시한다. 이와 같은 방법으로 요인분석을 실시하는 것은 척도의 요인 타당도 또는 개념구성 타당도를 평가하는 것이기도 하다.

측정 척도의 요인분석을 통해 알려진 요인들은 다른 용도를 갖는다. 각 요인은 전체 척도의 하위 척도가 될 수 있기 때문에 각 척도의 문항들을 합하면 하위 척도 점수를 구할 수 있다. 특정 하위 척도와 관련 있는 요인만을 다루는 연구들에서 이 척도를 사용할 수 있다. 예를 들어, 100문항 이상으로 구성된 외상 후 스트레스 척도가 아동들을 위해 너무 많은 문항을 가지고 있고, 실천가는 화를 참지 못하거나 싸움을 하는 등 아동의 외현화 행동문제들을 줄이기 위한 인지행동 개입의 평가에서 이 척도를 사용하고자 한다고 가정하자. 만약 전체 척도가 아동들을 위해 너무 길다면, 실천가는 외현화 요인을 위한 문항을 포함하는 하위 척도만을 사용할 수 있다.

이 책의 범위를 넘어서는 몇 가지 고급통계 개념들은 요인분석에서 밝혀진 요인 개수를 결정하고 계산하는 방법을 포함한다. 이러한 개념들을 더 배우고자 한다면, 제18장 후반부에서 소개한 책들을 읽어보도록 하라(Hair, Anderson, Tatham & Black, 1998; Kachigan, 1991; Mertler & Vannatta, 2005; Stevens, 2002). 요인분석 결과를 보고하는 논문들을 읽을 때, 결과의 실천적 의미를 이해해야 한다. 특히, 요인구조를 보고하는 표들에 제시된 요인 적재값을 해석하는 방법을 알아야 한다. 표에서 각 행은 변수를 나타낸다. 각 열은 요인분석에서 밝혀진 요인을 나타낸다. 각 셀은 특정 요인으로 분류된 특정 변수의 요인 적재값을 보여준다. 요인 적재값은 변수와 요인 간의 상관관계처럼 해석하면 된다. 일반적으로 어느 한 요인에 속한 모든 변수들은 모든 요인에 어느 정도 적재되나, 대부분의 변수들은 다른 요인들보다 어느 한 요인에 더 높게 적재된다. 동일한 요인에 가장 높게 적재되는 변수들이 그 요인을 구성한다. 다른 요인에 높게 적재되는 다른 변수들은 다른 요인을 구성한다.

요인분석을 해석하는 방법을 예시하기 위해, 표 C.3은 내가 다른 연구자와 공동으로 수행한 연구로부터 발췌한 내용을 보여주고 있다(Greenwald & Rubin, 1999). 표에서 각 행은 아동의 외상 후 증상의 심각성을 평가하기 위해 고안한 자기보고식 척도의 문항이다. 아동들은 각 문항이 지난 주 동안의 자신의 행동과 얼마나 부합하는지를 응답하였다. 표는 세 개 요인의 행을 가지고 있다. 첫 번째 요인에 가장 높게 적재된 문항들은 자기비난, 소외감 같은 증상을 포함하고 있다. 표에서 첫 네 개 문항이 첫 번째 요인에 가장 높게 적재되어 있는 점에 주목하라. (각 문항의 가장 높은 적재값이 굵은 글씨체로 강조되어 있다.) 두 번째 열은 신체화 요인이다. 표에서 두 번째 네 문항은 이 요인에 가장 높게 적재되었다. 세 번째 열은 회피와 침투사고를 다루는 요인이다. 표에서 마지막 네 문항이 세 번째 요인에 가장 높게 적재되었다.

표 C.3의 결과를 해석하는 방법 중 하나는 각 요인을 각 요인에 가장 높게 적재된 네 개 문항으로 구성된 하위 척도로 그리고 하위 척도의 각 요인 적재값을 전체 하위 척도와 각 문항의 상관관계로 고려하는 것이다. 각 요인 적재값의 제곱은 특정 문항이 적재된 요인에 의해서 설명되는 문항 변량의 비율을 나타낸다. 따라서 첫 번째 요인에 적재되었고 요인 적재값이 0.731인 첫 번째 문항을 제곱하면, 이 문항의 변량 중 53.4%가 요인 1에 의해서 설명된다는 것이다.

또한 요인분석은 충분치 않은 표본크기 때문에 이론적으로 관련 있는 다수의 변수들을 소수의 요인들로 축소하기 위해 변수들을 요인으로 결합하는 연구에서 사용될 수 있다. 아동학대와 남용의 문제로 의뢰된 부모들을 위한 프로그램의 효과성을 연구한다고 가정하자. 치료 결과에 상당한 차이가 있어 치료 결과를 가장 강력하게 예측하는 변수들을 찾기 위해 다중회귀분석(또는 로지스틱 회귀분석)을 실시한다고 가정하자. 마지막으로, 기관의 기록 중에 활용 가능하고 분석에서 잠재적인 예측변수들로 포함시키고자 하는 변수 목록이 상당히 길다고 가정하자. 분석에 더 많은 변수를 포함시킬수록, 통계적 힘은 더 약해진다. (통계적 힘은 제13장에서 논의하였다.) 따라서 통계적 힘을 증가시키기 위해 포함시킬 독립변수 개수를 줄여야 한다. 그러나 모든 변수를 포함시키는 것이 중요하다고 가정하자. 이런 딜레마를 해결하기 위한 방법은 독립변수들에 대해 요인분석을 실시하는 것이다.

변수들 중 세 개 변수—수입, 학력, 직업—가 한 요인에 매우 높게 적재되었다고 가정하고, 이 요인을 사회경제적 지위라고 부르자. 통계 프로그램을 사용하면, 세 개 변수를 하나의 변수로 결합한 요인 점수를 얻을 수 있을 것이다. 또는 요인 적재값이 매우 크면 세 변수는 모두 같은 것을 측정하고 있어서 중복된다고 가정할 수 있다. 그러므로 세 변수—수입, 학력, 직업—중 하나만 선택하고 나머지 변수들을 분석에서 제외한다. 만약 비슷한 방식으로 다른 요인들에 적재된 변수들을 발견한다면, 사회경제적 변수처럼 그 변수들을 하나의 변수로 줄일 수 있다.

표 C.3 아동의 외상 후 증상 심각성을 측정하는 자기보고식 척도에 대한 요인분석 결과[a]

문항	요인		
	1 자기비난과 소외감	2 신체화 증상	3 회피와 침투사고
나는 다른 소외감을 느끼거나 다른 아이들과 다르다고 느낀다	**0.731**	0.275	0.288
나에게 문제가 있다고 느낀다	**0.694**	0.445	0.266
일이 잘못되었을 때 나 때문이라고 생각한다	**0.692**	0.484	0.394
나는 운이 없다	**0.739**	0.254	0.144
두통이 있다	0.251	**0.786**	0.235
배가 아프다	0.251	**0.803**	0.279
통증이 있다	0.329	**0.739**	0.304
피곤하다	0.347	**0.692**	0.305
좋지 않은 일을 잊어버리려고 한다	0.240	0.367	**0.789**
나쁜 일이 일어나지 않도록 특별한 일을 한다	0.260	0.107	**0.672**
나는 이미 발생했던 좋지 않았던 일의 나머지를 피한다	0.107	0.330	**0.731**
나는 발생할지도 모르는 좋지 않은 일 때문에 마음을 놓을 수 없다.	0.459	0.307	**0.639**

[a] 이 표의 자료는 그린월드와 루빈(Greenwald and Rubin, 1999) 연구 중에서 일부를 발췌한 것이다.

다중회귀분석을 하려고 하나 너무 많은 다중공선성(제18장에서 논의하였음)이 있을 때 요인분석을 적용한다. 요인분석은 다른 요인들과 상관관계가 없는 요인들로 분류될 수 있는 상관변수 세트들을 밝혀낼 수 있다. 그런 다음, 요인들을 다중회귀분석에 투입하면 더 이상 다중공선성 문제를 갖지 않는다.

부록 D

통계 결과 보고하기

당신 경력의 어느 시점에서—당신이 생각하는 것보다 훨씬 일찍—당신은 통계 결과물을 포함하는 보고서를 작성하길 원할 것이며 또는 그렇게 하도록 요구받을 것이다. 그것은 아마도 클라이언트 만족도 조사 또는 욕구조사일 수 있다. 또는 아마도 당신은 개입 결과를 평가할 수도 있을 것이다. 이런 것들은 단지 몇 가지 가능성일 뿐이다. 심지어 당신이 졸업하기 전에도 당신은 통계 결과물을 포함하는 학기말 보고서, 석사논문 또는 박사논문을 작성해야 할 수도 있다. 이 부록의 목적은 당신의 결과물을 작성하는 데 도움이 될 만한 지침을 제공하는 것이다.

독자

조사결과 작성방법에 관한 계획을 세울 때 첫 번째 단계는 당신의 독자를 고려하는 것이다. 하지만 당신의 독자와 상관없이 조사결과를 작성하는 일부 지침은 일반적이다. 예를 들어, 당신은 결코 표절해서는 안 되고 의도적으로 편향되고 왜곡하는 방식으로 그래프와 차트를 구성하거나 해석해서도 안 된다.

다른 지침은 당신이 생각하기에 당신의 보고서를 읽을 사람들의 부류에 따라 다르다. 만약 당신이 통계를 잘 알지 못하는 기관 관계자들을 위해 작성한다면, 전문 학술지에 게재될 목적으로 논문을 작성할 때와 비교하면 통계 절차의 의미를 보다 자세하게 설명해야 할 것이다. 어떤 학술지들은 통계적 예민성이 상당히 제한된 실천가들을 대상으로 삼는 반면에, 다른 학술지들은 보다 통계에 능숙한 학자들을 주요 대상으로 삼는다.

당신은 당신의 논문을 투고하는 학술지의 독자층에 관해 알아야 하며, 그러면 당신은 당신의 통계 절차를 설명하는 정도를 알 수 있을 것이다. 독자를 고려하게 되면, 코헨의 *d*(Cohen's *d*) 효과크기 통계량의 기술적 의미를 설명해야 하는지 아니면 단순히 그것을 보고해야 하는지 결정할 수 있게 된다. "기술적 의미"라는 표현을 사용했는데, 그 이유는 독자에 상관없이 어느 시점에서 당신은 기술적 설명만을 하는 수준을 넘어 실질적(임상적) 유의성 관점에서 효과크기를 논의해야 하기 때문이다.

*d*가 2.0이라고 가정하자. 당신은 통계에 익숙하지 않은 독자들에게, 효과크기는 실험집단의 평균 점수가 통제집단 점수들의 97.7%보다 더 크다는 것을 의미한다고 설명하지는 않을 것이다. 당신의 독자가 통계에 익숙하다면, 그렇게 설명할 필요는 없다. 하지만 두 집단 모두에게 $d = 2.0$은 상당히 강력한 개입효과를 의미한다고 언급해야 할 것이다. 그리고 당신은 실질적(임상적) 유의성 관점에서 효과크기가 갖는 함의를 논의해야 할 것이다.

앞의 효과크기 예는 통계를 보고하는 것과 통계에 대한 독자의 이해 정도를 가정하는 것과 관련하여 기술적 이슈를 얼마나 많이 설명해야 하는지에 대한 지침을 설명하기 위해 사용할 수 있는 예들 중 하나이다. 나는 특이한 사례들을 모두 열거하여 당신을 지루하게 하지 않을 것이다. 요점은 이러한 점을 인식하고 판단하라는 것이다.

사실, 어떤 사례에서는 기술적 통계 용어를 완전히 무시하고 통계에 익숙하지 않은 독자들이 이해할 수 있는 방식으로 조사결과를 보고하기로 결정할 수 있다. 예를 들어, 관리자들은 숫자와 비율을 담고 있는 성가신 표보다 비율을 시각적으로 보여주는 파이그림을 선호할 것이다.

결과와 논의 부분

당신의 장래 독자는 또한 당신의 결과를 구성하는 방법에도 영향을 준다. 예를 들어, 많은 학술지들은 결과(Result) 부분과 논의(Discussion) 부분을 포함할 것을 요구한다. 결과 부분은 결론을 내리거나 함의에 대한 논의 없이 결과에 대해 직접적이고 사실적인 기술로만 제한된다. 결과 부분에서 데이터에 대한 해석은 기술적이고 사실적이어야 한다. 예를 들어, 당신이 상대적으로 새로운 고급통계 절차를 사용하여 통계에 익숙한 전문 학술지 독자들도 이해하기 어려워 할 것으로 당신이 생각한다고 가정하자. 효과크기가 강력하다고 가정하자. 당신은 그 절차의 근거와 목적을 간단히 설명할 것이고 효과크기가 강력했다는 점을 언급할 수 있지만, "이는 개입이 임상적으로 유의미한 효과를 보였고 증거에 기반을 두었다"라고 말해서는 안 된다. 후자와 같은 해석은 논의 부분을 위해 남겨두어야 한다.

마찬가지로, 결과의 내용들이 일관적이지 못하고 심지어 모순적이라면, 결과 부분에서 다른 해석 방법을 논의하거나 명백한 불일치를 조정해서는 안 된다. 이러한 논의는 논의 부분에서 해야 한다. 그것이 이 부분을 논의 부분이라고 부르는 이유이다. 사실, 결과 부분이 표, 차트, 그래프를 포함하기 때문에 양적으로 많을 수 있지만, 논의 부분은 대부분의 학술지에서 결과 부분보다 훨씬 더 많은 설명을 포함한다. 일관적이지 못한 조사결과를 판단하거나 조정하는 방법, 결과에 대한 당신의 해석이 가장 합리적인 이유, 통계적으로 유의미한 조사결과가 임상적으로 유의미하거나 유의미하지 않은 이유, 2종 오류가 심각한 위험이 될 수 있는 이유, 연구의 방법론적 한계와 그 한계의 심각성, 당신의 결과가 선행 이론 및 연구와 일관적이거나 그렇지 못한 이유, 그리고 실천과 후속 연구를 위한 제언에 대한 논의와 비교할 때, 조사결과에 대한 사실적이고 기술적인 설명은 적은 편이다. 철저한 논의는 위의 모든 이슈를 포함한다.

비록 논의 부분이 결과 부분보다 더 많은 판단과 의견을 담고는 있으나, 그렇다고 어떤 내용도 담을 수 있다는 의미는 아니다. 예를 들어, 논의 부분에서 사실이 당신의 신념을 방해하지 못하도록 당신이 편애하는 바를 강요해서는 안 된다. 그러므로 만약 당신이 선호하는 개입이 효과성을 전혀 보여주지 못했다면, 그 조사결과를 당신이 "명백히" 잘못된 사정도구를 사용한 결과로 처리해 버려서는 안 된다. 마찬가지로, 만약 당신의 결과가 통계적으로는 유의미하나 매우 작은 효과크기를 가지고 있다면, 당신의 "유의미한" 개입을 격찬할 때 효과크기를 무시해서는 안 된다.

다른 사람들이 당신의 해석에 동의하지 않을 수 있으나, 당신이 결과를 무시했다고 그들이 생각해서도 안 된다. 당신도 당신의 결과가 담고 있지 않은 것에 대해 의견을 제시해서도 안 된다. 예를 들어, 연구 목적이 폭풍 피해자들의 외상 증상을 다루는 두 가지 방법의 상대적인 효과성을 평가하는 것으로 제한된다면, 공공이나 민간 기관의 재해구조계획 수립 능력에 관한 의견을 개진할 수 없다.

조사결과 부분

당신의 독자를 고려하여, 당신은 결과와 논의 부분을 조사결과 부분으로 통합할 수도 있다. 일부 학술지는 이를 허용하며 일부 비전문 독자들은 이런 방식을 선호한다. 조사결과 부분과 관련하여 독자는 자료를 다시 언급하고 자료의 의미를 설명하는 후반부를 기다리면서 어리둥절한 통계 자료를 끝까지 읽을 필요가 없다. 대신 조사결과 부분을 보다 일관성 있게 작성하여, 모든 내용들이 조화를 이룬다는 것을 독자가 따라갈 수 있고 볼 수 있게끔 각 조사결과를 논리적인 순서로 보고하고 해석할 수 있을 것이다.

표, 차트, 그림

당신이 어떤 독자를 선호하는지 또한 표, 차트, 그림을 구성하고 보고하는 방법에 영향을 준다. 예를 들면, 일부 학술지는 모든 표, 차트, 그림에 번호를 부여하고 원고 맨 끝에 위치하도록 요구한다. 그렇다면, 학술지는 아래와 같이 각각의 위치를 알려주도록 당신에게 요청할 것이다:

[표 1을 여기에 삽입하라.]

일부 관리자들은 보고서 본문에 표, 차트, 그림을 포함하는 것을 원치 않을 수도 있다. 대신에, 그들은 모든 표, 차트, 그림을 부록에 위치시키고 본문에 다음과 같이 언급한다:

> 표 1에 제시되었듯이(부록 A 참조), 대부분의 통계 강사들은 뿔과 꼬리를 갖거나 건초용 포크 주위를 걸어 다니지 않는다.

그러나 다른 독자들은 표, 차트, 그림을 보고서 본문에 포함시키는 것을 선호한다. 그들은 표, 차트, 그림을 논하는 내용을 읽어가면서 그것들을 보길 원한다. 만약 당신의 독자들이 그렇다면, 당신은 각 표, 차트, 그림의 목적을 기술한 다음, 각 표, 차트, 그림을 제시하고 해석해야 한다.

표, 차트, 그림을 어느 정도 자세히 제시해야 하는지 또한 독자들의 욕구와 선호도에 따라 다양하다. 얼마나 상세한 정보를 제공해야 하는지 그리고 어떤 정보들은 포함시키기에 너무 사소한 것인지에 관해서 당신은 판단을 내려야 한다. 그러나 판단을 내리기 어렵다면, 적은 양을 포함시키기보다는 많을 양을 포함시키도록 하라. 그렇게 하면, 당신의 해석을 평가하고 자료에 관한 판단을 하기 위해 독자들이 사용할 수 있는 정보를 그들로부터 빼앗지 않는 것이다. 그럼에도 불구하고, 상세한 정보를 제공하기로 결정한 경우에도 당신은 어수선함과 읽기 쉬움을 고려해야 한다. 보고서 초안을 작성한 후 초안이 어수선하지 않고 쉽게 읽혀지는지 꼼꼼하게 점검하도록 하라. 그런 다음 보고서를 개선하도록 하라. 그리고 표적 독자들과 유사한 한두 명에게 보고서를 읽어보도록 요청하라. 그들의 반응에 기초하여 보고서를 좀 더 개선하라. 모든 문제가 해결되었다고 확실할 때까지 이 과정을 반복하라.

독자에 관계없이 표, 차트, 그림에 관한 일반적인 지침을 소개하면 다음과 같다:

- 각 표에 번호를 부여하고(예: 표 1, 표 2 등) 표의 내용을 간결하게 기술하는 머리말이나 제목을 붙여라.
- 표, 차트, 그림이 본문에서 소개되는 순서에 맞게 표, 차트, 그림에 번호를 부여하라. 예를 들어, 표 1과 표 2에 대한 내용을 작성하기 전에 표 3에 관한 내용을 작성해서는 안 된다.
- 표, 차트, 그림에 별도의 번호를 부여하라. 첫 번째 그림 전에 표 2와 표 3에 대해 논의하더라도 첫 번째 그림은 그림 1이 된다.
- 각 표의 구성요소에 라벨을 명확하게 부여하라. 예를 들어, 각 변수와 변수의 각 속성의 라벨을 표의 행과 열에 명확하게 부여하라.
- 독자들이 본문에서 설명을 찾을 필요가 없을 정도로 표, 차트, 그림의 내용과 목적을 이해할 수 있도록 충분한 머리말과 라벨을 제공하라.
- 원자료를 보고하거나 산술 계산을 제공하지 마라.
- 각 표를 명확하고 논리적인 방법으로 만들어라.

- 편향되거나 왜곡된 방식으로 그래프를 만들지 마라(제5장 참조).
- 이변량 표에 독립변수의 범주에 따른 백분율을 제공하라.
- 무응답 수를 표시하라. 예를 들어, 친구나 친척들에게 당신의 기관을 추천하겠느냐는 질문에 105명의 클라이언트들 중 100명이 응답하였다고 가정하자. 100명 중 90명이 "예" 그리고 10명이 "아니오"라고 하였다. 나머지 5명은 전혀 응답을 하지 않았다. 90%가 "예", 10%가 "아니오"라고 보고하는 것에 더하여 표 어딘가에 무응답 5 사례를 표시하라.
- 본문에 표의 모든 세부내용을 보고하지 마라. 표의 가장 중요한 부분과 전체적인 의미만을 보고하라. 독자들은 세부내용을 위해 표를 검토할 것이다. 예를 들어, 아래 표를 고려해보자:

민족에 따른 요양시설 입주자의 수와 비율

민족	요양시설 A	요양시설 B
백인	140(70%)	20(10%)
아프리카계 미국인	40(20%)	80(40%)
멕시코계 미국인	6(3%)	80(40%)
쿠바계 미국인	2(1%)	0(0%)
기타 남미계 미국인	2(1%)	6(3%)
동양계 미국인	4(2%)	4(2%)
미국 원주민	1(0.5%)	2(1%)
기타	5(2.5%)	8(4%)
합계	200(100%)	200(100%)

표에 대한 적절한 해석은 아래와 같다:

> 두 요양시설의 민족 구성은 동등하지 않았다. 예를 들어, 요양시설 A의 대다수(70%)는 백인이었다. 그 다음은 아프리카계 미국인으로 20%였다. 6개의 추가 범주들이 나머지 10%를 구성하였다. 이와는 대조적으로, 요양시설 B의 단지 10%만이 백인이었고 약 80%를 아프리카계 미국인과 남미계 미국인이 균등하게 차지하였다(86명의 남미계 미국인 중 6명을 제외하고 모두 멕시코계 미국인이었다).

아래 해석은 부적절하다:

> 요양시설 A에는 입주자의 70%가 백인이었다. 그 다음 아프리카계 미국인이 20%를 차지하였다. 그 다음 멕시코계 미국인이 3%, 쿠바계 미국인이 1%, 기타 남미계 미국인이 1%, 동양계 미국인이 2%, 미국 원주민이 0.5%, 그리고 기타 민족이 2.5%를 차지하였다. 이와는 대조적으로, 요양시설 B의 입주자들 중 단지 10%만이 백인이었고, 그 뒤를 이어 아프리카계 미국인이 40%, 멕시코계 미국인이 40%, 기타 민족이 4%, 기타 남미계 미국인이 3%를 차지하였다.

추가적인 일반 지침

- 자료에 의해서 지지되지 않는 편향된 방식으로 조사결과를 해석하거나 결론을 내리지 마라.
- 표절하지 마라.
- 통계적으로 유의미한 조사결과와 함께 관계 강도(효과크기)와 실질적(임상적) 유의성을 제공하라.
- 조사결과가 통계적으로 유의미하지 않을 때, 통계적 힘과 2종 오류를 범할 가능성을 다루어라.
- 상관관계와 인과관계를 혼동하지 마라.
- 통계적 유의성 또는 통계 절차에 대한 궤변이 연구방법이나 설계의 오류를 제거한다고 암시하지 마라.
- 결과 부분에서 이미 보고한 조사결과에 대해 길고 상세하게 반복하면서 논의 부분을 시작하지 않도록 한다. 당신이 논의하고 있는 구체적인 결과를 간략히 요약할 수 있으나 중복을 최소한으로 하라. 학생이나 경험이 없는 연구자들이 가장

흔히 범하는 실수 중 하나는 결과를 피상적이면서 상세하게 다시 언급하면서 논의 부분을 시작하는 것이다. 결과를 해석하는 다른 방법들을 논의하면서 시작하는 것이 더 좋다. 주요 조사결과에 대한 간단한 요약이 필요하다고 생각되면, 그렇게 하되 짧게 하고 당신의 의견을 주요 내용으로 제한하라.

- 집중경향값을 보고할 때 표준편차와 같은 산포 통계량을 함께 보고하라.
- 사실에 관한 진술을 하는지 아니면 해석을 하는지를 독자에게 확실히 하라.
- 결과에 대한 설명이 짧다고 해서 걱정하지 마라. 독자들이 그리 오래 초점을 두지 않는 통계적으로 상세한 내용들을 너무 많이 제공해서 독자들을 압도하지 않을 정도로 적절히 하라.
- 본페로니 수정(Bonferroni correction)을 사용하지 않은 채 다수의 이변량 통계적 유의성 검정을 보고함으로써 제1종 오류를 증가시키지 마라. 본페로니 수정을 사용하든지 또는 이변량 검정 대신 적절한 다변량 절차를 사용하라.
- 조사결과로부터 나온 증거를 가지고 당신의 모든 해석 또는 추론을 지지하라.
- 간결하라. 가능하면 많은 동작동사를 가진 짧은 문장을 사용하라. 당신은 소설을 쓰고 있는 것이 아니다. 논리적이고 일관된 방식으로 한 결과에서 다른 결과로 이동하라. 두서없이 장황하게 작성하지 마라. 다음 논의점을 준비하기 위해 화제를 바꾸어야 한다면, 독자가 어리둥절해 하지 않게 그렇게 하려는 이유를 독자에게 설명하라.
- 결과와 논의 부분의 소구분들을 위해 작은 머리말을 사용하라. 예를 들어, 논의 부분의 작은 머리말은 다음과 같다:
  - 한계
  - 실천을 위한 함의
  - 후속 연구를 위한 함의
- 전체 조사결과가 지지할 수 있는 가장 중요한 진술문—당신의 연구에 관해 독자들이 기억해 주길 바라는 것—으로 마무리지어라. 예를 들어: "결론적으로, 이 연구는 일반 통념과는 대조적으로 통계를 공부하는 것은 뇌암의 위험을 증가시키지 않는다."

논문게재를 위한 기회 향상시키기

만약 당신이 당신의 보고서를 학술지에 투고한다면, 게재될 가능성을 향상시키기 위해 할 수 있는 것들이 많이 있다. 투고하기 전에 할 수 있는 것이 있고, 당신의 보고서가 처음에는 게재 판정을 받지 못했을 경우 할 수 있는 것이 있다.

맨 먼저 적절한 학술지를 선택한다. 대인 서비스 분야에 속한 일부 학술지 목록이 그림 D.1에 제시되어 있다. 인터넷을 통해 추가 학술지 목록을 접할 수 있다.

학술지들이 당신의 보고서에 적합한지를 확인하기 위해 학술지의 최근호를 점검하라. 주제와 방법론적, 통계적 엄격성 수준과 관련하여 학술지 논문들이 당신의 보고서와 비슷한가? 가장 관련성이 높은 논문을 선택하라.

투고할 학술지를 선택하기 위해 학술지들에 관해 많은 정보를 가지고 있는 교수들의 자문을 구하는 것도 좋은 생각이다.

당신이 여전히 당신의 보고서에 맞는 학술지에 대해 확신을 갖지 못한다면, 학술지 편집위원장에게 이메일을 보내거나 전화를 걸어 당신의 보고서 내용을 얘기하고 보고서가 학술지에 적합한지 물어보아라. 편집위원장들은 양질의 논문들이 다른 학술지보다 자신들의 학술지에 투고되기를 바라기 때문에 좋아할 것이다.

학술지를 정하고 난 다음, 학술지 기준에 맞게

고령화와 고령
Abstracts in Social Gerontology
Canadian Journal of Aging
Clinical Gerontologist
International Journal of Aging and Human Development
Journal of Aging & Physical Activity
Journal of Aging & Social Policy
Journal of Aging Studies
Journal of Applied Gerontology
Journal of Elder Abuse & Neglect
Journal of Gerontological Social Work
Journal of Gerontology
Journal of Housing for the Elderly
Journal of Nutrition for the Elderly
Journal of Nutrition, Health and Aging
Journal of Social Work in Long-Term Care
Journal of Women and Aging
Psychology & Aging
Quality in Aging: Policy, Practice & Research in Social Work
The Gerontologist

아동복지
Adoption and Fostering
Adoption Quarterly
Child Abuse & Neglect
Child Care Quarterly
Child Maltreatment
Child Survivor of Traumatic Stress
Child Welfare
Family Preservation Journal
Journal of Child Abuse & the Law
Journal of Child Custody
Journal of Child Sexual Abuse

아동과 청소년
Adolescence
Child & Adolescent Social Work Journal
Children & Society
Child & Youth Services
Children & Schools
Children and Youth Services Review
Children Today
International Journal of Adolescence & Youth
Journal of Adolescence
Journal of Adolescent & Interpersonal Violence & Trauma
Journal of Child & Adolescent Trauma
Journal of Children & Poverty
Journal of School Violence
Journal of Youth & Adolescence
Residential Treatment for Children & Youth

인지행동 개입
Behavior Modification
Behavior Research & Therapy
Behavior Therapy
Behavioural & Cognitive Psychotherapy
Child & Family Behavior Therapy
Cognitive & Behavioral Practice
Cognitive Therapy and Research
Journal of Applied Behavior Analysis

지역사회
Cultural Diversity & Ethnic Minority Psychology
Hispanic Journal of the Behavioral Sciences
Journal of Black Studies
Journal of Ethnic & Cultural Diversity in Social Work
Journal of Ethnicity in Substance Abuse
Journal of Immigrant & Refugee Studies

범죄와 비행
Canadian Journal of Criminology
Crime and Delinquency
Journal of Offender Rehabilitation
Journal of Research in Crime and Delinquency
Youth and Society
Youth Violence & Juvenile Justice

문화다양성
Cultural Diversity & Ethnic Minority Psychology
Hispanic Journal of the Behavioral Sciences
Journal of Black Studies
Journal of Ethnic & Cultural Diversity in Social Work
Journal of Ethnicity in Substance Abuse
Journal of Immigrant & Refugee Studies

가정폭력 또는 외상
Family Violence & Sexual Assault Bulletin
Journal of Aggression, Maltreatment & Trauma
Journal of Emotional Abuse
Journal of Family Violence
Journal of Interpersonal Violence
Journal of Threat Assessment
Journal of Trauma & Dissociation
Journal of Traumatic Stress
Sexual Abuse: A Journal of Research & Treatment
Stress, Trauma & Crisis
Trauma, Violence & Abuse
Traumatology
Violence Against Women
Violence & Victims

가족
American Journal of Family Therapy

그림 D.1 대인 서비스 분야의 학술지 목록 일부

Child & Family Social Work
Conflict Resolution Quarterly
Contemporary Family Therapy
Families in Society
Family Process
Family Relations
Family Therapy
Family Therapy Networker
Journal of Child & Family Studies
Journal of Divorce & Remarriage
Journal of Family Issues
Journal of Family Psychology
Journal of Family Psychotherapy
Journal of Family Social Work
Journal of Family Therapy
Journal of Marital and Family Therapy
Journal of Marriage & the Family
Journal of Sex & Marital Therapy
Marriage & Family Review

동성애, 성전환 이슈, 성
Journal of Bisexuality
Journal of Gay & Lesbian Psychotherapy
Journal of Gay & Lesbian Social Services
Journal of Homosexuality
Journal of Lesbian Studies
Journal of Psychology & Human Sexuality
Sexuality Research & Social Policy

집단과의 실천
Group Dynamics—Theory, Research, and Practice
Journal for Specialists in Group Work
Social Work with Groups

건강
Health
AIDS & Public Policy Journal
Health and Social Work
Home Health Care Services Quarterly
Hospice Journal
Journal of Behavioral Health Services & Research
Journal of Health and Social Behavior
Journal of Health & Social Policy
Journal of HIV/AIDS & Social Services
Journal of HIV/AIDS Prevention & Education
Journal of Home Health Care Practice
Journal of Nephrology Social Work
Journal of Occupational Health Psychology
Journal of Psychosocial Oncology
Journal of Social Work in Disability & Rehabilitation
Journal of Social Work in Hospice & Palliative Care
Journal of Workplace & Behavioral Health
Social Work in Health Care
Social Work in Public Health

정신건강
American Journal of Orthopsychiatry
American Journal of Psychotherapy
Archives of General Psychiatry
Community Mental Health
Evidence-Based Mental Health
Journal of Psychotherapy Practice and Research
Mental Health Services Research
NAMI Advocate
Psychiatric Rehabilitation Journal
Psychotherapy Research
Schizophrenia Bulletin

정신지체
American Journal of Mental Deficiency
Journal of Mental Deficiency Research
Mental Retardation & Developmental Disabilities Research Reviews
Retardation

프로그램 평가
Canadian Journal of Program Evaluation
Evaluation
Evaluation Review
New Directions for Evaluation
The American Journal of Evaluation

사회정책
Analyses of Social Issues & Public Policy
Australian Social Policy
Critical Social Policy
Global Social Policy
International Journal of Social Welfare
Journal of Aging & Social Policy
Journal of Children and Poverty
Journal of European Social Policy
Journal of Health & Social Policy
Journal of Mental Health Policy and Economics
Journal of Policy Analysis & Management
Journal of Policy Practice
Journal of Poverty
Journal of Social Distress and the Homeless
Journal of Sociology and Social Welfare
Policy & Practice of Public Human Service
Public Welfare
Social Policy
Social Policy & Society
Social Policy and Social Work
Social Policy Review

그림 D.1 대인 서비스 분야의 학술지 목록 일부(계속)

Urban Policy and Research

약물남용
Advances in Alcohol and Substance Abuse
Alcoholism Treatment Quarterly
American Journal of Drug and Alcohol Abuse
International Journal of the Addictions
Journal of Addictions & Offender Counseling
Journal of Addictive Diseases
Journal of Chemical Dependency Treatment
Journal of Child & Adolescent Substance Abuse
Journal of Drug Education
Journal of Drug Issues
Journal of Ethnicity in Substance Abuse
Journal of Psychoactive Drugs
Journal of Social Work Practice in the Addictions
Journal of Studies on Alcohol
Journal of Substance Abuse Treatment
Substance Abuse

여성 이슈
Affilia
Archives of Women's Mental Health
Australian Feminist Studies
European Journal of Women's Studies
Feminism & Psychology
Feminist Theory
Gender & Society
Indian Journal of Gender Studies
Journal of Feminist Family Therapy
Violence Against Women
Women & Criminal Justice
Women & Traum

그림 D.1 대인 서비스 분야의 학술지 목록 일부(계속)

당신의 원고를 다듬고 수정하라. 예를 들어, 초록의 길이가 적당한가? 참고문헌, 표, 그림이 학술지 기준에 맞는가?

원고를 투고하기 전에 원고의 질을 극대화하기 위해 할 수 있는 모든 것을 완료했는지 확인하라. 예를 들어, 초안을 작성한 후 며칠을 기다린 다음 원고를 읽어보아라. 당신의 원고에 익숙하지 않은 독자의 입장에서 원고를 읽도록 하라. 비판적이 되도록 하라. 독자가 이해하는지 또는 원고의 어떤 부분에 대해 비판적인지 당신 자신에게 질문하라. 또한 명확하게 표현되지 않은 부분을 찾아내도록 하라. 원고를 수정하고 원고가 당신이 만들 수 있는 최고의 원고라고 확신할 때까지 위의 과정을 반복하라.

그러나 아직 당신은 원고를 투고할 준비가 되어 있지 않다. 당신의 동료가 어떻게 생각하는지 들어보아라. 당신이 당신의 원고에서 사소한 결점을 발견할 수 있는 가장 좋은 사람이 아니다. 동료에게 당신의 원고를 검토하고 피드백을 주도록 요청할 때, 그들에게 비판적으로 검토하도록 주문하라. 그들에게 당신은 칭찬을 구하지 않는다고 말하라. 만약 그들이 당신 원고의 결점을 솔직하게 말해주지 않는다면 그들은 당신을 돕고 있는 것이 아니다. 이는 또한 당신이 방어적이지 않으면서 그들의 피드백을 수용할 수 있는 자세를 갖추어야 한다는 의미이기도 하다. 그들이 비판적일수록 그들은 당신 원고의 게재 가능성을 높이는 것이다!

학술지에 투고한 다음 수정 없이 게재될 것으로 기대하지 마라. 일반적으로 훌륭한 논문들의 저자들도 원고를 수정하여 재투고하지 않는다면 게재될 수 없다는 내용의 편지를 받는다. 더욱이, 추천되는 수정은 종종 중요하다. 당신의 원고가 게재할 수 없다는 결정을 받았다고 해서 낙담하지 마라. 게재불가 판정을 받은 다음 당신의 원고가 게재될 수 있도록 만들기 위해 해야 할 것과 하지 말아야 할 것이 있다:

- 심사평에 대해 방어적이지 마라.
- 제안된 변화를 모두 수정해야 한다고 생각하지 마라. 그러나 터무니없지 않다는 것이 명백한 제안들은 모두 수정하도록 노력하라.
- 원고를 수정한 후 재투고할 때 수정의견서를 동

봉하라. 수정의견서는 유용한 심사평에 대한 감사표시를 포함해야 하고 절대로 적대적인 느낌을 주어서는 안 된다. 수정의견서는 수정된 부분을 알려주어야 한다. 만약 당신이 일부 제안에 동의하지 않는다면, 수정하지 않은 이유를 재치있게 설명하도록 한다. 변화를 제안한 심사위원이 재투고된 원고를 읽고 판단한다는 것을 기억하라. 거침없이 말해서는 안 된다.

- 원고를 수정하고 재투고했음에도 게재불가 판정을 받았다면 추가로 수정을 하고 다시 투고할 수 있다. 심사자가 요청한 것을 열심히 수정한 저자를 계속해서 거절한다면 심사위원장과 심사위원도 좋은 기분을 아닐 것이다.
- 만약 확실한 게재불가 판정을 받았다면, 투고했던 것을 다시 생각해 보도록 하라. 심사위원들이 거부한 이유와 개선을 위한 그들의 제안에 비추어 원고를 개선하고 당신의 주제와 방법론에 더욱 부합하는 학술지에 투고한다. 당신은 처음에 투고했던 학술지보다 방법론적, 통계적 기대가 덜 위압적인 학술지에 투고할 수 있다.

이 부록은 연구보고서 작성과 관련해서 몇 가지 제안을 제공하고 있으나 우선적으로 통계 결과를 보고하고 해석하는 데 초점을 두었다. 연구보고서의 다른 부분에 대한 작성방법과 관련하여 저자의 공저인 교재의 마지막 장을 읽어보아라 (Rubin & Babbie, 2008). 행운이 있기를 바란다.

부록 E

분석을 위해 자료 준비하기

서론

제1장에서 언급했듯이, 오늘날 SPSS와 같은 통계 소프트웨어 프로그램은 거의 모든 통계 계산을 할 수 있다. 그러나 그렇게 하기 위해서는 자료를 기계가 읽을 수 있는 형식으로 전환해야 한다. 이러한 전환 과정은 **코딩**(coding)을 포함한다. 예를 들어, 치료를 조기에 종결한 클라이언트들을 대상으로 한 설문조사에서 그들에게 탈락한 이유를 질문했다고 가정하자. 한 클라이언트가 "내가 치료 받는 동안 내 아이를 돌보아 주는 사람에게 지불할 돈이 없다"라고 응답했다고 하자. 두 번째 클라이언트는 "탁아모가 너무 비싸다"라고 말했다. 보육비용을 의미하는 모든 응답에 동일한 숫자(1 또는 2)를 부여하는 대신 클라이언트의 모든 응답을 컴퓨터에 입력하는 것이 훨씬 더 귀찮을 것이다. 세 번째 클라이언트가 "이사를 해서 버스를 탈 수 없었다," 그리고 네 번째 클라이언트는 "내 자동차가 고장 났는데 수리비용이 없었다"라고 응답했다고 가정하자. 두 클라이언트는 교통문제를 뜻하는 응답을 대표하는 동일한 숫자(2 또는 3)를 부여받을 수 있다. 코드를 할당하는 것은 자료를 컴퓨터에 입력하는 작업을 단순하게 만들고, 컴퓨터의 통계 계산을 가능하게 하며, 컴퓨터 출력물을 이해하기 쉽게 만든다.

만약 우리가 두 치료집단을 비교한다면, 우리의 치료집단 변수를 1 또는 2로 코딩할 수 있다. 평가대상인 치료를 제공받는 실험집단의 클라이언트들은 코드 중 하나—1이라고 하자—를 부여받고 다른 집단의 클라이언트들은 다른 코드, 이 경우에는 2를 부여받는다. 마찬가지로, 성 변수의 경우 여성 클라이언트는 1을, 남성은 2를 부여받는다.

코딩 체계는 당신이 사용할 통계 소프트웨어와 변수의 측정 수준에 따라 다양하다. 예를 들어, SPSS를 사용한다면, 명목변수인 성 변수를 위해 숫자 대신 남성과 여성을 입력할 수도 있다. 명목변수를 위해 당신이 숫자를 입력하든 글자를 입력하든 그것은 분석에 영향을 주지 않는다. 왜냐하면 명목변수는 평균 성 또는 평균 출생지처럼 평균과 관련하여 분석되지 않기 때문이다. 그러나 순위변수를 가지고 있을 때 단어 또는 글자를 입력한다면, 수학적 계산을 할 수 없게 된다. 예를 들어, 숫자(4, 3, 2, 1, 0) 대신 학생들의 학점(A, B, C, D, F)을 입력한다면 학생들의 성적 평균을 계산할 수 없다.

명목변수를 위해 숫자 대신 단어를 입력할 수 있어도 그렇게 하는 것은 비효율적이다. 예를 들어, 실험집단을 위해 단어를 입력할 때보다 1을 입력할 때 시간이 적게 걸린다. 측정 수준이 다를 때 코딩하는 방법을 탐색하는 것으로 이 부록을 시작하자.

측정 수준이 다를 때 코딩방법

명목변수를 가지고 있을 때, 코드를 일관성 있게 부여하고 각 코드가 어떤 범주를 의미하는지를 알고 있다면 각 범주에 어떤 코드 번호를 할당하는지는 문제가 되지 않는다. 예를 들어, 남성에 1 그리고 여성에 2를, 여성에 1 그리고 남성에 2를 부여할 수 있고 또는 0과 1처럼 다른 번호를 부여할 수도 있다. 위에서 언급했듯이, 글자(남성에 *m* 그리고 여성에 *f*를 부여)를 할당할 수도 있다.

다른 한편, 순위 또는 비율변수를 가지고 있을 때 우리가 할당하는 숫자들이 문제시 될 수 있다. 예를 들어, 부모들에게 그들의 자녀들이 얼마나 자주 행동문제를 나타내는지를 다음의 네 가지 응답 범주를 사용하여 질문했다고 가정하자: 전혀, 거의, 가끔, 종종. 만약 가끔에 1, 결코에 2, 종종에 3, 거의에 4를 할당한다면 매우 혼돈스러울 것이다. 각 문제의 빈도 순서대로 코드를 할당하는 것이 보다 논리적일 것이며 자료분석의 문제를 피할 수 있을 것이다.

순위 자료를 가지고 있을 때에도, 순위가 증가 또는 감소할 때 상승하거나 하강하는 코드 숫자를 부여하는 것을 선택할 것이다. 예를 들어, 아래 네 가지 코드 체계 각각은 행동문제의 발생에 관한 순위 정보를 의미 있게 만든다.

체계 1과 2에서 더 큰 점수가 더 심각한 행동장애를 의미하고, 체계 3과 4에서 더 작은 점수가 더 심각한 행동장애를 의미한다. 체계 3과 4에서 더 큰 점수가 더 양호한 상태를 의미한다; 체계 1과 2에서는 더 큰 점수가 덜 양호하다. 치료 프로그램의 효과성을 평가하기 위해 이 자료를 사용했다고 가정하자. 우리는 체계 3 또는 4를 사용하길 원할 텐데 그 이유는 점수의 증가가 개선을 의미하기 때문이다. 그러나 체계 1과 2에서 점수의 감소가 개선을 의미한다는 것을 기억하는 한 이를 사용할 수도 있다. 각 코드 체계에서 방향의 의미를 알고 있고 방향이 논리적으로 일관적이라면, 서열자료를 코딩하기 위해 어떤 방향을 선택하는가는 문제가 되지 않는다.

비율 자료를 가지고 있다면 방향은 문제시 될 수 있을 것이다. 비율 수준 자료는 원래 숫자이기 때문에 실제 원자료를 코딩하지 않고 그대로 입력한다. 클라이언트가 32세이고 두 명의 자녀를 가지고 있다면 **연령** 변수에 32 그리고 **자녀수** 변수에 2를 입력한다. 더 많은 자녀수와 더 많은 연령에 작은 점수를 부여하고 더 적은 자녀수와 더 적은 연령에 더 큰 점수를 부여하는 것이 큰 문제가 되지 않을 수 있으나 시간이 많이 소요된다.

제3장에서 비율 수준 자료는 순위 또는 명목 수준으로 전환될 수 있다고 하였다. 우리가 연봉에 대한 비율 수준 자료를 가지고 있고 이 변수를 사회경제적 지위의 순위 범주로 전환하기로 결정했다고 가정하자. 세 개의 순위 범주(상, 중, 하)를 사용했다고 가정하자. 상에 1이나 3 또는 하에 3이나 1을 할당할 수 있다. 논리적이기 위해 코드 체계의 방향에 상관없이 중은 중간 코드를 부여받는다.

그러나 비율 수준 자료를 순위 범주로 전환하더라도 처음부터 원자료를 입력하는 것이 가장 좋다. 실제 숫자를 입력한 다음, SPSS와 같은 소프트웨어 프로그램을 사용하여 자료를 재코딩할 수 있다. 예를 들어, 연령을 1 = 20세 미만, 2 = 20 − 29세, 3 = 30 − 39세 등으로 재코딩할 수 있다. 이에 더하여 원래 비율 수준 변수를 유지하면서 새로운 (순위)변수를 만들어낼 수도 있다. 실제 숫자를 입력하고 나중에 재코딩함으로써 등간과 비율 수준의 변수를 원래 측정 수준으로 또는 순위 수준으로 분석할 수 있는 선택권을 갖는다.

일부 연구에서는 연령 또는 수입과 같은 변수들이 순위 범주로만 수집된다. 예를 들어, 응답자들이 자신들의 정확한 수입을 제공하길 꺼려할 수 있기 때문에 그들에게 설문지에 이미 분류된 범주($10,000 미만, $10,000~19,999 등)에 체크하도록 요청하기도 한다. 이런 경우 실제 양 대신 순위 수준 변수를 위한 코드를 입력하는 방법밖에 없다.

체계 1	체계 2	체계 3	체계 4
0-결코	1-결코	4-결코	3-결코
1-거의	2-거의	3-거의	2-거의
2-가끔	3-가끔	2-가끔	1-가끔
3-종종	4-종종	1-종종	0-종종

개방형 자료 코딩방법

개방형 자료는 코딩하기에 더 어렵다. 개방형 자료는 일반적으로 질적 조사와 관련 있지만(제3장 참조), 양적 연구도 때때로 개방형 질문을 묻는다. 개방형 질문에 대한 응답은 독특한 정보를 만들어 내는데, 이런 정보는 미리 예상할 수 없으며 자료 수집 후 더 작은 수의 코드 범주로 축소되어야 한다. 예를 들어, 기관의 서비스 사용을 조기에 중단한 200명의 클라이언트들을 대상으로 설문조사를 실시하면서 그들에게 조기 중단의 이유를 질문했다고 가정하자. 우리는 다양한 응답을 얻을 것이다. 20명의 클라이언트의 응답을 아래에 제시하였다:

응답자 1: 서비스 비용이 비싸다.
응답자 2: 나는 비용을 지불할 여유가 없다.
응답자 3: 주차료가 비싸다.
응답자 4: 나는 주차료를 지불할 여유가 없다.
응답자 5: 서비스가 도움이 되지 않았다.
응답자 6: 서비스가 비효과적이다.
응답자 7: 내 치료사가 좋지 않다.
응답자 8: 나는 내 치료사를 좋아하지 않았다.
응답자 9: 접수원이 친절하지 않다.
응답자 10: 접수원이 무례하다.
응답자 11: 보육비를 지불할 여유가 없다.
응답자 12: 보육이 제공되지 않았다.
응답자 13: 이사했다.
응답자 14: 새 집에서 기관까지의 거리가 멀다.
응답자 15: 직장 근무시간이 변경되었다.
응답자 16: 저녁 또는 주말에 시간이 없다.
응답자 17: 영어를 할 줄 모르고 직원들이 내 말을 알아듣지 못한다.
응답자 18: 이중 언어를 구사하는 직원이 없다.
응답자 19: 나는 스페인어를 사용한다.
응답자 20: 점성술사가 새로운 성취감을 찾도록 조언했다.

각 응답자의 응답에 별도의 숫자 코드를 할당하는 것이 가능해도 그 절차는 비슷한 응답들을 분류하지 못하고 다루기 힘들만큼 많은 수의 코드를 만들어 낸다. 결과적으로, 공통적인 응답들을 분류하여 범주 개수를 줄이는 코드 체계를 찾게 될 것이다. 예를 들어, 아래 목록은 공통점을 가진 일부 응답을 결합하는 방법을 보여준다:

코드 1—비용 문제
응답자 1: 서비스 비용이 비싸다.
응답자 2: 나는 비용을 지불할 여유가 없다.
응답자 3: 주차료가 비싸다.
응답자 4: 나는 주차료를 지불할 여유가 없다.

코드 2—서비스에 대한 불만족
응답자 5: 서비스가 도움이 되지 않았다.
응답자 6: 서비스가 비효과적이다.
응답자 7: 내 치료사가 좋지 않다.
응답자 8: 나는 내 치료사를 좋아하지 않았다.
응답자 9: 접수원이 친절하지 않다.
응답자 10: 접수원이 무례하다.

코드 3—예약시간 불편
응답자 11: 보육비를 지불할 여유가 없다.
응답자 12: 보육이 제공되지 않았다.
응답자 13: 이사했다.
응답자 14: 새 집에서 기관까지의 거리가 멀다.
응답자 15: 직장 근무시간이 변경되었다.
응답자 16: 저녁 또는 주말에 시간이 없다.

코드 4—언어 문제
응답자 17: 영어를 할 줄 모르고 직원들이 내 말을 알아듣지 못한다.
응답자 18: 이중 언어를 구사하는 직원이 없다.

응답자 19: 나는 스페인어를 사용한다.

코드 5–기타

응답자 20: 점성술사가 새로운 성취감을 찾도록 조언했다.

비록 위의 목록이 우리가 분석해야 할 코드를 단순화했으나, 많은 다른 종류의 응답들을 하나의 거대한 범주 아래에서 다루게 되어 기관의 행정과 계획을 안내하는 데 있어서 중요할 수 있는 구분들을 잃어버릴 수도 있다. 예를 들어, 응답자 3과 4의 응답을 고려해보자. 비용 문제 때문에 서비스를 조기에 중단한 클라이언트의 수를 알았다 해도, 무료 주차 구역을 확대하고 셔틀 서비스를 제공했다면 얼마나 많은 클라이언트들을 보유할 수 있는지를 알 수는 없을 것이다. 따라서 주차 문제에 관한 별도의 코드가 필요할 것이다.

마찬가지로, 응답자 5부터 10까지의 응답들을 구분해보자. 이 응답들은 하나의 커다란 불만족 코드 대신 세 개의 별도 코드를 가질 수 있다. 서비스 불만족을 줄일 수 있는 방법을 위한 유용한 지침을 제공하는 세 개의 코드는 다음과 같다:

- 비효과적 서비스
- 실천가-클라이언트 관계 문제
- 둔감한 지원인력

응답자 11부터 16의 응답들도 중요한 구분을 할 수 있다. 예를 들어, 약속시간 동안 클라이언트에게 보육 서비스를 제공할 경우 **약속시간 불편** 코드는 얼마나 많은 클라이언트들이 남아 있게 되는지를 알려주지 못한다. 또한 이 코드는 저녁 또는 주말 예약을 제공할 경우 얼마나 많은 클라이언트들이 남아 있게 되는지도 알려주지 못한다. 따라서 6명의 클라이언트들의 응답을 하나의 코드로 분류하기보다는 세 개로 구분할 수 있을 것이다:

- 보육 서비스 없음
- 이사
- 저녁 또는 주말 예약 없음

위의 코드 체계와 관련된 또 다른 문제는 일부 응답들은 하나의 코드 범주 이상에 적합하다는 점이다. 예를 들어, 응답자 11의 응답("보육비를 지불할 여유가 없다")에 코드 1(비용 문제)을 할당할 수도 있을 것이다. 그러므로 본래의 5개 코드 체계를 유지하기보다는 아래 체계로부터 보다 유용한 조사결과를 얻을 수 있을 것이다(관련 있는 응답자 응답들이 각 코드 아래에 열거되어 있다):

코드 1–고가의 서비스 비용

응답자 1: 서비스 비용이 비싸다.

응답자 2: 나는 비용을 지불할 여유가 없다.

코드 2–주차 문제

응답자 3: 주차료가 비싸다.

응답자 4: 나는 주차료를 지불할 여유가 없다.

코드 3–비효과적인 서비스

응답자 5: 서비스가 도움이 되지 않았다.

응답자 6: 서비스가 비효과적이다.

코드 4–실천가–클라이언트 관계 문제

응답자 7: 내 치료사가 좋지 않다.

응답자 8: 나는 내 치료사를 좋아하지 않았다.

코드 5–둔감한 지원인력

응답자 9: 접수원이 친절하지 않다.

응답자 10: 접수원이 무례하다.

코드 6–보육 서비스 없음

응답자 11: 보육비를 지불할 여유가 없다.

응답자 12: 보육이 제공되지 않았다.

코드 7–이사

응답자 13: 이사했다.

응답자 14: 새 집에서 기관까지의 거리가 멀다.

코드 8–저녁 또는 주말 예약 없음

응답자 15: 직장 근무시간이 변경되었다.

응답자 16: 저녁 또는 주말에 시간이 없다.

코드 9–언어 문제

응답자 17: 영어를 할 줄 모르고 직원들이 내 말을 알아듣지 못한다.

응답자 18: 이중 언어를 구사하는 직원이 없다.

응답자 19: 나는 스페인어를 사용한다.

코드 10–기타

응답자 20: 점성술사가 새로운 성취감을 찾도록 조언했다.

개방형 자료를 코딩하는 여러 가지 체계들이 있다. 당신이 개발한 체계는 당신 자료의 논리뿐 아니라 연구목적에 부합해야 한다. 자료의 변화가 필요한지를 알아보기 위해 가능할 때마다 이미 코딩한 자료를 재검토하라.

코드 범주의 목록은 포괄적이고 상호 배타적이어야 한다. 이는 각 응답에 해당하는 코드 범주가 있어야 하고, 각 응답은 한 개의 코드에만 적합해야 한다. 당신이 조교를 활용한다면, 그들은 코드 범주의 정의와 이를 적절하게 사용할 수 있는 방법에 대해 훈련받아야 한다. 그들에게 정의를 설명하고 각 코드 범주에 해당하는 응답의 예를 제공할 뿐만 아니라, 훈련의 일부로서 그들의 코드와 당신이 각 사례에 부여한 코드를 비교하기 위해 그들에게 몇몇 사례를 주면서 코딩시켜라. 당신의 코드와 그들의 코드가 불일치하면, 추가 훈련이 요구된다. 루빈과 배비(Rubin and Babbie, 2008)는 아래와 같이 추가 제안을 하고 있다:

> 아무런 도움을 얻지 못하고 연구자 스스로가 코딩을 해야 하는 경우에도 연구자는 반드시 자신이 행한 코딩의 신뢰도를 검사해 보아야 한다. 누구도 완벽하지 않으며, 더구나 새로운 사실을 찾고자 열중하고 있는 연구자의 경우에는 여러 가지 실수를 범하기 쉽다는 사실을 염두에 두어야 한다. 예를 들어, 가출 청소년들이 제시한 가출 이유를 코딩하면서 연구자가 대부분의 청소년이 학대 때문에 가출한다는 생각을 갖고 있다고 가정해보자. 이런 상황에서 자칫 연구자는 자신도 모르는 사이에 가출 이유를 자신이 가진 생각과 맞아 떨어지게 코딩하려는 경향을 보일 수 있다. 예를 들면, 연구자가 단지 "부모의 양육 방식이 너무 엄하다"라는 것을 "학대"라고 범주화하는 오류를 범할 수도 있으며, 어떤 청소년들이 말하는 너무 엄한 양육 방식이 외출금지를 뜻하는 것일 줄은 꿈에도 생각하지 못할 수도 있다. 따라서 가능하다면 다른 사람에게 연구자 자신이 코딩한 사례들 중 몇 사례를 코딩하도록 부탁하고 그 결과를 연구자 자신의 결과와 비교해 볼 수 있어야 한다. 물론 그 사람은 연구자와 동일한 어떤 선입견을 갖고 있지 않아야 하며 연구자가 어떤 가설을 입증하고 싶어하는지도 모르는 것이 가장 이상적이라고 하겠다. (p. 484)

코드북 작성

데이터 파일에 있는 각 변수의 코드 범주를 기억하기 위해 코드북을 작성해야 한다. **데이터 파일**은 행과 열을 가진 스프레드시트이며, 각 행은 사례(설문조사에서 특정 조사대상자)를 나타내며 각 열에는 각 사례의 코딩된 데이터가 나열되어 있다. **코드북**(codebook)이란 변수의 위치와 각 변수가 가질 수 있는 일련의 속성들마다 어떤 코드가 부여되어 있는가를 보여주는 문서이다.

코드북

열	변수	SPSS 변수명	코드-범주
1	사례 번호	ID	실제 숫자 입력
2	성	gender	1 = 여성
			2 = 남성
3	민족	ethn	1 = 백인, 남미계 미국인 아님
			2 = 백인, 남미계 미국인
			3 = 남미계 미국인, 백인 아님
			4 = 아프리카계 미국인
			5 = 동양계 미국인
			6 = 미국 원주민
			7 = 기타
			9 = 무응답
4	연령	age	실제 연령 입력(원숫자)
5	출생지	cofo	0 = 무응답
			1 = 미국
			2 = 외국
			9 = 무응답
6	실천가 학위	degree	1 = 학사
			2 = 비전공 석사
			3 = 석사
			4 = 비전공 석사
			5 = 사회복지 박사
			6 = 비전공 박사
			7 = 기타
			9 = 무응답
7	탈락 이유	reason	1 = 고가의 서비스 비용
			2 = 주차 문제
			3 = 비효과적 서비스
			4 = 실천가-클라이언트 관계 문제
			5 = 둔감한 지원인력
			6 = 보육 서비스 없음
			7 = 이사
			8 = 저녁 또는 주말 예약 없음
			9 = 언어 문제
			10 = 기타
			99 = 무응답

데이터 파일

1	**2**	**3**	**4**	**5**	**6**	**7**
ID	gender	ethn	age	cofo	degree	reason
001	1	1	34	1	1	1
002	2	4	26	1	3	3
003	1	3	47	2	4	9
⋮						
200	2	6	14	1	2	4

그림 E.1 코드북과 데이터 파일

코드북은 두 가지 방식으로 사용된다. 첫째, 코드북은 각 사례의 변수들이 어떻게 코딩되어 있는지를 안내한다. 둘째, 자료분석을 위한 안내서가 된다. 자료분석 시 변수의 위치를 파악하고 각각의 의미를 해석하는 데 지침이 된다. 예를 들어, 조기 치료 종결의 이유를 평가하기 위해 200명의 클라이언트를 대상으로 설문조사를 실시한다고 가정하자. 일부 유형의 클라이언트들은 유형이 다른 클라이언트들과는 다른 이유를 제공할 것인지를 알기 원할 수 있다. 따라서 탈락 이유에 관한 변수의 열 이외에 성, 민족, 연령, 출생지, 실천가 학위 등과 같은 변수들에 해당하는 열들을 가질 것이다. 또한 각 열은 200개의 코딩된 데이터를 가질 것이다.

두 가지 변수 간의 상관관계를 알아보고자 할 때, 각 변수가 데이터 파일에서 차지하는 위치가 어디며 각 변수에 해당하는 자리에 뚫려진 펀치의 의미 등을 코드북을 봄으로써 쉽게 알 수 있다. 만약 특정 민족 집단이 다른 집단과 다른 이유를 제공하였다면, 코드북은 민족에 해당하는 열을 찾아주고 민족의 각 범주에 할당된 코드를 알려줄 것이다.

그림 E.1은 코드북의 일부와 데이터 파일에서 어떻게 문항을 찾는지를 보여주고 있다. 예를 들어, 그림 E.1의 아래에 있는 데이터 파일을 보면, 숫자와 변수명으로 각 열의 머리글이 붙여져 있다. 각 변수의 열 위에 전체 변수명을 입력하는 것이 항상 가능한 것은 아니다. 특히 변수가 "탈락한 주요 이유"처럼 긴 변수명을 가질 때 그렇다. 코드북은 각 변수의 열 번호와 변수에 할당된 축약된 변수명을 알려준다. 그림 E.1의 데이터에서 코드북은 사례 번호가 001인 클라이언트는 다음과 같은 속성을 가지고 있다는 것을 알려준다: 여성, 백인, 34세, 미국 출생, 학사출신 실천가에게 할당, 서비스 비용 때문에 탈락.

마찬가지로, 클라이언트 002는 아프리카계 미국인 남성, 26세, 미국 출생, 석사출신 실천가에게 할당, 서비스의 비효과성 때문에 탈락했다는 것을 알 수 있다. 클라이언트 003은 백인 남미계 여성, 47세, 외국 출생, 비전공 석사출신 실천가에게 할당, 언어 문제로 탈락했다는 것을 코드북은 알려준다. 데이터 파일에서 200개 행 중 마지막 행은 클라이언트 200에 해당되는 행이며, 이 클라이언트는 남성, 미국 원주민, 14세, 미국 출생, 비전공 학사출신 실천가에게 할당, 실천가-클라이언트 관계 문제 때문에 탈락했다.

자료 입력

이 부록의 앞에서 코딩의 목적은 데이터를 기계가 읽을 수 있는 형식으로 전환하는 것이라고 하였다. 코딩 계획을 세운 다음, 데이터를 컴퓨터 소프트웨어 프로그램에 입력하는 여러 가지 방법들이 있다. 당신이 선택한 방법은 데이터와 컴퓨터 소프트웨어의 종류에 따라 다르다. 예를 들어, SPSS를 사용할 경우 데이터를 SPSS 스프레드시트에 입력하거나 또는 엑셀과 같은 다른 스프레드시트에 저장된 데이터를 불러올 수도 있다.

때로는 조사연구자가 광학 스캔지를 사용해 자료를 수집할 수 있다. 광학 스캔지를 광학 스캔기에 통과시키면 스캔기는 스캔용지 위에 검게 칠해진 부분을 자료로 인식해서 자료분석 프로그램으로 보낸다. 이 방법은 연구자가 광학 스캔지를 사용하는 데 불편을 느끼지 않는 경우에만 사용 가능하며 설문 문항이 폐쇄형 문항인 경우에 한해 가능하다. 일부 연구는 컴퓨터를 이용한 전화면접을 사용하기도 하는데, 분석할 자료를 면접자가 컴퓨터에 직접 입력할 수 있다. 마찬가지로, 온라인 설문조사에서는 응답자의 응답이 데이터 파일에 직접 입력, 축척된다.

자료 정리

어떤 방식으로 자료를 입력했든지 간에 자료 입력 상의 오류가 발생한다. 어떤 입력 방식을 선택했는가에 따라 오류는 코딩 상의 실수나 표기된 코드를 잘못 읽거나 광학주사기가 용지를 잘못 읽는 등 여러 가지 원인으로 발생할 수 있다. 오류를 수정하는 과정을 **자료 정리**(data cleaning)라고 한다. 자료를 정리하는 여러 가지 방법이 있는데, 중요한 점은 최소한 한 가지 방법을 사용해야 한다는 점이다.

한 가지 방법은 두 사람이 독립적으로 자료를 코딩하고 입력하도록 해야 한다. 소프트웨어를 가지고 둘 사이의 불일치를 체크할 수 있다. 불일치는 보이는 것을 검사하고 수정한다. 다른 방법은 **가능코드 정리**(possible-code cleaning)라고 불리는 방법이다. 예를 들어, 성 변수를 고려해보자. 일반적으로 이 변수의 코드는 3개(1 = 여성, 2 = 남성, 0 또는 9 = 무응답)이다. 만약 각 코드 범주의 빈도에 대한 예비 검사에서 95개의 1, 95개의 2, 5개의 9(또는 0), 그리고 5개의 7이 있다면, 7을 코드로 가진 사례들은 정리될 필요가 있다. 마찬가지로, 일부 사례들이 200세 이상이라면, **연령** 변수와 관련해서 그 사례들도 정리되어야 한다.

일부 소프트웨어 프로그램은 자료 입력 시 불가능 코드를 체크할 수 있다. 예를 들어, 성 변수에 코드 7이 또는 연령 변수에 236이 입력되지 않는다. 다른 소프트웨어 프로그램은 자료 입력 후에 불가능 코드를 검증한다. 이러한 소프트웨어를 사용할 수 없다면, 데이터 파일에 있는 각 변수의 코드에 대한 빈도분석을 실시한다(빈도분석은 제4장에서 논의함). 불가능한 코드(성 변수에서 7) 또는 불가능한 원자료(요양기관 입소자 대상 설문조사에서 연령이 2)와 같은 오류들이 수정되어야 한다는 것을 알 수 있을 것이다.

자료 정리 과정에서 오류가 발견될 경우, 반드시 원자료가 기록되어 있는 문서를 찾아서 잘못 입력된 자료를 수정해야 한다. 예를 들어, 이전 클라이언트들을 대상으로 하는 우편설문조사에서는 문서가 설문지가 될 수 있다. 성 변수에 코드 7을 할당받은 응답자의 설문지를 보면, 잘못 입력된 자료를 어떻게 수정해야 할지를 알 수 있을 것이다. 그림 E.1의 데이터 파일에서 첫 번째 열이 사례 번호(또는 ID)이다. 표본의 각 요소에 사례 번호를 부여했기 때문에 오류를 담고 있는 문서를 찾을 수 있고 오류를 수정할 수 있게 된다.

주요 내용

- 코딩은 자료를 기계가 읽을 수 있는 형식으로 전환하는 과정이다.
- 코딩 체계는 사용하는 통계 소프트웨어와 변수의 측정 수준에 따라 다양하다.
- 명목 수준의 변수는 평균과 관련하여 분석되지 않기 때문에, 명목 수준의 변수들을 가지고 있을 경우 숫자 또는 문자 코드가 사용될 수 있다. 그러나 순위 수준의 변수를 가지고 있을 때 단어나 문자를 입력한다면 수학적 계산을 할 수 없을 것이다.
- 명목변수를 가지고 있을 때, 코드를 일관성 있게 부여하고 각 코드가 어떤 범주를 의미하는지를 알고 있다면 각 범주에 어떤 코드 번호를 할당하는지는 문제가 되지 않는다.
- 순위 자료를 가지고 있을 때, 순위가 증가 또는 감소할 때 상승하거나 하강하는 코드 숫자를 부여할 수 있다.

- 비율 수준 자료는 원래 숫자이기 때문에 실제 원자료를 코딩하지 않고 그대로 입력한다.
- 비율 수준 자료를 순위 범주로 전환하더라도 처음부터 원자료를 입력하는 것이 가장 좋다. 실제 숫자를 입력한 다음, SPSS와 같은 소프트웨어 프로그램을 사용하여 자료를 재코딩할 수 있다.
- 개방형 질문에 대한 응답은 독특한 정보들을 만들어 내는데, 이런 정보는 미리 예상할 수 없으며 자료가 수집된 후 더 작은 수의 코드 범주로 축소되어야 한다.
- 개방형 데이터를 코딩하는 여러 가지 체계들이 있다. 당신이 개발한 체계는 당신 자료의 논리뿐 아니라 연구목적에 부합해야 한다. 코딩 과정을 진행하면서 코드 범주를 수정할 필요가 있을 것이다. 그러나 수정할 때마다 범주들이 수정될 필요가 있는지를 파악하기 위해 이미 코딩된 데이터를 검토해야 한다.
- 코드 범주의 목록은 포괄적이고 상호 배타적이어야 한다.
- 데이터 파일은 행과 열을 가진 스프레드시트이며, 각 행은 사례(설문조사에서 특정 조사대상자)를 나타내며 각 열에는 각 사례의 코딩된 데이터가 나열되어 있다.
- 코드북이란 변수의 위치와 각 변수가 가질 수 있는 일련의 속성들마다 어떤 코드가 부여되어 있는가를 보여주는 문서이다.
- 데이터를 컴퓨터 소프트웨어 프로그램에 입력하는 여러 가지 방법들이 있다. 당신이 선택한 방법은 데이터와 컴퓨터 소프트웨어의 종류에 따라 다르다.
- 일부 연구는 자판을 사용하여 데이터를 직접 입력하는 작업을 덜어주는 자료수집 절차를 사용한다.
- 어떤 방식으로 자료를 입력했든지 간에 자료 입력 상의 오류가 발생한다. 어떤 입력 방식을 선택했는가에 따라 오류는 코딩 상의 실수나 표기된 코드를 잘못 읽거나 광학주사기가 용지를 잘못 읽는 등 여러 가지 원인으로 발생할 수 있다. 이들 오류들을 수정하는 과정을 **자료 정리**라고 한다. 자료를 정리하는 여러 가지 방법이 있는데, 중요한 점은 최소한 한 가지 방법을 사용해야 한다는 점이다.

연습문제

1. 고위험 부모들을 위한 아동학대 예방 프로그램의 효과성을 평가한다고 가정하자. 아래 변수들을 사용하여 코드북을 만들어라:

치료집단(실험 또는 통제)
성
연령
자녀수
사회경제적 지위(상, 중, 하)
학대? (예/아니오)

2. 문제 1의 연구에서 첫 4명의 사례를 위한 데이터 파일을 만들어라. 4명의 사례는 아래와 같은 속성을 가지고 있다고 가정하라:

사례 1: 통제집단, 남성, 28세, 자녀 3명, 보통 수준의 사회경제적 지위, 연구기간 동안 자녀 학대하였음

사례 2: 실험집단, 여성, 24세, 자녀 2명, 낮은 수준의 사회경제적 지위, 학대하지 않았음

사례 3: 통제집단, 여성, 연령 밝히지 않음, 자녀 2명, 낮은 수준의 사회경제적 수준, 연구기간 동안 자녀 학대하였음

사례 4: 실험집단, 남성, 27세, 자녀 4명, 보통 수준의 사회경제적 지위, 학대하지 않았음

3. 위의 연구에서 각 변수마다 불가능 코드를 한 개씩 제시하라. 불가능 코드를 사용한 자료 입력 오류를 밝혀내는 과정과 오류를 수정하는 방법을 설명하라.

4. 위의 연구에서 치료집단 변수와 사회경제적 지위 변수를 코딩하는 방법과 다른 코딩방법을 제시하라.

5. 통계에 대한 태도에 관한 개방형 질문에 대해서 조사에 참여한 10명의 학생이 제공한 응답을 코딩하는 계획을 세워보아라:

   지루하다
   임상 실천과 무관하다
   너무 어렵다
   무섭다
   유용하지 않다
   사용하지 않을 것을 왜 배우는가?
   수학 공식이 너무 복잡하다
   하품한다
   보다 효과적인 서비스를 제공할 수 있도록 돕는다
   대부분의 학생들이 생각하는 것보다 유용하다

6. 아래 논문에서 논의한 자료 정리 방법을 논의하라:

   T. W. O'Rourke. (2000). Techniques for screening and cleaning data for analysis. *American Journal of Health Studies, 16*(4), 205-207.

부록 F

SPSS를 위한 가설적 데이터 세트

이 부록에 있는 데이터 세트는 다양한 통계 개념과 SPSS 사용방법을 설명하기 위해 이 책에서 사용했던 것이다. 데이터 세트는 거주 치료 센터의 가설적 평가에 참여한 클라이언트 50명 각각(행)에 대한 14개 변수(열)를 포함하고 있다. 데이터 세트의 코드북이 데이터 세트 앞에 제시되어 있다.

변수 번호	SPSS 머리글자	코드북 변수 설명	코드-범주			
1	gender	성	1 = 남	2 = 여		
2	ethnic	민족	1 = 백인	2 = 아프리카계 미국인	3 = 남미계 미국인	4 = 기타
3	age	연령	원자료 입력			
4	trauma	외상 빈도	원자료 입력			
5	group	치료	1 = 새로운 치료	2 = 기존 치료		
6	sbi	심한 행동문제 빈도	원자료 입력			
7	campus	학교 밖 생활 특권	1 = 예	2 = 아니오		
8	cottage	숙소	1 = 숙소 A	2 = 숙소 B	3 = 숙소 C	
9	postsum	외상 증상 척도의 사후점수	원자료 입력			
10	presum	외상 증상 척도의 사전점수	원자료 입력			
11	change	사전검사에서 사후검사까지 외상 증상 척도의 점수 변화	원자료 입력			
12	campus2	치료 후 학교 밖 생활 특권	1 = 예	2 = 아니오		
13	qual	치료사-클라이언트 관계의 질	원자료 입력			
14	cancel	취소한 치료 회기수	원자료 입력			

데이터 세트

VAR 1	VAR 2	VAR 3	VAR 4	VAR 5	VAR 6	VAR 7	VAR 8	VAR 9	VAR 10	VAR 11	VAR 12	VAR 13	VAR 14
1.00	1.00	7.00	1.00	1.00	0.00	1.00	1.00	13.00	53.00	40.00	1.00	10.00	0.00
2.00	1.00	12.00	1.00	1.00	0.00	1.00	1.00	12.00	43.00	31.00	1.00	10.00	1.00
1.00	3.00	9.00	1.00	1.00	1.00	1.00	1.00	19.00	33.00	14.00	1.00	10.00	4.00
1.00	2.00	8.00	3.00	1.00	8.00	2.00	3.00	14.00	43.00	29.00	1.00	9.00	4.00
2.00	2.00	10.00	1.00	1.00	1.00	1.00	2.00	11.00	52.00	41.00	1.00	7.00	1.00
2.00	3.00	9.00	1.00	1.00	2.00	1.00	2.00	18.00	43.00	25.00	1.00	10.00	4.00
2.00	1.00	10.00	1.00	1.00	0.00	1.00	1.00	15.00	53.00	38.00	1.00	10.00	3.00
2.00	2.00	14.00	9.00	1.00	21.00	2.00	3.00	12.00	43.00	31.00	1.00	10.00	0.00
2.00	3.00	9.00	1.00	1.00	0.00	1.00	1.00	19.00	33.00	14.00	1.00	7.00	1.00
2.00	4.00	13.00	2.00	1.00	3.00	1.00	1.00	12.00	43.00	31.00	2.00	7.00	0.00
2.00	1.00	15.00	1.00	1.00	0.00	1.00	2.00	15.00	57.00	42.00	1.00	10.00	1.00
2.00	2.00	12.00	2.00	1.00	3.00	1.00	2.00	20.00	43.00	23.00	2.00	8.00	3.00
2.00	3.00	9.00	8.00	1.00	19.00	2.00	3.00	13.00	53.00	40.00	1.00	7.00	1.00
1.00	2.00	11.00	1.00	1.00	2.00	1.00	2.00	17.00	43.00	26.00	1.00	7.00	4.00
2.00	1.00	8.00	10.00	1.00	22.00	2.00	3.00	20.00	33.00	13.00	2.00	8.00	5.00
1.00	1.00	13.00	9.00	1.00	20.00	2.00	3.00	15.00	43.00	28.00	1.00	7.00	5.00
2.00	2.00	11.00	1.00	1.00	0.00	1.00	2.00	13.00	57.00	44.00	1.00	8.00	0.00
1.00	3.00	12.00	6.00	1.00	11.00	2.00	3.00	19.00	43.00	24.00	1.00	7.00	6.00
2.00	1.00	13.00	1.00	1.00	1.00	1.00	1.00	12.00	54.00	42.00	1.00	6.00	1.00
1.00	1.00	10.00	1.00	1.00	1.00	1.00	2.00	15.00	43.00	28.00	1.00	6.00	5.00
2.00	1.00	10.00	1.00	1.00	2.00	1.00	2.00	22.00	27.00	5.00	1.00	5.00	5.00
1.00	2.00	10.00	1.00	1.00	2.00	1.00	1.00	13.00	41.00	28.00	1.00	8.00	1.00
2.00	1.00	11.00	6.00	1.00	18.00	2.00	3.00	11.00	57.00	46.00	1.00	8.00	1.00
1.00	2.00	15.00	4.00	1.00	7.00	2.00	3.00	19.00	43.00	24.00	1.00	10.00	2.00
2.00	3.00	9.00	3.00	1.00	6.00	2.00	3.00	11.00	53.00	42.00	1.00	7.00	1.00
2.00	2.00	10.00	2.00	2.00	3.00	1.00	2.00	21.00	43.00	22.00	1.00	6.00	2.00
1.00	2.00	8.00	2.00	2.00	3.00	1.00	1.00	29.00	33.00	4.00	1.00	2.00	6.00
2.00	3.00	11.00	2.00	2.00	4.00	1.00	1.00	20.00	37.00	17.00	2.00	6.00	5.00
1.00	1.00	12.00	3.00	2.00	5.00	2.00	3.00	22.00	57.00	35.00	1.00	10.00	2.00

데이터 세트(계속)

VAR 1	VAR 2	VAR 3	VAR 4	VAR 5	VAR 6	VAR 7	VAR 8	VAR 9	VAR 10	VAR 11	VAR 12	VAR 13	VAR 14
2.00	1.00	7.00	3.00	2.00	6.00	2.00	3.00	28.00	45.00	17.00	1.00	4.00	3.00
1.00	3.00	13.00	3.00	2.00	6.00	2.00	1.00	22.00	53.00	31.00	1.00	7.00	5.00
1.00	1.00	11.00	2.00	2.00	4.00	1.00	2.00	23.00	41.00	18.00	1.00	7.00	4.00
1.00	2.00	9.00	2.00	2.00	5.00	2.00	2.00	27.00	33.00	6.00	2.00	4.00	5.00
1.00	3.00	9.00	2.00	2.00	5.00	1.00	1.00	22.00	43.00	21.00	1.00	4.00	3.00
1.00	4.00	11.00	2.00	2.00	3.00	1.00	2.00	20.00	49.00	29.00	1.00	6.00	3.00
1.00	1.00	11.00	3.00	2.00	6.00	2.00	3.00	28.00	43.00	15.00	1.00	4.00	4.00
1.00	2.00	10.00	4.00	2.00	8.00	2.00	1.00	21.00	53.00	32.00	2.00	7.00	3.00
1.00	3.00	14.00	2.00	2.00	5.00	2.00	2.00	22.00	46.00	24.00	1.00	10.00	2.00
2.00	1.00	10.00	2.00	2.00	5.00	2.00	3.00	26.00	31.00	5.00	2.00	3.00	2.00
1.00	3.00	13.00	3.00	2.00	7.00	2.00	1.00	23.00	43.00	20.00	2.00	8.00	2.00
1.00	1.00	10.00	2.00	2.00	3.00	1.00	2.00	24.00	57.00	33.00	1.00	9.00	3.00
2.00	2.00	11.00	2.00	2.00	4.00	1.00	2.00	26.00	43.00	17.00	1.00	6.00	4.00
1.00	3.00	12.00	2.00	2.00	5.00	2.00	1.00	22.00	53.00	31.00	2.00	6.00	4.00
2.00	1.00	13.00	2.00	2.00	5.00	2.00	2.00	20.00	42.00	22.00	2.00	7.00	4.00
1.00	1.00	10.00	2.00	2.00	6.00	2.00	3.00	28.00	32.00	4.00	2.00	3.00	5.00
2.00	1.00	10.00	2.00	2.00	5.00	2.00	1.00	24.00	43.00	19.00	2.00	4.00	4.00
1.00	2.00	14.00	3.00	2.00	7.00	2.00	3.00	23.00	57.00	34.00	2.00	5.00	3.00
2.00	1.00	11.00	2.00	2.00	5.00	2.00	3.00	29.00	43.00	14.00	2.00	6.00	2.00
1.00	2.00	13.00	3.00	2.00	6.00	2.00	1.00	20.00	53.00	33.00	2.00	10.00	2.00
2.00	3.00	9.00	2.00	2.00	4.00	1.00	2.00	21.00	32.00	11.00	1.00	6.00	1.00

참고문헌

Adams, K. B., Sanders, S., & Auth, E. A. (2007). Loneliness and depression in independent living retirement communities: Risk and resilience factors. *Aging & Mental Health, 8*(6), 475–485.

Albright, S. C., Winston, W. L., & Zappe, C. (1999). *Data analysis and decision-making with Microsoft Excel.* Pacific Grove, CA: Duxbury Press.

Allison, P. D. (1984). *Event history analysis: Regression for longitudinal data.* Newbury Park, CA: Sage Publications.

American Association for Marriage and Family Therapy (AAMFT). (2001). *AAMFT code of ethics.* Alexandria, VA.

American Psychological Association (APA). (2002). *Ethical standards of psychologists.* Washington, DC.

Bisson, J. I., Ehlers, A., Matthews, R., Pilling, S., Richards, D. A., & Turner, S. W. (2007). Psychological treatments for chronic post-traumatic stress disorder: Systematic review and meta-analysis. *British Journal of Psychiatry, 190*(2), 97–104.

Bisson J. I., Jenkins, P. L., Alexander J., & Bannister, C. (1993). Randomised controlled trial of psychological debriefing for victims of acute burn trauma. *British Journal of Psychiatry, 171,* 78–81.

Bloom, M., Fischer, J., & Orme, J. G. (2003). *Evaluating practice: Guidelines for the accountable professional* (4th ed.). Boston: Allyn & Bacon.

Boelen, P. A., de Keijser, J., van den Hout, M. A., & van den Bout, J. (2007). Treatment of complicated grief: A comparison between cognitive-behavioral therapy and supportive counseling. *Journal of Consulting and Clinical Psychology, 75,* 277–284.

Brannen, S. E., & Rubin, A. (1996). Comparing the effectiveness of gender-specific and couples groups in a court-mandated spouse abuse treatment program. *Research on Social Work Practice, 6,* 405–424.

Brewer, J. K. (1978). *Everything you always wanted to know about statistics, but didn't know how to ask.* Dubuque, IA: Kendall Hunt.

Brightman, H. (1999). *Data analysis in plain English with Microsoft Excel.* Pacific Grove, CA: Duxbury Press.

Carlier, I. V. E., Lamberts, R. D., van Uchelen, A. J., & Gersons, B. P. R. (1998). Disaster-related post-traumatic stress in police officers: A field study of the impact of debriefing. *Stress Medicine, 14,* 143–148.

Cherry, A. L., Jr. (2003). *Examining global social welfare issues: Using MicroCase.* Pacific Grove, CA: Brooks/Cole Thomson Learning.

Cohen, J. 1988. *Statistical power analysis for the behavioral sciences* (2nd ed.). New York: Lawrence Erlbaum Associates.

Epstein, W. M. (2004). Confirmational response bias and the quality of the editorial processes among American social work journals. *Research on Social Work Practice, 14,* 450–458.

Festinger, T., & Pratt, R. (2002). Speeding adoptions: An evaluation of the effects of judicial continuity. *Social Work Research, 26*(4), 217–224.

Gibbs, L. E. (2003). *Evidence-based practice for the helping professions.* Pacific Grove, CA: Brooks/Cole.

Gravetter, F. J., & Wallnau, L. B. (2000). *Statistics for the behavioral sciences.* Belmont, CA: Wadsworth/Thomson Learning.

Greenwald, R., & Rubin, A. (1999). Assessment of posttraumatic symptoms in children: Development and preliminary validation of parent and child scales. *Research on Social Work Practice, 9*(1), 61–75.

Gustavsson, N. S., & MacEachron, A. E. (2001). Perspectives on research-related anxiety among BSW students: An exploratory study. *Journal of Baccalaureate Social Work, 7*(1), 111–119.

Hair, J. F., Jr., Anderson, R. E., Tatham, R. L., & Black, W. C. (1998). *Multivariate data analysis* (5th ed.). Upper Saddle River, NJ: Prentice Hall.

Heiman, G. W. (2000). *Basic statistics for the behavioral sciences*. Boston: Houghton Mifflin.

Hodge, D. R., Cardenas, P., & Montoya, H. (2001). Substance use: Spirituality and religious participation as protective factors among rural youths. *Social Work Research, 25*(3), 153–161.

Housley, J., & Beutler, L. E. (2007). *Treating victims of mass disaster and terrorism*. Oxford, UK: Hogrefe.

Ironson, G., Freund, B., Strauss, J. L., & Williams, J. (2002). Comparison of two treatments for traumatic stress: A community-based study of EMDR and prolonged exposure. *Journal of Clinical Psychology, 58*, 113–128.

Irwin, R. M. S. (1995). The identification and treatment of math anxiety among first-year social work graduate students. *Dissertation Abstracts International, A: The Humanities and Social Sciences, 56*(3), 1126-A.

Jacobson, N. S., Follette, W. C., & Revenstorf, D. (1984). Psychotherapy outcome research: Methods for reporting variability and evaluating clinical significance. *Behavior Therapy, 15*, 336–352.

Kachigan, S. K. (1991). *Multivariate statistical analysis: A conceptual introduction* (2nd ed.). New York: Radius Press.

Kirk, R. S., & Griffith, D. P. (2004). Intensive family preservation services: Demonstrating placement prevention using event history analysis. *Social Work Research, 28*(1), 5–15.

Kline, R. B. (1998). *Principles and practice of structural equation modeling*. New York: Guilford Press.

Lilienfeld, S. O., Lynn, S. J., & Lohr, J. M. (Eds.). (2003). *Science and pseudoscience in clinical psychology*. New York: Guilford Press.

Malgady, R. G., & Colon-Malgady, G. (1991). Comparing the reliability of difference scores and residuals in analysis of covariance. *Educational & Psychological Measurement, 51*(4), 803–807.

Maxfield, L., & Hyer, L. (2002). The relationship between efficacy and methodology in studies investigating EMDR treatment of PTSD. *Journal of Clinical Psychology, 58*(1), 23–41.

Mayou, R. A., Ehlers, A., & Hobbs, M. (2000). Psychological debriefing for road traffic accident victims. *British Journal of Psychiatry, 176*, 589–593.

McCord, J. (2003) Cures that harm: Unanticipated outcomes of crime prevention programs. *The ANNALS of the American Academy of Political and Social Science, 587*, 16–30.

Mertler, C. A., & Vannatta, R. A. (2005). *Advanced and multivariate statistical methods: Practical application and interpretation* (3rd ed.). Glendale, CA: Pyrczak Publishing.

Mitchell, M. D., Hargrove, G. L., Collins, M. H., Thompson, M. P., Reddick, T. L., & Kaslow, N. J. (2006). Coping variables that mediate the relation between intimate partner violence and mental health outcomes among low-income, African American women. *Journal of Clinical Psychology, 62*, 1503–1520.

National Association of Social Workers, Inc. (NASW). (1999). *NASW code of ethics*. Washington, DC.

Ogles, B. M., Lunnen, K. M., & Bonesteel, K. (2001). Clinical significance: History, application, and current practice. *Clinical Psychology Review, 21*(3), 421–446.

Phipps, A. B., & Byrne, M. K. (2003). Brief interventions for secondary trauma: Review and recommendations. *Stress & Health: Journal of the International Society for the Investigation of Stress, 19*, 139–148.

Rose, S., Bisson, J., & Wessely, S. (2001). Psychological debriefing for preventing post-traumatic stress disorder (PTSD). *Cochrane Database Syst Rev, 3*.

Royse, D. (2000). Teaching research online: A process evaluation. *Journal of Teaching in Social Work, 20* (1–2), 145–158.

Rubin, A. (1986). Review of current research on chronic mental illness. In A. Rubin & J. Bowker (Eds.), *Studies on chronic mental illness: A new horizon for social work researchers*. New York: Council on Social Work Education, 5–28.

Rubin, A. (2008). *Practitioner's guide to using research for evidence-based practice*. Hoboken, NJ: John Wiley & Sons.

Rubin, A., & Babbie, E. (2008). *Research methods for social work* (5th ed.). Belmont, CA: Brooks/Cole.

Schacht, L., Pandiani, J. A., & Banks, S. M. (2007). Access to community mental health services: A study of adult victims of trauma. *Best Practices in Mental Health: An International Journal, 3*(2), 1–8.

Seidler, G. H., & Wagner, F. E. (2006). Comparing the efficacy of EMDR and trauma-focused cognitive-behavioral therapy in the treatment of PTSD: A meta-analytic study. *Psychological Medicine, 36*, 11, 1515–1522.

Shlonsky, A., & Gibbs, L. (2004). Will the real evidence-based practice please stand up? Teaching the process of evidence-based practice to the helping professions. *Brief Treatment and Crisis Intervention, 4*(2), 137–153.

Siegel, S. (1956). *Nonparametric statistics for the behavioral sciences.* New York: McGraw-Hill.

Stevens, J. (2002). *Applied multivariate statistics for the social sciences* (4th ed.). Hillsdale, NJ: Lawrence Erlbaum Associates.

Straus, S. E., Richardson, W. S., Glasziou, P., & Haynes, R. B. (2005). *Evidence-based medicine: How to practice and teach EBM* (3rd ed.). Edinburgh: Elsevier Churchill Livingstone.

TDCJ Annual Statistical Report. (2005). Online at: http://www.tdcj.state.tx.us/publications/executive/FY2005_Statistical_Report.pdf, page 3.

Thevos, A. K., Thomas, S. E., & Randall, C. L. (2001). Social support in alcohol dependence and social phobia: Treatment comparisons. *Research on Social Work Practice, 11*(4), 458–472.

Vergano, D. (2001). Filed under F (for forgotten). *USA TODAY*, May 16, 2001 (online at: http://www.usatoday.com/news/health/2001-05-17-drug-companies.htm).

Waelde, L. C., & Thompson, L. (2004). A pilot study of a yoga and meditation intervention for dementia caregiver stress. *Journal of Clinical Psychology, 60*, 677–687.

찾아보기